DROIT INSTITUTIONNEL DE L'UNION EUROPÉENNE

COURS DALLOZ

Série Droit public

Sous la direction de Dominique Chagnollaud de Sabouret

Professeur à l'Université Panthéon-Assas (Paris II)

Droit institutionnel de l'Union européenne

8e édition

2015

Jean Paul Jacqué
Professeur émérite de l'Université de Strasbourg

DALLOZ

DALLOZ

31-35, rue Froidevaux - 75685 Paris Cedex 14

ISBN 978-2-247-15175-2

Abréviations

ACP	Pays d'Afrique, Caraïbes et Pacifique
AFDI	*Annuaire français de droit international*
AJDA	*Actualité juridique Droit administratif (Dalloz)*
Ass. plén.	Assemblée plénière de la Cour de cassation
BCE	Banque centrale européenne
BEI	Banque européenne d'investissement
Cah. cell. prosp.	*Les Cahiers de la cellule de prospective*
Cah. fr.	*Les Cahiers français*
CDE	*Cahiers de droit européen*
CE	Communauté européenne
CECA	Communauté européenne du charbon et de l'acier
CED	Communauté européenne de défense
CJCE	Cour de justice des Communautés européennes
CJUE	Cour de justice de l'Union européenne
Comp.	Comparer
Cons. const.	Conseil constitutionnel
COPS	Comité politique et de sécurité
COREPER	Comité des représentants permanents
COREU	Correspondants européens (réseau)
COSAC	Conférence des organes spécialisés dans les affaires communautaires
Décl.	Déclaration
Doc. fr.	La Documentation française

FAO	*Food and Agriculture Organisation*
FEDER	Fonds européen de développement régional
FEOGA	Fonds européen d'orientation et de garantie agricole
GATT	*General Agreement on Tariffs and Trade*
JAI	Coopération judiciaire et policière en matière pénale
J. Cl.	*Juris-Classeur*
JDI	*Journal de droit international*
JO	Journal officiel des Communautés européennes
JTDE	*Journal des tribunaux de droit européen*
OCDEO	Organisation de coopération et de développement économique
OIT	Organisation internationale du travail
OLAF	Office européen de lutte antifraude
OMC	Organisation mondiale du commerce
OTAN	Organisation du traité de l'Atlantique Nord
Préc.	Précité
PESC	Politique étrangère et de sécurité commune
Prot.	Protocole
PU	Presses universitaires
RDUE	*Revue de droit de l'Union européenne*
Rec.	*Recueil des arrêts de la Cour de justice*
Règl.	Règlement
Rép. Communautaire	*Répertoire Communautaire Dalloz*
Rev. aff. eur.	*Revue des affaires européennes*
RMC	*Revue du Marché commun*
RFDA	*Revue française de droit administratif (Dalloz)*
RFDC	*Revue française de droit constitutionnel*
RJF	*Revue de jurisprudence fiscale*
RMCUE	*Revue du Marché commun et de l'Union européenne (anc. Rev. Marché commun)*
RMUE	*Revue du Marché unique européen*
RUDH	*Revue universelle des droits de l'homme*
SEBC	Système européen de banques centrales
TCE	Traité instituant la Communauté européenne

TFUE	Traité sur le fonctionnement de l'Union européenne
TPICE	Tribunal de première instance des Communautés européennes
TUE	Traité sur l'Union européenne
RTD eur.	*Revue trimestrielle de droit européen*
RUDH	*Revue universelle des droits de l'homme*
s.	et suivant
Traité CE	Traité de Rome du 25 mars 1957
UEO	Organisation de l'Europe occidentale
UEM	Union économique et monétaire
v.	voir

AVANT-PROPOS

Ce manuel est consacré au droit institutionnel de l'Union européenne tel qu'il se présente après l'entrée en vigueur du traité de Lisbonne.

Il résulte d'un double parti pris. Tout d'abord, il traite largement de questions qui relèveraient en droit français du droit constitutionnel. Si l'objet du droit institutionnel de l'Union est l'analyse des institutions de l'Union européenne et de leur fonctionnement, l'étude de la pratique institutionnelle qui s'est formée pendant plus de quarante années est indispensable à la compréhension de ce qu'est aujourd'hui l'Union. Certes, l'étude de l'ordre juridique et du système contentieux occupe une large place dans ce manuel, comme dans de nombreux autres consacrés au même sujet, mais alors que les spécificités de cet ordre sont bien établies et largement connues, l'étude d'un système institutionnel qui reste très évolutif et dont la jurisprudence de la Cour de justice vient régulièrement préciser les modalités de fonctionnement, permet de mieux saisir les enjeux des débats actuels.

Cet ouvrage est avant tout destiné à ceux qui souhaitent étudier le droit de l'Union européenne dans le cadre d'un enseignement universitaire ou d'une préparation aux concours administratifs. L'expérience a montré qu'il avait été également utile aux juristes, diplomates, fonctionnaires nationaux et de l'Union qui participent aux travaux dans le cadre de l'Union ou envisagent de le faire. C'est la raison pour laquelle, sans négliger la jurisprudence dont le rôle est fondamental, les références jurisprudentielles ont été limitées aux arrêts les plus significatifs et que l'on a fait l'économie de références exhaustives. De la même manière, la bibliographie a été sélectionnée et limitée aux ouvrages et articles à partir desquels une première recherche peut être entreprise. Enfin, le lecteur notera certaines répétitions. Elles sont volontaires, car, dans un souci pédagogique, il est apparu nécessaire d'être aussi complet que possible sur chaque question et d'éviter, autant que faire se peut, les références croisées qui rendent la lecture difficile pour celui qui cherche des informations détaillées sur une question.

Tel qu'il se présente, ce manuel vise à donner, dans un format limité, une vision aussi complète et vivante que possible de l'Union, de ses spécificités, de sa pratique et de son développement à l'intention de tous ceux qui, soit l'étudient pour la première fois, soit l'ayant étudiée autrefois, recherchent aujourd'hui des informations sur son évolution.

Cette nouvelle édition est l'occasion d'exprimer ma gratitude aux membres du Service juridique du Conseil de l'Union. Les échanges quotidiens avec ceux-ci et avec l'ancien jurisconsulte, Jean-Claude Piris, m'ont permis d'approfondir sur bien des points ma réflexion. Enfin, ce manuel n'aurait jamais vu le jour sans l'influence déterminante de l'un des pères du Plan Schuman, Paul Reuter, auquel toute une génération d'internationalistes et de communautaristes doit tant.

Jean Paul Jacqué

INTRODUCTION

1 Retracer l'ensemble des règles qui régissent l'organisation et le fonctionnement de l'Union européenne, revient à aborder un domaine qui, au premier abord, témoigne d'une singulière complexité. À la différence de certains systèmes constitutionnels nationaux, le droit constitutionnel de l'Union ne résulte pas en effet d'un instrument juridique unique. La création de la première Communauté (CECA) a marqué le point de départ d'un mouvement qui reste encore inachevé et qui a entraîné l'addition de couches successives aux textes originaux. Les différentes révisions des traités n'ont pas seulement modifié le texte originaire, mais ont donné naissance à d'autres textes qui sont venus se combiner avec celui-ci. À la veille du traité d'Amsterdam, l'ensemble du droit institutionnel reposait sur six traités auxquels venaient s'ajouter plus de 40 protocoles et annexes. Les simplifications apportées par le traité d'Amsterdam ont réduit cette complexité sans la supprimer. C'est la raison pour laquelle le traité de Lisbonne a tenté une fois de plus de simplifier la situation sans pour autant parvenir à regrouper l'essentiel du droit primaire dans un texte unique. De plus, la construction communautaire qui regroupait à l'origine six États membres, en compte aujourd'hui 28 et le processus d'élargissement semble se poursuivre. Si pour mieux comprendre cet ensemble, un rapide aperçu historique est indispensable (SECTION 1), il est plus important, pour saisir

l'essence de ce développement, d'analyser le dynamisme communautaire (SECTION 2) et de tenter de définir la nature juridique de l'Union (SECTION 3).

SECTION 1
LE CADRE HISTORIQUE

2 L'histoire de l'idée européenne a fait l'objet de longues et savantes études qui montrent qu'à toutes les époques, intellectuels ou hommes politiques ont rêvé d'unir les différents États européens. L'utopie européenne a été présente à tous les moments de notre histoire. S'il est toujours utile de se souvenir de la longue lignée d'auteurs qui ont contribué à ancrer, dans la vision des hommes politiques, l'idée que l'union des États européens était nécessaire à la paix et à la richesse de l'Europe, il n'est cependant pas indispensable de retracer ici le contenu de ces projets. Il suffit de rappeler les principales étapes de la construction communautaire.

§ 1. La création de la Communauté européenne du charbon et de l'acier

3 La première organisation communautaire est née, au lendemain de la Seconde Guerre mondiale. Il apparaissait alors nécessaire de reconstruire économiquement le continent européen, de réaffirmer, après la défaite du nazisme, les valeurs démocratiques communes ainsi que de renforcer la solidarité militaire dans le contexte de la guerre froide. En 1948, le Congrès de La Haye réunissait hommes politiques, industriels, syndicalistes, intellectuels et représentants des milieux religieux provenant de différents États européens. Il appelait, dans un message aux Européens, à une Union librement consentie des États européens. Cette impulsion conduira à la naissance d'organisations européennes, fondées sur le modèle classique de la coopération intergouvernementale. Sur le plan économique, sera créée, en 1948, l'Organisation européenne de coopération économique (OECE) devenue en 1962

l'Organisation de coopération et de développement économique (OCDE). Elle n'est plus européenne puisqu'elle s'est élargie à des États comme les États-Unis, le Japon ou le Canada. Sur le plan militaire, l'Union de l'Europe occidentale (UEO) et l'Organisation du traité de l'Atlantique Nord (OTAN) verront le jour respectivement en 1948 et en 1949. Sur le plan politique, le Conseil de l'Europe sera mis en place en 1949.

4 La Communauté européenne du charbon et de l'acier, première organisation communautaire, reposait sur une logique différente. Bien qu'il s'agisse d'une organisation sectorielle qui ne concerne qu'une branche particulière de l'économie, elle se présente comme un premier pas vers une unification beaucoup plus vaste de l'Europe. Inspirée de la démarche fonctionnaliste de Jean Monnet, elle vise, telle qu'elle est présentée par le ministre français des Affaires étrangères, Robert Schuman, le 9 mai 1950, à créer une solidarité de fait entre les États membres, solidarité dont on attend qu'elle s'étende progressivement à d'autres domaines. Pour cette raison, sa structure diffère considérablement de celle des organisations classiques. L'essentiel du pouvoir appartient à une Haute autorité indépendante des États, associée à un Conseil spécial des ministres, composé de représentants des États membres. Une Cour de justice et une assemblée, composée de représentants des Parlements nationaux, complètent l'édifice. En raison de ces spécificités et des pouvoirs confiés à la Haute autorité, la doctrine inventera, pour définir la Communauté, le qualificatif de « Communauté supranationale ». Le traité de Paris du 18 avril 1951 crée la CECA pour une durée limitée à 50 ans.

5 Le traité CECA est entré en vigueur entre six États (Allemagne, Belgique, France, Italie, Luxembourg, Pays-Bas), le Royaume-Uni ayant choisi de demeurer à l'écart. La CECA sera la première organisation d'intégration. Dans un secteur, certes limité, les États membres ont accepté de transférer leurs compétences nationales à des institutions communes qui en ont désormais la charge et peuvent prendre des décisions obligatoires pour leurs membres. Le traité CECA a expiré le 23 juillet 2002. À cette date, le charbon et l'acier ont perdu leur régime particulier pour relever des

dispositions générales du traité instituant la Communauté européenne. Un protocole, annexé au traité de Nice, a réglé les modalités de disparition de la CECA et le transfert de ses avoirs à la Communauté européenne.

§ 2. L'échec de la Communauté européenne de défense

6 La construction européenne a connu son premier échec lorsqu'elle s'est écartée de la voie d'une intégration fonctionnelle progressive fondée sur des solidarités partielles. En effet, en raison de la guerre froide, la nécessité d'assurer la participation de l'Allemagne à la défense de l'Europe s'est faite de plus en plus pressante. Comme, en raison d'un passé encore proche, il était difficile de faire accepter la renaissance d'une armée allemande indépendante, le réarmement allemand devait s'insérer dans un cadre européen. C'est le projet d'une Communauté européenne de défense (CED) qui sera doublé d'un projet d'Union politique. Le refus français de ratifier la CED fera, le 30 août 1954, échouer ces projets. La perspective d'une Union politique sera écartée pour longtemps et l'élaboration d'une politique extérieure commune, qui comporterait des éléments de sécurité, ne sera reprise, de manière toute pragmatique, qu'en 1970 sous la forme de la coopération politique européenne.

§ 3. La relance et les crises

7 Après l'échec de la CED, le retour à la voie initiée par la CECA restait la seule issue raisonnable. La conférence de Messine, en 1955, marquait la relance en chargeant un groupe présidé par le Belge Paul-Henri Spaak de préparer un rapport qui constituera la base de la création de deux nouvelles Communautés, l'une couvrant l'ensemble du domaine économique, la Communauté économique européenne (devenue par la suite Communauté européenne), l'autre sectorielle, la Communauté européenne de l'éner-

gie atomique (CEEA ou EURATOM). Les traités, signés le 25 mars 1957 entrèrent en vigueur le 14 janvier 1958. Ils étaient conclus pour une durée illimitée et s'inspiraient largement de la CECA, tout en gommant certains aspects supranationaux de celle-ci au détriment de la Commission (ex-Haute autorité). L'objet premier de la Communauté européenne était l'établissement d'un marché intérieur sans frontières qui se caractérisait par la libre circulation des personnes, des marchandises, des services et des capitaux. Cet objectif central était complété par la mise en place de certaines politiques communes dont la plus importante pour la France sera la politique agricole commune.

8 Marquées par la mise en place du Marché commun et l'établissement des politiques communes, les premières années de la Communauté n'en furent pas moins riches en débats politiques. L'accession au pouvoir du général de Gaulle en 1958 n'avait pas, comme certains l'avaient envisagé, entraîné une remise en cause de la Communauté européenne, mais elle marquait, sans aucun doute, l'affirmation d'une forte opposition à une évolution vers une Europe fédérale. Pour de Gaulle, l'Europe ne pourrait se construire que dans le respect des nations qui la constituent. Ceci n'empêchait pas la France d'accepter l'idée d'une Europe politique dès lors que la souveraineté des États membres serait garantie et le plan Fouchet, du nom du président français du groupe chargé par les six en 1961 de préparer des propositions, optera en faveur d'une Union ayant pour objet une politique étrangère commune et une politique commune de défense. Les décisions auraient été prises à l'unanimité. Malgré des adaptations successives, ce plan ne pourra rencontrer l'accord des partenaires de la France. Ces derniers redoutaient les risques qui pourraient naître pour l'intégration de la juxtaposition aux Communautés d'une structure intergouvernementale. C'est la crainte, exprimée fréquemment depuis, de l'absorption de l'intégré par l'intergouvernemental. Mais, en même temps et de manière paradoxale, les adversaires du plan réclamaient l'entrée de la Grande-Bretagne dans les Communautés alors qu'ils savaient que cette entrée comportait un risque tout aussi important pour les progrès de l'intégration. La réponse à l'échec du plan Fouchet sera le développement de la coopération franco-allemande sur la base du traité de l'Élysée signé le 22 janvier 1963. Ainsi se créait le couple franco-allemand qui sera fréquemment le moteur de la construction européenne. Un autre phénomène marquant sera la crise dite « de la chaise vide » provoquée par la France en 1965 en raison du caractère jugé inacceptable des propositions de la Commission qui liaient la réalisation de la politique agricole commune, d'intérêt primordial pour la France, à la création de ressources propres à la Communauté et à l'octroi d'un pouvoir budgétaire à l'Assemblée. Mais à travers cette crise conjoncturelle, l'objectif de la France était également d'obtenir des garanties afin de pouvoir préserver certains intérêts nationaux en cas de décisions prises à la majorité qualifiée. La crise se dénouera grâce au soi-disant « compromis de Luxembourg » de janvier 1966 (v. ss 557).

9 Après le départ du général de Gaulle, en 1969, la voie était ouverte à l'entrée de la Grande-Bretagne. Lors du premier élargissement en 1973, le Royaume-Uni, l'Irlande et le Danemark devenaient membres de la Communauté. Cette période était également marquée par un important développement des politiques communautaires grâce à l'utilisation de toutes les virtualités des traités, par la mise en place des premiers instruments destinés à assurer la stabilité monétaire, le « serpent monétaire », puis en 1972, le « système monétaire européen ». Sur le plan institutionnel, le développement de la coopération politique en matière de politique extérieure, instituée sur la base du rapport Davignon en 1970, et la nécessité d'assurer la cohérence entre cette coopération et l'action des Communautés, conduisaient à la création du Conseil européen en 1974 avec, comme contrepoids démocratique, la décision de faire élire le Parlement européen au suffrage universel direct. Cette dernière décision sera riche à terme en développements institutionnels tant il deviendra difficile de cantonner un Parlement élu directement par les citoyens dans un simple rôle consultatif. La période est également marquée par l'ouverture de la Communauté aux nouvelles démocraties du sud de l'Europe : Grèce en 1979, puis Espagne et Portugal en 1985.

§ 4. L'Acte unique européen

10 Progressivement, la nécessité d'une nouvelle relance se fera sentir. En effet, il apparaissait difficile d'achever la réalisation du marché intérieur sur la base des traités existants et notamment de leurs dispositions institutionnelles qui exigeaient l'unanimité pour l'harmonisation des législations nationales. De son côté, le Parlement européen, en adoptant en 1984, à l'initiative d'Altiero Spinelli, un projet de traité sur l'Union européenne, mettait en évidence la nécessité d'une révision fondamentale du dispositif institutionnel et en proposait les moyens. Ces initiatives débouchèrent sur la constitution d'un groupe de réflexion composé de représentants personnels des chefs d'État et de gouvernement et présidé par le sénateur irlandais Dooge, puis sur la convocation lors du Conseil européen de Milan de juin 1985 d'une conférence intergouvernementale de révision des traités. Cette conférence aboutissait à la signature, en février 1986, de l'Acte unique européen. L'Acte unique européen a été un succès parce qu'il se rapportait à un objectif concret : la réalisation du marché intérieur pour le 1er janvier 1993. Il donnait à la Communauté, notamment par l'extension des cas de recours au vote à la majorité qualifiée et par l'accroissement du rôle du Parlement européen, les moyens d'atteindre cet objectif tout en parant les décisions prises d'une légitimité démocratique accrue. Mais il comportait aussi un élargissement des compétences communautaires, notamment dans les domaines de l'environnement et de la recherche. Sur un autre plan, il consacre, dans un texte juridique, la pratique de la coopération politique et officialise l'existence du Conseil européen tout en le maintenant hors du cadre institutionnel. C'est le premier pas vers une construction qui ne soit pas exclusivement économique et il est significatif que l'objectif, affiché dans le préambule de l'Acte unique, soit « la transformation des relations entre les États membres en une Union européenne ». La période qui suivit l'entrée en vigueur de l'Acte unique sera marquée par un intense travail législatif en vue de l'achèvement du marché intérieur.

§ 5. Le traité sur l'Union européenne

11 Le 9 novembre 1989, la chute du mur de Berlin changeait la donne en Europe. Il devenait clair que le corollaire de la réunification allemande ne pouvait qu'être un approfondissement de l'unité européenne. Le mouvement fut lancé par la convocation lors du Conseil européen de Dublin en 1989 de deux conférences intergouvernementales, l'une sur l'Union économique et monétaire et l'autre sur l'Union politique. Le résultat de ces conférences sera le traité sur l'Union européenne, signé le 7 février 1991 à Maastricht. Ce traité marque le début d'une mutation dans la construction communautaire. Tout d'abord, il réunit dans un même ensemble qu'il qualifie d'Union européenne, les Communautés, la politique étrangère et de sécurité commune (PESC) ainsi que la coopération dans le domaine de la justice et des affaires intérieures (JAI). Si toutes les questions relevant de l'Union sont traitées dans un cadre institutionnel commun, la politique étrangère et de sécurité commune (Traité, titre V) et la coopération dans le domaine de la justice et des affaires intérieures (Traité, titre VI) relèvent néanmoins d'un régime particulier avec un processus de décision qui fait largement recours à l'unanimité. Dans ces deux derniers domaines, le rôle de la Commission et du Parlement est modeste et la Cour de justice n'est pas compétente. L'Union est donc structurée en trois piliers distincts : la Communauté, la politique étrangère et de sécurité commune (PESC) et la justice et les affaires intérieures (JAI). Dans le domaine communautaire, les principales novations sont la création de l'Union économique et monétaire qui se concrétisera par la décision prise, en mai 1998, d'instaurer une monnaie unique (l'euro), la mise en place de nouvelles politiques (éducation, culture, coopération au développement, cohésion) ainsi que le recours au principe de subsidiarité pour réguler l'exercice des compétences communautaires. Sur le plan institutionnel, le rôle du Parlement est accru tant par l'instauration d'une procédure dite de codécision dans certaines matières que par la participation de celui-ci à la désignation de la Commission. Enfin, un protocole étend les compétences communautaires dans le

domaine social. Ces progrès n'ont pu se faire sans l'instauration d'une certaine différenciation entre les États membres. Ainsi le Royaume-Uni ne participe pas au protocole social et reste libre de décider de sa participation à la monnaie unique. Le Danemark bénéficie d'une série d'exemptions.

12 La ratification du traité ne sera pas aisée. Au Danemark, après un premier référendum négatif, le Conseil européen d'Édimbourg devra confirmer les exemptions danoises pour qu'un second référendum donne un résultat positif. La ratification française fut acquise par référendum après un débat difficile et la ratification allemande fut suspendue à un recours devant la Cour constitutionnelle. Finalement, le traité est entré en vigueur le 1er novembre 1993. Les difficultés rencontrées lors de la ratification témoignent du fait que le traité fait franchir un pas décisif à la construction européenne. À la suite des transformations qu'il implique, l'Europe ne peut plus être considérée comme une réalisation économique, mais elle accède à une dimension politique.

§ 6. Le traité d'Amsterdam

13 Les années qui suivirent l'entrée en vigueur du traité sur l'Union européenne furent marquées par l'élargissement de l'Union, en 1995, à l'Autriche, à la Finlande et à la Suède. Elles ont surtout été l'occasion d'expérimenter les nouvelles voies ouvertes par le traité et de préparer la mise en place de la monnaie unique. Le traité de Maastricht prévoyait l'ouverture d'une nouvelle conférence intergouvernementale en 1996 afin de tirer les leçons de ses premières années d'application. Mais la perspective de l'élargissement de l'Union aux nouvelles démocraties d'Europe centrale et orientale devait donner un autre objectif à la révision des traités. La structure institutionnelle et le processus de décision communautaire, conçus à l'origine pour six États membres et appliqués sans grande modification à une Communauté de 15 membres, devaient faire l'objet d'un réexamen approfondi afin de préserver le caractère démocratique et l'efficacité d'une construction qui comporterait plus de 20 membres. La conférence fut, comme à

l'accoutumée, préparée par un rapport d'un groupe de réflexion présidé par le ministre espagnol Westendorp. Le mandat de la conférence fut défini par le Conseil européen de Turin en mars 1996 et le résultat des négociations soumis à la signature des États membres à Amsterdam le 2 octobre 1997. Le traité d'Amsterdam n'a pas reçu un accueil enthousiaste parce qu'il ne réglait pas l'ensemble des problèmes institutionnels liés à l'élargissement futur de l'Union. Un protocole prévoit donc une nouvelle conférence intergouvernementale qui devra régler les questions liées à la composition de la Commission et à la pondération des votes au sein du Conseil. Mais en dehors de cette question, les progrès sont significatifs : création d'une politique communautaire de l'emploi, « communautarisation » d'une partie des matières qui relevaient auparavant de la coopération dans le domaine des affaires intérieures et de la justice, mesures destinées à rapprocher l'Union de ses citoyens, réforme de la politique étrangère et de sécurité commune, ouverture de la possibilité de coopérations plus étroites entre certains États membres, accroissement des pouvoirs du Parlement, élargissement des hypothèses dans lesquelles le Conseil statue à la majorité qualifiée, et une relative simplification des traités accompagnée d'une renumérotation de ceux-ci... Autant de sujets qui traduisent les progrès de l'Union, même si, comme à Maastricht, certains de ces résultats n'ont pu être atteints qu'au prix d'exemptions au profit du Royaume-Uni, de l'Irlande et du Danemark. Le traité d'Amsterdam est entré en vigueur le 1er mai 1999.

14 La signature du traité d'Amsterdam a permis l'ouverture du processus l'élargissement de l'Union et, en 1998, Chypre, l'Estonie, la Hongrie, la Pologne, la Slovénie et la Tchéquie participaient à l'ouverture des négociations. La Bulgarie, la Lettonie, la Lituanie, la Roumanie, la Slovaquie, puis Malte furent ensuite insérées dans un processus de pré-adhésion et les négociations d'adhésion ont été progressivement ouvertes avec ces États en fonction des progrès réalisés tant sur le plan politique que dans le domaine économique. Enfin, la question des relations avec la Turquie restera un sujet difficile. Après que l'Union ait subordonné tout progrès dans les relations avec la Turquie à des progrès importants notamment

sur le plan de la démocratie et des droits de l'homme, le Conseil européen d'Helsinki décidait, en décembre 1999, d'admettre la Turquie parmi les candidats à l'adhésion sans pour autant ouvrir les négociations avec elle. Elles le seront par la suite. Il était bien entendu que toutes ces adhésions ne seraient pas simultanées et que chaque pays serait traité sur ses propres mérites, mais le coup d'envoi pour une nouvelle et profonde mutation de la Communauté a été donné.

15 L'élargissement impliquait une large révision de certaines politiques internes de la Communauté afin de les rendre compatibles avec l'élargissement. Cette révision a été entreprise sur la base des propositions de la Commission rendues publiques sous le titre d'Agenda 2000. Lors des débats sur cet agenda, les questions de la politique agricole commune, des différents fonds dont celui de la cohésion économique et sociale entre les États membres (c'est-à-dire de l'aide apportée aux États les moins favorisés) et des ressources de l'Union dans la perspective de l'élargissement ont été les plus délicates. Les travaux sur l'Agenda 2000 se sont achevés grâce à l'accord obtenu lors du Conseil européen de Berlin, les 24 et 25 mars 1999. Pendant les années suivantes, l'Union sera pleinement occupée par les questions liées à son élargissement : réforme des politiques internes, négociations d'adhésion et révision des traités afin de permettre un fonctionnement efficace après l'élargissement.

§ 7. Le traité de Nice

16 La révision des traités qui a abouti lors du Conseil européen de Nice en décembre 2000 était limitée au départ au règlement des trois questions qui avaient été laissées de côté à Amsterdam : composition de la Commission, pondération des voix au sein du Conseil et élargissement des cas de vote à la majorité qualifiée. Cette négociation a été élargie à la réforme du système de coopération renforcée mis en place à Amsterdam. Cependant, la négociation était à peine entamée que les discours du ministre des Affaires étrangères allemand, M. J. Fischer, et du président Chirac

laissaient entrevoir la perspective d'une nouvelle révision des traités, après l'échéance de Nice.

17 Consacré, pour l'essentiel, au règlement des reliquats d'Amsterdam, le traité de Nice modifie, à l'issue de longues discussions, la pondération des voix au Conseil afin de garantir, dans la perspective de l'élargissement, que toute décision recueille l'appui d'États membres qui représentent une large majorité de la population. Il détermine la composition future de la Commission sur la base d'un représentant par État membre jusqu'à ce que l'Union compte 27 États. À partir de ce moment, le nombre de membres de la Commission sera inférieur à 27, ceux-ci étant choisis sur la base d'une rotation égalitaire entre les nationalités. Le traité fixe le nombre maximum de parlementaires à 732 et répartit les sièges entre les États membres. Il arrête également la composition des autres institutions et organes. Enfin, il élargit les cas de recours à la majorité qualifiée. La déception que certains ont pu éprouver en raison du maintien de l'unanimité pour la fiscalité ou la sécurité sociale ne doit pas dissimuler les progrès importants accomplis, notamment l'élargissement du champ de la codécision législative. Il est vrai qu'à ce stade de la construction européenne, il devenait de plus en plus difficile d'élargir le recours à la majorité qualifiée, car les domaines qui restaient soumis à l'unanimité étaient très sensibles parce que, comme la fiscalité ou la sécurité sociale, ils touchaient de près aux choix de société effectués par chaque État membre, choix que ces derniers refusent de soumettre à la loi commune. Le traité de Nice rend également plus aisé le recours aux coopérations renforcées en étendant celles-ci et en supprimant la possibilité d'un veto au niveau du Conseil européen. Il comporte également des dispositions importantes destinées à rendre plus efficace le système juridictionnel communautaire, notamment par la possibilité de créer ces juridictions spécialisées.

18 Comme pour le traité sur l'Union européenne, le processus de ratification fut difficile puisque la population irlandaise refusait d'abord la ratification du traité par une étroite majorité. Cependant le Conseil européen de Göteborg en juin 2001 indiquait que le processus de ratification se poursuivrait et que la question

irlandaise serait résolue en temps utile comme l'avait été la question danoise lors de la ratification du traité de Maastricht. Finalement, après avoir analysé les causes du vote négatif, le gouvernement irlandais présentait, lors du Conseil européen de Séville, une déclaration dans laquelle il indiquait que ce traité ne portait pas atteinte à la politique traditionnelle de neutralité de l'Irlande. Le Conseil européen lui en donnait acte et un nouveau référendum était organisé le 28 novembre 2002. Le traité était approuvé par une majorité de 62,9 % des voix, ce qui faisait disparaître l'obstacle à son entrée en vigueur laquelle avait lieu le 1er février 2003.

19 Durant les négociations du traité de Nice, la Charte des droits fondamentaux de l'Union européenne était préparée par une convention composée de représentant des chefs d'État ou de gouvernements, de parlementaires européens et nationaux et d'un membre de la Commission (v. ss 99). La charte a été signée à Nice par les présidents du Parlement européen, du Conseil et de la Commission. La question de son intégration dans les traités devait faire partie des travaux entrepris après Nice.

§ 8. La convention sur l'avenir de l'Europe et le traité établissant une constitution pour l'Europe

20 En effet, le mouvement ne s'est pas arrêté après Nice. La conférence intergouvernementale avait adopté une déclaration sur l'avenir de l'Union dans laquelle elle envisageait les progrès ultérieurs et notamment la tenue d'une nouvelle conférence intergouvernementale en 2004. Un débat large et approfondi devait être engagé en 2001 sur l'avenir de l'Union avec le concours de toutes les parties intéressées au premier rang desquelles la société civile et en consultation avec les pays candidats. Parmi les questions soumises à débat, la conférence intergouvernementale avait identifié l'établissement d'une délimitation plus précise des compétences entre l'Union européenne et les États membres, le statut

de la Charte des droits fondamentaux de l'Union européenne, la simplification des traités et le rôle des Parlements nationaux. Ce sont ces thèmes qui devaient faire l'objet d'une nouvelle conférence intergouvernementale convoquée en 2004.

21 En vue de préparer les travaux ultérieurs, le Conseil européen de Laeken des 14 et 15 décembre 2001 adoptait une déclaration dans laquelle il identifiait les principales questions et mettait en place une structure pour les examiner de manière approfondie. Les questions essentielles avaient trait à la répartition des compétences entre l'Union et ses États membres, à la simplification des instruments, aux moyens d'assurer démocratie, efficacité et transparence (ce qui recouvre la réforme des institutions) et à la voie à suivre pour établir une constitution. La procédure choisie pour poursuivre les travaux s'inspire de celle qui avait été retenue pour l'élaboration de la Charte des droits fondamentaux des citoyens de l'Union européenne, c'est-à-dire la mise en place d'une convention spéciale. Cette convention sur l'avenir de l'Europe était composée de 15 représentants des chefs d'État ou de gouvernements, de 30 parlementaires nationaux (deux par État membre), de 16 membres du Parlement européen et de deux membres de la Commission. Des représentants des pays candidats participaient aux discussions, mais ils ne pouvaient empêcher la formation du consensus. Un présidium composé du président de la convention, M. Valéry Giscard d'Estaing, des deux vice-présidents, MM. Dehaene et Amato, des représentants des États devant assurer la présidence pendant les travaux de la convention, de deux représentants des Parlements nationaux, de deux représentants du Parlement européen, de deux représentants de la Commission auquel la convention décidera d'ajouter, à titre consultatif, un représentant des pays candidats, était chargé de la direction des travaux. Participèrent également à la convention à titre d'observateurs trois membres du Comité économique et social, trois représentants des partenaires sociaux, six représentants du Comité des régions choisis parmi les régions et ville à pouvoir législatif, et le médiateur. Enfin, les présidents de la Cour de justice et de la Cour des comptes ont été entendus.

22 Après une phase dite d'écoute consacrée à la discussion, la convention a entrepris une réflexion approfondie sur un certain nombre de thèmes sur la base de rapports élaborés au sein de groupe de travail. Elle est entrée en 2003 dans sa phase finale avec l'ambition de rédiger un projet de constitution. La convention a vu son importance progressivement reconnue comme en témoigne le fait que la fonction de représentation des États membres ait été fréquemment confiée aux différents ministres des Affaires étrangères, ce qui laissait augurer d'une pré-négociation politique au sein même de la convention avant la conférence intergouvernementale qui devait se réunir à l'issue des travaux. La convention a achevé ses travaux en juin 2003. Un délai lui a été laissé pour procéder à des ajustements techniques jusqu'au 15 juillet 2003. Le projet de la convention simplifiait les traités existants, donnait une valeur constitutionnelle à la Charte des droits fondamentaux de l'Union européenne, accroissait le recours à la codécision et à la majorité qualifiée et modifiait l'organisation institutionnelle issue de Nice. Le Conseil européen de Thessalonique a qualifié le projet de traité constitutionnel de bonne base de départ pour la conférence intergouvernementale qui s'est réunie en octobre 2003 et dont les travaux devraient être achevés avant les élections européennes de juin 2004. En fait, les discussions ont été difficiles, notamment sur les points sur lesquels de fortes oppositions s'étaient déjà manifestées à Nice, c'est-à-dire la composition de la Commission et la détermination de la majorité qualifiée au Conseil. Devant les résistances de la Pologne et de l'Espagne, la présidence italienne renonçait à trouver un accord lors du Conseil européen de décembre 2003. La négociation s'est poursuivie pour aboutir à un compromis sous la présidence irlandaise en juin 2004. Le résultat n'était guère éloigné de celui atteint par la convention. La fusion des traités ainsi que de la Communauté et de l'Union, la simplification des compétences et des actes, l'intégration de la Charte des droits fondamentaux furent retenues et la procédure budgétaire rééquilibrée dans un sens que l'on croyait plus favorable au Parlement. La réduction du nombre de membres de la Commission fut reportée en 2014. La philosophie du système de vote au Conseil, fondée sur une majorité d'États et de la popu-

lation était reprise, les seuils étant portés à 55 % des États et 65 % de la population. L'unanimité fut conservée pour la fiscalité et la sécurité sociale, mais des clauses passerelles prévoyaient la possibilité de passer à la majorité qualifiée sur décision unanime du Conseil européen sans révision des traités. La constitution se substituait au traité sur l'Union européenne et au traité instituant la Communauté européenne qu'elle abrogeait. Le traité Euratom subsistait, mais certaines de ses dispositions étaient modifiées dans un protocole. L'Union succédait à la Communauté et à l'ancienne Union, un article spécifique organisant la succession et maintenant les effets juridiques des actes en vigueur tant qu'ils ne sont pas modifiés ou abrogés. La négociation ultime fut marquée, ce qui n'est guère surprenant par « le complexe de Lilliput », c'est-à-dire les craintes des petits États qui craignaient que leur place ne soit réduite tant dans les institutions que dans le processus de décision. Cette crainte était déjà présente à Philadelphie lors de l'élaboration de la constitution américaine et elle est à l'origine de l'équilibre atteint à l'époque. Elle peut paraître surprenante, car le passé démontre à l'envi que la prétendue opposition entre grands et petits États membres est absente de la vie quotidienne de l'Union. Les États se déterminent en fonction de leurs intérêts concrets et non de leur poids démographique. Il n'est pas interdit de penser que l'opinion des grands États pèse parfois plus lourd que celle des petits, mais il s'agit d'un fait politique que tous les aménagements juridiques ne pourront empêcher à moins que l'on ne souhaite instaurer la paralysie dans le fonctionnement de l'Union. Cependant, on peut comprendre que les petits États aient voulu contrebalancer leur infériorité démographique par certaines garanties juridiques. Après tout, pour beaucoup d'entre eux, il s'agissait de sauvegarder une souveraineté et une indépendance durement et fraîchement acquise. Seul le temps leur permettra d'oublier leur crainte et de faire confiance à la solidarité naturelle entre les membres de l'Union. Dans l'ensemble, des progrès importants ont été consacrés et la lisibilité du processus décisionnel est améliorée. L'œuvre de simplification et de codification était d'une ampleur sans précédent. Pour entrer en vigueur, la constitution devait être ratifiée par tous les états membres. Cependant une déclaration annexée à l'acte final prévoit qu'au cas où les quatre cinquièmes des États membres auraient ratifié et où quelques états membres auraient des difficultés, le Conseil européen se saisirait de la question. Après les résultats négatifs des référendums français (29 mai 2005, 54,68 % de non) et néerlandais (1er juin 2005, 61,7 % de non), certains États ont poursuivi le processus de ratification tandis que d'autres ont préféré suspendre celui-ci. Après l'échec de la CED, celui de la constitution témoigne d'une certaine réticence à suivre une autre voie que celle de l'intégration fonctionnelle.

§ 9. Le traité de Lisbonne

23 Dès qu'il devint évident que la constitution n'entrerait pas en vigueur, les États cherchèrent à sauvegarder certains de ses acquis tout en les coulant dans une autre forme. La méthode choisie a été de conserver les traités originaux en y introduisant sous forme d'amendements les principales dispositions de la défunte Constitution. Le traité de Lisbonne amende donc les traités existants qui subsistent : traité sur l'Union européenne, traité instituant la Communauté européenne qui devient le traité sur le fonctionnement de l'Union européenne et le traité Euratom. Les aspects constitutionnels sont gommés : disparition du terme de constitution, suppression de la référence à la primauté, disparition du texte de la Charte des droits fondamentaux qui n'est plus insérée dans le traité, mais conserve son statut de droit primaire par une référence dans le traité, disparition des symboles de l'Union (hymne, drapeau, devise). Le titre de ministre des Affaires étrangères est remplacé par celui de Haut représentant de l'Union pour les affaires étrangères et la politique de sécurité. Ces changements marquent l'abandon de la méthode « constitutionnelle » et le retour à la méthode communautaire. Quelques aménagements sont introduits pour tenir compte des États qui ont connu des référendums négatifs : suppression de la mention de la concurrence dans les objectifs de l'Union, même si celle-ci est

réintroduite sous la forme d'un protocole ; introduction d'un article supplémentaire sur les services d'intérêt général…

24 Mais pour l'essentiel, les apports de la Constitution sont préservés. L'Union absorbe la Communauté européenne et les piliers sont supprimés, même si la politique étrangère et de sécurité commune se voit appliquer un régime particulier. Les modifications institutionnelles sont maintenues (présidence du Conseil européen, nombre de commissaires, calcul de la majorité qualifiée, statut du Haut représentant…). La classification des compétences, le passage à la majorité qualifiée et la généralisation de la procédure de codécision comme procédure législative ordinaire figurent également dans le traité de Lisbonne.

25 Comme pour la Constitution, la procédure de ratification du traité de Lisbonne a connu des difficultés. Si en France et aux Pays-Bas, le passage par la voie parlementaire a permis une approbation sans difficulté, la voie référendaire suivie en Irlande a amené, une fois de plus le 12 juin 2008, à un rejet du traité. Il est difficile de déterminer si ce rejet était véritablement dû à des raisons liées au traité (ou à la perception qu'en avait le peuple irlandais) plutôt qu'à des raisons de politique intérieure. Malgré cette situation, les autres États membres poursuivirent le processus de ratification et, en juin 2009, les procédures parlementaires étaient achevées dans 26 États, le dépôt des instruments de ratification étant suspendu en Allemagne à la décision de la Cour constitutionnelle et, en République tchèque et en Pologne à la volonté des chefs de ces deux États laquelle était liée à la solution du problème irlandais. Dans son important jugement du 30 juin 2009, la Cour constitutionnelle allemande ouvrait la voie à la ratification de la République fédérale tout en marquant les limites qu'impose la loi fondamentale allemande aux progrès futurs de la construction européenne.

26 Pendant ce temps, le gouvernement irlandais avait identifié les raisons qui avaient selon lui conduit à un résultat négatif lors du référendum et le Conseil européen avait accepté de donner sur tous ces points des garanties qui seraient contenues dans un protocole à ratifier lors du prochain élargissement, le gouvernement irlandais acceptant dans l'intervalle d'organiser un nouveau réfé-

rendum de telle sorte qu'en cas de résultat positif, le traité de Lisbonne puisse entrer en vigueur le 1er novembre 2009. Il est intéressant de constater que les principales inquiétudes rapportées par le gouvernement irlandais trouvaient pour l'essentiel des réponses dans le traité de Lisbonne et dans les traités existants et qu'il eût suffi que les autorités irlandaises donnent des éclaircissements suffisants lors du référendum pour qu'elles soient dissipées. S'agissant des craintes quant à la neutralité irlandaise, les dispositions des traités sur la politique de sécurité commune sont sans préjudice des spécificités de la politique des États en ce domaine (TUE, art. 42 révisé par Lisbonne). La politique de fiscalité reste soumise à l'unanimité de même que les mesures relatives à la famille qui d'ailleurs relèvent d'une partie du traité sur laquelle l'Irlande bénéficie comme le Royaume-Uni d'un statut spécial (*opting out*) qui a pour conséquence qu'aucune des dispositions adoptées en cette matière ne peut s'imposer à ces États sans leur consentement. Toujours, en matière familiale, depuis le traité de Maastricht, un protocole particulier protège les dispositions de la constitution irlandaise relative à l'avortement. Quant aux revendications concernant la disparition d'un commissaire de nationalité irlandaise, le traité de Nice, ratifié par l'Irlande imposait une réduction du nombre de commissaires dès 2009 tandis que le traité de Lisbonne rapportait cette mesure à 2014. Cependant, pour satisfaire l'Irlande, le Conseil européen a décidé d'utiliser la possibilité offerte par le TUE modifié par Lisbonne (art. 17, § 4) pour revenir à un commissaire par État membre. Cette promesse a été mise en œuvre par la décision du 22 juin 2013 (JO L 165/98 du 18 juin 2013)

27 Les chefs d'État ou de gouvernement réunis au sein du Conseil européen des 18 et 19 juin 2009 ont donné suite aux autres préoccupations irlandaises en adoptant une décision dont il est précisé qu'elle est juridiquement contraignante et qu'elle est pleinement compatible avec le traité de Lisbonne ce qui exclut toute nouvelle ratification. Il faut donc voir dans ce texte un accord en forme simplifiée entre les auteurs du traité de Lisbonne. Cette décision précise que le traité de Lisbonne n'affecte pas les dispositions de la Constitution irlandaise relative à la protection du droit à la vie,

à la protection du droit de la famille et à la protection des droits en ce qui concerne l'éducation. Elle souligne que le traité de Lisbonne ne modifie pas la compétence de l'Union dans le domaine fiscal et qu'il n'affecte pas la politique de défense propre de chaque État membre dont la neutralité irlandaise. Elle ajoute à ces évidences le fait que le traité ne prévoit ni la création d'une armée européenne, ni de conscription. Elle est accompagnée d'une longue déclaration sur les droits des travailleurs et la politique sociale qui met en évidence les acquis communautaires et ceux de Lisbonne. Les principaux éléments de cette décision ont été insérés dans un protocole relatif aux préoccupations du peuple irlandais adopté le 13 juin 2012 et soumis à ratification. Il faut voir dans ce texte un exercice pédagogique d'explication d'éléments qui se trouvaient déjà dans le traité, mais qui n'avaient pas été perçus ou mal perçus par la population irlandaise. Le nouveau référendum irlandais ayant donné un résultat positif et le président polonais ayant ratifié le traité, l'entrée en vigueur de celui-ci était suspendue à la ratification tchèque. Celui-ci obtint en guise de concession la promesse de pouvoir s'associer à l'*opting out* britannico-polonais sur la charte des droits fondamentaux lors d'une révision des traités associée à l'adhésion de la Croatie. Puis, la cour constitutionnelle tchèque saisie pour la seconde fois ayant confirmé la compatibilité du traité avec la constitution, la ratification tchèque permettait l'entrée en vigueur du traité le 1er décembre 2009.

§ 10. L'Union européenne et la crise économique et financière

28 La survenance de la crise qui devait rapidement frapper les États membres de l'Union a profondément marqué le fonctionnement de l'Union. Elle mettait l'accent sur le laxisme avec lequel avait été gérée la discipline budgétaire au sein de l'Union et surtout sur l'incohérence, soulignée dès Maastricht, entre la création d'un pilier monétaire de l'Union sans qu'en contrepartie la politique économique soit soumise à d'autres règles que celle de la coordi-

nation. Elle entraînait également une montée en puissance du Conseil européen qui venait de se doter d'un président au détriment de la Commission, mais aussi des ministres des Finances de la zone euro (Eurogroupe) qui se trouvait ramenée au rang d'organe de mise en œuvre des « décisions » du Conseil européen.

29 La crise devait permettre la manifestation de la solidarité entre les États membres, mais selon l'article 125 TFUE l'Union ne répond pas des engagements des États membres. L'article 122 TFUE n'autorise l'octroi d'une aide à un État membre que dans des circonstances exceptionnelles échappant à son contrôle. Dans un premier temps, l'Union a entrepris une révision de l'article 136 TFUE pour y ajouter un paragraphe permettant l'instauration par les États membres d'un mécanisme de stabilité pour préserver la stabilité de la zone euro dans son ensemble, ce qui a permis de substituer au système spécifique de solidarité créé par les États de la zone euro sous forme de société anonyme de droit luxembourgeois, un mécanisme européen de stabilité créé par les États de la zone euro par un traité du 2 février 2012. En outre, 25 États membres de l'Union européenne signaient, le 2 mars 2012, le traité sur la stabilité, la coordination et la gouvernance au sein de l'Union économique et monétaire. Il avait été envisagé de conclure ce traité entre tous les membres de l'Union, mais les conditions auxquelles le Royaume-Uni aurait pu se joindre à l'opération étaient inacceptables pour les autres membres et celui-ci décidait de rester à l'écart ainsi que la Slovaquie. Ce traité renforce les règles de contrôle et de sanction auxquelles les États membres avaient accepté de se soumettre dans les six textes adoptés en 2011 et connus sous la dénomination de *six pack* [1]. Le traité impose également l'introduction de la règle d'or (équilibre budgétaire) dans des dispositions nationales contraignantes de préférence constitutionnelles, renforce la gouvernance de la zone

1. Parl. et Cons., règl. UE n° 1174/2011, 16 nov. 2011 établissant des mesures d'exécution en vue de remédier aux déséquilibres macroéconomiques excessifs dans la zone euro ; Parl. et Cons., règl. UE n° 1175/2011 ; Parl. et Cons., règl. UE n° 1176/2011, 16 nov. 2011 sur la prévention et la correction des déséquilibres macroéconomiques ; Parl. et Cons., règl. UE n° 1173/2011, 16 nov. 2011 sur la mise en œuvre efficace de la surveillance budgétaire dans la zone euro ; Règl. UE n° 1174/2011 ; Cons., dir. n° 2011/85/UE, 8 nov. 2011 sur les exigences applicables aux cadres budgétaires des États membres, *JOUE* 2011, n° L 306, p. 1 s.

euro et contient l'engagement des parties d'avoir recours entre elles, si nécessaire, au mécanisme de la coopération renforcée.

30 Ce nouveau traité tente d'établir un équilibre entre le respect de la discipline budgétaire et la solidarité entre États parties en subordonnant en principe l'accès au soutien du mécanisme de stabilité à la participation aux règles de discipline qu'il instaure. Il s'agit certes d'un traité intergouvernemental conclu en dehors des procédures de révision des traités, mais son article 2 indique qu'il s'applique en conformité avec les traités et seulement s'il est conforme avec ceux-ci. Il ne s'est donc pas agi de réviser les traités, mais d'établir des règles conformes à ceux-ci et destinées à s'appliquer entre certains États membres de l'Union. L'article 16 du traité envisage, dans un délai de cinq ans, l'insertion de ces règles dans les traités de l'Union. Le caractère intergouvernemental de la démarche a été critiqué mais, compte tenu des compétences de l'Union ainsi que de la résistance de certains États membres, cette voie était la seule ouverte. Il est aussi notable que ce traité renforce le rôle de la Commission en matière de contrôle et de sanctions et octroie un droit de contrôle à la Cour de justice. Reste à déterminer si les objectifs du traité ne pouvaient être atteints par d'autres voies, notamment le recours au droit dérivé, il s'agit d'une querelle d'expert, mais la précipitation avec laquelle le traité a été rédigé doit beaucoup à la pression des marchés financiers à laquelle il fallait apporter une réponse.

31 Le processus de ratification promettait des péripéties comparables à celles qui avaient marqué l'entrée en vigueur du traité de Lisbonne. Le gouvernement Irlandais avait décidé d'organiser un referendum. Quant à la France, le candidat à la présidence de la République à l'époque de la signature, M. François Hollande, avait indiqué que s'il acceptait la discipline budgétaire, sans vouloir pour autant introduire la règle d'or dans la constitution, il subordonnait son acceptation à l'ajout, sous une forme à déterminer, d'un volet relatif à la croissance. En fait, les douze ratifications nécessaires à l'entrée en vigueur ont été réunies avant janvier 2013 et le référendum irlandais s'est conclu avec plus de 60% de voix favorables.

32 Au terme de ce processus, la gouvernance de la zone euro s'est considérablement renforcée. Si le traité de Lisbonne avait tenté d'instaurer des mécanismes de gouvernance de la zone, les résistances des États membres qui ne partageaient pas la monnaie commune avaient singulièrement limité cette tentative. Il en reste une trace dans le protocole 14 qui prévoit des réunions informelles des ministres de la zone euro (Eurogroupe) sous la présidence d'un président élu. Le Premier ministre luxembourgeois, M. Jean-Claude Junker, a assumé cette responsabilité. Les difficultés de gestion de la crise ont montré que cette structure était insuffisante d'autant plus que des tensions s'étaient faites jour entre le président de l'Eurogroupe et certains chefs d'État et de gouvernement à propos de l'autorité responsable de la gestion de la situation économique. En effet, l'intervention directe par les chefs d'État ou de gouvernement de la zone, réunis en formation spéciale, a été mal acceptée par certains ministres des Finances. Certains avaient émis l'idée de créer un ministre des Finances de l'Union, mais ceci ne résolvait pas le problème. Il était nécessaire de restructurer le dispositif.

33 Cette démarche s'est faite en deux étapes. Tout d'abord la déclaration des chefs d'État ou de gouvernement de la zone euro du 26 octobre 2011 a établi une structure pyramidale complexe dont certains aspects seront ensuite précisés par le traité sur la stabilité, la coordination et la gouvernance de l'Union économique et monétaire. Tout d'abord, l'existence de sommets de la zone euro auxquels participe le président de la Commission est confirmée. Ces sommets, qui se tiennent au moins deux fois par an, sont présidés par un président élu par le Conseil européen en même temps qu'est élu le président du Conseil européen. M. Van Rompuy a assumé cette mission en même temps que son mandat de président du Conseil européen et son successeur à la présidence du Conseil européen a pris la suite. La tâche est limitée à la préparation des sommets en collaboration avec le président de la Commission et l'Eurogroupe (réunion des ministres des Finances de la zone euro) et aux relations avec les États qui ne font pas partie de la zone ainsi qu'avec le Parlement européen. Le traité sur la stabilité, la coordination et la gouvernance apporte quelques pré-

cisions. Le président est élu à la majorité simple et le président de la Banque centrale assiste aux sommets. Mais la question la plus importante a été celle de la participation aux « Euro-sommets » des parties au nouveau traités qui ne partagent pas l'euro comme monnaie commune. Certains États, dont la France, étaient réticents à cette idée et il a fallu toute l'insistance du Premier ministre polonais pour que celle-ci soit possible. Elle reste cependant limitée « aux discussions des sommets de l'euro relatives à la compétitivité des parties prenantes, à la modification de l'architecture globale de la zone euro et aux règles fondamentales applicables à l'avenir, mais également lorsqu'il y a lieu et au moins une fois par an, dans les discussions sur des questions spécifiques relatives à l'appli-cation du présent traité sur la stabilité, la coordination et la gouvernance au sein de l'Union économique et monétaire ». Le président du Parlement européen peut également être invité à s'exprimer.

34 L'Eurogroupe subsiste et assure la préparation des « euro-sommets ». Son président est élu. L'Eurogroupe est chargé de la coordination des politiques économiques et de la stabilité financière. Il est assisté du groupe de travail sur l'euro qui dispose également d'un président lequel devrait aussi assurer la présidence du Comité économique et financier prévu par l'article 134 TFUE. Pour assurer la coordination, le président de l'euro-sommet, le président de l'Eurogroupe et celui de la Commission se réuniront au moins une fois par mois. Les réunions des ministres de l'Eurogroupe continuent à se tenir avant chaque réunion du Conseil dans la formation économie et finances afin de préparer celle-ci. Enfin, la participation parlementaire sera assurée par des réunions des commissions compétentes des parlements nationaux et du Parlement européen.

35 Ce système tente de concilier les vues de ceux qui voulaient créer des institutions spécifiques à l'euro et de ceux qui voulaient maintenir le lien avec les institutions de l'Union et les États qui ne participent pas à la zone, mais, parmi ces derniers, les États qui ne seront pas parties au nouveau traité se trouvent mis à l'écart. Il est sans doute appelé à évoluer à bref délai.

SECTION 2
LE DYNAMISME COMMUNAUTAIRE

36 L'histoire de l'Union témoigne de la permanence du mouvement d'approfondissement de la construction européenne. Ce dynamisme qui est principalement politique ne peut manquer d'avoir des conséquences sur le droit de l'Union. C'est pourquoi l'une des difficultés que rencontre le juriste dans l'étude de ce droit réside dans son caractère évolutif. Ceci n'a rien de surprenant puisque les Communautés n'ont pas seulement été créées pour gérer des situations existantes, mais surtout pour réaliser un objectif économique à moyen terme, la construction d'un marché commun, et un objectif politique à plus long terme, la création d'une Union européenne. Les auteurs des traités lorsqu'ils évoquaient dans le préambule du traité CEE, la création d'une « union sans cesse plus étroite » entre les États membres, attestaient de ce caractère éminemment évolutif des Communautés. Mais cette affirmation n'est pas limitée au traité CEE et le préambule du traité sur l'Union européenne témoigne lui aussi de la résolution des États « à poursuivre le processus créant une union sans cesse plus étroite entre les peuples d'Europe », résolution réaffirmée à l'article 1 du même traité et qui n'a pas été modifiée par le traité de Lisbonne. Dans la mesure où l'objectif est de construire une union, le juriste ne peut raisonner sur un donné existant qu'il s'agirait d'organiser, mais sur un processus qui se développe en interaction constante avec le monde extérieur. Léontin-Jean Constantinesco rendait bien compte de cette situation lorsqu'il écrivait « L'intégration européenne n'est pas un être mais un devenir ; elle n'est pas une situation acquise, mais un processus ; elle n'est pas un résultat, mais l'action devant mener à ce résultat »[1]. La nature de ce dynamisme (**§ 1**) conduit à en analyser les manifestations (**§ 2**) avant de s'interroger sur les explications qui peuvent en être données par la science politique (**§ 3**) quant aux formes politiques qu'il peut prendre (**§ 4**) et notamment à l'opposition apparente entre coopération et intégration (**§ 5**).

1. *La nature juridique des Communautés européennes*, conférence P.-H. Spaak, Liège, 1980.

§ 1. La nature du dynamisme

37 Le dynamisme communautaire trouve son origine dans la conviction des fondateurs de la Communauté que, devant la difficulté de mettre en place d'un seul coup une Union politique européenne, seule était réaliste une démarche progressive s'appuyant sur des solidarités partielles qui seraient progressivement étendues. Cette démarche se reflète dans le préambule des traités et, particulièrement, dans le préambule du premier d'entre eux, le traité CECA : « Conscients que l'Europe ne se construira que par des réalisations concrètes créant d'abord une solidarité de fait, et par l'établissement de bases communes de développement économique ». Cette formule se retrouve également dans le préambule du traité CEE. Enfin, le préambule de l'Acte unique européen fait lui aussi clairement référence à cet objectif lorsque les États membres se déclarent « animés de la volonté de poursuivre l'œuvre entreprise à partir des traités instituant les Communautés européennes et de transformer l'ensemble des relations entre leurs États en une Union européenne ». L'idée est donc de procéder de façon progressive, chaque réalisation créant la confiance nécessaire au succès de nouvelles initiatives.

38 La finalité du processus est claire, au moins dans le vocabulaire, puisqu'il s'agit d'instituer une Union européenne. Il n'en demeure pas moins que, jusqu'à l'élaboration du projet de constitution, le contenu de la future Union n'avait jamais été esquissé dans un document d'ensemble. En fait, le terme d'Union européenne, qui est aujourd'hui consacré par les traités, a dû sa fortune à sa remarquable ambiguïté. Il a permis, au début des années 1970, d'esquiver le débat entre avocats d'une fédération et partisans d'une confédération. Ce débat ne pouvait donner de résultats positifs puisque le terme d'ensemble fédéral recouvrait des réalités différentes pour les protagonistes. Les uns (Britanniques, Danois, Français, Grecs...) voyaient essentiellement dans le fédéralisme la perte de souveraineté des parties composantes au profit des autorités centrales. Il s'agissait donc pour eux d'un processus centralisateur.

Les autres (Allemands, Belges, Italiens, Luxembourgeois, Néerlandais...) analysaient le fédéralisme comme un système qui reconnaît la plus grande autonomie aux parties composantes, les autorités centrales n'exerçant que des compétences limitées, nécessaires au bon fonctionnement du système. Dans leur esprit, une construction fédérale permettait de garantir le statut des États qui en feraient partie. Du fait de ces divergences de vue d'interprétation du fédéralisme, le recours au vocabulaire fédéral était exclu. L'emploi d'un terme neutre comme celui d'Union mettait fin au débat idéologique puisque tous pouvaient se reconnaître dans une expression qui ne recouvrait que ce que chacun voulait bien y mettre. Le rapport des Sages, demandé par le Conseil européen de Bruxelles en 1978, illustre ce syncrétisme, « Quand on parle d'Union européenne, on parle moins d'un objectif déterminé que d'un mouvement vers une Communauté qui se comporterait d'une façon de plus en plus solidaire dans ses efforts pour résoudre les multiples difficultés auxquelles la Communauté elle-même et les États membres ont à faire face dès maintenant ». En d'autres termes, l'Union serait un mouvement.

39 Cette indétermination sur les finalités a sans doute permis des évolutions qui pouvaient être présentées à l'opinion davantage comme le fruit de la nécessité que comme des étapes vers un objectif prédéterminé. C'est ainsi que, s'il n'a pas été possible d'insérer dans le traité sur l'Union européenne, une référence à la vocation fédérale de l'Union européenne, l'absence d'une telle référence a sans doute contribué à l'acceptation des novations qu'il contenait. En d'autres termes, le dynamisme communautaire s'est traduit par un approfondissement progressif de l'Union sans que pour autant la forme ultime que celle-ci devrait prendre ait été définie. Il a fallu attendre les négociations du traité de Nice pour percevoir que l'architecture de l'Union devait être définie de manière globale et stable afin de permettre à celle-ci de fonctionner de manière cohérente après l'élargissement. C'est ce qui a conduit à la création de la convention sur l'avenir de l'Europe et aux débats sur la constitution de l'Union. Cette constitution représentait un aboutissement provisoire de la démarche entreprise lors de la création de la CECA, mais contenait les éléments

d'un nouveau dynamisme. Le traité de Lisbonne reste dans la même optique, celle d'une consolidation des acquis au vu de l'expérience et de la mise en place des bases de nouveaux développements.

§ 2. Les illustrations du dynamisme

40 Les manifestations du dynamisme sont nombreuses. Il existe tout d'abord un dynamisme organisé par le traité lui-même. Ainsi, les dispositions originaires du traité qui prévoyaient l'élection ultérieure du Parlement au suffrage universel direct ou celles qui permettaient la mise en place ultérieure de ressources propres aux Communautés, ont constitué autant de facteurs d'évolution pour celles-ci. On pourrait également citer, dans le traité d'Amsterdam, le titre relatif aux visas, à l'asile et à l'immigration lequel prévoyait, après un délai de cinq ans, la faculté de décider du passage à la majorité qualifiée, et en codécision avec le Parlement européen, des matières qui relèvent de ce titre. Font partie du même esprit de développement progressif de la Communauté les obligations de rendez-vous telles la clause de l'article 30 de l'Acte unique européen qui imposait aux parties contractantes d'examiner dans les cinq ans suivant l'entrée en vigueur du texte s'il y avait lieu de réviser celui-ci ou l'article du traité sur l'Union européenne qui prévoyait une conférence de révision de certaines de ses dispositions en 1996, le protocole d'Amsterdam qui prévoyait une révision des traités liée à l'élargissement ou le processus mis en place par le traité de Nice qui a donné naissance aux travaux de la convention sur l'avenir de l'Europe. La constitution contenait également un certain nombre de dispositions dites « passerelles » qui permettaient au Conseil ou au Conseil européen de décider à l'unanimité de substituer la majorité qualifiée à l'unanimité ou d'introduire le recours à la procédure législative ordinaire à la place de procédures spéciales. L'essentiel de ce système de « passerelles » est maintenu par le traité de Lisbonne.

41 Il existe ensuite un dynamisme né de la pratique des institutions. Quelle que soit leur position respective dans le système institu-

tionnel, celles-ci ont été contraintes de coopérer pour permettre à la Communauté de fonctionner. D'où le nombre d'échanges de lettres, de déclarations communes, voire de pratiques non écrites qui jalonnent la vie institutionnelle communautaire, solutions négociées suite à des conflits sur les « zones grises » du traité (domaines dans lesquels les pouvoirs des institutions ne sont pas précisés par le traité ou peuvent donner lieu à des interprétations divergentes de telle sorte que la pratique joue un rôle essentiel). En dehors de toute difficulté d'interprétation, la pratique peut également marquer une évolution de l'équilibre des pouvoirs des institutions dans le respect de la lettre des traités. Fréquemment, les révisions ultérieures des traités sont venues codifier les pratiques existantes, telles, par exemple, les dispositions du traité sur l'Union européenne qui reconnaissent aux citoyens de la Communauté un droit de pétition au Parlement européen ou la création de commissions d'enquête.

42 Mais parfois, le dynamisme procède de façon externe par rapport au traité et utilise la voie intergouvernementale. Le cas du Conseil européen qui a été officialisé par sa mention dans l'article 2 de l'Acte unique européen, c'est-à-dire 14 ans après sa création par le Sommet de Paris, puis est devenu une institution dans le traité de Lisbonne en est une illustration. Mais à cet égard, il est particulièrement intéressant de s'arrêter sur la coopération politique. Le plan Fouchet présenté par la France en 1961 visait à la création d'une Union européenne dotée d'une politique étrangère commune et d'une politique commune de défense. Après l'échec de ce plan, le rapport Davignon, publié en octobre 1970, mettait en place des mécanismes de la coopération politique en matière de politique extérieure, lesquels seront perfectionnés en 1973 à Copenhague. Le Conseil européen s'intégrera dans le système en 1974. Cette coopération sera renforcée progressivement jusqu'à ce qu'elle soit officialisée dans l'Acte unique avec une structure qui n'est d'ailleurs pas très éloignée de celle du plan Fouchet. L'Union reposait alors sur deux piliers distincts, l'un intergouvernemental, la coopération politique, l'autre intégré, la Communauté. Le traité sur l'Union européenne place ces deux piliers dans le cadre d'une structure institutionnelle commune. Si la politique étrangère

commune et de sécurité relève davantage de la coopération que de l'intégration, l'utilisation d'institutions communes, l'existence d'actions communes dont les mesures d'application peuvent, le cas échéant, être régies par la règle majoritaire, l'obligation de cohérence entre la PESC et l'action extérieure de la Communauté rappelée à l'article 3 du traité sur l'Union européenne tel qu'il était en vigueur à l'époque indiquent que ces dispositions constituent un point de départ vers une nouvelle évolution. Le traité d'Amsterdam poursuit dans cette voie en renforçant les structures et le processus de décision et, à la suite de la constitution, le traité de Lisbonne intègre davantage la PESC dans les politiques de l'Union tout en maintenant certains particularismes. Une analyse similaire pourrait être conduite à propos de la coopération en matière d'immigration laquelle, après avoir été menée dans un cadre purement intergouvernemental, se trouve dans un premier temps consacrée dans le titre VI du traité sur l'Union européenne. Puis, une partie des matières relevant du titre VI est insérée dans le cadre communautaire par le traité d'Amsterdam et, après quelques années est soumise au processus législatif normal caractérisé par le recours à la procédure de codécision avant que le traité de Lisbonne ne la « communautarise » entièrement. Une autre illustration de cette démarche progressive est la coopération entre certains États membres dans le cadre de la convention de Schengen que le traité d'Amsterdam intègrera dans le nouveau dispositif. Dans toutes ces hypothèses, on est passé de l'informel au formel, puis parfois à l'intégration dans le secteur « communautarisé ».

§ 3. L'analyse du dynamisme par la science politique

43 Le phénomène du dynamisme communautaire a fait l'objet de tentatives d'explications des spécialistes des sciences politiques qui se sont essayés à en donner une analyse globale. Cependant, la spécificité communautaire empêchant toute comparaison avec des structures de même type, la valeur des théories explicatives s'en

trouve réduite. Le phénomène de l'intégration communautaire a été essentiellement pris en compte par la théorie fonctionnaliste. Jean Monnet lui-même est souvent considéré comme un fonctionnaliste pragmatique. Selon la conception du père de l'école fonctionnaliste, D. Mitrany, il existerait des valeurs universelles à sauvegarder comme la paix, la prospérité, la justice. Or l'État-Nation serait incapable de faire seul face à cette mission parce qu'il s'agit de problèmes dont la solution dépasse le cadre national. Seuls des regroupements d'États constitués sur une base fonctionnelle et technocratique pourraient apporter des réponses dans le cadre d'institutions spécialisées. L'existence d'un grand nombre d'institutions spécialisées entraînerait un besoin de coordination globale et ainsi par voie de « ruissellement » la création d'une institution mondiale. L'expérience a montré les limites de la vision de Mitrany. Il a été longtemps impossible de trouver un accord sur le contenu à donner aux valeurs universelles et les désaccords subsistent encore sur leur interprétation. Il n'est pas non plus possible d'établir une distinction entre ce qui est technique et relève d'une coopération fonctionnelle, et ce qui est politique comme l'a montré la crise des institutions spécialisées des Nations unies dans les années 1980. Enfin, l'interdépendance des problèmes condamne la recherche d'une coopération qui serait uniquement sectorielle soit à l'inefficacité, soit au déploiement d'efforts considérables en vue d'une impossible coordination.

44 L'école néo-fonctionnaliste corrige la vision de Mitrany en appliquant son analyse dans le cadre régional puisque, à ce niveau, les solidarités géographiques, économiques, culturelles sont plus étroites et devraient favoriser l'intégration. Fidèles à la théorie du ruissellement, les néo-fonctionnalistes mettent l'accent sur la réalisation de l'intégration par étapes successives, le passage d'une étape à l'autre s'appuyant sur le phénomène de *spill over* (débordement), tout progrès dans l'intégration appelant nécessairement d'autres progrès. Dans un premier temps, le débordement était conçu comme devant se réaliser de manière automatique, les difficultés rencontrées dans la réalisation de l'intégration appelant automatiquement un passage à un niveau supérieur, seule solution permettant de résoudre ces difficultés. Mais cette vision ne

pouvait expliquer les longues périodes de stagnation qu'a connues l'intégration européenne, notamment dans les années 1960. Aussi s'est-elle vue préférer la conception du débordement « cultivé » qui explique les progrès dans l'intégration, non seulement par des nécessités techniques, mais aussi par la création d'un phénomène d'interdépendance et d'interpénétration au niveau des élites politico-administratives. Si les progrès ne sont pas automatiques et qu'une décision politique est nécessaire pour passer à un niveau supérieur de l'intégration, cette décision est facilitée par l'interpénétration entre les élites des États membres, lesquelles ont développé en commun un langage et une vision des problèmes. La réaction des États de la zone euro à la crise est une illustration du phénomène. La réponse à la crise s'est traduite par un renforcement de la discipline budgétaire ainsi que de la solidarité monétaire et par un développement de la coordination budgétaire.

45 L'intérêt de la théorie est de mettre l'accent sur le caractère évolutif du système communautaire et, en cela, la théorie du débordement est utile. De même, elle rend bien compte du rôle joué par les élites et par leur socialisation dans la réalisation du débordement. Mais, dans l'importance qu'elle attribue aux élites, elle néglige quelque peu la place de facteurs externes dans le développement communautaire. Bien des progrès de l'intégration ont trouvé racine dans la guerre froide et la conférence intergouvernementale sur l'Union politique doit autant son histoire à la chute du mur de Berlin qu'à des nécessités internes de la Communauté. En outre, les difficultés de ratification du traité sur l'Union européenne et l'apparition d'exigences d'ouverture et de transparence des institutions montrent que le rôle quasi exclusif joué jusqu'à présent par les élites a atteint ses limites et que le passage à une phase plus intégrée nécessite une adhésion de l'ensemble des citoyens. La construction européenne a cessé d'être perçue comme principalement technique et touche à l'évidence au cœur du politique. Passé un certain niveau d'intégration, le caractère politique latent de la construction européenne est devenu manifeste pour l'opinion publique. Tout progrès donne dès lors lieu à des débats nationaux et, dans certains cas, à référendum. La méthode fonctionnelle n'atteint-elle pas alors ses limites ?

§ 4. Les formes politiques du dynamisme

46 La réflexion sur les formes politiques du développement des Communautés européennes a longtemps opposé les réalistes, partisans d'ajustements progressifs, aux tenants d'une mutation globale vers un système fédéral. On raisonnait en termes de « petits pas », c'est-à-dire de progrès limités, ou de « grand bond », c'est-à-dire d'une transformation fondamentale. L'opposition n'est pas justifiée. Chacune des démarches connaît son moment et ses limites, notamment dans le domaine institutionnel.

47 Le passage par un grand bond de la Communauté à une forme étatique fédérale, si tel devait être l'avenir, exigerait pour se produire des conditions exceptionnelles, et notamment une pression externe suffisamment forte, pour qu'elles puissent susciter tant une demande populaire qu'une renonciation des États membres à leur souveraineté. Ces conditions n'ont jamais été remplies. Pour reprendre la terminologie fonctionnaliste, les États n'ont jamais eu le sentiment de se trouver dans l'incapacité radicale de remplir leurs fonctions. Cette situation risque d'autant moins de se produire qu'aujourd'hui l'Union existe et fournit un cadre évolutif permettant une adaptation progressive aux réalités. En témoigne le fait que l'adhésion des États d'Europe centrale n'a suscité qu'une volonté d'adaptation des institutions et des politiques et non de mutation globale de la Communauté. La constitution n'introduisait d'ailleurs pas de transformations radicales et se situait dans la continuité des Communautés.

48 Si le grand bond ne s'est pas produit, on a assisté à des révisions partielles. Les traités sur les questions budgétaires, la révision plus large introduite par l'Acte unique européen, les deux conférences intergouvernementales, l'une sur l'Union économique et monétaire, l'autre sur l'Union politique qui ont abouti au traité sur l'Union européenne. Les traités d'Amsterdam et de Nice ont profondément transformé l'Union et ouvert la voie aux réformes introduites par le traité de Lisbonne. La survenance de la crise économique et financière a conduit les membres de la zone euro à œuvrer en vue de la création d'un pilier économique à côté du

pilier monétaire tentant ainsi de combler une faille du traité de Maastricht. La caractéristique de certaines de ces révisions partielles semble être qu'elles viennent, en grande partie, consolider des progrès accomplis dans la pratique. En effet, on a vu que les traités n'avaient pas entièrement déterminé la pratique institutionnelle et laissaient de larges zones grises. Les institutions procèdent, dans la pratique, à des ajustements limités dans le cadre du système. Il ne leur est guère possible d'aller au-delà, car la Cour veille avec attention, comme on le verra plus loin, à ce qu'elle appelle l'équilibre institutionnel. Mais ces ajustements ou ces évolutions, fréquemment informels, sont nombreux et importants. Ils résultent soit de la pratique unilatérale d'une institution, soit d'un accord entre institutions. On a vu ainsi se multiplier les accords interinstitutionnels, les codes de conduite, les modus vivendi ou les échanges de lettres... Tout ceci donne naissance à des pratiques que la révision des traités vient consacrer ou prolonger. Certes, il est possible d'assister, à de véritables innovations, mais il est rare que ces innovations ne se situent pas dans le prolongement de progrès antérieurs. Le facteur « temps » joue également un rôle important dans la formation d'un consensus autour des réformes. Une idée nouvelle s'impose rarement du premier coup, car il faut que la réflexion progresse dans les cadres dirigeants des États membres. Ainsi l'adhésion de l'Union à la Convention européenne des droits de l'homme ou la réforme de la procédure budgétaire ont fait l'objet de débats lors de plusieurs conférences de révision des traités (Amsterdam, Nice) avant d'être finalement reprises dans le traité de Lisbonne.

49 Il arrive également que des pratiques que certains considèrent comme « régressives » perdurent, comme c'est le cas du soi-disant droit de veto instauré par le prétendu compromis de Luxembourg (v. ss 557). Ledit compromis n'a aucune existence juridique et n'a plus été invoqué depuis l'Acte unique européen, mais, bien qu'il ne soit plus utilisé, son existence est encore rappelée par certains États membres. On a pu cependant noter dans le traité d'Amsterdam, dans le cadre de la coopération renforcée, le recours à une technique tirée du compromis de Luxembourg. La coopération renforcée était décidée à la majorité qualifiée, mais un État pou-

vait s'y opposer lorsque des raisons politiques nationales importantes étaient en cause auquel cas le Conseil européen était saisi. On trouve ici un exemple de consécration partielle d'une pratique dite « régressive ». Cette disposition a disparu du traité de Nice. Seule subsiste la possibilité d'évoquer la question au niveau du Conseil européen après quoi la procédure majoritaire normale s'applique. Cette formule a fait sa réapparition dans la nouvelle constitution, puis dans le traité de Lisbonne, notamment en matière pénale. Il est possible de saisir le Conseil européen lequel soit renvoie le dossier au Conseil pour décision, soit demande une nouvelle proposition à la Commission.

50 Les exemples de pratiques « progressistes » consacrées par la suite dans le cadre d'une révision des traités sont plus nombreux. On peut retenir, à titre d'illustration, la mise en place, dans le cadre de l'Acte unique, de la procédure de coopération qui rendait plus efficace la participation du Parlement européen à la procédure législative. En fait, cette procédure était, pour une grande part, inspirée de la pratique antérieure telle qu'elle s'était développée dans le cadre de la procédure de consultation du Parlement. Seul élément nouveau, le pouvoir de rejet conféré au Parlement. La procédure de codécision, introduite par le traité sur l'Union européenne pousse à son terme la logique de la coopération en donnant un caractère définitif au droit de rejet du Parlement. Enfin, le traité d'Amsterdam a amélioré la codécision en donnant, cette fois-ci au Parlement, non seulement le pouvoir de s'opposer, mais en subordonnant l'acceptation d'un texte à un vote positif du Parlement et du Conseil. On mesure le caractère progressif d'une démarche qui mêle de réelles innovations à la confirmation de pratiques antérieures.

§ 5. Intégration et coopération dans le dynamisme communautaire

51 Les exemples de dynamisme ont été choisis dans le cadre du processus communautaire intégré. Or, il existe également des formes de coopération. Le même dynamisme joue-t-il également dans ce

contexte ? On doit d'abord souligner que coopération et intégration ne s'excluent pas mutuellement. Dans tous les États fédéraux, il existe, à côté des compétences fédérales, des secteurs qui, bien que relevant de la compétence des États fédérés, font l'objet d'une coopération étroite entre ceux-ci et la fédération. On emploie parfois à cet égard le terme de fédéralisme coopératif. Or les « idées reçues » dans la doctrine, qui sont généralement favorables à une intégration de type fédéral, tendent à faire de la coopération un mécanisme purement intergouvernemental, expression du mal absolu. Seule la méthode dite communautaire qui repose sur une intégration dirigée par les seules institutions à l'instigation de la Commission mériterait l'approbation. Cependant, le traité lui-même introduisait la coopération dans le champ communautaire et donnait compétence à la Communauté pour l'organiser. Il en allait ainsi de l'article 121 TFUE (issu de l'article 102 A introduit par l'Acte unique) sur la coopération économique et monétaire. Le traité sur l'Union européenne a profondément enrichi cette coopération dans le domaine économique et a fait passer le domaine monétaire de la coopération à l'intégration.

52 L'existence d'une obligation de coopérer n'est pas sans conséquences juridiques. Ainsi, l'article 156 TFUE (Traité CE, art. 140) confie à la Commission le soin de promouvoir une coopération étroite entre les États membres dans le domaine social. Sur cette base, la Commission avait instauré une procédure de communication préalable et de concertation sur les politiques migratoires vis-à-vis des États tiers. La Cour a rejeté un recours du Conseil contre cette procédure en estimant que cet article conférait à la Commission des pouvoirs implicites[1]. La Commission ne pouvait certes pas prendre de décision au fond, mais elle avait la possibilité de rendre la consultation préalable et la fourniture de renseignements obligatoire. Cette formule qui donne à la Communauté la mission d'encourager la coopération entre les États membres a été utilisée de manière systématique lors des élargissements de compétence prévus par le traité sur l'Union européenne et le traité

1. CJCE 9 juill. 1987, n° 281, 283 à 285 et 287/85, *RFA et a. c/ Commission.*

d'Amsterdam. On la trouve reproduite dans les articles relatifs à l'éducation, la culture, la protection de la santé, l'emploi, la coopération douanière. Ainsi, dans ces secteurs, l'harmonisation des législations nationales est en principe exclue et l'intervention de la Communauté prend essentiellement la forme de mesures organisant la concertation et de programmes destinés à soutenir financièrement la coopération entre les États membres. On parle souvent dans ces domaines de compétences complémentaires ou d'appui pour indiquer que l'intervention de l'Union ne fait que compléter l'action des États membres qui, elle, demeure essentielle. De même, le Conseil européen de Lisbonne de mars 2000 a mis en place une « méthode de coordination ouverte » en matière d'emploi, de réforme économique et de cohésion sociale. Cette méthode repose sur la fixation d'objectifs assortis de calendriers et, le cas échéant, d'indicateurs pour mesurer les performances. Il appartient aux États membres de développer leurs politiques dans ce cadre, cette démarche étant accompagnée d'un suivi et d'un examen par les pairs (*peers'review*). La méthode est dite ouverte parce qu'elle associe les partenaires sociaux et la société civile au processus. Ainsi, l'idée selon laquelle le cadre communautaire serait caractérisé par l'intégration n'est pas exacte, car il peut être aussi utilisé pour renforcer la coopération entre les États membres.

53 S'agissant de la coopération dans des domaines qui n'entrent pas dans le champ du traité communautaire, certains ont manifesté la crainte de voir ce type de coopération entraîner un glissement de l'intégration vers l'intergouvernemental. On se souvient des appréhensions exprimées lors de la création du Conseil européen qui aurait pu avoir comme effet de placer l'intégration européenne sous un chapeau intergouvernemental. L'analyse n'était pas dépourvue de tout fondement et le Conseil européen a pu, avant que la situation ne se stabilise, paraître jouer un rôle perturbateur dans le mécanisme institutionnel. Mais s'il a pu avoir cet effet à l'époque, c'est que le pôle institutionnel communautaire était déjà affaibli auparavant ou, plus exactement, n'avait pu s'affirmer comme prévu après l'entrée en vigueur du traité CEE. Cependant, c'est à travers le mécanisme du Conseil européen qu'ont pu être réalisés des progrès que l'on n'aurait pas jugés possibles auparavant, comme l'élection du Parlement européen au suffrage universel direct ou les mutations institutionnelles contenues dans l'Acte unique. L'habitude de la coopération, la confiance mutuelle qui en résulte malgré les oppositions conjoncturelles, l'accord qui s'établit progressivement sur les objectifs contribuent à ce passage de la coopération à l'intégration. Les réticences sont aujourd'hui bien oubliées et chacun s'accorde à reconnaître le rôle irremplaçable du Conseil européen tant par les initiatives qu'il prend que par les orientations qu'il donne à l'action des institutions. La normalisation du Conseil européen a été menée à son terme par la constitution, puis par le traité de Lisbonne, qui en font une institution.

54 En outre, la coopération peut exploiter l'appareil institutionnel communautaire. C'était bien entendu le cas de la coopération organisée dans le cadre des titres V et VI du traité sur l'Union européenne avant Lisbonne, mais cette donnée s'applique également à la coopération intergouvernementale classique. Ainsi, la Cour a confirmé la possibilité pour les États membres de charger la Commission de tâches particulières lorsqu'ils réalisent une opération d'aide humanitaire : « L'article 155, quatrième tiret, [aujourd'hui supprimé] du traité n'empêche pas en effet les États membres de confier à la Commission la mission de veiller à la coordination d'une action collective entreprise par eux sur la base d'un acte de leurs représentants réunis au sein du Conseil »[1].

55 On voit que l'interpénétration entre la coopération et l'intégration est étroite. Les deux démarches sont plus complémentaires qu'antagonistes et il arrive que le développement de la coopération ayant atteint ses limites, les États membres jugent utile d'appliquer au domaine concerné les disciplines communautaires, comme ce pourrait être le cas dans le domaine monétaire. Cette évolution est l'un des traits du dynamisme communautaire. Dans ces conditions, il est vain d'opposer la méthode intergouvernementale à la méthode « communautaire ». Les deux trouvent leur place dans les traités en fonction de l'intensité de la solidarité

1. CJCE 30 juin 1993, C-181/91 et C-248/91, *Parlement c/ Conseil et Commission*.

entre États membres et de leur propension à accepter de nouveaux transferts de compétences. Parfois, en raison des limites imposées aux compétences de l'Union, le recours à la méthode intergouvernementale est le seul moyen de traiter une question dans un cadre commun. C'est, selon la terminologie utilisée par la Chancelière de la République fédérale d'Allemagne, Mme Merkel, la « méthode de l'Union », c'est-à-dire l'emploi des deux méthodes simultanément en vue d'atteindre un objectif commun.

Section 3
L'Union et les Communautés

56 La création de l'Union européenne par le traité Maastricht avait singulièrement compliqué l'architecture communautaire. Jusqu'alors la réalisation de l'Union demeurait un objectif de la construction européenne. L'apparition dans le traité d'une Union européenne, sans que disparaissent pour autant les Communautés existantes, rendait l'ensemble difficilement lisible. On notera que les auteurs du traité de Maastricht n'avaient pas voulu donner une forme définitive à l'Union qu'ils mettaient en place, d'où l'intitulé choisi pour le traité, traité sur (et non de) l'Union européenne. Ce caractère évolutif est d'ailleurs précisé dans le préambule qui fait référence à « la perspective des étapes ultérieures à franchir pour faire progresser l'Union européenne ».

57 L'article 1 TUE qui a disparu dans sa version initiale après l'entrée en vigueur du traité de Lisbonne, indiquait, dans son troisième alinéa que « L'Union est fondée sur les Communautés européennes complétées par les politiques et formes de coopération instaurées par le présent traité. Elle a pour mission d'organiser de façon cohérente et solidaire les relations entre les États membres et leurs peuples. » L'Union englobait donc les trois Communautés (Communauté européenne, Communauté européenne du charbon et de l'acier aujourd'hui disparue, Communauté européenne de l'énergie atomique), la politique étrangère et de sécurité commune (TUE, titre V), et la coopération dans les domaines de la justice et des affaires intérieures (TUE, titre VI). D'où l'image souvent utilisée

d'une structure de l'Union en trois piliers, le pilier communautaire, le pilier consacré à la politique étrangère et le pilier consacré à la justice et aux affaires intérieures.

58 Dans le cadre de cette structure, chaque Communauté disposait de la personnalité juridique. Le traité sur l'Union européenne n'accordait pas expressément la personnalité juridique à l'Union et la question de savoir si l'Union en pratique disposait d'une telle personnalité, a fait l'objet de débats doctrinaux. La fusion des trois Communautés en une Communauté unique avait été envisagée à plusieurs reprises. Lors de la création de la CEE et d'Euratom, le principal obstacle à la fusion des traités résidait dans le fait que le système institutionnel de la CECA était plus intégré que celui des deux autres Communautés. Dès lors se posait la question de savoir si la fusion se ferait sur la base des traités CEE et Euratom ou sur la base du traité CECA. L'impossibilité de trouver un accord sur cette question a conduit à abandonner l'hypothèse d'une fusion. Lors de la préparation du traité d'Amsterdam, la conférence a envisagé deux hypothèses, celle d'une fusion des trois Communautés et celle d'une fusion des Communautés et de l'Union. Les travaux ont montré que ces deux hypothèses étaient techniquement réalisables sans altérer le contenu de chacun des traités. L'entité résultant de la fusion aurait eu des compétences différentes selon qu'elle agissait dans le cadre de chaque Communauté et de l'Union. Cependant, la conférence a renoncé à cette option. En raison de la prochaine extinction du traité CECA, le moment était mal choisi pour fusionner celle-ci avec les deux autres Communautés. De plus, la rédaction d'un traité unique regroupant les dispositions des trois traités communautaires aurait conduit à l'obligation de soumettre ce nouveau traité, c'est-à-dire tout l'acquis communautaire à ratification. Le risque n'était pas improbable, comme l'a montré par la suite le referendum français sur la constitution, de voir certaines parties de cet acquis contestées lors des débats liés à la ratification. Enfin, il paraissait à certains États membres prématuré, en l'état actuel de l'Union, d'effectuer une telle fusion dont ils craignaient, à tort, qu'elle ne conduise à une remise en cause de la structure en piliers. Le débat n'était cependant pas clos et une déclaration à l'Acte final du

traité d'Amsterdam prévoyait que les travaux relatifs à la consolidation des traités devaient être menés à terme et que le résultat en serait publié, à titre d'exemple. La tâche a été accomplie et ce document a servi avec d'autres de base aux travaux préparatoires de la conférence intergouvernementale de 2004. Le projet de constitution préparé par la convention sur l'avenir de l'Europe allait dans le sens de la fusion de l'Union et des Communautés en une personne juridique unique et de la fusion des traités qui en résulte. Cette orientation n'a pas été remise en cause au cours de la conférence intergouvernementale et la constitution la consacre. Le traité de Lisbonne, même s'il conserve distincts les traités existants, supprime la Communauté européenne qui fusionne avec l'Union européenne, seule personnalité juridique qui subsiste.

59 Afin d'éviter la multiplication d'institutions due à l'existence de trois Communautés, lors de l'entrée en vigueur du traité de Rome, une convention relative aux institutions communes instituait une Assemblée et une Cour commune aux trois Communautés. Puis, en 1965, le traité sur la fusion des exécutifs mettait en place un Conseil et une Commission unique. Les institutions étaient donc communes aux différentes Communautés, mais, bien entendu, à défaut d'une fusion des traités, lorsqu'elles intervenaient dans un domaine déterminé, elles suivaient les règles de procédure et de fond prévues par le traité qui régit ce domaine.

60 Lors de la négociation du traité sur l'Union européenne, les auteurs du traité ont poursuivi dans la voie de la mise en place d'un système institutionnel commun. Au lieu de doter l'Union d'institutions distinctes, ils ont prévu que l'Union disposerait d'un cadre institutionnel unique, c'est-à-dire que les mêmes institutions seraient utilisées à la fois dans le cadre des titres V (PESC) et VI (JAI) du TUE et dans le cadre communautaire. Cette solution permettait d'assurer la cohérence entre l'action communautaire et celle qui se développe dans le cadre des deux autres piliers (TUE, art. 3).

61 L'existence d'un cadre institutionnel unique n'est pas restée sans incidence sur le fonctionnement de l'Union. Tout d'abord, et c'était bien l'objectif des auteurs du traité, elle a favorisé la cohérence entre les politiques menées dans le cadre des trois piliers.

Dans la mesure où la même institution, au cours de la même réunion, traitait de questions relevant des différents piliers, elle était amenée à agir de telle sorte que les décisions prises dans le cadre de l'un des piliers ne soient pas incompatibles avec celles adoptées dans le cadre des deux autres. Ceci permettait de maintenir la cohérence de la politique externe de l'Union partagée entre les questions qui relevaient de la politique économique externe des Communautés et les questions qui relevaient de la politique étrangère et de sécurité commune de l'Union. On a beaucoup insisté, notamment dans le cadre des débats de la convention sur l'avenir de l'Europe, sur le caractère insuffisant de cette structure et sur les risques d'incohérence qu'elle risquait de générer. En fait, l'expérience n'a pas confirmé ces vues et les conflits entre PESC et politique communautaire furent rares. Il se pouvait que parfois le Conseil et la Commission ne partagent pas le même avis, mais ceci fait partie du jeu institutionnel normal. Ces divergences de vues disparaissent une fois la décision prise et la mise en œuvre s'effectue sans difficulté.

62 Il n'en demeure pas moins que, telle qu'elle se présentait, la structure de l'Union était complexe et peu compréhensible du grand public, voire de la presse. La distinction entre l'Union et les Communautés était mal comprise des observateurs, d'où la tendance naturelle à substituer d'une manière générale le terme d'Union à celui de Communauté, comme si la fusion des traités avait déjà été effectuée. Dans ce contexte, le vocabulaire a précédé les réalités juridiques.

63 En réalisant la fusion de l'Union et de la Communauté européenne en une personnalité juridique unique, le traité de Lisbonne a mis en accord la perception populaire et la réalité juridique. Ceci ne signifie pas pour autant que la structure en piliers ait totalement disparu. La PESC relève d'un régime juridique spécifique et d'un processus de décision particulier. L'article 40 TUE traduit cette situation en précisant que la mise en œuvre de la PESC n'affecte pas les dispositions du TFUE en ce qui concerne les procédures et l'étendue des attributions des institutions telles qu'elles résultent du TFUE et qu'à l'inverse la mise en œuvre des politiques prévues par le TFUE n'affecte pas les dispositions du TUE relatives aux

mêmes questions. L'Union agit donc selon des modalités différentes lorsqu'il s'agit de la PESC et lorsqu'il s'agit des politiques prévues par le TFUE. Les possibilités de conflit ne sont donc pas totalement écartées.

Bibliographie

• Sur l'histoire de la construction européenne

Gerbet, *La construction de l'Europe*, Imprimerie nationale, 1983 ; Sidjanski, *L'avenir fédéraliste de l'Europe*, PUF, 1992 ; Soulier, *L'Europe*, Colin, 1994 ; Zorgbibe, *Histoire de la construction européenne*, PUF, 1993 ; Schwok, *Théories de l'intégration européenne*, Clefs, Montchrestien, 2005 ; Telò, L'*État et l'Europe, Histoire des idées politiques et des institutions européennes*, Labor, Bruxelles, 2005.

• Sur les différentes révisions des traités

Cloos, Reinesch, Vignes, *Le traité sur l'Union européenne*, Bruylant, 1993 ; Collectif, *Le traité d'Amsterdam*, Dalloz, 1998 ; Constantinesco, Gautier, Simon, *Le traité de Nice, premières analyses*, PU Strasbourg, 2001 ; De Poncins, *Vers une constitution européenne, Texte commenté d'un projet de constitution établi par la Convention européenne*, 10/18, 2003 ; De Ruyt, *L'Acte unique européen*, Éditions de l'université libre de Bruxelles, 1987 ; De Schoutheete, *La Coopération politique*, Labor, 1986 ; Doutriaux, *Le traité sur l'Union européenne*, Colin, 1992 ; Rideau, *Union européenne, commentaire des traités modifiés par le traité de Nice*, LGDJ, 2001 ; Cohen-Jonathan et De la Rochère (dir.), *Constitution européenne, démocratie et droits de l'homme*, Bruylant, Bruxelles, 2003 ; « Une constitution pour l'Europe ? », *RTD eur.* 2005, n° spéc. 225-588 avec une bibliographie qui reprend l'essentiel des ouvrages consacrés à la constitution ; Piris, *The Constitution for Europe, A legal analysis*, Cambridge Univ. Press, 2006 ; Jacqué, « Le traité de Lisbonne, une vue cavalière », *RTD eur.* 2008. 439 ; Priollaud et Siritsky, *Le traité de Lisbonne, texte et commentaire article par article des nouveaux traités européens (TUE, TFUE)*, Doc. fr., 2008.

• Sur le dynamisme communautaire

Dehousse (ed.), *The « Community Method » Obstinate or Obsolete*, Palgrave Studie in European Integration Method, 2012 ; Mitrany,

« The Prospect of Integration : Federal or Functional », *Journal of Common Market Studies* 1965-1966, p. 119 ; Soldatos, *Le système institutionnel et politique des Communautés européennes*, Bruylant, 1989, spéc. chap. II ; Schwok, *Théories de l'intégration européenne*, Clefs, Montchrestien, 2005 ; Saurugger, *Théorie et concepts de l'intégration européenne*, Presses de la Fondation nationales des sciences politiques, 2009.

• **Sur Union et Communauté**

V. Doutriaux, Cloos *et alii*, préc.

PREMIÈRE PARTIE

LA CHARTE CONSTITUTIONNELLE DE L'UNION

64 L'Union est un ensemble régi par des traités auxquels les États membres sont parties. Aussi peut-il paraître étrange de parler de charte constitutionnelle de l'Union pour traiter de l'ensemble des règles relatives à la structure et au fonctionnement de l'Union. Cependant, l'expression a été utilisée à plusieurs reprises par la Cour de justice des Communautés. Elle traduit le fait que l'Union ne peut être assimilée aux organisations internationales classiques, mais revêt une spécificité qui la distingue aussi bien de ces organisations que d'un État fédéral. Dans ces conditions, il est difficile de qualifier l'Union en l'absence de point de référence ou de modèle. L'Union est, dans la société internationale, une structure originale. Il est donc indispensable d'en dégager les caractéristiques générales (TITRE 1) avant de s'attacher à l'étude de ses institutions (TITRE 2) et du processus de décision (TITRE 3).

TITRE 1

LES CARACTÈRES GÉNÉRAUX DE L'UNION

65 L'étude des caractères généraux de l'Union conduit, en premier lieu, à essayer d'identifier les éléments qui traduisent la spécificité de l'Union par rapport aux autres formes d'organisation que connaissent le droit international et le droit interne (CHAPITRE 1). Cette spécificité ne peut manquer d'avoir des incidences sur les éléments constitutifs de l'Union (composition, population, territoire) (CHAPITRE 2), sur ses compétences (CHAPITRE 3) et sur les moyens mis à sa disposition pour lui permettre de remplir sa tâche (CHAPITRE 4).

CHAPITRE 1

La spécificité de l'Union

66 L'Union a longtemps constitué un ensemble composite en raison de sa structure en piliers. En effet, au sein de celle-ci, coexistaient deux systèmes différents, l'un intégré constitué par les trois Communautés, l'autre fondé sur les dispositions des titres V et VI du traité sur l'Union européenne. Le traité de Lisbonne a simplifié la structure en unifiant la Communauté et l'Union.

67 La nature évolutive de l'Union ne facilite pas la réflexion. Si l'Union a pu être perçue au départ comme une organisation internationale, l'évolution du droit communautaire et l'apport de la Cour de justice, souvent consacré par les révisions successives des traités, ont amené à nuancer les réponses initiales et à mettre l'accent sur ce qui distingue celle-ci des organisations internationales classiques. En cherchant une réponse qui ne peut qu'être provisoire en raison même du dynamisme de l'Union, on devra s'interroger sur les objectifs de celle-ci (SECTION 1), sur ses valeurs fondatrices (SECTION 2), sur la nature de la charte constitutionnelle communautaire (SECTION 3) et enfin sur la nature de l'Union (SECTION 4).

SECTION 1

LES OBJECTIFS DE L'UNION

68 À l'origine, les Communautés avaient essentiellement une vocation économique (§ 1). Il est vrai qu'elles se situaient dans le cadre d'une vision politique plus vaste, mais cette dernière restait à l'état de projet. L'évolution a conduit à exprimer plus directement les finalités politiques (§ 2) dans les traités eux-mêmes.

§ 1. Les finalités économiques

69 Il résulte des versions originaires des trois traités communautaires que les objectifs de ceux-ci étaient essentiellement économiques. L'article 2 Traité CE exprimait ces objectifs de manière tout à fait générale : « promouvoir un développement harmonieux et équilibré des activités économiques dans l'ensemble de la Communauté, une croissance durable et non inflationniste respectant l'environnement, un haut degré de convergence des performances économiques, un niveau d'emploi et de protection sociale élevé, le relèvement du niveau et de la qualité de la vie, la cohésion économique et sociale entre les États membres ». Le traité d'Amsterdam a ajouté à ces objectifs très généraux la compétitivité et la convergence des politiques économiques, l'égalité entre les hommes et les femmes et développé la référence à l'environnement. Pour remplir ces objectifs fondamentaux, l'article 3 Traité CE comportait une longue liste de principes et de domaines d'action que venaient préciser les différentes parties du traité. Ainsi le traité ne comportait pas seulement un ensemble de règles techniques, mais il constituait un programme d'action contraignant pour la Communauté. La doctrine allemande a voulu voir dans ce texte une véritable « constitution économique », c'est-à-dire, selon la formule de L.-J. Constantinesco « un complexe de normes juridiques déterminant et régissant le déroulement du processus économique ».

70 Le point central des objectifs de la Communauté est constitué par l'établissement d'un Marché commun et l'article 14 Traité CE

(TFUE, art. 26) est consacré à la mise en place de ce marché. L'instauration d'un Marché commun va bien au-delà de la création d'une zone de libre-échange caractérisée par la suppression des frontières douanières entre ses membres. Elle implique la mise en place d'un tarif douanier commun à l'égard des produits originaires de pays tiers et, plus largement, une politique commerciale extérieure commune. À l'intérieur, le Marché commun repose sur la libre circulation des marchandises, des services, des capitaux et des personnes, ce que l'article 14 qualifie d'espace sans frontières intérieures. Tel qu'il se présente, le Marché commun ne concerne pas les seuls États, mais est avant tout un cadre d'activités pour les opérateurs économiques. De ce fait, la Communauté échappait à la seule logique interétatique puisque la mise en œuvre de ses dispositions dépendait également du concours des particuliers. La Cour en a tiré la conclusion en déclarant que certaines dispositions du traité avaient vocation à créer des droits pour les particuliers, droits que ceux-ci pouvaient invoquer devant les juridictions nationales. Comme l'écrivait le juge Pescatore, « La Cour (...) a opté pour une (...) vision de l'Europe, dont la mise en œuvre appartient à toutes les forces vives, c'est-à-dire aux personnes physiques et morales, que le processus communautaire concerne non moins directement que les États ». Ainsi, cette « constitution économique » de l'Europe ne comporte pas seulement des objectifs pour les États, mais confère directement des droits aux particuliers, droits que ceux-ci peuvent faire valoir directement, sans être obligés de passer, comme c'est le cas dans le droit international classique, par l'intermédiaire des États dont ils sont les ressortissants.

71 L'importance des objectifs de la Communauté a été mise en valeur par la Cour de justice, qui a œuvré de manière continue afin de leur donner une cohérence même lorsque leur réalisation simultanée pouvait donner lieu à des contradictions. Au lieu de se limiter à une interprétation technique des dispositions « opérationnelles » des traités, la Cour a non seulement interprété celles-ci par rapport aux objectifs de la Communauté en employant une méthode téléologique, mais elle a, indépendamment des autres dispositions, donné une valeur propre aux objectifs définis dans l'article 3.

Ainsi, elle s'est fondée sur les articles 2 et 3 g) (abrogés par le traité de Lisbonne) pour sanctionner une concentration d'entreprises, alors qu'à l'époque, il n'existait aucun instrument visant directement les concentrations. Rejetant la thèse selon laquelle l'article 3 constituait un catalogue dépourvu d'effets juridiques, la Cour estime que cet article « considère la poursuite des objectifs qu'il énonce comme indispensables pour l'accomplissement des missions confiées à la Communauté » et conclut que « les restrictions de concurrence que le traité admet dans certaines conditions (...) trouvent dans les exigences des articles 2 et 3 une limite au-delà de laquelle le fléchissement du jeu de la concurrence risquerait de porter atteinte aux finalités du Marché commun »[1]. Dans une autre affaire, elle a estimé qu'une disposition, identique à celle du Traité CE, contenue dans un accord avec un pays tiers devait recevoir une interprétation différente de celle retenue dans le cadre communautaire en raison de la spécificité des objectifs de la CE, spécificité qui ne se retrouvait pas dans l'accord en cause[2]. Ainsi, les principes contenus dans les traités constituent le cadre juridiquement contraignant tant pour les États que pour les personnes physiques et morales de l'activité de la Communauté.

§ 2. Les finalités politiques

72 L'inspiration qui animait les fondateurs de la CECA était d'ordre politique puisqu'il s'agissait de progresser vers une union de l'Europe de manière progressive à partir de ce qu'ils appelaient des « solidarités de fait » C'est pour cette raison que les finalités politiques qui n'étaient qu'implicites au départ, sont apparues progressivement dans les traités. L'Acte unique européen marque une première évolution en ce sens lorsqu'il assigne comme objectif la volonté de transformer l'ensemble des relations entre les États membres en une Union européenne et qu'il codifie les règles de

1. CJCE 21 févr. 1973, n° 6/72, *Europemballage et Continental Can c/Commission.*
2. CJCE 9 févr. 1982, n° 270/80, *Polydor c/Harlequin Records Shops.*

la coopération en matière de politique étrangère. Le traité sur l'Union européenne poursuivra cette évolution en affirmant clairement l'existence de valeurs communes à tous les membres de l'Union. À ce titre, l'article 3 TUE est particulièrement significatif lorsqu'il définit les objectifs de l'Union : « L'Union a pour but de promouvoir la paix, ses valeurs et le bien-être de ses peuples ». Suit une énumération qui développe ces objectifs : espace de liberté, de sécurité et de justice, marché intérieur, justice et protection sociale, cohésion et solidarité entre ses membres, respect de la diversité culturelle et sauvegarde du patrimoine culturel européen, union économique et monétaire, politique extérieure fondée sur la promotion de ses valeurs et de ses intérêts.

73 Le traité sur l'Union européenne tel qu'il a été approuvé à Maastricht témoignait ainsi d'une évolution décisive, qu'il qualifie de « nouvelle étape » (art. 1, al. 2), non seulement parce qu'il concrétisait l'existence de l'Union, en définissait les valeurs fondamentales et instituait une citoyenneté commune, mais aussi parce qu'il dotait expressément cette Union d'objectifs politiques. Le traité d'Amsterdam a poursuivi dans cette voie en précisant les dispositions relatives aux droits de l'homme et en mettant l'accent sur les exigences de proximité entre l'Union et ses citoyens. Cette évolution vers une communauté politique est marquée également par l'établissement d'une solidarité entre les États membres. Celle-ci se traduit sur le plan financier par l'exigence de transferts de ressources des États les plus riches vers les États les plus pauvres dans le cadre de la politique de cohésion. L'article 2 TUE tel qu'il se lit après l'entrée en vigueur du traité de Lisbonne couronne cette évolution en énonçant explicitement les valeurs de l'Union : « L'Union est fondée sur les valeurs de respect de la dignité humaine, de liberté, de démocratie, d'égalité, de l'État de droit ainsi que du respect des droits de l'homme, y compris des droits des personnes appartenant à des minorités. Ces valeurs sont communes aux États membres dans une société caractérisée par le pluralisme, la non-discrimination, la tolérance, la justice, la solidarité et l'égalité entre les femmes et les hommes ». Le respect de ces valeurs est une des conditions d'adhésion à l'Union européenne (TUE, art. 49).

74 Dès lors que les objectifs politiques de l'Union sont clairement affirmés, la conduite de la politique de celle-ci a davantage besoin du soutien de ses citoyens. D'où l'apparition au lendemain de Maastricht d'un certain nombre d'exigences nouvelles qui tirent leur origine de l'article 1, alinéa 2 du traité sur l'Union européenne, dans sa version de l'époque, lequel reprenait l'objectif de création d'une Union sans cesse plus étroite entre les peuples d'Europe, mais en l'assortissant de l'exigence que les décisions soient prises le plus près possible des citoyens. Certes, cette formule fait référence à l'introduction du principe de subsidiarité (v. ss 269), mais elle marque aussi le point de départ de nouvelles actions en faveur de la transparence du processus de décision, de la simplification du droit communautaire et de la qualité de la législation. Ce mouvement a été accompagné par un renforcement des pouvoirs du Parlement. En d'autres termes, l'affirmation dans les traités du caractère politique des objectifs de l'Union entraîne une démocratisation progressive du mode de fonctionnement de l'Union. Les débats qui ont entouré la ratification des révisions des traités postérieures à l'Acte unique, et notamment les difficultés danoises et irlandaises ainsi que le référendum sur le traité de Maastricht ou le traité instituant une constitution pour l'Europe, témoignent de la prise de conscience de cette mutation qu'on l'approuve ou qu'on la conteste. L'affirmation de valeurs fondamentales est sans doute le point le plus important. En effet, le traité n'est plus seulement un instrument qui définit les principes, les structures et le mode de fonctionnement de l'Union. Il repose sur des valeurs qui sont communes aux États membres et qui s'imposent à l'Union elle-même. C'est d'ailleurs en cela qu'il revêt une valeur constitutionnelle, car une constitution n'est pas seulement un ensemble de règles relatives au mode d'organisation du pouvoir, c'est aussi une vision commune d'un destin partagé sur la base de valeurs fondatrices.

Section 2
Les valeurs fondatrices

75 Quelles sont ces valeurs ou principes partagés par tous les États membres et quelle est leur origine ? Si elles sont exprimées dans les traités de Maastricht et d'Amsterdam, puis mises en lumière dans le traité de Lisbonne, elles ont une source plus lointaine. Certaines ont été dégagées par la Cour de justice, d'autres trouvent leur origine dans des déclarations politiques du Conseil européen. Dans la déclaration sur l'identité européenne adoptée par la conférence des chefs d'État ou de gouvernement à Copenhague, le 14 décembre 1973, les États membres « désireux d'assurer le respect des valeurs d'ordre juridique, politique et moral auxquelles ils sont attachés, soucieux de préserver la riche variété de leurs cultures nationales, partageant une même conception de la vie, fondée sur la volonté de bâtir une société conçue et réalisée au service des hommes (...) entendent sauvegarder les principes de la démocratie représentative, du règne de la loi, de la justice sociale – finalité du progrès économique – et du respect des droits de l'homme, qui constituent des éléments fondamentaux de l'identité européenne ».

76 Dans ce document, cinq valeurs essentielles sont mises en évidence : respect de la diversité culturelle, règne de la loi, justice sociale, respect des droits de l'homme et principe de démocratie. Les deux dernières ont été reprises dans la déclaration solennelle sur l'Union européenne adoptée par le Conseil européen de Stuttgart et dans le préambule de l'Acte unique. On sait la place que la Cour de justice accorde, de son côté, au respect des droits fondamentaux et au règne de la loi, c'est-à-dire au principe de l'État de droit. Le fait que ces valeurs soient contenues dans des textes programmatiques, qui, pour les deux premiers, n'émanaient pas d'institutions communautaires, ne les privait pas de toute signification. On assiste à un phénomène d'accrétion qui, tôt ou tard, a fini par produire ses effets dans l'ordre communautaire, soit en constituant un bain idéologique qui imprègne de façon diffuse l'activité communautaire, soit en se traduisant par un amende-

ment au traité. Ainsi la Cour de justice a salué la mention des droits fondamentaux dans le préambule de l'Acte unique, en précisant que le respect de la vie familiale « fait partie des droits fondamentaux qui, selon la jurisprudence de la Cour, réaffirmée dans le préambule de l'Acte unique européen, sont reconnus par le droit communautaire »[1].

77 Ces cinq valeurs fondamentales identifiées se sont développées de manière inégale. Le respect du règne de la loi (**§ 1**) et le respect des droits fondamentaux (**§ 2**) ont fait très tôt l'objet d'affirmations sans équivoque. Par contre, les réalisations ont été plus lentes à se faire jour en ce qui concerne le principe de démocratie (**§ 3**), la justice sociale (**§ 4**) ou l'affirmation du respect des diversités culturelles et de l'identité nationale (**§ 5**). D'ailleurs la justice sociale n'est pas mentionnée à l'article 6 TUE, mais à l'article 136 Traité CE consacré à la politique sociale (TFUE, art. 153). Elle apparaît à l'article 2 TUE amendé par le traité de Lisbonne notamment sous la forme de la solidarité.

78 Cette définition progressive des valeurs communes atteste de la recherche d'une identité européenne dont elles forment les éléments de base. Cette identité s'est construite à partir des identités propres aux États membres en isolant les caractéristiques qui leur sont communes. La Cour de justice, puis les traités, n'ont pas fait autrement lorsqu'ils indiquent que les droits fondamentaux résultent des valeurs constitutionnelles communes aux États membres. Dans ces conditions, l'identité européenne ne se construit par opposition aux identités nationales, mais sur leur base. Il subsiste bien entendu des différences importantes entre les conceptions propres aux États membres, comme en ce qui concerne la laïcité. Mais, dans ce cas, l'Union ne s'oppose pas aux États membres, mais respecte leur particularisme. C'est d'ailleurs pour cette raison que l'article 4 TUE impose à l'Union le respect de l'identité des États membres.

1. CJCE 18 mai 1989, n° 249/86, *Commission c/Allemagne*.

§ 1. Une Union de droit

79 Le principe de l'existence d'une Union de droit trouve sa première affirmation dans l'arrêt de la Cour de justice *Les Verts c/ Parlement européen :* « Il y a lieu de souligner d'abord, à cet égard, que la Communauté économique européenne est une Communauté de droit en ce que ni ses États membres ni ses institutions n'échappent au contrôle de la conformité de leurs actes à la charte constitutionnelle de base qu'est le traité »[1]. Dans cet arrêt, la Cour n'a pas, bien entendu, donné naissance à une Communauté de droit, mais en a simplement reconnu l'existence.

80 La Cour a déduit de cette constatation l'existence d'un système complet de recours et a admis, de ce fait, la légitimation passive du Parlement européen, c'est-à-dire le droit pour celui-ci, dans le silence du traité, de voir la validité de ses actes contestée devant la Cour. Dans sa définition de la Communauté de droit, la Cour met l'accent sur deux des éléments de l'État de droit, la soumission des autorités publiques à des normes et l'existence d'un contrôle juridictionnel permettant de garantir le respect de ces normes. Mais ainsi définie, la notion n'est pas complète, car rien n'empêcherait l'auteur d'un acte, tout en respectant les règles de forme des traités, d'agir de façon arbitraire. Une Union de droit serait alors une Union entièrement soumise à la volonté du législateur qui, dès lors qu'il respecterait la lettre des traités, pourrait se comporter selon son bon vouloir. La notion doit donc inclure dans les principes qu'il convient de protéger le respect des droits fondamentaux. En outre, le traité TFUE est en partie un traité cadre à vocation économique. Son application implique des choix qui sont difficiles au juge d'apprécier sans substituer son analyse d'opportunité à celle des institutions et d'accomplir ainsi œuvre législative. La Cour s'est toujours montrée fort vigilante à cet égard dans l'exercice de son contrôle de légalité. Comme elle le déclarait dans l'affaire *Consten Grundig* : « l'exercice des pouvoirs de la Commission comporte nécessairement des appréciations

---

1. CJCE 23 avr. 1986, n° 294/ 83.

complexes en matière économique (...) que le contrôle juridictionnel doit respecter ce caractère en se limitant à l'examen de la matérialité des faits et des qualifications juridiques que la Commission en déduit »[1]. Cependant, le respect de l'État de droit est assuré, même dans ce cas, par le recours à la théorie de l'erreur manifeste ainsi que par l'utilisation de principes comme celui de la sécurité juridique, de la proportionnalité ou de la protection de la confiance légitime qui encadrent le pouvoir discrétionnaire accordé aux institutions. Il existe cependant des discussions récurrentes sur le caractère complet du système de recours institué par les traités en raison de l'irrecevabilité des recours en annulation formés par des particuliers contre des actes de portée générale (v. ss 1097). Mais, dans ce cas, le traité de Lisbonne a tenté de compléter les voies de recours ouvertes aux particuliers (TFUE, art. 263, al., TUE, ex-art. 230).

81 Ainsi conçue, une Union de droit n'est pas seulement une Communauté de normes, mais une Union dans laquelle est assuré le contrôle juridictionnel du respect de la règle de droit par les autorités. Cette notion va bien au-delà des règles matérielles du traité et comprend notamment les droits fondamentaux. L'existence d'une Union de droit n'implique pas cependant que le pouvoir d'appréciation des institutions communautaires soit bridé par le juge, car on porterait ainsi atteinte à l'équilibre institutionnel et transformerait la Communauté en une Communauté de juges. Mais le juge doit veiller à ce que le pouvoir discrétionnaire ne puisse se transformer en arbitraire.

82 On peut mesurer l'importance que la Cour attache à l'existence d'une Union de droit au fait que, dans l'affaire Les Verts, elle a complété le traité pour permettre aux requérants d'attaquer un acte du Parlement qui, d'après une interprétation textuelle, échappait à son contrôle. On peut également illustrer cette attitude par la jurisprudence en matière de manquement d'État lorsque la Cour indique que la constatation de manquement entraîne prohibition de plein droit pour les autorités nationales d'appliquer une dispo-

1. CJCE 13 juill. 1966, n° 56 et 58/64.

sition nationale reconnue incompatible avec le traité[1]. Bien que le traité ne permette pas à la Cour d'annuler une mesure nationale contraire au droit communautaire, celle-ci a développé sa jurisprudence de manière à assurer, grâce au concours du juge national, le respect de la légalité communautaire.

83 Le traité d'Amsterdam a confirmé l'importance du respect de l'État de droit en l'élevant au niveau du droit primaire. En effet, l'article 6 § 1 TUE précise que « L'Union est fondée sur les principes de la liberté, de la démocratie, du respect des droits de l'homme et des libertés fondamentales, ainsi que de l'État de droit, principes qui sont communs aux États membres ». On reconnaîtra, dans cette énumération, celle qui figurait dans le préambule du traité sur l'Union européenne. Le § 1 de l'article 6 n'était cependant pas soumis au contrôle de la Cour de justice. Cependant, ceci n'empêchait en rien l'intervention de la Cour qui fondera l'exigence de respect des valeurs sur l'article 220 Traité CE (TUE, art. 19) selon lequel la Cour assure le respect du droit. Avec l'entrée en vigueur du traité de Lisbonne, l'ensemble de l'article 6 TUE est désormais soumis au contrôle de la Cour.

§ 2. Le respect des droits fondamentaux

84 La thématique des droits fondamentaux est l'un des classiques du droit de l'Union. À partir du silence initial des traités, les droits fondamentaux ont fait leur entrée dans le droit communautaire par la voie prétorienne. Puis, cette jurisprudence a été introduite dans les traités. La reconnaissance du caractère contraignant de la Charte des droits fondamentaux de l'Union européenne et l'adhésion de l'Union à la Convention européenne des droits de l'homme constituent les principales innovations apportées, à la suite de la constitution, par le traité de Lisbonne.

1. CJCE 13 juill. 1972, n° 48/71, *Commission c/ Italie.*

A. Le silence initial des traités

85 Les traités communautaires ne contenaient à l'origine aucune disposition générale quant à la protection des droits fondamentaux, même si certains principes comme ceux de la non-discrimination ou de la libre prestation de services pouvaient, dans certains cas, coïncider avec des dispositions relatives aux droits de l'homme. L'explication de ce silence est simple. En raison de la nature économique des traités, leurs auteurs n'ont pas pensé qu'un risque d'interférence puisse exister entre la législation communautaire et les droits de l'homme. À l'époque, la vision des droits de l'homme se limitait aux droits civils et politiques et l'on percevait mal les interactions qui pouvaient se produire entre une réglementation de nature économique et les droits de l'homme. D'ailleurs, lorsqu'on avait pensé, à l'époque des discussions sur la mise en place d'une Communauté européenne de défense, créer une Communauté politique européenne, il avait été envisagé de soumettre les actes de celle-ci au respect de la Convention européenne des droits de l'homme.

86 L'expérience a montré combien l'appréciation des auteurs des traités sur l'absence de liens entre une communauté économique et les droits fondamentaux était erronée, car elle méconnaissait le fait que ces droits s'appliquent à l'ensemble des activités des pouvoirs publics, voire aux rapports entre particuliers. Ainsi, dès l'origine, les interférences entre les activités des Communautés et le droit de propriété furent manifestes. Plus tard, lors du débat en Irlande sur la ratification de l'Acte unique européen, l'argument selon lequel l'intégration communautaire pouvait produire des effets sur l'existence d'un droit absolu à la vie dès la conception, droit auquel les Irlandais étaient attachés, avait été écarté. Par la suite, la Cour, saisie d'une demande préjudicielle sur la compatibilité avec le droit communautaire d'une mesure irlandaise interdisant la diffusion d'informations sur les conditions dans lesquelles des cliniques d'autres États membres pratiquaient légalement l'avortement, a jugé que la question pouvait être envisagée sous l'angle de la prestation de services[1]. Cet arrêt montre bien qu'il

1. CJCE 4 oct. 1991, n° 159/90, *Society for the Protection of Unborn Children c/ Grognan et a.*

n'est pas possible d'exclure *a priori* toute interférence entre l'activité de l'Union et la question des droits fondamentaux. Les risques d'interférence se sont, bien entendu, accrus, après l'entrée en vigueur du traité sur l'Union européenne, dans le cadre de la coopération en matière de justice et d'affaires intérieures.

B. L'apport de la jurisprudence

87 À défaut de dispositions des traités, la question des droits fondamentaux devait se poser devant par la Cour de justice. Dans ses premiers arrêts, cette dernière refusait de prendre en considération les droits fondamentaux protégés par les États membres[1].

88 Cette jurisprudence posait un certain nombre de problèmes. Tout d'abord, la conséquence en était que la création des Communautés se traduisait par un déficit dans la protection des droits fondamentaux. En effet, des compétences dont l'exercice par les États était soumis au respect des droits fondamentaux garantis par les constitutions nationales devaient-elles échapper à cette contrainte dès lors qu'elles étaient exercées par la Communauté ? En outre, il était nécessaire d'expliquer la raison pour laquelle des compétences dont l'exercice, au sein de cinq États membres, se trouvait limité par les obligations contractées dans le cadre de la Convention européenne des droits de l'homme, échappaient à toute limitation au lendemain de leur transfert aux Communautés, ainsi que du motif pour lequel les individus qui disposaient auparavant du droit de recours individuel devant les instances de Strasbourg auraient perdu ce droit à l'égard des compétences transférées. L'intégration européenne devait-elle s'accompagner d'un affaiblissement de la protection des droits fondamentaux des particuliers ?

89 Les juridictions nationales ne pouvaient rester indifférentes à une telle situation et la Cour constitutionnelle allemande, dans un arrêt célèbre, subordonnait son acceptation de la primauté du droit communautaire sur le droit national à l'existence d'une protection satisfaisante des droits fondamentaux dans le cadre des

1. CJCE 4 févr. 1959, n° 1/58, *Stork c/Haute Autorité de la CECA*.

Communautés[1]. Cette attitude fut également celle de la Cour constitutionnelle italienne[2]. Pourtant, la Cour de justice faisait évoluer sa jurisprudence dans un sens protecteur des droits fondamentaux. Ainsi, la Cour reconnaissait que les droits fondamentaux faisaient partie du droit communautaire en tant que principes généraux du droit[3]. Dans un arrêt du 17 décembre 1970, elle affirmait que le respect des droits fondamentaux faisait partie des principes généraux du droit dont elle assurait le respect et qu'il convenait de s'inspirer en ce qui concerne la définition de ces droits des traditions constitutionnelles communes aux États membres[4]. Puis, en 1974, elle affinait sa jurisprudence en faisant référence aux instruments internationaux auxquels les États membres ont coopéré ou adhéré et en particulier à la Convention européenne des droits de l'homme[5]. La situation pouvait être résumée dans la formule, maintes fois répétée de l'arrêt *Wachhauf*, « En vertu d'une jurisprudence constante (...) les droits fondamentaux font partie intégrante des principes généraux du droit dont la Cour assure le respect. En assurant la sauvegarde de ces droits, la Cour est tenue de s'inspirer des traditions constitutionnelles communes aux États membres, de telle sorte que ne sauraient être admises dans la Communauté des mesures incompatibles avec les droits fondamentaux reconnus par les constitutions de ces États. Les instruments internationaux concernant la protection des droits de l'homme auxquels les États membres ont coopéré ou adhéré, peuvent également fournir des indications dont il convient de tenir compte dans le cadre du droit communautaire »[6].

90 C'est en 1986, au vu de l'évolution de la jurisprudence de la Cour de justice, que la Cour constitutionnelle allemande devait désarmer en estimant qu'aussi longtemps que la protection des droits fondamentaux serait assurée de la sorte dans l'ordre communau-

---

1. CJCE 18 oct. 1967, BverfGE 22, p. 293 ; CJCE 29 mars 1974, dit *Solange I*, BVerfGE 37, p. 271.
2. CJCE 27 déc. 1973, *Frontini et Pozzani*, CDE 1975. 114 ; CJCE 8 juin 1984, *Granital*, CDE 1986. 185.
3. CJCE 12 nov. 1969, n° 29/69, *Stauder*.
4. CJCE 17 déc. 1970, n° 11/70, *Internationale Handelsgesellschaft*, Rec. 1125.
5. CJCE 14 mai 1974, n° 4/73, *Nold*.
6. CJCE 13 juill. 1989, n° 5/88.

taire, il n'y aurait pas lieu de remettre en cause la primauté[1]. La Cour constitutionnelle allemande a, par la suite, assoupli encore sa position en indiquant qu'elle n'examinerait le grief de violation des droits fondamentaux par la Communauté dans un cas particulier qu'à condition qu'il soit établi que le niveau général de protection des droits fondamentaux dans la Communauté s'est dégradé par rapport au niveau atteint depuis l'arrêt *Solange II*[2]. Elle accorde ainsi une immunité quasi-totale au droit de l'Union, sous réserve d'une improbable dégradation du niveau général de protection au sein de l'Union, et laisse le contrôle des droits fondamentaux entre les mains de la Cour de justice. De son côté, la Cour de justice n'a cessé d'affirmer l'importance des droits fondamentaux qu'elle qualifie dans l'arrêt *Kadi* de « principes constitutionnels » les situant dès lors au même niveau, voire à un niveau supérieur, que les autres dispositions du traité[3].

91 Les sources auxquelles la Cour a puisé pour définir les droits fondamentaux dans le cadre communautaire sont les traditions constitutionnelles communes des États membres et les conventions internationales auxquelles ceux-ci ont adhéré. Il n'est pas aisé, en raison de leur diversité, de définir un droit fondamental à partir des traditions constitutionnelles nationales. La Cour semble avoir plutôt une vision large qu'étroite en la matière pour éviter que ne soit admise au niveau de l'Union une mesure qui, au niveau national, aurait pu être censurée au regard des droits fondamentaux. Cependant, en cas de divergences entre les systèmes nationaux, elle peut se refuser à reconnaître l'existence d'un droit fondamental[4]. La Convention européenne des droits de l'homme joue un rôle appréciable, car elle fournit un catalogue de droits fondamentaux accepté par tous les États et nourri par une jurisprudence importante. Dans l'affaire *Hoechst*, la Cour a souligné que la Convention européenne des droits de l'homme revêtait

1. CJCE 22 oct. 1986, dit *Solange II*, BVerfGE, p. 339.
2. BVerfGE, 2/BVL 1/97.
3. CJUE 3 sept. 2008, n° 402/05P, *Rec. I*, p. 6351.
4. Ainsi pour l'inviolabilité du domicile professionnel, v. CJCE 21 sept. 1989, n° 46/87 et 227/88, *Hoechts* ; mais suite à l'approfondissement de la jurisprudence de la Cour européenne des droits de l'homme, la jurisprudence de la Cour de justice a évolué sur ce point.

« une signification particulière ». On a remarqué que la Cour semblait parfois appliquer la Convention européenne des droits de l'homme sans passer par la référence aux principes généraux du droit communautaire comme si celle-ci constituait une source autonome[1]. Cependant, il ne faut pas tirer de conclusions d'un précédent isolé et contredit à de nombreuses reprises par la jurisprudence ultérieure. D'ailleurs, la Cour n'a jamais accepté de se considérer comme liée par la convention au titre de la succession alors qu'elle a admis que la Communauté avait succédé aux États membres en ce qui concernait les obligations du GATT[2]. La Cour a utilisé la convention européenne sur la base des principes généraux, solution reprise ensuite dans les traités.

C. L'insertion progressive des droits de l'homme dans les traités

92 Si l'élévation des droits fondamentaux au rang de principe général du droit communautaire est avant tout l'œuvre de la Cour, les institutions et les États membres ont accompagné cette évolution. Tout d'abord, une déclaration commune du Parlement européen, de la Commission et du Conseil, le 5 avril 1977, fait état de l'importance que les institutions attachent au respect des droits fondamentaux tels qu'ils résultent des constitutions des États membres et de la Convention européenne des droits de l'homme. Ensuite, dans le préambule de l'Acte unique européen, les États se déclarent décidés à promouvoir ensemble « la démocratie en se fondant sur les droits fondamentaux reconnus dans les constitutions et lois des États membres, dans la convention de sauvegarde des droits de l'homme et des libertés fondamentales et dans la Charte sociale européenne ».

93 Le traité de Maastricht a marqué une étape importante puisque l'article F § 2 (aujourd'hui 6 TUE) reprenait la jurisprudence de la Cour en faisant du respect des droits fondamentaux un des principes généraux du droit communautaire et en reproduisant la réfé-

1. CJCE 17 déc. 1998, C-185/95P, *Bausthalgewebe Gmbh c/Commission.*
2. CJCE 12 sept. 1972, n° 21/72, *International Fruit.*

rence à la Convention européenne des droits de l'homme et aux traditions constitutionnelles communes aux États membres comme sources des droits fondamentaux. Cependant, l'article F était situé dans une partie du traité soustraite à la compétence de la Cour.

94 Cette consolidation de l'acquis jurisprudentiel était certes importante, mais les progrès ne se sont pas arrêtés là. Lors des négociations du traité d'Amsterdam, la question des droits fondamentaux ne pouvait être éludée à la suite de l'avis de la Cour relatif à l'adhésion à la Convention européenne des droits de l'homme (v. ss 115). S'il n'a pas été possible de trouver un accord quant à l'adhésion, le traité d'Amsterdam modifiait cependant la situation de manière importante. Tout d'abord, il impose explicitement aux États candidats le respect des principes de l'article 6 parmi lesquels figurent les droits de l'homme et l'État de droit. Ensuite, il instaure une procédure de suspension des droits de vote et de droits découlant du traité lorsqu'un État membre viole de manière « grave et persistante » les principes énoncés à l'article 6. Le traité de Nice introduira une procédure permettant en cas de « risque clair de violation grave par un État membre » d'adresser des recommandations à ce dernier (TUE, art. 7, § 1). Enfin, la compétence de la Cour est affirmée en ce qui concerne le respect de l'article 6 § 2, lequel impose à l'Union de respecter les droits fondamentaux, tant dans le domaine communautaire que dans le cadre du titre VI. Contrairement à ce qui avait été envisagé, notamment à l'époque par la Cour de justice, le traité d'Amsterdam n'instaure pas un recours spécifique en matière de droits fondamentaux, mais légitime l'invocation de la violation des droits fondamentaux dans le cadre des recours existants (art. 46, abrogé par le traité de Lisbonne en raison de la fusion de l'Union et de la Communauté). La recevabilité n'était donc pas élargie et la situation jurisprudentielle existante était confirmée dans le traité. Mais ce ne sont pas les seuls apports du traité d'Amsterdam. En effet, le traité autorise la Communauté à prendre des mesures positives pour lutter contre la discrimination fondée « sur le sexe, la race ou l'origine ethnique, la religion ou les croyances, un handicap, l'âge ou l'orientation sexuelle » ainsi qu'à promouvoir

l'égalité entre les hommes et les femmes (art. 141 ; TFUE, 157). L'article 136 (TFUE, art. 151), relatif à la politique sociale, contient une référence aux droits sociaux fondamentaux, tels que ceux énoncés par la Charte sociale européenne et par la Charte communautaire des droits sociaux fondamentaux des travailleurs. Le traité d'Amsterdam instaure également une protection des personnes physiques à l'égard du traitement des données à caractère personnel par la Communauté (art. 286 ; TFUE, art. 16). Il consacre le principe de l'accès des citoyens communautaires aux documents du Parlement, de la Commission et du Conseil (art. 255 ; TFUE, art. 15). Ainsi, le traité d'Amsterdam marque une étape importante non seulement en ce qu'il consacre l'acquis jurisprudentiel, mais en ce qu'il développe, dans des domaines spécifiques, la protection des droits fondamentaux

95 Suivant la voie ouverte par la constitution, l'article 6 TUE tel que révisé par le traité de Lisbonne marque une évolution fondamentale. Tout d'abord, l'article 6 accorde à la Charte des droits fondamentaux « la même valeur juridique que les traités ». Elle est ainsi intégrée dans le droit primaire de l'Union et constitue l'instrument fondamental de protection des droits fondamentaux dans l'Union.

Cependant, l'article 6 maintient la disposition ancienne selon laquelle « les droits fondamentaux tels qu'ils sont garantis par la Convention européenne des droits de l'homme (...) et tels qu'ils résultent des traditions constitutionnelles des États membres, font partie du droit de l'Union en tant que principes généraux ». Les principes généraux du droit constituent donc une porte ouverte qui permet de compléter, le cas échéant, la protection offerte par la Charte. Enfin, l'article 6 prévoit que l'Union adhère à la Convention européenne des droits de l'homme. Cette dernière constituera donc un standard minimum auquel le droit de l'Union ne saurait se soustraire. Lorsque la Charte offrira une protection plus étendue que la Convention, ce qui est le cas dans de nombreuses hypothèses, elle s'appliquera. Par contre, si d'aventure la Convention offrait une meilleure protection, l'Union devrait respecter la Convention.

96 Deux États membres ont exprimé leurs réserves à l'égard de la Charte, la Pologne et le Royaume-Uni. S'agissant de la Pologne, les questions qui la préoccupent concernent essentiellement le statut de la famille, et notamment le mariage homosexuel, ainsi que le droit de propriété en raison de la crainte de revendications en restitution de la part des Allemands expulsés de Pologne après la seconde guerre mondiale. Cependant, il s'agit de droits protégés par la Convention européenne des droits à laquelle la Pologne est partie et qui n'ont pas suscité jusqu'à présent de difficultés dans ce cadre. Il est vrai qu'en ce qui concerne le droit au mariage, la Charte paraît aller plus loin que la Convention, mais elle subordonne cette extension aux conditions prévues par la législation nationale. Aussi longtemps que la législation polonaise ne reconnaîtra pas le mariage homosexuel, l'extension du droit au mariage que paraît impliquer la Charte ne pourra être invoquée en Pologne. Cependant, la question reste ouverte en ce qui concerne les effets en Pologne d'un mariage homosexuel célébré à l'étranger. Pour sa part, le Royaume-Uni qui avait pourtant signé le traité instituant une constitution pour l'Europe alors que celui-ci incorporait la Charte, a toujours exprimé des craintes en ce qui concerne les droits sociaux dont il redoute qu'ils nuisent à la compétitivité de l'économie britannique. La Charte, élaborée avec la contribution du Royaume-Uni, ne justifie sans doute pas ces craintes. En effet, la grande majorité des droits sociaux garantis par la Charte s'exercent dans les conditions prévues par le droit communautaire ou les lois et pratiques nationales. En outre, bien des droits sociaux font l'objet de mesures de droit dérivé et, dans ces conditions, s'imposent, Charte ou non, au titre de la primauté. Même si les craintes de ces deux États n'étaient pas fondées, un protocole sur l'application de la Charte des droits fondamentaux de l'Union européenne à la Pologne et au Royaume-Uni a été joint au traité de Lisbonne.

97 Afin d'obtenir la ratification du Traité de Lisbonne, le Conseil européen a accepté la revendication tchèque de se joindre au protocole lors de l'adhésion de la Croatie. Comme pour la Pologne, il s'agit d'une réponse inadéquate aux préoccupations exprimées par le président tchèque. En effet, celui-ci voulait éviter les demandes de restitution des biens allemands confisqués à l'issue de la seconde guerre mondiale. Or, l'article de la Charte sur le droit de

propriété ne se distingue guère de celui du premier protocole à la Convention européenne des droits de l'homme et ce dernier n'a jamais été interprété par la Cour européenne des droits de l'homme comme créant un droit absolu à la restitution. D'autre part, la Charte ne s'applique pas à des situations antérieures à l'adhésion d'un État à l'Union européenne. Enfin, ces confiscations ont été couvertes à l'époque par les accords entre alliés. L'adjonction de la République tchèque au protocole n'était donc pas utile. Elle constituait une réponse politique à un problème politique, la nécessité pour le président tchèque d'obtenir une quelconque concession afin de pouvoir procéder à la ratification du traité de Lisbonne. La République tchèque a finalement renoncé quatre ans plus tard à se joindre au Royaume-Uni et à la Pologne.

98 La Cour de justice n'a pas tardé à donner une réponse sur la portée exacte du protocole. Elle a réservé sa réponse en ce qui concerne les droits sociaux (Charte, titre IV) dont elle n'était pas saisie. Pour le reste, elle a confirmé l'opinion généralement retenue par la doctrine : « le protocole n° 30 ne remet pas en question l'applicabilité de la charte au Royaume-Uni ou en Pologne, ce qui est conforté par les considérants dudit protocole. Ainsi, selon le troisième considérant du protocole (n° 30), l'article 6 TUE dispose que la charte doit être appliquée et interprétée par les juridictions de la République de Pologne et du Royaume-Uni en stricte conformité avec les explications visées à cet article. Par ailleurs, selon le sixième considérant dudit protocole, la charte réaffirme les droits, les libertés et les principes reconnus dans l'Union et les rend plus visibles, sans toutefois créer de nouveaux droits ou principes (...). Dans ces conditions, l'article 1er, § 1, du protocole (n° 30) explicite l'article 51 de la charte, relatif au champ d'application de cette dernière, et n'a pas pour objet d'exonérer la République de Pologne et le Royaume-Uni de l'obligation de respecter les dispositions de la charte, ni d'empêcher une juridiction de l'un de ces États membres de veiller au respect de ces dispositions ».

D. La Charte des droits fondamentaux de l'Union européenne

99 On mesure le chemin parcouru à partir d'une situation initiale qui faisait l'impasse sur les droits fondamentaux. L'action de l'Union est entièrement soumise au respect de ces droits sous le contrôle de la Cour de justice. Certains avaient souhaité que la Communauté devienne partie à la Convention européenne des droits de l'homme pour éviter les risques de conflits de jurisprudence entre la Cour européenne des droits de l'homme, saisie par un particulier d'une mesure nationale d'application du droit communautaire et la Cour de justice des Communautés. Mais cet objectif n'avait pu être atteint jusqu'à l'entrée en vigueur du traité de Lisbonne. D'autres souhaitaient que le traité soit complété, à l'instar des constitutions nationales, par une déclaration des droits et le Conseil européen de Cologne a approuvé, en juin 1999, la mise en chantier d'un processus de rédaction, avec la participation du Parlement européen, des Parlements nationaux et des représentants des gouvernements des États membres, d'une déclaration des droits fondamentaux, laquelle pourrait être insérée ultérieurement dans les traités. Les travaux entrepris en décembre 1999 furent achevés en temps utile pour le Conseil européen de Nice en décembre 2000. Il s'agissait avant tout de rendre plus visibles pour les citoyens les droits existants, mais aussi de donner à ceux-ci une expression plus adaptée à l'évolution de la société. Les rédacteurs de la charte ont choisi de rédiger celle-ci dans une forme juridique de telle sorte qu'elle puisse, le cas échéant, être intégrée dans les traités sans modifications. Le traité de Lisbonne incorpore la Charte dans l'article 6 en lui donnant la même valeur que les traités. À cette fin, quelques modifications ont été opérées à la demande du Royaume-Uni dans le texte de la Charte afin d'apaiser les craintes de celui-ci, ce qui ne l'a pas empêché de demander un protocole spécial sur l'application de la Charte au Royaume-Uni « sur son sol », (v. ss 97) protocole auquel la Pologne s'est jointe. Le texte incorporé est celui de la Charte dans sa version du 12 décembre 2007.

1. Le champ d'application matériel de la Charte

100 En ce qui concerne le champ d'application, l'article 52 de la Charte précise que celle-ci s'applique aux institutions et organes de l'Union ainsi qu'aux États membres, mais uniquement lorsque ceux-ci mettent en œuvre le droit de l'Union. Quant à l'application aux États membres, la formule est plus restrictive que celle de la Cour de justice qui, dans sa jurisprudence faisait référence au champ d'application du droit communautaire plutôt qu'à la mise en œuvre du droit de l'Union. Cependant, selon les explications annexées à la Charte qui, selon l'article 6 TUE, doivent être dûment prises en compte pour l'interprétation de la Charte, la formule devait être entendue comme faisant référence au champ d'application du droit de l'Union. La Cour de justice semble avoir dans un premier temps fait preuve d'une certaine prudence. Celle-ci était justifiée par le fait que tant l'article 6 TUE que la Charte elle-même indiquent que celle-ci n'étend pas les compétences de l'Union. Or en donnant au champ d'application sa pleine extension, on risquait de limiter la liberté laissée aux États membres d'exercer leurs compétences propres comme ils l'entendaient.

101 Finalement, la situation s'est clarifiée et, selon la Cour, la Charte s'applique aux États membres dans les circonstances suivantes :

Lorsqu'un État membre prend des mesures nationales de mise en œuvre du droit de l'Union qu'il s'agisse de mesures normatives (transposition d'une directive par exemple) ou application d'un acte de l'Union à un particulier, il est soumis au respect de la Charte[1]. Lorsque le droit de l'Union laisse aux États membres une marge d'appréciation, les mesures prises par ceux-ci dans le cadre de cette marge doivent respecter les droits garantis par la Charte[2]. Par contre, la Charte ne s'applique pas en dehors du cadre de la préemption, c'est-à-dire aux domaines non couverts par la légis-

1. C'est l'hypothèse classique, mentionnée dans les explications jointes à la Charte, de l'arrêt *Wachauf*, CJUE 13 juin 1989, 5/88, Pour la transposition d'une directive, voir par exemple CJUE 24 nov. 2011, C-468/10, *Asociación Nacional de Establecimientos Financieros de Crédito (ASNEF)* : « il incombe aux États membres, lors de la transposition de la directive 95/46, de veiller à se fonder sur une interprétation de cette dernière qui leur permette d'assurer un juste équilibre entre les différents droits et libertés fondamentaux protégés par l'ordre juridique de l'Union ».

2. CJUE 21 déc. 2011, C-411/10, *N.S.*.

lation de l'Union[1]. La notion de mise en œuvre du droit de l'Union ne concerne pas seulement les États membres, mais s'étend également aux partenaires sociaux lorsqu'une directive permet à ceux-ci de mettre en œuvre ses dispositions[2].

Selon la jurisprudence antérieure au traité de Lisbonne, une restriction opérée par un État membre à l'application d'un acte de l'Union doit également respecter les droits fondamentaux. Cette restriction qui était mentionnée dans les explications jointes à la Charte, a été confirmée par la Cour de justice dans l'arrêt *Pfleger*[3]. Il en résulte qu'un État doit non seulement respecter les droits garantis par la Charte lorsqu'il applique positivement le droit de l'Union, mais aussi lorsqu'il restreint l'application de celui-ci.

Mais le problème, le plus débattu était de savoir si la notion de mise en œuvre couvrait également la notion de champ d'application du droit de l'Union utilisée par la Cour dans sa jurisprudence antérieure. Dans la mesure où la Cour aurait retenu une interprétation stricte de la formulation de la Charte, cela aurait entraîné une diminution de la protection des droits fondamentaux par rapport à celle qui existait avant le traité de Lisbonne. Telle n'a pas été la position retenue. Dans l'arrêt *Akerberg Fransson*, la Cour de justice confirme sa jurisprudence antérieure : « En effet, il résulte, en substance, de la jurisprudence constante de la Cour que les droits fondamentaux garantis dans l'ordre juridique de l'Union ont vocation à être appliqués dans toutes les situations régies par le droit de l'Union, mais pas en dehors de telles situations. C'est dans cette mesure que la Cour a déjà rappelé qu'elle ne peut apprécier, au regard de la Charte, une réglementation nationale qui ne se situe pas dans le cadre du droit de l'Union. En revanche, dès lors qu'une telle réglementation entre dans le champ d'application de ce droit, la Cour, saisie à titre préjudiciel, doit fournir tous les éléments d'interprétation nécessaires à l'appréciation, par la juridiction nationale, de la conformité de

1. CJUE 4e ch., 15 sept. 2011, C-483/09, *Procédures pénales c/Magatte Gueye, et C-1/10, Valentín Salmerón Sánchez.*

2. CJUE 8 sept. 2011, aff. Jtes, C-297/10 et C-298/10, *Sabine Hennigs c/Eisenbahn-Bundesamt, Land Berlin et Alexander Mai.*

3. CJUE 30 avr. 2014, C-390/12

cette réglementation avec les droits fondamentaux dont elle assure le respect »[1]. En l'espèce, la Cour de justice a estimé que la question du non bis in idem pour sanctionner une fraude à la TVA devait être examinée par rapport à la Charte alors que les directives TVA ne contenaient aucune référence aux sanctions. Cependant la question avait un lien avec le droit de l'Union. Il n'en résulte pas pour autant que toute situation ayant un lien avec le droit de l'Union tombe dans le champ d'application de la Charte. IL faut que le lien soit substantiel et une affectation indirecte du droit de l'Union ne suffit pas. En l'état actuel de la jurisprudence, il faut qu'il existe des normes de l'Union spécifiques à la matière, que la mesure nationale intervienne dans le cadre des objectifs poursuivis par cette mesure et qu'elle soit susceptible de l'affecter directement[2]. La jurisprudence ultérieure viendra certainement préciser encore les critères d'application de la Charte, mais il faut constater que la Cour en refusant une interprétation textuelle de l'article 51 a su maintenir le niveau de protection des droits fondamentaux dans l'Union.

2. L'application de la Charte dans les rapports entre particuliers

102 La question de l'application horizontale est classique en matière de droits fondamentaux. Elle a été souvent résolue sur la base de l'obligation positive qui incombe aux États membres d'assurer le respect de ces droits dans les rapports entre particuliers. La Charte est restée silencieuse sur ce point et seule la Cour pouvait apporter une réponse. Dans un premier temps, elle a éludé la difficulté. Saisie de l'invocation de la Charte dans le cadre des rapports entre une salariée et son employeur à propos du droit aux congés payés et confrontée aux conclusions négatives de l'avocat général, elle ne s'est pas prononcée sur la question et a donné raison à la requérante sur la base de la directive de l'Union relative aux congés payés annuels et du principe qui impose au juge national d'interpréter le droit national en conformité avec le droit de l'Union[3]. Il a fallu que la Cour de cassation revienne à la charge

1. CJUE 26 fév. 2013, C-617/13
2. CJUE 18 décembre 1997, C-309/96 *Annibaldi* et 6 mars 2014, C-206/13, *Siragusa*.
3. CJUE 24 janv. 2012, C-282/10, *Maribel Dominguez*.

pour que la situation soit éclaircie. Dans son arrêt *Association de médiation sociale*[1], la Cour n'exclut pas l'application horizontale de certaines dispositions de la Charte tout comme elle l'avait admis pour certains principes généraux du droit[2]. En effet, pour qu'un droit garanti par la Charte puisse être invoqué dans les rapports entre particuliers, il doit être inconditionnel ce qui n'est pas le cas du droit à l'information et à la consultation des travailleurs (article 27 de la Charte) dont la Charte elle-même indique qu'il s'exerce dans les conditions prévues par le droit de l'Union et les droits et les pratiques nationales. L'article 27 seul n'est donc pas susceptible d'application horizontale. Il ne l'est pas plus lorsqu'il est précisé par une directive en raison de l'absence d'effet direct horizontal des directives (v. ss 1001). L'article 27 ne peut donc être invoqué pour exclure l'application d'une disposition nationale contraire dans les rapports entre particuliers (effet direct d'exclusion)[3]. L'application de la Charte dans les rapports entre particuliers doit donc être appréciée au regard de la formulation du droit en cause et la Cour a reconnu l'effet horizontal de l'article 21, paragraphe 1, de la Charte (non-discrimination)[4]

3. L'effet du protocole n° 30 relatif à l'application de la Charte au Royaume-Uni et à la Pologne

103 Ce protocole institue-t-il un système dérogatoire et, si tel est le cas, quelle est la portée de celui-ci ? L'ambiguïté a parfois régné sur ce point. Le protocole souligne, en premier lieu, que la Charte « réaffirme les droits, les libertés et principes reconnus dans l'Union et les rend plus visibles, sans toutefois créer de nouveaux droits et principes ». En second lieu, il précise qu'il n'affecte pas les obligations des États en vertu des traités et du droit de l'Union. Dans cette hypothèse, si les droits garantis par la Charte font partie de l'acquis ce qui n'est pas toujours évident, mais le protocole en fait une vérité juridique, et si le protocole ne remet pas en

1. CJUE 15 janv. 2014, C-176/12.
2. Voir CJUE 19 janv. 2010, C-555/07, *Kücükdeveci*.
3. Comme le souligne la Cour, le particulier dispose de la possibilité de faire jouer la responsabilité de l'État pour obtenir réparation en application de la jurisprudence *Frankovitch* (CJUE 19 novembre 1991, C-6 et 9/90).
4. *Kücükvedeci*, précité.

cause le respect de l'acquis, les États bénéficiaires d'un prétendu *opting out* devront respecter en tout cas les droits garantis par la Charte sur la base de la primauté dès lors qu'ils interviendront dans le champ d'application du droit de l'Union. L'autre élément important contenu dans le protocole est relatif à la compétence juridictionnelle. Il est précisé que la Charte n'étend pas la compétence de la Cour ou des juridictions nationales. Cependant ne pas étendre ne signifie pas restreindre et le juge pourra toujours contrôler, comme auparavant, le respect des droits fondamentaux par le canal des principes généraux du droit. En réalité, l'objet principal du protocole était de limiter le recours aux droits sociaux puisqu'il est expressément interdit au juge national ou de l'Union d'apprécier une mesure nationale au regard du chapitre IV de la Charte (solidarité) dès lors que le droit invoqué n'est consacré par le droit national. À vrai dire, avec ou sans protocole, la question devait être posée puisque la possibilité pour un particulier d'invoquer ces droits est dans de nombreux cas subordonnée à l'existence de mesures d'application de l'Union ou nationales. S'il existe une mesure prise par l'Union, elle s'imposera aux États dans le champ d'application du droit de l'Union en raison de la primauté. À défaut, l'État membre restera libre d'agir comme il l'entend. Dans ces conditions, le protocole ne se limite-il pas à consacrer des évidences ? Il est difficile de prétendre que la Charte ne contient que des droits préexistants et de vouloir simultanément échapper aux effets de ces droits tout en plaidant pour le respect de l'acquis en matière de droits fondamentaux. Dans un tel contexte, l'utilité du protocole est moins évidente que si l'on avait prétendu que la Charte apportait des innovations fondamentales contre lesquelles il fallait se prémunir. D'ailleurs, devant la commission de la Chambre des Communes, le gouvernement britannique avait souligné que le protocole visait davantage à interpréter la Charte qu'à instaurer un système dérogatoire.

104 La Cour de justice n'a pas tardé à se pencher sur la portée exacte du protocole. Tout en réservant sa réponse en ce qui concerne les droits sociaux (Charte, titre IV) dont elle n'était pas saisie, elle a confirmé l'opinion généralement retenue par la doctrine : « le protocole n° 30 ne remet pas en question l'applicabilité de la

charte au Royaume-Uni ou en Pologne, ce qui est conforté par les considérants dudit protocole. Ainsi, selon le troisième considérant du protocole (n° 30), l'article 6 TUE dispose que la charte doit être appliquée et interprétée par les juridictions de la République de Pologne et du Royaume-Uni en stricte conformité avec les explications visées à cet article. Par ailleurs, selon le sixième considérant dudit protocole, la charte réaffirme les droits, les libertés et les principes reconnus dans l'Union et les rend plus visibles, sans toutefois créer de nouveaux droits ou principes (...). Dans ces conditions, l'article 1er, § 1, du protocole (n° 30) explicite l'article 51 de la charte, relatif au champ d'application de cette dernière, et n'a pas pour objet d'exonérer la République de Pologne et le Royaume-Uni de l'obligation de respecter les dispositions de la charte, ni d'empêcher une juridiction de l'un de ces États membres de veiller au respect de ces dispositions »[1].

4. Les droits garantis

105 En ce qui concerne les relations entre la Charte et les compétences de l'Union, celle-ci indique dans son article 51 qu'elle ne vise pas à créer de nouvelles compétences pour l'Union ou à modifier les compétences existantes. Les États membres ont été si sensibles à cette problématique qu'ils ont tenu à reproduire la formule à l'article 6, § 1, TUE. Leur crainte était que l'Union ne transforme son obligation de respecter certains droits en titre de compétence pour légiférer sur ces droits. En d'autres termes, le fait que la Charte impose à l'Union de respecter la liberté religieuse n'a pas pour conséquence de permettre à celle-ci d'adopter une directive harmonisant les législations nationales en la matière. Rien n'est donc changé quant à l'absence de compétence générale de l'Union pour légiférer en matière de droits de l'homme.

106 La Charte comporte des titres consacrés à la dignité de la personne humaine, aux libertés, à l'égalité, à la solidarité, à la citoyenneté et à la justice. Une dernière partie contient des dispositions générales relatives à l'interprétation et à l'application de la Charte. Bon nombre de ces droits reprennent des droits garantis par la

1. CJUE 21 déc. 2011, C-411/10, *N.S.*.

Convention européenne des droits de l'homme dans une rédaction parfois modernisée pour tenir compte des évolutions jurisprudentielles. La Charte traduit également les évolutions technologiques, politiques et sociales qui se sont produites depuis l'adoption de la Convention européenne des droits de l'homme. Elle consacre ainsi certains droits qui ne trouvaient pas expressément place dans la convention (bioéthique, accès aux documents, protection des données, droits à l'égard de l'administration...) ou donne une portée plus large à certains droits qui y figurent (droit au mariage, liberté d'association, droit à l'éducation, droit à un recours effectif, règle *ne bis in idem*...).

107 Pour la première fois, dans un document de ce type, on trouve réunis des droits civils et politiques et des droits économiques et sociaux. L'équilibre réalisé entre ces deux catégories de droits définit ce que sont, à l'heure actuelle, les valeurs partagées par tous les États membres. Cet équilibre a été difficile à atteindre, car c'est précisément, en matière de droits sociaux, que se manifestent les différences entre les modèles de société des États membres. L'accord trouvé sur ce point n'en revêt que plus d'importance. Il repose sur une distinction entre **droits et principes**. Les premiers peuvent être directement invoqués par les particuliers, les seconds ne le peuvent qu'à travers les mesures qui les mettent en œuvre. Les principes ont une vocation programmatique et ils sont appelés à être concrétisés par le droit dérivé et, selon l'article 52, paragraphe 5, c'est la norme qui concrétise le principe qui créera un droit subjectif justiciable. Mais cette constatation n'épuise pas la fonction du principe. Puisqu'il s'agit d'objectifs, ceux-ci doivent être respectés par l'Union dans son action. Les principes doivent être respectés par la législation de l'Union. En effet, la Cour de justice estime depuis longtemps que, dans son action, l'Union doit respecter les objectifs et les principes établis par le traité[1]. Il serait donc possible d'attaquer devant la Cour la validité d'un acte de l'Union qui irait à l'encontre d'un principe. Par exemple, une

1. Voir parmi une abondante jurisprudence en matière agricole, CJUE 22 janv. 1986, 250/84, *Eridiana*, et, dans le domaine de l'environnement, à propos du principe de précaution, l'arrêt du Tribunal qui impose l'application du principe à toutes les politiques, TPI, *Artegodan*, 26 novembre, 2002, T-74/00, T-76/00, T-83/00, T-85/00, T-132/00, T-137/00, T-141/00.

législation qui entraînerait des conséquences nuisibles pour la santé pourrait être annulée pour violation du droit à la santé. Il est également possible de justifier une restriction à une liberté résultant du traité par la nécessité de respecter un principe. En effet, selon la Cour de justice, à propos du droit à la protection de la santé garanti par la Charte, «... il ressort de l'article 52, paragraphe 1, TFUE que la protection de la santé publique peut justifier des restrictions à la liberté d'établissement»[1]. Mais un particulier ne pourra invoquer ce droit pour obtenir une prestation que dans la mesure où la législation organise l'octroi de cette prestation. Il reviendra au juge d'identifier les principes, car la Charte n'établit pas une distinction claire entre droits et principes tandis que les explications se limitent à une liste indicative. En outre, tous les droits sociaux ne constituent pas des principes. Par exemple, la garantie de maintien de l'emploi en cas de maternité donne naissance à un droit justiciable directement.

E. La compétence de l'Union pour prendre des mesures en matière de droits fondamentaux

108 Si, comme la Cour de justice l'avait constaté dans son avis n° 2/94 du 28 mars 1996, l'Union a l'obligation de respecter les droits fondamentaux, ceci implique-t-il qu'elle dispose d'une compétence pour légiférer dans ce domaine ? La question est fort controversée et se présente de manière différente selon qu'il s'agit de l'action interne ou externe de l'Union.

1. Sur le plan interne

109 À l'exception de quelques dispositions spécifiques des traités (égalité entre les hommes et les femmes, transparence, protection des données...), il n'existe aucune attribution spécifique de compétence en la matière. Certains ont cependant soutenu que la protection des droits fondamentaux constituait un objectif horizontal des traités et qu'à ce titre, l'Union était autorisée à légiférer en se fondant sur l'article 352 TFUE (Traité CE, ex-art. 308).

1. CJUE 5 décembre 2013, C-159 à C-161/12 afin de justifier la restriction apportée à la liberté d'établissement par un régime d'autorisation d'ouverture des pharmacies, voir aussi CJUE 6 septembre 2012, *Deutche Weintor*, C-544/10

110 Cet argument se heurte à plusieurs obstacles. Tout d'abord, la protection des droits de l'homme ne constitue pas un objectif de l'Union, mais une obligation à laquelle celle-ci est soumise. De ce que l'Union a le devoir de respecter les droits de l'homme, il n'en découle pas qu'elle dispose de la compétence d'adopter des législations spécifiques en ce domaine. Ce qui pèse sur l'Union, c'est l'obligation de s'assurer, lorsqu'elle adopte une législation, qu'il ne soit pas porté atteinte à ces droits. Ainsi, l'Union ne dispose pas par exemple de la compétence pour adopter une législation sur l'inviolabilité du domicile, mais elle doit, lorsqu'elle définit les pouvoirs de la Commission dans le domaine de la concurrence, veiller à ce que soit respectée l'inviolabilité du domicile. De même, l'Union ne peut adopter une législation relative à la liberté religieuse, mais lorsqu'elle a réglementé l'abattage des animaux, elle s'est assurée qu'il ne soit pas porté atteinte à la liberté religieuse et y a inséré à cette fin des règles spécifiques relatives à l'abattage rituel. Il existe certes des cas limites dans lesquels l'adoption d'une législation spécifique s'impose pour permettre la réalisation du marché intérieur. Ainsi, pour favoriser la libre circulation des données, alors qu'il n'existait à l'époque aucune disposition dans les traités sur la protection des données, il a été nécessaire d'harmoniser les législations nationales en matière de protection des données. De même, dans l'affaire *Digital Rights Ireland*, la Cour a jugé qu'une directive sur la rétention des données devait comporter des dispositions imposant le respect des droits fondamentaux alors même que cette directive était adoptée sur la base du marché intérieur : « Ainsi, la réglementation de l'Union en cause doit prévoir des règles claires et précises régissant la portée et l'application de la mesure en cause et imposant un minimum d'exigences de sorte que les personnes dont les données ont été conservées disposent de garanties suffisantes permettant de protéger efficacement leurs données à caractère personnel contre les risques d'abus ainsi que contre tout accès et toute utilisation illicites de ces données »[1]. Mais il s'agit d'hypothèses qui s'expliquent par la néces-

1. CJUE 8 avril 2014, C-293 et 594/12. La directive ayant été adoptée avant l'entrée en vigueur du traité de Lisbonne, l'Union ne disposait pas encore d'une compétence générale en matière de protection des données.

sité de supprimer des entraves à la libre circulation et n'ont rien à voir avec un quelconque objectif horizontal en matière de droits de l'homme. D'ailleurs, chaque fois, qu'un objectif revêt un caractère horizontal, le traité a pris soin de le mentionner[1]. Or il n'existe pas de disposition de ce type en ce qui concerne les droits fondamentaux. On ne peut guère trouver d'arguments convaincants en faveur d'une compétence générale de l'Union pour adopter des mesures relatives aux droits de l'homme. Si l'on prend en considération la jurisprudence de la Cour de justice, celle-ci a conclu certes dans l'avis n° 2/94 que la seule base possible pour une action dans ce domaine serait l'article 308 (TFUE, art. 352), mais elle a souligné l'impossibilité d'utiliser cette voie pour étendre les compétences de l'Union. La portée de l'avis est contestée, certains la limitant au fait que l'article 308 ne peut servir de base pour une adhésion à la Convention, d'autres estimant qu'il exclut toute compétence pour légiférer en matière de droits fondamentaux. Cependant, dans une affaire ultérieure, la Cour semble avoir mis l'accent sur la seconde interprétation en soulignant que l'obligation de respect des droits fondamentaux ne pouvait amener à élargir le champ d'application des dispositions des traités au-delà des compétences communautaires, même par l'utilisation de l'article 308[2]. Le traité de Lisbonne confirme cette thèse, l'article 6 TUE précise que la Charte des droits fondamentaux n'étend pas les compétences de l'Union reprenant en cela l'article 51 de la Charte. De plus, le § 2 du même article indique que l'adhésion de l'Union à la Convention européenne des droits de l'homme ne modifiera pas les compétences de l'Union. Ces dispositions confirment que l'obligation de respecter les droits fondamentaux ne donne aucunement compétence à l'Union pour légiférer en la matière sauf lorsque le traité le prévoit expressément.

1. Par ex., l'égalité entre les hommes et les femmes, TFUE, art. 8, ex-art. 3 § 2 CE ; ou l'environnement, TFUE, art. 11, ex-art. 6 CE.
2. CJCE 17 févr. 1998, C-249/96, *Grant*.

2. Sur le plan externe

111 En ce qui concerne l'action externe de l'Union, la situation est plus claire. L'article 20 TUE qui définit les objectifs de l'action extérieure de l'Union mentionne expressément la consolidation et le soutien de « la démocratie, l'État de droit, les droits de l'homme et les principes du droit international ». En vertu de son obligation de respect des droits fondamentaux, l'Union peut insérer dans les accords qu'elle conclut avec des tiers des clauses par lesquelles les parties s'engagent à respecter les droits de l'homme. La pratique bien établie est de faire du respect de ces clauses un élément essentiel de l'accord, ce qui permet, par référence implicite aux dispositions de la convention de Vienne sur le droit des traités, la suspension ou la dénonciation de l'accord lorsque ces clauses sont violées. Jusqu'à quel point cet objectif permet-il de mener des actions spécifiques dans le domaine des droits de l'homme ? La réponse n'est pas claire. Dans un arrêt du 3 décembre 1996, la Cour de justice a considéré qu'un accord conclu dans le cadre de la coopération au développement pouvait poursuivre un objectif touchant au respect des droits de l'homme, mais elle a constaté que l'accord en question, tout en poursuivant un objectif de respect des droits de l'homme, n'instituait pas de coopération spécifique en ce domaine, ce qui laisse la question ouverte[1]. Du fait de la fusion entre l'Union et la communauté, la référence aux droits de l'homme à l'article 21 TUE semble désormais autoriser une telle action.

F. L'Union, la protection des droits fondamentaux en droit national et la Convention européenne des droits de l'homme

112 Dans la situation actuelle, trois types de dispositions relatives aux droits fondamentaux trouvent à s'appliquer dans le cadre national. Les dispositions nationales sont applicables aux mesures purement nationales. Les droits fondamentaux garantis par le droit de l'Union s'appliquent aux mesures adoptées par l'Union

1. CJCE 3 déc. 1996, C-268/94, *République portugaise c/Conseil*, Rec. I. 6177.

ainsi qu'aux mesures nationales dans le champ du droit d'application du droit de l'Union. Enfin, les dispositions de la Convention européenne des droits de l'homme s'appliquent dans tous les cas puisque tous les États membres de l'Union sont parties à la Convention et que l'article 6, § 3, du traité sur l'Union européenne impose à l'Union de respecter la Convention. Cette situation rend possible des conflits entre ces normes de référence. Le conflit entre le droit national et la Convention peut être tranché en dernier recours par la Cour européenne des droits de l'homme. Mais, s'agissant des conflits entre le droit de l'Union et la Convention, la Cour n'est pas compétente pour le moment puisque l'Union n'est pas encore partie à la Convention. Il a donc appartenu aux juges saisis d'éventuelles difficultés de trouver des solutions permettant d'apporter des réponses à des situations conflictuelles.

1. Droit national et droit de l'Union

113 La relation entre les droits fondamentaux tels que garantis par le droit national et par le droit de l'Union a été au cœur du débat sur la primauté du droit de l'Union comme en atteste la jurisprudence de la Cour constitutionnelle allemande (v. ss 89). Dans quelle mesure la primauté pourrait-elle s'opposer à des mesures nationales de protection des droits fondamentaux ? Pour la Cour de justice, il a toujours été clair que la primauté du droit communautaire jouait à l'égard de toute disposition nationale, fut-elle de rang constitutionnel. Cette vision n'est pas partagée par l'ensemble des juridictions constitutionnelles nationales (sur cette question, v. ss 954 s.). Les risques de conflit sont certes atténués par le fait que l'article 6 TUE indique expressément que l'Union respecte les droits fondamentaux qui résultent des « traditions constitutionnelles communes aux États membres », mais cette formule n'exclut pas tout conflit notamment lorsqu'une constitution nationale garantit des droits qui ne se retrouvent pas dans les autres États membres ou lorsqu'elle offre une protection plus extensive que celle garantie par le droit de l'Union. Dans ces cas, il appartient au législateur de l'Union de prendre cette circonstance en considération afin d'éviter le conflit. En outre, la Cour constitutionnelle allemande admet pour sa part que les

divergences ne mettent pas en cause la primauté dès lors que le niveau global de protection offert par le droit de l'Union ne tombe en deçà de celui qui existait lors de son arrêt *Solange II*, mais cette position n'est pas partagée par tous ses homologues. En France, le Conseil constitutionnel s'est refusé à apprécier la constitutionnalité des mesures nationales de transposition dès lors qu'elles n'entraient pas en conflit avec une règle ou une disposition « inhérente à l'identité constitutionnelle de la France »[1]. Cette position conciliante laisse subsister d'éventuelles poches de conflit. La vision des juridictions des nouveaux États membres n'est guère différente. S'ils admettent que la Constitution doive être interprétée dans un sens qui permette d'assurer sa conformité avec le droit communautaire, ils défendent la suprématie de la constitution lorsqu'une telle interprétation n'est pas possible.

114 De son côté, la Cour de justice paraît avoir fait évoluer sa position dans le sens d'une plus grande souplesse. Dans l'affaire *Omega*, elle a admis qu'une interprétation d'un droit fondamental, qui n'était pas partagée par tous les États membres puisse être invoquée pour déroger à la libre prestation de services en se fondant sur l'ordre public. En l'espèce, il s'agissait de l'interdiction par l'Allemagne des jeux de tirs simulés sur des personnes humaines en vue de protéger la dignité de la personne humaine. Le respect de la dignité humaine constituant un droit protégé par l'Union au titre des principes généraux du droit, l'interprétation large donnée à ce droit en Allemagne constituait un motif valable de dérogation[2]. Ainsi, malgré des positions radicalement opposées sur les solutions théoriques d'un conflit, la coopération entre juges nationaux et juge communautaire devrait permettre d'apporter des solutions pragmatiques. Cependant, la question se pose également lorsque la protection offerte par la Charte ne coïncide pas avec celle garantie par les constitutions nationales. L'article 53 de la Charte ne règle pas le problème puisqu'il prévoit que les dispositions de la Charte ne limitent pas les droits de l'homme reconnus par les constitutions nationales, mais ajoute dans leur champ

1. Décis. 27 juill. 2006, n° 2006/540 DC.
2. CJUE 14 oct. 2004, C-36/02, *Omega Spielhallen*.

d'application respectif. Cette formule pouvait suggérer que la Charte l'emportait lorsque le conflit se situait dans le champ d'application du droit de l'Union. Telle n'est pas la solution retenue par la Cour qui a procédé à une reconstruction de l'article 53. La primauté du droit de l'Union s'impose lorsque l'acte contesté contient des dispositions impératives. Dans ce cas, l'existence d'une protection nationale supérieure n'autorise pas l'État à laisser inappliqué le droit de l'Union[1]. Par contre, dans les cas où il n'existe pas de règle impérative, la protection nationale supérieure peut bien entendu s'appliquer[2]. Dans la mesure où le droit de l'Union doit respecter l'identité constitutionnelle des États membres, même en présence d'une règle impérative, la disposition constitutionnelle nationale permettra d'écarter la primauté si cette disposition relève de l'identité constitutionnelle.

2. Droit de l'Union et Convention européenne des droits de l'homme

a. L'application de la Convention dans le cadre de l'Union

115 La jurisprudence de la Cour de justice intégrée dans l'article 6, paragraphe 3, du traité impose à l'Union de respecter la Convention européenne des droits de l'homme au titre des principes généraux du droit. Sans que l'Union soit partie à la Convention, les règles matérielles de celle-ci s'appliquent à celle-ci. L'insertion de la Charte dans les traités avec la même valeur que ceux-ci donne au paragraphe 3 de l'article 6 une valeur subsidiaire. Le véritable problème réside dans la potentialité d'un conflit entre la Charte te la Convention. Dans cette hypothèse, l'article 52, paragraphe 3, de la Charte impose de donner aux droits garantis par la Charte qui correspondent à des droits garantis par la Convention, le même sens et la même portée que ceux qu'ils revêtent dans le cadre de la Convention à moins que la Charte offre une protection plus étendue. Cette démarche est suivie par la Cour[3]. Bien entendu, dans ce cas, la Cour de justice reste le juge ultime de la Convention à moins que la Cour européenne des droits de l'homme n'estime que la protection offerte dans l'Union soit manifestement insuffisante.

1. CJUE 28 fév. 2013, *Melloni*, C-399/11
2. CJUE 30 mars 2013, *Jeremy F.*, C-168/13 PPU.
3. CJUE 5 octobre 2010, *J. McB.*, C-400/10 PPU.

b. L'adhésion de l'Union à la Convention européenne des droits de l'homme

116 La Commission avait proposé en 1979 **l'adhésion de la Communauté à la Convention européenne des droits de l'homme.** Cette proposition, renouvelée en 1994, a conduit le Conseil à solliciter l'avis de la Cour de justice sur la compatibilité de l'adhésion de la Communauté à la Convention européenne des droits de l'homme avec les traités communautaires. Dans son avis n° 2/94 du 28 mars 1996, la Cour, tout en constatant que les institutions communautaires étaient tenues de respecter les droits fondamentaux, a conclu que la Communauté ne disposait pas, même sur la base de l'article 235 CE (TFUE, art. 352), de la compétence pour adhérer à la convention[1]. L'adhésion était subordonnée à une révision préalable des traités pour créer le titre de compétence nécessaire. Les négociateurs du traité d'Amsterdam n'ont pas voulu introduire, dans le traité, la base juridique nécessaire. Ceci a eu pour conséquence qu'il n'était pas impossible que, malgré la bonne volonté des deux Cours, des divergences de jurisprudence entre la Cour de Strasbourg et la Cour de Luxembourg se produisent. Concrètement, ces divergences ont été rares et les plus sérieuses ont concerné des cas dans lesquels la Cour de Luxembourg a été amenée à se prononcer alors que la portée de la jurisprudence de Strasbourg n'était pas évidente. Il en allait ainsi de l'inviolabilité du domicile professionnel, mais la jurisprudence de la Cour de justice a évolué sur ce point[2]. Dans d'autres cas, il s'agit d'hypothèses dans lesquelles elle a estimé que la jurisprudence de la Cour européenne des droits de l'homme n'était pas applicable dans l'espèce qui lui était soumise[3]. La Cour européenne des droits de l'homme s'est refusée à sanctionner cette divergence de vue en considérant qu'elle ne constituait pas une insuffisance manifeste de protection de nature à renverser la présomption de conformité de droit communautaire à la convention[4].

---

1. Rec. I. 1759.
2. V. CJCE 22 oct. 2002, C-94/00, *Roquette frères*.
3. CJCE ord., 4 févr. 2000, C-17/98, *Emesa Sugar*.
4. CEDH 20 janv. 2009, n° 13645/05.

117 Les raisons qui militent en faveur de l'adhésion à la Convention européenne des droits de l'homme sont d'abord d'ordre politique. La convention représente le socle commun de valeurs auquel adhèrent tous les États européens, membres ou non de l'Union européenne. Est-il concevable que l'Union n'adhère pas à l'instrument qui exprime ces valeurs ? La contrainte serait faible sur le plan normatif puisque de toute façon, en vertu de l'article 6, § 3, TUE l'Union s'est elle-même déclarée liée par les droits garantis par la convention en tant que principes généraux du droit. On a également fait valoir que l'adhésion ouvrirait aux particuliers un droit de recours individuel devant la Cour européenne des droits de l'homme. De la sorte, le régime des particuliers serait harmonisé puisque, qu'il s'agisse de législation nationale ou de législation de l'Union, le droit de recours individuel pourrait jouer dans tous les cas. Cette solution présenterait aussi l'avantage d'aligner le régime des États membres et celui de l'Union qui seraient, dans tous les cas soumis à un contrôle externe, celui de la Cour de Strasbourg, en matière de droits fondamentaux.

118 À ces arguments politiques sont venus s'ajouter des éléments plus techniques. Actuellement, la Cour de Strasbourg exerce un contrôle indirect sur le droit de l'Union par l'intermédiaire des mesures nationales de mise en œuvre de celui-ci[1]. La Cour n'a pas exclu à l'époque, la possibilité de contrôler directement le respect des droits fondamentaux par des actes des institutions en rendant les États membres responsables des violations commises par l'Union. C'était la conclusion que certains tiraient de l'arrêt *Matthews* dans lequel la Cour européenne des droits de l'homme a déclaré le Royaume-Uni responsable de la contradiction entre l'Acte portant élection des représentants au Parlement européen au suffrage universel direct et la Convention européenne des droits de l'homme[2]. L'arrêt de la Cour est plus prudent. Il se fonde sur le fait que l'Acte est assimilable à un accord international et n'est pas de ce fait soumis au contrôle de la Cour de justice des Communautés, cependant la tendance était de plus en plus forte

1. V. CEDH 15 nov. 1996, *Cantoni c/France*, Rec. 1996. V.
2. CEDH 18 févr. 1999.

parmi les requérants de forcer le passage et d'obtenir un contrôle des actes de l'Union. Après avoir longtemps hésité, la Cour de Strasbourg a finalement décidé de franchir le pas et de soumettre à son contrôle les actes des États membres lorsqu'ils mettent en œuvre le droit communautaire. Dans l'arrêt *Bosphorus*, elle a soumis à son contrôle des mesures irlandaises d'application d'un règlement bien que le droit communautaire ne laissait aucune marge d'appréciation à l'Irlande[1]. Cependant, elle a adopté une position fort proche de celle de la Cour constitutionnelle allemande dans *Solange II*. En effet, elle indique que, si de telles requêtes sont recevables, elle n'exercera son contrôle que lorsque le droit de l'Union n'offre pas une protection équivalente à celle garantie par la Convention européenne des droits de l'homme. Pour la Cour, équivalence ne signifie pas identité, mais elle précise qu'elle exercera son contrôle en cas d'insuffisance manifeste. Le droit de l'Union bénéficie donc d'une présomption de conformité qui peut être écartée si la protection garantie est insuffisante au regard de la Convention. La solution retenue revient à laisser entre les mains de la Cour européenne des droits de l'homme le soin de décider de l'adéquation de la protection au sein de l'Union. Dans ces conditions, ne serait-il pas plus sage que l'Union adhère et qu'elle soit directement partie aux litiges qui la concernent ? Dans le cas contraire, le risque pour l'Union serait de voir ses actes contestés sans qu'elle puisse participer aux débats.

119 La Cour est donc compétente dès lors qu'un État membre met en œuvre le droit de l'Union. Par contre, s'agissant des actes internes, imputables à la seule Union, la Cour décline sa compétence au motif que l'Union n'est pas partie à la Convention[2].

Les réserves à l'égard de l'adhésion tenaient pour l'essentiel à la volonté de préserver l'autonomie du droit de l'Union et à réserver le contrôle du respect des droits fondamentaux à la Cour de justice de l'Union. Elles portaient également sur la complexité des difficultés techniques à résoudre afin de modifier la Convention

---

1. CEDH 30 juin 2005.
2. Décis. sur la recevabilité, 9 sept. 2008, n° 7325/01, *Boivin* ; Décis. sur la recevabilité, 20 janv. 2009, n° 13645/05, *Cooperatieve Producentenorganisatie Van de Nederlandse Kokkelvisserij U.A.*

et de permettre l'adhésion. Malgré ces réserves, le courant favorable à l'adhésion a gagné du terrain au sein de l'Union et l'accord s'est fait autour de l'insertion dans la constitution d'une clause permettant à l'Union de devenir partie à la Convention européenne des droits de l'homme (TUE, art. 6, § 2). Un protocole annexé au traité contient des indications générales quant à la portée de l'adhésion.

120 Ce protocole prévoit notamment que l'adhésion ne doit affecter « ni les compétences de l'Union, ni les attributions de ses institutions ». Le § 2 de l'article 6 TUE précise par ailleurs que l'adhésion ne modifie pas les compétences de l'Union. Aussi ce n'est pas à une telle modification que le protocole fait allusion. Il s'agit avant tout d'éviter que la Cour européenne des droits de l'homme soit amenée à se prononcer sur l'étendue des compétences de l'Union ou qu'elle porte atteinte au monopole d'interprétation du droit de l'Union qui appartient selon le traité à la Cour de justice de l'Union.

121 Sur la base d'un mandat donné par le Conseil à la Commission, les négociations se sont engagées au sein d'un groupe d'experts en juillet 2010 et se sont terminées une année plus tard. Quelques points restaient à régler au niveau des États membres de l'Union, notamment en ce qui concernait le contrôle de la PESC par la Cour de Strasbourg et les modalités de vote de l'Union au sein du Comité des ministres du Conseil de l'Europe. Ces difficultés réglées, le processus de négociation a pu reprendre et a atteint son terme en avril 2013. L'accord a été soumis par la Commission à la Cour de justice en application de l'article 218, paragraphe 12, TFUE pour avis sur sa compatibilté avec le traité. Si l'avis est positif, le processus se poursuivra. En cas d'avis négatif, la négociation devra être rouverte

122 S'est posée également la question de l'adhésion de l'Union aux protocoles liés à la Convention. Il a été décidé que l'Union n'adhérerait qu'aux protocoles ratifiés par tous les États membres afin d'éviter que la situation de ceux-ci ne soit indirectement mise en cause par une adhésion de l'Union à des protocoles auxquels ils ne participeraient pas.

123 L'une des questions essentielles concernait les moyens d'éviter que la Cour ne se prononce sur la répartition des compétences entre l'Union et ses États membres. En effet, cette dernière pourrait être amenée à statuer sur ce point dans le cas où un particulier introduirait une requête contre un État membre et où ce dernier arguerait que la compétence appartient en l'espèce à l'Union qui devrait être tenue pour responsable. La situation inverse est également envisageable. Pour statuer sur la recevabilité, la Cour de Strasbourg devrait trancher la question de compétence qui relève de l'ordre constitutionnel de l'Union. Pour éviter une telle situation, le projet établit la possibilité pour l'Union ou les États de se porter défendeur à côté de l'entité attaquée. L'Union pourrait se porter codéfendeur au côté de l'État ou des États membres attaqué(s) dès lors qu'il est allègué que la requête « met en cause la compatibilité d'une disposition du droit de l'Union européenne... avec les droits de la Convention en question, notamment lorsque cette violation n'aurait pu être évitée qu'en méconnaissant une obligation découlant du droit de l'Union européenne ». À l'inverse, un ou plusieurs États membres pourraient se porter codéfendeur auprès de l'Union lorsqu'il est allégué qu'est mise en cause « la compatibilité avec les droits de la Convention en question d'une disposition du traité sur l'Union européenne, du traité sur le fonctionnement de l'Union européenne ou de toute autre disposition ayant la même valeur juridique conformément à ces instruments, notamment lorsque cette violation n'aurait pu être évitée qu'en méconnaissant une obligation découlant de ces instruments ». Si condamnation il y a, elle pourrait être portée solidairement à charge ensuite pour l'Union et ses États membres de régler au sein de l'Union le problème de la répartition des responsabilités. L'octroi du statut de codéfendeur serait décidé par la Cour de Strasbourg au vu d'une appréciation *prima facie* de la demande.

124 En ce qui concerne la protection de l'uniformité du droit de l'Union et du monopole d'interprétation de la Cour, le problème se pose également pour les États parties à la Convention. À cet égard, la Cour européenne des droits de l'homme a déclaré à plusieurs reprises qu'il ne lui appartenait pas d'interpréter le droit

national, mais de prendre celui-ci en considération tel qu'il était interprété par les autorités nationales. De toute façon, s'il s'agit d'un recours direct en annulation, la Cour de l'Union sera amenée à se prononcer avant la Cour de Strasbourg puisque la règle d'épuisement des recours internes imposée par la Convention au titre de condition de recevabilité sera applicable. Si la contrariété d'une mesure de l'Union avec les droits fondamentaux est invoquée devant une juridiction nationale, il n'existe aucune difficulté si le juge national à la Cour de justice en application de l'article 267 TFUE (Traité CE, ex-art. 234). Dans ce cas, la Cour de Strasbourg disposera de l'interprétation de Luxembourg. La difficulté n'existe qu'au cas où le juge national n'utilise pas la procédure de renvoi préjudiciel. Dans ce cas, le projet d'accord prévoit la possibilité pour la Cour de justice de l'Union de se prononcer à titre préalable dans un bref délai dans les cas où l'Union a obtenu le statut de codéfendeur.

125 Dans la mesure où l'adhésion porte sur l'ensemble de l'action de l'Union, les activités menées dans le cadre de la PESC seront soumises au contrôle de la Cour européenne des droits de l'homme alors que la Cour de justice de l'Union n'est compétente qu'exceptionnellement (TFUE, art. 275). Certains États se sont émus de cette situation. Afin d'éviter que la Cour des droits de l'homme ne puisse avoir à connaître d'activités PESC qui ne pourraient être auparavant traitées dans le cadre de l'Union ou dans le cadre national, les actions imputables à une personne agissant lors d'une opération menée sur la base d'une décision de l'Union seront imputées à l'Etat qui les emploie, libre à l'Union de se porter codéfendeur.

126 Les négociations d'adhésion ont également porté sur les aspects institutionnels. De manière générale, le statut de l'Union devrait être calqué autant que possible sur celui des autres parties contractantes. L'Union devrait être normalement représentée par un juge au sein de la Cour et participer aux délibérations du Comité des ministres du Conseil de l'Europe sur l'exécution des arrêts. Une délégation du Parlement européen devrait participer à l'élection des juges aux côtés des membres de l'Assemblée parle-

mentaire du Conseil de l'Europe. La seule difficulté dans ce contexte a consisté dans la crainte des États non-membres de l'Union à l'égard d'une domination éventuelle de l'Union et de ses membres s'ils s'expriment en bloc dans les votes au sein du Comité. Aussi des solutions adéquates quant au vote ont été qui sauvegardent la position des États non-membres de l'Union.

127 Consultée par la Commission sur l'accord envisagé en application de l'article 218, paragraphe 11, TFUE, la Cour de justice a sans ambiguïté estimé que l'accord en sa forme actuelle était incompatible avec les traités parce qu'il ne protégeait pas suffisamment les spécificités de l'Union. La critique systématique porte sur des points précis de l'accord :

Selon la Cour, le mécanisme du codéfendeur est soumis à l'autorisation de la Cour européenne des droits de l'homme. Même si cette dernière ne se livre qu'à un examen prima facie du lien de l'affaire avec le droit de l'Union, il existe un risque que la Cour européenne des droits de l'homme en se livrant à cet examen ne statue sur la répartition des compétences entre l'Union et ses États membres.

En ce qui concerne l'implication préalable de la Cour de justice, elle est limitée par l'accord envisagé à la vérification de la compatibilité du droit dérivé avec les traités et, selon une lecture littérale et restrictive de l'accord envisagé, ne porte pas sur l'interprétation de ce droit. L'argument n'est guère convaincant, car, comme la Cour de justice le pratique elle-même et l'impose aux États membres dans le cadre de l'obligation d'interprétation conforme, toute appréciation de compatibilité comporte un exercice d'interprétation si celui-ci permet d'aboutir à la compatibilité.

La Cour reproche à l'accord de ne pas prohiber les requêtes interétatiques entre États membres à Strasbourg dans la mesure où de telles requêtes sont contraires à l'article 344 TFUE qui réserve à la Cour de justice le soin de trancher les différends entre États membres relatifs à l'interprétation ou à l'application des traités. Mais, dans la mesure où l'accord reconnaît l'application de l'article 344, il n'est pas nécessaire d'imposer à la Cour de Strasbourg de faire respecter celui-ci. Cette tâche relève des institutions de l'Union.

Dans un même ordre d'idée, la Cour de justice craint que les États membres utilisent la faculté de demander un avis à la Cour européenne des droits de l'homme, nouvellement prévue par le protocole n° 16 à la CEDH, comme un moyen de contourner l'obligation de renvoi préjudiciel à Luxembourg. Ici encore, c'est aux institutions de l'Union de faire leur propre police et non à la Cour de Strasbourg de l'assurer à leur place

La Cour de justice craint que les États membres n'utilisent la faculté offerte aux parties par l'article 53 CEDH d'adopter des règles plus protectrices que celle de la Convention pour opposer leurs règles nationales plus protectrices que la Charte à la primauté du droit de l'Union, ce qui remettrai en cause sa jurisprudence *Melloni*[1]. Il s'agit encore d'une question de discipline interne à l'Union qui devrait être réglée dans le cadre de celle-ci.

Enfin, dans la mesure où la Cour de Strasbourg sera appelée à connaître de requêtes relatives à la politique étrangère et de sécurité commune alors que la compétence de celle de Luxembourg est limitée sur ce point, cette dernière estime qu'il serait incompatible avec les traités de soumettre les actes, actions ou omissions de l'Union exclusivement à une juridiction ultérieure. L'avis de la Cour oblige l'Union à demander la réouverture des négociations si elle veut respecter l'obligation d'adhérer telle qu'elle résulte de l'article 6 TUE. Mais, pour tenir compte des objections contenues dans l'avis, certains changements substantiels s'imposent. Outre les modifications nécessaires pour protéger l'article 344, éviter l'application de l'article 53 de la CEDH, étendre le champ de l'implication préalable, la Cour européenne des droits de l'homme devra accepter d'abandonner une partie de son contrôle sur sa procédure lorsque l'Union et un État membre se constituent codéfendeurs. La PESC devra également être exclue du champ d'application de la Convention. Il n'est pas évident que les actuelles parties à la CEDH acceptent ces modifications. Si l'Union n'adhère pas, elle sera quand même soumise indirectement au contrôle de Strasbourg en application de la jurisprudence *Bosphorus*. Dans ce

1. C-399/11 précité.

cas, l'Union ne sera pas partie à la procédure, aucune des garanties réclamées par la Cour ne sera applicable et la Cour européenne pourra statuer sur la PESC. La volonté autistique de la Cour à la recherche d'une protection absolue à l'égard d'éventuelles tentatives de contournement des procédures de l'Union par les juridictions nationales ou la Cour européenne des droits de l'homme laissent l'Union dans une situation plus défavorable que celle qui aurait résulté d'une adhésion sur la base de l'accord envisagé.

§ 3. Le principe de démocratie

128 Ce principe a d'abord été reconnu par le droit de l'Union sous la forme de la démocratie représentative, c'est-à-dire du droit des citoyens de participer à la gestion des affaires publiques par l'intermédiaire de leurs représentants élus. C'est ainsi qu'avec une certaine timidité, le préambule de l'Acte unique européen consacrait le principe : « convaincus que l'idée européenne, les résultats acquis dans les domaines de l'intégration économique et de la coopération politique ainsi que la nécessité de nouveaux développements répondent aux vœux des peuples démocratiques européens pour qui le Parlement européen, élu au suffrage universel, est un moyen d'expression indispensable. »

129 Le préambule du traité sur l'Union européenne et surtout le traité lui-même tel que codifié à Amsterdam reprendront le principe qui figure désormais aux articles 9 suivants TUE. La formulation de cet article est particulièrement intéressante puisqu'il n'est plus question de l'attachement des États membres à la démocratie, mais qu'est affirmé le fait que l'Union est fondée sur le principe de démocratie.

130 Pourtant, le principe démocratique ne s'était vu reconnaître en apparence à l'origine qu'une place fort modeste dans la Communauté, tout au moins lorsqu'il s'exprimait sous la forme de la démocratie parlementaire. La légitimité démocratique du système était assurée par le fait que la responsabilité des gouvernements des États membres devant leurs Parlements nationaux pouvait être mise en œuvre à l'occasion de leur participation aux instances

communautaires. Le Parlement européen ne disposait que d'un pouvoir de contrôle, qui s'exerçait sur la Commission, et d'un pouvoir de délibération, qui lui conférait un rôle consultatif. L'évolution constitutionnelle a consacré l'accroissement des pouvoirs du Parlement en matière budgétaire, puis le développement de son influence en matière législative à travers les procédures de coopération et de l'avis conforme et, dans le cadre du traité sur l'Union européenne, par la procédure dite de codécision. Le traité d'Amsterdam établit l'égalité du Parlement et du Conseil dans la procédure de codécision. D'autre part, l'élection du Parlement au suffrage universel direct a renforcé sa légitimité malgré le taux de participation décevant aux élections. Mais il serait erroné de penser que le principe de démocratie trouve exclusivement son expression dans le Parlement européen. Les membres du Conseil font partie de gouvernements politiquement responsables devant leurs Parlements nationaux et le Conseil bénéficie, à ce titre, d'une légitimité démocratique comparable à celle du Parlement.

131 Le débat a longtemps porté sur l'existence prétendue d'un déficit démocratique au sein de la Communauté. Le Parlement européen partait du constat que le transfert de compétences réalisé au profit de la Communauté entraînait un dessaisissement des Parlements nationaux qui perdaient une partie de leurs compétences législatives. Ces compétences étaient exercées au sein de la Communauté par le Conseil, composé de membres des exécutifs nationaux, lequel n'est et ne peut être soumis, en tant que tel, à un contrôle démocratique au niveau communautaire. L'intégration communautaire se traduisait donc par un déclin du principe démocratique. Pour lui restituer toute sa place, il convenait de faire du Parlement une autorité législative au même titre que le Conseil. L'intervention du Parlement apparaît donc comme une compensation à la perte de pouvoir des parlements nationaux.

132 Cette analyse mérite d'être sérieusement nuancée. Tout d'abord, la situation du Parlement n'est plus aujourd'hui celle qui prévalait à l'origine et les pouvoirs de cette institution ont été considérablement accrus lors des révisions successives des traités. En outre, le Conseil est composé de représentants de gouvernements démocratiquement désignés qui jouissent de la confiance des Parlements

nationaux. Leur activité au sein du Conseil peut être, et est effectivement, contrôlée par les Parlements nationaux. En effet, si, dans de nombreux États, le contrôle démocratique à l'échelle nationale est longtemps resté théorique, le traité sur l'Union européenne a suscité une prise de conscience du problème, notamment en France où la constitution a été modifiée afin de renforcer le rôle du Parlement national. Le traité d'Amsterdam a d'ailleurs offert aux Parlements nationaux les moyens d'exercer leur contrôle dans de meilleures conditions et le traité de Lisbonne poursuit dans cette voie à travers le protocole sur le rôle des parlements nationaux dans l'Union européenne De plus, les mesures adoptées sous la forme de directives appellent une transposition qui peut impliquer l'adoption d'une loi nationale et donc, ici encore, une participation des Parlements nationaux.

133 Dans son arrêt relatif au traité sur l'Union européenne, la Cour constitutionnelle allemande a souligné que la légitimation démocratique de la Communauté procédait essentiellement des Parlements nationaux et accessoirement du Parlement européen. Selon elle, cette situation ne saurait être modifiée tant que ne seront pas réunis un certain nombre de facteurs extra-juridiques de légitimité comme l'existence d'un système de partis à l'échelle européenne ou d'une opinion publique européenne[1]. Le traité de Nice a répondu à l'un de ces arguments en donnant compétence au Conseil pour fixer, dans le cadre de la procédure de codécision, le statut des partis politiques européens et notamment les règles relatives à leur financement. Ne s'agissait-il pas de la mise en place des bases juridiques de ce qu'il est devenu à la mode de qualifier, selon la formule d'Habermas, d'espace public européen ? Tel n'est pas l'avis de la Cour constitutionnelle allemande. Dans son arrêt du 30 juin 2009, elle constate, une fois de plus, l'existence d'un déficit démocratique structurel. Pour elle, le Parlement n'étant pas élu sur la base du principe « un homme, un vote », il ne peut exprimer la volonté démocratique d'un peuple européen. En outre, ses pouvoirs ne lui permettent pas d'orienter la politique

1. C. const. Allemande 12 oct. 1992, RUDH 1993. 286.

de l'Union. D'ailleurs, si tel était le cas, il faudrait réviser la constitution allemande, car le degré d'intégration dépasserait celui autorisé par la loi fondamentale. Cependant, même si ces conditions étaient réunies, un système qui reposerait exclusivement sur la légitimité telle qu'elle s'exprime à travers le Parlement européen serait-il acceptable ? Par son mode de fonctionnement, dominé par les grands groupes politiques, le Parlement européen se prête mal à la conciliation des divergences entre États membres alors même que son mode de décision, majoritaire, tend à les niveler. Cependant, dans la mesure où pour le moment les appartenances nationales l'emportent encore sur un sentiment d'identité commune, il est vain d'espérer que les citoyens d'un État membre acceptent aisément d'être minorisés par un vote parlementaire. D'ailleurs, sur certains dossiers, les clivages au sein du Parlement s'opèrent plus en termes d'appartenance nationale que d'appartenance à un groupe politique. Une Europe « parlementarisée » ne deviendrait-elle pas une Europe centralisatrice, réductrice des identités nationales ? Le mode d'expression de la légitimité démocratique tel qu'il joue au sein du Conseil permet une conciliation indispensable avec l'intérêt des États. Ainsi, on ne peut soutenir la thèse du déficit démocratique dans une Union qui n'est pas un État, mais il convient au contraire de constater l'existence au sein de l'Union de deux formes complémentaires d'expression de la légitimité démocratique, l'une issue du Parlement et l'autre du Conseil.

134 Ne devrait-on pas, comme l'a suggéré une partie de la doctrine, évaluer la thèse du déficit démocratique à partir d'autres critères ? En effet, les partisans de la thèse du déficit admettent implicitement le bien-fondé de la transposition du modèle parlementaire national dans le contexte de l'Union. Serait seul démocratique le pouvoir qui procéderait directement ou indirectement d'un Parlement élu. Cette vision est-elle transposable à l'Union ? On pourrait suggérer que celle-ci, à bien des égards, relève d'un autre modèle. Elle est dotée de compétences limitées que lui ont attribuées les États dans le cadre des traités. Ces compétences, pour l'essentiel, sont de celles qui, dans les États membres, ne sont pas exercées par les Parlements, mais relèvent du pouvoir réglementaire. La

situation serait comparable à celle qui existe aux États-Unis lorsque le Congrès crée des agences réglementaires indépendantes ou dans de nombreux États membres où existent des autorités administratives indépendantes. La légitimité de ces agences procède du mode de désignation de leurs membres, de la procédure de décision qu'ils doivent suivre, de leur obligation de motiver leurs décisions, de la transparence de leurs activités, de l'existence d'un contrôle juridictionnel de leurs actes... Certains auteurs, notamment anglo-saxons, estiment que l'Union devrait être davantage considérée comme une agence administrative supranationale que comme un ensemble politique, ce qui pose la question de la légitimité démocratique de la même manière que pour les autorités administratives indépendantes et non en termes parlementaires. Cette explication ne rend pas totalement compte de la réalité de l'Union, mais elle recouvre une large part de ses activités. D'où, si l'on veut assurer la légitimité du processus de décision, l'importance que l'on attache aujourd'hui à la transparence et à la participation des citoyens à la prise de décision par la voie de la consultation qui tend à se développer dans plusieurs domaines dont l'environnement. Pour une autre part, dans les domaines politiquement sensibles, la légitimité démocratique est actuellement assurée par la prise de décision à l'unanimité au sein du Conseil, ce qui implique une responsabilité de chaque membre du Conseil devant son Parlement national.

135 Cette analyse de l'Union comme une agence réglementaire correspond cependant aujourd'hui à un stade de développement dépassé, mais elle a le mérite de montrer que la réponse à la question de la légitimité n'est pas entièrement contenue dans une transposition univoque du modèle parlementaire au niveau de l'Union. C'est ce qui explique la recherche actuelle de nouvelles formes de légitimité par la voie de la « gouvernance » qui, tout en préservant le caractère parlementaire des choix fondamentaux, met l'accent sur la transparence, le contrôle et la participation des citoyens aux décisions administratives en institutionnalisant un droit à la participation consultative (ce que l'on qualifie parfois de procéduralisation des droits).

136 C'est cet aspect de la démocratie participative qu'a voulu renforcer le traité de Lisbonne en consacrant un article au principe de la démocratie participative qui repose sur la consultation des citoyens ainsi que de leurs associations représentatives, sur le dialogue avec les institutions de l'Union ainsi que sur l'instauration d'une initiative populaire qui permet à un million de citoyens d'un nombre représentatif d'États membres d'inviter la Commission à soumettre une proposition (TUE, art. 11 amendé).

137 La Cour de justice de l'Union qui doit respecter l'équilibre institutionnel établi par les traités n'a pu développer dans ce domaine une jurisprudence aussi audacieuse qu'en matière de droits fondamentaux. Elle a néanmoins veillé au respect du principe, dans la seule mesure où le traité prévoyait un rôle pour le Parlement. C'est ainsi qu'elle s'est attachée à préserver le rôle consultatif de celui-ci. Elle déclarait à propos de la consultation de ce dernier : « La consultation (...) est le moyen qui permet au Parlement de participer effectivement au processus législatif de la Communauté. Cette compétence représente un élément essentiel de l'équilibre institutionnel voulu par le traité. Elle est le reflet, bien que limité, au niveau de la Communauté, d'un principe démocratique fondamental, selon lequel les peuples participent à l'exercice du pouvoir par l'intermédiaire d'une assemblée représentative. La consultation régulière du Parlement dans les cas prévus par le traité constitue dès lors une formalité substantielle dont le non-respect entraîne la nullité de l'acte concerné »[1]. Sur cette base, la Cour a développé toute une jurisprudence sur l'exigence d'une consultation effective du Parlement (v. ss 724).

138 Cependant, il ne suffit pas de veiller au respect des droits du Parlement sous couvert du respect du principe démocratique. Encore faut-il qu'existent des procédures lui permettant de saisir la Cour au cas où il serait porté atteinte à ses prérogatives. Dans le silence du Traité CE, la Cour a élaboré un statut juridictionnel du Parlement allant jusqu'à lui reconnaître le droit de saisir la Cour de recours en annulation contre les actes communautaires adoptés

1. CJUE 29 oct. 1980, n° 138 et 139/79, *Roquette c/Conseil*, Rec. 3333.

en violation de ses prérogatives. Ces avancées jurisprudentielles ont été consacrées par des révisions ultérieures des traités (v. ss 1096). Le Tribunal de première instance est allé encore plus loin dans sa volonté de protéger le principe démocratique en estimant que lorsqu'un acte, en l'occurrence une décision de mise en œuvre d'un accord entre partenaires sociaux, était adopté sans participation du Parlement européen, « le respect du principe de la démocratie, sur lequel l'Union est fondée, requiert (...) que la participation des peuples à ce processus soit assurée de manière alternative, en l'occurrence par l'intermédiaire des partenaires sociaux ayant conclu l'accord auquel le Conseil (...) confère une assise législative au niveau communautaire. Pour contrôler le respect de cette exigence, il incombe au Conseil et à la Commission de vérifier la représentativité des partenaires sociaux concernés »[1]. Ainsi, le principe démocratique impliquerait, qu'en l'absence d'intervention parlementaire, la participation des partenaires sociaux puisse constituer un substitut. Dans une autre affaire, le Tribunal a estimé que la consultation du comité du statut en matière de révision du statut des fonctionnaires relevait du principe de démocratie dans la mesure où ce comité était partiellement composé de représentants élus du personnel. Il serait intéressant de voir si la Cour souscrirait à des extensions aussi audacieuses du principe de démocratie qui reposerait sur la représentation des catégories socioprofessionnelles, donnant ainsi naissance à un néo-corporatisme. Bien entendu, cette participation revêt toute son importance, mais constitue-t-elle, en tant que telle, une manifestation du principe démocratique ? Le Tribunal a d'ailleurs refusé d'assimiler le comité de l'article CECA au Parlement européen en ce qui concernait la consultation en le qualifiant d'organe technique participant au processus de décision alors que le Parlement est une institution qui participe de l'équilibre institutionnel[2]. Cette solution est-elle compatible avec celles qui sont énoncées plus haut alors qu'aucune des instances visées ne participe de l'équilibre institutionnel ? Le Tribunal a également

1. TPICE 17 juin 1998, T-135/96, *UEAPME c/Conseil.*
2. TPICE 7 juill. 1999, T-89/96, *British Steel c/Commission*, Rec. II. 2089.

examiné si l'obligation faite aux groupes politiques au sein du Parlement de se constituer sur la base d'affinités politiques était conforme au principe de démocratie. Sa réponse a été positive dans la mesure où cette obligation visait à permettre au Parlement d'exercer ses fonctions de manière efficace et de promouvoir l'intégration européenne conformément à l'article 191 du traité[1].

139 Il est important de retenir que le principe de démocratie n'a pas seulement été considéré comme reflétant une valeur d'ordre politique, mais qu'il est élevé au rang d'un principe juridique et sert de base à la jurisprudence de la Cour. Il avait connu de nouveaux développements dans le traité d'Amsterdam, puisque celui-ci a inscrit dans l'article 255 du traité CE (TFUE, art. 15) le principe de transparence sous la forme du droit d'accès aux documents. Or, ce droit est l'une des manifestations du principe de démocratie, puisqu'il permet à l'opinion de se tenir informée de l'action de l'Union et de débattre de celle-ci. Dans l'affaire C-344/04, la Cour a été amenée à examiner si l'absence de caractère public des réunions de comité de conciliation dans le cadre de la procédure de codécision était contraire au principe de démocratie représentative. Elle a jugé que le fait que les résultats des travaux de comité soit soumis à l'examen de l'Assemblée en débat public suffisait à assurer « le respect des principes de démocratie représentative »[2].

140 Pour le traité de Lisbonne, la démocratie n'est plus seulement vue sous l'angle classique de la démocratie représentative et une place est faite à la démocratie participative qui se manifeste par un dialogue constant entre les institutions et la société civile, y compris le dialogue avec les partenaires sociaux et avec les églises et organisations philosophiques non confessionnelles (TUE amendé, titre II).

1. TPIUE 2 oct. 2001, T-222/99, 327/99 et 329/99, *Martinez, de Gaulle e.a. c/Parlement.*
2. CJCE 10 janv. 2006, *IATA.*

§ 4. La Solidarité

141 Le concept de solidarité est très présent dans les traités puisqu'il y fait référence à six reprises dans le TUE et à six reprises dans le TFUE. Il est notable que le terme de solidarité apparaît comme un mantra dans les domaines où précisément la solidarité est la moins forte (trois fois dans la PESC, deux fois dans l'asile et l'immigration). L'article 80 TFUE emploie même l'expression « principe de solidarité ». Une référence concerne l'énergie, politique nouvelle introduite par le traité de Lisbonne, une autre l'assistance financière comme exception au *bail out*, une autre la solidarité avec les territoires d'outre-mer. Enfin, le traité contient une clause de solidarité en cas de catastrophe financière et de terrorisme. Cette variété exprime un aspect important de la question : la solidarité s'exprime de façon diverse selon la politique de l'Union en cause.

142 Pour l'essentiel, la référence générale est celle contenue dans le préambule du TUE (« Désireux d'approfondir la solidarité entre les peuples ») qui vient s'ajouter à la mention classique d'une Union sans cesse plus étroite. L'élément nouveau est contenu dans l'article 2 sur les valeurs. La solidarité n'est pas mentionnée comme une valeur, mais comme une caractéristique de la société européenne. Cette solidarité n'est pas qualifiée. S'agit-il de la solidarité entre les États membres ou de la solidarité entre les citoyens à l'intérieur de l'Union ou à l'intérieur des États membres. Toutes les formes horizontales et verticales de solidarité semblent couvertes, la solidarité sociale étant traitée plus particulièrement dans la Charte des droits fondamentaux des États membres. Dans ces conditions, la solidarité est-elle seulement un élément du discours politique ou a-t-elle une valeur juridique ? La Cour a fait référence au principe, mais principalement dans des affaires de manquement. La solidarité est un principe constitutionnel inhérent à l'Union comme l'indique l'article 2 TUE, mais c'est aussi un objectif constitutionnel. L'Union repose sur la solidarité et a pour objectif d'amplifier celle-ci.

A. La solidarité entre les États membres

143 Sans évoquer tous les aspects de la solidarité dans les politiques de l'Union, il suffit de prendre quelques exemples, celui de la solidarité institutionnelle et celui de la solidarité financière.

1. la solidarité institutionnelle

144 Cette solidarité s'exprime principalement dans le principe de coopération loyale entre les États membres et les institutions consacré à l'article du TUE. Ce principe de loyauté est le corollaire naturel de la solidarité puisqu'il n'est pas de solidarité sans confiance mutuelle dans le respect par tous de ses obligations. Cet aspect de la solidarité est la traduction dans un contexte institutionnalisé de la règle Pacta sunt servanda familière aux spécialistes du droit international. Dans une logique d'intégration, cette règle n'est pas laissée à l'appréciation de chacun sous réserve de la réciprocité, elle est contrôlée par les institutions et sanctionnée par la procédure de manquement. La Cour ne dit pas autre chose dans l'affaire 39-72[1] où elle constate que le non-respect par l'Italie des quotas laitiers rompt l'équilibre entre les avantages et les charges de la PAC, met en cause l'égalité des États membres et constitue de ce fait un manquement au principe de solidarité.

145 Le principe de coopération loyale prend trois formes pour les États membres : prendre toutes les mesures nécessaires à l'exécution des obligations du traité, faciliter à l'Union l'accomplissement de sa mission, ne pas violer le traité. Cette dernière obligation ne fait pas l'objet d'une interprétation restrictive. Dans l'affaire 6 et 11/69[2] la France plaidait que les mesures contestées ne relevaient pas des compétences de la Communauté. La Cour répond que le principe de solidarité exige que les États membres s'abstiennent d'utiliser leurs compétences propres pour empêcher le respect du traité. Cela donnera lieu à une jurisprudence importante qui subordonnera sur la base de la solidarité l'utilisation des compétences des États membres au respect du traité. De même, lorsqu'il s'agit de faciliter à l'Union l'accomplissement de sa mission, la Cour

1. CJUE 7 fév. 1973, *Commission c/ Italie*.
2. CJCE 1 décembre 1969, *Commission c/ France*.

estime qu'il convient que d'éviter que les États membres ne mettent en périls les objectifs de l'Union. C'est ainsi que dans l'affaire C-266/03[1], le Luxembourg est condamné pour avoir conclu des négociations dans le cadre d'un accord mixte alors que la Communauté avait elle-même ouvert des négociations. Ainsi, le principe de solidarité, sous la forme de la coopération loyale irrigue tous les mécanismes de mise en œuvre du droit de l'Union.

2. La solidarité financière

146 Si on laisse de côté la solidarité économique et monétaire qui fait l'objet de larges discussions, la solidarité financière constitue l'un des piliers de l'Union. La solidarité budgétaire est manifeste. À la différence de celui des organisations internationales classiques, le budget de l'Union ne couvre pas essentiellement le fonctionnement de l'organisation, mais celui de politiques qui bénéficient diversement aux États membres, notamment en ce qui concerne la cohésion. Les politiques de l'Union reposent sur une redistribution qui est, par excellence, une forme de solidarité. Certes l'ampleur de la redistribution fait l'objet de controverses incessantes comme en attestent les revendications des « contributeurs net » et l'invocation du principe du juste retour. Mais, même dans le cas britannique, il existe une place pour la solidarité puisque le rabais ne porte que sur 66 % du prétendu « trop payé ». L'étendue de la solidarité est un choix politique qui est opéré au moment de la décision « ressources propres » en rapport avec le cadre financier pluriannuel. Mais, une fois la décision prise, la solidarité joue pleinement comme l'a constaté la Cour dans l'affaire C-239/05 dans sa décision sur l'importation d'équipements militaires en franchise de douane par l'Italie. Cette dernière invoquait l'article 296 CE et la nécessité d'assurer sa sécurité extérieure. Selon la Cour, cet argument ne suffit pas pour échapper, au détriment des autres États « aux obligations que lui impose la solidarité financière à l'égard sur budget communautaire »

1. CJCE 2 juin, 2005, *Commission c/ Luxembourg.*

B. Le développement de la solidarité interpersonnelle

147 Ce type de solidarité trouve son champ d'application principal dans la politique sociale. On pourrait en trouver des applications dans d'autres domaines, comme le marché intérieur. Mais, dans le domaine social, le développement de la citoyenneté montre l'accentuation d'une solidarité au niveau de l'Union qui risque de mettre en cause la solidarité nationale.

1. La citoyenneté européenne, support de la solidarité

148 La citoyenneté européenne se traduit par un ensemble de droits et de devoirs aussi bien vis-à-vis de l'autorité politique que vis-à-vis des concitoyens. Bien sûr, le premier impact a été politique (droit de vote, protection à l'étranger...), mais l'impact essentiel, et peut-être inattendu, vient de la combinaison entre la citoyenneté, la liberté de mouvement et la non-discrimination. La liberté de mouvement donne accès aux prestations sociales et de santé dans le pays hôte. Cette situation réservée à l'origine aux travailleurs a été étendue par voie législative aux autres citoyens. Mais cette extension sera démultipliée par la Cour de justice lorsqu'elle indiquera que « la citoyenneté est le statut fondamental des États membres permettant à ceux qui, parmi ces derniers, se trouvent dans la même situation d'obtenir indépendamment de leur nationalité... le même traitement juridique » (*Martinez Sala*, C-85/96[1]). La jurisprudence de la Cour sera de plus en plus extensive en permettant aux membres de la famille d'un citoyen de bénéficier dans certains cas d'avantages réservés aux citoyens alors qu'ils ne sont pas eux-mêmes citoyens. La citoyenneté européenne ouvre l'accès à la solidarité nationale au nom de la solidarité européenne, mais ne risque-t-elle pas dans certains cas de mettre en cause cette solidarité nationale ?

2. La préservation de la solidarité nationale

149 La solidarité nationale est aujourd'hui l'élément essentiel de l'identité nationale. Chaque État membre a développé son propre système de redistribution auquel les citoyens sont attachés. La solidarité européenne complète ces systèmes, elle ne les remet pas

1. CJCE 12 mai 1998

en cause. C'est la raison pour laquelle le traité contient un certain nombre de garde-fous destinés à protéger la solidarité nationale. C'est le cas de la clause frein en matière de sécurité sociale des travailleurs migrants qui permet de saisir le Conseil européen d'un acte qui porterait atteinte à des aspects importants du système de sécurité nationale « pour ce qui est du champ d'application, du coût ou de la structure financière ou en affecterait l'équilibre ». De la même manière, l'article 14 TFUE reconnaît le rôle des services d'intérêt général dans la cohésion sociale et impose au législateur de prendre des mesures pour leur permettre d'accomplir leur mission. La jurisprudence de la Cour a elle aussi manifesté la volonté de préserver la solidarité nationale en imposant l'existence d'un lien réel avec l'Etat de résidence pour bénéficier de certains avantages ou en limitant l'accès aux prestations de santé par l'imposition d'une autorisation de l'Etat d'origine pour bénéficier du remboursement de certaines prestations hospitalières délivrées dans un autre État membres ou encore en acceptant que l'on puisse limiter l'inscription d'étudiants en provenance d'un autre État membre dès lors qu'est mis en cause le recrutement d'une profession ou l'équilibre financier du système.

3. La justice sociale

150 La justice sociale est un élément essentiel de la solidarité qu'elle vise tant à construire qu'à maintenir. Le principe de justice sociale est loin d'avoir reçu une consécration identique à celle dont ont bénéficié les autres principes sus-mentionnés, mais il n'en est pas moins implicitement présent dans le traité. La Cour y a fait une nette allusion dans l'affaire *Defrenne :* « celle-ci (la Communauté) ne se limitant pas à une mission économique, mais devant assurer en même temps, par une action commune, le progrès social et poursuivre l'amélioration constante des conditions de vie et d'emploi des peuples européens, ainsi qu'il est souligné dans le préambule du traité »[1].

151 Si l'objectif de justice sociale n'était pas inscrit à l'article 3 du traité CE la présence dans le traité de dispositions spécifiques,

1. CJCE 8 avr. 1976, n° 43/75, Rec. 455.

notamment des articles 151, 152, 153 TFUE (Traité CE, art. 136 et 137), montrerait que la Communauté, puis l'Union, a reçu pour mission de poursuivre sa réalisation. Mais la réalisation de la justice sociale dépend avant tout de la politique menée par le législateur. Elle constitue moins un acquis qu'il convient de préserver, qu'un objectif que la Communauté doit atteindre. C'est la raison pour laquelle la Commission a souhaité définir des principes d'action. Ceux-ci ont été rassemblés dans la Charte communautaire des droits sociaux des travailleurs adoptée par 11 États membres sur 12, le Royaume-Uni ayant refusé à l'époque de s'y associer, lors du Conseil européen de Strasbourg, le 9 décembre 1989. Cette charte qui n'avait pas de valeur juridique, traduisait seulement un consensus de 11 États membres sur la voie à suivre. Les droits énumérés par la charte ont fait l'objet d'un programme d'action de la Commission qui proposait, au niveau communautaire, dans le cadre de la compétence communautaire les mesures à prendre pour la mise en œuvre de la charte. Une des difficultés de la matière est que l'objectif de justice sociale ne peut être atteint, compte tenu de la répartition des compétences entre la Communauté et ses États membres, que par une action complémentaire de la Communauté et des États membres. Il convient donc de définir ce qui appartient à chacun, d'où l'importance en l'espèce de l'étendue des compétences communautaires et du principe de subsidiarité. Les résistances rencontrées à l'occasion de l'adoption de la charte sociale se sont retrouvées lors de la négociation du traité sur l'Union européenne puisque l'élargissement des compétences de la Communauté en matière sociale n'a pu être accepté que par 11 États membres, une fois encore à l'exception du Royaume-Uni, dans le cadre d'un protocole spécial.

152 Sur ce point, le traité d'Amsterdam a apporté des novations considérables. Tout d'abord, les dispositions du protocole social sont intégrées dans le traité et s'appliquent à tous les États membres. Ensuite, le traité comporte un titre spécifique consacré à l'emploi. Enfin, le préambule et l'article 136 (TFUE, art. 151) font référence aux droits fondamentaux tels que ceux énoncés dans la Charte sociale européenne conclue sous les auspices du Conseil de l'Europe et dans la Charte communautaire des droits sociaux fon-

damentaux des travailleurs de 1989. Il restait à voir si la Cour ferait de ces références un usage comparable à celui qu'elle a fait de la Convention européenne des droits de l'homme, compte tenu du fait que de nombreux droits sociaux sont aujourd'hui inclus dans la Charte des droits fondamentaux de l'Union européenne. Dans l'affaire *Bectu*, la Cour s'est appuyée sur la mention de la Charte communautaire des droits sociaux dans les considérants d'une directive pour établir le caractère de « principe de droit social communautaire revêtant une importance particulière auquel il ne saurait être dérogé » du droit au congé payé annuel[1].

153 L'article 2 du TUE amendé par le traité de Lisbonne fait expressément référence à la justice et à la solidarité. Quant à l'article 9 TFUE, introduit notamment à la demande de la Belgique et de la France, il impose à l'Union de prendre en compte, dans toutes ses politiques, « les exigences liées à la promotion d'un niveau d'emploi élevé, à la garantie d'une protection sociale adéquate, à la lutte contre l'exclusion sociale ».

154 À l'opposé de la Cour européenne des droits de l'homme, le Comité européen des droits sociaux, chargé du contrôle du respect de la Charte sociale européenne adoptée dans le cadre du Conseil de l'Europe a refusé de reconnaître l'équivalence entre la protection des droits sociaux dans l'Union européenne et dans la Charte sociale. En conséquence, chaque fois qu'il est saisi d'une réclamation contre un État membre dans laquelle celui-ci invoque l'existence d'une norme de l'Union, le Comité procède à un examen au fond sans retenir l'existence d'une présomption, même réfragable, de conformité avec la Charte sociale européenne : « Le Comité considère qu'il ne résulte ni de la place des droits sociaux dans l'ordre juridique de l'Union européenne ni des procédures d'élaboration du droit dérivé à leur égard, qu'une présomption de même nature puisse être retenue, même de manière refragable, s'agissant de la conformité des textes juridiques de l'Union européenne à la Charte sociale européenne (...). Il est conforté dans cette idée par l'absence, à ce stade, d'une volonté politique de l'Union euro-

1. CJCE 26 juin 2001, C-173/99.

péenne et de ses États membres d'envisager l'adhésion de l'Union à la Charte sociale européenne en même temps que l'adhésion à la Convention européenne des droits de l'homme (...) chaque fois qu'il sera confronté à la situation où les États tiennent compte de ou sont contraints par des textes de droit de l'Union européenne, le Comité examinera au cas par cas la mise en œuvre par les États parties des droits garantis par la Charte dans le droit interne »[1].

§ 5. Du pluralisme culturel au respect de l'identité nationale

155 La valeur du pluralisme culturel a été reconnue dans le document de Copenhague sur l'identité européenne, mais le principe a éprouvé des difficultés à trouver place dans la Communauté. En effet, la Communauté a abordé la culture sous l'angle du marché intérieur. Or, la libre circulation des produits et des services culturels a tendance, sous l'empire des lois économiques, à conduire à une homogénéisation croissante des cultures. De plus, le traité ne reconnaissait pas la possibilité d'invoquer l'objectif culturel pour légitimer une restriction nationale à la libre circulation[2]. Après certaines hésitations, la Cour a admis le caractère nécessaire de la protection du pluralisme. Comme elle le déclarait dans l'affaire *Torfean*, il est possible d'inclure dans les raisons impérieuses de l'article 30 ou dans les raisons liées à l'intérêt général visées à l'article 59, des raisons qui « constituent (...) l'expression de certains choix politiques et économiques » et qui se rattachent à des « particularités socioculturelles nationales ou régionales dont l'appréciation appartient, dans l'état actuel du droit communautaire, aux États membres »[3].

156 De la même façon, la Cour a admis, de plus en plus nettement, le pluralisme culturel comme un objectif légitime pouvant justifier,

1. Décision sur le bien-fondé, 23 juin 2010, n° 56/2009, *Confédération française de l'Encadrement CFE-CGC c/France Réclamation.*
2. CJCE 10 janv. 1985, n° 229/83, *Leclerc*, Rec. 1.
3. CJCE 23 nov. 1989, n° 145/88 ; v. aussi CJCE 28 févr. 1991, n° 312/89, *Conforama* et n° 332/89, *Marchandise*.

en liaison avec la liberté d'expression, des restrictions à la libre prestation de services dans le domaine de la télévision. Ainsi, dans ses arrêts du 25 juillet 1991, elle constate : « Le gouvernement néerlandais fait valoir que ces restrictions sont justifiées par les impératifs tenant à la politique culturelle qu'il a mise en place dans le secteur audiovisuel. Il explique que celle-ci a pour but de sauvegarder la liberté d'expression des différentes composantes notamment sociales, culturelles, religieuses ou philosophiques existant aux Pays-Bas, telle qu'elle doit pouvoir se manifester dans la presse, à la radio ou à la télévision. Or cet objectif pourrait être mis en péril par l'emprise excessive des publicitaires sur l'élaboration des programmes. Entendue en ce sens, une politique culturelle peut certes constituer une raison impérieuse d'intérêt général justifiant une restriction à la libre prestation de services. En effet, le maintien du pluralisme qu'entend garantir cette politique néerlandaise est lié à la liberté d'expression, telle qu'elle est protégée par l'article 10 de la Convention de sauvegarde des droits de l'homme et des libertés fondamentales, qui figure parmi les droits fondamentaux garantis par l'ordre communautaire »[1].

157 Mais si l'on voulait réellement protéger cette valeur qu'est le pluralisme culturel, il était nécessaire d'insérer dans les traités une disposition spécifique. Le traité CE, dans le titre XIII consacré à la compétence culturelle, confie à la Communauté le soin de veiller à l'épanouissement des cultures des États membres dans le respect de leur diversité nationale et régionale. Il ajoute que la Communauté doit tenir compte des aspects culturels dans son action au titre d'autres dispositions du traité. Ces dispositions devraient permettre la conciliation entre diversité culturelle et intégration européenne. En outre, l'article 4 TUE souligne que « L'Union respecte l'identité nationale des États membres » (TUE, ex-art. 6). Enfin, le traité consacre le pluralisme culturel en faisant du respect de celui-ci un élément qui s'impose dans toutes les politiques culturelles. L'article 167 TFUE (Traité CE, art. 151, § 4) stipule en

1. CJCE 25 juill. 1991, n° 288/89, *Stichting Collectieve Antennevoorziening Gouda et a. et Commisariaat voor de Media, Commission des Communautés européennes c/Royaume des Pays-Bas* ; v. aussi CJCE 5 oct. 1994, C-23/93, *TV 10 SA c/Commisariaat voor de Media.*

effet : « L'Union tient compte des aspects culturels dans son action au titre d'autres dispositions du traité, afin notamment de respecter et de promouvoir la diversité des cultures. » Ainsi, ici encore, le principe s'est concrétisé progressivement par l'effet combiné de la jurisprudence de la Cour et des révisions successives du traité. Mais le pluralisme culturel n'est qu'un élément de ce que le traité qualifie d'identité nationale. Avant Lisbonne, le TUE faisait référence à l'identité nationale dans son article 6. Dans son article 4, le traité de Lisbonne stipule « L'Union respecte l'égalité des États membres devant les traités ainsi que leur identité nationale, inhérente à leurs structures fondamentales politiques et constitutionnelles, y compris en ce qui concerne l'autonomie locale et régionale ». Ceci implique qu'un État membre peut justifier la non-application du droit de l'Union par des raisons tirées du respect de son identité nationale. À vrai dire, il ne s'agit pas d'une situation nouvelle. Dans le passé, la Cour ne faisait pas référence à l'identité nationale, mais à l'ordre public[1]. Dans l'affaire *Sayn-Wittgenstein*, la Cour justifie une entrave à la libre circulation fondée sur le refus autrichien d'insérer les titres de noblesse dans les actes d'état-civil par l'identité constitutionnelle fondée sur l'égalité[2]. De même, la Cour a reconnu l'importance de la langue comme élément de l'identité nationale[3]. Cependant, toute invocation de l'identité nationale ne peut justifier une dérogation au droit de l'Union[4].

Conclusion

158 D'une manière générale, on note un approfondissement, notamment jurisprudentiel, des valeurs qui sont à la base de la Charte constitutionnelle de la Communauté. L'Union est un ensemble qui repose sur des valeurs partagées par tous ses membres. Il est vrai que l'on pourrait en dire autant de bien des organisations internationales, au premier rang desquelles l'Organisation des Nations unies. Mais dans le cas de l'Union, ces valeurs peuvent être invo-

1. V. arrêt *Omega* ss 114.
2. CJCE 29 nov. 2010, C-208/09.
3. CJCE 12 mai 2011, C-391/09, *Malgazata Runevic-Werdyn*.
4. CJCE 1er mars 2012, *Dermod Patrick O'Brian*, C-393/10 : l'invocation de l'identité nationale ne saurait prévaloir sur l'application aux juges de l'accord sur le travail à temps partiel.

quées par les particuliers à l'encontre des institutions et des États membres dans tout le champ des compétences de la Communauté. Beaucoup plus qu'un simple objectif politique, elles constituent alors des principes juridiques qui s'imposent à l'Union. On pourra objecter que ce raisonnement n'est valable qu'en ce qui concerne le pilier communautaire, mais après Amsterdam, le contrôle de la Cour a été étendu, avec certes des modalités particulières, au troisième pilier (coopération dans le domaine de la justice et des affaires intérieures).

159 Si le traité de Lisbonne contient un article relatif aux valeurs fondamentales (TUE, art. 2 amendé), le débat qui a eu lieu lors de la convention et de la conférence intergouvernementale sur la constitution avait moins porté sur les valeurs que sur leurs sources. L'éventualité d'une mention des origines chrétiennes de l'Union a profondément divisé les États. La question s'était déjà posée lors de la convention sur les droits fondamentaux et celle-ci avait sagement choisi de se contenter d'un rappel du patrimoine spirituel de l'Europe, mention qui englobait aussi bien les religions que les courants philosophiques. Dès lors qu'est en cause un rappel historique dans un préambule, la question des racines chrétiennes ne devrait pas soulever de difficultés. Ce qui aurait posé problème, c'est l'exclusivité accordée au christianisme et l'omission d'une mention des autres religions dont l'apport à la construction européenne fut essentiel. Comment peut-on garder le silence sur le judaïsme ? Que l'on se souvienne de l'apport de l'Islam à l'Europe tant sur le plan philosophique que scientifique durant sa présence en Espagne ou de la place tenue par l'empire ottoman en Europe centrale et dans les Balkans. Finalement le préambule de la constitution faisait référence à l'héritage culturel, religieux et humaniste sur la base duquel se sont développées les valeurs universelles des droits inviolables et inaliénables de la personne humaine, de la démocratie, de l'égalité, de liberté et de l'État de droit. Cette formule est reprise par le traité de Lisbonne. Pour le reste, comme mentionné précédemment, l'article sur les valeurs ne remet pas en cause la situation existante, mais développe certaines valeurs qui étaient incluses dans les droits fondamentaux, comme la non-discrimination, la justice, la solidarité,

l'égalité, notamment entre les hommes et les femmes. À également été introduite dans les valeurs fondamentales une référence au respect des droits des personnes appartenant à des minorités. Une telle reconnaissance n'avait pu être acceptée au moment de la rédaction de la Charte des droits fondamentaux et est certainement due à la situation particulière en ce domaine des nouveaux États membres. Cependant, il s'agit de reconnaître des droits individuels et non des droits collectifs. En outre, le terme de minorité n'est pas qualifié si bien que cette disposition ne vise pas seulement les minorités nationales au sens traditionnel. Le respect des diversités nationales fait l'objet de l'article 4, § 2 TUE amendé consacré aux diversités nationales. Le traité de Lisbonne confirme que le contenu du traité repose sur des valeurs constitutionnelles, mais ceci produit-il des conséquences quant à la nature de celui-ci ?

Section 3
La nature des traités : traités ou constitution ?

160 Pour certains, les traités devraient être considérés comme des chartes constitutives d'organisations internationales sur le modèle de la charte de l'Organisation des Nations unies. C'était d'ailleurs une vision assez commune à l'origine. Cependant la doctrine s'est par la suite interrogée sur l'exactitude de cette qualification et, par voie de conséquence, sur l'éventuelle nature constitutionnelle des traités communautaires. Le débat a pris de l'ampleur lorsque la convention sur l'avenir de l'Europe a proposé d'adopter un traité établissant une constitution.

161 La question de la nature des traités n'est pas gratuite. Elle a des incidences politiques et juridiques. Les incidences politiques sont évidentes. Jusqu'à présent, l'utilisation de la notion de constitution a été réservée aux seuls États. L'employer au bénéfice de l'Union pourrait suggérer que celle-ci présente certaines qualités de nature étatique. Sur le plan juridique, à travers le choix d'un

terme, traité international ou constitution, on choisit, en fait, un modèle de référence. Si le traité est encore un traité international, on devra pour son interprétation ou pour en combler les lacunes, faire appel aux principes du droit international. S'il s'agit d'une constitution, on trouvera des sources d'inspiration dans le cadre du droit constitutionnel comparé.

162 Or s'il n'est pas contestable que les traités trouvent leur enracinement dans le droit international (**§ 1**), l'évolution, notamment jurisprudentielle, a conduit à une affirmation progressive de la spécificité communautaire qui se traduit dans l'affirmation de la Cour selon laquelle le traité est la « charte constitutionnelle » de la Communauté[1] (**§ 2**).

§ 1. L'enracinement dans le droit international

163 Si l'Union est fondée sur des traités internationaux, c'est que, comme toutes les organisations internationales, elle tire son origine de la volonté des États telle qu'elle s'est exprimée dans le cadre du droit international public. En soi, une telle origine ne devrait pas avoir d'incidence sur la nature de l'institution créée par le traité. Plusieurs États peuvent fort bien décider de s'unir en un ensemble fédéral sur la base d'un traité international. Après son entrée en vigueur, le traité changera de nature et deviendra une constitution fédérale. Aussi, plus que l'origine de l'Union, ce sont ses caractéristiques qui sont déterminantes. Dès lors qu'une institution créée par des États dispose d'une grande autonomie par rapport à eux et possède des institutions propres chargées d'exprimer sa volonté, elle se meut dans un cadre matériellement constitutionnel.

164 Ceci veut-il dire pour autant que le traité soit devenu une véritable constitution au sens généralement reconnu à ce terme en droit interne ? En effet, une partie de la doctrine établit un lien étroit

1. CJCE 23 avr. 1986, n° 294/83, *Les Verts c/Parlement européen* ; v. aussi CJCE avis, 10 déc. 1991, n° 1/91, Espace économique européen.

entre la notion d'État et celle de constitution. Comme l'écrivait autrefois Olivier Beaud : « la constitution comme norme suprême présuppose l'État »[1]. Dans cette optique, il serait exclu que les traités puissent être considérés comme une constitution puisque les Communautés n'ont certainement pas la qualité étatique. Certes, les traités contiennent des règles matériellement constitutionnelles dans la mesure où ils définissent les objectifs, les compétences, la structure institutionnelle et le processus décisionnel de l'Union. Cependant, les traités constitutifs d'organisations internationales contiennent également de telles dispositions. Mais, par rapport aux organisations internationales, l'Union présente des caractères spécifiques, à tel point que la doctrine a créé pour elle seule la notion d'organisation d'intégration qui s'oppose à celle d'organisation de coopération, laquelle regroupe toutes les autres organisations internationales. Ceci devrait-il conduire à modifier l'analyse ou bien faut-il considérer comme déterminant le fait que l'Union ait été fondée sur des traités conclus entre États souverains ? Si tel était le cas, l'Union constituerait un ensemble de droit international. Cette dernière thèse est celle d'une grande partie de la doctrine pour laquelle tant l'origine conventionnelle des Communautés que le fait que les États demeurent souverains au sein de l'Union suffisent à refuser tout qualificatif constitutionnel aux traités. Il est vrai que cette opinion avait davantage de valeur avant l'entrée en vigueur des traités de Maastricht et d'Amsterdam, qui opèrent des transferts de compétences dans des domaines qui relèvent traditionnellement de la souveraineté de l'État, comme la monnaie ou l'immigration. Cependant, pour bon nombre de spécialistes de droit international, le fait que l'Union trouve sa source dans le droit international reste déterminant. Pour eux, ce que l'on considère comme des spécificités du droit de l'Union (effet direct, non-réciprocité, etc.) constitue l'application poussée à l'extrême de principes de droit international. Selon ces thèses, l'Union serait donc une forme perfectionnée d'organisation internationale.

1. La puissance de l'État, PUF, 1994, p. 208.

§ 2. L'évolution vers une charte constitutionnelle

165 Dans un premier temps, la Cour de justice a partagé cette analyse lorsqu'elle qualifiait la Communauté de « nouvel ordre juridique de droit international au profit duquel les États ont limité, bien que dans des domaines restreints, leurs droits souverains et dont les sujets sont non seulement les États membres mais également leurs ressortissants »[1]. Mais dans l'arrêt *Costa c/ Enel*, elle opérait un détachement de l'ordre communautaire par rapport à l'ordre international : « en instituant une Communauté de durée illimitée, dotée d'institutions propres, de la personnalité, de la capacité juridique, d'une capacité de représentation internationale et plus particulièrement de pouvoirs réels issus d'une limitation de compétences ou d'un transfert d'attributions des États à la Communauté, ceux-ci ont limité, bien que dans des domaines restreints, leurs droits souverains et créés ainsi un corps de droit applicable à leurs ressortissants et à eux-mêmes »[2].

166 L'affirmation de l'existence d'un droit propre à l'Union n'élimine pas la question de la source de ce droit, laquelle pourrait être le droit international. Il faut cependant noter que la Cour s'est fondée sur les caractéristiques propres au droit communautaire pour asseoir l'autonomie de celui-ci. Les éléments essentiels que retient la Cour pour analyser les Communautés ne résident pas dans l'origine de celles-ci, mais dans le fait que les rapports entre États membres au sein de la Communauté échappent au droit international pour relever d'un ordre juridique propre.

167 Certes, les organisations internationales classiques sont régies par les règles spécifiques posées dans leur charte constitutive, mais en l'absence de telles règles, on se référera au droit international pour trouver les règles applicables. Or, ce n'est pas le cas dans l'Union, où l'on s'efforcera de déduire les règles applicables, en cas de silence des traités, d'une construction logique fondée sur une

1. CJCE 5 févr. 1963, nº 26/62, *Van Gend en Loos*.
2. CJCE 15 juill. 1964, nº 6/64, Rec. 1441.

vision systématique des traités en écartant, au besoin, l'application des règles classiques du droit international.

168 On peut donner plusieurs exemples de cette attitude. Ainsi, si la Cour internationale de justice a admis dans son avis sur la Namibie qu'une révision coutumière de la Charte des Nations unies était possible, la Cour de justice de l'Union, pour sa part, écarte la coutume pour ne retenir que le recours à la seule procédure de révision prévue par les traités[1]. Ainsi également, en ce qui concerne les compétences de l'Union, la règle de la caducité ne joue pas[2]. De la même manière, le principe de réciprocité, sous la forme de l'*exceptio non adimpleti contractus*, ne joue pas en droit de l'Union et un État membre ne saurait invoquer la violation du traité par un autre État membre pour ne pas respecter ses obligations[3]. Enfin, les organisations internationales sont interétatiques. Les règles qu'elles adoptent sont adressées aux États qui devront les mettre en œuvre alors que l'Union peut légiférer directement pour les particuliers. Même si on admettait que leur charte constitutive puisse les doter du pouvoir d'adopter des règles directement applicables aux particuliers, force est de reconnaître que l'on ne trouve guère de précédent en la matière. Mais ce qui semble déterminant, c'est l'existence d'une citoyenneté de l'Union qui confère des droits propres à ses titulaires. L'Union est une union d'États et de peuples, ce qui n'est guère compatible avec le caractère exclusivement interétatique des organisations internationales.

169 Si la vision internationaliste peut expliquer l'origine des Communautés et les règles relatives à la révision des traités, elle n'est pas

1. CIJ, avis, 21 juin 1971, Rec. 1971. 22 : « La procédure suivie par le Conseil de Sécurité qui est demeurée inchangée, après l'amendement apporté à l'article 27 de la Charte en 1965, a été généralement acceptée par les membres des Nations unies et constitue la preuve d'une pratique générale de l'Organisation ». Comp. CJCE 23 févr. 1988, n° 68/86, *Royaume-Uni de Grande Bretagne et d'Irlande du Nord c/Conseil* : « À cet égard, il convient de relever que les règles relatives à la formation de la volonté des institutions communautaires sont établies par le traité et qu'elles ne sont à la disposition ni des États membres ni des institutions elles-mêmes ». V. aussi CJCE 12 nov. 1996, C-84/94, *Royaume-Uni c/ Conseil*, pt 18.

2. V. *Costa c/Enel préc.*, où la Cour fait état d'une « limitation définitive » des droits souverains des États et CJCE 14 déc. 1971, n° 7/71, *Commission c/ France*, Rec. 1003, dans lequel elle indique clairement que le non-usage d'une compétence ne saurait entraîner le retour de celle-ci aux États membres, un tel retour ne pouvant résulter que d'une révision des traités.

3. CJCE 13 nov. 1964, n° 90 et 91/63, *Commission c/Grand Duché de Luxembourg et Royaume de Belgique*.

d'une grande aide pour analyser de leur fonctionnement ou la structure de leur ordre juridique. Subsiste certes le fait que les États demeurent les maîtres de la révision du traité. Mais ici encore, la liberté des États n'est pas totale. On en trouve trace dans la jurisprudence de la Cour relative aux accords d'adhésion. Ces accords conclus par tous les États membres pourraient, en vertu de la théorie des traités successifs telle qu'elle est codifiée par l'article 30 de la convention de Vienne sur le droit des traités, modifier le traité. Or, il n'en est rien et, à propos de l'accord d'adhésion du Royaume-Uni, la Cour a précisé que les ajustements prévus par l'article 237 (aujourd'hui TUE, art. 49) ne peuvent avoir pour objet que de faciliter l'adaptation de l'État aux règles en vigueur dans la Communauté. Dès lors, les dispositions de cet accord ne doivent être interprétées qu'en vue de réaliser plus facilement les objectifs du traité CEE et l'application intégrale de ses règles[1]. Ainsi, des parties du traité qui pourraient relever le plus directement du droit international sont insérées dans le processus institutionnel. Ce mouvement qui va du traité international vers une charte constitutionnelle a été décrit par la Cour dans son premier avis relatif à l'espace économique européen : « le traité CEE, bien que conclu sous la forme d'un accord international n'en constitue pas moins la charte constitutionnelle d'une Communauté de droit »[2]. La Cour continue ainsi : « Selon une jurisprudence constante de la Cour de justice, les traités communautaires ont institué un nouvel ordre juridique au profit duquel les États ont limité, dans des domaines de plus en plus étendus, leurs droits souverains et dont les sujets sont non seulement les États membres mais également leurs ressortissants (...). Les caractéristiques essentielles de l'ordre juridique communautaire ainsi constitué sont en particulier sa primauté par rapport aux droits des États membres ainsi que l'effet direct de toute une série de dispositions applicables à leurs ressortissants et à eux-mêmes ».

170 On a utilisé pour définir ce processus évolutif qui va d'un traité vers une constitution, le terme de constitutionnalisation. Dans le

1. CJCE 29 mars 1979, n° 231/78, *Commission c/Royaume-Uni.*
2. CJCE, avis, 14 déc. 1991, n° 1/91.

cadre de ce processus, le rôle de la Cour est fondamental. C'est, en effet, à travers ses interprétations que s'est construit le « supranationalisme normatif » (effet direct, primauté, préemption...), mais également qu'ont été dégagés les traits essentiels relatifs à la structure institutionnelle de l'Union. L'examen de la base juridique des actes qui commande le processus décisionnel, la définition du statut du Parlement devant la Cour, l'affirmation de principes structurels comme celui de l'équilibre institutionnel ou de la coopération entre institutions montrent qu'à la demande des institutions elles-mêmes, la Cour se fait l'arbitre du contentieux interinstitutionnel, contribuant ainsi à la constitutionnalisation de l'Union.

171 Si, pour définir une constitution, on s'attache à son contenu, il ne fait pas de doute que l'Union repose sur des normes constitutionnelles. Les traités contiennent des règles relatives aux institutions et à leurs rapports respectifs. Ils décrivent le processus décisionnel et contiennent un ensemble de règles relatives à la situation des individus par rapport à l'Union (respect des droits fondamentaux, citoyenneté communautaire, effet direct, recours juridictionnels...). Plus encore, l'ensemble de l'édifice repose sur un ensemble de valeurs fondamentales partagées, c'est-à-dire sur un projet de société. Mais ceci ne constitue, selon la formule des constitutionnalistes, qu'une constitution au sens matériel du terme, c'est-à-dire un ensemble de règles relatives à des questions qui sont ordinairement considérées comme relevant de la matière constitutionnelle. Pour que l'on soit en présence d'une véritable constitution, il faudrait, en outre, que ces règles aient été adoptées au terme d'une procédure constitutionnelle. C'est alors que l'Union disposerait d'une constitution au sens formel du terme.

172 Dans la mesure où l'on considère que seul le peuple dispose du pouvoir constituant originaire, il serait nécessaire, selon certains constitutionnalistes, que l'Union, pour disposer d'une véritable constitution, trouve son origine dans une manifestation de volonté populaire, ce qui n'est pas le cas puisqu'elle repose sur des traités conclus entre les États membres. Cependant, dans certains États membres, les traités ou leurs révisions ont fait l'objet d'une consultation populaire et, dans les autres cas, l'approbation des Parlements nationaux était requise. N'appartient-il aux différents peuples de manifester leur volonté selon leurs procédures constitutionnelles propres et devrait-on privilégier la forme référendaire alors qu'elle est prohibée par certaines constitutions nationales ? Au fond, l'exigence d'une expression directe de la volonté populaire repose sur l'idée que la constitution doit émaner d'un peuple alors que l'Union est constituée de plusieurs peuples. Cependant, juridiquement, c'est la constitution qui constate l'existence d'une citoyenneté commune et qui institue le peuple en conférant des droits aux citoyens. En outre, l'idée selon laquelle il devrait exister un seul peuple que la Cour constitutionnelle allemande a utilisé notamment dans son arrêt relatif au traité de Maastricht, répond à la considération historique qui lie le peuple à l'État et ce dernier à la constitution. Mais rien n'interdit que plusieurs peuples décident de partager des valeurs communes et d'organiser sur cette base des structures politiques. Reste l'observation que la révision des traités devant être ratifiée par tous les États membres, l'Union ne disposerait pas de la « compétence de la compétence ». Mais, si l'Union en disposait, elle serait souveraine et personne ne contesterait la nature constitutionnelle de sa charte fondatrice. On serait alors en présence d'une structure de caractère étatique. La réflexion se trouve toujours ramenée à la même question. Une entité non souveraine peut-elle reposer sur une constitution ? Tant que l'on ne parviendra pas à se dégager de la vision passéiste qui voit dans l'État souverain la forme exclusive d'organisation de la société, il sera impossible de rendre compte de la nature spécifique de l'Union et de sa charte fondatrice.

173 Compte tenu du caractère progressif de la construction européenne, il n'est pas aisé de déterminer le moment précis auquel on échapperait à la catégorie du traité international pour entrer dans une véritable constitution. Cela dépend-il de la nature et de l'importance des transferts de compétence effectués au profit de la Communauté ou de l'identité du détenteur du pouvoir constituant. Pour certains auteurs, cette étape est déjà franchie. Selon Olivier Beaud, « La ratification du traité de Maastricht ne vaut pas seulement comme acte constitutionnel unilatéral au regard de la

constitution nationale, mais il vaut aussi comme acte ultime de sanction du pacte constitutionnel fédératif européen »[1]. D'autres mettront l'accent sur le fait que les États membres détiennent le contrôle de la révision. Cette incertitude est la conséquence de la nature même du processus évolutif de la construction de l'Union. C'est sans doute la raison pour laquelle la Cour de justice préfère utiliser le terme politiquement moins sensible de « charte constitutionnelle ».

174 Cependant, les hommes politiques étaient bien conscients que l'Union ne pourrait se voir doter d'une constitution au sens formel du terme qu'à l'issue d'un véritable processus constituant dont certains ont identifié quelques éléments constitutifs : insertion d'une déclaration des droits fondamentaux dans les traités, clarification de la répartition des compétences entre l'Union et ses États membres, restructuration des traités afin de regrouper les dispositions de nature constitutionnelle..., tous éléments qui ont fait l'objet de la révision des traités qui devait mener à un traité établissant une constitution pour l'Europe et qui, malgré des précautions d'ordre cosmétique, subsistent largement dans le traité de Lisbonne. Les débats récents montrent bien que le tabou qui interdisait de traiter de la constitution de l'Union, est tombé et que l'idée selon laquelle il est possible de dissocier la notion de constitution de celle d'État a fait son chemin. En témoignent les propos de la présidente du Tribunal constitutionnel allemand, Mme Jutta Limbach : « L'association automatique de la constitution avec l'État est devenue anachronique et contestable. Les États-Nations européens historiques demeurent le fondement indispensable des organisations internationales et supranationales. Mais, parce qu'il en est ainsi, il est nécessaire qu'une constitution confirme et délimite le pouvoir de Bruxelles. Une constitution pourrait enfin établir la clarté et non seulement à propos des droits des citoyens. Elle pourrait poser des limites à l'Europe et régler une fois pour toutes la tension entre le droit européen et le droit national »[2].

1. *La puissance de l'État*, PUF, 1994, p. 490.
2. "The Concept of the Supremacy of the Constitution", *The Modern Law Review* 2001, p. 1, trad. de l'auteur.

175 Au lendemain des travaux de la convention sur l'avenir de l'Europe et de la conférence intergouvernementale de révision qui ont conduit à l'adoption d'un traité établissant une constitution et du traité de Lisbonne, le débat sur la véritable nature du texte fondateur reste ouvert. Et les sondages montrent que les résultats négatifs des consultations référendaires portaient moins sur la notion de constitution que sur le contenu du traité, tout au moins pour ceux qui se sont prononcés en fonction de la question posée. Mais force est de constater qu'en ce domaine, la réflexion doctrinale reste en retard sur l'évolution des faits. Une bonne partie de la doctrine constitutionnelle centre encore sa démarche sur le lien entre État souverain et constitution et, si elle aborde le fédéralisme, c'est essentiellement à travers la doctrine allemande, laquelle se limite à analyser son expérience nationale et néglige le phénomène américain ce dernier pouvant apporter des aliments utiles à un renouvellement des concepts. Reste l'argument selon lequel une constitution moderne doit être fondée sur la volonté des peuples alors que la constitution de l'Union resterait fondée sur la volonté des États et ne peut être révisée que de l'accord unanime de ceux-ci. Cette vision repose sur la conception traditionnelle de l'État-Nation. Or la constitution de l'Union ne fonde pas une nation au sens français du terme. L'Union est une union d'États et de peuples. La constitution procède de la volonté démocratiquement exprimée d'États et de peuples, le consentement des citoyens s'exprimant selon le mode prévu par chaque État par ses normes constitutionnelles propres. Ainsi, malgré son origine conventionnelle, le texte fondateur de l'Union pourrait être considéré comme une constitution, même si pour distinguer celle-ci de la constitution d'un État, certains préféreront utiliser les termes de pacte fédératif ou de charte constitutionnelle. En tout cas, cette discussion montre qu'il est difficile de séparer le débat sur la nature constitutionnelle des traités de celui sur la nature de l'Union. L'échec de la ratification du traité établissant une constitution ne change rien à la situation. Le traité ne faisait qu'accorder la dénomination de constitution à la charte constitutive de l'Union, mais il ne modifiait pas les caractéristiques fondamentales de celle-ci. Le débat n'est donc pas clos.

Section 4
La nature de l'Union

176 La question de la nature juridique de l'Union est un des ponts aux ânes du droit communautaire. C'est la raison pour laquelle elle intéresse surtout la doctrine, le juge communautaire n'ayant guère éprouvé le besoin de se pencher sur elle. Cependant, il ne faudrait pas croire qu'il s'agisse d'une question purement théorique. Tenter de définir la nature de l'Union n'est pas sans intérêt. En effet, si l'on était capable de répondre à cette question, on disposerait d'un modèle de référence pour l'analyse et il serait possible de l'utiliser pour combler les lacunes du droit communautaire. Toute réponse renvoyant à la spécificité communautaire prive de cet ancrage et ramène à l'existentiel. Dans la pratique, il faut reconnaître qu'un consensus sur un tel modèle est loin de s'être formé. Aussi, lorsque la Cour doit combler une lacune du traité, elle se réfère aux caractéristiques propres du droit de l'Union[1].

177 Après Maastricht, la définition de la nature juridique de l'Union était rendue complexe du fait que l'Union était un ensemble qui comportait tant les Communautés que les politiques menées dans le cadre des titres V (PESC) et VI (JAI) du traité sur l'Union européenne. Or, si les Communautés avaient une personnalité propre, rien n'était dit dans le traité sur l'existence d'une personnalité propre à l'Union. Cependant, il semble que, malgré ces inconvénients, l'Union devait être considérée de manière globale en raison des liens étroits entre ses diverses composantes (cadre institutionnel unique, obligation de cohérence entre les politiques communautaires et les politiques de l'Union). La fusion de l'Union et de la Communauté opérée par le traité de Lisbonne apporte à cet égard une clarification utile. S'il est évident que l'Union n'est pas un État (**§ 1**), elle ne présente pas les caractéristiques classiques d'une organisation internationales (**§ 2**) et semble constituer un ensemble de type fédéral (**§ 3**).

1. V. CJCE 15 juill. 1964, n° 6/64, *Costa c/Enel.*

§ 1. L'Union n'a pas la qualité étatique

178 Nul ne suggère aujourd'hui que l'Union puisse être considérée comme un État, bien qu'elle dispose de certains attributs étatiques. Cependant, l'analyse mérite d'être approfondie sur ce point. Classiquement, l'État se définit comme résultant de la réunion de trois éléments : un territoire, une population et une autorité souveraine.

179 S'agissant de l'élément territorial, l'Union ne possède pas de territoire propre, mais les traités ont un champ d'application territorial qui recouvre, avec certaines nuances, le territoire des États membres (TUE, art. 52). L'expression de territoire communautaire était d'ailleurs utilisée dans certains textes[1] et la Cour de justice l'emploie parfois[2]. De plus, avec l'intégration de la convention de Schengen dans le cadre de l'Union, s'est développée la notion de frontières externes de l'Union, même si, pour le moment, le Royaume-Uni et la République d'Irlande restent à l'écart du système et si le territoire Schengen dépasse les frontières de l'Union pour s'étendre à la Norvège et à l'Islande. La notion de territoire communautaire a donc fait une apparition progressive, mais la définition de ce territoire reste liée aux définitions nationales. Ainsi, lors de l'unification allemande qui modifiait les « frontières communautaires », il n'a pas été jugé nécessaire de modifier les traités. On s'est contenté d'adapter le droit communautaire à la situation nouvelle en considérant l'unification comme une simple modification territoriale de la République fédérale d'Allemagne. L'étendue du territoire de l'Union s'adapte ainsi automatiquement aux modifications territoriales des États membres. De plus, l'Union ne dispose pas de la plénitude et de l'exclusivité de la compétence territoriale à la différence de l'État. Elle n'intervient que dans le cadre de ses compétences. À ce titre, le territoire de l'Union n'est en rien assimilable au territoire étatique sur lequel l'État exerce, au regard du droit international, la plénitude de la compétence. Cette vision classique doit être nuancée au plan

1. V. par ex., Cons., règl. CE n° 1064/99, 21 mai 1999, *JO* 22 mai 1999, L 129/26.
2. V. par ex., CJCE 12 déc. 1974, n° 36/74, *Walrave* ; CJCE 22 oct. 1987, n° 33/85, *Irlande c/ Commission*.

interne par la prise en compte du phénomène fédéral. En effet, ces États ne disposent plus de la plénitude de l'exercice des compétences puisque leur action est limitée par la répartition des compétences opérée par le traité.

180 La population est le second élément constitutif de l'État. Font partie de la population, l'ensemble des personnes qui vivent sur le territoire de l'État, certaines étant liées à ce dernier par le lien de la nationalité. S'agissant de l'Union, les traités originaires visaient les particuliers destinataires des normes communautaires, que ceux-ci jouissent ou non de la nationalité d'un État membre. Il est vrai que les citoyens des États membres ont toujours bénéficié d'un traitement particulier, notamment en ce qui concerne la libre circulation des travailleurs et la non-discrimination. Le traité de Maastricht a contribué à renforcer la distinction entre destinataires des normes communautaires et titulaires de la citoyenneté de l'Union, notion nouvelle dont la possession est liée à la citoyenneté d'un État membre (TFUE, art. 20). Le traité précise que la citoyenneté de l'Union complète la citoyenneté nationale et ne la remplace pas, c'est-à-dire que les citoyens superposent à leur nationalité la citoyenneté de l'Union. Il n'existe donc pas de mécanisme d'acquisition de la citoyenneté propre à l'Union. Cependant, cette situation n'est pas différente de celle que plusieurs États fédéraux ont connue qui, lors de leur création, liaient la nationalité fédérale à celle d'un État fédéré. Plus significatif est le fait que la citoyenneté européenne ne déploie pas d'effets propres sur le plan international. Même si l'article 23 TFUE prévoit la possibilité d'une protection diplomatique d'un citoyen de l'Union par les autorités d'un État membre dont il n'est pas ressortissant, il ne s'agit pas d'une protection exercée par l'Union, et cette protection est subordonnée à une reconnaissance pour être opposable de plein droit aux États tiers. Elle ne s'exerce au demeurant que lorsque l'État dont le citoyen de l'Union est le ressortissant n'est pas représenté dans l'État tiers concerné[1].

181 Le dernier élément constitutif de l'État est l'exercice d'une autorité souveraine sur le territoire et la population. La question est donc

---

1. Sur le contenu de la citoyenneté européenne, v. ss 204.

de savoir qui actuellement détient la souveraineté de l'Union ou de ses États membres. La réponse n'est pas si aisée, car elle postule que l'on définisse ce qu'est aujourd'hui la souveraineté. Est-ce le droit de décider en dernier ressort de toute chose sans être limité par aucune autre autorité ? Si la réponse est affirmative, elle n'est valable que sur le plan interne puisque, sur le plan externe, l'État doit respecter la souveraineté des autres États. Il ne peut donc agir librement que pour autant qu'il ne porte pas atteinte à celle-ci. Sur le plan interne, cette souveraineté est limitée puisque les États membres de l'Union ne peuvent décider en dernier ressort dans les domaines dans lesquels les traités attribuent des compétences à l'Union. À l'inverse, l'Union ne peut agir que dans le cadre des compétences qui lui sont attribuées (TUE, art. 13). L'Union ne dispose donc pas de la souveraineté, mais les États membres ont consenti des transferts de compétences dans des domaines qui, pour reprendre la terminologie du Conseil constitutionnel français « portent atteinte aux conditions essentielles d'exercice de la souveraineté nationale »[1] et ont imposé en France une révision de la Constitution. L'Union et ses États membres se trouvent donc dans une situation dans laquelle l'exercice de la souveraineté est partagé. Ce n'est pas une situation spécifique. Comme le constatait la Cour suprême des États-Unis, la souveraineté du Congrès est partagée avec celle des États qui retiennent celle-ci pour autant qu'elle ne soit pas attribuée au Congrès par la constitution[2]. L'existence d'un système dans lequel la souveraineté est partagée constitue d'ailleurs l'essence même du fédéralisme telle que les auteurs de la constitution américaine l'avaient comprise. Il est vrai que l'idée de souveraineté partagée est une réponse commode au dilemme fédéral classique selon lequel la souveraineté conçue comme indivisible doit être détenue soit par la fédération, soit par les États membres. Elle est contradictoire en ses termes, c'est la raison pour laquelle O. Beaud propose de penser la fédération en dehors même de toute référence à la souveraineté laquelle ne

1. Cons. const., 9 avr. 1992, n° 92-308 DC.
2. C. supr. EU, 23 juin 1999, n° 98-436, *Alden c/Maine*.

trouve son sens que dans l'analyse de l'État[1]. Cependant, dans le cadre de l'Union, les États membres détiennent encore le monopole de la contrainte physique puisque les instances communautaires ne peuvent recourir à celle-ci qu'en passant par l'intermédiaire de ses membres. Mais surtout, le point déterminant est que l'Union ne détient pas la compétence de la compétence. En effet, la révision des traités requiert l'accord de tous les États membres. Ceci, certes, signifie qu'un État membre isolé ne peut seul revenir sur l'acquis des traités, mais aussi que tout renforcement de la construction européenne exige l'accord de tous ses membres. Il n'en irait différemment que si la révision des traités pouvait intervenir à l'issue d'un processus majoritaire. Tant que l'Union ne disposera pas de la compétence de la compétence, il sera impossible de l'assimiler à un État comme le constate la Cour constitutionnelle allemande dans son arrêt du 30 juin 2009. Cet attribut des États rencontrait cependant sa limite dans le fait que tout retour en arrière en ce qui concerne la dévolution des compétences à l'Union relève aussi de l'unanimité et non de la maîtrise d'un seul État. Le traité de Lisbonne résout la question de la préservation intégrale de la compétence de la compétence au profit des États en instituant un droit unilatéral de retrait de l'Union européenne (TUE, art. 50).

182 La conclusion de ce rapide aperçu est que si l'Union présente, et présente de plus en plus au fur et à mesure des révisions successives des traités, certains traits étatiques, elle ne saurait en aucun cas être analysée comme une entité étatique.

§ 2. L'Union n'est plus une organisation internationale

183 L'approche habituelle des juristes consistait à considérer l'Union comme une organisation internationale. Puisque, dans leur esprit, seules deux catégories juridiques étaient envisageables (celle de

1. O. Beaud, *Théorie de la Fédération*, Léviathan, PUF, 2007.

l'État ou celle de l'organisation internationale), dès lors que l'Union ne pouvait être qualifiée d'État, elle devait nécessairement être une organisation internationale. Cette vision pouvait s'appuyer sur le fait que l'Union avait été créée par des traités internationaux. Cependant, si l'on considère que la nature de l'acte de base est en elle-même déterminante, on devrait qualifier certains États fédéraux d'organisation internationale au motif qu'ils ont été créés sur la base d'un traité international. Aussi, au-delà même de la nature de l'acte fondateur, paraît-il utile de se référer aux caractéristiques de l'Union. C'est ce qu'a fait la Cour de justice des Communautés. Alors qu'à l'origine elle analysait la Communauté comme « un nouvel ordre juridique de droit international »[1], elle s'est dégagée de cette conception dans sa jurisprudence ultérieure[2]. Ainsi, souligne-t-elle, « les traités communautaires ont institué un nouvel ordre juridique au profit duquel les États ont limité, dans des domaines de plus en plus étendus, leurs droits souverains et dont les sujets sont non seulement les États membres mais également leurs ressortissants (...). Les caractéristiques essentielles de l'ordre juridique communautaire ainsi constitué sont en particulier sa primauté par rapport aux droits des États membres ainsi que l'effet direct de toute une série de dispositions applicables à leurs ressortissants et à eux-mêmes »[3]. On peut faire valoir que la non-réciprocité, la primauté et l'effet direct ne sont pas des notions inconnues en droit international et que le transfert de compétences à une organisation internationale est toujours possible, mais l'effet direct est l'exception en droit international. Or, il est ici la règle. De plus, l'idée d'une citoyenneté d'une organisation internationale est jusqu'à présent inédite. Une organisation internationale est composée d'États et ses actes s'adressent aux États. Ils ne peuvent créer des obligations pour les citoyens que par le truchement de ceux-ci. Aussi, si l'on additionne l'ensemble des spécificités de l'Union, on réalise que l'on est en présence d'un phénomène qui ne répond plus à la

1. CJCE 5 févr. 1963, n° 26/62, *Van Gend en Loos.*
2. CJCE 15 juill. 1964, n° 6/64, *Costa c/Enel.*
3. CJCE, avis, 14 déc. 1991, n° 1/91, Rec. I. 6079.

notion traditionnelle d'organisation internationale, sauf à donner à cette notion une extension telle qu'elle puisse couvrir toutes les formes d'organisation sociale qui ne sont pas étatiques. En résumé, l'organisation internationale présente un caractère intergouvernemental qui fait largement défaut à l'Union. Dans celle-ci, les États ne sont pas les seuls sujets de droit puisque cette qualité appartient également aux particuliers, personnes physiques ou morales. Les traités sont les normes supérieures d'un ordre juridique dont la primauté est assurée par un contrôle juridictionnel. Les règles du droit international ne trouvent pas place dans cet ordre juridique si ce n'est dans les rapports avec d'autres sujets de droit international. On peut certes, pour tenir compte de ces spécificités, inventer un qualificatif nouveau comme celui d'organisation d'intégration. Mais, ce faisant, on fait entrer dans la catégorie des organisations internationales une forme entièrement hétérogène et la réalité est sacrifiée à l'esprit de système.

§ 3. L'Union, un ensemble de type fédéral ?

184 Dans ces conditions, il n'est pas aisé de définir l'Union européenne qui, à certains égards, présente des traits d'un ensemble confédéral (politique étrangère et de sécurité commune), mais à d'autres (système juridique, politiques communes) est plus proche d'un ensemble fédéral. Aussi a-t-on forgé le concept de supranationalité. On désigne ainsi une association d'États au sein de laquelle ceux-ci mettent en commun certaines de leurs compétences, acceptent qu'un nombre important des décisions soit pris à la majorité qualifiée, que ces décisions s'insèrent dans les ordres juridiques nationaux sans formalité particulière, et qu'elles l'emportent sur les normes nationales contraires. On voit bien qu'ainsi présenté le concept de supranationalité ne fait que décrire les caractéristiques de l'Union sans vraiment présenter d'utilité opérationnelle. La Cour constitutionnelle allemande, dans son arrêt du 12 octobre 1993, définit la Communauté comme une association d'États (*Staatenverbund*). Elle écarte ainsi les notions

de confédération (*Staatenbund*) et d'État fédéral (*Bundestaat*), mais la notion d'association d'État ne répondant à aucune notion juridique connue, il est difficile d'en déterminer le contenu. Dans son arrêt du 30 juin 2009, elle indique que l'Union a une forme fédérale, mais que son processus de décision et la composition de ses institutions restent très largement intergouvernementaux. Force est de constater qu'en raison de son particularisme, il n'est pas possible aujourd'hui, sans en dénaturer la présentation, de faire entrer l'Union dans les catégories habituelles. Tout en empruntant des traits à certaines d'entre elles, elle reste fondamentalement originale. D'autre part, l'Union n'a sans doute pas atteint son plein développement, et de futures révisions des traités pourraient encore en altérer les traits. Le concept vers lequel l'attention se porte aujourd'hui comme en ont témoigné les propositions de M. Delors ou de l'ancien président de la République fédérale d'Allemagne, M. Rau, semble être celui d'une fédération d'États-Nations. Derrière cette appellation ambiguë se dissimule l'idée fort ancienne selon laquelle l'exercice commun de type fédéral de compétences doit respecter la diversité des États nationaux. Au fond, c'est reconnaître que l'Union est construite sur le modèle fédéral du partage des compétences, mais que les États, à travers notamment le pouvoir de révision, restent les maîtres du traité. Les querelles de vocabulaire et la charge politique attachée à l'emploi du terme fédéral ne doivent pas dissimuler l'importance qu'il y a de définir avec précision les structures et les compétences de l'Union avant de s'attacher à leur trouver un nom. Cependant, il devient de plus en plus difficile de nier ce que l'Union doit au modèle fédéral dès lors que l'on admet que l'État n'est pas l'unique forme d'organisation fédérale. Le terme peut aussi s'appliquer à une structure qui repose sur une répartition des compétences entre l'Union et ses États membres, sur l'existence d'un ordre juridique autonome et sur l'établissement de rapports directs entre l'Union et ses citoyens. Dans ces conditions, il est possible de voir dans ce que l'on appelle les traités la constitution d'un ensemble fédéral.

Bibliographie

Beaud, « L'Europe vue sous l'angle de la Fédération. Le regard paradoxal de Paul Reuter », *Droits* 2007, n° 49 ; Beaud, *Théorie de la Fédération*, Léviathan, PUF, 2007 ; Benoît-Rohmer (dir.), « La Charte des droits fondamentaux de l'Union européenne », *RUDH* 2000. 1 ; Benoît-Rohmer, *La Charte des droits fondamentaux de l'Union européenne*, Dalloz, 2001 ; Braibant, *La Charte des droits fondamentaux*, Seuil, Paris, 2002 ; Commission européenne, *La gouvernance dans l'Union européenne, Cah. cell. Prosp., OPOCE* 2001 ; Constantinesco, « La constitution économique de la CEE », *RTD eur.* 1977. 343 ; Constantinesco, « Vers quelle Europe, Europe fédérale, confédération européenne, fédération d'États-Nations ? », *Cah. fr.* 2000, n° 298, p. 80 ; Dagtoglou, « La nature juridique de la Communauté européenne », in *Trente ans de droit communautaire*, Perspectives européennes, p. 34 ; Dehousse, *Une constitution pour l'Europe*, Presses Sciences Po, 2002 ; Dutheil de la Rochère, « La Charte des droits fondamentaux de l'Union européenne », *J. Cl. Europe* ; Ferry, *La question de l'État européen*, Gallimard, 2000 ; Gerkrath, *L'émergence d'un droit constitutionnel pour l'Europe*, Éd. ULB, 1977 ; Jacqué, « Cours général de droit communautaire », in *Rec. Cours Académie droit européen* 1990, vol. 1, livre I ; Jacqué, « Charte des droits fondamentaux et droit à un recours effectif, Dialogue entre le juge et le constituant », *Il Diritto dell'Unione Europea* 2002, p. 1 ; Jacqué, « Back To Philadelphia », *RMCUE* 2002. 661 ; Jacqué, « Droits fondamentaux et compétences internes de la Communauté », in *Mélanges Cohen-Jonathan*, Bruylant, Bruxelles, 2004, p. 1007 ; Magnette (éd.), *La constitution de l'Europe*, Éd. ULB, Bruxelles, 2000 ; Molinier (dir.), *Les principes fondateurs de l'Union européenne*, PUF, 2005 ; Pellet, *Les fondements juridiques internationaux du droit communautaire*, Académie de droit européen, Recueil des cours, vol. V, livre 2, p. 193 ; Pescatore, *Les exigences de la démocratie et la légitimité de la Communauté européenne, CDE* 1974. 499 ; Piris, « L'Union a-t-elle une constitution ? Lui en faut-il une ? », *RTD eur.* 1999. 599 ; Rideau (dir.), *De la Communauté de droit à l'Union de droit, continuité et avatars européens*, LGDJ, 2000 ; Ricard-Nihoul, *Pour une fédération européenne d'États-Nations, La vision de Jacques Delors revisitée*, Larcier, 2012 ; Sudre et Labayle (dir.), *Réalités et perspectives du droit communautaire des droits fondamentaux*, Bruylant, Bruxelles, 2000 ; Weiler, « Parlement européen, intégration européenne, démocratie et légitimité », in *Le Parlement européen*, Éd. ULB, 1988, p. 325 ; Zoller, « Aspects internationaux du droit constitutionnel, Contribution à la théorie de la fédération d'États », *Rec. cours Académie droit international Haye* 2003, t. 294.

CHAPITRE 2

Les éléments constitutifs de l'Union

185 L'Union est constituée d'États qui, bien qu'ils aient transféré à l'Union certaines de leurs compétences, conservent leur personnalité internationale. À ce titre l'accent a souvent été placé sur l'égalité des États. Cette égalité formelle ne se rencontre pas dans le processus de décision qui, après avoir reposé sur une pondération des voix des États, est aujourd'hui fondé sur l'importance de leur population. Mais le droit de l'Union doit s'appliquer à tous les membres sans discrimination. Les différences de traitement reposent uniquement sur des différences objectives de situation et sont proportionnées à celle-ci. C'est cette idée que l'on retrouve dans l'article 4, § 2, du TUE qui établit l'égalité des États devant les traités.

186 Le traité contient des dispositions spécifiques relatives à l'acquisition du statut de membre (TUE, art. 49) (SECTION 1). Mais, comme l'indique l'article premier du traité sur l'Union européenne, l'Union n'est pas seulement une Union d'États, c'est aussi une Union entre les peuples, d'où le concept de citoyenneté européenne (SECTION 2). Enfin, les traités définissent leur champ d'application territorial que l'on a parfois qualifié de territoire de l'Union (SECTION 3).

SECTION 1

LES MEMBRES DE L'UNION

187 À l'origine, les Communautés étaient composées de six États membres. Mais elles avaient vocation à s'étendre au-delà du cercle des membres originaires. L'élargissement des Communautés s'est produit en suivant une procédure d'adhésion spécifique établie par les traités (**§ 1**). Cette procédure a été modifiée à Maastricht, puis à Amsterdam en vue d'établir une procédure unique pour les trois traités (TUE, CE, CEEA), ce qui a eu pour conséquence que les nouveaux membres adhéraient simultanément à l'Union et aux Communautés. En vue de donner leur plein effet aux conditions politiques de l'adhésion, le traité d'Amsterdam établissait également une procédure de sanction qui pouvait entraîner la suspension de certains droits liés à la qualité de membre (**§ 2**). À l'origine, les traités ne prévoyaient pas de possibilité de retrait. Mais une telle procédure est mise en place par le traité de Lisbonne (TUE, art. 50) (**§ 3**).

188 Aux six États membres originaires, sont venus s'ajouter le Royaume-Uni, la République d'Irlande et le Danemark (1973), la Grèce (1981), l'Espagne et le Portugal (1986), l'Autriche, la Finlande et la Suède (1995). La Norvège a signé à deux reprises un traité d'adhésion, mais à la suite de votes populaires négatifs, elle n'est pas devenue membre de l'Union européenne. L'élargissement suivant a concerné, outre Chypre et Malte, les États d'Europe centrale et orientale. Des négociations ont été engagées dans un premier temps avec un premier groupe d'États (Estonie, Hongrie, Pologne, République tchèque et Slovénie). D'autres États d'Europe centrale (Bulgarie, Lettonie, Lituanie, Roumanie et Slovaquie) étaient également candidats et une décision quant à l'ouverture des négociations avec eux n'a été prise qu'au Conseil européen d'Helsinki en décembre 1999. Enfin, la candidature de la Turquie a été l'objet de longues discussions et n'a pu être prise en compte qu'avec la seconde vague de candidats, en décembre 1999 notamment en raison de la situation politique intérieure de cet État. Les négociations d'adhésion avec les candidats faisant partie de la

première vague ont été conclues lors du Conseil européen de Copenhague les 12 et 13 décembre 2002. Les traités d'adhésion ont été signés le 16 avril 2003 et les procédures de ratification menées de telle sorte que l'adhésion devienne effective le 1er mai 2004. L'entrée de la Bulgarie et de la Roumanie dans l'Union s'est produite en 2007 et celle de la Croatie en 2013 Quant à la Turquie, des négociations ont été ouvertes, mais devraient se dérouler sur une longue période. D'ailleurs certains États membres, dont la France, ne sont pas favorables à l'adhésion de la Turquie et militent en faveur d'un statut spécifique dit de « partenariat privilégié » au contenu encore flou qui permettrait à la Turquie de participer aux politiques de l'Union, mais non au processus décisionnel. Les négociations sont, de ce fait, actuellement dans l'impasse. Le processus d'élargissement n'est pas encore achevé. Il devrait s'étendre aux États des Balkans. Parmi ceux-ci, la Macédoine, le Montenegro et la Serbie ont le statut d'Etats candidats. Suite à la crise financière, l'Islande a également annoncé sa candidature et des négociations se sont ouvertes. Les négociations ont été suspendues suite aux élections législatives de 2013 dans l'attente d'un referendum sur leur poursuite. Dans quelques années, l'Union pourrait comporter plus de 30 membres. Aussi des voix s'élèvent en faveur d'une réflexion sur les frontières de l'Europe. L'Union est-elle destinée à s'étendre sans limites à tous les États qui partagent ses valeurs au risque d'affaiblir sa cohésion et de nuire à son efficacité ? Elle ne serait alors plus qu'un vaste marché. Doit-elle au contraire définir des limites territoriales et se consacrer à renforcer ses politiques internes et externes ? Elle constituerait alors un pôle régional puissant à l'image des grandes puissances continentales. C'est le dilemme classique entre une Europe « espace » et une Europe « puissance ». Face à cette situation, certains évoquent une Europe à deux vitesses dont on peut se demander si elle ne connaît pas un début de réalisation autour de la zone euro. En tout cas, le Président de la Commission, M. Juncker, a indiqué qu'aucune adhésion n'aurait lieu durant son mandat.

189 La physionomie de l'Union a été profondément modifiée par les adhésions. C'est pourquoi il a été jugé indispensable d'adapter la

structure institutionnelle à la situation qui devait naître de cet élargissement. Cette adaptation, qui n'a pu être réalisée complètement lors de la négociation du traité d'Amsterdam, a fait l'objet de la conférence intergouvernementale de révision des traités qui s'est ouverte en 2000 et a conduit au traité de Nice, afin notamment d'adapter la composition de la Commission et la pondération des votes au Conseil aux exigences de l'élargissement. Le traité de Lisbonne revient sur plusieurs des éléments de Nice dont le vote au Conseil afin de permettre à l'Union d'affronter les conséquences de l'élargissement. Il ajoute également à l'article 49 qui est relatif à l'adhésion une référence aux « critères d'éligibilité approuvés par le Conseil européen ». Il vise ainsi les critères dits de Copenhague adoptés par le Conseil européen de Copenhague les 21 et 22 juin 1993 (v. *infra*).

§ 1. L'adhésion à l'Union européenne

190 On examinera successivement les conditions d'adhésion, puis la procédure suivie.

A. Les conditions d'adhésion

191 Les conditions d'adhésion sont définies à l'article 49 du traité sur l'Union européenne. Mais dans la pratique, un certain nombre d'éléments complémentaires sont venus s'ajouter aux prescriptions du traité. Ainsi, le Conseil européen de Copenhague a indiqué, en avril 1978, que le respect et le maintien de la démocratie représentative et des droits de l'homme constituaient un élément essentiel de l'appartenance aux Communautés. Cette condition figure aujourd'hui à l'article 49 TUE. S'agissant plus spécifiquement des derniers élargissements, le Conseil européen de Copenhague, en juin 1993 a fixé des conditions qui, pour l'essentiel, confirment la pratique existante, bien que, sur certains points, elles aillent plus loin.

192 L'article 49 pose trois conditions : être un État, être un État européen, respecter les principes énoncés à l'article 6, § 1 du traité sur l'Union européenne.

193 La question de l'éventuelle qualité étatique d'un candidat ne s'est jamais posée. Cependant, il est bien clair que l'adhésion d'une collectivité infra-étatique ne saurait être possible. L'Union ne connaît comme membres que des États. Ainsi, lorsque la Belgique a indiqué, en signant le traité d'Amsterdam, que cette signature engageait également les Communautés et les régions, le gouvernement belge a précisé, à la demande des autres États membres, dans le procès-verbal de signature, que « c'est le Royaume de Belgique, en tant que tel, qui sera, dans tous les cas, engagé pour l'entièreté de son territoire par les dispositions du traité d'Amsterdam et que c'est uniquement à ce Royaume en tant que tel, qu'incombera la pleine responsabilité du respect des obligations souscrites dans ce traité »[1]. Ceci confirme bien le fait que seul des États peuvent devenir membres. La Cour a d'ailleurs clairement confirmé cette analyse dans une ordonnance rendue à propos de la région wallonne : « il ressort de l'économie générale des traités que la notion d'État membre au sens des dispositions institutionnelles (...) ne vise que les seules autorités gouvernementales des États membres de la Communauté et ne saurait être étendue aux gouvernements de régions ou de Communautés autonomes, quelle que soit l'étendue des compétences qui leur sont reconnues »[2].

194 La deuxième condition est d'ordre géographique. Le candidat doit être un État européen. Jusqu'à présent, il n'a pas été établi de limites précises quant à la portée de cette condition. La candidature du Maroc n'a pu être retenue en 1987 puisque celui-ci ne pouvait être considéré comme un État européen. Par contre, une telle objection n'avait pas été soulevée par le passé envers la Turquie dont, pour d'autres raisons cependant, la candidature n'avait pas été par le passé examinée. Cependant, compte tenu des adhésions envisagées lors du Conseil européen d'Helsinki, la question des frontières de l'Europe ne peut manquer de se poser. La réponse dépend en grande partie de l'importance relative de deux éléments. Faut-il privilégier les aspects politiques, et notamment l'existence d'une démocratie représentative respectueuse des

1. JO 10 nov. 1997, C 340/307.
2. Ord. 21 mars 1997, C-95/97, *Région wallonne c/Commission*.

droits de l'homme et des minorités ou faut-il faire valoir des conditions géographiques et culturelles ? Comme le montrent les débats actuels, les États membres sont fort divisés sur ce point.

195 La troisième condition porte sur le respect des principes posés à l'article 2 du traité sur l'Union européenne. Il s'agit des valeurs « de respect de la dignité humaine, de liberté, de démocratie, d'égalité, de l'État de droit ainsi que du respect des droits de l'homme, y compris des droits des personnes appartenant à des minorités ». Dans la mesure où ces valeurs fondamentales sont communes aux États membres, il va de soi qu'elles doivent être également respectées par les candidats. Cette exigence, qui était déjà implicite auparavant, a été inscrite dans le traité à Amsterdam. Elle implique donc qu'avant d'accueillir une candidature, le Conseil vérifie si cette condition est bien remplie.

196 Les Conseils européens de Copenhague (1993) et de Madrid (1995) ont ajouté aux conditions exigées par le traité, un certain nombre de contraintes politiques applicables aux nouveaux États candidats, notamment d'Europe centrale et orientale. Ainsi, à la condition de respect de la démocratie et des droits de l'homme, venait s'ajouter l'exigence du respect des minorités et de leur protection auquel aujourd'hui l'article 2 fait référence. Sur le plan économique, l'existence d'une économie de marché viable, la capacité de faire face à la pression concurrentielle, la capacité d'assumer les obligations découlant de l'adhésion constituent également des éléments nouveaux. Ces conditions spécifiques dont le respect est vérifié tant avant l'adhésion qu'au cours des négociations découlent pour partie de la situation particulière des États candidats au sortir du système communiste ou de leur situation spécifique, en ce qui concerne les minorités, par exemple. Mais certaines sont plus générales et étaient déjà contenues implicitement dans le traité. C'est le cas de la condition relative à la capacité d'assumer les obligations de l'adhésion qui résulte implicitement du traité puisque, le traité d'adhésion ne peut prévoir que des adaptations et non une révision du traité. L'adhésion doit donc intervenir sur la base du respect de l'acquis de l'Union.

B. La procédure d'adhésion

197 La procédure est réglée par l'article 49 du traité sur l'Union européenne. Cependant, dans la pratique, un certain nombre d'aménagements ont été apportés. La procédure s'ouvre avec la déclaration de candidature qui est adressée au Conseil, lequel doit en informer le Parlement européen et les parlements nationaux. Cette information permet l'ouverture d'un débat au sein de ces institutions parlementaires et donnera sans doute au Conseil des indications sur la poursuite de la procédure. Le Conseil se prononce à l'unanimité sur la candidature après avis de la Commission et avis conforme du Parlement européen à la majorité des membres qui le composent. Les conditions de l'adhésion et les adaptations éventuelles des traités qui s'imposent font l'objet de négociations entre les États membres et le candidat. Le traité d'adhésion est soumis à la ratification des États parties.

198 En fait, la procédure commence par la décision unanime du Conseil. Ensuite sont ouvertes les négociations qui sont menées par les États membres sur la base des positions communes qu'ils arrêtent. Dans la pratique, les négociations sont conduites par la présidence du Conseil ou, éventuellement, par la Commission si le Conseil en décide ainsi. Normalement, le Parlement européen ne devrait se prononcer que sur la candidature, mais, par le passé, il ne donnait son avis conforme que lorsque le contenu du traité d'adhésion avait été établi. Il s'agissait moins d'un avis sur la candidature que sur le contenu du traité d'adhésion.

199 L'élargissement aux pays d'Europe centrale et orientale ainsi qu'à Chypre et à Malte a fait l'objet de procédures plus affinées. Les pays candidats ont d'abord participé à un examen détaillé de la législation communautaire (*screening*) qu'ils ont confrontée avec leur propre législation. Ils ont bénéficié d'une aide financière de la Communauté afin de soutenir leur progrès dans les préparatifs de l'adhésion dans le cadre de partenariat d'adhésion. Les progrès de chaque pays candidat ont fait l'objet de rapports réguliers de la Commission au Conseil. Sur la base de ces rapports, le Conseil a décidé de l'ouverture des négociations avec les États candidats pour lesquels cette ouverture n'était pas encore intervenue. Enfin,

le Conseil européen de Luxembourg de 1997 avait mis en place une Conférence européenne qui réunissait chaque année les membres de la Communauté et les candidats afin de permettre des échanges de vues.

200 L'adhésion résulte d'un traité international dont l'objet est de prévoir essentiellement les adaptations nécessitées par l'adhésion. Il s'agit d'adaptations d'ordre institutionnel (nombre de membres des institutions et organes, pondération des voix au Conseil...), mais aussi de dérogations temporaires en faveur des nouveaux membres. En effet, l'adhésion se faisant sur la base du respect de l'acquis, les dérogations accordent seulement au nouveau membre les délais nécessaires pour mettre en œuvre certains éléments de l'acquis lorsque la situation rend nécessaire l'octroi de tels délais. La Cour a jugé, à propos de l'accord d'adhésion du Royaume-Uni, que les ajustements prévus par le traité ne peuvent avoir pour objet que de faciliter l'adaptation de l'État aux règles en vigueur dans la Communauté. Dès lors, elles doivent être interprétées en ce sens[1]. Les traités d'adhésion sont des accords interétatiques et non des actes de l'Union. Dès lors, si la Cour peut les interpréter comme toute autre règle de droit primaire, elle n'est pas compétente pour se prononcer sur leur validité[2].

§ 2. La suspension

201 Jusqu'au traité d'Amsterdam, la suspension de droits liés à la qualité de membre n'était pas possible. Dans la mesure où le traité d'Amsterdam consacrait l'exigence de respect des droits de l'homme et de la démocratie comme une condition d'appartenance à l'Union, il était apparu nécessaire de prévoir une solution au cas où, devenu membre, un État ne respecterait plus cette exigence. Le projet de traité de l'Union européenne adopté en 1984 par le Parlement européen prévoyait déjà, dans cette hypothèse, un système de sanctions dont se sont largement inspirés les rédac-

1. CJCE 29 mars 1979, n° 231/78, *Commission c/Royaume-Uni.*
2. CJCE 28 avr. 1988, n° 31 et 35/88, *LAISA et CPC Espagna c/Conseil.*

teurs du traité d'Amsterdam. Le traité d'Amsterdam établit donc une procédure de sanction consistant en la suspension de droits que l'Etat sanctionné tire du traité.

202 La suspension est prévue aux articles 7 TUE et 354 TFUE.

Lors de la constitution, en 1999, d'un gouvernement autrichien avec la participation du parti populiste de Joerg Haider, cette procédure n'a pu être utilisée puisque l'on ne pouvait reprocher au nouveau gouvernement de violations des droits de l'homme, mais que l'on éprouvait seulement des craintes quant à l'éventualité de telles violations. C'est la raison pour laquelle aucune mesure communautaire n'a pu être prise. Quatorze États membres ont décidé en commun de mesures qui se situaient hors du cadre de l'Union et concernaient seulement les relations bilatérales entre ces États et l'Autriche. Au vu de cette expérience, les modifications apportées par le traité de Nice et qui sont contenues à l'article 7 TUE permettent au Conseil, statuant à la majorité des 4/5e des membres et après approbation du Parlement européen sur proposition motivée d'un tiers des États membres, du Parlement ou de la Commission, de constater qu'il existe un « risque clair de violation grave par un État membre des valeurs énoncées à l'article 2 ». Si tel est le cas, la Conseil peut adresser des recommandations à l'État concerné. Avant de statuer, le Conseil entend l'État membre concerné. Il procède à une vérification régulière de la situation afin de contrôler l'évolution de celle-ci. En outre, la Cour est compétente pour statuer, à la demande de l'État membre concerné sur le seul respect de la procédure, à l'exclusion des motifs qui ont conduit à l'adoption de sanctions. La Cour ne peut donc substituer son évaluation à celle opérée par le Conseil.

203 En cas d'inefficacité de la procédure préventive, il est possible de recourir à la procédure de sanction lors de violation grave et persistante par un État membre des valeurs énoncées à l'article 2. Cette violation est constatée par le Conseil européen, à l'initiative d'un tiers des membres ou de la Commission. Le Conseil européen statue à l'unanimité, les abstentions ne faisant pas obstacle à l'unanimité, après approbation du Parlement européen rendu à la majorité de ses membres et des deux tiers des suffrages exprimés. Auparavant, le gouvernement de l'État membre concerné doit

avoir été invité à présenter ses observations, mais il ne participe pas au vote. Par contre, les parlementaires élus dans l'État membre concerné, ne sont pas privés du droit de vote au sein du Parlement. Il en va de même des membres de la Commission ayant la nationalité de cet État. Cette situation tient au fait que, dans les deux cas, les membres sont indépendants de l'État concerné et ne peuvent recevoir d'instructions. La Commission joue un rôle important dans la procédure puisqu'elle peut l'initier. En revanche, le Parlement n'a pas reçu ce droit et devra se contenter d'inciter, le cas échéant, la Commission ou les États membres à prendre l'initiative. La constatation opérée par le Conseil, avec l'approbation du Parlement, est d'ordre politique et ne peut être contestée devant la Cour de justice qu'au regard du respect des conditions procédurales et non sur le fond (TFUE, art. 269). L'article 7 laisse au Conseil une large marge d'appréciation quant au caractère grave de la violation. Cependant, le champ d'application de l'article ne se limite pas au domaine couvert par les compétences de l'Union. Toute violation grave et persistante commise par un État membre, que ce soit dans le cadre de ses compétences propres ou de la mise en œuvre du droit de l'Union, est donc susceptible d'entraîner la mise en œuvre de la procédure de l'article 7.

204 Une fois la constatation effectuée, il appartient au Conseil, à la majorité qualifiée, de « décider de suspendre certains des droits découlant de l'application du présent traité à l'État membre en question, y compris le droit de vote du représentant du gouvernement de cet État membre au sein du Conseil. Ce faisant, le Conseil tient compte des conséquences d'une telle suspension sur les droits et obligations des personnes physiques et morales. » Le système n'est donc pas assimilable à une suspension pure et simple. Il revêt clairement un aspect répressif puisque l'État est suspendu dans ses droits alors que ses obligations persistent. L'État en cause ne participe pas au vote sur la suspension et la majorité qualifiée est calculée en conséquence. Les mesures peuvent être revues ou modifiées, à la même majorité, pour tenir compte de l'évolution de la situation. L'obligation de tenir compte des effets de la suspension sur les personnes physiques et morales a pour objet

d'inciter le Conseil à éviter, autant que possible, que des particuliers ne se voient privés de leurs droits en raison de violations imputables à l'État.

205 Cette procédure revêt un caractère exceptionnel et ne sera, sans doute, utilisée que dans des cas extrêmes, comme en atteste l'exigence d'une violation grave et persistante. Elle constitue cependant un garde-fou qui pourrait inciter à la réflexion un gouvernement tenté par des mesures contraires au respect des droits fondamentaux. Il s'agit également d'une manifestation de l'importance des valeurs fondamentales sur lesquelles repose la construction de l'Union.

206 Lors de la constitution, en 1999, d'un gouvernement autrichien avec la participation du parti populiste de Joerg Haider, l'article 7 n'a pu être utilisé puisque l'on ne pouvait reprocher au nouveau gouvernement de violations des droits de l'homme, mais que l'on éprouvait seulement des craintes quant à l'éventualité de telles violations. C'est la raison pour laquelle aucune mesure communautaire n'a pu être prise. Quatorze États membres ont décidé en commun de mesures qui se situaient hors du cadre de l'Union et concernaient seulement les relations bilatérales entre ces États et l'Autriche. Au vu de cette expérience, les modifications apportées par le traité de Nice à l'article 7 TUE permettent au Conseil, statuant à la majorité des $4/5^{e}$ des membres et après approbation du Parlement européen sur proposition motivée d'un tiers des États membres, du Parlement ou de la Commission, de constater qu'il existe un « risque clair de violation grave par un État membre des valeurs énoncées à l'article 2 ». Si tel est le cas, la Conseil peut adresser des recommandations à l'État concerné. Avant de statuer, le Conseil entend l'État membre concerné. Il procède à une vérification régulière de la situation afin de contrôler l'évolution de celle-ci. En outre, la Cour est compétente pour statuer, à la demande de l'État membre concerné sur le seul respect de la procédure, à l'exclusion des motifs qui ont conduit à l'adoption de sanctions. La Cour ne peut donc substituer son évaluation à celle opérée par le Conseil. Le système mis en place par l'article 7 comporte ainsi une phase préventive et une phase répressive.

207 L'efficacité de la phase préventive est douteuse comme en atteste la situation hongroise actuelle. Suite à l'adoption d'une nouvelle constitution et de législations dont la conformité aux droits fondamentaux a été mise en doute, notamment par la Commission de Venise, créée au sein du Conseil de l'Europe, aucune action n'a été entreprise au titre de l'article 7 TUE alors qu'en fait la situation était bien plus délicate qu'en Autriche à l'époque de la participation du parti de Georg Haider au gouvernement. Le Parlement européen lui-même n'a pas jugé nécessaire d'enclencher la procédure. Seule la Commission a entamé des procédures d'infraction. Celles-ci, en l'absence de recours à l'article 7, ne pouvaient porter sur l'ensemble de la situation mais seulement sur les cas dans lesquels les mesures hongroises constituaient des violations du droit de l'Union. La mise en œuvre par la Commission de la prodéure d'infraction a permis à la Cour de condamner la Hongrie à deux reprises pour des mesures spécifiques[1]En fait, il semble bien qu'il faudrait un véritable séisme comme un coup d'État ou l'adoption d'une législation instituant une discrimination sur la base de l'ethnie pour qu'une ouverture de la procédure soit décidée. Il manque donc soit un véritable courage politique, soit un outil moins solennel mais plus efficace pour la protection de la démocratie et des droits fondamentaux.

§ 3. Le retrait d'un État membre

208 Les traités n'avaient pas prévu l'éventualité du retrait d'un État membre. À l'exception du traité CECA qui avait été conclu pour 50 ans, ils ont été conclus pour une durée indéterminée. Devait-on en déduire que le retrait était impossible ? Il s'agit d'une question controversée qui est heureusement restée d'ordre théorique et il convenait distinguer le cas du retrait négocié de celui du retrait unilatéral.

1. Abaissement de l'âge de la retraite des juges en vue de provoquer un renouvellement de la magistrature (CJUE 6 novembre 2012, C-286/12, *Commission c/ Hongrie*) et indépendance du contrôleur des données (CJUE 8 avril 2014, C-286/12, *Commission c/ Hongrie*)

209 S'agissant du retrait négocié, on ne voyait pas quelle raison juridique pouvait s'opposer au retrait d'un État membre dès lors que ce retrait recevait l'accord des autres membres. Dans cette hypothèse, le retrait ne pouvait résulter que d'une révision du traité et la procédure de révision devait être suivie.

210 Par contre, le retrait unilatéral était moins facilement admis. On pouvait invoquer la durée illimitée des traités pour soutenir qu'en devenant membre, les États ont exclu toute possibilité de retrait. À l'opposé, on pouvait estimer qu'en cas de changement fondamental et imprévisible de circonstances, les États pourraient invoquer celui-ci pour se retirer. Mais dans la mesure où les modifications les plus importantes (traités, financement...) ne peuvent intervenir qu'à l'unanimité, les cas dans lesquels une telle situation pourrait se produire sont très rares. En outre, compte tenu du degré d'intégration entre les États membres, une sortie non négociée de l'Union était politiquement fort difficile puisqu'elle laissait l'auteur du retrait complètement isolé sans accès au marché intérieur. Il n'en demeure pas moins que, sur le plan théorique, la question pouvait être discutée.

211 Au cours des travaux de la convention chargée de préparer le traité établissant une constitution pour l'Europe, l'insertion d'un droit de retrait a été envisagée. L'accueil fait à cette idée a été partagé. Les uns étaient hostiles au droit de retrait, les autres n'envisageaient celui-ci qu'en cas de modification du traité, d'autres enfin souhaitaient un droit de retrait inconditionné. Dans un projet établi par des fonctionnaires de la Commission pour le compte du président Prodi et connu sous le nom de « Pénélope », le retrait était envisagé au cas où l'État n'accepterait pas la future constitution ainsi qu'en cas de révision des traités. En fait, la constitution, puis le traité de Lisbonne, autorisent le retrait unilatéral d'un État. Celui-ci doit notifier son intention et le retrait fait l'objet d'un accord entre l'Union et l'État concerné afin de régler les relations futures entre les deux partenaires. À défaut d'un tel accord, le retrait devient effectif deux ans après la notification (TUE, art. 50). Le retrait aurait pu être couplé avec une procédure de révision majoritaire des traités de telle sorte qu'un État qui n'accepterait pas une révision soit contraint de se retirer si cette

révision était soutenue par une « super-majorité » d'États membres représentant une très large part de la population, mais les États n'ont pas souhaité envisager une telle hypothèse. On peut le regretter, car compte tenu du nombre actuel, et envisageable, d'États membres, la procédure de révision des traités pourrait devenir inutilisable.

SECTION 2
LA CITOYENNETÉ DE L'UNION

212 Après avoir fait l'objet de longues discussions depuis les années 1980, la citoyenneté de l'Union a été introduite dans les traités par le traité de Maastricht. Le traité d'Amsterdam est venu préciser cette notion (**§ 1**). La deuxième partie du traité sur le fonctionnement de l'Union européenne est aujourd'hui consacrée à la citoyenneté. La place ainsi accordée aux dispositions concernant la citoyenneté, qui suivent celles relatives aux principes, montre bien l'importance que l'on a voulu leur accorder en tant qu'élément constitutif de l'Union. La citoyenneté n'est pas seulement un statut symbolique, elle confère des droits à ses titulaires (**§ 2**).

§ 1. La notion de citoyen

213 S'il existe une citoyenneté de l'Union, le droit de l'Union ne prévoit pas de système d'attribution de celle-ci au niveau de l'Union. Selon l'article 20 TFUE, la citoyenneté découle automatiquement de la jouissance de la nationalité d'un État membre. Le traité précise que cette citoyenneté « s'ajoute à la citoyenneté nationale et ne la remplace pas ». Cette mention fait suite aux craintes exprimées par certains États membres de voir la citoyenneté de l'Union se substituer à terme à la citoyenneté nationale. La question avait déjà été abordée dans la décision des chefs d'État ou de gouvernement adoptée les 11 et 12 décembre 1992 à Édimbourg relative aux problèmes soulevés par le Danemark à propos du traité sur l'Union européenne. Cette décision précisait en outre que « la

question de savoir si une personne a la nationalité d'un État membre est réglée uniquement par référence au droit de l'État membre concerné ». Ceci ne signifie pas pour autant que les États puissent agir d'une manière totalement libre en matière de nationalité. Ainsi, à propos d'une décision de retrait de la nationalité prise par un État membre, la Cour a estimé qu'en raison du fait qu'elle pouvait avoir comme conséquence la perte de la citoyenneté européenne, cette décision devait être conforme au droit de l'Union : « les États membres doivent, dans l'exercice de leur compétence en matière de nationalité, respecter le droit de l'Union (...). La réserve selon laquelle il y a lieu de respecter le droit de l'Union ne porte pas atteinte au principe de droit international déjà reconnu par la Cour (...) selon lequel les États membres sont compétents pour définir les conditions d'acquisition et de perte de la nationalité, mais consacre le principe selon lequel, lorsqu'il s'agit de citoyens de l'Union, l'exercice de cette compétence, dans la mesure où il affecte les droits conférés et protégés par l'ordre juridique de l'Union, comme c'est notamment le cas pour une décision de retrait de la naturalisation (...) est susceptible d'un contrôle juridictionnel opéré au regard du droit de l'Union »[1].

214 La citoyenneté de l'Union apparaît donc aujourd'hui comme une qualité complémentaire dont la possession entraîne la jouissance de certains droits garantis par le traité, droits dont le moindre n'est pas l'absence de discrimination entre les ressortissants des différents États membres prévue à l'article 18 TFUE. Mais à l'origine, dans certains États fédéraux, la citoyenneté s'est construite sur la base de la citoyenneté des États fédérés et de l'interdiction de discriminer. Ainsi, la constitution helvétique de 1848 indiquait dans son article 14 que tout citoyen d'un canton était citoyen suisse. Aux États-Unis, la question de la distinction entre nationalité fédérale et nationalité d'un État fédéré ne sera tranchée que progressivement, notamment après la guerre de Sécession. Aussi, si la citoyenneté de l'Union est embryonnaire et il s'agit d'un statut en devenir compte tenu de la jurisprudence de la Cour de

1. CJUE 2 mars 2010, C-135/08, *Rottman*.

justice. Cette dernière a affirmé avec fermeté le caractère fondamental de la citoyenneté dans l'arrêt *Rudy Grzelzyk*[1] : « le statut de citoyen de l'Union a vocation à être le statut fondamental des ressortissants des États membres permettant à ceux parmi ces derniers qui se trouvent dans la même situation d'obtenir, indépendamment de leur nationalité et sans préjudice des exceptions expressément prévues à cet égard, le même traitement juridique ».

§ 2. Les droits du citoyen de l'Union

215 La partie du traité consacrée à la citoyenneté contient dans ses articles 18 à 25 un catalogue des droits du citoyen de l'Union. Cette liste n'est pas exhaustive, car elle ne mentionne que les droits spécifiques aux citoyens et non ceux dont ils bénéficient conjointement avec les ressortissants d'États tiers, comme la protection des droits de l'homme et des libertés fondamentales (TUE, art. 6), le droit d'accès aux documents (TFUE, art. 15) ou encore l'accès à la Cour de justice.

216 Le caractère évolutif du contenu de la citoyenneté de l'Union se traduit par le fait que les droits inscrits dans le traité peuvent être complétés par le Conseil statuant à l'unanimité, sur proposition de la Commission et après consultation du Parlement. La décision du Conseil doit ensuite être approuvée par les États membres selon leurs procédures constitutionnelles respectives (TFUE, art. 25). Cette exigence montre bien le caractère constitutionnel de la citoyenneté. Cette possibilité n'a pas été utilisée jusqu'à présent.

217 Le premier des droits garantis concerne la liberté de circulation et de séjour sur le territoire des États membres (TFUE, art. 21). Cependant, ce droit ne s'exerce que sous réserve des limitations et des conditions prévues par le traité et les dispositions prises pour son application. En outre, le § 2 de l'article 21 permet au Conseil d'arrêter, à la majorité qualifiée et selon la procédure législative ordinaire (codécision avec le Parlement européen), des dispositions visant à faciliter l'exercice de ces droits, les questions

1. CJUE 20 sept. 2001, C-184/99, Rec. I. 6193.

relatives à la sécurité ou à la protection sociale étant soumises à l'unanimité.

218 La liberté de circulation et de séjour est déjà réglée par d'autres dispositions du traité (TFUE, art. 46 et 50) pour autant qu'il s'agisse des travailleurs ; de plus, ce droit a été étendu aux non actifs par trois directives en 1990. Aussi, l'article 21 paraissait plus consacrer une situation existante que fournir une base pour de nouveaux développements. Il était donc intéressant de voir quelle interprétation en serait donnée par la Cour de justice. Celle-ci a rappelé que tout citoyen disposait en vertu de cet article du droit de circuler et de séjourner[1]. L'article 21 est directement applicable et les citoyens non couverts par d'autres dispositions du traité disposent de ce droit sur la base de cet article Selon la Cour, si les dispositions du traité sur la citoyenneté subordonnent le droit de séjour aux conditions et limites prévues par le traité, celles-ci doivent être interprétées dans le respect des principes généraux du droit et éviter toute ingérence disproportionnée dans l'exercice de ce droit[2]. De plus, la Cour a rattaché le principe de non-discrimination au statut de citoyen[3]. Dans l'arrêt *Martinez Sala*, la Cour prend position nettement sur l'effet direct des dispositions du traité relatives à la non-discrimination sur la base de la nationalité entre citoyens de l'Union : « Un citoyen de l'Union européenne qui (...) réside légalement sur le territoire de l'État membre d'accueil peut se prévaloir de l'article 6 [aujourd'hui 18 TFUE] dans toutes les situations relevant *ratione materiae* du droit communautaire ». Dans l'arrêt *Grzelzyck* (préc.), la Cour a tempéré sa jurisprudence antérieure au traité sur l'Union et a reconnu le droit d'un étudiant français au revenu minimum belge alors même qu'au regard du droit dérivé, cet étudiant français aurait dû établir qu'il disposait de ressources suffisantes pour pouvoir vivre en Belgique. La liberté de circulation est un droit pour tout citoyen et ne peuvent lui être apportées que des limitations proportionnelles et justifiées par des objectifs reconnus par le

1. CJCE 24 nov. 1998, C-274/96, *Bickel et Franz.*
2. CJUE 17 sept. 2002, C-413/99, *Baumbast, R. c/Secretary of State for the Home Department.*
3. CJCE 12 mai 1998, C-85/96, *Martinez Sala* ; et *Bickel et Franz* préc.

traité. Pour la Cour, l'un des éléments essentiels pour l'analyse des justifications aux restrictions à l'octroi d'avantages sociaux réside dans l'intégration dans l'État de résidence. Dès lors, l'imposition d'une période de résidence dans l'État d'accueil est acceptable[1]. Cette analyse doit vraisemblablement être liée au fait que la mobilité ne doit pas être motivée par le seul intérêt de bénéficier des avantages sociaux de l'État d'accueil ce qui conduirait à des charges injustifiées pour les finances de cet État[2]. Mais, sous cette réserve, s'il réside dans un État membre autre que celui dont il a la nationalité, le citoyen bénéficie du même traitement que les nationaux de l'État de résidence.

219 En ce qui concerne le droit de séjour, il bénéficiait traditionnellement à des citoyens ayant exercé leur liberté de mouvement. Or, dans l'affaire *Ruiz Zambrano*, la Cour a admis que le bénéfice de ce droit pouvait dans certains cas être invoqué par des citoyens n'ayant pas quitté leur État d'origine. Il s'agissait dans ce cas du droit de séjour d'un ressortissant d'État tiers, père d'un enfant citoyen d'un État membre. Dans ce cas, la Cour a estimé que l'expulsion du père aurait pour conséquence de priver l'enfant de ses droits essentiels liés à son statut de citoyen : « Dans ces conditions, l'article 20 TFUE s'oppose à des mesures nationales ayant pour effet de priver les citoyens de l'Union de la jouissance effective de l'essentiel des droits conférés par leur statut de citoyen de l'Union (...). Or, le refus de séjour opposé à une personne, ressortissant d'un État tiers, dans l'État membre où résident ses enfants en bas âge, ressortissants dudit État membre, dont elle assume la charge ainsi que le refus d'octroyer à cette personne un permis de travail auront un tel effet »[3]. Cette solution semblait être contre-

1. CJUE 15 mars 2005, C-209/03, *Bidar* ; CJUE 18 nov. 2008, C-158/07, *Förster*.

2. La libre circulation n'implique pas le tourisme social « Un État membre doit donc avoir la possibilité ... de refuser l'octroi de prestations sociales à des citoyens de l'Union économiquement inactifs qui exercent leur liberté de circulation dans le seul but d'obtenir le bénéfice de l'aide sociale d'un autre État membre alors même qu'ils ne disposent pas de ressources suffisantes pour prétendre au bénéfice d'un droit de séjour. ... Priver un État membre concerné de cette possibilité entraînerait ainsi ... la conséquence que des personnes qui ne disposent pas, lors de leur arrivée sur le territoire d'un autre État membre, de ressources suffisantes pour subvenir à leurs besoins en disposeraient automatiquement, par l'octroi d'une prestation spéciale en espèces à caractère non contributif dont le but est d'assurer la subsistance du bénéficiaire » CJUE 11 novembre 2014, *Dano*, C 333/13.

3. CJUE 8 mars 2011, C-34/09.

dite par l'arrêt *Mc Carthy* dans lequel la Cour refusait d'appliquer la solution *Ruiz Zambrano* à une citoyenne de l'Union épouse d'un ressortissant d'un État tiers parce qu'elle n'était pas contrainte de quitter le territoire de l'Union même s'il aurait été plus commode pour elle de vivre au sein de l'Union avec son époux[1]. Dans l'arrêt *Dereci*, la Cour clarifiait enfin sa jurisprudence en précisant : « le droit de l'Union, et notamment ses dispositions concernant la citoyenneté de l'Union, doit être interprété en ce sens qu'il ne s'oppose pas à ce qu'un État membre refuse à un ressortissant d'un État tiers le séjour sur son territoire, alors que ce ressortissant vise à résider avec un membre de sa famille qui est citoyen de l'Union demeurant dans cet État membre dont il possède la nationalité et qui n'a jamais fait usage de son droit de libre circulation, pour autant qu'un tel refus ne comporte pas, pour le citoyen de l'Union concerné, la privation de la jouissance effective de l'essentiel des droits conférés par le statut de citoyen de l'Union »[2]. Ainsi, la Cour, au-delà des droits au séjour réglementés par le droit dérivé, étend ceux-ci en vue de garantir les droits essentiels des citoyens.

220 Le deuxième droit garanti concerne le droit de vote et l'éligibilité des citoyens aux élections municipales et aux élections européennes dans leur État de résidence alors qu'ils ne sont pas ressortissants de cet État. Ces droits, insérés dans le traité par le traité de Maastricht (TFUE, art. 22 ; Traité CE, ex-art. 19), devaient être exercés selon des modalités à arrêter avant le 31 décembre 1993 s'agissant des élections européennes et avant le 31 décembre 1994 s'agissant des élections municipales. Le droit de vote aux élections européennes apparaît comme une manifestation essentielle de la citoyenneté de l'Union puisque tout citoyen peut participer à l'élection des membres du Parlement européen. Le droit de vote aux élections municipales des citoyens de l'Union dans leur État de résidence constitue davantage un élément complémentaire au droit de séjour et une mesure destinée à faciliter l'intégration.

1. CJUE 5 mai 2011, C-434/09.
2. CJUE 15 nov. 2011, C-256/11.

221 La directive n° 93/109/CE du Conseil du 6 décembre 1993 règle le droit de vote et d'éligibilité aux élections au Parlement européen pour les citoyens de l'Union résidant dans un État membre dont ils ne sont pas ressortissants. Le premier principe est celui de la liberté de choix de l'électeur entre l'État de résidence et l'État dont il est ressortissant. Le second principe est celui de l'égalité de traitement, les droits de vote et d'éligibilité s'exerçant dans les mêmes conditions pour les nationaux et les résidents communautaires. Il appartient aux État membres de fixer les conditions de vote et d'éligibilité pourvu qu'elles s'appliquent sans discrimination. Ceci ne signifie pas que le droit de vote puisse être réservé aux seuls citoyens de l'Union dès lors qu'il est ouvert à des non-citoyens qui ont un lien étroit avec l'Union comme les ressortissants du Commonwealth qui résident au Royaume-Uni[1]. De même, il appartient aux États de fixer les modalités d'exercice du droit de vote et il n'est pas interdit de ne pas autoriser des citoyens qui ne résident plus depuis un certain temps sur le territoire à ne pas prendre part aux élections[2]. Le système comporte des dérogations qui s'appliquent lorsque, dans un État, la proportion de citoyens de l'Union, en âge de voter, qui y résident sans en avoir la nationalité est supérieure à 20 % des citoyens de l'Union en âge de voter. Dans ce cas, afin de s'assurer de l'intégration des électeurs qui n'ont pas la nationalité de l'État, un délai maximal de 5 ans peut être imposé avant de pouvoir devenir électeur et un délai maximal de 10 ans avant de pouvoir être éligible. Cette dérogation ne trouve en fait à s'appliquer qu'au Luxembourg.

222 La directive n° 94/80/CE du Conseil du 19 décembre 1994[3] fixe les modalités d'exercice du droit de vote et d'éligibilité aux élections municipales des citoyens de l'Union résidant dans un État membre dont ils n'ont pas la nationalité. Ici encore, l'inscription sur la liste électorale dépend du libre choix de l'électeur et il exerce son droit dans les mêmes conditions que les ressortissants de l'État membre. La directive contient également un régime déro-

1. CJUE 12 sept. 2006, C-145/04, *Espagne c/Royaume-Uni*.
2. CJUE 12 sept. 2006, C-300/04, *Evan et Sevinger*.
3. JO 31 déc. 1994, L-368/38.

gatoire comparable à celui applicable lors des élections européennes. Pour répondre à certaines exigences constitutionnelles nationales, elle permet aux États membres de réserver aux nationaux certaines fonctions dans les exécutifs municipaux et d'interdire aux élus non nationaux la participation à la désignation des électeurs ou à l'élection d'une assemblée parlementaire (le Sénat en ce qui concerne la France).

223 Les citoyens de l'Union bénéficient d'autres droits politiques : droit de pétition devant le Parlement européen, droit de saisir le médiateur (TFUE, art. 24 ; Traité CE, ex-art. 21). L'article 24 (Traité CE, ex-art. 28) précise également que les citoyens peuvent s'adresser aux institutions ou organes de l'Union dans l'une quelconque des langues officielles et recevoir une réponse dans la même langue. Enfin, le traité de Lisbonne établit une initiative citoyenne qui permet à un million de citoyens établis dans sept États membres au moins de demander à la Commission de faire une proposition législative (v. ss 613).

224 Enfin, le citoyen de l'Union bénéficie de la protection des autorités diplomatiques et consulaires dans tout État tiers où l'État membre dont il est ressortissant n'est pas représenté (TFUE, art. 23 ; Traité CE, ex-art. 20). Cette disposition a été mise en œuvre dans le cadre de la PESC par une décision des représentants des États membres réunis au sein du Conseil en date du 19 décembre 1995[1]. Diverses modalités pratiques ont été adoptées pour sa mise en œuvre. La protection n'est pas accordée par l'Union, mais le traité crée une obligation de coopération entre États membres de telle sorte que l'un d'entre eux doit assurer cette protection lorsque l'État dont le citoyen a la nationalité n'est pas représenté dans l'État tiers en cause.

1. JO 20 déc. 1995, L 314.

Section 3
Le champ d'application territorial du traité

225 La question du champ d'application territorial du traité est essentielle, puisqu'il est indispensable d'identifier les territoires sur lesquels s'appliquera le droit de l'Union. L'article 52 TFUE et article 355 TFUE fixent les territoires auxquels s'appliquent les traités. Il s'agit tant du territoire européen des États membres (**§ 1**) que de certains territoires ultramarins (**§ 2**), le traité réservant cependant un traitement spécifique aux autres territoires d'outre-mer (**§ 3**).

§ 1. Application sur le territoire des États membres

226 Le principe est simple : le traité s'applique sur le territoire des États membres. Il s'agit bien entendu du territoire terrestre, mais le champ d'application du traité ne se limite pas à cela. Il couvre tous les domaines soumis à la compétence de l'État dès lors que la Communauté dispose elle aussi de compétences. Ainsi, la Cour a jugé que la Communauté pouvait réglementer la pêche en haute mer puisque les États disposaient d'une telle compétence en vertu du droit international public[1]. De même, le traité s'applique au plateau continental. Le champ d'application du traité s'étend également aux territoires européens dont un État membre assure les relations extérieures. Cette mention couvre le cas de Gibraltar, auquel s'applique le traité, à l'exception de certaines dispositions prévues dans le traité d'adhésion du Royaume-Uni (politique agricole, taxe sur le chiffre d'affaires). Compte tenu du contentieux hispano-britannique relatif à Gibraltar, il a été difficile d'adopter certains textes destinés à s'appliquer sur ce territoire. Parfois, ce

1. CJCE 14 juill. 1976, n° 3 et 6/76, *Kramer*, Rec. 1279.

dernier a été exclu momentanément, comme dans les textes relatifs aux transports aériens, l'Espagne ne reconnaissant pas les pouvoirs exercés par le Royaume-Uni sur l'aéroport de Gibraltar dont une partie a été occupée par le Royaume-Uni pendant la Seconde Guerre mondiale. Pour le reste, la difficulté provenait de ce que le Royaume d'Espagne ne pouvait accepter que les droits et obligations créés par le droit communautaire soient exercés directement par les autorités de Gibraltar. Seul le Royaume-Uni peut être titulaire de ces droits. La raison de cette attitude est que les autorités espagnoles ne peuvent accepter de reconnaître l'existence d'une quelconque autonomie de Gibraltar qui leur deviendrait politiquement opposable si le territoire quittait le Royaume-Uni. Un accord hispano-britannique a permis en 2000 de régler ce problème en posant le principe de la responsabilité du Royaume-Uni sur le territoire, ce qui a permis l'adoption de nombreux textes communautaires en souffrance suite à ce contentieux. Mais il n'a pas réglé toutes les difficultés et des divergences subsistent encore en matière de trafic aérien, raison pour laquelle certains actes adoptés en ce domaine ne s'appliquaient pas à Gibraltar. Le traité s'applique aux Îles Aaland, dans les conditions prévues au protocole n° 2 au traité d'adhésion, suite à une déclaration faite par le gouvernement finlandais conformément au traité d'adhésion. Par dérogation au principe général, le traité ne s'applique ni aux Îles Féroé (Danemark), ni aux zones de souveraineté britannique à Chypre. Il ne s'applique aux îles anglo-normandes et à l'Île de Man que pour assurer l'application des dispositions spécifiques prévues pour ces îles par le traité d'adhésion. Il s'agit essentiellement de la libre circulation des marchandises, raison pour laquelle ces îles font partie du territoire douanier communautaire. Le Groënland qui, tout en disposant d'une large autonomie, relève de la souveraineté danoise, échappe au champ d'application territorial du droit de l'Union suite à une révision du traité. Enfin s'agissant de Chypre, tant qu'il ne sera pas mis fin à la partition de fait de l'île, le champ d'application du traité ne s'étendra pas à la partie de l'île occupée de celle-ci.

§ 2. Application dans les départements d'outre-mer, les Açores, Madère et les Canaries

227 Les dispositions du traité sont applicables aux départements français d'outre-mer, aux Açores, à Madère et aux Canaries. Le traité d'Amsterdam a cependant introduit des dispositions spécifiques pour ces territoires. Le § 2 de l'article 349 TFUE autorise le Conseil, statuant à la majorité qualifiée, sur proposition de la Commission et après avis du Parlement, à prendre des mesures spécifiques destinées à fixer les conditions de l'application du traité à ces régions. Mais ces mesures ne doivent pas « nuire à l'intégrité et à la cohérence de l'ordre juridique communautaire, y compris le marché intérieur et les politiques communes ». Les mesures prises devront, conformément au principe de proportionnalité, ne pas excéder ce qui est nécessaire pour répondre à la situation particulière de ces territoires telle qu'elle est décrite de manière détaillée par le traité lui-même (éloignement, insularité, faible superficie, relief, dépendance à l'égard d'un petit nombre de produits). Il est plus difficile d'interpréter l'interdiction de nuire à l'intégrité et la cohérence de l'ordre juridique communautaire. Veut-on indiquer par là qu'il n'est pas possible de porter atteinte aux principes fondamentaux tels qu'ils résultent de la première partie du traité ? La Cour de justice jouera un rôle important dans l'interprétation de ces dispositions.

§ 3. Régime des territoires d'outre-mer

228 Le traité ne s'applique pas aux territoires d'outre-mer dont la liste est donnée dans l'annexe II du TFUE. Un régime spécial d'association est prévu dans la quatrième partie du traité. Ce régime concerne essentiellement les échanges commerciaux, les investissements et le droit d'établissement. Les modalités et la procédure d'association sont fixées par le Conseil statuant à l'unanimité.

229 L'article 355 TFUE contient un § 6, ajouté par le traité de Lisbonne, qui permet au Conseil de modifier à l'unanimité le statut d'un territoire danois français ou néerlandais à l'initiative de l'État membre concerné. Cette disposition vise principalement les départements d'outre-mer Français et les pays et territoires d'outre-mer qui figurent à l'annexe II du traité. Elle permettra de faire passer Mayotte de la liste de l'annexe II au statut de département d'outre-mer.

230 Le champ d'application du traité ne coïncide pas complètement avec le territoire douanier de la Communauté. En effet, en raison d'accords conclus antérieurement au Traité CE, certains territoires ont été exclus du territoire douanier.

Bibliographie

Commission européenne, *Communication sur l'article 7 du traité sur l'Union européenne, Respect et promotion des valeurs sur lesquelles l'Union est fondée*, COM (2003) 606 final ; Dewost, « L'application territoriale du droit communautaire », Colloque SFDI, *La frontière*, Pédone, 1980, p. 253 ; Kovar et Simon, « La citoyenneté européenne », *CDE* 1993. 285 ; Omarjee, « Le traité d'Amsterdam et l'avenir de la politique de différenciation en faveur des départements français d'outre-mer », *RTD eur.* 1998. 515 ; Puissochet, *L'élargissement des Communautés européennes*, Éd. techniques et économiques, 1974 : Rigaux, « Territoire communautaire », *Rép. Communautaire* 1995 ; Touret, « L'exercice du droit de suffrage des citoyens de l'Union aux élections européennes », *RFDC* 1995. 503 ; Verdier, « Le droit de vote et d'éligibilité des citoyens de l'Union européenne aux élections municipales. Nouvelle manifestation concrète de la citoyenneté européenne », *RTD eur.* 1999. 59 ; Ziller, « Champ d'application du droit communautaire », *J. Cl. Europe*, fasc. 470.

Chapitre 3

Les compétences de l'Union

231 Définir les compétences de l'Union revient à déterminer les matières dans lesquelles les traités autorisent l'Union à intervenir quelle que soit la portée des pouvoirs qui lui sont attribués (section 1). Toute mesure qu'il s'agisse ou non d'actes à portée normative ne peut être prise que si l'Union est compétente. Le traité de Lisbonne insère ces compétences, à l'exception de la politique étrangère et de sécurité commune, dans le cadre d'une théorie générale des compétences de l'Union.

232 Le traité de Maastricht a apporté une novation importante en ce qui concerne l'exercice des compétences avec l'introduction du concept de subsidiarité (section 2). Le traité d'Amsterdam a ajouté un protocole sur la subsidiarité, mais surtout permet l'exercice des compétences par un groupe limité d'États membres qui décident d'instituer entre eux des formes de coopération renforcée. Le traité de Nice a facilité le recours à la coopération renforcée (section 3). Quant au traité de Lisbonne, il accorde aux parlements nationaux une fonction de contrôle du respect de la subsidiarité. Enfin, la PESC obéit à un régime spécial en matière de compétences (section 4).

Section 1
Le régime des compétences de l'Union

233 La problématique des compétences de l'Union est dominée par la répartition des compétences entre l'Union et les États membres. La question clef est celle de la détermination de la portée du transfert de compétences opéré par les traités au profit de l'Union. Mais le transfert n'est pas la seule façon d'aborder le problème, car il existe des hypothèses dans lesquelles les compétences étatiques ont disparu sans pour autant que l'Union se soit vue reconnaître une possibilité d'agir. C'est notamment le cas en ce qui concerne les entraves à la libre circulation puisque si les États membres ont perdu la possibilité d'adopter des réglementations établissant de telles entraves, l'Union n'en dispose pas[1]. Dans ce cas, les États membres de la Communauté ont renoncé à l'exercice de ces compétences.

234 La répartition des compétences entre l'Union et les États membres est d'une grande sensibilité politique puisqu'elle touche étroitement à la souveraineté des États. On s'en est rendu compte lorsqu'il s'agissait de la mise en place d'une monnaie unique, mais toute attribution de compétences à la Communauté limite, au moins potentiellement, la marge d'action de ses membres. C'est la raison pour laquelle les révisions successives des traités ont entraîné dans plusieurs États membres, des révisions constitutionnelles. Compte tenu de cette sensibilité, il ne pouvait être question, au moment de la rédaction des traités, de reconnaître à la Communauté de compétences autres que d'attribution. Ce principe qui n'était pas contesté a été introduit expressément dans le traité lors de la révision opérée à Maastricht dans l'article 3 B, 1er alinéa, du traité sur l'Union européenne (TUE, art. 5). Un tel rappel avait paru opportun à un moment où l'on procédait à l'attribution de nouvelles compétences à la Communauté, mais il n'a pas modifié

1. V. par ex., la suppression des droits de douanes et des mesures d'effet équivalent dans le commerce entre États membres, Traité CE, art. 23 ; TFUE, art. 30.

la situation antérieure. Les États fédéraux ont particulièrement fait preuve d'une grande sensibilité sur ce point, en raison de la volonté des entités fédérées de préserver, voire de recouvrer, certaines compétences. Ceci explique, en partie, l'implication permanente de l'Allemagne dans les débats sur les compétences. C'est essentiellement de ce pays que sont venues les propositions visant à rationaliser la répartition des compétences entre la Communauté et ses États membres. La Convention sur l'avenir de l'Europe a longuement discuté de ce problème et a conclu qu'il était plus important de clarifier la répartition des compétences que de la modifier. Le résultat de ces travaux a donné naissance aux dispositions relatives aux compétences de la constitution, puis du traité de Lisbonne. Les compétences de l'Union sont des compétences d'attribution (**§ 1**), mais le traité contient une clause de flexibilité qui permet un ajustement de compétences aux objectifs de l'Union (**§ 2**). L'apport essentiel du traité de Lisbonne est d'opérer une codification des compétences (**§ 4**) tout en tenant compte du particularisme des compétences externes (**§ 3**).

§ 1. L'attribution des compétences

235 Dans les États fédéraux, le système de répartition des compétences comporte généralement l'établissement de listes énumérant soit les compétences fédérales, soit les compétences réservées aux États membres, soit encore contenant une énumération tant des compétences fédérales que de celles des entités fédérées. Cette solution n'aboutit pas toujours à une situation claire. D'une part, les listes peuvent faire l'objet d'une interprétation, soit restrictive, soit extensive, surtout lorsque certaines clauses fixant la compétence sont rédigées d'une façon très générale, et donc soumises à interprétation, comme la clause qui, dans la constitution américaine, donne compétence au Congrès des États-Unis pour le commerce interétatique (art. I, sect. 8). D'autre part, établies à une époque donnée, les listes ne peuvent prendre en compte l'évolution économique ou technologique. Il est donc nécessaire, le plus souvent par voie d'interprétation, de déterminer le titulaire des

compétences dans des domaines nouveaux (électricité, chemin de fer, transports aériens, audiovisuel etc.). La logique communautaire était différente. Plutôt que d'établir une liste exhaustive des matières attribuées à la Communauté, le traité faisait essentiellement référence à des objectifs. La raison en est simple. La Communauté s'est vue assigner, à l'origine, un objectif fonctionnel, la réalisation d'un Marché commun. Or, par définition, la libre circulation des personnes, des marchandises, des services et des capitaux, objet essentiel du marché intérieur, touche une vaste série de domaines dont il est vain de tenter de dresser la liste. Ainsi, il n'était pas prévisible que la libre circulation des personnes aurait des incidences sur le sport professionnel. Inscrire le sport dans les compétences communautaires irait au-delà de l'effet recherché puisque la Communauté n'est compétente en matière sportive que lorsque cette activité a des incidences sur le marché intérieur. Dans ces conditions, il ne pouvait être question de dresser une liste de l'ensemble des compétences dont disposait la Communauté. Celle-ci aurait été soit trop étroite, soit trop large. Aussi, la détermination des compétences communautaires devait-elle s'opérer au cas par cas à partir des objectifs définis à l'article 3 Traité CE et de règles dispersées dans le traité. Cependant, la demande de dresser une liste des compétences de la Communauté lors d'une révision des traités a été régulièrement exprimée sans que lui soit donné suite jusqu'à présent, soit que l'on redoutait la complexité de cette tâche, soit que l'on préférait maintenir le caractère fonctionnel des Communautés.

A. Le principe

236 L'article 5 TUE dispose que « l'Union n'agit que dans les limites des compétences que les États membres lui ont attribuées dans les traités pour atteindre les objectifs que ces traités établissent ». Il ajoute, ce qui ne figurait pas dans les traités précédents : « Toute compétence non attribuée à l'Union dans les traités appartient aux États membres ». Cette disposition confirme que l'Union dispose des seules compétences qui lui sont attribuées par le traité. Tout exercice de la compétence doit dès lors trouver son fondement dans une disposition du traité qu'il convient d'identifier avant d'entreprendre une action. Cette recherche ne peut parfois aboutir qu'au prix d'une interprétation du traité. Aussi la jurisprudence de la Cour est-elle venue progressivement préciser l'étendue des compétences Sauf révision du traité, le transfert de compétences est définitif. Comme l'a indiqué la Cour, dans l'affaire de l'agence d'approvisionnement *EURATOM*, un retour en arrière ne pourrait intervenir qu'à l'issue d'une révision du traité puisque le non-exercice par l'Union de l'une de ses compétences ne saurait autoriser à faire jouer la caducité et à restituer aux États les compétences non exercées[1]. En d'autres termes, les compétences de l'Union ont fait l'objet d'un transfert définitif, sous réserve bien entendu d'une révision du traité, et le non-usage par l'Union de ces compétences ne la prive pas de celles-ci.

B. Les compétences réservées aux États

237 Le traité ne contient pas de liste de compétences réservées aux États puisque la logique des compétences d'attribution, confirmée par l'article 5 TUE, implique que toute compétence qui n'est pas attribuée à l'Union, appartient aux États membres. Cependant, il a paru indispensable de fixer, dans certains cas, dans le traité des limites à l'exercice des compétences de l'Union ou de préserver certaines marges d'appréciation aux États membres. Ainsi, à titre d'exemple, le traité interdit à l'Union d'intervenir dans certaines questions sociales (rémunération, droit d'association, grève, *lock-out*, TFUE, art. 153, § 5), de préjuger le régime de propriété dans les États membres (TFUE, art. 345) ou d'imposer aux États membres certaines mesures contraires à leur sécurité (fourniture de renseignements, production et commerce d'armes de guerre, TFUE, art. 346). De même, l'article 36 TFUE autorise les États membres à établir des interdictions ou restrictions d'importation, d'exportation ou de transit, justifiées par des raisons « de moralité publique, d'ordre public, de protection de la santé et de la vie des personnes et des animaux ou de préservation des végétaux, de

1. CJCE 14 déc. 1971, n° 7/71, *Commission c/France*.

protection des trésors nationaux ayant une valeur artistique, historique ou archéologique ou de protection de la propriété intellectuelle ou commerciale ». Cette faculté que la jurisprudence a étendue à d'autres motifs impératifs ne peut être utilisée qu'en l'absence d'harmonisation totale du secteur concerné. Enfin, l'article 72 TFUE précise que le titre du traité relatif à l'asile et à l'immigration « ne porte pas atteinte à l'exercice des responsabilités qui incombent aux États membres pour le maintien de l'ordre public et la sauvegarde de la sécurité intérieure ». De même, pour apaiser les inquiétudes de certains États dont la France, le traité de Lisbonne contient une disposition qui réserve la compétence des États membres de fournir, faire exécuter et financer des services d'intérêt économique général (TFUE, art. 14).

238 Cependant, les États membres ne sont pas pour autant libres d'exercer leurs compétences propres de façon discrétionnaire. La Cour de justice a la responsabilité d'interpréter des notions comme celles d'ordre public ou de sécurité publique. Elle est donc juge à ce titre des compétences des États. Elle vérifiera en outre que les mesures nationales ne sont ni disproportionnées, ni discriminatoires. Même lorsque le traité ne contient aucune référence à un domaine qui reste donc entièrement de compétence nationale, l'exercice de cette compétence peut être conditionné par le droit communautaire. Ainsi, à une époque où l'on estimait que la Communauté ne disposait pas d'une compétence pénale, la Cour de justice a indiqué que le système judiciaire national devait assurer une protection effective des droits conférés aux particuliers par le droit de l'Union et que la violation de ce droit devait faire l'objet de sanctions effectives, efficaces et proportionnées. Depuis la Cour de justice a jugé que la Communauté pouvait en raison de l'effet utile du traité intervenir dans le champ du droit pénal dès lors que cette intervention était indispensable pour lutter contre des atteintes graves à l'environnement et nécessaire pour assurer l'effectivité de la réglementation de l'Union[1]. De même, alors que le traité n'accordait aucune compétence à la Communauté en

1. CJUE 13 sept. 2005, C-176/03, *Commission c/Conseil.*

matière de droit de la famille, la Cour a considéré que le refus d'enregistrer à l'état civil le changement de sexe d'un transsexuel et les conséquences qui en résultaient s'agissant du mariage et de l'octroi d'une pension de réversion étaient contraires au principe de non-discrimination[1]. En ce sens, le droit de l'Union encadre l'exercice des compétences nationales.

C. Compétences expresses et pouvoirs implicites

239 Le principe de l'attribution des compétences signifie-t-il que l'Union ne dispose que des seules compétences qui lui sont attribuées en termes exprès par le traité ? Compte tenu du principe d'attribution, la compétence des États étant la règle, le transfert de compétences au profit de l'Union devrait demeurer l'exception et ne pourrait faire l'objet que d'une interprétation restrictive. À cette vision, s'oppose la thèse des pouvoirs implicites selon laquelle l'Union devrait disposer, outre ses compétences expresses, des compétences nécessaires pour pouvoir réaliser celles-ci. Ceci implique que l'on renonce à une interprétation littérale du traité pour retenir une interprétation systématique qui vise à prendre en considération la cohérence du système mis en place par les traités et à donner aux dispositions de ceux-ci leur pleine efficacité. Cette méthode n'est pas propre à l'Union et a été utilisée par la Cour internationale de justice lorsque celle-ci a été amenée à définir les compétences de l'Organisation des Nations unies.

240 La thèse des pouvoirs implicites a été retenue par la Cour dès les débuts de la CECA. L'arrêt *Fédéchar* est le premier à être intervenu en la matière. Il utilise pour interpréter la compétence le principe de l'effet utile, règle d'interprétation classique en droit international public, selon lequel l'interprétation d'une disposition d'un traité doit viser à donner à celle-ci son plein effet[2]. La Cour a, par la suite, fait encore plus clairement appel à la théorie des

1. CJUE 7 janv. 2004, C-117/01, *K.B.*
2. CJCE 29 nov. 1956, n° 8/55, Rec. 291, « il est permis, sans se livrer à une interprétation extensive, d'appliquer une règle d'interprétation généralement admise tant en droit international qu'en droit national et selon laquelle les normes établies par un traité international ou par une loi impliquent les normes sans lesquelles les premières n'auraient pas de sens ou ne permettraient pas une application raisonnable et utile ».

compétences implicites dans l'affaire n° 20/59 en examinant « si une compétence normative de la Haute autorité ne dérive pas implicitement d'autres textes du traité ou de son économie en général »[1]. Pour la Cour, « la doctrine et la jurisprudence sont d'accord pour admettre que les règles établies par un traité impliquent les normes sans lesquelles ces règles ne peuvent être appliquées utilement ou raisonnablement ». Il faudra attendre la jurisprudence *AETR* pour assister à la consécration de la théorie dans le cadre de la Communauté. Dans cette affaire, le problème des pouvoirs implicites dans le domaine des relations extérieures était posé, sans ambiguïté. Il s'agissait de savoir si, à défaut d'une disposition explicite du traité, la Communauté était compétente pour conclure un accord international dans le domaine des transports dès lors qu'elle disposait de la compétence d'adopter des réglementations internes sur la base de l'article 75 CEE (actuel TFUE, art. 71). La Cour déclare que la compétence de la Communauté pour conclure des accords internationaux « résulte non seulement d'une attribution explicite par le traité (...) mais peut découler également d'autres dispositions du traité et d'actes pris, dans le cadre de ses dispositions, par les institutions de la Communauté »[2]. En l'espèce, la Communauté pouvait se voir reconnaître des compétences externes chaque fois qu'elle avait pris, pour la mise en œuvre d'une politique commune, des dispositions instaurant des règles communes. La règle du parallélisme des compétences internes et externes ne conduit pas à reconnaître à proprement parler de compétences nouvelles à la Communauté, mais à permettre à celle-ci de développer sur le plan externe des compétences dont elle dispose sur le plan interne (v. ss 247). Le recours à la théorie des pouvoirs implicites s'est surtout développé dans le champ des relations extérieures en raison du caractère limité des compétences expressément attribuées et de la nécessité de cohérence entre compétences internes et externes.

241 On s'est demandé si l'insertion du principe de subsidiarité et le rappel de la règle de l'attribution des compétences dans le traité

1. CJCE 15 juill. 1960, *République italienne c/ Haute autorité.*
2. CJCE 31 mars 1971, 22/70, *Commission c/ Conseil.*

sur l'Union européenne impliquaient l'abandon du recours à la théorie des pouvoirs implicites. Le Conseil européen d'Édimbourg des 11 et 12 décembre 1992 a laissé la question ouverte. Il note, dans ses conclusions, que le principe de subsidiarité ne remet pas en question « le principe énoncé à l'article F, § 3 (actuel art. 6, § 4) du traité sur l'Union européenne selon lequel l'Union se dote des moyens nécessaires pour atteindre ses objectifs et mener à bien ses politiques ». S'agissant du respect du principe des compétences d'attribution, il donne la ligne directrice suivante : « Les institutions devront avoir la certitude que l'action proposée se situe dans les limites des compétences communautaires conférées par le traité et qu'elle vise à réaliser un ou plusieurs de ses objectifs. L'examen du projet de mesures devra déterminer l'objectif à réaliser, établir s'il peut être justifié en liaison avec un objectif du traité et établir l'existence de la base juridique permettant de l'adopter. » On note cependant, depuis l'entrée en vigueur du traité sur l'Union européenne, une attitude plus réservée dans les domaines de l'utilisation de l'article 352 TFUE, et de la compétence externe de l'Union.

§ 2. L'ajustement des compétences de l'Union à ses objectifs (TFUE, art. 352 ; Traité CE, ex-art. 308)

242 L'article 352 TFUE permet l'ajustement des compétences de l'Union à ses objectifs. Compte tenu du caractère fonctionnel de la Communauté économique, le traité n'avait pu octroyer à celle-ci de manière expresse tous les pouvoirs nécessaires pour atteindre les objectifs assignés. Il existait donc des hypothèses dans lesquelles le traité assignait à la Communauté un objectif, mais où l'on ne trouvait pas trace de dispositions permettant d'atteindre celui-ci. C'est cette lacune qu'a permis de combler le recours à l'article 352. Un tel recours est possible lorsqu'une action de l'Union apparaît nécessaire, dans le cadre de ses politiques, pour réaliser l'un de ses objectifs de la Communauté, sans

que le traité ait prévu les pouvoirs d'action requis à cet effet. Son utilisation est subordonnée à la décision unanime du Conseil sur proposition de la Commission et après approbation du Parlement européen.

A. Les conditions du recours à l'article 352 TFUE

243 Pour que le recours à l'article 352 soit possible, quatre conditions doivent être réunies :

– il est nécessaire que l'action envisagée poursuive la réalisation d'un des objectifs de l'Union. En cela, l'article 352 ne déroge aucunement au principe d'attribution des compétences énoncé à l'article 5 TUE puisque ce dernier fait expressément référence aux objectifs de l'Union. Ces objectifs sont essentiellement définis à l'article 3 TUE, mais peuvent également résulter de dispositions plus spécifiques des traités ;

– les traités ne doivent pas avoir prévu de pouvoirs d'action spécifiques. En d'autres termes, s'il existe, dans le traité, une disposition permettant d'atteindre l'objectif poursuivi, elle doit être utilisée. La Cour de justice sanctionne tout recours à l'article 352 lorsque le traité prévoit des pouvoirs d'action. Elle a exposé sa doctrine dans l'affaire des préférences généralisées. « Il résulte des termes mêmes de l'article 235 (actuel art. 352) que le recours à cet article comme base juridique d'un acte n'est justifié que si aucune autre disposition du traité ne confère aux institutions communautaires la compétence nécessaire pour arrêter cet acte »[1]. Cette solution est justifiée par la volonté de préserver l'équilibre institutionnel établi par le traité. Le recours à l'article 352 exige l'unanimité du Conseil. L'utiliser à la place d'une disposition n'exigeant que la majorité qualifiée remettrait en cause l'équilibre institutionnel établi par le traité ;

– l'action de la Communauté doit être nécessaire pour réaliser, dans le cadre des politiques définies par les traités, l'un des objectifs de la Communauté. L'appréciation de la nécessité est d'ordre

1. CJCE 26 mars 1987, n° 45/86, *Commission c/ Conseil* ; v. aussi CJCE 27 sept. 1988, n° 165/87, *Commission c/ Conseil* ; CJCE 30 mai 1989, n° 242/87, *Commission c/ Conseil*.

politique et relève du Conseil statuant à l'unanimité, sous réserve de l'application du principe de subsidiarité. Si l'on admettait que la Cour puisse exercer un contrôle de la nécessité, elle n'y procéderait que sous l'angle de l'erreur manifeste. En ce qui concerne la référence aux politiques de l'Union qui remplace celle relative au fonctionnement du Marché commun visée dans le Traité CE, elle semblait avoir disparu ou tout au moins fonctionner comme une référence aux compétences de l'Union jusqu'à ce que la Cour y fasse appel dans l'arrêt *Kadi*[1] ;

– enfin, l'article 352 ne peut être utilisé dans des domaines où le traité exclut toute harmonisation des législations. Cette interdiction vise à faire respecter la typologie des compétences établie par les traités. Lorsque l'Union dispose d'une simple compétence complémentaire, elle ne peut utiliser l'article 352 pour contourner les limitations qui découlent du choix d'une compétence de ce type par les auteurs des traités. On s'est demandé si l'article 352 faisait peser sur le Conseil une obligation d'agir dès lors que la condition de nécessité était satisfaite. La Cour n'a pas consacré cette thèse et voit dans l'article 308 une simple faculté « dont le non-exercice ne saurait affecter la validité d'une délibération »[2].

B. La pratique de l'article 352 TFUE

244 Après une période initiale de réticence, le dynamisme de l'intégration devait l'emporter et le recours à l'article 308 devenir courant. Le Sommet de Paris de 1972, dans le cadre de ses réflexions sur l'approfondissement de la Communauté, avait souligné qu'il était opportun d'avoir largement recours à cette fin à l'article 308. La pratique devait attester des potentialités offertes par cet article. Ainsi, certaines des politiques nouvelles introduites dans l'Acte unique européen, comme l'environnement ou la recherche, ont été d'abord développées dans la Communauté sur la base de cet article avant de se voir consacrer dans un titre spécial du traité. Il en ira de même en ce qui concerne le traité de Maastricht pour

1. CJUE 3 sept. 2008, C-402 et 415/05 P.
2. CJCE 31 mars 1971, n° 20/70, *AETR*.

l'éducation et la culture. Souvent d'ailleurs, l'inscription dans le traité d'une compétence qui était auparavant utilisée par la voie de l'ancien article 308 est un moyen de limiter celle-ci tant par la définition que l'on en donne que par la restriction de la gamme des moyens disponibles. Ainsi, l'inscription de l'éducation dans le traité s'est accompagnée de l'interdiction d'utiliser cette compétence à des fins d'harmonisation des législations nationales (TFUE, art. 165). Il en va de même pour la culture (TFUE, art. 167) et la santé (TFUE, art. 168, paragraphes 1 et 2).

245 Cependant, depuis les extensions de compétences réalisées dans le traité sur l'Union européenne et l'inscription dans le traité du principe de l'attribution des compétences, on a noté un retour à une interprétation plus stricte de l'article lequel ne peut en aucun cas être considéré comme un moyen d'étendre les compétences communautaires sans révision du traité. La Cour l'a rappelé d'une manière très claire dans son avis sur l'adhésion de la Communauté à la Convention européenne des droits de l'homme. Selon la Commission, il était envisageable de fonder l'adhésion de la Communauté à la Convention européenne des droits de l'homme sur l'article 308 (TFUE, art. 352) dans la mesure où le préambule de l'Acte unique faisait référence à celle-ci. La Cour saisie par le Conseil sur la base de l'article 300 a refusé d'aller aussi loin. Elle précise à cette occasion sa doctrine quant à la portée de l'article 308 : « L'article 235 (actuel TFUE, art. 352) vise à suppléer l'absence de pouvoirs d'action conférés expressément ou de façon implicite aux institutions communautaires par des dispositions spécifiques du traité, dans la mesure où de tels pouvoirs apparaissent néanmoins nécessaires pour que la Communauté puisse exercer ses fonctions en vue d'atteindre l'un des objets fixés par le traité. Faisant partie intégrante d'un ordre institutionnel basé sur le principe des compétences d'attribution, cette disposition ne saurait constituer un fondement pour élargir le domaine des compétences de la Communauté au-delà du cadre général résultant de l'ensemble des dispositions du traité, et en particulier de celles qui définissent les missions et les actions de la Communauté. Elle ne saurait en tout cas servir de fondement à l'adoption de dispositions qui aboutiraient en substance, dans leurs conséquences, à

une modification du traité échappant à la procédure que celui-ci prévoit à cet effet »[1]. S'agissant des relations externes, la Cour a également confirmé que l'article 308 ne saurait suffire à lui seul à créer une compétence exclusive sur le plan international[2].

246 Outre cette interprétation stricte, l'élargissement progressif des compétences de l'Union a rendu les hypothèses de recours à l'article 352 de plus en plus rares. Les cas d'application de cet article portent alors, essentiellement sur les relations extérieures, l'énergie et la création de titres de propriété intellectuelle ou d'agences. L'élargissement de compétences réalisé par le traité de Lisbonne en ce qui concerne l'énergie ou la propriété intellectuelle restreint le champ d'application de la clause de flexibilité d'autant plus qu'il est aujourd'hui admis que la création d'agences doit se faire sur la base juridique relative à la politique en cause et non sur celle de l'article 352. Compte tenu du particularisme que revêt la PESC, l'article 352 TFUE ne peut être utilisé en ce domaine.

§ 3. Le particularisme des compétences externes

247 La question des compétences externes de l'Union mérite un développement particulier en raison de sa spécificité et de l'importance de la jurisprudence de la Cour relative à leur exercice. Cette spécificité est d'ailleurs reconnue par le traité de Lisbonne qui lui consacre un développement particulier (TFUE, art. 3, § 2). Les compétences externes explicitement attribuées à la Communauté sont assez limitées : politique monétaire (TFUE, art.219), politique commerciale commune (TFUE, art. 207), recherche (TFUE, art. 186), environnement (TFUE, art. 191), coopération au développement (TFUE, art. 209), coopération économique et financière avec des États tiers (TFUE, art. 212), association avec un ou plusieurs États ou des organisations internationales (TFUE, art. 217). Étaient donc exclu des compétences externes explicites de la

1. Avis 28 mars 1996, n° 2/94.
2. Avis 15 nov. 1994, n° 1/94.

Communauté, tout ce qui concerne les quatre libertés (libre circulation des personnes, des marchandises, des services et des capitaux), éléments fondateurs du marché intérieur. L'article 300 Traité CE qui visait la conclusion d'accords internationaux par la Communauté, ne faisait référence qu'aux compétences explicites puisqu'il renvoyait aux cas « où les dispositions du présent traité prévoient la conclusion d'accords internationaux ». Une interprétation stricte du traité aurait donc conduit à limiter la compétence externe de la Communauté aux hypothèses explicitement mentionnées par le traité.

248 Cette vision restrictive a disparu dans l'article 218 TFUE introduit par le traité de Lisbonne. L'arrêt *AETR* (v. ss 240) reconnaissait l'existence des pouvoirs implicites en la matière. L'objectif était d'assurer une cohérence entre l'exercice des compétences internes et celui des compétences externes. Dès lors qu'existe une réglementation interne dans un domaine déterminé, la Communauté est seule à même d'exercer de manière efficace une action externe afin d'éviter que des accords conclus par les États membres ne puissent remettre en cause les politiques communautaires internes existantes. De là naît l'idée du parallélisme des compétences internes et externes. L'exercice par la Communauté de sa compétence interne entraîne à son profit le droit exclusif de mener une politique externe dans le domaine considéré. Dans l'arrêt *Kramer*, la Cour de justice allait plus loin en ne subordonnant plus l'exercice d'une compétence externe à l'existence d'une réglementation communautaire interne dès lors qu'une action dans le champ externe était nécessaire à la réalisation des objectifs de la Communauté[1]. Le parallélisme entre compétence interne et externe semblait donc total. Selon la doctrine exprimée dans l'avis n° 1/76 : « chaque fois que le droit communautaire a établi dans le chef des institutions de la Communauté des compétences sur le plan interne en vue de réaliser un objectif déterminé, la Communauté est investie de la compétence pour prendre les engagements internationaux nécessaires à la réalisation de cet objectif, même en

1. CJCE 14 juill. 1976, n° 3 et 6/76 ; v. aussi CJCE, avis, 26 avr. 1977, n° 1/76.

l'absence d'une disposition expresse à cet égard. Cette conclusion s'impose notamment dans tous les cas où la compétence interne a déjà été utilisée en vue d'adopter des mesures s'inscrivant dans la réalisation des politiques communes. Elle n'est cependant pas limitée à cette éventualité. Si les mesures communautaires internes ne sont adoptées qu'à l'occasion de la conclusion et de la mise en vigueur de l'accord international, ainsi qu'il est envisagé en l'espèce (...) la compétence pour engager la Communauté vis-à-vis des États tiers découle néanmoins de manière implicite des dispositions du traité établissant la compétence interne, pour autant que la participation de la Communauté à l'accord international (...) est nécessaire à la réalisation d'un des objectifs de la Communauté »[1].

249 Cependant, à l'occasion de la conclusion de l'accord de Marrakech créant l'Organisation mondiale du commerce, la Cour a été amenée à écarter une application systématique du parallélisme. Dans son avis n° 1/94[2], elle confirme son analyse extensive de la notion de politique commerciale commune (TFUE, art. 206) qui ne s'applique pas seulement au commerce des biens, seul pris en considération lors de la conclusion du Traité CE, mais peut s'étendre également aux services dès lors qu'il y a fourniture transfrontalière de services. Par contre, lorsque la fourniture de services implique un déplacement soit du prestataire de services, soit du bénéficiaire, elle est exclue de la politique commerciale commune, en raison de l'existence de dispositions spéciales sur la libre circulation des personnes dans le traité. S'agissant des compétences implicites, la Cour ne retient pas l'idée d'une application générale du principe du parallélisme des compétences :

– il ne peut y avoir de compétences externes implicites que si des règles internes ont été établies et qu'elles pourraient être affectées par l'accord en cause. Ainsi, dès lors qu'il n'y a pas d'harmonisation complète d'une matière au plan communautaire, les États membres restent compétents pour conclure des accords internationaux dans les domaines non encore harmonisés ;

1. CJCE 26 avril 1977
2. CJCE, avis, 15 nov. 1994 ; v. aussi CJCE, avis, 24 mars 1995, n° 2/92 ; et, pour une formulation plus récente, CJCE, avis, 7 févr. 2006, n° 1/03, Convention de Lugano.

– en l'absence de règles internes, la Cour souligne le caractère exceptionnel de la possibilité pour la Communauté de conclure des accords internationaux. Cette faculté ne peut jouer que lorsque les objectifs communautaires ne peuvent être atteints par d'autres voies, notamment par des mesures internes applicables aux ressortissants des pays tiers.

250 Il résultait de cette situation que, dans de nombreuses hypothèses, l'accord portait sur un domaine où la compétence appartenait à la Communauté pour certains aspects et aux États membres pour d'autres. Dans ce cas, on avait recours à la formule de l'accord dit « mixte » parce qu'y étaient parties tant la Communauté que ses États membres. Les États membres et la Communauté avaient l'obligation de coopérer lors de la négociation, de la conclusion et de l'application des accords. Même lorsque la compétence était uniquement communautaire, on pouvait se trouver en présence d'un accord mixte dès lors que cet accord s'appliquait également aux territoires d'outre-mer, lesquels ne sont pas inclus dans le champ d'application territorial du traité. Les États membres concernés devaient participer à l'accord à côté de la Communauté pour ce qui concerne ces territoires. Lors des négociations du traité d'Amsterdam, les participants étaient conscients des difficultés que pouvait présenter la répartition des compétences communautaires dans des domaines qui donnent lieu à des négociations internationales.

251 C'est la raison pour laquelle avait été introduite la possibilité d'une extension des compétences communautaires, sans révision du traité, pour les négociations et accords internationaux concernant les services et la propriété intellectuelle dès lors qu'ils n'étaient pas couverts par l'article 133 Traité CE. Cette décision d'extension aurait été prise par le Conseil statuant à l'unanimité, sur proposition de la Commission et après consultation du Parlement. Elle n'a jamais été utilisée et a été abrogée par le traité de Nice.

252 Le traité de Nice étendait le champ d'application de l'article 133 à la conclusion d'accords dans le domaine des services ou portant sur des aspects commerciaux de la propriété intellectuelle, tout en n'excluant pas, sur décision unanime du Conseil, une extension ultérieure à d'autres domaines de la propriété intellectuelle. Cette extension n'a été acquise qu'au prix de la mise en place de dispositions spécifiques pour sauvegarder le caractère mixte des accords relatifs au commerce des services culturels et audiovisuels, des services d'éducation ainsi que des services sociaux et de santé humaine lesquels doivent être conclus avec le commun accord des États membres. De même, lorsque le traité interdisait une harmonisation des législations dans l'ordre interne, il n'était pas possible à la Communauté de conclure un accord qui entraînerait une telle harmonisation. En outre, un accord qui interviendrait dans un domaine où la Communauté n'a pas encore exercé sa compétence interne ne pourrait être conclu qu'à l'unanimité. De plus, fort curieusement, l'article 133 révisé précisait que le Conseil et la Commission devaient veiller à ce que les accords négociés soient compatibles avec les politiques et règles internes alors qu'a toujours été reconnue la possibilité de conclure des accords modifiant les règles communautaires internes. Dans le cas contraire, on imposerait à la Communauté de ne conclure, dans le champ de la politique commerciale commune, que des accords internationaux qui codifieraient le statut quo. Aussi devait-on voir dans cette obligation qui n'interdisait pas la conclusion de tels accords, mais imposait seulement une obligation de vigilance, l'expression d'un vœu plus qu'une obligation juridique. Enfin il était surprenant, alors que la politique commerciale commune relevait d'une compétence exclusive de la Communauté, de voir indiquer au § 5 que ce paragraphe relatif au commerce des services et aux aspects commerciaux de la propriété intellectuelle n'interdisait pas le maintien et la conclusion d'accords internationaux par les États membres dans ces domaines pourvu qu'ils respectent le droit communautaire et les autres accords internationaux pertinents. Certes, cette disposition ne s'appliquait pas à l'ensemble du champ couvert par l'article 133, mais aux seuls domaines dans lesquels le traité de Nice avait étendu la compétence de la Communauté, c'est-à-dire les services et les aspects commerciaux de la propriété intellectuelle dans la seule mesure où ils n'entraient pas déjà dans la compétence communautaire telle qu'elle était entendue dans l'avis n° 1/94. Il n'en demeurait pas moins qu'un secteur de la politique commerciale ne relevait plus de la compétence exclusive de la Communauté. L'extension de la compétence communautaire n'avait ainsi pu se faire qu'au prix d'une complexité accrue des règles applicables. Les auteurs des traités avaient entendu mesurer minutieusement ce qu'ils accordaient à la Communauté et assortir toute concession de garanties soigneusement calculées.

253 La situation était devenue d'une complexité extraordinaire et chaque négociation internationale donnait lieu à des passes d'armes entre la Commission et le Conseil quant à la définition des compétences externes. Aussi, la Convention sur l'avenir de l'Europe avait proposé une simplification des dispositions relatives à la politique extérieure et le traité de Lisbonne a retenu cette approche. Le régime de la politique commerciale commune est désormais unifié et relève de la compétence exclusive de l'Union (TFUE, art. 207). Tous les accords sont soumis aux mêmes règles et conclus à la majorité qualifiée à l'exception des accords dans le domaine du commerce des services et des aspects commerciaux de la propriété intellectuelle lorsqu'ils portent sur des domaines pour lesquels l'unanimité est requise pour l'adoption de règles internes. À la suite d'interventions françaises, l'unanimité est également requise pour les accords sur le commerce des services culturels et audiovisuels lorsque ceux-ci risquent de porter atteinte à la diversité culturelle et linguistique de l'Union. Il en va de même pour les services sociaux, d'éducation et de santé lorsqu'ils « risquent de perturber gravement l'organisation de ces services au niveau national et de porter atteinte à la responsabilité des États membres pour la fourniture de ces services ». Nul doute que les controverses à propos de ces dispositions seront délicates à trancher compte tenu des critères employés. Enfin, le traité de Lisbonne a tenté de rationaliser la doctrine AETR. En l'absence de compétence externe expresse, l'Union dispose d'une compétence exclusive pour conclure un accord international lorsque cette conclusion est prévue dans un acte juridique contraignant de l'Union, ou qu'elle est nécessaire pour lui permettre l'exercice de la compétence interne, ou qu'elle affecte des règles communes ou en altère la portée (TFUE, art. 3 et 216).

§ 4. La nature des compétences de l'Union

254 Le traité CE ne contenait pas de liste des compétences communautaires et ne reposait pas non plus sur théorie élaborée des compétences. Ici encore, la Cour, au fil de sa jurisprudence, a dessiné les contours d'une telle théorie. Sur un plan opérationnel, une distinction doit être établie entre les compétences exclusives, les compétences concurrentes et les compétences complémentaires. En principe, la Communauté disposait de compétences concurrentes et de compétences complémentaires, les compétences exclusives constituant l'exception. Il existait donc une très forte demande pour sortir d'une approche jurisprudentielle et clarifier la répartition des compétences lors de la réunion de la Convention pour l'avenir de l'Europe. Mais les débats préliminaires à la convention avaient montré que les thèses favorables à l'établissement d'une liste limitative étaient minoritaires au sein de celle-ci. L'accent a été davantage mis sur le besoin de clarté dans la définition des divers types de compétences et dans l'identification de chacune d'entre elles en tant qu'exclusive, concurrente (ou partagée selon l'expression qui semble avoir eu la faveur de la convention) ou complémentaire. Des travaux approfondis au sein d'un groupe de travail n'ont été menés qu'à propos de compétences complémentaires, qualifiées d'action d'appui. Pour sa part, la Commission ne semblait pas avoir retenu ce message et le projet de ses services dit « Pénélope » ne contenait aucune définition des compétences. Il distinguait entre des politiques principales, des politiques d'accompagnement et des actions complémentaires sans tirer de conséquences juridiques de ces dénominations si ce n'est que l'harmonisation était interdite dans le cadre des actions complémentaires. On peut y voir le souci d'éviter par une approche politique toute limitation juridique à son champ d'action, mais cette préoccupation corporatiste ne correspondait guère au souci de clarification exprimé au sein de la convention. Cette dernière a préféré une approche plus traditionnelle en reprenant la trilogie, compétences exclusives, compétences partagées et domaines d'actions d'appui, de coordination ou de complément

en s'inspirant largement de la jurisprudence. Sans céder totalement à la logique de l'énumération, la convention a néanmoins procédé à une énumération des différentes compétences en les classant par catégorie. Cependant, elle n'a pas touché à l'approche fonctionnelle qui résulte des articles relatifs au marché intérieur.

255 Le projet de constitution repris sur ce point par le traité de Lisbonne répartit les domaines d'action communautaire entre ces trois catégories de compétences sans opérer de changements significatifs (TFUE, art. 2). Il définit trois catégories de compétences. Les compétences exclusives se caractérisent par l'exclusion de toute intervention des États membres à moins qu'ils ne soient habilités par le législateur ou qu'ils n'interviennent dans le cadre de compétences d'exécution pour mettre en œuvre le droit de l'Union. Dans le cadre des compétences partagées, les États membres peuvent agir tant que l'Union n'est pas intervenue. Ils retrouvent cette faculté si l'Union cesse d'exercer sa compétence. Enfin, les compétences dites d'appui, de coordination ou de complément pour lesquelles la préemption ne joue pas et l'harmonisation est interdite. Cette typologie des compétences consiste largement en une mise en forme de l'acquis communautaire. La PESC étant régie par le TUE, les dispositions relatives aux compétences contenues dans le TFUE ne sont pas applicables en vertu de l'article 40 qui conduit à exclure l'application des dispositions du TFUE relatives aux compétences à la PESC.

A. Les compétences exclusives

256 Dans les domaines dans lesquels l'Union dispose d'une compétence exclusive, elle est seule à pouvoir intervenir et toute intervention des États membres est exclue. La Cour avait jugé que la Communauté disposait d'une compétence exclusive dans deux domaines, la politique commerciale commune et la conservation des ressources biologiques de la mer. Il convenait d'ajouter à cette énumération les compétences en matière monétaire qui, par nature, ne pouvaient être qu'exclusives dès lors qu'il existait une monnaie unique. La Cour a nettement défini le caractère exclusif de la compétence communautaire en matière de politique com-

merciale commune dans l'avis n° 1/75 : « Une telle politique est conçue par cet article dans la perspective du fonctionnement du Marché commun, pour la défense de l'intérêt global de la Communauté à l'intérieur duquel les intérêts particuliers des États membres doivent trouver à s'ajuster mutuellement. Or, cette conception est, de toute évidence, incompatible avec la liberté que les États membres pourraient se réserver, en invoquant une compétence parallèle, afin de poursuivre la satisfaction distincte de leurs intérêts propres dans les relations extérieures, au risque de compromettre une défense efficace de l'intérêt global de la Communauté »[1]. Dans le domaine des ressources biologiques de la mer, la compétence exclusive de la Communauté a été consacrée dans les arrêts *Kramer*[2] et *Commission c/ Royaume-Uni*[3]. La Cour a estimé que la compétence exercée dans le cadre de l'article 95 (marché intérieur) ne constituait pas une compétence exclusive. Alors que la Belgique et le Parlement européen plaidaient en faveur d'une telle compétence, la Cour déclarait : « le principe de subsidiarité s'applique lorsque le législateur recourt à l'article 95 du traité CE dans la mesure où cette disposition ne lui donne pas une compétence pour réglementer les activités économiques dans le marché intérieur, mais seulement une compétence en vue d'améliorer les conditions de l'établissement et du fonctionnement de celui-ci par l'élimination d'entraves à la libre circulation des marchandises et à la prestation de services ou la suppression des distorsions en matière de concurrence »[4].

257 L'existence d'une compétence exclusive n'implique pas que la question de l'intervention d'un État dans le cadre de l'exercice de cette compétence ne puisse se poser. En effet, si l'Union n'utilise pas sa compétence exclusive, l'abstention pourrait avoir pour effet de créer une lacune normative en raison de l'interdiction d'agir qui pèse sur les États membres. Ces derniers ont-ils la faculté de combler cette lacune ? En matière de politique commerciale commune, la Cour a jugé dans l'arrêt *Donckerwolcke* que les États

1. CJCE, avis, 11 nov. 1975, n° 1/75, Rec. 1355.
2. CJCE 14 juill. 1976, n° 3 et 6/76, Rec. 1279.
3. CJCE 5 mai 1981, n° 804/79, Rec. 1045.
4. CJUE 10 déc. 2002, C-491/01, *British American Tobacco et Impérial Tobacco.*

membres ne pouvaient intervenir que sur la base d'une habilitation spécifique de la Communauté[1]. Elle conciliait ainsi les exigences de la compétence exclusive avec le besoin de combler une lacune normative imputable à l'inaction de la Communauté. Mais une intervention expresse de la Communauté était nécessaire pour leur conférer cette habilitation. Dans l'arrêt *Bulk Oil*[2], la Cour a assoupli sa jurisprudence en estimant que le fait d'exclure un secteur particulier, en l'occurrence les importations de pétrole, d'un règlement valait l'habilitation spécifique mentionnée dans l'arrêt *Donkerwolcke*. Dans l'arrêt *Commission c/ Royaume-Uni*[3], la Cour a suivi une autre voie en considérant qu'en cas de lacune normative, les États membres ne pouvaient agir que comme gestionnaires de l'intérêt commun en collaboration avec la Commission ce qui impliquait un contrôle sur leur action unilatérale.

258 Le traité de Lisbonne retient la définition classique des compétences exclusives. Il s'agit de domaines dans lesquels seule l'Union peut légiférer. Les États membres ne peuvent intervenir que sur habilitation de l'Union ou pour mettre en œuvre les actes de l'Union (TFUE, art. 2, § 1). Quant à l'étendue des compétences exclusives, elle est très limitée conformément à la vision traditionnelle : politique monétaire, politique commerciale commune et union douanière, conservation des ressources biologiques de la mer, politique de concurrence en ce qui concerne les règles nécessaires au fonctionnement du marché intérieur (TFUE, art. 3). Le traité consacre également la doctrine *AETR* relative aux compétences externes en indiquant que l'Union dispose d'une compétence exclusive pour conclure un accord international si cette compétence est prévue dans un cadre législatif, si elle est nécessaire pour l'exercice d'une compétence interne ou si l'accord est susceptible d'affecter des règles communes ou d'en altérer la portée (TFUE, art. 3, § 2).

---

1. CJCE 15 déc. 1976, n° 41/76.
2. CJCE 18 févr. 1986, n° 174/84.
3. Préc.

B. Les compétences partagées

259 Les compétences de l'Union sont normalement concurrentes, c'est-à-dire que les États membres restent compétents aussi longtemps que l'Union n'est pas intervenue. On emploie également les termes de compétences partagées ou parallèles, mais ces termes donnent l'impression que l'Union et les États membres seraient simultanément compétents dans une même matière. Ce n'est bien entendu pas le cas puisque les États membres perdent la possibilité d'intervenir dès l'entrée en vigueur de la législation de l'Union dans le domaine couvert par celle-ci. Le traité de Lisbonne a néanmoins retenu, à la suite de la constitution et sans doute pour des raisons de lisibilité, l'expression de compétences partagées.

260 C'est dans le cadre des compétences partagées que l'on utilise, par référence au droit constitutionnel américain, la notion de préemption. En effet, dès lors que l'Union intervient, l'action des États membres est prohibée dans le domaine couvert par cette intervention. La matière est alors préemptée par l'Union. On dit parfois également que l'on est alors en présence d'une compétence exclusive par exercice. Cependant, la situation est bien différente de celle d'une compétence exclusive par nature, telle que définie ci-dessus. Lorsque la compétence devient, suite à une préemption, exclusive dans un domaine particulier, il est toujours possible de revenir en arrière en modifiant ou abrogeant la législation en vigueur. Les États retrouveront alors la liberté de réglementer. Par contre, lorsque la compétence est exclusive par nature, les États membres ne pourront récupérer la compétence perdue que par une révision du traité. Les auteurs du traité de Lisbonne ont souhaité inscrire expressément dans le traité que la préemption n'était pas définitive et que les États retrouveraient leurs compétences si l'Union cessait de les exercer (TFUE, art. 2, § 2).

261 En présence d'une préemption effectuée par l'Union, il est essentiel de fixer avec précision l'étendue du domaine préempté. En effet, cette étendue détermine le secteur dans lequel les États membres sont privés du pouvoir de réglementer puisque la marge de liberté des États dépend du champ de la préemption. Dès lors que l'on sort de celui-ci, les États membres retrouvent leur liberté.

Mais même dans le champ de la préemption, il peut subsister une place pour une intervention des États membres. Il en va ainsi lorsque la réglementation de l'Union autorise encore l'intervention des États. Si ce n'est pas le cas et si la réglementation de l'Union comporte une lacune apparente, il faudra déterminer si l'Union a entendu exercer complètement ou non sa compétence. En cas de réponse négative, il existera encore une place pour une réglementation nationale, à condition que celle-ci ne mette pas en cause l'efficacité de la réglementation de l'Union[1]. En revanche, lorsque l'harmonisation est complète, toute intervention des États membres est interdite tant que dure la préemption. Dans certains domaines, on ne pourra, par définition, interdire toute action des États membres puisque la compétence de l'Union est limitée à la fixation de règles minimales. les États resteront libres d'adopter des règles plus contraignantes (comme dans le domaine social ou celui de l'environnement). La question du champ de la préemption étant très sensible pour certains États membres, un protocole a été ajouté au traité pour préciser, ce qui allait de soi, il indique que « lorsque l'Union mène une action dans un certain domaine, le champ d'application de cet exercice de compétence ne couvre que les éléments régis par l'acte de l'Union en question et ne couvre pas tout le domaine ».

262 Il existe des hypothèses dans lesquelles l'utilisation exhaustive d'une compétence par l'Union n'entraîne pas pour autant prohibition de toute intervention étatique bien que celle-ci soit très encadrée. En effet, l'article 114 TFUE (Traité CE, ex-art. 95) autorise, dans son § 4, un État membre à maintenir en vigueur une réglementation nationale, si ce maintien est justifié par des exigences importantes visées à l'article 37 TFUE (Traité CE, ex-art. 30 : moralité publique, ordre public, sécurité publique, protection de la santé et de la vie des personnes et des animaux ou des végétaux, protection des trésors nationaux, protection de la propriété industrielle et commerciale) ou touchant à la protection de l'environnement ou du milieu de travail. En outre, le § 5 du même article, introduit par le traité d'Amsterdam, permet même aux États

1. V. par ex., CJCE 26 févr. 1976, n° 65/75 et aff. jtes n° 88 à 90/75, *Tasca et SADAM*, Rec. 291.

d'adopter des mesures nouvelles dès lors qu'elles sont justifiées par des preuves scientifiques nouvelles relatives à la protection de l'environnement ou du milieu de travail. Cette faculté dérogatoire est fortement encadrée par le droit communautaire puisque la Commission peut approuver ou rejeter ces mesures après avoir vérifié si elles constituent une discrimination arbitraire ou une restriction déguisée dans le commerce intracommunautaire.

263 Le traité de Lisbonne dresse une liste non exhaustive des compétences partagées puisqu'elle fait référence aux « principaux » domaines de compétences partagées, ce qui conduit à supposer qu'il existe des domaines « secondaires ». Ceci implique qu'en présence d'une compétence mentionnée dans le traité sur le fonctionnement de l'Union européenne, celle-ci doit être considérée comme partagée dès lors qu'elle ne figure ni dans la liste des compétences exclusives, ni dans celle des actions d'appui, de coordination ou de complément qui sont exhaustives. Dans ce contexte, le traité cite comme compétence partagée le marché intérieur, la politique sociale dans les limites définies par la constitution, la cohésion économique, sociale et territoriale, l'agriculture et la pêche, à l'exception de la conservation des ressources biologiques de la mer (compétence exclusive), l'environnement, la protection des consommateurs, les transports, les réseaux transeuropéens, l'énergie, l'espace de liberté, de sécurité et de justice, les enjeux communs en matière de santé publique, la recherche, la coopération au développement et l'aide humanitaire (TFUE, art. 4, § 2). L'énergie est la seule politique véritablement nouvelle. L'étendue de chacune de ces compétences est précisée dans les parties du traité relatives aux politiques. Les choix effectués ne sont pas toujours logiques. Ainsi, la politique de recherche, la politique de coopération au développement et la coopération humanitaire sont identifiées comme relevant de compétences partagées alors qu'il est précisé que, dans ces politiques, la préemption ne peut jouer. Il s'agit clairement de ce que l'on appelle des actions d'appui et ces politiques devraient être réinsérées dans cette catégorie. C'est sans doute pour des raisons de visibilité politique que l'on a opéré ces choix au détriment de la logique juridique.

C. Les compétences complémentaires ou domaines d'appui

264 Une autre hypothèse dans laquelle la préemption ne peut jouer concerne les domaines dans lesquels l'Union a pour seule mission de coordonner et d'encourager l'action des États membres. Dans ce cas, la compétence n'est que complémentaire à la compétence des États membres, elle ne peut se substituer à cette dernière. Ainsi dans le domaine de l'aide humanitaire, la Cour rappelait que « la compétence de la Communauté n'est pas exclusive et que, par conséquent, les États membres ne sont pas empêchés d'exercer collectivement (...) leurs compétences à cet égard »[1]. Cependant, ici encore, si les États membres restent libres d'agir, ils ne peuvent mettre en cause les actions communautaires adoptées dans ces secteurs. Cette obligation découle de l'article 10 qui impose aux États membres de « s'abstenir de mettre en péril la réalisation des buts de la Communauté ». La reconnaissance d'une compétence complémentaire s'accompagne fréquemment de l'interdiction de procéder par voie d'harmonisation des législations (voir les domaines de l'éducation ou de la culture).

265 En ce qui concerne ces compétences qu'il qualifie d'actions d'appui, de coordination ou de complément, le traité n'innove guère en mentionnant la protection de la santé humaine, l'industrie, la culture, le tourisme, l'éducation, la jeunesse, le sport, la formation professionnelle, la protection civile, la coopération administrative. Le sport et le tourisme constituent de nouveaux domaines d'action. S'agissant de la coordination des politiques économiques et de l'emploi (TFUE, art. 5), leur nature n'a pu être définie et le traité de Lisbonne y consacre un article spécifique sans situer cette compétence dans la classification qu'il établit. À vrai dire, la coordination des politiques économiques aurait pu entrer dans la catégorie des actions d'appui, de complément ou de coordination, mais sans doute a-t-on craint de minorer son importance politique en la classant ainsi. Ainsi, dans le domaine des compétences, le traité de Lisbonne fait plus œuvre pédago-

1. CJCE 30 juin 1993, C-181/91 et 248/91, *Parlement européen c/Conseil et Commission.*

gique en rationalisant la jurisprudence qu'il ne témoigne d'esprit d'innovation. Mais, par la simplification qu'elle apporte, parfois au détriment de la rigueur juridique, il a réussi à désarmer le mouvement d'humeur qui se manifestait dans certains États membres, à l'encontre des compétences de l'Union.

Section 2

Les limites à l'exercice des compétences de l'Union : subsidiarité et proportionnalité

266 La notion de subsidiarité repose sur l'idée selon laquelle les compétences doivent être exercées au niveau le plus proche possible des citoyens. Ce n'est que s'il n'est pas possible de traiter une question de façon satisfaisante à ce niveau qu'il y a lieu de la porter à un niveau plus élevé. Si les commentateurs font remonter le concept de subsidiarité à Aristote et saint Thomas d'Aquin, son introduction en droit communautaire est bien postérieure à la rédaction du traité de Rome. Certes, on a pu déceler des traces de subsidiarité dans l'article 352 TFUE, dans la mesure où cet article subordonne l'intervention de l'Union à la « nécessité » de l'action envisagée pour réaliser l'un des objectifs de la Communauté. De même, la subsidiarité était implicitement présente lors de l'attribution première de compétences et lors des révisions successives des traités lorsque l'on a choisi quelles compétences devaient être exercées par la Communauté. Mais il s'agissait d'un emploi de la subsidiarité, tel qu'il s'opère lors de la mise en place de tout système dans lequel coexistent plusieurs niveaux de pouvoirs lorsqu'il est nécessaire de déterminer à quel niveau s'exercera chaque compétence et où l'on présume que les autorités chargées de la répartition des compétences procèdent de façon rationnelle, en déterminant le niveau le plus adéquat.

267 Le premier examen systématique du principe a été mené lors de l'élaboration par le Parlement européen du projet de traité de l'Union européenne. Le projet adopté par le Parlement, le 14 février 1984, contenait, en effet, une référence au principe tant dans son préambule que dans son article 12. La subsidiarité trouvera son expression au moment de l'élaboration de l'Acte unique européen dans le cadre de la compétence reconnue à la Communauté dans le domaine de l'environnement. L'article 130 R, § 4 marquait l'entrée du principe de subsidiarité dans le droit positif communautaire. Mais c'est lors des travaux préparatoires du traité sur l'Union européenne que le principe connût un vif succès. Il recueillait tant l'appui des États favorables au fédéralisme qui y voyaient un instrument de construction d'un système fédéral véritable, c'est-à-dire décentralisé, que de ceux qui étaient hostiles au fédéralisme et considéraient le principe comme un moyen de limiter toute évolution dans un sens fédéral. Le traité d'Amsterdam a précisé le principe et ses modalités d'application dans un protocole. Aujourd'hui le principe est mentionné à plusieurs reprises dans le traité :

– dans le cadre du préambule du traité sur l'Union européenne, il est présenté comme une traduction du principe de proximité selon lequel les décisions doivent être prises le plus près possible des citoyens ;

– dans l'article 1 TUE, il est également repris sous la forme du principe de proximité ;

– l'article 5, § 3, TUE qui définit la subsidiarité et fait du respect de celle-ci un principe constitutionnel du droit communautaire dont l'application peut être contrôlée par la Cour ;

– un protocole sur l'application des principes de proportionnalité et de subsidiarité fixe les modalités d'application du principe et confie aux parlements nationaux des pouvoirs spécifiques en vue d'assurer le respect du principe ;

– le Parlement, le Conseil et la Commission ont conclu le 25 octobre 1993 un accord interinstitutionnel sur l'application du principe de subsidiarité[1] ;

1. RTD eur. 1994. 147.

– enfin, dans le cadre des compétences accordées à l'Union, l'action communautaire est fréquemment décrite comme complémentaire de celle des États membres, et le recours à l'harmonisation des législations est exclu, ce qui peut constituer une expression concrète de la subsidiarité (**§ 1**)[1].

268 Le principe de proportionnalité avait été consacré en tant que principe général du droit par la jurisprudence de la Cour avant d'être repris dans le traité (TFUE, art. 5, § 4). Il porte sur l'adéquation de l'action communautaire aux objectifs poursuivis. Selon ce principe, l'action entreprise ne doit pas dépasser ce qui est nécessaire pour atteindre l'objectif recherché (**§ 2**).

§ 1. La subsidiarité dans le traité

269 Lors des négociations du traité de Maastricht, le concept de subsidiarité a connu une fortune instantanée. Celle-ci est liée au contexte créé par la mise en œuvre de l'Acte unique européen et à l'impression suscitée par celle-ci d'une potentialité d'extension indéfinie des compétences communautaires. Aussi est-il important avant d'analyser le principe de retracer le contexte dans lequel il s'est développé.

A. Les motifs de l'introduction du principe

270 À l'origine, les compétences de la Communauté avaient été définies en fonction d'objectifs en vue de la réalisation desquels des pouvoirs avaient été attribués aux institutions. Les compétences s'exercent afin d'atteindre ces objectifs et dès lors que l'on pouvait trouver une base juridique dans le traité, les institutions étaient fondées à agir. Compte tenu de la généralité des objectifs, le champ recouvert par les compétences de l'Union, surtout lorsqu'il s'agit de la mise en œuvre du marché intérieur, pouvait être fort vaste. Ainsi, à l'origine, le traité n'attribuait pas à la Communauté de compétences dans le domaine de la culture. Cependant, dans

1. V. par ex. TFUE, art. 165 et 166 relatifs à l'éducation, à la formation professionnelle et à la jeunesse, Traité CE, ex-art. 149 et 150 ; ou TFUE, art. 149 relatif à l'emploi, Traité CE, ex-art. 129 ; ou TFUE, art. 168 relatif à la santé, Traité CE, ex-art. 152.

la mesure où les produits culturels étaient commercialisés, ils entraient dans le champ du marché intérieur et c'est ainsi que le droit communautaire a été amené à régir certains aspects de la culture, notamment sous l'angle de l'audiovisuel. Dans d'autres domaines, il s'est vu appliqué à l'interruption volontaire de grossesse sous l'angle de la libre prestation de services médicaux ou encore du sport professionnel sous l'angle de la libre circulation des travailleurs. En fait, les États membres ont eu l'impression d'un mouvement inéluctable d'extension *ad infinitum* du droit communautaire puisque toute activité dès lors qu'elle présentait un aspect économique pouvait concerner le marché intérieur.

271 Une telle situation ne soulevait guère de difficultés tant que le Conseil statuait *de jure* ou *de facto* à l'unanimité. Le recours à l'unanimité assurait à chaque État membre un contrôle politique étroit du développement des compétences communautaires en lui permettant de s'opposer à toute initiative qui ne lui convenait pas. L'Acte unique européen a profondément transformé cette situation politique dans la mesure où il a permis un recours effectif à la majorité qualifiée ce qui empêchait dès lors la minorité de contrôler le développement des compétences communautaires. À ce phénomène institutionnel s'ajoutèrent les effets du programme de réalisation du marché intérieur. L'article 100 A (aujourd'hui TFUE, art. 114) substituait la majorité qualifiée à l'unanimité en vue d'harmoniser les législations. L'effet préhensif du marché intérieur allait jouer pleinement et, en vue de supprimer les différences de législation qui font obstacle à la libre circulation, des secteurs qui ne relevaient pas en tant que tels de la compétence communautaire seraient touchés. Les États eux-mêmes, soucieux de supprimer des distorsions de concurrence qui pourraient jouer au désavantage de leurs opérateurs économiques accentueront le mouvement en sollicitant des mesures de plus en plus détaillées, ce qui donnera aux citoyens l'impression d'une frénésie réglementaire.

272 Les conséquences de ce phénomène ont été multiples :

– il a entraîné un réflexe de rejet à l'égard d'une Communauté perçue comme auteur d'une harmonisation complète de la vie des citoyens et dans laquelle les centres de décisions sont éloignés de ces derniers ;

– il a fait naître dans les États fédéraux, voire largement décentralisés, la crainte que la Communauté ne remette en cause la répartition interne des compétences dans la mesure où étaient prises au niveau communautaire, des décisions qui, selon le droit constitutionnel interne, relevaient des autorités fédérées ou régionales. La construction communautaire risquait alors de porter atteinte aux équilibres fédéraux internes ;

– enfin, les États redoutaient que l'usage fait par la Communauté de ses compétences, par des décisions prises le plus souvent à la majorité qualifiée, ne conduise à réduire considérablement, dans le domaine des compétences partagées, la liberté laissée aux États au détriment tant du respect des identités nationales que de la nécessaire flexibilité.

273 Cet ensemble de sentiments aurait pu conduire à une volonté de limiter les compétences communautaires alors qu'au fond, et la chose sera parfois mal comprise, le problème résidait moins dans l'étendue des compétences que dans la régulation de leur utilisation. Aussi a-t-on jugé nécessaire de substituer au contrôle politique de l'utilisation des compétences tel qu'il s'exerçait avant l'Acte unique européen par le biais de l'unanimité, un mode de régulation juridique. Ce rôle est rempli par l'insertion du principe de subsidiarité dans le traité. Cependant, sur le plan politique, la régulation n'est pas une fin en elle-même. Préserver à chaque niveau, Communauté et États membres, le niveau de compétences dans lequel il intervient avec le plus d'efficacité, c'est aussi traiter les problèmes au niveau le plus proche possible des citoyens. Aussi, le principe de subsidiarité est-il parfois qualifié de principe de proximité.

B. La notion de subsidiarité

274 L'alinéa 3 de l'article 5 TUE est consacré au principe de subsidiarité. Il est rédigé de la manière suivante : « dans les domaines qui ne relèvent pas de sa compétence exclusive, l'Union intervient, seulement si et dans la mesure où les objectifs de l'action envisagée ne peuvent pas être réalisés de manière suffisante par les États

membres et peuvent donc, en raison des dimensions ou des effets de l'action envisagée, être mieux réalisés par l'Union ».

275 La subsidiarité, telle qu'elle résulte du traité, est un principe régulateur de l'exercice des compétences. Elle n'a aucune incidence sur l'existence de celles-ci, mais permet de déterminer si une compétence existante peut ou non être exercée. Il en résulte que le principe de subsidiarité n'est pas applicable aux compétences exclusives par nature puisque, dans ce cas, la compétence doit être exercée par la Communauté. L'enjeu de la subsidiarité est donc de savoir si, dans un domaine de compétence non exclusive, la Communauté peut agir ou si elle doit laisser les États membres réglementer la matière.

276 La formulation utilisée par le traité pour définir la subsidiarité est limitative. Elle indique que « l'Union intervient seulement ». La finalité du principe est de n'autoriser l'Union à agir que lorsque les conditions qu'il pose sont remplies. Or, en théorie, le principe de subsidiarité pourrait présenter deux aspects. D'un côté, il limite l'intervention de l'Union lors qu'un problème peut être mieux traité par les États membres. Mais d'un autre côté, il implique une action de l'Union lorsque celle-ci apparaît nécessaire en raison de la dimension du problème et de l'incapacité des États membres à le traiter efficacement. La version du protocole sur la subsidiarité qui avait été inséré par le traité d'Amsterdam et a aujourd'hui disparu prenait partiellement en compte cet aspect positif lorsqu'en reprenant les conclusions d'Édimbourg, elle indiquait, dans son § 3, « La subsidiarité est un concept dynamique qui devrait être appliqué à la lumière des objectifs énoncés dans le traité. Il [le principe] permet d'étendre l'action de la Communauté, dans les limites de ses compétences, lorsque les circonstances l'exigent et, inversement, de la limiter ou d'y mettre fin lorsqu'elle ne se justifie plus ». Mais il appartient au législateur d'apprécier souverainement les circonstances et une action en carence ne pourrait être fondée sur la seule raison que la subsidiarité aurait exigé une intervention de l'Union.

277 L'article 5 définit les conditions d'appréciation de la subsidiarité en subordonnant l'intervention de l'Union à la double constatation que les États ne peuvent pas réaliser les objectifs du traité de

manière suffisante et que, de ce fait, ces objectifs peuvent donc être mieux réalisés au niveau communautaire. Avant d'agir, le législateur doit opérer un test afin de déterminer si les conditions de respect de la subsidiarité sont bien remplies. Le § 3 du protocole sur la subsidiarité qui avait été inséré par le traité d'Amsterdam indiquait quels étaient les éléments à prendre en considération et, même si le protocole a été supprimé, ces éléments gardent toute leur valeur :

– la question a-t-elle des aspects transnationaux que ne peuvent régler de façon satisfaisante les États membres ?

– une action nationale ou une abstention de l'Union serait-elle contraire aux exigences du traité, en raison des distorsions de concurrence ou des entraves aux échanges qu'il convient de corriger ou de l'exigence de cohésion économique et sociale, ou bien léserait-elle grandement les intérêts des États membres ?

– une action de l'Union présenterait-elle des avantages manifestes, en raison de ses dimensions ou de ses effets, par rapport à une action des États membres ?

278 Le protocole n'indiquait pas si ces trois éléments étaient cumulatifs ou si, comme cela résultait des conclusions d'Édimbourg, ils étaient alternatifs. Mais, compte tenu de leur nature, la logique impliquait qu'ils soient alternatifs. Quant à l'analyse de ces éléments, un certain nombre de questions peuvent être posées :

– le caractère insuffisant de l'action des États membres doit-il se définir en comparant l'action actuelle des États à l'objectif de l'Union ou faut-il prendre en compte l'éventualité d'actions qui seront entreprises par les États dans l'avenir (action potentielle) ? Le traité imposant d'examiner si les objectifs « peuvent être » réalisés par les États et non pas s'ils sont actuellement réalisés par ceux-ci, il existe une place pour la prise en compte de la potentialité raisonnable d'une action des États membres. Par États membres, le traité ne vise pas seulement le gouvernement central, mais aussi les autorités régionales et locales, comme en atteste l'article 5 qui vise non seulement le niveau central, mais aussi le niveau « régional et local » ;

– l'action des États membres mentionnée à l'article 5 est-elle celle des États pris individuellement ou collectivement ? En d'autres termes, la potentialité d'une coopération intergouvernementale devrait-elle être prise en considération dans l'évaluation de la subsidiarité ? Une réponse positive pourrait, selon certains, conduire à admettre que les États membres sont autorisés, sauf en cas de compétences exclusives, à réaliser les objectifs du traité en dehors du cadre de l'Union, ce qui n'est pas conforme au droit de l'Union. La Cour n'avait pas exclu une action collective des États membres en matière d'aide au développement dès lors que la compétence n'était pas exclusive : « la compétence de la Communauté dans ce domaine n'est pas exclusive. Les États membres sont donc en droit de souscrire eux-mêmes des engagements à l'égard des États tiers, collectivement ou individuellement, voire conjointement avec la Communauté »[1]. Il est vrai qu'il s'agissait d'un domaine, l'aide au développement, dans lequel la Communauté avait seulement une compétence complémentaire pour coordonner et compléter l'action des États membres ;

– l'Union peut-elle intervenir lorsque l'action des partenaires privés voire des citoyens est suffisante pour réaliser l'objectif assigné ? Certains estiment que, dans le cadre du test de subsidiarité, doit être intégrée une analyse quant à l'alternative « régulation ou non-régulation ». Un tel examen peut sans doute être imposé par des dispositions spécifiques. Ainsi, l'article 154 TFUE (ex-art. 138) impose à la Commission de consulter les partenaires sociaux avant d'estimer qu'une action est nécessaire et de présenter une proposition. Mais il s'agit d'une règle spéciale et l'article 5 du traité ne fait référence qu'à l'action des États membres. Cependant, il arrive, dans la pratique, que la Commission incite les opérateurs économiques à adopter des lignes directrices non contraignantes en échange de quoi elle renonce à proposer des mesures législatives.

279 En ce qui touche le contrôle du respect de la subsidiarité, deux modalités étaient envisageables : organiser un contrôle politique ou s'en remettre au contrôle juridictionnel qui pouvait intervenir *a priori* ou *a posteriori*.

1. CJCE 2 mars 1994, C-316/91, *Parlement c/ Conseil*.

S'agissant du contrôle politique, on en trouvait une trace très affaiblie dans le protocole sur le rôle des Parlements européens annexé au traité à Amsterdam. Il prévoyait que la Conférence des organes spécialisés dans les affaires communautaires (COSAC), qui réunit des parlementaires nationaux issus des commissions parlementaires nationales compétentes pour les affaires européennes, pouvait adresser, au Parlement, au Conseil et à la Commission, des contributions qui portent notamment sur la subsidiarité.

280 La Convention sur l'avenir de l'Europe avait souhaité renforcer le contrôle de la subsidiarité en associant plus étroitement contrôle politique et contrôle juridictionnel et ses suggestions ont été reprises tant dans la constitution que dans le traité de Lisbonne. Le protocole sur l'application des principes de subsidiarité et de proportionnalité fait une large place au contrôle de la subsidiarité par les parlements nationaux. Tous les projets d'actes législatifs sont transmis aux parlements nationaux qui disposent d'un délai de huit semaines pour formuler leurs observations. Ils peuvent adresser ces dernières sous forme d'un avis motivé aux présidents du Parlement, de la Commission et du Conseil qui en tiennent compte. L'auteur du projet est tenu de réexaminer celui-ci en cas d'avis motivés provenant d'un tiers des voix (un quart pour les projets relatifs à l'espace de liberté, de sécurité et de justice) attribuées aux Parlements nationaux (deux voix pour les Parlements monocaméraux et une voix pour chaque chambre dans un système bicaméral). Dans le cadre de la procédure législative ordinaire (v. ss 708), la Commission doit réexaminer sa proposition lorsque les avis motivés recueillent la majorité simple des voix attribuées aux parlements nationaux. Elle peut décider de maintenir la proposition, de la modifier ou de la retirer. La décision de maintien doit être motivée au regard de la subsidiarité. Dans ce cas, le législateur de l'Union devra au regard du dossier se prononcer en première lecture sur le respect du principe de subsidiarité. Si la majorité des suffrages exprimés au Parlement ou 55 % des États au Conseil estime que le principe n'est pas respecté, l'examen de la proposition est abandonné. À cette occasion, les voix des États ne sont pas pondérées et des États représentants une minorité de la population peuvent faire obstacle à l'examen d'un

texte. Enfin, une fois l'acte adopté, les États membres pourront intenter un recours en annulation devant la Cour de justice, au nom de leur Parlement ou de l'une de ses chambres. Le Comité des régions dispose du même droit pour les actes soumis à sa consultation. En 2011, les chambres des parlements nationaux ont adressé à la Commission 698 un avis sur des textes législatifs. Seuls 53 de ceux-ci étaient des avis motivés entrant dans le cadre de la procédure de contrôle de la subsidiarité. En aucun cas la majorité requise pour imposer un réexamen n'a été atteinte[1]. C'est en 2012 que, pour la première fois, 12 parlements et chambres de parlements nationaux ont adressés à la Commission des avis motivés à propos de la proposition de règlement relatif à l'exercice du droit de mener des actions collectives dans le contexte de la liberté d'établissement et de la libre prestation des services[2] actionnant ainsi le mécanisme prévu au protocole. Cette situation a conduit la Commission à retirer sa proposition[3]

281 Quant au contrôle juridictionnel, il s'exerce dans les conditions normales du contrôle de la légalité des actes communautaires. On s'est interrogé sur la portée du contrôle que peut exercer la Cour. Compte tenu du large pouvoir d'appréciation qui est reconnu aux institutions en matière législative, le contrôle devrait être minimal et porter sur l'existence d'une appréciation de la subsidiarité par le législateur et sur l'absence d'erreur manifeste d'appréciation. Jusqu'à présent, la Cour s'est intéressée pour l'essentiel à la motivation de l'examen de la subsidiarité. Dans son arrêt du 13 mai 1997, la Cour a estimé qu'il n'était pas nécessaire que le législateur motive de manière expresse son examen du principe de subsidiarité. Il suffisait qu'il précise de manière suffisante que son action est conforme au principe de subsidiarité[4]. Dans l'affaire

1. Source : Rapport général sur l'Union européenne, 2011.
2. Avis 21 mars 2012, COM(212)130 final.
3. Bien que la Commission ait fait remarquer que la procédure de contrôle par les parlements nationaux ne s'appliquait à une proposition fondée sur l'article 352 et ne relevant donc pas de la procédure législative ordinaire, il est certain que la position des parlements nationaux à propos de la subsidiarité a joué un rôle essentiel dans la décision de la Commission. Il nest d'ailleurs pas évident que le paragraphe 2 de l'article 7 du protocole n° 2 ne s'applique que dans le cadre de la procédure législative ordinaire puisqu'il n'est pas fait référence à celle-ci dans le texte du paragraphe alors que mention en est faite dans la paragraphe 3
4. CJCE 13 mai 1997, C-233/94, *Allemagne c/ Parlement européen et Conseil de l'Union européenne*, Rec. I. 3405.

relative à la directive sur l'aménagement du temps de travail, la Cour s'est limitée à noter que le Conseil a constaté que l'objectif envisagé nécessitait une action communautaire, sans entrer dans le détail de cet examen[1]. Après l'entrée en vigueur du traité de Lisbonne, la Cour se contentera-t-elle encore d'une vision formelle du contrôle de la motivation. Déjà, en ce qui concerne les actes basés sur l'article 95 (TFUE, art. 114), la démarche de la Cour s'est faite plus incisive. Elle vérifie si les différences entre législations nationales justifient une action en raison des entraves qu'elles pourraient constituer dans le marché intérieur et si l'intensité de l'action n'excède pas ce qui est nécessaire pour atteindre le résultat[2]. Cependant, dans ces domaines, la Cour adopte une démarche quelque peu tautologique. S'agissant de mesures relatives au marché intérieur, il va de soi que les objectifs poursuivis ne peuvent être réalisés par les États membres. Dès lors que le recours à l'article 114 (ex-art. 95) est justifié par l'existence ou le risque de disparités entre les législations nationales, il est évident que la condition de subsidiarité est remplie puisque les États membres ne peuvent atteindre l'objectif d'harmonisation par leurs propres moyens. L'analyse de la base juridique entraîne celle de la subsidiarité. Ainsi, dans son arrêt du 12 juillet 2005 : « Laisser aux États membres le soin de réglementer le commerce des compléments alimentaires non conformes à la directive n° 2002/46 verrait se perpétuer l'évolution hétérogène des réglementations nationales et, partant, les obstacles aux échanges entre États membres et les distorsions de concurrence en ce qui concerne ces produits. Il s'ensuit que l'objectif auquel contribuent les dispositions (...) de la directive n° 2002/46 ne saurait être réalisé de manière satisfaisante par une action entreprise au niveau des seuls États membres et supposait une action au niveau communautaire. Cet objectif pouvait, par conséquent, être mieux réalisé à ce dernier niveau »[3].

1. CJCE 12 nov. 1996, C-84/94, *Royaume-Uni de Grande-Bretagne et d'Irlande du Nord c/ Conseil de l'Union européenne*, Rec. I. 5793.
2. CJCE 10 déc. 2002, C-491/01, *British American Tobacco et Impérial Tobacco* ; CJCE 22 mai 2003, C-103/01, *Commission c/ Allemagne*.
3. CJCE 12 juill. 2005, C-154/04, Alliance for Natural Health.

C. Les aspects procéduraux

282 Avant l'entrée en vigueur du traité de Lisbonne, les modalités de mise en œuvre du principe résultaient du protocole au traité d'Amsterdam, des conclusions d'Édimbourg et de l'accord interinstitutionnel pour la mise en œuvre du principe de subsidiarité. La question la plus importante était celle de savoir si toute proposition doit faire l'objet d'un examen de la subsidiarité préalable à tout examen du fond. La réponse était négative et, dans les conclusions d'Édimbourg, il était précisé que l'examen de la subsidiarité ne peut être dissocié de l'examen d'ensemble d'une proposition. Ce principe était réaffirmé au § 11 du protocole. Le nouveau protocole au traité de Lisbonne introduit une procédure différente puisqu'en cas d'objection de la majorité simple des voix accordées aux parlements nationaux, le Conseil et le Parlement devront se prononcer exclusivement sur la subsidiarité. La question de la subsidiarité devient donc un préalable à l'examen de la proposition au fond.

283 L'autre aspect concerne la motivation des actes. La Commission doit motiver chacune de ses propositions au regard de la subsidiarité. Tout projet d'acte législatif doit être accompagné d'une fiche permettant d'apprécier celui-ci au regard du principe de subsidiarité. La motivation de l'acte devra, dans ce contexte, faire référence à l'examen de la subsidiarité (Prot., art. 5). L'étude de la subsidiarité doit être fondée sur des éléments qualitatifs et, si possible, quantitatifs.

284 L'introduction de la subsidiarité dans le traité a constitué un signal politique qui a trouvé sa traduction juridique à l'article 5. Ce signal a été compris. On a noté une nette diminution du nombre de propositions de la Commission qui est sans doute également due à l'achèvement du marché intérieur. La politique de la Commission a été marquée par le principe et se traduit dans le mot d'ordre « légiférer moins pour légiférer mieux ». D'autre part, les consultations avant l'adoption d'une proposition sont beaucoup plus fréquentes en raison de la nécessité d'évaluer celle-ci au regard des critères de l'article 5. Le principe de la consultation est ancré dans l'article 11 du TUE amendé par le traité de Lisbonne

et dans l'article 2 du protocole sur la subsidiarité. Cependant, l'accent s'est progressivement déplacé de la subsidiarité sur la « gouvernance ». En effet, l'expérience montre que le résultat atteint par la subsidiarité en termes d'exercice des compétences ne répond pas toujours à l'exigence d'une action cohérente de l'Union dans un secteur, ni au besoin de participation des citoyens. En effet, une fois que l'on a déterminé le niveau, communautaire ou national, d'exercice d'une compétence, il est nécessaire que les mesures adoptées soient cohérentes avec celles qui sont adoptées à d'autres niveaux. Il est également indispensable d'assurer la participation des citoyens tout au long du processus.

§ 2. La proportionnalité

285 L'article 5, § 4, TUE stipule que « le contenu et la forme de l'action de l'Union n'excède pas ce qui est nécessaire pour atteindre les objectifs des traités ». Cette formulation du principe de proportionnalité est reprise de la jurisprudence de la Cour de justice[1]. Même si dans la pratique les démarches sont souvent confondues, sur un plan théorique l'examen de la proportionnalité devrait intervenir après celui de la subsidiarité. La subsidiarité vise à déterminer si la compétence doit être exercée. La proportionnalité intervient, une fois prise la décision d'exercer la compétence, pour déterminer l'étendue de la législation. Il s'agit notamment d'éviter l'excès de réglementation communautaire et d'examiner en conséquence s'il n'existe pas d'autres moyens d'atteindre les objectifs de l'Union en entraînant des contraintes moins fortes que la législation proposée pour les destinataires de celle-ci. Cependant, dans la mesure où la Cour a reconnu aux institutions un large pouvoir d'appréciation en matière économique, et où les effets d'une législation ne peuvent être prévus avec certitude, la Cour a estimé qu'il ne lui appartenait pas, lorsqu'elle examinait le respect du principe de proportionnalité, de substituer son appréciation de l'opportu-

1. CJCE 28 févr. 1991, C-332/89, Conforama et Marchandise ; CJCE 27 oct. 1992, C-240/90, *Allemagne c/ Commission*, Rec. I. 5383; CJCE 5 oct. 1994, C-280/93, *Allemagne c/ Conseil*.

nité à celle opérée par les instances politiques. Aussi, l'appréciation opérée par le législateur ne peut être sanctionnée « que si elle apparaît manifestement erronée au vu des éléments dont il disposait au moment de l'adoption de la réglementation »[1]. L'examen de la proportionnalité ne porte pas seulement sur le contenu de l'acte, mais aussi sur la forme, c'est-à-dire notamment sur le choix que doit effectuer l'auteur de l'acte quant à l'instrument qu'il utilisera, règlement ou directive.

286 Le protocole sur la subsidiarité et la proportionnalité annexé au traité de Lisbonne n'impose pas seulement de motiver les projets d'actes législatifs au regard du principe de proportionnalité, mais il indique que la fiche jointe au projet contienne des éléments sur l'impact financier et sur la réglementation à mettre en œuvre dans les États membres s'il s'agit d'une directive. La charge financière doit être « la moins élevée possible et à la mesure de l'objectif à atteindre ».

Section 3

L'exercice des compétences de l'Union par un nombre limité d'États membres : la coopération renforcée

287 La notion de coopération renforcée se fonde sur la constatation qu'il n'est pas toujours possible à l'ensemble des États membres d'avancer du même pas dans le cadre de l'Union. Afin d'éviter que l'Union suive le rythme des États les plus lents, il convient d'autoriser ceux des États membres qui le veulent et le peuvent à aller de l'avant. Bien entendu, pour éviter que ne se crée une Europe à deux vitesses, ce type de coopération entre certains États doit toujours rester ouvert aux autres et la différenciation être provisoire. L'intérêt présenté par le recours à cette technique s'est

1. Arrêt C-280/93, préc.

accru dans la perspective des élargissements. Le caractère diversifié d'une Union de 27 membres renforce la nécessité de permettre à un groupe d'États membres d'aller provisoirement de l'avant.

288 La différentiation n'est pas une formule nouvelle. Elle a été pratiquée dans le cadre des traités d'adhésion qui offrent aux nouveaux membres des périodes transitoires. Elle a été utilisée dans le cadre de l'Union économique et monétaire, et l'Euro n'est actuellement une monnaie unique que pour 17 États membres. Le traité de Lisbonne renforce la coopération entre les membres de l'Eurogroupe au point d'en faire une véritable coopération renforcée (TFUE, art. 136 et 137 et Prot. sur l'Eurogroupe). Ce mouvement s'est poursuivi avec le traité de 2012 conclu entre 25 États membres. La différentiation avait été retenue également, à Maastricht, sous la forme d'un protocole social qui n'était pas applicable au Royaume-Uni. Cependant, dans ce dernier cas, seule une révision des traités opérant abrogation du protocole pouvait permettre la participation de ce dernier, ce qui fut fait à Amsterdam. Les accords de Schengen constituent un autre exemple de coopération entre plusieurs États membres, mais qui a pris forme en dehors du cadre des traités. Un protocole annexé au traité d'Amsterdam a ensuite intégré Schengen dans les traités. Si la différenciation n'est pas une pratique nouvelle, le traité d'Amsterdam a établi un mécanisme général permettant des coopérations entre plusieurs États dans des domaines indéterminés (**§ 2**). Cependant, la possibilité pour un État membre de ne pas s'associer à une politique menée par la Communauté n'est pas abandonnée. On emploie, dans le jargon communautaire, la formule d'« *opting out* » pour la désigner (**§ 1**).

§ 1. Les formules d'« *opting out* »

289 Le Royaume-Uni a toujours été opposé à l'abandon des contrôles aux frontières. S'il avait accepté à Maastricht une compétence en matière d'asile et d'immigration, c'était dans le cadre du titre VI du traité sur l'Union européenne lequel était régi par des règles spécifiques. Dès lors, l'intégration de ces compétences dans le cadre du titre IV du traité CE par le traité d'Amsterdam était difficilement acceptable pour lui puisqu'elle impliquait l'abandon de ces règles spécifiques. Quant à la République d'Irlande elle ne pouvait se dissocier du Royaume-Uni en raison de l'absence de contrôle frontalier entre ces deux États. C'est la raison pour laquelle un protocole au traité d'Amsterdam excluait la participation de ces deux États aux mesures prises dans le cadre du titre IV. Cependant, il était possible, au cas par cas, à l'un ou à l'autre de ces États de demander à participer à l'adoption d'une mesure spécifique. Afin d'éviter tout blocage du processus décisionnel, si, dans un délai raisonnable, la mesure ne pouvait être adoptée avec leur participation, le Conseil peut statuer sans celle-ci. De plus, à tout moment après l'adoption d'une mesure, ces deux États pouvaient notifier leur intention d'accepter une mesure. Dans ce cas, la Commission avait le pouvoir de les autoriser à donner suite à cette intention. Enfin, la République d'Irlande peut renoncer à tout moment à son « *opting out* ». Pour le Royaume-Uni, une révision du protocole est nécessaire. Puisque le traité de Lisbonne supprime le titre VI et applique aux matières qui en relevaient, la méthode communautaire, l'« *opting out* » du Royaume-Uni et de l'Irlande a été étendu à l'ensemble des matières couvertes par ce titre. Lorsque le Royaume-Uni ou l'Irlande refusent d'accéder à un acte qui modifie une législation à laquelle ils avaient accepté de se soumettre dans le cadre du titre VI, le Conseil pourra à la majorité qualifiée contraindre l'État concerné à cesser de participer à la totalité de la mesure si la non-participation rend l'acte inapplicable pour l'ensemble des États. Suite à la communautarisation de l'espace de liberté, de sécurité et de justice, les pouvoirs des institutions, et notamment de la Cour de justice, sont étendus. Le titre VII du protocole sur les dispositions transitoires prévoit que ces dispositions nouvelles ne s'appliqueront qu'après un délai de cinq ans. Le Royaume-Uni a obtenu la possibilité d'indiquer, six mois avant l'expiration de ce délai, ceux des actes en vigueur qui cesseront de produire effet à son égard. Le Royaume-Uni a choisi de se retirer en bloc de toutes les mesures adoptées avant Lisbonne. Celles modifiées après l'entrée en vigueur du traité de Lisbonne continuent à s'appliquer[1].

1. JO C430 du 1er déc.2014.

290 La position du Danemark était encore plus éloignée puisque, si celui-ci bénéficie également d'un *opting out*, aucune possibilité de participation n'est possible à l'exception des seules mesures visant à développer l'acquis de Schengen. Comme l'Irlande, le Danemark avait la faculté de renoncer à tout moment à son régime spécifique par simple notification. Il est vrai que les préoccupations danoises étaient différentes de celles du Royaume-Uni. Elles portaient moins sur le fond de la matière que sur une réticence de principe à accepter des transferts nouveaux de compétences au profit de la Communauté. Avec l'entrée en vigueur du traité de Lisbonne, la position danoise demeure inchangée, mais une possibilité d'assouplissement est prévue. Si le Danemark a étendu son « *opting out* » sur le modèle du Royaume-Uni et de l'Irlande, il pourrait bénéficier d'un « *opting in* » sur simple notification. En effet, le gouvernement danois ayant éprouvé les difficultés liées à son statut particulier, il a souhaité se réserver la possibilité d'assouplir son statut.

291 S'agissant de l'intégration de l'acquis de Schengen, la position du Royaume-Uni et de l'Irlande est similaire à celle retenue à l'égard du titre IV. Le protocole sur l'acquis de Schengen prévoit expressément qu'un régime de coopération renforcée soit établi entre les autres États membres. Le Royaume-Uni et l'Irlande peuvent demander à participer à certaines mesures. Dans ce cas, la décision est prise à l'unanimité des États parties à l'accord de Schengen et des États concernés. Pour les nouvelles mesures visant à développer l'acquis de Schengen, un régime spécifique d'autorisation est prévu. En ce qui concerne les modifications à un acte accepté par l'un de ces États, le traité de Lisbonne prévoit que le même mécanisme d'exclusion s'appliquera que celui prévu pour l'espace de liberté, de sécurité et de justice. Le Danemark participe à la coopération renforcée, mais pour lui, l'acquis de Schengen n'est pas considéré comme intégré dans les traités. Il conserve sa nature de droit international. Il en va de même des mesures visant à développer l'acquis de Schengen qu'il transposerait dans son droit interne. En fait, Schengen peut être également considéré comme une coopération élargie puisque l'Islande, la Norvège et la Suisse y participent, sur la base d'accords particuliers.

§ 2. Le régime général de la coopération renforcée

292 La coopération renforcée repose sur des clauses générales qui sont contenues dans le traité sur l'Union européenne et sur des clauses spécifiques insérées dans le traité sur le fonctionnement de l'Union européenne. Jusqu'à présent les dispositions relatives à la coopération renforcée n'avaient pas été utilisées, mais en juin 2010 sur proposition de la commission à la demande de neuf États, le conseil a donné le feu vert à la mise en place d'une coopération renforcée en matière de choix de la loi applicable au divorce. De même, le 10 mars 2011, le Conseil a adopté une décision autorisant une coopération renforcée dans le domaine de la création d'une protection par brevet unitaire. Enfin, le 22 janvier 2013, le Conseil a adopté une décision autorisant une coopération renforcée pour la création d'une taxe sur les transactions financières. Le régime général de la coopération renforcée fait l'objet du titre IV TUE et des articles 326 à 334 TFUE. Pour les auteurs du traité, la coopération renforcée doit permettre, dans le cadre du traité et sans porter atteinte à celui-ci et aux actes arrêtés pour son application, à un groupe d'États membres, représentant une masse critique suffisante, d'aller de l'avant tout en laissant ouverte la faculté des autres États de se joindre à eux. L'idée n'est donc pas de constituer « un noyau dur » d'États avancés ou une Europe à deux vitesses, mais d'établir des coopérations réunissant des États différents dans des domaines variés. L'article 20 du traité sur l'Union européenne établit les principes généraux qui gouvernement les coopérations renforcées. Celles-ci doivent viser : « à favoriser la réalisation des objectifs de l'Union, à préserver ses intérêts et à renforcer son processus d'intégration ». La coopération renforcée est un moyen de progresser et non de revenir en arrière.

293 Les conditions que doit respecter toute entreprise de coopération renforcée sont définies dans les articles 20 TFUE et 326 et suivants TFUE. Une coopération renforcée doit :

– respecter les traités. Parce que la coopération renforcée se développe dans le cadre institutionnel de l'Union, elle doit respecter l'ensemble des règles de l'ordre juridique de l'Union, notamment celles relatives au processus décisionnel et au contrôle juridictionnel. Il en découle également que la coopération renforcée doit respecter l'acquis et les mesures prises sur la base des traités. Ceci signifie que doivent être respectées toutes les dispositions et mesures applicables à l'ensemble des États membres. Cette condition empêche tout retour en arrière de la part d'un groupe d'États membres et protège les États non participants dont les droits ne peuvent être mis en cause ;

– rester dans les limites de compétences de l'Union et ne pas porter sur des compétences exclusives de la Communauté. La coopération renforcée n'est pas un moyen d'étendre les compétences de l'Union, mais ne concerne que l'exercice de celles-ci. Si les États membres désirent coopérer dans des domaines qui relèvent de leurs compétences propres, ils sont libres d'agir comme ils l'entendent ;

– ne pas porter atteinte au marché intérieur, ni à la cohésion économique et sociale. Cette condition a été ajoutée par le traité de Nice. Sa portée mériterait d'être précisée. Signifie-t-elle qu'une coopération renforcée ne peut porter sur le marché intérieur ou veut-elle dire qu'elle ne peut empêcher le fonctionnement de ce marché ? Au regard du texte, la seconde hypothèse semble la bonne. Mais, dans ce cas, elle est largement redondante avec la condition suivante qui proscrit toute coopération qui établirait des entraves aux échanges, des discriminations entre États membres ou des distorsions de concurrence ;

– concerner au minimum neuf États membres ; c'est l'idée qu'une masse critique est nécessaire pour déclencher une coopération renforcée, d'une part pour éviter une dispersion dans de multiples actions ne présentant d'intérêt que pour deux ou trois États, d'autre part parce que la présence d'une masse critique est la garantie que les États non participants pourront être dans l'avenir tentés de rejoindre le groupe initial ;

– être ouverte à tous les États membres puisqu'il ne saurait être instauré de différenciation définitive.

294 L'article 20, § 2 TUE, prévoit que les coopérations renforcées ne peuvent être engagées que lorsque le Conseil a établi que « les objectifs recherchés par cette coopération ne peuvent être atteints dans un délai raisonnable par l'Union dans son ensemble ». Cette règle implique qu'avant d'instituer une coopération renforcée, le Conseil ait tenté de trouver une solution impliquant tous les États membres.

295 L'article 20 TUE, contient quelques dispositions procédurales générales, mais l'essentiel des règles de procédure est contenu dans les dispositions du TFUE. Le recours à la coopération renforcée exige une proposition de la Commission. Les États membres qui désirent l'instauration d'une coopération ont le droit d'initiative et adressent une demande à la Commission. Si celle-ci n'y donne pas suite, elle en indique les raisons. La Commission a donc la responsabilité première d'apprécier si les conditions posées par les traités sont remplies. Elle détient entre ses mains la clé de toute coopération. La décision est prise par le Conseil à la majorité qualifiée. L'approbation du Parlement est requise dans tous les cas. Une nouveauté importante consiste dans la clause « passerelle » qui permet, lorsqu'un domaine est régi par l'unanimité ou lorsque s'applique une procédure autre que la procédure législative ordinaire, aux participants à une coopération renforcée de décider à l'unanimité du passage à la majorité qualifiée ou de l'application de la procédure ordinaire (codécision) dans le cadre de leur coopération. L'opération se déroule donc en deux étapes. La première consiste en l'ouverture de la coopération renforcée qui est décidée par le Conseil à la majorité qualifiée avec la participation de tous les membres, la seconde est constituée par l'adoption des mesures prises dans le cadre de la coopération renforcée par le Conseil avec la participation des seuls membres qui ont opté en faveur de la coopération. La Cour, lorsqu'elle exerce le contrôle de légalité d'une décision d'ouvrir une coopération, prend bien soin de limiter son examen à la validité de cette décision au regard des conditions posées par le traité, sans se prononcer sur des questions liées au contenu de la future coopération lequel pourra faire l'objet de recours ultérieurs[1]

1. CJUE 13 avril 2014, Royaume-Uni/Conseil, C-209/13« il importe de souligner que, dans le cadre d'un recours en annulation dirigé contre une décision du Conseil qui, telle la décision attaquée, a pour objet l'autorisation d'une coopération renforcée sur le fondement de l'article 329 TFUE, le contrôle de la Cour porte sur la question de savoir si cette décision est valide en tant que telle au regard, notamment, des dispositions, contenues à l'article 20 TUE ainsi qu'aux articles 326 TFUE à 334 TFUE, qui

296 Si un État souhaite, par la suite, se joindre à une coopération renforcée, la décision est prise par la Commission dans un délai de quatre mois. Cette dernière peut adopter des décisions particulières nécessaires pour permettre cette participation. Le traité de Lisbonne a facilité l'ouverture de la coopération renforcée aux États membres non participant puisqu'il permet au Conseil de passer outre à la majorité qualifiée à un refus de la Commission d'admettre un État membre dans le cadre d'une coopération renforcée.

297 Les dispositions institutionnelles des traités s'appliquent à la coopération renforcée ce qui a pour conséquence que les actes adoptés dans ce cadre devront reposer sur les bases juridiques pertinentes des traités. En outre, tant la participation du Parlement que le vote interviendront selon les modalités prévues par celles-ci, étant entendu que la majorité requise au Conseil devra être adaptée en fonction du nombre de participants. Si seuls les participants votent, tous les membres prennent part aux débats. Comme le traité n'a adapté les règles de majorité que pour le vote au Conseil, il faut en déduire que, dans les autres institutions, tous les membres votent, ce qui est normal compte tenu de l'indépendance de ceux-ci à l'égard de l'État membre dont ils ont la nationalité. Les États participants supportent seuls les dépenses résultant de la coopération renforcée, à moins que le Conseil n'en décide autrement à l'unanimité. Les États non participants ne doivent pas entraver la mise en œuvre de la coopération renforcée. Enfin, le traité précise que les actes et décisions prises dans le cadre de la coopération renforcée ne font pas partie de l'acquis communautaire, ce qui implique que les États candidats se trouvent par rapport à ceux-ci dans la même situation que les États non participants. Ils peuvent soit accepter l'acquis des coopérations renforcées, soit rester à l'écart au moment de leur adhésion quitte à décider plus tard de participer.

298 Le traité établit dans le domaine de la coopération judiciaire en matière pénale et de la coopération policière un système quasi automatique de passage à la coopération renforcée qui vient contrebalancer le passage à la majorité qualifiée dans ce secteur. Si un État juge qu'une mesure à l'examen porte atteinte aux

aspects fondamentaux de son système juridique, il peut demander que le Conseil européen soit saisi. Celui-ci dispose de quatre mois pour renvoyer le projet au Conseil afin qu'il décide ou demande qu'un nouveau projet soit présenté. Il est vraisemblable que le Conseil européen, reflétant les divisions internes au Conseil, ne puisse trouver d'accord sur l'une de ces solutions. Aussi, le traité prévoit-il qu'à défaut de réaction du Conseil européen dans les 12 mois, une coopération renforcée est instituée entre le tiers des États membres, si ceux-ci le désirent sans qu'une autorisation du Conseil soit nécessaire (TFUE, art. 83 et 87).

299 Le mécanisme de coopération renforcée a suscité des critiques. Certains l'ont considéré comme trop rigide, non pas tant au regard des conditions de sa mise en œuvre, qu'au regard des règles procédurales. D'autres ont estimé que la coopération renforcée ferait courir à l'Union le risque d'un morcellement du droit de l'Union. Il semble cependant que les conditions posées par les traités devraient éviter cette éventualité. Le mécanisme ouvre une possibilité dont l'expérience montrera la portée. Il ne faut d'ailleurs pas méconnaître l'effet incitatif que l'éventualité de son usage pourrait avoir auprès des États membres qui sont en position d'empêcher l'adoption d'une mesure applicable à la Communauté dans son ensemble, mais qui redoutent plus encore de se trouver isolés si une coopération renforcée était mise en œuvre. La menace du recours à la coopération renforcée pourrait les inciter à revoir leur position et à accepter l'adoption d'une mesure applicable à tous.

Conclusion

300 Si le système repose sur le refus d'une Europe à deux vitesses mais accepte certaines formes de différentiation, la situation récente amène à s'interroger sur une possible évolution vers un système à deux vitesses. Le renforcement des institutions propres à la zone euro, la signature du traité sur la stabilité, la coordination et la gouvernance de la zone euro contribuent à dessiner les contours d'un noyau dur au cœur de l'Union. Dans l'article 10 du traité, les États parties s'engagent d'ailleurs à avoir recours à la coopération renforcée dans les domaines nécessaires au bon fonctionnement de la zone euro. La participation de 25 États au traité alors que la

zone euro ne regroupe que 17 États témoigne d'ailleurs de l'effet attractif que peut avoir un noyau dur. Bien entendu, nous sommes encore loin de la constitution d'un véritable noyau dur et seule l'évolution concrète du système montrera s'il ne s'agit que d'une parenthèse ou si l'on est au point de départ d'une mutation plus importante.

SECTION 4
LES COMPÉTENCES DANS LE CADRE DE LA POLITIQUE ÉTRANGÈRE ET DE SÉCURITÉ COMMUNE

301 Dans le cadre de la PESC, les compétences sont largement définies puisqu'elles couvrent tous les domaines de la politique étrangère et de sécurité, mais les objectifs sont limités par l'article 21 TUE en ce que l'Union ne pourra intervenir que dans le cadre de la poursuite des objectifs indiqués lesquels s'appliquent non seulement à la PESC, mais à l'ensemble de la politique extérieure. Cette limitation est toutefois relative en raison de la formulation très générale des objectifs : sauvegarde des valeurs communes, des intérêts fondamentaux, de l'indépendance et de l'intégrité de l'Union, développement et le renforcement de la démocratie et de l'État de droit, ainsi que le respect des droits de l'homme et des libertés fondamentales, maintien de la paix et de la sécurité internationale, développement durable, promotion de la coopération multilatérale et de la gouvernance mondiale... L'article 42 TUE précise la portée de la PESC en matière de défense.

302 Dès lors que l'Union exerce ses compétences, les États membres doivent respecter les actes adoptés et prendre les mesures d'application nécessaires. Mais dans ces domaines, l'Union ne dispose d'aucune compétence exclusive. Les États membres restent toujours libres d'intervenir dès lors que les mesures nationales ne sont pas contraires aux obligations qui résultent des actes adoptés

par l'Union. De plus, dans la mesure où les actes de l'Union en ce domaine ne produisent pas d'effet direct, une intervention nationale est toujours nécessaire pour leur mise en œuvre. En d'autres termes, l'intervention de l'Union n'entraîne jamais un dessaisissement de l'État membre. Enfin, la conformité du comportement des États membres aux obligations qui résultent du traité sur l'Union européenne ne fait pas, dans ces domaines, l'objet d'un contrôle assorti d'une constatation judiciaire des manquements, comme c'est le cas dans le cadre communautaire. La problématique des compétences dans le cadre de la PESC reste à bien des égards proche de celle relative aux organisations internationales.

303 Toute possibilité de conflit n'est pas exclue entre les compétences externes fondées sur le TFUE et la PESC. Le problème se posait déjà avec une particulière acuité pour les titres V et VI TUE avant Lisbonne. Le traité sur l'Union européenne indiquait dans son article 47 qu'il n'affectait en rien les dispositions des traités communautaires. Ceci signifiait que l'on ne peut s'appuyer sur une disposition du TUE pour donner une interprétation restrictive des compétences communautaires. Dès lors qu'existait une compétence communautaire, celle-ci pouvait être exercée pleinement nonobstant toute disposition du TUE. L'article 47 faisant partie des dispositions du TUE qui étaient soumises à la compétence de la Cour, cette dernière était l'arbitre des conflits de compétence entre la Communauté et l'Union. À ce titre, elle avait compétence pour vérifier si un acte adopté dans le cadre du traité sur l'Union européenne n'affectait pas la compétence de la Communauté et pouvait l'annuler s'il apparaissait qu'il aurait dû être fondé sur une disposition des traités communautaires[1]. C'est ainsi que la Cour a estimé que la Communauté était compétente pour harmoniser la définition des infractions pénales dans le domaine de l'environnement et a annulé une décision-cadre adoptée en ce domaine sur la base du titre VI[2]. Par contre, elle a jugé que le transfert de données personnelles des passagers aériens aux États-Unis ne relevait pas du droit communautaire en raison de l'objet

1. CJCE 12 mai 1998, C-170/96, *Commission c/ Conseil.*
2. CJCE 13 sept. 2005, C-176/03, *Commission c/ Conseil.*

de la mesure qui était de lutter contre le terrorisme. Sur la base de l'article 47, la Cour était le gardien de la frontière entre le traité communautaire et le traité sur l'Union européenne[1]. Le même raisonnement s'appliquait à la PESC et, dans l'affaire C-91/05, la Cour a annulé une action commune au motif que, si elle pouvait être fondée à la fois sur des dispositions PESC et CE, il était impossible de retenir comme seule base de l'action envisagée le traité sur l'Union européenne sans porter atteinte à l'article 47 qui préserve les compétences communautaires[2]. La fusion des Communautés et de l'Union opérée par le traité de Lisbonne ne supprime pas la difficulté en ce qui concerne la PESC. En effet, le traité sur l'Union européenne soumet celle-ci à un régime distinct de celui qui s'applique aux autres politiques et le contrôle de la Cour ne porte pas sur la PESC. Aussi le traité sur l'Union européenne contient-il une disposition équivalente à l'article 49 afin de préciser que la mise en œuvre de la PESC n'affecte pas les autres compétences de l'Union et réciproquement (TUE, art. 40). La jurisprudence précitée devrait continuer à s'appliquer à la PESC.

304 La notion de subsidiarité trouve normalement à s'appliquer dans le cadre du traité sur l'Union européenne, puisque le principe est mentionné à l'article 5 TUE. Cependant, le concept n'a guère de sens dans le domaine de la PESC. Il n'avait pas été jugé utile à Amsterdam de recourir à la coopération renforcée dans le domaine de la politique étrangère et de sécurité commune. En effet, le résultat recherché pouvait être atteint par une autre méthode, celle dite de « l'abstention constructive ». Selon l'article 31 TUE (ex-art. 23), l'abstention n'empêche pas l'adoption d'une décision, néanmoins l'État qui s'abstient est lié par la décision, à moins qu'il ne fasse une déclaration formelle selon laquelle il n'est pas lié par celle-ci. Dans ce cas, celui-ci ne sera pas tenu d'appliquer la décision, mais s'abstiendra « de toute action susceptible d'entrer en conflit avec l'action de l'Union (...) ou d'y faire obstacle ». Pour empêcher une décision d'entrer en vigueur à la suite d'abstentions constructives alors qu'elle ne réunirait pas en

1. CJCE 30 mai 2006, C-317 et 318/04, *Parlement c/ Conseil* et *Parlement c/Commission.*
2. CJCE 20 mai 2008, *Commission c/ Conseil.*

sa faveur la majorité qualifiée, l'article 31 prévoit que si les abstentions constructives représentent plus du tiers des États membres réunissant au moins un tiers de la population de l'Union, la décision ne peut être adoptée. On retrouve ici les avantages de la coopération renforcée : permettre à un groupe d'États membres d'aller de l'avant en utilisant le cadre des traités. L'article 31 ne pose pas de conditions de fond à l'utilisation de ce système parce que les exigences dans le cadre de la PESC ne sont pas celles de la Communauté européenne. En particulier, il n'est pas besoin de prendre de dispositions pour éviter que soit porté atteinte à l'unité du marché intérieur.

305 Le traité de Nice a introduit la coopération renforcée dans le cadre de la PESC à l'exception des questions ayant des implications militaires ou en matière de défense. La décision était prise par le Conseil après avis de la Commission, notamment sur la cohérence avec les politiques de l'Union. Le Conseil statuait à la majorité qualifiée, mais subsistait la possibilité d'une évocation au Conseil européen lequel se prononçait alors de façon unanime.

306 Le traité de Lisbonne conserve la coopération renforcée dans la PESC et en prévoit la mise en œuvre par une décision du Conseil à l'unanimité après information du Parlement et avis du Haut représentant pour la PESC et de la Commission. Les participants à une coopération renforcée peuvent décider à l'unanimité d'appliquer la majorité qualifiée dans le cadre de cette coopération (TFUE, art. 331 à 333). Cette dernière faculté ne s'applique pas aux décisions ayant des implications militaires ou en matière de défense. D'ailleurs, la politique de défense est soumise à un régime particulier lequel a donné lieu à des discussions approfondies. Un accord a été trouvé sur les modalités suivantes. Participeraient à une « coopération structurée permanente » les seuls États qui disposent de capacités militaires suffisantes et qui ont pris des engagements contraignants en matière de politique de défense. Les conditions de participation sont définies dans un protocole. Elles concernent notamment l'obligation de pouvoir fournir, seul ou avec d'autres, des unités de combat capables d'entreprendre dans un délai de 5 à 30 jours les missions prévues par la constitution et de soutenir cet effort durant 120 jours au moins. Les États

qui ne remplissent plus les critères peuvent être suspendus. La décision d'établir la coopération structurée permanente est prise par le Conseil à la majorité qualifiée. Les décisions ultérieures relatives à la participation sont également prises à la majorité qualifiée. Les décisions sur le fond sont prises à l'unanimité des participants (TUE, art. 46 et Prot. sur la coopération structurée). En d'autres termes, la coopération structurée en matière de défense serait aisée à établir, mais ne pourrait fonctionner qu'à l'unanimité tandis que la coopération renforcée en matière de politique étrangère sera plus difficile à mettre en place, mais pourra fonctionner éventuellement plus facilement. Cette différence est due à la position de certain(s) État(s) qui veulent participer à la coopération en matière de défense, mais désirent en contrôler la mise en œuvre. Aussi souhaitent-ils que la mise en place de cette coopération soit facile, mais que le fonctionnement soit soumis à l'unanimité. Par contre, les mêmes ne sont pas intéressés par toutes les coopérations en matière de politique étrangère. Ils veulent pouvoir empêcher l'instauration de celles qui ne leur plairaient pas, contrôler par l'unanimité celles auxquelles ils participeront et ne voient aucun inconvénient à ce que l'on statue à la majorité qualifiée dans le cadre de celles à l'instauration desquelles ils ne se sont pas opposés sans pourtant souhaiter y participer. Il est également possible de confier à un groupe d'États membres qui le souhaitent la mise en œuvre d'une mission de sécurité et de défense commune adoptée par le Conseil (TUE, art. 44).

Bibliographie

• **Compétences**

Constantinesco, *Compétences et pouvoirs des Communautés européennes*, LGDJ, 1974 ; Kovar, « Compétences des Communautés européennes », *J. Cl. Europe*, fasc. 161-162 ; Leanerts, *Le juge et la constitution aux États-Unis d'Amérique et dans l'ordre juridique européen*, Bruylant 1998, p. 459 s. ; Michel, *Recherches sur les compétences de la Communauté*, L'Harmattan, 2003.

• **Subsidiarité**

Constantinesco, « Subsidiarité... vous avez dit subsidiarité ? », *RMUE* 1992. 227 ; Jacqué, *La subsidiarité en droit communau-*

taire, XVIe congrès FIDE, 1994 ; Lenaerts et Van Ypersele, « Le principe de subsidiarité et son contexte », *CDE* 1994. 12.

• Coopération renforcée

Bribosia, « Différenciation et avant-gardes au sein de l'Union européenne », *CDE* 2000. 57 ; Constantinesco, « Les clauses de coopération renforcée. Le protocole sur l'application des principes de subsidiarité et de proportionnalité », *RTD eur.* 1997. 751 ; Gaja, "How flexible is flexibility under the Amsterdam Treaty", *Common Market Law Rev.*, p. 855 ; Kortenberg, "Closer cooperation in the Treaty of Amsterdam", *Common Market Law Rev.*, p. 833 ; Piris, *The Future of Europe, Towars a Two Speed Euro,* Cambridge Univ. Press, 2012.

Chapitre 4

Les moyens de l'Union

307 Les traités mettent à la disposition de l'Union un ensemble de moyens pour lui permettre de remplir ses missions. De là découlent aussi bien son statut juridique (section 1) que les dispositions relatives à ses ressources humaines et matérielles (section 2).

Section 1

Le statut juridique de l'Union

308 Le statut juridique de l'Union est de nature fonctionnelle, c'est-à-dire qu'il a pour objet de permettre à celle-ci de remplir sa mission. À ce titre, elle dispose de la personnalité juridique (**§ 1**), mais aussi de certains privilèges et immunités (**§ 2**).

§ 1. La personnalité juridique

309 L'article 47 TUE stipule sans ambiguïté : « L'Union a la personnalité juridique ». On trouve une disposition similaire à l'article 185 Euratom. Avant l'entrée en vigueur du traité de Lisbonne, l'Union et la Communauté européenne constituait deux entités différentes.

Si le traité CE attribuait la personnalité juridique à la Communauté, le traité sur l'Union européenne ne contenait aucune disposition sur la personnalité juridique de l'Union. Aussi, certains estimaient-ils que l'Union ne disposait pas de la personnalité juridique et que ses actes étaient imputables à la collectivité des États membres. Lors des négociations du traité d'Amsterdam, il avait été envisagé d'inscrire dans les traités une disposition sur la personnalité juridique de l'Union, mais les États membres y ont renoncé au dernier moment. Cependant, le traité d'Amsterdam conférait au Conseil le pouvoir de conclure des accords internationaux dans le cadre de la politique étrangère et de sécurité commune ainsi que de la justice et des affaires intérieures. On pouvait en déduire l'existence d'une personnalité juridique internationale de l'Union. La personnalité juridique de l'Union existant déjà dans les faits, la reconnaissance de celle-ci dans la constitution a rencontré un large consensus au sein de la Convention sur l'avenir de l'Europe. Elle s'accompagnait d'une fusion des différents traités et de l'existence d'une seule personnalité juridique, celle de l'Union. Cette orientation a été confirmée par la constitution, puis par le traité de Lisbonne. La personnalité juridique de l'Union se substitue à celle de la Communauté. Elle succède aux obligations contractées par cette dernière (TUE, art. 1).

A. La personnalité juridique interne

310 La personnalité juridique interne est prévue par l'article 335 TFUE (ex-art. 282) : « Dans chacun des États membres, l'Union possède la capacité juridique la plus large reconnue aux personnes morales par les législations nationales ; elle peut notamment acquérir ou aliéner des biens immobiliers et mobiliers et ester en justice. À cette fin, elle est représentée par la Commission. » Ceci implique que, dans chaque État membre, l'Union agit selon les dispositions les plus favorables prévues par les législations nationales. La capacité d'acquérir ou d'aliéner des biens n'est citée qu'à titre d'exemple comme en atteste l'emploi de l'adverbe « notamment ». La représentation de l'Union est confiée à la Commission, ce qui a pour conséquence que les autres institutions n'ont pas de

possibilité d'agir. Dans la pratique, la question est résolue par l'octroi d'un mandat de la Commission à l'institution concernée. Par exception, et en raison de son indépendance, la Banque centrale européenne dispose d'une personnalité juridique propre (TFUE, art. 129, § 2 ; Traité CE, ex-art. 107, § 2 ; Prot. sur les statuts du système européen de banques centrales et de la Banque centrale européenne, art. 9). Il en va de même de la Banque européenne d'investissement.

B. La personnalité juridique internationale

311 La personnalité juridique internationale de la Communauté découle des pouvoirs accordés par le traité à l'Union, notamment dans l'article 218 TFUE qui régit la conclusion des accords internationaux. Bien entendu, cette faculté ne trouve à s'exercer que dans les limites de compétences externes qui appartenaient à la Communauté Ces compétences comportent également la possibilité pour l'Union de devenir membre d'organisations internationales. Un autre aspect de cette capacité internationale se manifeste dans la possibilité qui découle du protocole sur les privilèges et immunités d'accréditer des missions diplomatiques auprès d'elle. Aujourd'hui ces missions sont en fait accréditées auprès de l'Union européenne. À ce droit de légation passif s'est ajouté dans la pratique un droit de légation actif qui est désormais reconnu dans le traité puisque l'article 35 TUE fait référence aux délégations de l'Union dans les pays tiers. Le traité de Lisbonne prévoit la création d'un service européen pour l'action extérieure, placé sous la responsabilité du ministre des Affaires étrangères de l'Union. Ce service est composé de fonctionnaires du Conseil et de la Commission ainsi que de diplomates nationaux détachés (TUE, art. 27, § 3).

§ 2. Les privilèges et immunités

312 L'octroi à l'Union, aux membres des institutions et à leur personnel de privilèges et d'immunités a pour objet de permettre aux Communautés d'exercer leur mission en toute indépendance. Le

texte de l'article 343 TFUE (Traité CE, ex-art. 291) précise que les privilèges et immunités accordés à l'Union sont ceux nécessaires à l'accomplissement de sa mission. Ils sont fixés par le protocole du 8 avril 1965 dont l'application est étendue à la Banque centrale européenne et à la Banque européenne d'investissement. Ils sont applicables tant aux Communautés elles-mêmes qu'aux membres des institutions et aux fonctionnaires.

A. Les privilèges et immunités de l'Union

313 « Les locaux et bâtiments de l'Union sont inviolables » (article premier du protocole). Cette disposition implique qu'aucun agent d'autorité publique ne peut pénétrer dans les locaux sans autorisation préalable. La protection de cette inviolabilité suppose également que l'État sur le territoire duquel les locaux sont situés prenne toutes les mesures nécessaires pour protéger l'inviolabilité et empêcher des actes (manifestations, irruption de personnes privées) qui mettraient en péril le bon fonctionnement de l'Union. Les communications officielles et les archives sont également inviolables.

314 L'article 3 du protocole accorde l'immunité fiscale à l'Union. En conséquence, celle-ci est exonérée des impôts directs. S'agissant des impôts indirects, aucune exemption n'est prévue, mais le protocole indique simplement qu'ils sont remboursés pour les achats importants chaque fois que c'est possible, laissant ainsi une certaine discrétion aux États membres. Par contre, l'Union est assujettie aux taxes qui constituent la rémunération de services d'intérêt général. Les importations ou exportations d'articles destinés à l'usage officiel sont exemptées des droits de douane.

315 L'Union ne dispose pas d'une immunité de juridiction. L'article 274 TFUE (Traité CE, ex-art. 240 ; v. aussi Euratom, art. 155) pose le principe de la compétence nationale pour les litiges auxquels l'Union est partie, sous réserve des compétences attribuées à la Cour de justice. Il est vrai que compte tenu de l'étendue des compétences de la Cour de justice, il reste peu de place pour une intervention des juridictions nationales. Cependant les engagements contractuels de l'Union sont portés devant

le juge national, sauf si le contrat comporte une clause compromissoire attribuant compétence à la Cour de justice. Pour l'immunité d'exécution, il appartient, en dernier ressort, à la Cour de justice de décider si une mesure de contrainte administrative ou judiciaire nationale doit être autorisée. Ce faisant, la Cour vérifie si la mesure de contrainte peut être prononcée au regard de la législation nationale et si elle ne porte pas atteinte au fonctionnement indépendant de l'Union au profit d'intérêts particuliers[1].

B. Les privilèges et immunités des fonctionnaires et des membres des institutions

316 Les fonctionnaires et agents de l'Union bénéficient de privilèges et immunités destinés à leur permettre d'accomplir leurs fonctions en toute indépendance à l'égard des États membres et notamment de l'État du siège. Tout d'abord, ils sont dispensés des formalités relatives à l'immigration et à l'enregistrement des étrangers. Cette disposition ne présente aujourd'hui qu'un intérêt limité en raison du développement de la libre circulation des personnes. Ils bénéficient d'une immunité fiscale, mais celle-ci est limitée et n'entraîne pas une absence totale d'imposition. En effet, elle ne s'applique qu'aux traitements, salaires et émoluments versés par l'Union lesquels sont soumis à un impôt communautaire retenu à la source et dont le taux progressif se situe dans la moyenne de celui des États membres. En outre, les nombreuses déductions fiscales et exonérations d'impôts prévues dans les États membres dans le cadre de l'impôt sur le revenu n'existent pas au niveau de l'Union, ce qui rend très comparable en fin de compte cette imposition à l'imposition nationale. Pour tous leurs autres revenus, les fonctionnaires sont imposés dans l'État membre où ils avaient leur domicile fiscal avant d'entrer au service de l'Union. Les fonctionnaires et agents bénéficient d'une immunité de juridiction pour les actes accomplis en leur qualité officielle. Seule la Cour de justice peut connaître de ces actes.

1. Ord. 17 déc. 1968, n° 2/68, *Ufficio imposte di consumo di Ispra c/ Commission*.

317 L'immunité doit être levée par l'Union chaque fois que cela n'est pas contraire à ses intérêts (Prot., art. 18). Elle l'a fait fréquemment, notamment dans tous les cas de fraude donnant lieu à des poursuites pénales. L'immunité n'équivaut donc en rien à une irresponsabilité, les poursuites pénales pouvant venir s'ajouter aux poursuites disciplinaires.

318 Le même régime est applicable mutatis mutandis aux membres de la Commission, de la Cour de justice et de la Cour des comptes ainsi que les membres de la Banque centrale et de la Banque européenne d'investissement et aux représentants des États membres participant aux travaux des institutions. L'immunité des membres du Parlement présente certaines spécificités (v. ss 431).

Section 2

Les ressources humaines et matérielles

319 Pour remplir sa mission, l'Union s'appuie sur un corps de fonctionnaires et d'agents (**§ 1**). Elle dispose de ressources financières propres (**§ 3**). Le traité contient également des règles relatives à la fixation de leur siège (**§ 2**).

§ 1. La fonction publique de l'Union

320 En 2012, le nombre total de fonctionnaires et d'autres agents s'élevait à près de 55 000 dont le coût représente moins de 1 % du budget de l'Union. Une grande partie d'entre eux est constituée d'interprètes et de traducteurs. Les fonctionnaires sont régis par un statut unique. En dehors du statut des fonctionnaires proprement dit, il existe des dispositions spécifiques aux autres agents qui reprennent, dans leurs grandes lignes, les règles du statut à l'exception des dispositions qui sont liées à la permanence de l'emploi laquelle est propre aux fonctionnaires. La fonction publique communautaire est relativement restreinte si on la com-

pare à celle d'une ville comme Paris (56 000). Les fonctionnaires ont rempli à l'origine essentiellement des tâches de conception et de contrôle puisque les tâches de gestion étaient assurées par les administrations nationales. Cependant, la nature des fonctions s'est modifiée en raison du développement de grands programmes (Tacis, Phare, Meda, aide humanitaire, reconstruction après les crises de l'ancienne Yougoslavie pour les relations extérieures, Socrates pour l'enseignement...). Les difficultés rencontrées par la Commission Santer ont témoigné de la difficulté qu'il pouvait y avoir à assumer une telle mutation, surtout à effectifs constants. C'est pour cette raison que le statut a fait l'objet d'une révision générale afin d'adapter la fonction publique européenne aux exigences contemporaines. Le statut de la fonction publique s'inspire pour l'essentiel des règles de la fonction publique française.

321 Le recrutement des fonctionnaires se fait par la voie de concours lesquels sont le plus souvent communs à toutes les institutions. Ces concours sont ouverts à tous les citoyens de l'Union. Ils sont organisés sur titres et/ou sur épreuves. À l'issue du concours, le jury établit une liste d'aptitude sur laquelle il sera possible de recruter les fonctionnaires. L'ordre de classement n'est pas déterminant pour le recrutement qui se fait en fonction des besoins des différents services. La réussite à un concours n'est donc pas une garantie de recrutement. Cependant, les listes sont valables plusieurs années et finissent généralement par être épuisées. Le recrutement n'est pas tributaire de la nationalité et un poste ne peut être réservé à une nationalité déterminée. Cependant, le critère tiré de l'origine géographique du candidat peut être pris en considération à qualités égales lorsqu'il s'agit de corriger un déséquilibre existant. Des modes particuliers de recrutement peuvent être institués pour les directeurs généraux et les directeurs. Depuis la réforme du statut en 2004, les fonctionnaires sont regroupés en deux groupes de fonction (administrateurs et assistants). L'avancement est continu au sein des 16 grades de chaque catégorie. Le fonctionnaire est normalement en position d'activité, mais il peut être détaché, en congé pour convenance personnelle (d'une durée d'un an renouvelable deux fois), en disponibilité (en cas de réduction du nombre d'emplois dans son institution), en congé pour service militaire.

322 Le statut fixe les droits et obligations du fonctionnaire. Ce dernier doit se comporter en toute indépendance, c'est-à-dire qu'il ne peut solliciter ou accepter d'instructions d'une autorité extérieure. Il s'agit là d'un devoir essentiel compte tenu de la nature de l'Union et de leur position par rapport aux États membres. Il en découle qu'il doit solliciter un congé de convenance personnelle pour se présenter à des élections et qu'il ne peut exercer un mandat électoral que s'il y est autorisé. Il doit s'abstenir de tout acte qui pourrait porter atteinte à la dignité de sa fonction et se comporter avec honnêteté et délicatesse notamment dans l'acceptation d'avantages ou de fonctions après la cessation de ses activités. Il est tenu d'observer la plus grande discrétion quant aux informations qui viendraient à sa connaissance dans l'exercice de ses fonctions et il est astreint au secret professionnel ce qui implique qu'il ne puisse publier un texte dont l'objet se rattache à l'activité de l'Union sans autorisation. Cependant, la procédure d'autorisation doit être conciliée avec la liberté d'expression, droit fondamental dont bénéficient les fonctionnaires[1]. Ces dispositions pourraient paraître contraires à l'obligation de transparence, mais il n'en est rien. En effet, la transparence s'exerce dans le cadre des règles prévues par les traités et des textes pris pour leur application. Dans ce cas, le fonctionnaire pourra, si les textes l'y autorisent, et dans la mesure prévue par cette autorisation, communiquer des informations. Pour le reste, il est soumis au secret professionnel. Le fonctionnaire doit obéissance, assistance et loyauté, mais en présence d'un acte qu'il estime irrégulier ou dont l'exécution entraînerait des conséquences graves, il doit exprimer son opinion à son supérieur hiérarchique et n'exécuter l'ordre que s'il est confirmé, à moins que cet acte ne soit contraire aux lois pénales ou aux normes de sécurité. La violation par le fonctionnaire d'une de ses obligations relève de la procédure disciplinaire, qui, après examen par un comité de discipline, peut conduire à des sanctions

1. CJCE 6 mars 2001, C-274/99P, *Connolly c/ Commission.*

s'échelonnant de l'avertissement à la révocation sans droits à pension.

323 Les droits du fonctionnaire sont classiques. Il s'agit tout d'abord du droit à l'assistance qui a été interprété par la Cour comme un devoir général de sollicitude de l'administration envers les fonctionnaires. Le fonctionnaire peut toujours saisir l'institution d'une demande quant à sa situation ou solliciter une prise de position à son égard. Il a droit à la motivation des actes qui lui font grief et peut consulter ou se faire communiquer son dossier individuel. Il dispose du droit d'association, du droit de se syndiquer et du droit de grève. Il est consulté sur la gestion de l'institution par l'intermédiaire d'un comité du personnel dont les membres sont élus.

324 La rémunération est fixée selon un barème établi par le Conseil sur proposition de la Commission. Elle est révisée actuellement sur la base d'une méthode qui prend en compte tant l'évolution du coût de la vie que l'évolution des salaires dans les fonctions publiques nationales. S'ajoute au salaire une prime destinée à compenser les inconvénients et les dépenses causés au fonctionnaire par l'éloignement de son pays d'origine. Sont retirés à la source l'impôt communautaire sur le revenu et une contribution qui est le prolongement d'un prélèvement de crise institué au moment de la crise économique des années 1980.

325 Le contentieux de la fonction publique relève de la Cour de justice de l'Union selon l'article 270 TFUE (Traité CE, ex-art. 236). En fait, ce contentieux était examiné par le Tribunal de première instance sous réserve d'un pourvoi devant la Cour de justice. Devant la dimension de ce contentieux, la Cour a suggéré la création d'instances propres à chaque institution relevant du Tribunal par la voie de l'appel. Cette solution a été rendue possible par le traité de Nice et a été mise en œuvre après l'entrée en vigueur de celui-ci par la décision du 2 novembre 2004 qui a créé le Tribunal de la fonction publique. Avant de saisir le Tribunal de la fonction publique, le fonctionnaire doit adresser une réclamation à l'institution dont il relève. Ce n'est qu'après avoir reçu dans le délai prescrit la réponse de l'institution qu'il pourra le cas échéant s'adresser au juge.

§ 2. Le siège

326 À l'origine, la Communauté européenne du charbon et de l'acier avait son siège à Luxembourg. Lors de la création de la Communauté européenne et d'Euratom, le siège de ces deux nouvelles Communautés a été fixé à Bruxelles. La fusion des exécutifs des trois Communautés devait conduire à revoir la situation. La question du siège a été marquée par les revendications du Parlement européen qui partageait son activité entre trois lieux de travail : Strasbourg, Bruxelles et Luxembourg. En raison du désir de certains membres de cette institution de regrouper progressivement toutes les activités du Parlement à Bruxelles, les conflits ont été nombreux.

327 L'article 341 TFUE prévoit que le siège des institutions est fixé du commun accord des États membres. La décision des représentants des gouvernements des États membres adoptée lors du Conseil européen d'Édimbourg des 11 au 12 décembre 1992 semblait avoir mis fin aux discussions. Elle confirmait la situation existante et, notamment, la répartition des activités du Parlement entre ses trois lieux de travail, mais pour éviter tout glissement ultérieur, elle précisait qu'au moins 12 périodes de session plénière du Parlement devaient avoir lieu à Strasbourg sans exclure la tenue de périodes de session additionnelles à Bruxelles. Le Parlement ayant tenté de contourner cette décision en supprimant une des réunions à Strasbourg, attitude condamnée par la Cour de justice[1], les États membres ont décidé de transformer la décision de 1992 en un protocole au traité. Toute modification du siège des institutions mentionnées dans le protocole relève donc maintenant du droit primaire.

328 En application du protocole, le Parlement européen a son siège à Strasbourg où se tiennent 12 périodes de session mensuelles, y compris la session budgétaire, les commissions parlementaires se réunissent à Bruxelles, le secrétariat général du Parlement et ses services sont situés à Luxembourg. Le Conseil a son siège à

1. CJCE 1er oct. 1997, C-345/95, *République française c/ Parlement européen.*

Bruxelles, mais il tient ses sessions à Luxembourg durant les mois d'avril, juin et octobre. Cette règle ne vise que les sessions du Conseil des ministres et non les réunions des groupes de travail et comités. La Commission a son siège à Bruxelles, mais certains services sont établis à Luxembourg. La Cour de justice, le Tribunal de première instance et la Cour des comptes ont leur siège à Luxembourg. La Banque centrale européenne a son siège à Francfort, la Banque européenne d'investissement à Luxembourg. Europol a son siège à La Haye. Le Comité des régions et le Comité économique et social ont leur siège à Bruxelles. La décision de 1992 reste d'application en ce qui concerne le siège d'un certain nombre d'agences ou d'offices répartis sur le territoire des différents États membres. Cette multiplicité des sièges et lieux de travail complique parfois le travail des institutions, mais correspond à l'idée d'une Europe largement décentralisée et proche des citoyens.

§ 3. Les ressources financières de l'Union

329 À l'origine, à l'instar des autres organisations internationales, la Communauté était financée par des contributions nationales. L'article 200 du traité CEE établissait une clef de répartition des dépenses de la Communauté entre les États membres et une clef particulière pour les dépenses du Fonds social européen. L'article 172 du traité Euratom utilisait la même clef que la CEE pour les dépenses de fonctionnement et une clef particulière pour les dépenses du budget de recherches et d'investissement. Dans tous les cas, ces clefs pouvaient être modifiées par le Conseil à l'unanimité. Le développement de la politique agricole commune devait remettre le système en cause, car il exigeait l'établissement de clés spécifiques lesquelles devaient pouvoir être modifiées fréquemment pour tenir compte de l'évolution de la situation des marchés agricoles. Le système n'était plus tenable. Aussi, la Communauté a-t-elle mis en œuvre le mécanisme des ressources propres comme l'article 201 CEE lui en offrait la possibilité.

330 En effet, l'article 201 (aujourd'hui TFUE, art. 311) confiait à la Commission le soin d'étudier le remplacement des contributions financières des États membres par des ressources propres, notamment les recettes du tarif douanier commun et de faire des propositions au Conseil. La première tentative de la Commission en 1965 fut à l'origine d'une crise importante durant laquelle la France pratiqua la politique de la chaise vide. C'est beaucoup plus tard, le 21 février 1970, que le Conseil adoptait la décision relative au remplacement des contributions financières des États membres par des ressources propres. La décision de 1970 prévoyait le transfert progressif à la Communauté des recettes provenant des prélèvements agricoles et des taxes instaurées dans le cadre de la politique commune ainsi que des recettes provenant des droits de douane. Une troisième ressource était constituée par l'application d'un taux maximum de 1 % à l'assiette harmonisée de TVA. Elle ne put être mise en œuvre avant l'harmonisation de cette assiette ce qui fut fait en 1979.

331 Actuellement, l'article 311 TFUE précise : « Le budget est, sans préjudice des autres recettes, intégralement financé par des ressources propres ». Si le système des ressources propres est exclusif du recours à des contributions nationales, ces dernières avaient réapparu provisoirement sous la forme d'avances intergouvernementales lorsque, dans l'attente d'une modification de la décision sur les ressources propres, la Communauté était dans l'incapacité de couvrir ses dépenses. Cependant, la décision sur ces avances n'était pas un acte communautaire, mais résultait d'un acte intergouvernemental pris par les représentants des gouvernements des États membres. L'avocat général Mischo voyait dans ce mode exceptionnel de financement une manifestation des obligations qui découlent pour les États membres de l'article 5 (TFUE, art. 4 actuel) du traité : « Certes, l'article 5 du traité impose à notre avis une obligation aux États membres d'accorder des avances à la Communauté chaque fois que cela s'avère nécessaire afin que le projet de budget puisse être adopté à temps, et sans attendre que le sort futur des finances de la Communauté soit fixé par une décision à longue portée »[1].

1. Concl. ss Arrêt 12 juill. 1988, n° 377/87, *Parlement c/ Conseil.*

332 L'objet du système des ressources propres est d'assurer l'autonomie financière de l'Union. Cependant, le terme de ressources propres ne doit pas être mal compris. Il ne s'agit pas de ressources directement perçues par la Communauté sur les contribuables, mais de transferts effectués par les États membres au profit du budget communautaire. En d'autres termes, le contribuable européen ne participe pas directement, par un impôt particulier au financement de l'Union.

A. Les conditions d'adoption de la décision sur les ressources propres

333 La procédure est prévue par l'article 311 TFUE. Cet article a été adapté lors de la révision qui a conduit au traité de Lisbonne sans que la procédure en elle-même ne soit modifiée. En effet, les États membres ont toujours souhaité conserver un contrôle absolu sur les ressources de l'Union. La décision sur les ressources propres est adoptée par le Conseil, statuant à l'unanimité sur proposition de la Commission et après consultation du Parlement européen. Le Conseil peut, dans ce cadre, établir de nouvelles catégories de ressources ; le traité de Lisbonne contient une concession à l'égard du Parlement puisque la décision sur les ressources propres peut prévoir (ce n'est pas une obligation) que ses modalités d'exécution seront adoptées par le Conseil à la majorité qualifiée avec l'approbation du Parlement. Lorsqu'il adopte la décision sur les ressources propres, le Conseil en recommande l'adoption par les États membres, conformément à leurs règles constitutionnelles respectives. La procédure comporte donc deux phases, l'adoption par le Conseil et l'adoption par les États membres.

334 Cette procédure en deux étapes n'est pas spécifique à la matière. Elle est également prévue par l'article 223 TFUE (Traité CE, ex-art. 190, § 4) relatif à l'adoption d'un système électoral uniforme pour l'élection des membres du Parlement européen. L'adoption par les États membres est une procédure d'une particulière solennité qui traduit l'importance de la décision et la volonté d'associer les Parlements nationaux, qui ont traditionnellement le pouvoir de voter l'impôt, aux décisions sur les ressources propres de l'Union.

335 On peut hésiter quant à la nature de la décision sur les ressources propres. En réalité, il s'agit bien d'une décision du Conseil et non d'une recommandation. Ceci résulte de la rédaction même de l'acte par lequel le Conseil arrête des dispositions dont il recommande l'adoption aux États membres. La décision du Conseil voit son entrée en vigueur subordonnée à la notification de l'accomplissement par les États membres des procédures requises par leurs règles constitutionnelles respectives. Les dispositions de la décision, nonobstant leurs modalités particulières d'adoption, font partie du droit de l'Union et peuvent à ce titre faire l'objet d'un recours préjudiciel en interprétation devant la Cour. Mais, compte tenu de l'intervention des États membres dans leur entrée en vigueur, elles ne peuvent faire l'objet d'un recours en annulation. Elles font partie du droit primaire.

B. Les diverses ressources propres

336 Le système des ressources propres a profondément évolué depuis 1970. La philosophie originale était fondée sur une régulation des ressources par un plafonnement de la ressource fondée sur la TVA. Ce plafond était exprimé par la fixation d'un taux maximum de la TVA. Les limitations qui résultaient de cette contrainte ont entraîné de telles difficultés que la Communauté a été conduite à procéder à une réforme d'ensemble du système afin de substituer au plafonnement TVA un plafonnement par référence à un pourcentage du RNB. Ainsi, les ressources propres qui étaient composées des prélèvements agricoles, des droits de douane et d'un pourcentage de l'assiette commune de la TVA ont été complétées par une quatrième ressource calculée par rapport au RNB de chaque État membre. L'addition des montants de l'ensemble des ressources propres ne peut excéder un pourcentage du total des RNB des États membres. La Commission propose de créer dans la prochaine décision sur les ressources propres une taxe sur les transactions financières qui aurait le mérite de réglementer ces transactions en utilisant un taux variable selon le type d'opération et d'abonder les ressources de l'Union [1].

1. Prop. Cons., décis. relative au système des ressources propres de l'Union européenne, COM(2011)510 final.

337 Il a fallu, après l'adhésion du Royaume-Uni, résoudre la question de la contribution britannique, le Royaume-Uni considérant que les sommes dont il était débiteur au titre des ressources propres étaient disproportionnées par rapport aux dépenses communautaires dont il pouvait bénéficier.

1. Les ressources traditionnelles

338 Selon la décision sur les ressources propres, constituent des ressources propres, les « prélèvements, primes, montants supplémentaires ou compensatoires, montants ou éléments additionnels, droits du tarif douanier commun et autres droits établis ou à établir par les institutions de l'Union sur les échanges avec les pays tiers, des droits de douane sur les produits du traité, arrivé à expiration, instituant la Communauté européenne du charbon et de l'acier, ainsi que des cotisations et autres droits prévus dans le cadre de l'organisation commune des marchés dans le secteur du sucre »[1].

339 Les prélèvements agricoles ont été établis au moment de la mise en place de la politique agricole commune afin de permettre le jeu de la préférence communautaire. Ils consistent en des prélèvements sur les importations agricoles des pays tiers afin de compenser la différence existant entre les prix mondiaux et les prix communautaires. Ils peuvent s'analyser comme des droits de douane perçus sur les importations de produits agricoles. Compte tenu de l'évolution du commerce mondial et de la politique agricole commune, les prélèvements représentent une part de plus en plus faible des ressources de la Communauté. Les cotisations du secteur sucre sont destinées à assurer l'équilibre financier de l'organisation commune de marché du sucre.

340 Les droits résultant de l'application du tarif douanier commun constituent également des ressources propres. Compte tenu de l'évolution générale des tarifs douaniers dans le cadre de l'OMC, il s'agit d'une ressource encore non négligeable, mais dont le montant a tendance à diminuer. Les ressources propres traditionnelles représentaient en 2013 13 % du total des recettes contre

1. Cons., 26 mai 2014, JO 7 juin 2014, L 168/05.

19,1 % en 1996. Les États membres sont autorisés à conserver 20 % du montant de ces recettes afin de couvrir les frais de perception.

2. Le pourcentage de taxe à la valeur ajoutée

341 La ressource TVA est constituée par « un taux uniforme valable pour tous les États membres à l'assiette de la TVA, déterminée de manière uniforme pour les États membres selon des règles communautaires ». Elle n'a de ressource propre que le nom puisqu'il ne s'agit pas d'un véritable impôt de l'Union acquitté par le contribuable. En effet, le pourcentage à percevoir n'est pas ajouté au taux national de TVA. Il est calculé sur la base de l'assiette TVA de chaque État membre et versé par celui-ci à la Communauté. Le montant dû par chaque État est versé chaque mois par 12e sur le compte de la Communauté et tout retard donne lieu au versement d'un intérêt[1].

342 Dans la décision de 1970, le pourcentage perçu sur l'assiette commune de la TVA était à la fois la ressource d'équilibre du budget communautaire et constituait un plafonnement des dépenses. En effet, était autorisée l'application d'un taux qui ne pouvait dépasser 1 %. Ceci signifiait que le taux effectivement appelé était fixé en fin de procédure budgétaire en fonction du montant des dépenses communautaires. En tout état de cause, ce montant ne pouvait excéder le total du produit des prélèvements agricoles, des droits de douane et du taux de 1 % appliqué à l'assiette commune de la TVA. Une telle solution avait pour conséquence que, dès lors que le taux de 1 % était atteint, toute augmentation des dépenses était subordonnée à une modification de la décision sur les ressources propres. Ainsi, en 1985, le pourcentage TVA était porté à 1,4 %. Mais dès 1986, le budget était exécuté aux limites de l'équilibre et le problème de l'épuisement des ressources TVA était à nouveau posé. Dans ces conditions, une nouvelle adaptation du taux de TVA n'était pas suffisante et une réforme d'ensemble du système était indispensable.

343 Cette réforme sera mise en œuvre par la décision du 24 juin 1988. Le plafond des ressources propres n'est plus lié à un pourcentage

1. CJCE 21 sept. 1989, n° 68/88, *Commission c/ Grèce*.

de l'assiette de la TVA, mais il est déterminé par un pourcentage du total du RNB de la Communauté. La recette TVA est maintenue, mais elle n'est plus une ressource d'équilibre. Ce rôle est attribué à une quatrième ressource fondée sur le RNB des États membres. En outre, la recette TVA est adaptée pour tenir compte des disparités entre les États membres liées au caractère inégal de la propension à consommer dans ceux-ci. Le taux de la TVA est maintenu à 1,4 %, mais l'assiette d'un État membre prise en compte pour l'application du taux ne peut dépasser 55 % de son PNB. Dès sa première année d'application, l'écrêtement de la recette TVA jouait en faveur de l'Irlande, du Luxembourg et de la Grande-Bretagne. Ainsi conçue, la ressource TVA représentait 53,5 % des recettes prévisionnelles du budget communautaire. Quant au taux de 1,4 %, certains auraient pu penser qu'il constituait un taux fixe. La Cour de justice a estimé que le taux pouvait être fixé à un niveau inférieur dès lors que l'équilibre du budget était assuré[1].

344 La décision du 31 octobre 1994 poursuivra l'évolution entamée en 1988. Il est vrai que dans le protocole sur la cohésion économique et sociale annexé au traité sur l'Union européenne, les Hautes parties contractantes « affirment leur intention de tenir davantage compte de la capacité contributive des différents États membres au système des ressources propres et d'étudier des moyens permettant de corriger, pour les États membres les moins prospères les éléments régressifs du système actuel des ressources propres ». Cette volonté conduisait à diminuer la part relative de la TVA dans les ressources propres au profit de la quatrième ressource fondée sur le RNB. Ceci se traduit d'abord par un écrêtement généralisé de l'assiette TVA à 50 % du RNB pour tous les États membres en 1999. Ensuite, le taux uniforme a été progressivement ramené en 1999 à 1 %. Les conclusions du Conseil européen de Berlin des 24 et 25 mars 1999 accentuaient encore le mouvement. Elles prévoyaient que, dans la nouvelle décision sur les ressources propres, le taux d'appel maximal de la TVA sera ramené à 0,75 % en 2002 et à 0,50 % en 2004[2]. Le mouvement

1. CJCE 31 mars 1992, n° 284/90, *Conseil c /Parlement*.
2. Décis. 29 sept. 2000, art. 2.

continue puisque pour la période 2007-2013, le pourcentage de TVA est ramené à 0,30 %. Ces principes sont maintenus dans la décision de 2014. Dans ces conditions la part de la recette TVA qui se montait en 2007 à 16,5 % des recettes contre 51,3 % en 1996 était encore appelée à diminuer puisqu'elle ne représentait que 11 % des recettes en 2013.

345 La Commission a proposé de mettre fin à ce système qui repose sur un calcul virtuel fondé sur l'assiette de la TVA et de le remplacer par une nouvelle recette TVA qui serait un pourcentage de la TVA perçue au taux normal par les États sur les biens et services. Outre le fait de ne pas reposer sur des calculs complexes, cette recette aurait le mérite de créer un lien entre la TVA réellement perçue et les ressources propres[1].

3. La ressource RNB

346 Créée en 1988, la quatrième ressource est constituée par une contribution des États membres fondée sur le RNB. La référence au RNB doit permettre de tenir compte de la prospérité relative des États membres et donc de répartir de façon équitable la charge du financement de l'Union entre les États. Cette contribution a été conçue comme une ressource complémentaire destinée à alimenter le budget au cas où le total du produit des prélèvements agricoles, des droits de douane et du taux de TVA ne serait pas suffisant pour financer les dépenses prévues. Cette ressource est constituée par l'application d'un taux à la somme des RNB de tous les États membres. Le taux est déterminé dans le cadre de la procédure budgétaire. La ressource RNB n'est donc pas directement plafonnée, mais le montant global des ressources propres est plafonné par la décision ressources propres. Il en résulte que le taux de PNB ne peut en aucun cas être fixé à un niveau tel qu'il permette un dépassement du plafond de 1,24 % du total des RNB des États membres. Concrètement, lors de l'établissement du budget, on additionne le montant des prélèvements agricoles, des droits de douane, de la TVA et des ressources diverses. On compare ce montant aux dépenses estimées et on complète la différence

1. COM 2011(510) final.

par la contribution RNB, étant entendu que le total des ressources, et donc des dépenses, ne pourra en aucun cas excéder 1,23 % du RNB. La part de la recette RNB dans les ressources propres était en 2013 de 73 % contre 29,6 % en 1996.

347 Le fonctionnement du système exige une approche uniforme de la définition du RNB. La directive n° 89/130 CEE du 13 février 1989 vise à harmoniser l'établissement du RNB au prix du marché[1]. Cependant, pour établir le budget d'une année, les chiffres relatifs au RNB de la même année doivent être utilisés. Puisque ces chiffres ne peuvent être connus au moment de l'élaboration du budget, la Commission établit des RNB prévisionnels pour chaque État membre. Ces évaluations sont revues au cours des exercices successifs et donnent lieu à des corrections, ce qui entraîne un lourd mécanisme d'ajustement. Ces opérations sont menées sur la base des RNB statistiques des États membres communiqués par ceux-ci et calculés sur la base de la directive n° 89/130 CEE, Euratom.

4. Les autres recettes

348 Selon l'article 201 du traité, « Le budget est, sans préjudice des autres recettes, intégralement financé par des ressources propres ». Les autres recettes sont de nature diverse :

– excédents disponibles, notamment l'excédent de l'exercice précédent, les soldes des ressources TVA et PNB ;

– recettes liées à la rémunération des membres des institutions, fonctionnaires et autres agents des Communautés : impôt sur les salaires, prélèvement exceptionnel de crise sur les rémunérations, contribution au fonds de pension ;

– produit de la vente de biens meubles et immeubles ;

– revenus des fonds placés ;

– produit des amendes, astreintes et sanctions ;

– gains de change, etc.

Ces recettes représentaient, en 2013, 1 % des recettes de la Communauté.

1. JO 21 févr. 1989, L 49, p. 26.

C. Le mécanisme de correction des déséquilibres budgétaires

349 L'existence d'un déséquilibre budgétaire au détriment du Royaume-Uni a été pendant de longues années une des pommes de discorde au sein de la Communauté. En effet, le Royaume-Uni bénéficiait peu des dépenses agricoles communautaires en raison de la faiblesse de son secteur agricole. Or, ces dépenses constituaient l'un des postes essentiels à la charge du budget communautaire (54,3 % en 1993 pour le seul FEOGA-Garantie). En revanche, la contribution britannique au budget était importante, notamment en raison de la part relative élevée de l'assiette TVA par rapport au PNB. Le nouveau système mis en place à partir de 1994 devait d'ailleurs contribuer à réduire ce phénomène en raison de l'important écrêtement de l'assiette TVA qu'il institue. La Communauté s'est donc trouvée confrontée à une revendication britannique de correction de ce déséquilibre budgétaire. Celle-ci a été à tort qualifiée de «juste retour», principe selon lequel les dépenses communautaires à l'intérieur d'un État membre devraient correspondre à la contribution de cet État au budget de la Communauté. Un tel principe, s'il était reconnu, s'opposerait à toute redistribution en faveur des États les moins favorisés et réduirait à néant la politique de cohésion économique et sociale. La Commission s'est d'ailleurs longtemps refusée à publier le solde négatif ou positif des États membres afin de ne pas donner une portée politique à ce qui n'était qu'une donnée comptable et d'éviter de laisser croire que les bénéfices de l'appartenance à l'Union se mesureraient en termes exclusivement financiers, passant sous silence les bénéfices qui découlent de la participation à un marché unique. Dans le cas britannique, il s'est agi plus simplement de corriger une situation particulière à laquelle était confronté un État membre et marquée par un déséquilibre très important dû notamment au jeu de la ressource TVA. Il en est d'ailleurs résulté que l'on n'a pas supprimé toute participation à la redistribution de la part du Royaume-Uni. Cela implique que la correction doit rester partielle et que l'État en cause restera contributeur net au budget communautaire.

350 Le débat sur les déséquilibres budgétaires a rebondi, notamment à l'initiative de l'Allemagne, dans le cadre des négociations de l'Agenda 2000 relatives à la fixation du nouveau système financier dans la perspective de l'adhésion. Dans son rapport sur le fonctionnement des ressources propres[1], la Commission indiquait qu'outre le Royaume-Uni (- 0,79 % du PNB), quatre États présentent des soldes négatifs, l'Allemagne (- 0,59 %), les Pays-Bas (- 0,79 %), l'Autriche (- 0,49 %), la Suède (- 0,61 %). Cependant, la Commission soulignait les limites d'une méthode d'analyse qui se bornerait à comparer la contribution d'un État au budget aux dépenses effectuées par l'Union dans cet État membre. D'abord, l'impact des politiques de l'Union sur la prospérité de cet État n'est pas pris en compte. Ensuite, une partie des dépenses effectuées par l'Union au profit d'États tiers a des retombées positives sur les entreprises communautaires qui participent aux programmes mis en place bien que ces dépenses ne soient pas intégrées dans le calcul de la contribution nette. Enfin, s'agissant des ressources traditionnelles (prélèvements et droits de douane), elles sont perçues dans l'État sur le territoire duquel l'importation ou l'exportation a lieu alors que celui-ci n'est pas toujours l'État originaire ou destinataire du produit. La situation avait encore évolué en 2008 puisque l'Italie et la France venaient s'ajouter à la liste de contributeurs nets en raison tant du coût de l'élargissement que de la contraction des dépenses agricole

351 En ce qui concerne le Royaume-Uni, un mécanisme de correction fut mis en place, à l'issue de négociations très tendues, par le Conseil européen de Fontainebleau en 1984. Il constitue encore l'architecture du système actuel. Dans la mesure où il a été introduit dans la décision ressources propres de 1984, il ne peut être modifié qu'à l'unanimité, ce qui a assuré sa pérennité. Il s'agit d'une compensation octroyée sur les recettes provenant du Royaume-Uni. Le principe en était simple. La différence entre la part du Royaume-Uni dans la ressource TVA et sa part dans les dépenses communautaires est compensée à 66 % sous la forme

1. Bull., suppl. 2/98.

d'une réduction de l'assiette TVA britannique. Cette compensation était prise en charge par les autres États membres à l'exception de la République fédérale d'Allemagne qui ne versait que les deux tiers de la part qui devrait normalement lui revenir, le tiers restant étant pris en charge par les autres États membres.

352 Le Conseil européen de Berlin a maintenu en 1999 la compensation en faveur du Royaume-Uni avec certains ajustements techniques destinés à neutraliser les effets de la réduction de la TVA, et le fait que les États pourront retenir 20 % des ressources propres traditionnelles pour couvrir les frais de perception. En outre, le financement de la contribution de l'Autriche, de l'Allemagne, des Pays-Bas et de la Suède au titre de la compensation au Royaume-Uni a été modifié de telle sorte que la contribution de ces États soit ramenée à 25 % de la contribution normale. Dans la mesure où la décision sur les ressources propres est adoptée à l'unanimité, le mécanisme de correction des déséquilibres budgétaires paraissait avoir encore de beaux jours devant lui.

353 Cependant la négociation des perspectives financières 2007-2013 a été marquée par une remise en cause du système. La Commission avait proposé la mise en place d'un système de compensation généralisé destiné à compenser l'ensemble des contributeurs nets dès lors que le solde budgétaire excéderait – 0,35 % du RNB. Cette solution conduisant à diminuer la contribution britannique, il n'est pas étonnant que le Royaume-Uni s'y soit opposé au moins tant qu'une réforme fondamentale de la politique agricole commune ne serait pas entreprise, revendication à laquelle la France ne pouvait que s'opposer. Comme souvent, le débat s'est terminé par un compromis. La Commission a été chargée de faire un rapport en 2008-2009 sur l'ensemble des dépenses, y compris la politique agricole commune, et sur la compensation britannique. Dans l'attente, le système a été maintenu, étant entendu que le Royaume-Uni contribuerait progressivement à l'ensemble des dépenses relatives à l'élargissement sauf celle liées au marché dans le cadre de la PAC. Les autres contributeurs nets voient à titre de compensation leur taux d'appel de la TVA diminué (0,225 % pour l'Autriche, 0,15 % pour l'Allemagne, 0,10 % pour les Pays-Bas et la Suède).

354 Dans ses propositions pour la décision de 2014 sur les ressources propres, la Commission a proposé une nouvelle fois une mise à plat du système qui est complexe et peu adapté à l'évolution économique. Elle suggèrait de n'avoir recours aux corrections qu'en cas de déséquilibre excessif prouvé et de transformer celles-ci en déductions forfaitaires de la ressource RNB[1]. Ces propositions sont restées sans suite. L'Allemagne, les Pays-Bas, l'Autriche et la Suède voient leur contribution à la correction du déséquilibre britannique diminuée d'un quart. L'Allemagne, les Pays-Bas et la Suède ont un taux d'appel de la ressource TVA réduit à 0,15 %. Enfin, le Danemark, l'Allemagne, l'Autriche et la Suède bénéficient d'une réduction de leur contribution RNB supportée par les autres États membres.

Bibliographie

• Personnalité juridique

Charpentier, « La personnalité internationale de l'Union », *Mélanges Peiser*, PU Grenoble, 1995, p. 93 ; Groux et Manin, *Les Communautés européennes dans l'ordre international*, Luxembourg, Office des publications des Communautés européennes, p. 184 ; Tizzano, « La personnalité internationale de l'Union européenne », *Mélanges Walbroeck*, Bruylant, vol. 1, p. 169.

• Privilèges et immunités

Schwob, « Privilèges et immunités », *Rép. Communautaire*.

• Fonction publique communautaire

Rogalla, *Fonction publique communautaire*, Nathan Labor, 1982 ; Ruzié, « Fonction publique communautaire », *Rép. Communautaire*.

• Ressources propres

Potteau, *Recherches sur l'autonomie financière de l'Union européenne*, Dalloz, 2004 ; Isaac (éd.), *Les ressources financières de la Communauté européenne*, Economica, 1986 ; Strasser, *Les finances de l'Europe*, LGDJ, 1990 ; Comm. Mégret, *Les finances de l'Union européenne*, vol. 11, Éd. ULB, 1999 ; Commission européenne, *Les finances de l'Union européenne*, OPOCE, 2009.

1. COM(410)2011 final.

TITRE 2

LE SYSTÈME INSTITUTIONNEL

355 La structure institutionnelle de l'Union témoigne de la spécificité de celle-ci et n'est en rien comparable à celle des États membres. Il est donc important de se garder du réflexe qui consisterait à projeter des conceptions nationales sur l'Union et d'assimiler, par exemple, le Parlement européen à un législateur national ou la Commission à un gouvernement. De tels malentendus jettent fréquemment le trouble dans les débats institutionnels. La Cour de justice a refusé cette assimilation et, face au Parlement européen qui prétendait que les dispositions des traités relatives aux pouvoirs de l'Assemblée en matière d'approbation des accords internationaux devaient être interprétées par référence aux pouvoirs des Parlements nationaux, a rappelé : « la portée de cette disposition, telle qu'elle résulte du traité, ne saurait, en dépit de ce que suggère le Parlement, être affectée par l'étendue des compétences dont peuvent disposer les Parlements nationaux »[1]. L'analyse de la structure institutionnelle doit donc être exclusivement menée sur la base des dispositions des traités. Il est vrai que celles-ci ont un objet essentiellement pratique et ne contenaient à l'origine aucun énoncé des principes généraux qui gouvernaient l'architecture institutionnelle de l'Union. C'est à travers la jurisprudence de

1. CJCE 8 juill. 1999, C-189/97, *Parlement européen c/ Conseil*.

la Cour que ces principes ont été progressivement dégagés. La structure institutionnelle de l'Union repose sur des principes généraux (SOUS-TITRE 1) qui gouvernent son cadre institutionnel (SOUS-TITRE 2).

SOUS-TITRE 1

LES PRINCIPES RELATIFS À LA STRUCTURE INSTITUTIONNELLE DE L'UNION

356 Le modèle de référence de l'organisation constitutionnelle dans les États d'Europe occidentale repose sur le principe de la séparation des pouvoirs. Aussi, la première interrogation à propos de l'organisation constitutionnelle de l'Union est de savoir comment se situe celle-ci par rapport à la théorie de la séparation des pouvoirs (CHAPITRE 1). Cependant la vision classique de la séparation des pouvoirs ne permet pas d'expliquer la structure institutionnelle originelle. Cette dernière repose sur des principes propres (CHAPITRE 2).

CHAPITRE 1

L'Union et la séparation des pouvoirs

357 La structure institutionnelle de la Communauté n'avait pas été conçue sur le modèle de la séparation des pouvoirs (SECTION 1). Dans ces conditions, à défaut d'un principe explicatif, est-il possible de trouver des indications propres à expliquer la structure institutionnelle de l'Union ? (SECTION 2)

SECTION 1

L'INADÉQUATION DE LA THÉORIE DE LA SÉPARATION DES POUVOIRS

358 Si l'on retient la version répandue couramment selon laquelle la séparation des pouvoirs implique qu'à chaque institution corresponde une fonction exercée par celle-ci en toute indépendance, l'Union ne connaît certainement pas de séparation des pouvoirs. Le pouvoir législatif est exercé par le Conseil et le Parlement, et parfois par le seul Conseil, mais avec la participation de la Commission. Le titulaire du pouvoir exécutif varie selon les cas. Le

pouvoir d'exécution des lois appartient aux États membres, mais peut être délégué par le législateur, Conseil et Parlement ou Conseil seul, à la Commission. Dans le cadre de la PESC, le pouvoir exécutif est détenu par le Conseil qui peut le confier au Haut représentant. Seul le pouvoir judiciaire au niveau de l'Union est confié en exclusivité à la Cour. Cette vision doit encore être complétée par l'existence d'une répartition verticale du pouvoir entre la Communauté et les États membres. Ces derniers sont associés d'une certaine manière au pouvoir législatif à travers la transposition des directives et ils sont chargés en tout état de cause de l'exécution des normes de l'Union. Quant au judiciaire, les tribunaux nationaux ont à connaître de l'application du droit de l'Union. Le juge national est le juge de droit commun du droit de l'Union et il exerce sa mission dans un rapport avec la Cour de justice qui n'est pas caractérisé par la hiérarchie, mais par la coopération. Dans ces conditions, l'Union ne répond certainement pas à la vision traditionnelle de la séparation des pouvoirs, mais il est vrai que celle-ci n'existe pas non plus sous cette forme dans les systèmes nationaux lesquels connaissent différents modes de collaboration entre les pouvoirs. S'il est vrai que l'on ne peut toujours distinguer dans l'Union le législateur du gouvernement, cela ne signifie pas pour autant que, sur le plan juridique, les mesures législatives ne puissent être distinguées des mesures d'application.

359 On ne peut donc parler actuellement d'une véritable séparation des pouvoirs dans la mesure où la séparation entre exécutif et législatif n'est pas pleinement assurée. Certes, il n'est pas impossible que, dans l'avenir une évolution se dessine vers une séparation réelle des pouvoirs. Mais force est de constater que jusqu'à présent, dans le cadre des différentes révisions des traités, les États membres, s'ils ont consenti à des modifications de la répartition des pouvoirs entre institutions, n'ont pas voulu jusqu'à présent renoncer au schéma communautaire fondamental.

360 La réflexion au sein de la Convention sur l'avenir de l'Europe s'est moins orientée vers une modification radicale du système que vers une clarification de celui-ci. La fonction législative devait être identifiée plus clairement, mais le Conseil conservait un rôle exécutif notamment dans le domaine de la politique étrangère et de

la sécurité commune. En ce qui concerne l'exécution des normes communautaires, ce pouvoir appartiendrait aux États membres, sauf si des exigences d'uniformité rendaient indispensable une réglementation communautaire. Dans ce cas, le pouvoir d'exécution serait confié à la Commission. Ces orientations se retrouvent dans le traité de Lisbonne. S'agissant de la hiérarchie des normes sinon de celle de fonctions, la constitution, suivie en cela par le traité de Lisbonne, a tenté de clarifier celle-ci et de mieux préciser la distinction entre acte législatif et mesures d'exécution.

SECTION 2
UN MODE D'ORGANISATION PRAGMATIQUE

361 La structure institutionnelle de la Communauté a reposé sur une approche pragmatique qui résiste à toute conceptualisation. Une telle entreprise avait bien été proposée par la Commission et envisagée par les États membres lors des négociations qui ont mené au traité d'Amsterdam. Elle visait à distinguer les matières quasi-constitutionnelles qui auraient relevé d'une décision du Conseil approuvée par les États membres selon leurs procédures constitutionnelles des matières législatives qui pouvaient relever de la codécision avec le Parlement européen. Cette conception n'a pas rencontré l'accord des auteurs du traité qui ont préféré, jusqu'à présent, une approche pratique à une vision théorique

362 À l'exception des compétences de la Cour de justice qui n'ont pas sensiblement été modifiées depuis le traité CEE dans sa version originaire, si ce n'est pour accorder au Parlement européen un statut qui lui faisait défaut en 1958, les relations entre les trois autres institutions se sont profondément transformées au fil des révisions des traités. À l'origine, l'accent essentiel était mis sur le couple Conseil-Commission. Le pouvoir législatif et exécutif appartenait au Conseil au sein duquel sont représentés les gouvernements des États membres. Mais l'expérience de la CECA a montré l'utilité d'une institution indépendante des gouvernements,

aussi cette autorité fut-elle maintenue sous la forme de la Commission à laquelle étaient confiés le pouvoir d'initiative et la mission de veiller à la bonne application du traité par les États membres. La place particulière de la Commission s'expliquait à l'origine par le fait que, dans la Communauté à six, les trois grands États membres (Allemagne, France et Italie) pouvaient mettre les trois petits en minorité (Belgique, Luxembourg et Pays-Bas). Dans ce contexte, une Commission indépendante avait la faculté de jouer le rôle de protectrice des petits États membres grâce à la règle selon laquelle le Conseil ne peut modifier une proposition de la Commission qu'à l'unanimité. De ce fait, les petits États membres ne pouvaient être minorisés qu'avec l'accord de la Commission. Quant au Parlement, il ne disposait que de pouvoirs limités. Il pouvait donner un avis sur certaines propositions de la Commission et contrôler celle-ci par la voie de la motion de censure. Comme l'a noté la Cour, le système pêchait parfois par défaut de logique : « À cet égard, il convient de relever que, dans le système des compétences communautaires, les pouvoirs des institutions et les conditions de leur exercice découlent de différentes dispositions particulières du traité, dont les divergences, notamment en ce qui concerne l'intervention du Parlement européen, ne reposent pas toujours sur des critères systématiques »[1].

363 Le système initial a évolué. Les relations entre Conseil et Commission ont subi peu de changements dans le texte des traités, mais dans la pratique, après une période d'éclipse avant l'Acte unique européen, la Commission a repris sa place. L'importance de la législation qu'il était nécessaire d'adopter pour achever la mise en place du marché intérieur a conduit le Conseil à déléguer davantage à la Commission de compétences d'exécution et la mise en place du fonds régional, puis du fonds de cohésion et des programmes en faveur des pays tiers ont accru ses tâches de gestion. Mais l'évolution des pouvoirs du Parlement tant en matière législative qu'en matière budgétaire a constitué l'élément essentiel de

1. CJCE 30 mai 1989, n° 56/88, *Royaume-Uni de Grande Bretagne et d'Irlande du Nord c/ Conseil.*

transformation du système. Ici encore, l'attribution de pouvoirs au Parlement s'est faite sur une base pragmatique en fonction des domaines concernés. Il est significatif que le pouvoir législatif du Parlement soit étendu en ce qui concerne le marché intérieur, mais reste très limité dans des domaines plus sensibles comme l'harmonisation fiscale, l'immigration ou la monnaie.

364 Le Parlement a tenté de fonder ses revendications à un rôle législatif accru sur la nécessité d'une participation démocratique à la législation communautaire. Selon lui, dès lors que, dans un domaine, le Conseil statuait à la majorité qualifiée, le contrôle exercé par les Parlements nationaux ne pouvait plus s'exercer pleinement puisque certains États pouvaient être minorisés. Dès lors, ce contrôle était sans effet sur la législation adoptée, ce qui conduisait à annihiler, dans ces États, les effets d'une participation démocratique. Dans ce cas, il lui paraissait légitime que soit octroyé au Parlement européen qui se substituait ainsi aux Parlements nationaux un pouvoir de codécision. Outre le fait que la thèse soit un peu forcée puisque, même dans ce cas, la décision est prise par des gouvernements soumis au contrôle parlementaire national, cette thèse n'a jamais rencontré d'écho auprès des auteurs du traité comme en témoigne le fait qu'en matière agricole, bien que l'on statue à la majorité qualifiée depuis la CEE, le Parlement ne s'est jamais vu reconnaître un pouvoir autre que consultatif jusqu'au traité de Lisbonne. La Convention sur l'avenir de l'Europe a proposé de faire évoluer la situation en faisant adopter en codécision les règles relatives à l'organisation commune des marchés tout en laissant le Conseil décider de la gestion de cette dernière. Le traité de Lisbonne poursuit dans cette voie pragmatique en élargissant au cas par cas le champ de la codécision, mais en conservant dans certains cas des procédures législatives spécifiques au profit du seul Conseil.

365 De même, le fonctionnement du processus décisionnel a été largement conditionné par les intérêts en cause dans chaque secteur. Lorsque les auteurs des traités ont jugé que, dans un domaine déterminé, les intérêts des États, en raison de la sensibilité de la matière par rapport à la souveraineté nationale, devaient prédominer, ils ont confié le pouvoir de décision au Conseil statuant à

l'unanimité (harmonisation fiscale par exemple), parfois même avec le recours aux procédures nationales de ratification (ressources propres). Lorsqu'ils ont estimé que les intérêts nationaux en jeu étaient moins essentiels, ils ont décidé que le Conseil statuerait à la majorité qualifiée conférant ainsi à la proposition de la Commission une valeur particulière puisque d'après le traité, ils ne peuvent s'en écarter qu'à l'unanimité. Il existe enfin des hypothèses dans lesquelles ils ont considéré que les tâches seraient mieux assurées en toute indépendance et ils ont confié celles-ci à la Commission, comme en matière de gestion des politiques ou de contrôle. Il en résulte que, pour chaque matière, il existe une procédure de décision qui a été choisie en fonction de l'importance que présentait cette matière au regard des intérêts des États. D'où l'importance en droit de l'Union de la base juridique, c'est-à-dire de l'article sur lequel est fondé l'acte puisqu'il détermine la procédure qui sera suivie. La Cour a bien mis en lumière l'intérêt qui s'attache au choix d'une base juridique correcte : « En ce qui concerne le choix de la base juridique, il convient d'observer à titre liminaire que ce choix peut avoir des conséquences sur la détermination du contenu de l'acte dans la mesure où les exigences procédurales liées aux dispositions d'habilitation en question ne sont pas identiques d'un texte à l'autre »[1].

366 Ainsi, la philosophie de la répartition des pouvoirs entre institutions est largement fonction de l'importance que les États membres attachent à l'exercice de certaines compétences attribuées à l'Union. Cette importance peut se modifier ; d'où les évolutions constatées lors des différentes révisions des traités. Dès lors que la confiance mutuelle s'accroît entre les États membres ainsi qu'entre ceux-ci et les institutions autres que le Conseil, des évolutions sont possibles. Ces dernières sont allées jusqu'à présent dans le sens du passage à la majorité qualifiée et de l'accroissement des pouvoirs du Parlement. Toute la difficulté des négociations de Nice et des dernières conférences intergouvernementales

1. CJCE 2 févr. 1989, n° 275/87, *Commission c/ Conseil* ; v. aussi CJCE 29 mars 1990, n° 62/88, *Grèce c/ Conseil*.

sur l'extension de la majorité qualifiée et de la codécision est venue du fait que les seules matières qui restaient à l'unanimité touchent des domaines extrêmement sensibles (fiscalité, sécurité sociale par exemple) sur lesquels les États membres souhaitent conserver un droit de regard au sein du Conseil. Tel qu'il se présente aujourd'hui le modèle est loin d'être stabilisé. Néanmoins, il existe quelques règles constitutionnelles qui gouvernent les relations entre institutions.

CHAPITRE 2

Les principes structurels

367 Si le traité décrit les pouvoirs de chaque institution et les relations qui s'établissent entre celles-ci, il ne contenait pas à l'origine un corps de principes destinés à s'appliquer aux relations interinstitutionnelles. Le mérite de la Cour est d'avoir, sur la base des litiges qui lui ont été soumis, mis en lumière les quelques principes qui commandent l'organisation constitutionnelle de l'Union et de les appliquer en tant que principes généraux du droit. Les solutions retenues par la Cour ont parfois été intégrées dans les traités. Il s'agit des principes de l'équilibre institutionnel (SECTION 1), de l'autonomie des institutions (SECTION 2), de la coopération loyale entre instittutions (SECTION 3), de la transparence (SECTION 4).

SECTION 1

LE PRINCIPE DE L'ÉQUILIBRE INSTITUTIONNEL

368 Le principe de l'équilibre institutionnel n'évoque en rien l'idée selon laquelle les auteurs des traités auraient mis en place une répartition équilibrée des pouvoirs en vertu de laquelle chaque institution aurait un poids équivalent à celui des autres. Il se rap-

porte plus simplement au fait que la structure institutionnelle de l'Union est fondée sur une répartition des pouvoirs entre les différentes institutions. Cette répartition traduit la place que les auteurs des traités ont voulu accorder à chacune d'entre elles dans l'exercice des missions qu'ils ont confiées à l'Union. Dans ce contexte, la tâche de la Cour est de faire respecter cette organisation des pouvoirs afin que ne puissent être remis en cause les arbitrages effectués au moment de la rédaction des traités. L'équilibre auquel se réfère la Cour est donc celui établi par le traité. Ce principe d'équilibre est en rapport étroit avec l'article 13, § 2, TUE selon lequel chaque institution agit dans le cadre des attributions qui lui sont conférées par le traité. On ne saurait donc admettre qu'une institution étende ses attributions au détriment d'une autre. L'hypothèse n'est pas d'école, car un des traits majeurs de la stratégie du Parlement a toujours été de tenter d'obtenir de la Commission l'engagement d'exercer ses pouvoirs dans le sens souhaité par lui, notamment en ce qui concerne la modification ou le retrait des propositions de la Commission. Pour sa part, la Commission, si elle a accepté de prendre en considération les propositions parlementaires, s'est longtemps gardée de prendre le moindre engagement de nature à lier son pouvoir d'initiative[1].

369 On trouve la première véritable référence à l'équilibre dans l'arrêt *Meroni* dans lequel la Cour voit, « dans l'équilibre des pouvoirs, caractéristique de la structure institutionnelle de la Communauté, une garantie fondamentale accordée par le traité aux entreprises et associations d'entreprises auxquelles il s'applique »[2]. Mais c'est à propos de la comitologie, c'est-à-dire des modalités selon lesquelles des comités composés de représentants des États membres encadrent la Commission dans l'exercice des compétences d'exécution qui lui sont déléguées, qu'en est donnée l'expression la plus nette. La Cour juge que la « question posée concerne plus particulièrement la compatibilité de la procédure du comité de gestion avec la structure communautaire et l'équilibre institution-

1. COM(81)581 final, « Les relations entre les institutions de la Communauté », publ. ss le titre « Le système institutionnel communautaire, un équilibre à rétablir », *Bull. Communautés* 3/82.

2. CJCE 13 juin 1958, n° 9/56 ; v. aussi CJCE, avis, 17 déc. 1959, en application de CECA, art. 95.

nel au regard tant des rapports entre institutions que de l'exercice de leurs pouvoirs respectifs »[1]. C'est également sur la base du principe de l'équilibre institutionnel que l'arrêt *Isoglucose* consacrait le droit au Parlement à être consulté comme représentant « un élément essentiel de l'équilibre institutionnel voulu par le traité »[2].

370 Le principe de l'équilibre conduit la Cour à veiller au respect par les institutions des compétences qui leur sont attribuées. Ainsi, dans l'affaire *Wybot :* « Dans le cadre de l'équilibre des pouvoirs entre les institutions prévu par les traités, la pratique du Parlement ne saurait (...) enlever aux autres institutions une prérogative qui leur est attribuée par les traités eux-mêmes »[3]. Tout empiétement d'une institution sur les pouvoirs attribués à une autre institution est de ce fait interdit. De même, toute délégation de compétence d'une institution à un organisme externe ou à une autre institution dans la mesure où elle modifierait l'équilibre des institutions.

371 Pour la Cour, la finalité du principe n'est pas seulement de garantir le respect de la répartition des pouvoirs entre institutions, mais également de protéger les intérêts des particuliers. Le processus décisionnel offrirait à ceux-ci des garanties que l'on ne saurait écarter. L'objet du principe n'est pas la seule préservation des intérêts des institutions, mais aussi de ceux des particuliers. Cependant, la Cour a tempéré cette position dans son arrêt du 13 mars 1992[4] : « il convient de constater que le système de répartition des compétences entre les différentes institutions de la Communauté a pour but d'assurer le respect de l'équilibre institutionnel prévu par le traité et non pas la protection des particuliers. Par conséquent, le non-respect de l'équilibre institutionnel ne saurait, à lui seul, suffire à engager la responsabilité de la Communauté envers les opérateurs économiques concernés. Il en irait différemment si une mesure communautaire était adoptée en méconnaissance, non seulement de la répartition des compétences entre les institutions, mais également, en ses dispositions matérielles, d'une règle supé-

1. CJCE 17 déc. 1970, n° 25/70, *Einfuhr und Vorratstelle für Getreide und Futtermittel c/ Köster.*
2. CJCE 29 oct. 1980, n° 138 et 139/79, *Roquette et Maïzena.*
3. CJCE 10 juill. 1986, n° 149/85.
4. Aff. C-282/90, *Vreugdenhil BV c/ Commission.*

rieure de droit protégeant les particuliers ». Sans doute faut-il distinguer dans le processus décisionnel les règles relatives à l'équilibre institutionnel en général de celles qui protègent plus spécifiquement les particuliers, la violation de ces dernières étant seule de nature à engager la responsabilité communautaire et celle des premières pouvant servir de base à l'annulation de l'acte. La Cour semble avoir tempéré sa position dans l'arrêt *Artegodan Gmbh c/ Commission* en estimant qu'une violation des règles des compétences accompagnée d'une violation d'une règle supérieure de droit protégeant les particuliers est de nature à engager la responsabilité de l'Union[1].

372 Les règles qui régissent la répartition des pouvoirs entre institutions ont une incidence sur le contenu des décisions, ce qui explique l'attention avec laquelle la Cour veille au choix de la base juridique correcte puisque cette dernière commande la procédure de décision. La base juridique, constituée par l'article du traité sur lequel se fonde un acte, est une des traductions de l'équilibre institutionnel. C'est pour préserver cet équilibre que la Cour a reconnu la légitimation active du Parlement dans le cadre de recours en annulation visant à protéger ses prérogatives : « ces prérogatives sont un élément de l'équilibre institutionnel créé par les traités. Ceux-ci ont, en effet, mis en place un système de répartition des compétences entre les différentes institutions de la Communauté, qui attribue à chacune sa propre mission dans la structure institutionnelle de la Communauté et dans la réalisation des tâches confiées à celle-ci. Le respect de l'équilibre institutionnel implique que chacune des institutions exerce ses compétences dans le respect de celles des autres. Il exige aussi que tout manquement à cette règle s'il vient à se produire soit sanctionné »[2]. Dans cette affaire, la Cour n'a pas utilisé le principe de manière statique, mais au contraire s'est appuyée sur lui pour compléter de façon dynamique le traité. Depuis, cette jurisprudence de la Cour a été consacrée dans les traités.

1. CJUE 19 avril 2012, C-221/10P.
2. CJCE 22 mai 1990, n° 70/88, *Parlement c/ Conseil*.

SECTION 2
LE PRINCIPE DE L'AUTONOMIE DES INSTITUTIONS

373 Dans le cadre de leurs attributions, les institutions ont le pouvoir d'organiser librement leurs modalités de fonctionnement. Ce pouvoir se fonde sur la capacité reconnue par les traités aux institutions d'adopter elles-mêmes leur règlement intérieur. Il a été consacré par la Cour à propos du Parlement européen. En effet, l'assemblée est sans doute l'institution qui a le plus usé de sa capacité d'auto-organisation pour tenter d'accroître ses pouvoirs. Elle a notamment utilisé son règlement intérieur pour consacrer certaines avancées jurisprudentielles ou certaines pratiques interinstitutionnelles. Ainsi, au lendemain de l'arrêt *Isoglucose* qui confirmait son droit à la consultation, le Parlement a modifié son règlement pour enregistrer la solution de la Cour et tenter d'en exploiter toutes les virtualités. De la même manière, le règlement de l'assemblée a codifié la jurisprudence et la pratique, telles que le Parlement les comprenait, en matière de reconsultation. Il existe cependant un risque de modification, par ce biais, de l'équilibre institutionnel. Le principe d'autonomie doit donc connaître des limites.

374 La Cour a posé le principe de l'autonomie dans l'arrêt *Lord Bruce of Donnington* lequel concernait le pouvoir du Parlement d'instituer un système forfaitaire de remboursement des frais de déplacement des parlementaires. Elle a considéré qu'il appartient au Parlement de décider quels sont les activités et les déplacements nécessaires ou utiles d'un membre du Parlement dans l'exercice de ses fonctions et quelles sont les dépenses nécessaires ou utiles relatives. L'autonomie reconnue à cet égard au Parlement, dans l'intérêt de son bon fonctionnement, implique également la compétence d'effectuer le remboursement des frais de voyage et de séjour de ses membres[1]. Le principe d'autonomie est protégé

1. CJCE 15 sept. 1981, n° 208/80.

contre les atteintes que pourraient y porter les États par l'article 10, § 2 du traité qui impose à ceux-ci de s'abstenir des mesures susceptibles de mettre en péril les buts du traité : « Le droit communautaire impose cependant aux États membres des limites que ceux-ci doivent respecter en arrêtant les règles d'imposition pour les membres du Parlement, ces limites découlent notamment de l'article 5 du traité (…). Cette obligation comprend le devoir de ne pas prendre de mesures susceptibles d'entraver le fonctionnement interne des institutions »[1].

375 Cependant, il a bien fallu définir des limites afin d'éviter qu'une institution n'use de son pouvoir afin d'empiéter sur les pouvoirs des autres institutions ou des États membres. Le problème s'est posé plus particulièrement en ce qui concerne les lieux de travail du Parlement. En effet, en l'absence d'une fixation définitive de son siège par les États conformément à l'article 216 du traité, le Parlement a tenté d'organiser un glissement progressif de ses activités vers Strasbourg et Bruxelles, puis vers Bruxelles. Ces tentatives ont donné lieu à un contentieux fourni[2]. Dans son arrêt du 10 février 1983, la Cour a reconnu le pouvoir du Parlement de prendre « des mesures appropriées afin d'assurer son bon fonctionnement et le déroulement de ses procédures ». Cependant, ce dernier est aussi soumis, en vertu de l'article 4, § 3, TUE (Traité CE, ex-art. 10), au principe de coopération loyale avec les États membres et doit respecter la compétence des gouvernements des États membres en matière de fixation du siège des institutions. Dans ce contexte, si le Parlement peut décider d'affecter, dans ses différents lieux de travail, le personnel indispensable à l'exercice de ses missions, il lui est interdit de transférer totalement ou partiellement son secrétariat, car cette mesure le conduirait à empiéter sur les pouvoirs reconnus aux États membres en matière de siège. De la même manière, dans l'affaire *Les Verts*, la Cour a été appelée à se prononcer sur la nature de certaines dépenses du

---

1. *Ibid.*
2. CJCE 10 févr. 1983, n° 230/81, *Luxembourg c/ Parlement européen* ; CJCE 10 avr. 1984, n° 108/83, *Luxembourg c/ Parlement européen* ; CJCE 22 sept. 1988, n° 358/85 et 51/86, *République française c/ Parlement européen*.

Parlement[1]. Si l'on analysait ces dépenses comme un financement d'activités d'information sur le Parlement, elles relevaient du pouvoir d'organisation interne du Parlement. En revanche, s'il s'agissait d'un financement de campagnes électorales, celui-ci ne pouvait être mis en œuvre dans le cadre des compétences du Parlement dans la mesure où il s'agissait d'une compétence qui appartenait encore aux États membres. C'est donc de la qualification de la mesure contestée que dépendait sa validité. En estimant qu'il s'agissait d'une réglementation visant au financement des dépenses électorales, la Cour, afin de protéger les compétences des États membres, annulait le système mis en place par le Parlement[2].

376 Les limites du pouvoir d'organisation interne sont ainsi précisées. Celui-ci ne saurait porter atteinte à l'équilibre institutionnel ou à la répartition des compétences entre la Communauté et les États membres. Il ne peut pas davantage déroger aux modalités de fonctionnement d'une institution dès lors que celles-ci sont prévues par le traité. Ainsi les procédures de délégation interne de pouvoir arrêtées par la Commission ne peuvent déroger au principe de collégialité inscrit actuellement à l'article 217, § 1, du traité CE[3]. Le fait que le pouvoir d'organisation soit limité à la sphère interne de l'institution, ne saurait avoir comme conséquence d'interdire qu'une mesure d'organisation interne produise des effets sur les tiers. Comme le constatait la Cour dans l'affaire C-58/94 : « La circonstance que la décision n° 93/731 produit des effets juridiques à l'égard des tiers ne saurait remettre en cause la qualification de celle-ci comme mesure d'ordre interne. En effet, rien ne s'oppose à ce qu'une réglementation relative à l'organisation interne des travaux d'une institution engendre de tels effets »[4]. Cette solution a été confirmée par un arrêt du Tribunal relatif au refus d'admettre la constitution d'un groupe politique dans laquelle le Tribunal a jugé qu'une décision de refus de constitution d'un groupe politique, même si elle était relative au fonctionne-

1. CJCE 23 avr. 1986, n° 294/83, *Les Verts c/ Parlement européen.*
2. Arrêt n° 294/83, préc.
3. CJCE 23 sept. 1986, n° 5/85, *Akso.*
4. CJCE 30 avr. 1996, n° 58/94, *Pays-Bas c/ Conseil.*

ment interne du Parlement produisait également des effets sur les députés qu'elle privait de possibilité d'appartenir à un groupe politique[1].

377 Le principe d'autonomie a pour effet essentiel de permettre à chaque institution d'organiser ses travaux de la façon la plus adaptée à sa mission. Il doit respecter les règles de l'équilibre institutionnel et trouve son corollaire dans le principe de collaboration loyale entre les institutions.

Section 3
Le principe de coopération loyale entre les institutions

378 À l'origine, le traité ne consacrait pas expressément le principe de coopération loyale entre les institutions, mais l'article 10 du Traité CE (actuel article 4, § 3, TUE) créait une obligation de coopération loyale entre les États et les institutions. La Cour a étendu le champ d'application de ce principe aux relations interinstitutionnelles. Il est vrai que les traités organisent dans certains cas la coopération entre les institutions, notamment dans le cadre du processus décisionnel. Mais lorsque l'on était en présence d'une zone grise, c'est-à-dire d'un secteur dans lequel les relations interinstitutionnelles ne sont pas aménagées par les traités, le principe de coopération loyale fournissait une base juridique à des accords interinstitutionnels visant à compléter les traités.

379 La Cour devait déclarer à propos de l'avis conforme du Conseil exigé par l'article 58 du traité CECA pour l'instauration d'un régime de quota de production : « le pouvoir de prendre des mesures appropriées appartient selon l'article 58 à la Commission étant entendu qu'elle ne peut toutefois agir que sur avis conforme du Conseil. En instituant cette forme de concertation entre la Commission et le Conseil, l'article 58 n'en a pas fixé les modalités. Dans ces conditions, il appartient aux institutions d'organiser,

1 CJCE 2 oct. 2001, T-222/99, T-327/99 et T-329/99, *Martinez et de Gaulle c/ Parlement*.

d'un commun accord et dans le respect des compétences respectives, les formes de leur coopération »[1].

380 Mais la consécration du principe est intervenue à propos de la querelle budgétaire sur la classification des dépenses. En effet, avant le traité de Lisbonne la distinction entre dépenses obligatoires et dépenses non obligatoires commandait la répartition des pouvoirs entre le Parlement et le Conseil dans le cadre de la procédure budgétaire. Il n'est donc pas surprenant qu'une controverse permanente sur cette distinction se soit instaurée entre le Parlement et le Conseil. Lorsqu'elle a été saisie de la question, la Cour s'est refusée à entrer dans cette controverse, sauf en cas d'erreur manifeste. Elle en a renvoyé la solution aux institutions elles-mêmes dans le cadre de leur coopération : « Il y a lieu de rappeler à cet égard que (...) les problèmes de délimitation des dépenses non obligatoires par rapport aux dépenses obligatoires font l'objet d'une procédure interinstitutionnelle de conciliation instituée par la déclaration commune du Parlement européen, du Conseil et de la Commission du 30 juin 1982, et qu'ils sont de nature à être résolus dans ce cadre. En effet, le fonctionnement de la procédure budgétaire, tel qu'il est envisagé par les dispositions financières du traité, repose essentiellement sur le dialogue interinstitutionnel. Dans le cadre de ce dialogue prévalent les mêmes devoirs de coopération loyale qui, comme la Cour l'a reconnu, régissent les relations entre les États membres et les institutions communautaires »[2].

381 La Cour a confirmé le rôle du principe lorsqu'elle a jugé que le Conseil pouvait adopter un acte sans que le Parlement ait rendu son avis dès lors que ce dernier n'avait pas pris les dispositions nécessaires pour adopter cet avis en temps utile compte tenu de l'urgence : « En adoptant un tel comportement, le Parlement a manqué à son devoir de coopération loyale vis-à-vis du Conseil (...). Dans ces conditions, le Parlement ne saurait valablement faire grief de ne pas avoir attendu son avis pour adopter le règlement litigieux (...). La méconnaissance de la formalité substantielle que

1. CJCE 11 mai 1983, n° 244/81, *Klöckner-Werke AG c/ Commission.*
2. CJCE 27 sept. 1988, n° 302/87, *Parlement européen c/ Conseil.*

constitue la consultation du Parlement trouve, en effet, sa cause dans le manquement de cette institution à son devoir de coopération loyale avec le Conseil »[1].

382 Le principe de coopération impose non seulement aux institutions de respecter leurs attributions respectives, mais autorise la mise en place des procédures permettant d'assurer le bon déroulement du processus décisionnel dès lors que celles-ci ne portent pas atteinte à l'équilibre institutionnel et respectent le traité. On s'est fréquemment interrogé sur la valeur juridique des accords interinstitutionnels qu'ils soient informels ou formalisés dans des déclarations communes. Ces accords constituent une expression du devoir de coopération loyale. Pour certains, dans la mesure où il existe une obligation de coopérer, les actes qui concrétisent cette obligation doivent avoir une force obligatoire. La formule est trop catégorique. Sans nier que des accords interinstitutionnels puissent dans certains cas s'imposer aux institutions, il n'en découle pas pour autant que tous les accords aient ce caractère. Pour que ce soit possible, il faut que les institutions aient eu l'intention de se lier et que l'accord ne remette pas en cause l'équilibre institutionnel qui résulte du traité.

383 Or, il n'est pas toujours aisé d'établir l'existence d'une réelle intention de se lier. On a beaucoup débattu de la valeur juridique de la déclaration commune du 4 mars 1975 relative à l'institution d'une procédure de concertation et la Cour n'a jamais eu l'occasion de se prononcer à cet égard. En ce qui concerne la déclaration commune du 30 juin 1982, relative au déroulement de la procédure budgétaire, si la Cour a renvoyé, à deux reprises, les institutions à la procédure de conciliation mise en place par cette déclaration, elle s'est bien gardée de se prononcer sur sa valeur juridique[2]. Quant à l'accord interinstitutionnel du 29 juin 1988 sur la discipline budgétaire et l'amélioration de la procédure budgétaire, le choix même du terme « accord » alors que l'on aurait pu utiliser celui de « déclaration commune » pourrait paraître suffisant pour

1. CJCE 30 mars 1995, C-65/93, *Parlement c/ Conseil.*
2. CJCE 3 juill. 1986, n° 34/86, *Conseil c/ Parlement* ; CJCE 27 sept. 1988, n° 204/86, *Grèce c/ Conseil.*

témoigner de l'intention des parties de se lier, mais dans l'affaire C-41/95, la Cour a soigneusement évité de se prononcer tant sur la valeur de la déclaration commune de 1982 et que sur celle de l'accord de 1988[1]. En revanche, dans un arrêt du 19 mars 1996, elle a consacré la valeur juridique d'un arrangement conclu entre la Commission et le Conseil sur la préparation des réunions et les votes au sein de l'Organisation des Nations unies pour l'alimentation et l'agriculture, en précisant de façon claire les conditions auxquelles un accord interinstitutionnel pouvait se voir reconnaître une force obligatoire : « Il convient à ce propos de rappeler que, lorsqu'il apparaît que la matière d'un accord ou d'une convention relève pour partie de la compétence de la Communauté et pour partie de celle des États membres, il importe d'assurer une coopération étroite entre ces derniers et les institutions communautaires tant dans le processus de négociation et de conclusion que dans l'exécution des engagements assumés. Cette obligation de coopération découle de l'exigence d'une unité de représentation internationale de la Communauté (...). Il y a lieu de considérer, en l'espèce, que le point 2.3. de l'arrangement conclu entre le Conseil et la Commission constitue la mise en œuvre, au sein de l'OAA, de cette obligation de coopération entre la Communauté et ses États membres. Il ressort des termes de l'arrangement que les deux institutions ont entendu se lier l'une vis-à-vis de l'autre. Le Conseil n'en a d'ailleurs à aucun moment de la procédure contesté la portée »[2]. En conséquence, la Cour a annulé une décision du Conseil contraire à l'arrangement. Ainsi l'obligation de coopération loyale impose aux institutions de tout mettre en œuvre pour assurer loyalement le bon fonctionnement des procédures prévues par les traités et peut servir de base aux accords interinstitutionnels conclus à cette fin.

384 À la suite de la conclusion, en 2000, de l'accord-cadre entre le Parlement et la Commission qui lui semblait remettre en cause l'équilibre interinstitutionnel, le Conseil s'est inquiété de la situation et a obtenu certaines modifications. Cependant, pour préser-

1. CJCE 7 déc. 1995, *Conseil c/ Parlement.*
2. Arrêt C-25/94, *Commission c/ Conseil.*

ver l'avenir, une déclaration annexée à l'Acte final du traité de Nice, précisait que les accords interinstitutionnels ne peuvent ni modifier, ni compléter les dispositions des traités. Ils ne pouvaient être conclus qu'avec l'accord des trois institutions, ce qui empêchait deux d'entre elles de trouver un accord qui remettrait en cause les pouvoirs de la troisième. En réglementant les accords interinstitutionnels, cette déclaration constitue une reconnaissance de ceux-ci, mais elle n'a jamais connu le moindre début d'application.

385 Le traité de Lisbonne confirme le principe de coopération loyale dans l'article 13, § 2 TUE : « Les institutions pratiquent entre elles une coopération loyale ». L'article 295 TFUE établit l'existence d'accords interinstitutionnels qui peuvent avoir une valeur contraignante. Il s'agit donc d'une codification de la jurisprudence.

Section 4
La transparence et l'accès aux documents

386 La transparence est un élément fondamental dans un système démocratique puisqu'elle permet à l'opinion d'exercer un contrôle sur l'action des institutions. Le principe de transparence n'a pas été dégagé par la Cour de justice, mais procède de la volonté des auteurs des traités et des institutions. À la suite de la déclaration n° 17 adoptée à Maastricht annexée à l'Acte final du traité sur l'Union européenne et relative « au droit d'accès à l'information » qui demandait à la Commission de proposer au Conseil des mesures propres à accroître la transparence, les institutions ont mis en place un régime d'accès du public aux documents. L'article 15 TFUE (Traité CE, ex-art. 255), introduit par le traité d'Amsterdam a fait franchir à l'Union un pas décisif puisqu'il pose le principe du droit d'accès des citoyens aux documents du Parlement, du Conseil et de la Commission et prévoit que les principes généraux relatifs à l'accès et les limites qui lui sont applicables pour des raisons d'ordre public ou privé seront fixés par une décision du Conseil adoptée selon la procédure de codécision.

387 Avant même l'introduction dans le traité de l'article 255 (TFUE, art. 15), le Conseil et la Commission avaient adopté, le 6 décembre 1993, un code de conduite qui établissait des principes communs aux deux institutions afin d'éviter des pratiques trop divergentes[1]. Sur la base de ce code de conduite, chaque institution a adopté ensuite ses propres règles internes en matière d'accès. Les dispositions applicables au Conseil et à la Commission étaient donc largement identiques. Progressivement, et parfois sous la pression du médiateur, les autres institutions et organes se sont également dotés de règles similaires. Ces règles ont donné lieu à une jurisprudence de la Cour de justice qui en a précisé la portée et a constitué une base pour la rédaction de la décision sur l'accès aux documents fondée sur l'article 255 (TFUE, art. 15).

388 C'est ainsi que, dans un arrêt essentiel, le Tribunal de première instance a estimé qu'avant de refuser l'accès, le Conseil devait : « mettre réellement en balance, d'une part l'intérêt du citoyen à obtenir l'accès à ses documents, et, d'autre part, son intérêt éventuel à sauvegarder le secret des délibérations »[2]. Cependant, cette mise en balance des intérêts en cause n'a pas lieu d'être lorsque la décision impose de refuser l'accès, comme c'est le cas lorsque la divulgation d'un document porterait atteinte à la protection de l'intérêt public, la protection de l'individu et de la vie privée, la protection du secret en matière commerciale et industrielle et la protection des intérêts financiers de la Communauté.

389 Le règlement sur l'accès du public aux documents du Parlement européen, du Conseil et de la Commission a été adopté le 30 mai 2001[3]. Conformément au traité, il confère un droit d'accès aux citoyens de l'Union ainsi qu'aux personnes physiques et morales résidant ou ayant leur siège dans la Communauté, mais permet aux institutions d'étendre son champ d'application à d'autres personnes. Le règlement s'applique à tous les documents détenus par

1. *JO* 31 déc. 1993, L 340, p. 41.
2. CJCE 19 oct. 1995, T-194/94, *Carvel and Guardian Newspapers Ltd c/ Conseil.*
3. *JO* 31 mai 2001, L 145/43.

une institution quel que soit leur support. Cependant, en ce qui concerne les documents reçus par les institutions, il prévoit avant toute divulgation une consultation du tiers qui est l'auteur du document. Les États peuvent demander que l'on ne communique pas sans leur accord les documents qu'ils ont fournis aux institutions. Enfin, lorsqu'une demande d'accès à un document émanant d'une institution est adressée à un État membre, celui-ci peut soit transmettre la demande à l'institution en cause, soit consulter celle-ci sur la divulgation. Cette disposition est le résultat d'un difficile compromis avec certains États membres qui craignaient que le règlement n'entre en conflit avec leur législation interne sur la transparence et désiraient que leur législation prévale en tout état de cause. Accepter cette revendication eut conduit à un système incohérent puisque tout document refusé au niveau de l'Union aurait pu être obtenu au niveau national. Il se serait ainsi constitué des « paradis » de la transparence, ce qui aurait vidé la réglementation communautaire de toute signification.

390 Le droit d'accès connaît deux types de restrictions. Il existe des restrictions obligatoires, c'est-à-dire des hypothèses dans lesquelles l'institution doit refuser toute divulgation. C'est le cas lorsqu'est en cause la protection de l'intérêt public (sécurité publique, défense et affaires militaires, relations internationales, politique financière, monétaire ou économique de la Communauté ou d'un État membre) ou de la vie privée. D'autres intérêts bénéficient d'une protection particulière, mais doivent céder le cas lorsqu'un intérêt public supérieur l'exige (intérêts commerciaux, procédures juridictionnelles et avis juridiques, activité d'inspection, d'enquête et d'audit). Il en va de même pour les documents à usage interne lorsqu'ils ont trait à une question sur laquelle une décision n'a pas encore été prise, cette protection pouvant même se prolonger après que la décision a été prise en cas de risque d'atteinte grave au processus décisionnel. Lorsque seule une partie d'un document est concernée par une restriction, les autres parties du document doivent être divulguées. En ce qui concerne les restrictions obligatoires, l'institution ne dispose d'aucune marge de manœuvre dès lors qu'est établie l'existence d'un intérêt protégé. Dans les autres cas, l'institution doit mettre en balance la protec-

tion de l'intérêt mentionné dans le règlement avec un éventuel intérêt public supérieur qui justifierait la divulgation. La Cour peut apprécier la qualification de l'intérêt et l'existence d'un examen réel de la balance des intérêts. C'est dire, dans ce contexte, l'importance de la motivation des décisions de refus[1].

391 Les demandes d'accès doivent être traitées dans les 15 jours. Ce délai très court explique qu'une possibilité de prorogation de 15 jours soit prévue à titre exceptionnel lorsque la demande porte notamment sur un document très long ou sur un grand nombre de documents. En cas de refus, le demandeur peut adresser une demande confirmative dans un délai de 15 jours. En cas de confirmation du refus, le demandeur doit recevoir une réponse motivée qui l'informe de la possibilité de s'adresser au Tribunal ou au médiateur. Dans tous les cas, l'absence de réponse est considérée comme une réponse négative.

392 Enfin, afin de faciliter l'accès, des registres publics de documents doivent être établis sous forme électronique. Ces registres contiennent la liste des documents établis et le contenu des documents publics, notamment des documents législatifs. Compte tenu de l'article 40 TUE qui renforce la séparation entre TUE et TFUE, il n'est pas interdit de se demander si la révision en préparation du règlement pourra s'appliquer à la PESC qui est soumise au règlement actuel puisque l'article 15 n'est pas applicable aux dispositions du TUE relatives à la PESC, mais l'article 42 de la charte des droits fondamentaux relatif au droit d'accès aux documents est lui applicable à la PESC. Dans l'ensemble, l'Union est passée rapidement du régime de la confidentialité qui était de règle avant Maastricht à la transparence complète. Certes, il subsistera toujours des cas contentieux, mais ceux-ci restent très limités. La culture de la transparence caractérise aujourd'hui le processus décisionnel et comme l'indique la motivation du règlement « contribue à renforcer les principes de la démocratie et le respect des droits fondamentaux tels qu'ils sont définis à l'article 6 TUE et dans la Charte des droits fondamentaux de l'Union européenne ».

---

1. Pour une affaire récente, voit CJUE 2 juillet 2014, C-350 :12P, *Sophie in't Veld*.

Bibliographie

Guillermin, « Le principe de l'équilibre institutionnel dans la jurisprudence de la CJCE », *JDI* 1992. 319 ; Jacqué, « La pratique des institutions communautaires et le développement de la structure institutionnelle communautaire », in Bieber et Ress (éd.), *Die Dynamik des Europäischen Gemeinschaften*, Nomos, 1987, p. 702 ; Pescatore, « L'exécutif communautaire : justification du quadripartisme institué par les traités de Paris et de Rome », *CDE* 1978. 387 ; Quermonne, *Le système politique de l'Union européenne*, Montchrestien, 1998 ; Soldatos, *Le système politique et institutionnel des Communautés dans un monde en mutation*, 1989 ; Michel et Waelbroeck, « Les “déclarations communes” en tant qu'instruments d'un accroissement des compétences du Parlement européen », in *Le Parlement européen*, Éd. ULB, 1988, p. 85.

Sous-titre 2

Le cadre institutionnel

393 Le traité sur l'Union européenne consacre, dans son article 13 (Traité CE, ex-art. 7), l'existence de sept institutions : le Parlement européen (chapitre 1), le Conseil européen (chapitre 2), le Conseil (chapitre 3), la Commission européenne (chapitre 4), la Cour de justice de l'Union européenne, la Banque centrale européenne et la Cour des comptes. Le Conseil européen et la Banque centrale européenne ont été ajoutés à la liste des institutions par le traité de Lisbonne. La Banque était hostile en ce qui la concerne à une modification qui lui semblait atténuer sa spécificité. Cependant, l'octroi par le traité de la qualité d'institution témoigne de l'importance politique attachée à l'instance qui reçoit cette qualification. Il a pour conséquence d'accorder à celle-ci une certaine autonomie, notamment sur le plan budgétaire et sur celui de la gestion du personnel. À côté de ces institutions, deux organes subsidiaires participent avec voix consultative au processus de décision, le Comité des régions et le Comité économique et social. Viennent s'ajouter à ces deux catégories institutionnelles, les agences et le Service d'action extérieure créé epar le traité de Lisbonne. La Cour de Justice et la Cour des comptes font partie des institutions de contrôle (chapitre 5). Viennent s'y ajouter divers organes et organismes (chapitre 6).

394 La distinction essentielle entre institutions oppose d'une part les institutions qui participent au processus décisionnel et d'autre part celles chargées du contrôle (la Cour de justice pour le contrôle juridictionnel et la Cour des comptes pour le contrôle budgétaire). Cette typologie n'est cependant pas tout à fait exacte puisque le Parlement exerce également des attributions en matière de contrôle, notamment à l'égard de la Commission et que la Commission veille à l'application du droit de l'Union par les États membres. L'expression de triangle institutionnel a été employée dans la doctrine pour désigner l'ensemble constitué par la Commission, le Conseil et le Parlement. Elle a été consacrée en 1979 dans le Rapport des Sages sur les institutions européennes. Selon ce rapport, l'utilisation de cette figure géométrique va plus loin qu'une simple description de la réalité, elle tend à tracer une perspective d'évolution des relations entre les trois institutions : « Un résultat plus naturel serait une sorte de schéma triangulaire qui s'est déjà dessiné dans les années qui ont précédé les élections directes, le Parlement cherchant à établir des relations étroites et directes avec le Conseil aussi bien qu'avec la Commission. Cette approche serait plus efficace en termes de fonctionnement de la Communauté, dans la mesure où elle favoriserait un équilibre institutionnel plus complet et plus stable »[1]. Compte tenu de l'accession du Conseil européen au rang d'institution, l'expression n'est sans doute plus adéquate, mais le Parlement, le Conseil et la Commission constituent toujours le cœur du système législatif et budgétaire de l'Union.

395 Dans les rapports interinstitutionnels, chaque institution agit en fonction de la mission particulière que lui est attribuée et sa structure est déterminée par le traité en rapport avec cette mission. Les relations entre institutions sont fondées sur le principe de l'équilibre institutionnel (v. ss 368), principe consacré par le traité qui indique que chaque institution ne peut agir que dans les limites des pouvoirs qui lui sont conférés (TUE, art. 13, § 2 ; Traité CE, ex-art. 7, § 1).

1. *Office des publications officielles des Communautés européennes*, 1980.

CHAPITRE 1

Le Parlement européen

396 Le Parlement est, sans doute en raison du respect naturel porté aux représentants des peuples, la première institution mentionnée dans le traité (TUE, art. 13 et 14 amendé ; TFUE, art. 223 à 234). Ceci ne signifie pas qu'il ait été à l'origine l'institution la plus puissante. Cependant, le souci d'établir une certaine forme d'association des peuples à la construction européenne était déjà présent lors de la création du Conseil de l'Europe qui comportait une assemblée consultative, aujourd'hui « assemblée parlementaire ». L'idée fut reprise dans la CECA puisque les articles 20 et suivants du traité instituaient une Assemblée « composée des représentants des peuples des États réunis dans la Communauté » à laquelle ils confiaient un pouvoir de contrôle. La formule utilisée excluait toute référence à l'existence d'un peuple de la Communauté puisque n'étaient visés que les peuples des États. Cette référence à l'Assemblée sera reprise aux articles 137 CEE et 107 CEEA, mais au pouvoir de contrôle exercé par le Parlement viendra s'ajouter un pouvoir de délibération.

397 L'Assemblée est dotée du statut d'institution, ce qui entraîne certaines conséquences. À ce titre, elle dispose notamment du pouvoir d'organiser ses travaux et d'établir son état prévisionnel des dépenses. En outre, la Cour a estimé que, de ce fait, elle bénéficiait, sur le plan juridictionnel, de prérogatives accordées aux autres

institutions telles que le droit d'intervention[1] et le droit d'intenter un recours en carence[2]. Le traité de Lisbonne ne fait plus référence aux représentants des peuples des États membres, mais indique que le Parlement est composé de « représentants des citoyens de l'Union » (TUE, art. 14, § 2). Mais, dans la mesure où la répartition des sièges est effectuée entre les États membres, le Parlement représente toujours les peuples des différents États et non le peuple de l'Union. Quant aux fonctions du Parlement, elles sont définies de manière exhaustive. Il « exerce, conjointement avec le Conseil, les fonctions législative et budgétaire. Il exerce des fonctions de contrôle politique et consultatives aux conditions prévues par les traités. Il élit le président de la Commission » (TUE, art. 14, § 1).

398 L'histoire du Parlement est marquée par un accroissement progressif de ses pouvoirs. À partir des droits que les traités originaires lui reconnaissaient, les pouvoirs du Parlement ont fréquemment été précisés par la voie d'accords avec les autres institutions et accrus par les révisions successives des traités. Ces accords avec les autres institutions lui ont notamment permis d'approfondir son droit d'être consulté avant l'adoption de certaines mesures communautaires sans que pour autant soit remise en cause la répartition des pouvoirs opérée par les traités. Les révisions des traités lui ont conféré un pouvoir budgétaire (traité du 22 avril 1970 portant modification de certaines dispositions budgétaires et traité du 22 juillet 1975 portant modification de certaines dispositions financières des traités) et ont amélioré sa participation au processus de décision notamment par la création de la procédure de coopération dans le cadre de l'Acte unique européen. Le traité de Maastricht a consacréun nouvel accroissement des pouvoirs de l'institution parlementaire tant sur le plan législatif (codécision) que sur celui du contrôle. Le traité d'Amsterdam, par les modifications qu'il a apportées à la procédure de codécision et par l'extension de son champ d'application, donne au Parlement, dans de nombreux domaines, un pouvoir législatif à égalité avec le Conseil. Le traité de Nice élargissait de manière

1. CJCE 29 oct. 1980, 138-139/79, *Roquette-Maizena*, *Rec.* 3333.
2. CJCE 22 mai 1985, n° 13/83, *Parlement européen c/ Conseil des Communautés européennes*

significative les cas dans lesquels il était fait recours à la procédure de codécision et le traité de Lisbonne en fait la procédure législative de droit commun.

399 À l'origine, le Parlement était dénommé par les traités « Assemblée ». En 1958, l'Assemblée décidait de son propre chef de prendre, en français, le nom d'Assemblée parlementaire européenne[1]. Le 30 mars 1962, l'Assemblée décidait de porter le nom de Parlement européen[2]. Cette dénomination ne fut pas acceptée par le Conseil. Quant aux États, selon la considération qu'ils portaient à l'institution parlementaire, ils la désignaient sous l'appellation d'Assemblée ou de Parlement. Cette situation prit fin avec le Conseil européen de Stuttgart qui, dans la déclaration solennelle sur l'Union européenne adoptée à cette occasion, utilisait les termes de Parlement européen (19 juin 1983). Cependant, la déclaration ne pouvait opérer révision des traités et il faudra attendre l'Acte unique européen pour que le droit soit mis en accord avec les faits. Ainsi prenait fin une querelle qui, en fait, sous le couvert de la dénomination du Parlement, dissimulait un profond désaccord sur le rôle de cette institution. Les parlementaires européens (SECTION 1) œuvrent dans un cadre dont l'organisation rappelle celle des parlements nationaux (SECTION 2) afin d'exercer les pouvoirs conférés par les traités au Parlement (SECTION 3).

SECTION 1
LES PARLEMENTAIRES EUROPÉENS

400 Les dispositions qui régissent les élections (**§ 1**) et le statut (**§ 2**) des parlementaires résultent tant du droit communautaire que du droit national. Cette situation a pour effet que les parlementaires sont traités de manière différente selon l'État dans lequel ils sont élus. Au fil du temps, ces divergences sont devenues de moins en

1. *JO* 20 avr. 1958.
2. *JO* 1962, p. 1045.

moins acceptables dès lors que les contraintes du mandat parlementaire étaient les mêmes pour tous. Les auteurs du traité d'Amsterdam ont tenté d'apporter des solutions destinées à réduire ces divergences. C'est ce qui a permis la réouverture des débats tant sur l'uniformisation du système de scrutin que sur le statut des parlementaires.

§ 1. L'élection des parlementaires

401 L'article 138 du traité CEE (TFUE, art. 223), dans sa version initiale, prévoyait que l'Assemblée serait composée de représentants désignés en leur sein par les Parlements nationaux. Mais le § 3 du même article confiait à l'Assemblée le soin d'élaborer des projets en vue de permettre son élection au suffrage universel direct selon une procédure uniforme dans tous les États membres. Le Conseil devait ensuite arrêter à l'unanimité des dispositions qui seraient alors adoptées par les États membres selon leurs procédures nationales respectives. La seule modification apportée à l'article 138 et qui subsiste dans le traité de Lisbonne consiste dans l'exigence d'une approbation par le Parlement du texte adopté à l'unanimité par le Conseil et qui sera soumis aux procédures nationales de ratification. Sur la base de l'article 138, le Parlement élabora deux projets successifs, mais il a fallu attendre le Sommet de Paris en 1974 pour que fussent levées les préventions des États membres contre l'élection directe des parlementaires européens. Le 20 septembre 1976, le Conseil adoptait l'Acte relatif à l'élection du Parlement au suffrage universel direct. Les premières élections du Parlement européen au suffrage universel direct eurent lieu en 1979.

402 L'uniformisation réalisée par l'Acte était tout à fait relative. Le Conseil et le Parlement ont en effet admis que l'article 138, bien qu'il prévoie la mise en place d'un système uniforme, permettait la réalisation progressive de cette uniformité. Dans la mesure où cet article n'épuisait pas ses effets en une seule fois, d'autres actes pourraient intervenir par la suite. L'Acte ne contient donc qu'un nombre limité de règles. Les points non traités dans l'Acte continuent à relever de la compétence des États membres.

403 Le Parlement est élu au suffrage universel et direct pour une durée de cinq ans. Le vote est égal et chaque électeur ne peut disposer de plus d'une voix. L'élection a lieu dans tous les États au cours de la même période qui s'étend du jeudi au dimanche, car il a été impossible de trouver un accord sur un jour commun à l'ensemble des États, les traditions nationales étant différentes en la matière et les élections européennes coïncidant parfois avec d'autres scrutins nationaux.

A. Le nombre de parlementaires

404 L'élection se déroule dans le cadre de chaque État membre. La question de savoir si, ensuite, les élections se dérouleront au niveau national ou au niveau de circonscriptions plus étroites dépend entièrement de la législation nationale. Aussi l'Acte fixait-il le nombre de parlementaires par État membre. Cette question relevait à l'origine du traité. L'Acte a opéré une disqualification de ces dispositions en les reprenant et en faisant de ce fait échapper leur modification à la procédure de révision du traité. En conséquence, le Parlement disposait de l'initiative d'une modification éventuelle de la répartition des sièges et, depuis l'entrée en vigueur du traité sur l'Union européenne, d'un droit d'avis conforme sur cette répartition (art. 190). Le traité d'Amsterdam était revenu sur la situation antérieure et le nombre de parlementaires par État membre est inscrit dans le traité. Toute modification ne pouvait résulter que d'une révision du traité ou d'un traité d'adhésion (TUE, art. 14, § 2 ; TFUE, art. 223, § 1). Le traité de Lisbonne confie la décision au Conseil européen, statuant à l'unanimité, sur initiative et avec l'approbation du Parlement européen.

405 La fixation du nombre de parlementaires a donné lieu à de longues discussions. Il convenait de respecter une certaine proportionnalité entre le nombre de sièges et la population de chaque État sans cependant que le nombre total de membres, compte tenu des adhésions envisageables, ne devienne si important qu'il ne nuise à l'efficacité du travail parlementaire. Il était également souhaitable que soit assurée une représentation raisonnable des différents courants politiques dans les petits États membres et que la

représentation des collectivités territoriales des grands États ne soit pas inférieure à celle d'un petit État.

406 Le système retenu, qui reposait à l'origine, sur les mêmes principes que ceux mis en œuvre pour le Conseil, assurait une représentation égalitaire aux grands États, le nombre de sièges accordés aux autres États variant en fonction de la population. Le non-respect de la proportionnalité intégrale entre le nombre d'élus et la population était à l'origine de distorsions importantes (v. ss 410, tableau 1). On comprend donc que l'unification allemande ait entraîné une demande d'augmentation de la représentation de la population de la République fédérale au Parlement européen. En effet, cet État, qui était déjà sous-représenté, voyait cette sous-représentation s'accroître de façon importante et la présence au Parlement d'observateurs en provenance des nouveaux Länder ne pouvait constituer qu'un palliatif. Au cours des négociations du traité sur l'Union européenne, l'Acte n'a pas fait l'objet de modifications, mais la déclaration annexée au traité prévoyait une révision du nombre de parlementaires avant la fin de 1992.

407 Le Parlement a adopté sur cette base, le 10 juin 1992, une résolution dans laquelle il considérait que le nombre optimal de membres ne saurait, pour permettre un travail efficace et des liens directs entre électeurs et élus, dépasser 700 [1]. Il proposait de corriger la répartition existante en la prenant pour base de départ et en tenant compte de données démographiques. Lors du Conseil européen d'Édimbourg des 11 et 12 décembre 1992, les propositions du Parlement en ce qui concerne la répartition des sièges entre les États membres ont été reprises pour l'essentiel (v. ss 410, tableau 1). Enfin, lors de l'adhésion de trois nouveaux États membres, l'Autriche se voyait accorder 21 sièges, la Finlande 16 sièges et la Suède 22 sièges, ce qui portait le total des membres à 626. Cette solution permettait de diminuer très légèrement les distorsions démographiques.

408 Dans la perspective de l'élargissement, le traité d'Amsterdam limitait le nombre de parlementaires européens à 700. En outre,

1. *JO* 13 juill. 1992, C 176, p. 72.

l'article 2 de l'Acte était modifié afin d'indiquer que le « nombre de représentants élus dans chaque État membre doit assurer une représentation appropriée des peuples des États réunis dans la Communauté ». Ceci impliquait, dans l'esprit des initiateurs de cet amendement, que la représentation des petits États membres devait être suffisante pour permettre aux principaux courants politiques d'un État de disposer d'un siège. La limitation du nombre de parlementaires signifiait que l'élargissement impliquait, compte tenu du nombre de candidats, une réduction du nombre de sièges octroyés aux États membres actuels. Ceci aurait dû entraîner un renforcement de la proportionnalité entre la population d'un État et le nombre de sièges qui lui serait attribué. Les distorsions dues à l'inégalité démographique dans la représentation de chaque État membre devaient donc diminuer. Après de difficiles discussions, le traité de Nice fixait la nouvelle répartition des sièges au sein du Parlement européen. Il n'a pas été possible de limiter le nombre de parlementaires à 700 comme le prévoyait le traité d'Amsterdam et le nombre maximum de membres a été porté à 732. Ceci impliquait une réduction du nombre de représentants par État membre à l'exception de l'Allemagne qui conservait 99 parlementaires en échange du maintien de la parité des voix pondérées au Conseil avec les autres grands États membres. De même, le Luxembourg conservait 6 représentants.

409 La Convention sur l'avenir de l'Europe proposait de revoir la répartition des parlementaires entre les États membres. Le nombre total de parlementaires aurait été fixé à 736, la répartition se faisant sur une base proportionnelle dégressive, chaque État devant disposer d'au moins quatre parlementaires. Le traité de Lisbonne porte le nombre maximum de parlementaires à 751 (750 plus le président, TUE, art. 14, § 2), aucun État ne pouvant en élire plus de 96 et moins de 6. La répartition des sièges entre les États membres sur une base proportionnelle régressive implique une surreprésentation des États les moins peuplés[1]. Elle peut donc

1. Le Conseil européen a donné la définition suivante de la proportionnalité régressive : « le rapport entre la population et le nombre de sièges de chaque État membre avant l'arrondi à des nombres entiers varie en fonction de leurs populations respectives, de telle sorte que chaque député au Parlement européen d'un État membre plus peuplé représente davantage de citoyens que chaque député

apparaître comme une compensation au choix fait en ce qui concerne le vote au Conseil d'un système fondé sur la population (TUE, art. 16).

410 Les distorsions dans la représentation sont loin d'être négligeables et renforcent tout particulièrement la position des États les moins peuplés. En effet, ces États peuvent atteindre la majorité sans le concours des quatre États les plus peuplés. Dans ce cas, la majorité parlementaire ne représente pas la majorité de la population. À l'inverse, les quatre États les plus peuplés représentent la majorité de la population, mais non la majorité parlementaire. Cette situation n'est guère satisfaisante en termes d'égalité des votes. Mais le problème ne doit pas seulement être vu au seul niveau parlementaire. Il faut également tenir compte du fait qu'au Conseil, le vote est lié à la population des États membres. En outre, le vote au Parlement n'intervient pas seulement en fonction de l'appartenance nationale, mais aussi des appartenances politiques. En tout cas, la Cour constitutionnelle allemande a vu dans cette distorsion la marque d'un déficit démocratique structurel[1].

Tableau 1

Mesure de la distorsion produite par le système

	Europe à 12		Europe à 15		Europe à 28 (après 2014)	
	Membres	Habitants par parlementaire	Membres	Habitants par parlementaire	Membres	Habitants par parlementaire
Belgique	24	410 000	25	405 000	21	533 523
Bulgarie					17	426 216
Rép. tchèque					1	4 695 176
Danemark	16	320 000	16	325 000	13	432 431
Allemagne	81	957 000	99	820 000	96	840 673
Estonie					6	219 303
Irlande	15	248 000	15	240 000	11	418 458

d'un État membre moins peuplé et, à l'inverse, que plus un État membre est peuplé, plus il a droit à un nombre de sièges élevé », Décision du 22 juin 2013 fixant la composition du Parlement européen.

1. Arrêt 30 juin 2009.

Espagne	60	650 000	64	610 000	54	812 254
France	81	696 000	87	665 000	74	892 031
Grèce	24	418 000	25	415 000	21	523 465
Italie	81	704 000	87	655 000	73	837 709
Chypre					6	143 000
Croatie					11	386 073
Lettonie					8	250 183
Lituanie					11	267 588
Luxembourg	6	61 000	6	65 000	6	91 613
Hongrie					21	470 350
Malte					6	70 897
Pays-Bas	25	598 000	31	495 000	26	657 000
Autriche			21	370 000	18	472 883
Pologne					51	745 450
Portugal	24	428 000	25	395 000	21	496 538
Roumanie					32	623 207
Slovénie					8	257 635
Slovaquie					13	415 430
Finlande			16	310 000	13	419 328
Suède			22	390 000	20	482 243
Royaume-Uni	81	706 000	87	670 000	73	878 159
Total UE et rapport moyen population/siège : 675 594						

B. Le mode de scrutin

1. La situation initiale

411 Sous réserve d'un nombre limité de règles contenues dans l'Acte, chaque État membre dispose de la liberté de fixer son mode de scrutin et de définir les circonscriptions électorales. Dans l'ensemble, le mode de scrutin retenu est la représentation proportionnelle, selon le système de la plus forte moyenne avec des variantes nationales. Le système préférentiel existe en Belgique, au Danemark, en Italie, au Luxembourg, où le panachage est également possible, et aux Pays-Bas. En Allemagne et en France, ainsi qu'en Hongrie, Pologne, République tchèque et Slovaquie, les partis qui n'ont pas obtenu au moins 5 % des voix ne participent pas à la répartition des sièges. En Autriche, Finlande, Litua-

nie, Slovénie et Suède, ce seuil est fixé à 4 %. Le seuil est de 3 % en Grèce. L'Irlande et Malte utilisent le système particulier du vote unique transférable qui à certains égards est assimilable à la représentation proportionnelle. Le Royaume-Uni, qui pratiquait le scrutin majoritaire à un tour, a fait exception à la règle de la représentation proportionnelle jusqu'aux élections de 1999 lesquelles se sont déroulées au scrutin proportionnel régional à l'exception des circonscriptions d'Irlande du Nord dans lesquelles se pratique le vote unique transférable.

412 En ce qui concerne les circonscriptions électorales, on peut distinguer plusieurs types de solutions. Dans la plupart des États membres, et notamment les moins peuplés, l'élection se déroule dans le cadre d'une circonscription nationale unique. L'Allemagne pratique un système qui permet tant les listes nationales que les listes régionales. L'Italie est divisée en cinq circonscriptions avec décompte des voix à l'échelle nationale et répartition ensuite selon une clef régionale. La Belgique est divisée en trois régions linguistiques. L'Irlande est divisée en 4 circonscriptions, la France en 8, la Pologne en 13 et le Royaume-Uni en 12.

413 Les modalités de l'élection dépendent actuellement de la compétence nationale et le Parlement européen ne saurait empiéter sur celle-ci. La Cour avait censuré pour ce motif un système de financement de campagnes d'information pour les élections européennes mis en place par le Parlement européen[1]. La question est actuellement réglée avec l'instauration d'un régime de financement des partis politiques européens[2].

2. La recherche d'un mode de scrutin uniforme

414 Selon l'article 138 du traité CEE, il appartenait au Parlement de faire des propositions au Conseil en vue de l'instauration d'un système uniforme de scrutin. Le Parlement s'était acquitté de sa mission le 10 mars 1982[3], mais le Conseil n'a pu parvenir à un accord sur cette proposition. Pour l'essentiel, le Parlement propo-

1. CJCE 23 avr. 1986, n° 294/83, *Les Vert c/ Parlement européen.*
2. Règlement du 22 octobre 2014, JO L 317 du 4 novembre 2014, modifiant le règlement antérieur qui avait été publié au *JO* 15 nov. 2003, L 297/1.
3. *JO* 5 avr. 1982, C 87

sait l'utilisation du scrutin proportionnel régional selon le système d'Hondt. Cette proposition se heurtait aux objections du Royaume-Uni qui estimait à l'époque que l'introduction du scrutin proportionnel pour les élections européennes constituerait un précédent susceptible de susciter des revendications en faveur de l'abandon, pour les élections nationales, du traditionnel scrutin majoritaire à un tour, clef du système politique britannique. De son côté, la France craignait qu'un tel système entre en conflit avec la jurisprudence du Conseil Constitutionnel relative à l'unité de la République[1]. Sur le premier point, l'arrivée au pouvoir de M. Blair conduisait la Grande-Bretagne à abandonner ses objections. En ce qui concerne la France, l'évolution de la jurisprudence constitutionnelle française, qui admettait le 9 juin 1991 que l'unité de la République ne s'opposait pas à l'instauration d'un régime particulier pour la Corse devait rendre l'objection moins recevable d'autant plus qu'il ne s'agit que de circonscriptions électorales et que les parlementaires ne sont pas des représentants de leur circonscription. En outre, dans sa décision du 9 avril 1992, le Conseil constitutionnel a estimé que le Parlement européen n'appartenait pas à l'ordre juridique de la République française. Le gouvernement Jospin avait d'ailleurs envisagé de modifier la législation nationale pour introduire des circonscriptions régionales lors des élections européennes. Le projet a été repris par le gouvernement Raffarin et adopté par le Parlement. L'élection se déroule dans le cadre de huit grandes circonscriptions formées par des regroupements de régions. Dans sa décision n° 2003-468 DC du 3 avril 2003, le Conseil constitutionnel a rejeté le grief d'inconstitutionnalité de la loi fondé sur l'indivisibilité de la République et l'unicité du peuple français en estimant que, depuis le traité de Maastricht, les membres du Parlement européen représentaient les citoyens de l'Union européenne résidant en France et non le peuple français.

415 Après la signature du traité sur l'Union européenne, le Parlement a repris ses travaux sur un système électoral uniforme. Le rapport

1. Décis. 30 déc. 1976.

de M. de Gucht[1] proposait un système de scrutin proportionnel au niveau national avec la possibilité de listes régionales, voire même d'une élection au scrutin uninominal pour la moitié des sièges à condition que la répartition globale des mandats soit proportionnelle à l'ensemble des suffrages exprimés (on aura reconnu le système électoral national allemand). Le Parlement a approuvé ces propositions. Le Conseil a procédé sans succès à plusieurs échanges de vues sur la résolution de Gucht.

416 En vue de faciliter la recherche d'une solution, le traité d'Amsterdam avait modifié l'article 138, § 3, 1er alinéa, afin d'indiquer que l'élection au suffrage universel direct pouvait avoir lieu, soit selon un système électoral uniforme, soit selon des principes communs aux États membres (Traité CE, art. 190 nouveau). L'exigence d'uniformité était donc assouplie. Sur ces bases, le Parlement adoptait, le 15 juillet 1998, un nouveau projet. Ce texte reposait sur l'utilisation du scrutin proportionnel dans le cadre de circonscriptions régionales avec une exception pour les États dont la population n'est pas supérieure à 20 millions d'habitants. Le seuil de 20 millions d'habitants aurait eu pour effet de n'imposer des circonscriptions régionales que dans les cinq grands États membres Des dérogations étaient également possibles pour tenir compte des spécificités régionales, dès lors qu'elles ne portaient pas atteinte à la représentation proportionnelle ce qui permettait de tenir compte de situations comme celles du Val d'Aoste ou du Haut Adige en Italie. Le projet parlementaire prévoyait également la possibilité, dans une phase ultérieure, de décider qu'un certain nombre de sièges seraient pourvus au scrutin proportionnel dans le cadre d'une circonscription unique à l'échelle de l'Union européenne.

417 En définitive, le Conseil et le Parlement sont tombés d'accord sur une réforme bien plus modeste qui se contente d'enregistrer la situation existante. Le mode de scrutin uniforme retenu est le scrutin proportionnel de liste ou le vote unique transférable (pour tenir compte de la spécificité irlandaise). Le vote peut être préfé-

1. Doc. PE 26 nov. 1992, A3-0381/92.

rentiel. Les États membres ont la liberté d'organiser le scrutin dans le cadre de circonscriptions à condition de ne pas porter atteinte au caractère proportionnel de celui-ci. On a donc renoncé à l'obligation de prévoir des circonscriptions régionales au-delà d'un certain seuil de population. Il est permis de prévoir un seuil minimal de voix pour l'attribution des sièges, mais celui-ci ne peut excéder 5 % des suffrages exprimés[1]. Cette réforme, approuvée par les États membres conformément à leurs procédures nationales, a été appliquée pour la première fois lors des élections européennes de 2004.

418 Sur le plan procédural, les projets élaborés par le Parlement sont soumis au Conseil qui se prononce à l'unanimité. Le traité sur l'Union européenne a instauré une procédure de codécision spécifique puisqu'il impose l'avis conforme du Parlement européen à la majorité des membres qui le composent. Enfin, les décisions arrêtées par le Conseil sont adoptées par les États membres selon leurs règles constitutionnelles respectives. Il s'agit donc d'une procédure complexe qui fait intervenir le Conseil, le Parlement européen et les Parlements nationaux. Le traité de Lisbonne ne modifie pas cette procédure (TUE, art. 14, § 2, amendé).

3. La participation des citoyens de l'Union aux élections

419 S'agissant de l'élection des parlementaires, l'article art. 22, § 2 du TFUE, introduit à Maastricht, prévoit que « tout citoyen de l'Union résidant dans un État membre dont il n'est pas ressortissant a le droit de vote et d'éligibilité aux élections au Parlement européen dans l'État membre où il réside dans les mêmes conditions que les ressortissants de cet État ». La pratique, déjà en vigueur dans plusieurs États membres, était ainsi généralisée. Le Conseil a adopté la directive fixant les modalités d'application de cet article le 6 décembre 1993[2]. La directive précise les conditions dans lesquelles tout citoyen de l'Union, résidant sur le territoire d'un autre État membre, peut voter et être candidat aux élections européennes dans les mêmes conditions qu'un national, en prenant les précautions nécessaires pour éviter le double vote et pour

---

1. Cons., 25 juin et 23 sept. 2002, *JO* 21 oct. 2002, L 283/1.
2. *JO* 30 déc. 1993, L 329, p. 34.

assurer la prise en compte des décisions nationales privant un citoyen du droit de voter ou d'être éligible. Elle prévoit également un régime spécifique pour les États dans lesquels la proportion de citoyens non nationaux de l'Union ayant l'âge de voter excède 20 % des citoyens de l'Union en âge de voter. Dans cette hypothèse, le droit de vote peut être subordonné à la condition que la durée de la résidence soit au maximum de cinq ans. Pour l'éligibilité, la durée peut être au maximum de 10 ans. Cette dérogation n'est applicable qu'au Luxembourg où les citoyens d'autres États membres représentent plus de 36 % de l'électorat. Elle est d'ailleurs réduite à cinq ans.

420 Le taux de participation des électeurs aux élections européennes peut paraître décevant, car il n'a cessé de diminuer depuis la première élection au suffrage universel direct. Il était, au niveau de la'Union, de 63 % en 1979, de 61 % en 1984, de 58,5 % en 1989, de 56,8 % en 1994, de 49,4 % en 1999, de 45,6 % en 2004, de 42,94 % en 2009 et de 42,54 en 2014. La courbe décroissante de la participation contraste curieusement avec la croissance des pouvoirs du Parlement. Mais il convient de souligner que le chiffre global dissimule des variations importantes, puisqu'en 2014 le taux de participation était de 89 % en Belgique où, il est vrai, le vote est obligatoire, de 57 % en Italie, de 44,87 % en Espagne, de 42,42 % en France, de 52,4 % en Allemagne, de 35,6 % au Royaume-Uni, de 23,83 % en Pologne et de 13,05 % en Slovaquie où la participation était la plus faible. Il est vrai que ce taux est comparable à celui que connaissent les élections fédérales aux États-Unis d'Amérique. De plus, la baisse de la participation n'est pas propre aux élections européennes et le même phénomène se manifeste en tendance lors des élections nationales. On a souvent incriminé l'absence d'un système uniforme de scrutin, mais il semble que la vraie cause de l'abstention réside ailleurs. Pour l'essentiel, la construction européenne reste encore trop éloignée des citoyens qui en comprennent mal les enjeux. En outre, alors que les élections nationales permettent aux citoyens de désigner non seulement le Parlement, mais à travers celui-ci de choisir le gouvernement, les élections européennes ne remplissaient pas cette fonction. Le scrutin n'était donc pas personnalisé. Le Parlement européen a tenté de remédier à cette situation en proposant aux formations européennes de désigner lors des élections leur candidat à la présidence de la Commission, ce qui fut fait. Mais cela n'a pas suffi à accroître la participation et les sondages ont montré que moins de 5 % des électeurs connaissaient le nom de ces candidats. La tentative de personnalisation du scrutin a été occultée par les partis politiques nationaux. D'ailleurs leur mainmise sur la composition des listes et la campagne électorale conduit souvent à privilégier les questions de politique intérieure, l'influence des groupements politiques européens restant très faible. Il n'est donc pas étonnant que les élections apparaissent souvent, dans ces conditions, aux électeurs davantage comme une occasion de prendre position par rapport à leur gouvernement national que comme porteuses d'un véritable enjeu européen.

421 Certes, le traité contenait un article 191 CE (TUE, art. 10, § 4 ; TFUE, art. 224) lequel soulignait que « Les partis politiques au niveau européen sont importants en tant que facteur d'intégration au sein de l'Union. Ils contribuent à la formation d'une conscience européenne et à l'expression de la volonté des citoyens de l'Union ». Mais les formations européennes restaient des confédérations de partis nationaux sans forte identité. Le traité de Nice a ajouté à cet article un nouvel alinéa qui confiait au Conseil le soin de fixer à l'unanimité le statut des partis politiques au niveau européen et leur mode de financement. Depuis la réforme du règlement en 2014, les partis politiques européens ont la personnalité juridique dans tous les États membres. Pour être reconnu et avoir accès au financement européen, un parti doit avoir des membres dans un quart des Parlements nationaux ou régionaux ou avoir obtenu dans un quart des États membres au moins 3 % des voix aux élections européennes. Il doit respecter les valeurs sur lesquelles l'Union est fondée (liberté, démocratie, respect des droits de l'homme et des libertés fondamentales, État de droit) et présenter ou avoir exprimé l'intention de présenter des candidats aux élections européennes. Il ne peut recevoir de dons anonymes ou des groupes politiques du Parlement, d'entreprises contrôlés par l'État ou d'entités étrangères, ni plus de 18 000 euros par donateur. Sa comptabilité est publique. Le financement de l'Union est réparti entre une somme de 15 % du total attribués sur une base égalitaire et de 85 % attribués proportionnellement au nombre d'élus au Parlement[1]. Le règlement concerne également les fondations associées aux partis politiques européens.

§ 2. Le statut des parlementaires

422 Le statut des parlementaires résulte de dispositions contenues dans divers textes (acte relatif à l'élection du Parlement, protocole sur les privilèges et immunités etc.). Il est régi pour partie par le droit de l'Union et pour partie par des dispositions nationales.

A. L'indépendance des parlementaires

423 L'indépendance des parlementaires est prévue par l'acte relatif aux élections qui prohibe le mandat impératif. Mais cette règle abstraite n'est pas suffisante. Il convient d'éviter les conflits d'intérêts entre les différentes activités que pourrait exercer le parlementaire ; c'est l'objet des incompatibilités que de permettre à l'élu d'exercer son mandat sans craindre de poursuites pour les actes accomplis dans l'exercice de ses fonctions, c'est l'objet des privilèges et immunités.

1. La prohibition du mandat impératif

424 Selon l'article 4 de l'Acte, les représentants votent individuellement et personnellement. Ils ne peuvent recevoir de mandat impératif. Cette dernière disposition a donné lieu à des discussions en raison de la pratique (dite du « tourniquet ») selon laquelle les parlementaires élus en 1979 sur la liste conduite par M. Chirac s'étaient à l'avance engagés à démissionner au terme d'un an de mandat, pratique qui a été également suivie par certains partis écologistes. Le Parlement, après examen, n'a pas contesté la légalité de cette pratique, car il a jugé qu'elle ne relevait pas de la prohibition du mandat impératif. Mais il a confirmé que toute démission ne pouvait résulter que de la seule volonté du parle-

1. Voir supra note 38

mentaire. Il appartient donc à la commission parlementaire compétente de vérifier la régularité de la démission et, en cas de doute sur la compatibilité de celle-ci avec l'acte relatif à l'élection du Parlement de renvoyer la question à l'examen de celui-ci (Règl. int., art. 4, § 3). En d'autres termes, il ne serait pas interdit de prendre l'engagement de démissionner, mais cet engagement ne saurait lier le parlementaire qui, s'il le met en œuvre, doit pouvoir le faire en toute liberté. Le parlementaire est donc indépendant des partis et groupes politiques. Ces règles ont été confirmées dans la décision du Parlement européen du 28 septembre 2005 portant adoption du statut des députés au Parlement européen[1]. L'article 2 de la décision précise que « les députés sont libres et indépendants » que « les accords relatifs à une démission du mandat avant l'expiration ou à la fin d'une législature sont nuls et non avenus » de même que ceux relatifs aux modalités d'exercice du mandat.

2. Les inégibilités et les incompatibilités

425 L'acte ne prévoyant pas d'inéligibilités, la fixation éventuelle de celles-ci relève donc de la législation nationale. Lorsqu'un parlementaire était déclaré inéligible en application de la législation nationale (cas de M. Tapie et de M. Le Pen), le Parlement avait l'habitude de prendre acte sans vote de la notification qui lui était faite par les autorités nationales, le parlementaire concerné étant d'office déchu de son mandat. Saisi du cas de M. Le Pen qui estimait que le Parlement devait exercer un contrôle sur la notification nationale, le Tribunal de première instance avait estimé que dans la mesure où, en vertu de l'acte de 1976 sur l'élection du Parlement au suffrage universel, le Parlement devait se limiter à prendre acte de la vacance du siège. Il ne lui appartient pas de se prononcer sur la législation nationale et de vérifier la régularité de la procédure. Dès lors que l'exactitude matérielle de la décision nationale est établie, la déchéance est automatique. Le Tribunal a donc estimé que la prise d'acte du Parlement ne produisait pas d'effets juridiques en elle-même et que le recours formulé par M.

1. *JO* 7 oct. 2005, L 262/1

Le Pen était irrecevable. Le seul recours disponible et qui a été exercé par l'intéressé est un recours devant le juge national[1]. La nouvelle version de l'acte adoptée en 2002 clarifie la question en disposant que la déchéance d'un mandat en application de la législation nationale prend effet automatiquement, le Parlement étant simplement informé.

426 Le régime des incompatibilités est déterminé pour partie par l'Acte relatif à l'élection du Parlement au suffrage universel et laissé, pour le reste, à la compétence nationale. Les incompatibilités établies par l'Acte visent à interdire le cumul entre le mandat parlementaire et une participation à une autre institution ou organe de l'Union. Le mandat parlementaire est également incompatible avec les fonctions de membre du gouvernement d'un État (en raison de la participation au Conseil des ministres), de membre de la Commission, de juge à la Cour de justice (et, selon la même inspiration, au Tribunal), de membre de la Cour des comptes, de médiateur européen et des membres du directoire de la Banque centrale européenne ainsi que des fonctionnaires de celle-ci, de membre du Comité économique et social, de membre du Comité des régions, de membre de comités ou organismes créés en vertu, ou en application, des traités en vue de l'administration des fonds communautaires ou d'une tâche directe et permanente de gestion administrative, de membre du Conseil d'administration, du comité de direction ou employé de la Banque européenne d'investissement, de fonctionnaire ou agent en activité des institutions communautaires et des organismes qui leur sont rattachés. Les incompatibilités sont notifiées au président du Parlement par les autorités nationales, par celles de l'Union ou par le parlementaire concerné. Le Parlement constate la vacance.

427 S'il n'existe pas sur le plan de l'Union d'incompatibilité entre un mandat parlementaire et une activité privée, le Parlement a néanmoins établi un système de déclaration des intérêts financiers des membres (Règl. int. parl., art. 11 et ann. I). Ces derniers doivent, dès lors qu'ils ont un intérêt financier direct dans une question

1. TPI 10 avr. 2003, T-353/00 ; Arrêt 7 juill. 2005, C-208/03P.

en discussion, le déclarer avant de prendre la parole dans un organe du Parlement. En outre, est établi un registre public dans lequel les membres doivent indiquer toute activité professionnelle et toute fonction rémunérée. Le registre comporte également les soutiens financiers alloués par des tiers, en personnel et en matériel, au député dans le cadre de ses activités politiques. Les députés s'interdisent de recevoir tous les autres dons ou libéralités. Le système repose sur la publicité donnée aux déclarations et il n'existait pas de vérification de la compatibilité des activités privées avec l'indépendance du mandat, ni de sanction en cas d'incompatibilité. La seule sanction du refus de faire une déclaration réside dans la suspension du parlementaire, après mise en demeure, pour une durée de deux à cinq jours. En outre, un parlementaire qui n'aurait pas fait de déclaration ne pourrait exercer de fonctions de responsabilité au sein du Parlement. Bien entendu, un tel système, purement interne au Parlement, ne saurait se substituer à un véritable régime d'incompatibilités, tel qu'il existe dans certains États membres. Il était d'ailleurs paradoxal de voir le Parlement veiller avec rigueur à l'application aux membres de la Commission de règles qu'il n'avait pas su imposer à ses propres membres.

428 En réponse à un scandale qui avait vu des parlementaires accepter de l'argent des faux lobbyistes, en réalité des journalistes britanniques, pour déposer des amendements à une proposition de la Commission, le bureau et la conférence des présidents ont adopté un code de conduite qui a été transcrit dans le règlement du Parlement par une résolution adoptée le 1er décembre 2011. L'article 11 du règlement renvoie au code de conduite qui figure en annexe I. Le code pose en principe que les députés « s'inspirent et agissent dans le respect des principes de conduite généraux suivants : le désintéressement, l'intégrité, la transparence, la diligence, l'honnêteté, la responsabilité et le respect de la réputation du Parlement ». À cette fin, il établit un certain nombre de règles classiques telle celle qui interdit aux parlementaires de recevoir des cadeaux d'une valeur supérieure à 150 euros. Mais surtout, il impose aux parlementaires de régler leurs conflits d'intérêts et, dans le cas où ils n'y parviendraient pas personnellement, à en informer le président et à solliciter un avis d'une commission spécifiquement établie à cette fin. La procédure est largement entre les mains du président du Parlement puisqu'il peut saisir de son propre mouvement en cas de suspicion de conflit. Il désigne les cinq membres du comité au sein de la commission. Le comité fait une recommandation au parlementaire qui l'a saisi ou au président. Si la saisine émanait du président, ce dernier peut adopter une des sanctions prévues par l'article 166, du règlement. Celles-ci comportent le blâme, la suspension pendant deux à 10 jours de l'indemnité de séjour, la suspension pendant 10 jours. Dans le cas où le parlementaire exerce des fonctions au sein du Parlement, il peut être privé de celles-ci. Les sanctions sont relativement faibles et leur caractère dissuasif est contestable. La principale d'entre elles est sans doute la publicité donnée à la sanction après l'expiration du délai de recours. Néanmoins le code de conduite marque un progrès par rapport à la situation antérieure.

429 Pour le reste, il appartient aux États membres d'établir des incompatibilités entre le mandat parlementaire européen et des mandats ou activités nationales. En France, les incompatibilités sont établies par référence au régime national. C'est ainsi que le mandat européen est pris en compte dans le cadre de la limitation du cumul de mandats nationaux et locaux.

430 À l'origine, l'acte établissait dans son article 5 la compatibilité entre un mandat parlementaire national et le mandat européen. Cette disposition faisait suite à une ancienne controverse sur le double mandat. Certains estimaient que le double mandat était un moyen de maintenir une liaison entre le Parlement européen et les Parlements nationaux, d'autres, au contraire, pensaient que le mandat européen devait être exercé à plein-temps et que le double mandat entraînerait un absentéisme important. Les rédacteurs ont penché vers une solution libérale en laissant le temps faire son œuvre. En réalité, on a assisté à une raréfaction du double mandat. Si en 1979, 31 % des parlementaires exerçaient un double mandat, cette proportion n'était plus que de 3,8 % en 1994. Cette diminution était due non seulement au poids de l'activité parlementaire européenne, mais aussi au fait que certaines législations nationales, comme en Belgique, interdisaient le double mandat. C'est la raison pour laquelle lors de la révision de l'acte en 2002,

l'incompatibilité entre le mandat européen et le mandat national a été prévue au prix de l'instauration d'une période transitoire pour le Royaume-Uni et l'Irlande.

3. Les privilèges et immunités

431 Comme le confirme l'article 4-2 de l'Acte, les privilèges et immunités parlementaires résultent du protocole sur les privilèges et immunités. Adopté à une époque où les parlementaires n'étaient pas élus au suffrage universel direct et bénéficiaient, en raison du cumul des mandats, d'une protection nationale, le régime en vigueur comporte de nombreuses lacunes, dans la mesure où il a été conçu comme un régime complémentaire ne devant couvrir que la partie « européenne » de l'activité du parlementaire. Dans la situation actuelle, les parlementaires bénéficient d'une liberté complète de circulation pour se rendre aux lieux de réunion du Parlement ou en revenir. Même si l'on interprète de manière extensive la notion de lieu de travail, comme visant tout lieu dans lequel se tient une réunion du Parlement ou de l'un de ses organes, la garantie de liberté de déplacement n'en reste pas moins limitée dans la mesure où les déplacements dans l'exercice du mandat pour se rendre, par exemple, à une manifestation publique, sont soumis au régime normal de la libre circulation dans la Communauté. Au regard du droit de l'Union, un membre du Parlement européen pourrait se voir refuser l'entrée dans un État membre pour des motifs d'ordre public et de sécurité. Cependant, la Cour européenne des droits de l'homme a condamné la République française pour avoir expulsé de Polynésie et de Nouvelle-Calédonie, où elle se rendait pour participer à une manifestation parlementaire européenne. De façon audacieuse, elle a estimé que l'article 16 de la convention qui permet de restreindre les droits politiques des étrangers ne s'appliquait pas à l'intéressée en sa qualité de ressortissante d'un État membre de l'Union européenne et de parlementaire européenne[1].

432 Comme dans de nombreux systèmes nationaux, un parlementaire européen ne peut faire l'objet de poursuites pour les opinions et

1. Arrêt 20 mars 1995, A/314.

les votes émis dans l'exercice des fonctions parlementaires (Prot., art. 9, devenu art. 8 après le traité de Lisbonne). En ce qui concerne la protection contre des poursuites judiciaires pendant la durée du mandat, la protection ne joue que pendant la durée des sessions et hors le cas de flagrant délit (Prot., art. 10, devenu art. 9). Cependant, la pratique du Parlement est de tenir une session annuelle commençant à la fin de la session précédente et s'achevant à la veille de la session suivante, si bien que la protection est permanente. Cette pratique a été confirmée à deux reprises par la Cour[1] qui considère que le Parlement doit être considéré en session même lorsqu'il n'est pas en séance.

433 Le Parlement prévoit dans son règlement intérieur que l'immunité peut être levée par l'Assemblée à la demande de l'autorité compétente d'un État membre (art. 6 et s.). Le règlement précise cependant que l'objet de l'immunité est de préserver l'intégrité de l'Assemblée et l'indépendance du parlementaire. Elle ne saurait être utilisée à la simple fin de paralyser des poursuites pénales. Dès réception de la demande, le président en informe le Parlement et renvoie l'affaire à la commission compétente. Le rapport de la commission, établi après avoir entendu le parlementaire concerné, contient une proposition de décision qui se limite à recommander l'adoption ou le rejet de la demande, aucun amendement n'étant recevable (Règl., art. 9). La commission ne se prononce ni sur la culpabilité éventuelle, ni sur l'opportunité des poursuites. Lors de son examen, le Parlement tient compte de la pratique de l'État membre dont l'élu est le ressortissant, mais ne se considère pas comme lié par celle-ci. Il refuse généralement la levée de l'immunité lorsqu'il s'agit de délits qu'il considère comme revêtant un caractère politique ou lorsque les poursuites visent à l'évidence à entraver l'exercice du mandat parlementaire. En revanche, celle-ci est levée lorsqu'il s'agit de délits sans lien avec le mandat. Le Parlement a toujours donné une interprétation très généreuse de ces principes et n'a accepté de lever l'immunité que dans des cas exceptionnels. L'immunité peut être levée uniquement pour les

1. CJCE 12 mai 1964, n° 101/63, *Wagner* ; CJCE 10 juill. 1986, n° 149/85, *Wybot et Faure*.

poursuites, ce qui interdit les mesures privatives de liberté à l'encontre du parlementaire. Lorsqu'un parlementaire est arrêté en flagrant délit, la suspension des poursuites ou de la détention peut être décidée. L'immunité étant accordée pour protéger l'indépendance du parlementaire et non pour apporter à celui-ci un avantage personnel, un parlementaire ne saurait renoncer à son immunité disposant ainsi d'un droit qui n'a pas été établi dans son intérêt, mais dans celui de l'assemblée. La Cour de justice a jugé, qu'en ce qui concernait l'immunité pour les opinions et votes émis par les parlementaires à l'occasion de leur fonction, la mise en œuvre appartenait aux autorités nationales. Il n'est donc pas nécessaire de saisir le Parlement européen dans ce type d'hypothèses. Si le Parlement est saisi, la décision qu'il prend constitue un avis non contraignant. Cependant, en application du principe de coopération loyale, le juge national dès lors qu'il a connaissance d'une saisine du Parlement doit attendre que celui-ci se prononce avant de statuer. La procédure de levée d'immunité ne trouve à s'appliquer que dans les autres procédures judiciaires[1].

B. Le statut financier du parlementaire

434 Le statut financier des parlementaires était laissé à la compétence des États membres à défaut de réglementation communautaire. L'indemnité était donc déterminée par les diverses législations nationales. Il en résultait des disparités importantes, disparités qu'il était difficile de justifier dans la mesure où les charges du mandat sont les mêmes pour tout parlementaire. Il s'agit de l'un des points sur lesquels des mesures communautaires ont été très tôt jugées souhaitables. Le Parlement a dès lors mis en place un système d'indemnités accessoires destiné à couvrir des frais liés à l'exercice du mandat et à assurer une protection sociale au parlementaire et à sa famille. Sa compétence pour prendre de telles mesures repose, selon lui, sur son pouvoir d'auto-organisation consacré par l'article 232 TFUE, lequel autorise le Parlement à établir son règlement intérieur, et sur l'article 5 du traité qui

1. CJCE 21 oct. 2008, C-200 et 201/07, *Luigi Marra*.

impose aux États, dans le cadre de leur obligation de coopération loyale, de ne pas entraver le bon fonctionnement du Parlement[1]. Outre le remboursement des frais de voyage et de séjour, le Parlement européen versait à chaque député des sommes lui permettant d'engager un collaborateur, d'entretenir un bureau, d'effectuer des voyages dans l'Union (dans les limites d'un plafond maximum) et de suivre des cours de langues. Ce régime a suscité des controverses et les présidents successifs du Parlement ont admis qu'il devrait être révisé afin d'éviter d'éventuels abus.

435 Le traité d'Amsterdam marquait un progrès vers l'établissement d'un statut des parlementaires puisqu'il confiait au Parlement le soin de fixer « le statut et les conditions générales d'exercice des fonctions de ses membres, après avis de la Commission et avec l'approbation du Conseil statuant à l'unanimité » (Traité CE, art. 190 ; TFUE, art. 223, § 2). Les revendications parlementaires sur ce point étaient été satisfaites, mais restait la difficile tâche de trouver un accord sur le contenu du statut. Le Parlement avait élaboré un premier projet dans lequel il fixait l'indemnité parlementaire à la moyenne des indemnités nationales. Le Conseil avait accepté cette solution, mais il a modifié le projet du Parlement en limitant le remboursement des frais de déplacement des parlementaires aux frais effectivement exposés et en autorisant les États membres qui feraient une déclaration en ce sens à soumettre l'indemnité parlementaire au régime fiscal national alors que cette indemnité est frappée, en principe, par l'impôt communautaire. Le Parlement a longtemps hésité à accepter ces éléments et l'examen du texte s'est poursuivi. En apparence, le traité de Nice rendait la recherche d'une solution plus aisée en substituant la majorité qualifiée à l'unanimité, mais l'unanimité était maintenue pour le régime fiscal des membres. Finalement, Un accord a pu être trouvé et la décision du 28 septembre 2005 adoptée[2]. L'indemnité parlementaire est fixée à 38,5 % du traitement de base d'un juge à la Cour de justice. Elle est normalement soumise à l'impôt communautaire, mais les États membres peuvent imposer cette indemnité

1. CJCE 15 sept. 1981, n° 208/80, *Lord Bruce of Donnington*.
2. *JO* 7 oct. 2005, L 262/1.

à condition d'éviter toute double taxation. Ils peuvent également prendre en compte celle-ci pour la fixation du taux applicable à d'autres revenus. Le nouveau système est applicable après les élections de 2009 avec la faculté pour les députés qui seront réélus de conserver l'ancien système de rémunération. Actuellement, la rémunération mensuelle d'un parlementaire après impôt s'élève à 6 250,37 euros. Vient s'y ajouter une indemnité mensuelle de frais généraux de 4 299 euros qui est réduite de moitié si le parlementaire n'assiste pas au moins à la moitié de sessions. Les voyages des députés sont remboursés sur la base des frais. Une indemnité de 304 euros par jour de présence aux réunions est destinée à couvrir les frais de séjour. Enfin une somme d'un montant mensuel de 21 209 euros est destinée à couvrir les salaires de leurs assistants. Pour éviter toute fraude, ces salaires sont gérés par le Parlement pour les assistants recrutés à Bruxelles et par un tiers payant agréé pour les assistants engagés dans l'État d'origine du député.

SECTION 2
L'ORGANISATION DU PARLEMENT

436 Le Parlement dispose de la maîtrise de son organisation interne. Ce pouvoir d'auto-organisation, consacré par la Cour dans l'affaire *Lord Bruce of Donington* (préc. ss 374) découle de l'article 232 TFUE, qui confie au Parlement le soin d'adopter son règlement intérieur à la majorité des membres qui le composent. En vertu du principe de coopération loyale défini à l'article 4 TUE, les États membres et les autres institutions doivent respecter les règles établies par le Parlement pour autant qu'elles visent à assurer le bon fonctionnement de celui-ci. Cependant, ce pouvoir ne saurait permettre au Parlement de porter atteinte à la répartition des compétences entre les États membres et l'Union[1] ou à l'équilibre institutionnel, c'est-à-dire à la répartition des pouvoirs entre

1. Aff. *Les Verts* préc. ss 401.

les institutions de la Communauté telle qu'elle résulte du traité. Le pouvoir d'auto-organisation du Parlement s'exprime essentiellement dans son règlement intérieur. Dans la mesure où le règlement intérieur du Parlement est l'œuvre de la seule institution parlementaire, les dispositions de celui-ci qui visent les rapports avec d'autres institutions ne peuvent être opposées à ces dernières à moins qu'elles ne reprennent des règles qui découlent directement du traité. Cependant, de nombreuses règles de conduite applicables aux rapports entre le Parlement et d'autres institutions découlent d'accords interinstitutionnels. Cet ensemble de règles internes porte sur les structures (**§ 1**) et sur l'organisation des séances (**§ 2**).

§ 1. Les structures

437 La structure du Parlement résulte pour partie du traité qui prévoit que le Parlement désigne parmi ses membres son président et son bureau (TUE, art. 14, § 4) et pour le reste du règlement intérieur. Trois types d'organes méritent une attention particulière : les organes de direction (**A**), les commissions (**B**) et les groupes politiques (**C**).

A. Les organes de direction

438 La direction du Parlement est assurée par le président, les vice-présidents, le bureau, le collège des questeurs, la conférence des présidents. L'élection du président, des vice-présidents et des questeurs a lieu lors de la première session qui suit l'élection du Parlement ou, lorsque l'on procède à une nouvelle élection en cours de législature, lors de la séance qui suit immédiatement la fin du mandat du président. Les candidats doivent être présentés par un groupe politique ou 40 députés. Pour l'élection du président, lors des trois premiers tours de scrutin, la majorité absolue des suffrages exprimés est nécessaire pour être élu. Au quatrième tour, seuls les deux candidats ayant obtenu le plus grand nombre de voix lors du tour précédent peuvent se présenter. En cas d'égalité de voix, le candidat le plus âgé l'emporte (Règl., art. 16).

Depuis l'élection au suffrage universel direct, la durée du mandat est deux ans et demi, ce qui divise la législature en deux périodes égales. Le président est rééligible, mais jusqu'à présent les exigences de la rotation entre les groupes politiques et entre les nationalités n'avaientt jamais autorisé la réélection d'un président sortant jusqu'en 2014 En fait, par accord entre les deux groupes politiques les plus importants (Socialiste et Parti populaire européen), la présidence a été longtemps assurée alternativement par un membre de l'un de ces deux groupes. Cette situation a été vivement critiquée par les autres groupes politiques lors de l'élection de janvier 1997 qui a vu un membre du PPE succéder à un président issu du groupe socialiste. La seule exception date de 1999 où en raison de l'importance numérique du groupe du Parti populaire européen, l'accord entre le PPE et les socialistes a été remplacé par un accord entre le PPE et les libéraux. Le président actuel, M. Schultz, qui appartient au groupe socialiste, était président du Parlement européen lors de la précédente législature. Il a été reconduit à son poste à titre de lot de consolation puisqu'il était le candidat socialiste à la présidence de la Commission et a été devancé lors des élections par le Parti populaire européen et son candidat M. Jean-Claude Juncker.

439 Le président dirige les travaux du Parlement. Il représente celui-ci aussi bien dans les relations avec les autres institutions qu'à l'extérieur. Il ne peut participer aux débats lorsqu'il exerce effectivement la présidence. S'il désire intervenir, il doit se faire suppléer par un vice-président. L'article 314, § 9 TFUE[1] lui confie le pouvoir de constater l'arrêt du budget, constat qui a pour effet de rendre le budget exécutoire. Il cosigne avec le président du Conseil les actes arrêtés par le Conseil selon la procédure législative ordinaire (TFUE, art. 294).

440 L'élection des 14 vice-présidents a lieu, après l'élection du président, au scrutin uninominal et à la majorité absolue des suffrages exprimés lors des deux premiers tours. Lorsqu'un troisième tour est nécessaire, la majorité relative est alors suffisante. L'ordre de

1. Après le traité de Lisbonne, le Conseil a réclamé en vain devant la Cour le droit de cosigner le budget avec le président du Parlement européen, CJUE, arrêt du 17 septembre 2013, C-77/11.

préséance des vice-présidents est déterminé par le nombre de voix avec lesquelles ils ont été élus. Les vice-présidents remplacent le président et exercent les fonctions qu'il leur délègue. Comme toutes les autres fonctions au sein du Parlement, les vice-présidences sont *de facto* réparties entre les groupes politiques proportionnellement au nombre de membres que chacun compte.

441 Les questeurs sont élus selon les règles applicables aux vice-présidents. Ils sont chargés de tâches administratives et financières concernant les députés sous l'autorité du bureau.

442 Le Bureau se compose du président et des vice-présidents. Les questeurs y siègent avec voix consultative. Il règle les questions relatives à la conduite des séances et à l'organisation administrative et financière du Parlement, prépare l'avant-projet d'état prévisionnel des dépenses du Parlement.

443 La Conférence des présidents est composée du président du Parlement et des présidents de groupes politiques. Un représentant des non-inscrits y siège sans droit de vote. Selon l'article 27 du règlement, la conférence statue sur toutes les questions relatives à l'organisation interne du Parlement (sessions, ordre du jour, programmation législative, avant projet d'état prévisionnel des dépenses...) et aux relations avec les institutions, les pays tiers et les organisations extra-communautaires. Organe restreint, elle est le cœur du pouvoir de l'institution parlementaire. Elle prend ses décisions par consensus ou à défaut par un vote pondéré en fonction des effectifs de chaque groupe politique (Règl., art. 28).

B. Les commissions parlementaires

444 Les commissions parlementaires sont constituées par le Parlement à la majorité des suffrages exprimés. Les commissions d'enquête peuvent être créées à la demande d'un quart des membres, ce qui permet à une minorité de parlementaires d'en demander la création. À côté des commissions permanentes et des commissions d'enquête, le Parlement peut créer des commissions temporaires pour une période de 12 mois, sauf prolongation. Les membres titulaires des commissions sont élus sur proposition de la conférence des présidents. Cette proposition ne peut être amendée qu'à

l'initiative d'au moins 37 parlementaires. Elle repose sur une répartition effectuée au préalable par les groupes politiques, laquelle doit refléter autant que possible la composition du Parlement. La commission reproduit ainsi la composition de l'Assemblée, ce qui devrait éviter des divergences entre les points de vue de la commission et ceux de la séance plénière. Ceci est tellement vrai que, si un membre titulaire change de groupe politique, il conserve son mandat sauf si le changement perturbe l'équilibre politique de la commission auquel cas la conférence des présidents peut faire de nouvelles propositions pour la composition de la commission. Les membres titulaires sont désignés pour deux ans et demi. Ils sont dotés d'un suppléant qui n'est pas élu, mais désigné par leurs groupes politiques respectifs. En outre, en l'absence du titulaire et du suppléant, tout membre du même groupe politique peut siéger avec droit de vote à condition que le président de la commission en soit informé au préalable. Les présidents et vice-présidents des commissions sont élus par la commission sur la base d'un accord entre les groupes politiques.

445 Les commissions préparent les travaux de la séance plénière qu'il s'agisse d'avis, d'amendements dans le cadre des procédures législatives, de propositions ou d'amendements dans le cadre de la procédure budgétaire ou de résolutions prises à l'initiative du Parlement lui-même. La répartition des travaux entre les commissions se fait sur la base d'une définition des compétences de chaque commission établie par le Parlement. Au cas où plusieurs commissions sont compétentes, l'une d'entre elles est saisie à titre principal, les autres l'étant pour avis. En cas de litige, le Parlement tranche sur la base d'une proposition de la conférence des présidents

446 La commission parlementaire saisie d'une proposition de la Commission peut, sur proposition de son président, et à moins qu'un dixième des membres ne s'y opposent, opter pour une procédure simplifiée auquel cas le président de la commission parlementaire est nommé rapporteur et la proposition est mise aux voix sans débat en séance plénière (Règl., art. 50), à moins qu'un dixième des membres de la commission ne s'y opposent. Enfin, la commission peut, ce qui est la procédure normale, établir un rapport.

Dans ce dernier cas, l'un de ses membres est nommé rapporteur à la suite d'un accord entre les représentants des groupes politiques. Le rapport comporte un exposé des motifs et une proposition de résolution accompagnée éventuellement, dans le cadre de la procédure législative, de propositions d'amendements. L'exposé des motifs est rédigé sous la responsabilité du rapporteur. Il doit être conforme à la proposition de résolution et reflète, le cas échéant, les positions minoritaires. Le travail du rapporteur est suivi par des rapporteurs « fictifs » désignés par chaque groupe politique. Lors de l'examen d'une proposition de la Commission, un examen préliminaire porte sur la validité et la pertinence de la base juridique. L'avis de la commission compétente pour les questions juridiques peut être demandé sur ce point, cette dernière ayant d'ailleurs la faculté de se saisir d'office (Règl., art. 39). Sont également examinés le respect des principes de subsidiarité et de proportionnalité de la Charte des droits fondamentaux et celui de la compatibilité avec les ressources financières de l'Union.

C. Les groupes politiques

447 Les groupes politiques (Règl., art. 32) datent de la constitution de l'Assemblée de la CECA. Celle-ci a refusé de s'organiser sur une base nationale et a opté pour une structure fondée sur la répartition en familles politiques. Les groupes pouvaient être constitués sur la base d'un nombre de membres qui est d'autant plus faible que le groupe présente un caractère multinational. La possibilité offerte autrefois de constituer des groupes composés de députés appartenant à un seul État membre a disparu et l'on a progressivement renforcé les exigences quant au caractère multinational. Actuellement, un groupe politique doit comporter au moins 25 députés élus dans au moins un quart des États membres. Les groupes sont constitués sur la base d'affinités politiques et le Parlement a refusé, en octobre 1999, la constitution d'un groupe technique composé de radicaux italiens et de parlementaires d'extrême droite. Il a jugé qu'il n'existait aucune affinité politique entre ces parlementaires. Cette décision a été confirmée par le Tribunal de première instance. Celui-ci a estimé que l'organisation

par affinités politiques constituait un moyen de permettre au Parlement d'exercer de manière efficace son activité, mais surtout qu'en combinant l'exigence d'affinités politiques et d'appartenance nationale, le règlement intérieur permettait « de transcender les particularismes locaux et de promouvoir l'intégration européenne visée par le traité. Les groupes politiques concourent ainsi à la réalisation de l'objectif poursuivi par l'article 191 CE [TUE, art. 10, § 4, amendé], à savoir l'émergence de partis politiques au niveau européen en tant que facteurs d'intégration au sein de l'Union, de formation d'une conscience européenne et d'expression de la volonté politique des citoyens ». Il appartient donc au Parlement de vérifier lors de la constitution d'un groupe s'il existe bien des affinités politiques entre les membres de celui-ci, celles-ci devant être présumées dès lors qu'un groupe se constitue. Or, en l'espèce, le Parlement s'était limité à constater que les membres du groupe niaient toute affinité politique entre eux. Le Tribunal s'est cependant bien gardé de se prononcer sur les différences de traitement entre les députés appartenant à un groupe et les non-inscrits. Il a simplement indiqué qu'il appartenait au Parlement de vérifier si ces différences étaient justifiées au regard des objectifs légitimes poursuivis par les dispositions relatives à la création des groupes politiques. Un contentieux sur ce point n'est donc pas exclu dans l'avenir[1]. Le Parlement ne vérifie pas systématiquement l'existence d'affinités politiques. Ce n'est que lorsque l'inexistence de toute affinité entre les membres du groupe est clairement apparente qu'une vérification est déclenchée. Les groupes sont fréquemment constitués dans le cadre de partis politiques européens.

448 L'appartenance à un groupe politique est essentielle pour un parlementaire dans la mesure où les groupes contrôlent la répartition des fonctions à l'intérieur de l'Assemblée et disposent d'un nombre étendu de droits dans le cadre de la procédure parlementaire (répartition du temps de parole, suspension ou levée de séance, demande de renvoi en commission, organisation d'un

1. TPICE 2 oct. 2001, T-222/99, 327/99 et 329/99, *Martinez, de Gaulle e.a. c/ Parlement* ; le pourvoi formé contre cet arrêt devant la Cour a été rejeté par CJCE, ord., 11 nov. 2003, C-488/01P.

débat d'actualité...). Certes, plusieurs de ces droits ne sont pas exclusifs et peuvent également être exercés à la demande de 40 députés, mais ils bénéficient avant tout aux groupes.

449 Les groupes sont organisés pour contrôler le déroulement des travaux du Parlement et orienter les votes de leurs membres. Ainsi sur chaque dossier législatif, chaque groupe politique désigne un rapporteur « fictif » qui suit le déroulement des travaux, coordonne les positions et s'efforce de trouver des compromis avec ses homologues des autres groupes politiques (Règl., art. 205). Cependant, s'agissant de groupes multinationaux, la cohésion n'est pas toujours aisée à assurer dans la mesure où les intérêts nationaux peuvent interférer avec ceux des groupes. Les groupes politiques bénéficient de crédits et de personnel pris en charge par le budget de l'Assemblée. S'ils constituent des organes de l'Assemblée, leurs décisions devraient être susceptibles de recours devant la Cour de justice. La Cour devait trancher la question en estimant que, dans la mesure où aucune disposition du règlement intérieur n'habilitait les groupes politiques à agir au nom du Parlement, les actes de ces derniers n'étaient pas imputables à celui-ci[1]. En revanche, la question de savoir si les groupes politiques peuvent agir contre le Parlement n'est pas encore tranchée[2].

§ 2. L'organisation des travaux parlementaires

450 L'article 229 TFUE prévoit que le Parlement se réunit de plein droit le deuxième mardi de mars et qu'il tient une session annuelle. Selon l'article 145 du règlement, la session correspond à une période d'un an. La période de session est la réunion que tient le Parlement en principe chaque mois. La période de session se décompose en séances. Le Parlement peut également tenir des périodes de session supplémentaires. En outre, il peut se réunir en

1. CJCE 22 mars 1990, C-201/89, *Jean-Marie Le Pen et Front National c/ Parlement européen*.
2. Ord., 16 oct. 1986, n° 221/86R, *Groupe des droits européennes et Front National c/ Parlement européen*, dans laquelle la Cour réserve de façon expresse la question.

session extraordinaire à la demande de la majorité de ses membres, du Conseil ou de la Commission. Selon le protocole sur le siège des institutions, les sessions se tiennent à Strasbourg. Mais au-delà de 12 périodes de session mensuelles à Strasbourg, des périodes de session additionnelles peuvent être organisées à Bruxelles.

451 L'ordre du jour est préparé par la Conférence des présidents sur la base des recommandations de la Conférence des présidents des commissions et compte tenu du programme législatif annuel convenu avec la Commission. Il est adopté par le Parlement, mais les propositions de modifications sont soigneusement filtrées puisqu'elles ne peuvent être présentées que par une commission, un groupe politique ou 40 membres (Règl., art. 152). Pour accélérer le déroulement des travaux législatifs, sont inscrits automatiquement à l'ordre du jour en vue d'une adoption en bloc et sans débats, toute proposition adoptée en commission avec le vote contraire de moins d'un dixième des membres de celle-ci. Seuls peuvent s'y opposer un groupe politique ou des membres individuels représentant au moins un dixième des membres du Parlement (Règl., art. 150).

Section 3
Les pouvoirs du Parlement

452 Avant l'entrée en vigueur du traité sur l'Union européenne, l'article 137 indiquait que le Parlement exerce les pouvoirs de délibération et de contrôle qui lui sont attribués par le traité. Le traité sur l'Union européenne a modifié cette définition sans en changer fondamentalement le sens. Puis l'article 189 du traité CE se limitait à mentionner, sans autre précision, « les pouvoirs attribués par le traité », car les modifications introduites en ce qui concerne les pouvoirs du Parlement rendaient difficile une énumération. Le traité de Lisbonne contient à l'article 14 du TUE une énumération des fonctions du Parlement : fonctions de délibération (**§ 1**), nomination des membres des institutions (**§ 2**), fonction de contrôle (**§ 3**).

§ 1. Les pouvoirs de délibération

453 Le traité reconnaît au Parlement des pouvoirs en matière législative, budgétaire et dans le cadre de la conclusion des accords internationaux. Ces pouvoirs seront étudiés dans le cadre du titre consacré au processus décisionnel (v. ss 691). Avant tout, le Parlement dispose d'un pouvoir général de délibération qui l'autorise à débattre de tous les aspects de l'activité de l'Union. Il peut, dans ce cadre, clore ses débats par l'adoption de résolutions. Le Parlement statue normalement à la majorité des suffrages exprimés (majorité relative). Le traité impose fréquemment des majorités plus importantes : majorité des membres composant le Parlement (majorité absolue) comme dans le cas de la codécision après la première lecture, majorité des membres composant le Parlement et des trois cinquièmes des suffrages exprimés comme en matière budgétaire, majorité des membres composant le Parlement et des deux tiers des suffrages exprimer pour censurer la Commission ou refuser le budget.

A. La participation du Parlement au pouvoir législatif

454 La participation du Parlement européen au pouvoir législatif est assurée par diverses procédures. À l'origine, les traités lui accordaient uniquement un rôle consultatif. La pratique a développé ce rôle et donné naissance à la procédure de concertation. L'Acte unique européen a créé la procédure de coopération et le traité sur l'Union européenne a instauré une nouvelle forme de participation qui était désignée comme « la procédure prévue à l'article 189 B » (puis Traité CE, art. 251, et aujourd'hui TFUE, art. 294, dite « procédure législative ordinaire »), mais qui, dans la pratique, est connue comme la procédure de codécision. Le traité d'Amsterdam a étendu considérablement le champ de la codécision et limité celui de la coopération au seul domaine de l'Union économique et monétaire. Le traité de Nice a poursuivi l'élargissement du champ de la codécision. Le traité de Lisbonne fait de celle-ci la procédure de droit commun (procédure législative ordinaire).

455 À l'origine, le Parlement ne détenait aucun pouvoir d'initiative législative. Le traité sur l'Union européenne a modifié cette situation sans pour autant porter atteinte au monopole de la Commission. L'article 192 du traité CE (TFUE, art. 225) lui permit de demander, à la majorité de ses membres, à la Commission de soumettre toute proposition appropriée. Il s'agit d'un pouvoir d'initiative indirect soumis à l'appréciation de la Commission. Le Parlement a rarement usé de ce pouvoir.

B. La participation du Parlement au pouvoir budgétaire

456 L'octroi d'un pouvoir budgétaire du Parlement européen a précédé la mise en place d'un véritable pouvoir législatif. Les modifications des traités intervenues les 22 avril 1970 et 22 juillet 1975 ont accordé au Parlement un droit de dernier mot sur une partie importante des dépenses, les dépenses non obligatoires qui ne découlent pas du traité et des actes arrêtés pour son application, ainsi qu'un droit de rejet global du budget. Ils ont fait du Parlement, à côté du Conseil, une des branches de l'autorité budgétaire. C'est en se fondant sur son pouvoir budgétaire que le Parlement a accru progressivement son influence dans le processus législatif. Le traité de Lisbonne modifie profondément la procédure budgétaire en lui donnant la forme d'une procédure de codécision simplifiée. Aujourd'hui encore, le Parlement exerce avec beaucoup d'attention son pouvoir budgétaire. C'est la raison pour laquelle les débats budgétaires entre institutions sont généralement très animés (v. ss 757).

C. La participation du Parlement à la conclusion des accords internationaux

457 À l'exception des accords d'association pour lesquels était prévue la consultation du Parlement, le traité CEE ne prévoyait pas d'associer le Parlement à la conclusion d'accords internationaux. En 1964, le Conseil, par une lettre de son président Luns, acceptait d'impliquer davantage le Parlement dans la négociation des accords d'association en permettant la tenue d'un débat avant l'ouverture des négociations et en informant les commissions par-

lementaires compétentes du déroulement des négociations et de leur résultat. En 1973, la procédure Luns était étendue aux accords commerciaux par une lettre du président du Conseil Westerterp. Dans la déclaration solennelle sur l'Union européenne, il était admis que le Parlement devait être consulté sur tous les accords internationaux importants. Enfin, l'Acte unique soumettait la conclusion des accords d'association à l'avis conforme du Parlement. Dans l'article 300 du traité CE, le traité sur l'Union européenne rationalisait la participation du Parlement à la conclusion d'accords internationaux. L'Assemblée est consultée pour tous les accords internationaux, même lorsque sont applicables les procédures de coopération et de codécision à l'exception des accords fondés sur l'article 133 pour lesquels l'absence de consultation a été maintenue. Compte tenu des exigences de rapidité, le Conseil pouvait fixer un délai au Parlement pour rendre son avis en fonction de l'urgence. En l'absence d'avis, le Conseil pouvait statuer. L'avis conforme était maintenu pour les accords d'association. Par exception, la procédure de l'avis conforme était étendue aux « accords ayant des incidences financières notables pour la Communauté » ainsi qu'aux « accords impliquant une modification d'un acte adopté selon la procédure visée à l'article 251 ». Le traité de Lisbonne élargit le champ de l'avis conforme à tous les accords qui portent sur des questions soumises à codécision ou pour lesquelles l'approbation du Parlement est requise.

458 La question de l'application provisoire d'un accord après la signature a donné lieu à bien des difficultés, le Parlement estimant que cette décision ne pouvait être prise qu'avec son avis ou son avis conforme selon les cas. Le traité d'Amsterdam a réglé la question en confirmant le pouvoir du Conseil de décider seul. Il en va de même pour la suspension d'un accord. Le Parlement est tenu informé des décisions d'application provisoire ou de suspension[1].

1. Sur la procédure de conclusion des accords internationaux, v. ss 789 s.

§ 2. La participation du Parlement à la nomination des membres des institutions

A. Nomination de la Commission

459 Le Parlement a vu ses pouvoirs s'accroître progressivement en ce qui concerne la désignation de la Commission. Tout d'abord, la déclaration solennelle sur l'Union européenne du 19 juin 1983 prévoyait que le bureau élargi du Parlement serait consulté sur la désignation du président et que la Commission ferait, après sa nomination, une déclaration suivie d'un vote devant le Parlement. Le Parlement a considéré qu'il s'agissait d'une procédure d'investiture bien qu'en réalité l'affirmation fût exagérée, puisqu'un vote négatif n'avait aucune conséquence juridique et qu'il appartenait à la seule Commission d'en tirer éventuellement les conséquences sur le plan politique. On pouvait certes penser qu'après un vote négatif sur l'investiture non suivi d'une démission de la Commission, le Parlement serait fondé à voter la censure de la Commission, mais c'était méconnaître le fait que le traité prévoyait que la censure ne pouvait intervenir que sur la gestion de la Commission. Or, par définition, il n'est pas possible de juger de la gestion d'une Commission qui n'est pas encore entrée en fonction.

460 Sur ce point, le traité sur l'Union européenne réalisait un progrès important en organisant la coïncidence entre la durée du mandat de la Commission et celle du mandat parlementaire. La Commission est nommée pour cinq ans en janvier de l'année qui suit celle de l'élection du Parlement, le décalage de quelques mois entre le début des deux mandats étant destiné à permettre la mise en place de la Commission. Le président de la Commission était désigné par les gouvernements des États membres, en marge d'une réunion du Conseil européen, après consultation du Parlement et non plus du bureau élargi, ce qui signifie que la désignation donnerait lieu à un débat public suivi d'un vote au cours d'une séance parlementaire. Un avis négatif n'empêchait pas la désignation du président de la Commission, mais le Parlement aurait pu, si cette désigna-

tion intervenait, nonobstant son avis négatif, en tirer les conséquences pour la suite de la procédure. Compte tenu de cette situation, le traité d'Amsterdam a transformé la consultation du Parlement sur le président désigné de la Commission en une approbation. Le traité de Lisbonne semble encore renforcer les pouvoirs du Parlement puisque ce dernier élit le président à la majorité des membres qui le composent sur proposition du Conseil européen statuant à la majorité qualifiée (TUE, art. 17, § 7). En fait, le passage de l'approbation à l'élection relève de l'ordre du symbole dans la mesure où le Conseil européen conserve le pouvoir de proposer un candidat, mais le Parlement a su jouer pleinement de ce symbole. Par contre, le passage de la majorité simple à la majorité qualifiée pour l'élection rend plus difficile l'élection. Le Conseil européen devra davantage qu'auparavant prendre en considération la composition du Parlement comme le prévoit l'article 14 (et la déclaration n° 11) qui mentionne que le Conseil européen doit tenir de consultations appropriées en tenant compte du résultat des élections européennes.

461 Les gouvernements des États choisissent les personnalités qu'ils envisagent de désigner comme Commissaires en accord avec le président désigné. Jusqu'à l'entrée en vigueur du traité d'Amsterdam, le président était seulement consulté. La Commission désignée fait l'objet d'un vote d'approbation du Parlement et n'est nommée par le Conseil qu'après ce vote. Le pouvoir de nomination de la Commission est donc partagé entre le Parlement et les États membres (TUE, art. 17, § 7, 2nd al.). Le Parlement européen a souhaité pouvoir auditionner les Commissaires désignés avant le vote d'ensemble sur la Commission. Une telle pratique présente des difficultés au regard du caractère collégial de la Commission. En effet, avant la nomination du collège, les futurs membres ne peuvent prendre aucun engagement ni faire aucune déclaration qui porterait atteinte au caractère collégial de la Commission. L'article 106 du règlement intérieur indique que les futurs membres sont invités à se présenter devant les commissions parlementaires en fonction de leur domaine d'activité probable. La procédure d'audition est décrite dans l'annexe XVI. Les futurs Commissaires peuvent faire une déclaration et répondre à des

questions. La commission ou les commissions parlementaires concernées transmettent leurs conclusions à la conférence des présidents. Les auditions ne sont pas de pure forme puisqu'à trois reprises des commissaires désignés ont été amenés à se retirer après une audition (v. ss 590).

B. Nomination des membres de la Cour des comptes

462 Selon l'article 286 TFUE, les membres de la Cour des comptes sont nommés par le Conseil statuant à l'unanimité après avis du Parlement. Ici encore, le Parlement européen a développé sur cette base une procédure prévoyant l'audition des candidats par une commission parlementaire. À l'issue de l'audition, la commission fait une recommandation et le Parlement se prononce. En cas d'avis négatif, le président du Parlement invite le Conseil à retirer sa proposition (Règl. int., art. 108). Le Parlement a utilisé trois fois ce pouvoir. En 1989, il n'a pu donner un avis positif sur un candidat français et un candidat grec. La candidature française fut retirée tandis qu'il fut passé outre à l'avis relatif à la candidature grecque. En 1993, le Conseil ne donna aucune suite à un avis négatif relatif à un candidat portugais.

C. Nomination des membres de la Cour de justice

463 Le Parlement a revendiqué à plusieurs reprises, le droit de donner un avis, éventuellement conforme, lors de la nomination des membres de la Cour de justice. Le précédent de la Cour des comptes n'est pas invocable dans ce cas. En effet, alors que les membres de la Cour des comptes sont nommés par le Conseil, les membres de la Cour de justice sont désignés d'un commun accord par les gouvernements des États membres. Cette différence n'est pas fortuite. On a voulu éviter qu'une institution, justiciable éventuelle, ne puisse exercer une influence lors du processus de désignation. Dans ces conditions, et dans la mesure où le système de désignation n'est pas fondamentalement modifié, il n'existe aucune justification pour donner au Parlement un pouvoir qui n'appartient pas au Conseil. La Cour de justice s'est d'ailleurs exprimée de façon non ambiguë contre l'octroi d'un tel pouvoir

au Parlement : « la Cour considère que serait inacceptable une réforme prévoyant l'audition de chaque candidat devant des commissions parlementaires. En effet, l'intéressé ne pourrait répondre de manière adéquate aux questions qui lui seraient posées sans sortir de la réserve qui s'impose à une personnalité devant offrir, aux termes des traités, toutes garanties d'indépendance et sans préjuger des positions qu'il pourra être amené à adopter à l'égard de questions contentieuses dont il aura à connaître dans l'exercice de sa fonction juridictionnelle »[1]. Les traités d'Amsterdam et de Nice n'ont pas modifié la procédure de désignation des membres de la Cour. Le traité de Lisbonne prévoit que les candidatures à la Cour seront examinées par une commission de sept juristes dont l'un des membres serait désigné par le Parlement. L'adéquation des candidatures avec les critères établis par la constitution fera ainsi l'objet d'une vérification (TFUE, art. 255).

D. Nomination du directoire de la Banque centrale européenne

464 En application de l'article 11 du protocole n° 4 sur le statut du système européen de banques centrales, le Président et les membres du Directoire de la Banque centrale européenne sont nommés par le Conseil européen après avis du Parlement.

§ 3. Les pouvoirs de contrôle

465 Le Parlement détient des pouvoirs de contrôle qui visent pour l'essentiel la Commission. Ils se manifestent tant par la possibilité de poser des questions, de constituer des commissions d'enquête que par le droit de censurer la Commission. Ces pouvoirs sont examinés dans le titre consacré au contrôle (v. ss 1046).

Bibliographie

Bieber et Haag, « Parlement européen », *J. Cl. Droit européen*, fasc. 210 et 211 ; Blumann, *La fonction législative communautaire*,

1. « Rapport de la Cour sur certains aspects de l'application du traité sur l'Union européenne », mai 1995, *RTD eur.* 1995, § 17.

LGDJ, 1995 ; Clinchamps, *Parlement européen et droit parlementaire, Essai sur la naissance du droit parlementaire de l'Union européenne*, LGDJ, 2006 ; Costa, *Le Parlement européen, une assemblée délibérante*, Éd. ULB, 2001 ; Costa et Saint Martin, *Le Parlement européen*, Doc. fr., 2011 ; Corbett, Jacobs et Shackleton, *The European Parliament*, Catermill, 8e éd., Londres, 2011 ; Corbett, *The European Parliament's role in closer EU integration*, Mac Millan, Londres, 1999 ; Delpérée, *Le Parlement européen, Pourquoi faire ?*, Bruxelles, Labor, 1984 ; Hrbek, Jamar, Wessels (éd.), *Le Parlement européen à la veille de la seconde élection au suffrage universel direct : bilan et perspectives*, De Tempel, Bruges, 1984 ; Jacqué, « Le Parlement européen », *Rép. Droit communautaire* ; Jacqué, Bieber, Constantinesco, Nickel, *Le Parlement européen*, Economica, Paris, 1984 ; Louis et Waelbroeck (éd.), *Le Parlement européen dans l'évolution institutionnelle*, Bruxelles, 1988.

Le texte du règlement du Parlement européen étant sujet à de fréquentes modifications, plutôt que de consulter le *JO*, il est plus utile de se référer à la version publiée sur le site du Parlement dans le serveur Europa.

Chapitre 2

Le Conseil européen

466 Le Conseil européen trouve ses origines dans les conférences au sommet qui réunissaient les chefs d'État et de gouvernements des États membres des Communautés européennes. Le premier sommet de ce type s'est tenu les 10 et 11 février 1961 à Paris et fut consacré à l'examen de l'initiative qui devait donner naissance au plan Fouchet. L'échec de ce plan marque une interruption dans les sommets et il faudra attendre le 29 et 30 mai 1967 pour que ceux-ci reprennent à l'occasion du dixième anniversaire de la signature des traités de Rome. Ils connaîtront ensuite une certaine régularité de 1969 à 1973. Dès 1972, se posera la question de l'institutionnalisation des conférences au sommet et le communiqué final du sommet de Copenhague des 14 et 15 décembre 1973 mentionne un accroissement de la fréquence des réunions des chefs d'État et de gouvernement « lorsque les circonstances les rendront opportunes et lorsque des impulsions ou la définition de nouvelles orientations pour la construction européenne apparaîtront nécessaires ».

467 Le pas décisif fut franchi lors du Sommet de Paris des 9 et 10 décembre 1974 lorsque les chefs d'État et de gouvernement décidèrent d'institutionnaliser leurs réunions. Le terme de Conseil européen n'est pas employé et c'est la pratique qui l'imposera par la suite. La création du Conseil européen n'est pas le seul résultat

institutionnel du sommet. L'accent mis sur les États membres à travers la création du Conseil européen est contrebalancé par la décision de tenir les premières élections du Parlement européen au suffrage universel direct en 1978 et par la renonciation des participants à faire recours systématiquement à la pratique de l'unanimité au Conseil des ministres. Après l'examen du développement progressif du Conseil européen (**§ 1**), ses fonctions (**§ 2**), sa composition (**§ 3**), ses réunions (**§ 4**), ses conclusions (**§ 5**) et ses relations avec le Parlement européen (**§ 6**) devront être examinées.

§ 1. Le développement progressif du Conseil européen

468 Lors de la création du Conseil européen, il n'était pas question d'en faire une nouvelle institution. D'ailleurs, le communiqué final de la conférence de Paris ne pouvait modifier les traités. Par la suite, et jusqu'au traité de Lisbonne, il n'a pas été envisagé de changer la nature du Conseil européen. Celui-ci s'est donc progressivement inséré dans le système existant sans devenir une institution communautaire. Le communiqué final de Paris était peu précis quant aux missions du Conseil européen. Il notait qu'il « y a lieu d'assurer le développement et la cohésion d'ensemble des activités des Communautés et des travaux de la coopération politique ». Au moment de la création du Conseil européen, la possibilité que celui-ci puisse agir comme Conseil des Communautés était expressément envisagée. C'est la raison pour laquelle si la participation de la Commission au Conseil européen n'était pas mentionnée dans le communiqué final, celui-ci indiquait que « la Commission exerce les compétences et joue un rôle qui lui est dévolu par ces textes dans les diverses réunions mentionnées ». En effet, dès lors que le Conseil européen se réunissait en qualité de Conseil des ministres, la Commission devait avoir la possibilité d'exercer les pouvoirs, notamment d'initiative, qui lui sont attribués par les traités.

469 Les modalités concrètes de fonctionnement du Conseil européen seront établies progressivement au fil de la pratique. Le Conseil européen de Londres en juin 1977 en précisera le contenu. Puis, à l'occasion de la déclaration solennelle sur l'Union européenne signée à Stuttgart le 19 juin 1983, les chefs d'État et de gouvernement reviendront sur les données de base relatives au Conseil européen. La composition du Conseil européen est confirmée avec l'indication que les chefs d'État ou de gouvernement sont assistés par les ministres des Affaires étrangères et le président de la Commission par un membre de la Commission. Il est indiqué que lorsque le Conseil européen « agit dans les matières relevant des Communautés européennes, il le fait en tant que Conseil au sens des traités ». La déclaration solennelle tente de définir les fonctions du Conseil européen. Il « donne à la construction européenne une impulsion politique générale ; définit les orientations favorisant la construction européenne et donne les lignes directrices d'ordre politique général pour les Communautés européennes et la coopération politique européenne ; délibère des questions relevant de l'Union européenne dans ses différents aspects en veillant à leur cohérence ; ouvre à la coopération de nouveaux secteurs d'activité ; exprime de manière solennelle la position commune dans les questions de relations extérieures » (Décl., pt 2. 1. 2.).

470 La consécration juridique de l'existence du Conseil européen sera apportée par l'Acte unique européen dans l'article 2 sous le titre I relatif aux dispositions communes. Il ne s'agit donc pas d'une insertion du Conseil européen dans le dispositif communautaire et encore moins de sa transformation en une institution. L'article 2 se limite à reprendre les éléments existants : « Le Conseil européen réunit les chefs d'État ou de gouvernement ainsi que le président de la Commission des Communautés européennes lesquels sont assistés respectivement par les ministres des Affaires étrangères et par un membre de la Commission. Il se réunit au moins deux fois par an ». On chercherait en vain une définition des fonctions et des pouvoirs du Conseil européen. Les divisions qui régnaient entre les États membres quant à l'opportunité de dispositions de ce type, aussi bien que la crainte qu'elles ne conduisent à altérer l'équilibre institutionnel existant, ont conduit

les rédacteurs du traité à garder le silence, ce qui signifiait que la situation existante perdurait. Il faudra donc attendre le traité sur l'Union européenne pour que soit franchi un pas supplémentaire et pour que l'essentiel de la déclaration solennelle de Stuttgart soit reprise dans le traité. L'article 5 TUE constitue une codification de la situation existante. Pas plus que dans l'Acte unique, la partie de la déclaration solennelle relative à la possibilité pour le Conseil européen d'agir comme Conseil de la Communauté n'est reprise. En revanche, la mission du Conseil européen est définie de façon plus concise que dans la déclaration. Il « donne à l'Union les impulsions nécessaires à son développement et en définit les orientations politiques générales ». À cela s'ajoutent des attributions spécifiques, en matière de politique économique, à travers la définition des « grandes orientations des politiques économiques des États membres et de la Communauté » et, dans le domaine de la politique extérieure et de sécurité commune par la fixation des « principes et les orientations générales de la politique étrangère et de sécurité commune ». Sur ces bases, le Conseil européen s'est montré soucieux d'aménager le déroulement des travaux afin d'en accroître l'efficacité. Les conclusions du Conseil européen de Séville des 21 et 22 juin 2002 ont apporté un certain nombre d'améliorations qui seront reprises dans le traité de Lisbonne lequel ne modifie pas fondamentalement les fonctions du Conseil européen. Le fait que le Conseil européen soit devenu une institution simplifie le fonctionnement de l'Union en supprimant la formation dite du Conseil réuni au niveau des chefs d'Etat ou de gouvernement qui était utilisée lorsque le Conseil européen devait adopter des actes juridiques, notamment en ce qui concernait les diverses nominations que le traité le charge d'effectuer. En outre, les actes juridiques adoptés par le Conseil européen seront désormais soumis au contrôle de la Cour de justice.

§ 2. Les fonctions du Conseil européen

471 L'article 15 TUE reprend la formule traditionnelle : « le Conseil européen donne à l'Union les impulsions nécessaires à son déve-

loppement et en définit les orientations et les priorités politiques ». Mais, dans un souci de clarifier les relations avec le Parlement et le Conseil, il est précisé clairement que le Conseil européen ne peut se substituer au Conseil puisqu'il « n'exerce pas de fonctions législatives ». Si l'on va au-delà de cette définition générale, la lecture des traités conduit à constater que le Conseil européen remplit simultanément des fonctions de nature constitutionnelle et des fonctions d'orientation de l'activité de l'Union.

472 Dans le cadre de ses fonctions de nature constitutionnelle, le Conseil européen joue un rôle essentiel en matière de révision des traités, notamment dans le cadre de la procédure simplifiée (TUE, art. 48). Il est également appelé à se prononcer sur les adhésions de nouveaux États membres puisque les critères d'éligibilité définis par le Conseil européen doivent être pris en compte (TUE, art. 49). De la même manière, en cas de retrait d'un État membre, il fixe les orientations sur la base desquelles le retrait sera négocié (TUE, art. 50). Il fixe la liste des formations du Conseil et la rotation des présidences (TFUE, art. 236). Il peut modifier le nombre de membres de la Commission (TUE, art. 17, § 5). Le Conseil européen intervient dans la nomination des titulaires des fonctions les plus importants. Il propose au Parlement un candidat à la présidence de la Commission et adopte la liste des membres de la Commission qui sera soumise à l'investiture parlementaire (TUE, art. 17, § 7). Il choisit le haut représentant pour la PESC (TUE, art. 18). Il nomme le président et les membres du directoire de la Banque centrale européenne (TFUE, art. 283). Enfin, il joue un rôle d'appel en matière de sécurité sociale, de coopération judiciaire en matière pénale et de coopération policière, puisqu'il peut être saisi et décider ou non de permettre l'adoption d'une législation (TFUE, art. 48, 83, 86 et 87).

473 Si l'article 15 TUE confie au Conseil européen une *mission générale d'orientation*, celle-ci se manifeste tout particulièrement en matière économique et dans le domaine des relations extérieures. Dans cette dernière matière, le traité charge le Conseil européen d'identifier « les intérêts et objectifs stratégiques de l'Union » (TUE, art. 22). Cette mission s'applique à l'ensemble de la politique extérieure de l'Union et non seulement à la PESC. Cependant, le

Conseil européen joue un rôle directeur pour la PESC qui est définie par « le Conseil européen et le Conseil » (TUE, art. 24). Dans le cadre de la politique économique, le Conseil européen adopte une conclusion sur les grandes orientations de politique économique ainsi que des conclusions en matière d'emploi (TFUE, art. 148). Les autres institutions œuvrent donc dans un cadre déterminé par le Conseil européen.

§ 3. La composition du Conseil européen

474 Le Conseil européen réunit les chefs d'État et de gouvernement ainsi que le président de la Commission. Le président du Conseil européen n'en est pas membre et le haut représentant qui participe de plein droit aux réunions n'en est pas non plus membre (TUE, art. 15). En ce qui concerne la France, celle-ci est représentée par le président de la République. Traditionnellement, les membres du Conseil européen étaient assistés des ministres des Affaires étrangères ce qui avait entraîné des rivalités avec les ministres des finances. Le traité de Lisbonne simplifie la situation puisqu'elle indique que chaque membre du Conseil est assisté d'un ministre sans préciser les attributions de celui-ci, mais cette présence n'est que facultative puisque l'article 4, § 4, du règlement intérieur du Conseil européen, ne prévoit leur présence que lorsque l'ordre du jour l'exige et que les membres en décident ainsi. Dans la pratique, le premier président du Conseil européen a préféré pour des raisons d'efficacité limiter la participation aux seuls membres du Conseil européen.

475 Avant l'entrée en vigueur du traité de Lisbonne, la présidence du Conseil européen était exercée par le chef de l'État ou le chef du gouvernement qui assure la présidence du Conseil. Cette formule assurait une parfaite cohérence entre les travaux du Conseil et ceux du Conseil européen. Mais elle ne garantissait pas la continuité en raison de la rotation semestrielle. Aussi, depuis longtemps, il avait été suggéré de distinguer entre les présidences et de doter le Conseil européen d'une présidence propre. Cette formule faisait perdre la cohérence susmentionnée et présentait un

certain nombre de difficultés. La présidence serait-elle confiée à un État ou à une personnalité ? Compte tenu des fonctions attribuées au Conseil européen, une présidence propre à celui-ci et permanente se justifiait-elle ? La question ne devait-elle pas être envisagée dans un cadre plus large, celui d'une éventuelle présidence de l'Union qui aurait des fonctions particulières dans le cadre de la politique étrangère et de sécurité commune ? Les différentes conférences intergouvernementales avaient souhaité conserver la situation existante, mais, après Nice, la situation a changé. L'Allemagne, le Danemark, l'Espagne, la France, le Royaume-Uni et la Suède se sont montrés favorables à une présidence permanente du Conseil européen qui serait confiée à une personnalité désignée par celui-ci. Cette présidence aurait comme mission la représentation de l'Union dans le domaine de la PESC ainsi que la préparation et le suivi des réunions du Conseil européen. La Commission avait exprimé des réserves à l'égard de cette idée qui pourrait, selon elle, donner naissance à un pouvoir d'origine intergouvernementale qui se poserait en rival du président de la Commission. Dans un premier temps, d'autres États membres ont craint que la présidence soit confisquée par des nationaux des grands États membres et se sont opposés. Mais plusieurs d'entre eux acceptaient que le Conseil européen puisse être présidé pendant une période plus longue que six mois par un de ses membres qui assumerait simultanément ses responsabilités nationales et la présidence. Cette formule aurait limité l'impact du président qui n'aurait pu, contrairement au président de la Commission exercer ses fonctions à plein-temps. La question méritait un examen objectif. Était-il possible de définir une mission spécifique du président qui ne recoupe pas celle de la Commission ? Si tel était le cas, les rivalités et les duplications pouvaient être limitées. On voit fort bien que c'est dans le champ de la politique étrangère et de la défense que les États ne souhaitent pas confier à la Commission qu'une telle fonction trouverait à s'exercer. Finalement la Convention sur l'avenir de l'Europe a proposé l'idée d'un président élu à la majorité qualifiée pour une durée de deux ans et demi renouvelable une fois.

476 Le traité de Lisbonne a retenu cette idée. Le président est élu par le Conseil pour deux ans et demi. Son mandat renouvelable une fois est incompatible avec un mandat national. Ce président assure la préparation, l'animation et la continuité des travaux du Conseil européen. À cette fin, il prépare l'ordre du jour et rencontre si nécessaire les membres avant les réunions. Il prépare et propose les conclusions du Conseil et doit s'assurer auprès des autres institutions que celles-ci seront suivies d'effet. Il représente l'Union dans le domaine de la PESC sans préjudice des compétences du ministre des Affaires étrangères (TUE, art. 15, § 5). Le premier président, M. Van Rompuy avait indiqué devant le Parlement qu'il ne se considérait pas comme un président titulaire du pouvoir exécutif, mais que sa fonction était supérieure à celle d'un simple président de séance. Il lui appartenait de déterminer les thèmes qui devaient retenir l'attention du Conseil européen et de forger des compromis entre ces membres, ce qui exige souvent une certaine discrétion. Durant ses deux mandats successifs, il s'est efforcé de faire jouer au Conseil le rôle majeur dans la gouvernance économique de l'Europe et a accru le nombre de réunions afin que le Conseil puisse véritablement exercer cette fonction de manière continue. Ses rencontres hebdomadaires avec le président de la Commission et ses réunions régulières avec le président du Parlement ont permis d'éviter les conflits ouverts.

477 L'existence du président du Conseil européen a certainement renforcé l'institution. La préparation des travaux, notamment la recherche d'un consensus avant même les réunions a été facilitée. La continuité a été renforcée. Mais surtout, compte-tenu de la confiance portée par le Conseil à son président, il s'est substitué à la Commission dans de nombreuses tâches de réflexion et de préparation d'initiatives législatives importantes. Certes, au plan formel, la Commission peut seule présenter une initiative législative, mais elle n'a plus dans de nombreux cas l'initiative politique et le contenu général du texte est prédéfini par le Conseil européen. Cette situation était liée tant à la crise qu'à l'équation personnelle des responsables. L'avenir dira si la désignation à la tête de la Commission d'un vieux routier des Conseils européens, M. Jean-Claude Juncker, modifiera la situation face au nouveau

Président du Conseil européen, M. Donald Tusk qui peut lui aussi se targuer d'une certaine expérience en raison de sa longévité à la tête du gouvernement polonais. Certains ont constaté que le traité n'établissait d'incompatibilité qu'entre la fonction de président du Conseil européen et un mandat national ce qui laissait à terme la possibilité de fusionner cette fonction avec celle de président de la Commission. Mais une telle mesure impliquerait sans doute une mutation constitutionnelle importante. Est-il par exemple concevable que ce président soit responsable devant le Parlement pour les activités du Conseil européen ?

§ 4. Les réunions du Conseil européen

478 Selon le traité, le Conseil européen se réunit au moins deux fois par semestre, c'est-à-dire une fois par présidence. Ceci rend possible l'organisation de réunions supplémentaires lorsque les circonstances le justifient. L'habitude semblait être prise de réunir le Conseil européen deux fois par présidence. Avant le traité de Nice, les Conseils européens se réunissaient généralement dans le pays de la présidence, mais une déclaration à l'Acte final de la conférence intergouvernementale de Nice indique que lorsque l'Union compterait 18 membres, toutes les réunions se tiendraient à Bruxelles, ce qui est le cas depuis 2004. Depuis l'entrée en vigueur du traité de Lisbonne, les réunions du Conseil européen sont plus fréquentes. Cette accélération du rythme des réunions est en partie due à la crise économique, mais le président Van Rompuy avait exprimé le vœu, non exaucé pour le moment de tenir des réunions mensuelles. Il estimait que, de la sorte, la préoccupation européenne serait présente à tout moment dans l'esprit des chefs d'État et de gouvernement et qu'un véritable gouvernement de l'Europe pourrait voir le jour.

479 Avant l'entrée en vigueur du traité de Lisbonne, l'ordre du jour du Conseil européen était communiqué aux membres par une lettre d'invitation de la présidence. Afin de conserver au déroulement du Conseil européen une certaine souplesse, cet ordre du jour n'atteignait pas une précision identique à celle des Conseils des

ministres. Sa préparation faisait l'objet de contacts entre la présidence et les membres. Y figuraient généralement les questions qu'un précédent Conseil européen avait prévu d'y inscrire, les questions essentielles du moment et celles qu'un membre souhaitait tout particulièrement voir aborder. La Commission indiquait également les points qu'elle souhaiterait voir y figurer. Aujourd'hui, l'article 3 du règlement intérieur du Conseil européen prévoit qu'un projet d'ordre du jour annoté est préparé par le président du Conseil européen en coopération avec le président du Conseil et le président de la Commission au moins quatre semaines avant la réunion. Cet ordre du jour est examiné par le Conseil « affaires générales » qui pourra préparer les travaux sur les points inscrits et suggérer l'inscription d'autres points. Ce premier examen permettra au président de recueillir des informations sur la position des États membres et, au vu de celles-ci, de déterminer sa stratégie. Les contributions des autres formations du Conseil doivent parvenir au Conseil « Affaires générales et relations extérieures » au moins 15 jours avant le Conseil européen. Après une dernière réunion du Conseil « affaires générales » dans les 5 jours qui précèdent le Conseil européen, le président établit l'ordre du jour provisoire qui deviendra définitif après son adoption en début de séance. À partir de la fixation de l'ordre du jour provisoire, aucune formation du Conseil ou instance préparatoire ne devrait, sauf urgence, débattre d'un point inscrit à l'ordre du jour. Cette règle évite toute préparation parallèle des réunions et conduit à confirmer le monopole du Conseil « Affaires générales » dans la préparation. Afin de préserver l'efficacité des réunions, seules les questions qui ont été soumises à ce processus de préparation peuvent figurer à l'ordre du jour. La pratique selon laquelle un État membre pouvait soulever au dernier moment une question dans l'espoir d'arracher à l'improviste une décision devrait disparaître.

480 Le déroulement des séances à toujours laissé une large place aux contacts et colloques informels. La réunion dure généralement deux demi-journées et est précédée d'un échange de vues avec le président du Parlement européen. Le plus souvent, la première demi-journée est réservée aux questions internes, la seconde

demi-journée étant plus spécialement consacrée à la politique étrangère et de sécurité commune. Le traité de Lisbonne permet la poursuite de ces pratiques. Le règlement intérieur prévoit que l'intervention du président du Parlement européen se situe, en principe, à l'ouverture des travaux. Le président du Conseil des ministres rend compte des travaux du Conseil pendant la période écoulée. Mais l'accession du Conseil européen au rang d'institution pouvant adopter des actes juridiques imposait un certain formalisme qui se traduit par l'adoption à la majorité simple d'un règlement intérieur[1]. Le Conseil européen décide normalement par voie de consensus, mais le traité impose le recours au vote dans un certain nombre de cas (TFUE, art. 235). Un membre absent peut donner délégation à un autre membre et l'abstention ne fait pas obstacle à l'unanimité. La décision de déclencher une procédure de révision constitutionnelle se fait à la majorité simple. La majorité qualifiée est prévue dans plusieurs hypothèses comme la désignation du président de la Commission des membres et de la Commission. En cas de vote, le président de la Commission et le président du Conseil européen ne participent pas au vote.

§ 5. Les conclusions du Conseil européen

481 Le résultat des travaux du Conseil européen était consigné dans les conclusions publiées à l'issue de la réunion. Elles étaient établies sous la responsabilité de la présidence et contenaient un état des travaux de la réunion et des documents de nature diverse : déclarations, décisions etc. Dans le but d'assurer la lisibilité des travaux du Conseil européen, il avait été convenu lors du Conseil européen d'Helsinki que les conclusions ne devraient pas dépasser une quinzaine de pages et seraient consacrées aux décisions prises par le Conseil européen sur les questions effectivement débattues en séance. Le traité de Lisbonne met fin aux conclusions de la présidence. Il s'agit désormais de conclusions du Conseil euro-

1. Décis. 1er déc. 2009, *JOUE* n° L 315/51.

péen. Ces conclusions sont préparées par le président qui peut les soumettre pour information au Conseil des affaires générales au cours duquel les États membres peuvent formuler des observations. Ainsi lorsque le Conseil se réunit, il dispose d'un projet de conclusions qui sera amendé en fonction des débats. Ces conclusions ne produisent pas en principe d'effets de droit, mais, si tel était le cas, elles pourraient être soumises à la Cour de justice puisque, pour cette dernière, dès lors qu'un acte vise à produire des effets juridiques, il relève de son contrôle[1]. Dans la mesure où le traité exclut toute activité législative du Conseil européen, il arrive cependant à celui-ci de traiter de questions en relation avec l'activité législative du Conseil et de dégager à son intention des orientations.

§ 6. Relations avec le Parlement européen

482 Les relations entre le Parlement et le Conseil européen n'ont pas été toujours aisées. Le Parlement a longtemps manifesté une certaine méfiance à l'égard du Conseil européen qu'il analyse comme un organe dont le caractère intergouvernemental mettrait en péril l'intégration communautaire. Au fond, il redoutait que le Conseil européen porte atteinte aux prérogatives que lui reconnaît le traité. En effet, dès lors que le Conseil européen rendait son arbitrage sur une question relevant de la compétence de la Communauté, le Parlement pouvait craindre que le Conseil de l'Union, lorsqu'il prendrait sa décision, se limite à tirer les conséquences de l'arbitrage du Conseil européen sans tenir compte de l'avis du Parlement. Cette crainte est largement exagérée. Lorsque le Conseil européen arbitre, le dossier est arrivé à un point suffisamment avancé pour que la position du Parlement soit connue. Lorsque le Parlement européen dispose d'un droit de codécision, l'arbitrage du Conseil européen ne peut bien entendu le priver de ce droit. De même, si l'arbitrage du Conseil européen porte sur des questions ayant des implications budgétaires, il laisse juridi-

1. CJCE 31 mars 1971, n° 22/70, *Commission c/ Conseil*.

quement intacts les pouvoirs budgétaires du Parlement. Cependant, le refus du Parlement de tirer les conséquences d'un arbitrage du Conseil européen aurait pu donner lieu à une crise institutionnelle grave. Le fait que le président du Parlement puisse être entendu sur les questions à l'ordre du jour et que l'article 15, § 6, b) du TUE impose au président du Conseil européen de présenter un rapport, suivi d'un débat, à l'issue de chaque réunion devrait permettre une meilleure association du Parlement aux travaux du Conseil, association favorisée également par l'existence de contacts informels fréquents entre les présidents des deux institutions.

Conclusion

483 Le Conseil européen est devenu aujourd'hui un élément irremplaçable de la construction de l'Union. Par ses orientations générales, il trace les perspectives d'évolution et d'action de l'Union. Par ses arbitrages, il élimine les blocages éventuels dans l'activité de l'Union. Par les échanges qu'il permet régulièrement entre les chefs d'État ou de gouvernement, il contribue à former une conscience commune. Sa souplesse et le caractère informel de ses travaux, qui lui ont été souvent reprochés comme des marques d'intergouvernementalisme, ont constitué des atouts importants pour le déroulement fructueux des travaux tout en évitant toute interférence avec les procédures communautaires. L'accroissement du nombre d'États membres rendait de plus en plus difficile la préservation de ces caractéristiques traditionnelles ; en outre, le caractère informel présentait des inconvénients liés à l'absence de préparation des travaux et à la difficulté de contrôler leur déroulement. Face à une suggestion imprévue d'un État membre, les membres du Conseil européen ne pouvaient y apporter une réponse adéquate. D'où le processus de rationalisation entrepris par les Conseils d'Helsinki et de Séville. On s'est donc dirigé vers une normalisation du Conseil européen, mouvement qu'amplifie le traité de Lisbonne en transformant le Conseil européen en institution communautaire L'institutionnalisation progressive du Conseil européen était le seul moyen de préserver l'efficacité de celui-ci.

Bibliographie

Blumann, « Le Conseil européen », *RTD eur.* 1976. 1 ; Bramsen, « Le Conseil européen : son fonctionnement et ses résultats de 1975 à 1981 », *RMC* 1982. 624 ; Capotorti, « Le statut juridique du Conseil européen à la lumière de l'Acte unique », *Mélanges Pescatore*, Nomos Verlag, 1987, p. 79 ; Hoscheidt et Wessels (éd.), *The European Council 1974-1986*, Evaluation and Prospects, European Institute of Public Administration, Maastricht, 1988 ; Noël, « Le Conseil européen », *CDE* 1975. 3 ; Taulègne, *Le Conseil européen*, PUF, 1993 ; Wessels et Bulmer, The *European Council*, MacMillan, 1987.

CHAPITRE 3

Le Conseil

484 Composé de représentants des gouvernements des États membres, le Conseil de l'Union européenne exerce le pouvoir législatif et le pouvoir budgétaire, soit seul, soit avec le Parlement. Il est titulaire du pouvoir exécutif. Dans le cadre de la PESC et de la coopération policière et judiciaire en matière pénale, il tenait une place prépondérante puisqu'il prenait seul les décisions, le rôle de la Commission et du Parlement étant fort limité. Il constitue également un cadre au sein duquel peuvent se réunir les représentants des États membres, les décisions prises étant alors imputables à ceux-ci et non à la Communauté ou à l'Union. L'article 2 du traité de fusion des exécutifs prévoyait que le Conseil serait formé par les représentants des États membres et que chaque gouvernement y déléguerait un de ses membres. La volonté des auteurs du traité était donc que le Conseil soit une institution de rang ministériel. On en a souvent tiré la conséquence que le Conseil était un organe intergouvernemental ou diplomatique. Si on entend par là que les discussions au sein du Conseil se déroulent entre représentants des États membres et donnent lieu à des négociations souvent conclues par des compromis, la formule n'est pas toujours erronée sur un plan politique, mais elle reste inexacte sur le plan juridique. Le Conseil est une institution dont le fonctionnement est régi par les dispositions du traité et par celles de son règlement intérieur

dont il ne peut s'écarter. Une fois réunis au sein du Conseil, les représentants des États membres sont considérés comme des membres du Conseil qui ont le pouvoir de décider sans qu'il soit besoin, comme c'est le cas pour les résultats d'une conférence intergouvernementale, d'une approbation selon les procédures constitutionnelles nationales, sauf dans de rares cas expressément visés par le traité. La meilleure preuve de cette spécificité de l'institution par rapport à une conférence intergouvernementale réside dans le fait qu'un membre du Conseil peut introduire un recours contre un acte adopté par le Conseil alors même qu'il s'est prononcé en faveur de cet acte au sein du Conseil[1].

485 La nature institutionnelle du Conseil n'a pas empêché que, dans des domaines qui relevaient de la compétence des États membres, ces derniers décident de coordonner en son sein leur action sous la forme de décisions des représentants des États membres réunis au sein du Conseil. Ce fut le cas par exemple pour la création du passeport européen. La Cour de justice a reconnu l'existence de telles décisions. Pour les identifier, elle ne s'arrête pas à leur dénomination, mais se livre à un examen au cas par cas : « il ne suffit pas qu'un acte soit qualifié de "décision des États membres" pour qu'il échappe au contrôle institué par l'article 173 du traité. Encore faut-il pour cela vérifier que l'acte en question, eu égard à son contenu et à l'ensemble des circonstances dans lesquelles il a été adopté, ne constitue pas en réalité une décision du Conseil »[2]. Il peut donc arriver que des réunions des représentants des États membres se tiennent en marge du Conseil, soit pour exercer des attributions que les traités réservent au commun accord des États membres, comme, par exemple, la désignation des membres de la Cour de justice, soit pour prendre des décisions dans des domaines qui ne relèvent pas de la compétence de l'Union, mais dans lesquels les États souhaitent coopérer. On étudiera successivement la composition du Conseil (SECTION 1), ses formations (SECTION 2), ses structures de travail (SECTION 3), ses attributions (SECTION 4), ses sessions (SECTION 5) et son mode de votation (SECTION 6).

---

1. CJCE 12 juill. 1979, n° 166/78, *République italienne c/ Conseil.*
2. CJCE 30 juin 1993, C-181/91 et C-248/91, *Parlement c/ Conseil et Commission.*

SECTION 1
LA COMPOSITION DU CONSEIL

486 Le Conseil est composé de représentants des États membres (**§ 1**), mais d'autres participants viennent assister à ses réunions (**§ 2**).

§ 1. Les membres du Conseil

487 Le Conseil est composé d'un représentant par État membre. Avant l'entrée en vigueur du traité de Maastricht, les membres du Conseil devaient avoir la qualité de membre des gouvernements des États membres. Le traité renvoyait donc au droit constitutionnel national quant à la définition de cette qualité. Ce renvoi n'a donné lieu à quelques hésitations qu'en ce qui concerne la participation des secrétaires d'États non parlementaires de la République fédérale d'Allemagne lesquels sont des fonctionnaires même s'ils remplissent des fonctions autant politiques qu'administratives. Cependant, la pratique, depuis l'origine des traités, a admis cette participation sans qu'aucune contestation ne soit intervenue. Le traité sur l'Union européenne précise que les représentants des États membres sont de niveau ministériel et doivent être habilités à engager le gouvernement de l'État membre qu'ils représentent (TUE, art. 16). Cette formulation est destinée à permettre la participation de membres des gouvernements de collectivités infra-étatiques, comme les régions belges ou les Länder allemands. Certes, avant cette rédaction, des représentants de ces collectivités assistaient déjà aux travaux du Conseil au sein de la délégation du membre concerné, mais il n'était pas certain que ces membres d'un gouvernement régional aient la qualité de membre du gouvernement au sens du traité puissent exercer le droit de vote. La rédaction retenue par le traité de Maastricht autorise une participation pleine et entière. Cependant, afin d'éviter que soit affecté le principe selon lequel seuls les États, et non leurs collectivités composantes, ont la qualité de membres de la Communauté, la rédaction du traité implique que toute position prise ou tout vote émis par un membre engage le gouvernement de l'État membre

en question, même si celui qui le représente est ministre d'une collectivité composante. Il appartient donc à l'État de définir sa position avant la réunion du Conseil, le cas échéant en accord avec ses collectivités composantes, car il ne sera plus possible ensuite de remettre en cause les résultats du Conseil au motif qu'un membre aurait exprimé une position qui n'est pas partagée par son gouvernement.

488 En cas d'empêchement, un membre du Conseil peut se faire représenter par un fonctionnaire. Il s'agira généralement d'un haut fonctionnaire national, du représentant permanent ou du représentant permanent adjoint. Cette faculté de représentation qui est expressément prévue par l'article 4 du règlement intérieur du Conseil, ne s'étend pas au vote puisque l'article 11 du règlement intérieur précise que la délégation de vote n'est admise qu'en faveur d'un autre membre du Conseil. Le représentant ne sera donc pas décompté dans le *quorum*.

489 On a voulu, en effet, dans le strict respect du traité, réserver le pouvoir de décision aux représentants de niveau ministériel afin de préserver le caractère politique du Conseil et éviter qu'une dérive technocratique ne s'instaure. Il en résulte qu'un fonctionnaire occupant le siège en l'absence de son ministre pourra s'exprimer au cours des discussions, mais sera privé du droit de vote, celui-ci étant exercé par un autre membre du Conseil sur la base d'une délégation.

§ 2. Les autres participants

490 Lors des sessions, les membres du Conseil peuvent être accompagnés de fonctionnaires qui les assistent (Règl. int., art. 5, § 3) et dont le nombre est fixé par le Conseil. La présence de fonctionnaires n'est qu'une faculté et, sauf décision contraire du Conseil, la présidence peut décider que celui-ci se réunira au niveau de ses seuls membres, ce qu'il fait souvent lorsque la recherche d'une solution l'exige. Le nombre limité de présents permet alors des discussions plus directes et plus ouvertes (Règl. int., art. 20).

491 La participation de la Commission aux sessions du Conseil n'est pas imposée par le traité. Elle repose sur l'article 5 § 2 du règlement intérieur qui permet au Conseil d'inviter la Commission à participer à ses sessions. Cependant, il est toujours possible au Conseil de siéger en cadre interne en l'absence de la Commission, ce qui est systématiquement le cas lorsque sont évoquées des questions qui concernent le seul Conseil (affaires contentieuses, nomination de hauts fonctionnaires du Conseil, budget du Conseil...). Cette présence permet à la Commission d'expliquer ou de défendre ses propositions, d'exprimer sa position sur des amendements éventuels, voire de modifier en séance sa proposition. Cette participation renforce l'influence de la Commission qui a ainsi connaissance de la position des membres du Conseil et peut dialoguer directement avec ceux-ci. De même, la Banque centrale participe au Conseil dans tous les cas où l'on débat de matières dans lesquelles elle exerce son pouvoir d'initiative. Par contre, des représentants d'autres institutions ou organes ainsi que d'organisations extérieures à l'Union ne peuvent participer aux travaux du Conseil, du Comité des représentants permanents (Coreper) ou des groupes de travail que sur invitation expresse avec l'accord du Conseil ou du Coreper. Est également présent à la table du Conseil, à la gauche du président, le secrétaire général du Conseil accompagné d'un directeur général. Le secrétaire général assiste la présidence dans la conduite des travaux, prend les dispositions matérielles pour assurer le bon déroulement des débats et établit les projets de procès-verbaux. Le directeur général du Service juridique du Conseil, ou son représentant, éclaire le Conseil à la demande de celui-ci ou de sa propre initiative sur les questions d'ordre juridique qui peuvent se présenter lors du déroulement de travaux.

SECTION 2

UNICITÉ DU CONSEIL ET DIVERSITÉ DE SES FORMATIONS

492 Le traité fait référence uniquement au Conseil et ne mentionne pas les diverses formations de celui-ci. Il n'existe donc qu'un seul Conseil qui dispose chaque fois qu'il se réunit, et nonobstant sa composition, de la plénitude des pouvoirs qui lui sont attribués par les traités. Le Conseil était commun aux différentes Communautés depuis le traité de fusion du 8 avril 1965 qui prévoyait en son article premier l'existence d'un seul Conseil qui se substituait au Conseil spécial de ministres de la CECA, au Conseil de la CEE et au Conseil d'Euratom. Le traité de fusion, ajoutait : « Il exerce les pouvoirs et les compétences dévolus à ces institutions dans les conditions prévues aux traités instituant respectivement la Communauté européenne du charbon et de l'acier, la Communauté économique européenne et la Communauté européenne de l'énergie atomique ». Depuis la disparition de la CECA, ces dispositions ne s'appliquent plus qu'à la Communauté européenne et à Euratom.

493 S'il n'existe qu'un seul Conseil, celui-ci se réunit dans des formations différentes selon la nature des problèmes abordés. Au fur et à mesure du développement des compétences de la Communauté, la liste des formations spécialisées du Conseil s'était accrue jusqu'à dépasser la vingtaine. Cette multiplication des formations a posé des problèmes de cohérence. En effet, les ministres qui se réunissent dans des formations spécialisées n'ont souvent qu'une vision limitée de la problématique générale de la Communauté et tendent à n'aborder celle-ci que sous le seul angle de leurs responsabilités particulières. Cependant, une direction globale est nécessaire et il ne peut y avoir de politique à l'égard des États-Unis, de l'OMC ou du développement durable envisagée sous le seul angle agricole, environnemental ou social. La responsabilité du maintien d'une vision globale cohérente appartenait au Conseil

« Affaires générales », mais la multiplicité des formations du Conseil en rendait l'exercice de plus en plus difficile. Pour cette raison, le Conseil européen d'Helsinki de décembre 1999 a limité le nombre de formations du Conseil à 15. Le Conseil « Affaires générales » qui a donné suite à cette invitation n'a pu atteindre cet objectif et a autorisé 16 formations du Conseil. À l'usage, cette limitation n'est pas apparue suffisante et le Conseil européen de Séville a entrepris une réforme plus ambitieuse qui a trouvé sa traduction dans le règlement intérieur adopté le 22 juillet 2002. Le nombre de formations du Conseil était réduit de manière drastique à 9. Le succès de cette réforme tenait à la réalité des fusions ainsi opérées. En effet, le risque était grand que les nouvelles formations ne constituent qu'une juxtaposition des anciennes formations sans que ne s'établisse aucune synergie entre elles. La formation « compétitivité » du Conseil a tenté de dégager une direction unique. La fusion des autres conseils est restée balbutiante et une même formation du Conseil peut en dissimuler en fait plusieurs. Ainsi, une session du Conseil « éducation, jeunesse, culture » peut consister en fait en trois réunions successives différentes avec la participation de ministres différents. La question des formations du Conseil est en effet tributaire de la répartition des compétences au sein des gouvernements nationaux. Les ministres nationaux de la Jeunesse supporteraient mal de devoir s'abstenir de participer à une session du Conseil qui traite des problèmes dont ils ont la charge au prétexte que leur collègue de la culture sera présent.

494 En outre, la pratique s'était développée de convoquer des « réunions informelles des ministres » dans le pays qui assuraient la présidence. Ces réunions étaient destinées à permettre des échanges de vue entre ministres sur des thèmes généraux. Elles ne constituaient pas des sessions du Conseil. Aucune décision ne pouvait être prise et aucune conclusion adoptée. Cependant, une dérive s'était progressivement produite, car il est politiquement difficile que se tienne une réunion ministérielle sans qu'une décision soit annoncée à son issue. Aussi, l'habitude s'était-elle établie de discuter au cours de ces réunions de questions liées aux travaux du Conseil alors même que les garanties de procédure pré-

vues par le traité ne s'appliquaient pas puisque la réunion était informelle. Le Conseil européen d'Helsinki est revenu à l'orthodoxie. Les conclusions précisent que les réunions informelles ne peuvent donner lieu à des conclusions ou à des décisions formelles, ni à la production de documents du Conseil. Ces réunions « visent à permettre un échange de vues aussi libres que possible sur des questions de portée générale (...) elles ne remplacent pas les activités normales du Conseil ». Leur nombre est limité à cinq par présidence. Malheureusement, ces précautions n'ont pas empêché la tenue d'autres réunions informelles sous le vocable de séminaires ministériels ou de colloques. Il est vrai que plus on limite le nombre de formations officielles du Conseil, plus les ministres qui ne siègent pas dans l'une de ces formations éprouvent le besoin de se rencontrer pour évoquer des problèmes communs, pratique qui n'est en soi pas condamnable tant qu'ils ne cherchent pas à se substituer au Conseil.

495 Les difficultés de coordination entre les diverses formations du Conseil appelaient une réforme. À cette fin, l'hypothèse d'une composition permanente du Conseil a parfois été envisagée. Chaque État désignerait un ministre chargé des affaires européennes qui siégerait en permanence au Conseil. Une telle réforme aurait des conséquences importantes. Elle écarterait les ministres spécialisés des sessions du Conseil et ferait peser tout le poids des travaux sur des ministres chargés des Affaires européennes. On peut se demander si les avantages qui en résulteraient sur le plan de la cohérence l'emporteraient sur les inconvénients qui découleraient de la mise à l'écart des ministres spécialisés. En effet, la présence régulière de ces derniers ne contribue pas seulement à leur faire prendre conscience de la dimension européenne de leurs responsabilités, elle leur permet également de mesurer concrètement les problèmes qui se posent dans les autres États membres et favorise l'établissement d'un climat de solidarité, ce qui rend plus aisée la recherche d'une solution. En outre, la participation des ministres spécialisés au processus de décision a pour effet que la décision est prise par ceux-là mêmes qui seront chargés de l'exécuter, ce qui leur permet d'envisager les difficultés éventuelles d'exécution dès la discussion de la proposition de la Com-

mission et de faire en sorte que l'acte adopté en tienne compte. Enfin, le ministre chargé des Affaires européennes jouerait un rôle privilégié au sein de chaque gouvernement national, ce qui pourrait poser parfois des problèmes d'ordre interne dans ses relations avec ses collègues nationaux dont il exercerait les attributions européennes. Il est vrai que les auteurs de cette proposition, qui sont fréquemment des parlementaires, envisagent exclusivement le Conseil comme un législateur dont la composition devrait être permanente. C'est pour cette raison que l'on avait proposé la création d'un Conseil législatif permanent, composé des ministres des Affaires européennes, qui tiendrait ses travaux en public. Cette formule ne laissait subsister à côté du Conseil législatif que quelques formations présumées exécutives, comme le Conseil « Affaires générales et relations extérieures », le Conseil « Économie et finances » et le Conseil « Justice et affaires intérieures ». Cette solution qui présentait l'inconvénient d'écarter les ministres spécialisés de la gestion des affaires européennes, n'avait pas la logique pour elle puisque les formations subsistantes n'étaient pas exclusivement exécutives, notamment dans le cas de la justice et des affaires intérieures ou de l'économie et des finances. De plus, elle n'était pas une condition de la publicité des travaux du Conseil législateur puisqu'il suffit de prévoir que toute formation du Conseil délibère en public lorsqu'elle traite de questions législatives. La sagesse est sans doute de respecter le droit du Conseil, comme celui des autres institutions, d'organiser ses travaux comme il l'entend même si l'on rend publics les travaux législatifs. La Convention sur l'avenir de l'Europe a dû, devant l'opposition de la quasi-unanimité des États membres, revenir sur ses propositions initiales de création de deux formations : un Conseil législatif et des affaires générales et un Conseil des affaires étrangères. Son projet de constitution permettait au Conseil européen de créer d'autres formations. La constitution ne contenait aucune référence à un Conseil qui serait chargé de la législation. Elle prévoyait que chaque formation du Conseil comprendrait deux parties, l'une publique réservée à l'activité législative et l'autre consacrées aux activités non législatives. La liste des formations du Conseil, autres que le Conseil des affaires générales et le Conseil des affaires étrangères, serait établie par le Conseil européen. On maintenait *de facto* le système existant avec une publicité plus large des débats. C'est également la formule retenue par le traité de Lisbonne (TUE, art. 16, § 6).

496 Dans sa décision du 1er décembre 2009[1], le Conseil européen ajoute aux formations des affaires générales et des affaires étrangères, prévues par le traité, les formations « affaires économiques et financières », « emploi, politique sociale et consommateurs », « compétitivité », « transports, télécommunications et énergie », « agriculture et pêche » et « éducation jeunesse et culture » La spécialisation des formations du Conseil est purement fonctionnelle. Aussi, en raison de l'unité du Conseil, une formation du Conseil peut décider de toute question relevant de la compétence du Conseil même si celle-ci ne relève pas de sa spécialisation. Cette situation se présente de manière fréquente notamment, mais pas exclusivement, pour les questions qui sont inscrites en point A (adoption sans débat) à l'ordre du jour du Conseil. Elle permet d'assurer à la Communauté un fonctionnement régulier sans devoir attendre la réunion de la formation compétente, ce qui peut avoir une certaine importance dans le cas où les procédures décisionnelles sont assorties de délais (comme dans le cas de procédures de codécision ou de coopération).

497 La responsabilité de la coordination entre les activités des diverses formations du Conseil appartient normalement au Conseil des affaires générales. Cette tâche était difficile à accomplir tant que cette formation avait également la charge des relations extérieures et la séparation opérée entre cette formation et celle des relations extérieures devrait permettre une meilleure coordination. Le traité de Lisbonne confie expressément au Conseil des affaires générales le soin d'assurer la cohérence entre les diverses formations du Conseil (TUE, art. 14, § 6) et selon l'article 2 du règlement intérieur du Conseil : « Le Conseil des affaires générales assure la cohérence des travaux des différentes formations du Conseil. Il prépare les réunions du Conseil européen et en assure le suivi en liaison avec

1. *JOUE* 2 déc. 2009, n° L 315/46.

le président du Conseil européen et la Commission. Il est responsable de la coordination générale des politiques, des questions institutionnelles et administratives, des dossiers horizontaux affectant plusieurs politiques de l'Union européenne, tels que le cadre financier pluriannuel et l'élargissement, ainsi que de tout dossier transmis par le Conseil européen, en tenant compte des règles de fonctionnement de l'Union économique et monétaire». Dans la gestion quotidienne des travaux, la coordination est essentiellement assurée par le Coreper (comité des représentants permanents, v. ss 510), qui, préparant les réunions de tous les Conseils, dispose d'une vision générale de l'activité du Conseil.

498 Cependant, la coordination ne peut être le fait du seul Conseil. Elle repose avant tout sur une meilleure coordination nationale lors de l'élaboration des positions des États membres. Sans effort réel de réforme des processus nationaux de définition de la politique européenne, les mesures prises au plan communautaire ne produiront que des effets limités.

Section 3
Les structures de travail du Conseil

499 Le traité contient un nombre limité d'indications sur les structures du Conseil et ses méthodes de travail. Il laisse largement au Conseil le pouvoir d'organiser lui-même ses travaux. Comme pour les autres institutions, ce pouvoir d'auto-organisation s'exprime essentiellement au moyen du règlement intérieur (**§ 1**). Ses travaux sont animés par la Présidence (**§ 2**) et le Coreper (**§ 3**) avec l'assistance du Secrétariat général (**§ 4**).

§ 1. Le règlement intérieur du Conseil

500 Le pouvoir d'auto-organisation du Conseil repose sur l'article 240 TFUE qui lui confie le soin d'arrêter son règlement intérieur à la majorité de ses membres. La version actuelle du règlement intérieur a été adoptée après l'entrée en vigueur du traité de Lisbonne[1]. Outre des dispositions relatives aux sessions du Conseil, aux procédures de vote, aux procès-verbaux, au Coreper, au secrétariat général, aux relations avec le Parlement européen et à l'accès du public aux documents, le règlement intérieur comporte un ensemble de dispositions sur la forme des actes et leur publication.

501 Le Conseil est lié par son règlement intérieur et ne saurait, dans un cas particulier, renoncer à l'appliquer, même si une majorité supérieure à la majorité requise pour tout amendement, était en faveur d'une telle solution. La seule formule juridiquement correcte est d'abord de modifier formellement le règlement intérieur[2]. S'agissant du droit d'invoquer devant la Cour, une violation du règlement intérieur à l'appui d'un recours en annulation d'un acte, ce droit a été reconnu aux États membres, dans l'affaire relative aux hormones, à propos de la procédure de vote par écrit[3].

§ 2. La présidence

502 L'article 16, § 9, TUE a pour objet de fixer les modalités de rotation de la présidence. À l'origine, la présidence était confiée à chaque État membre pour une durée de six mois, la rotation se faisant dans l'ordre alphabétique. Par la suite, l'ordre de rotation était fixé par le Conseil, statuant à l'unanimité.

A. Le caractère tournant de la présidence

503 La question de la durée de la présidence a donné lieu à débat dans le cadre de la négociation du traité d'Amsterdam. La périodicité actuelle de six mois pouvait paraître brève au regard des exigences de continuité, notamment dans le domaine de la PESC.

1. *JO* L 325/35.
2. CJCE 18 févr. 1986, n° 68/86, *Royaume-Uni c/ Conseil*.
3. *Idem*.

Mais toute prolongation de la durée de la présidence aurait conduit à allonger le cycle et, dans une Communauté élargie, à ne permettre à un État d'exercer la présidence qu'à intervalles fort longs. Diverses autres solutions pouvaient être envisagées. L'idée d'élire l'État qui exercerait la présidence a été évoquée. On a aussi imaginé, dans la mesure où l'exigence de continuité est plus forte dans le domaine de la PESC, de dissocier la présidence du Conseil et la représentation externe dans le domaine de la PESC afin de confier cette dernière soit à la Commission, soit à une personnalité politique désignée par le Conseil. La question avait été évoquée au sein du groupe de réflexion qui a précédé la conférence intergouvernementale d'Amsterdam. Le groupe a cependant reconnu l'intérêt qui s'attachait au système de la présidence tournante laquelle « renforce le sentiment d'appartenance à l'Union et l'esprit d'émulation de l'État qui exerce la présidence ». Mais il a admis que cet effet serait atténué dans une Union de 30 membres. Aussi a-t-il a envisagé la possibilité d'une présidence exercée par quatre membres pendant une période de 12 mois. Une telle formule, quel que soit le partage des responsabilités entre les membres exerçant la présidence, ne renforçait pas l'image externe de l'Union et posait de délicats problèmes de coordination. Finalement, le système en vigueur a été conservé. Cependant, la création d'un secrétaire général du Conseil, Haut représentant de l'Union, était destinée à doter l'Union de la permanence indispensable dans le cadre des relations extérieures, sans rien retirer au rôle de la présidence. La discussion sur la présidence tournante s'est cependant poursuivie.

504 Dans le cadre de la Convention sur l'avenir de l'Europe, les critiques quant à la présidence tournante n'ont pas manqué de se faire jour. Au fond, la question posée n'avait pas changé. Une présidence de six mois peut-elle garantir l'efficacité et la continuité nécessaire à la conduite de l'Union ? À dire vrai, il est difficile de répondre sans se livrer à un examen approfondi de la situation. En effet, celle-ci s'est profondément modifiée depuis les Conseils européens d'Helsinki et de Séville. Ceux-ci ont mis en place un système de programmation qui répond aux exigences de continuité tout en maintenant la rotation semestrielle. Encadrée

par la programmation établie par le Conseil, par les mandats qui lui sont donnés par le Conseil et par les délais impératifs de la procédure de codécision, la marge de manœuvre de la présidence est faible. De plus, animée par le souci de montrer qu'elle est à la hauteur de sa tâche et par le besoin de présenter un bilan satisfaisant, la présidence ne ménage pas ses efforts pour faire avancer les dossiers. Lorsque des blocages surviennent, ils sont très rarement imputables à une quelconque inefficacité du Conseil ou du système de rotation de la présidence. Ils sont dus soit au fait qu'il n'est pas possible de trouver une majorité qualifiée, soit à l'exigence de l'unanimité. Dans le second cas, il convient, au lieu d'accuser le Conseil, de s'interroger sur l'opportunité de maintenir l'unanimité dans certains domaines. Dans le premier, on ne peut vraiment pas qualifier de dysfonctionnement le fait que l'on ne parvienne pas aisément à atteindre la majorité requise par le traité. La solution est dans l'abandon de la proposition ou dans des efforts accrus pour trouver un compromis, toutes questions auxquelles le système de rotation de la présidence est étranger. Dans la pratique, la rotation n'a guère nuit à l'efficacité du Conseil. En revanche, il est exact que l'exigence de continuité dans la conduite de la PESC n'est pas assurée par cette formule. Aussi ceux qui estiment que la création du Haut représentant pour la PESC n'a pas suffi à atteindre cet objectif suggèrent qu'une présidence plus durable pourrait constituer une formule satisfaisante.

505 Les propositions de réforme n'ont pas manqué. Les plus radicaux suggéraient de faire présider le Conseil, au moins lorsqu'il agit comme exécutif, par le président de la Commission. Les adeptes de cette formule voulaient unifier le pouvoir exécutif dans l'Union à travers une présidence unique. Le président de la Commission présiderait à la fois le collège des commissaires et le Conseil lorsque ce dernier agit comme exécutif. Même si l'on fait l'économie des problèmes pratiques que soulève cette proposition, ses instigateurs semblent méconnaître les risques qu'elle comporte pour l'indépendance de la Commission. En effet, la Commission est présente au Conseil pour défendre ses propres positions. Le rôle de la présidence est bien différent. Il consiste à trouver un

compromis entre les membres du Conseil. Si la Commission assurait la présidence, elle devrait assumer simultanément les deux fonctions et opérer des arbitrages difficiles entre sa propre position et celle des membres du Conseil. Une telle formule nuirait considérablement à la crédibilité de la Commission puisque les États membres, que la présidence est censée représenter, ne pourraient percevoir si la Commission s'exprime en tant qu'organe indépendant ou en qualité de faiseuse de compromis. Il en résulterait inévitablement une perte de confiance. Comme le déclarait le président Van Rompuy dans un discours à Copenhague le 11 mai 2012, « Pour moi, il est difficile de comprendre comment une même personne pourrait être à la fois l'avocat vigoureux des propositions de la Commission et un faiseur de compromis entre les gouvernements (...). Une telle fusion pourrait compromettre l'indépendance de la Commission comme gardienne des traités, sa principale source de succès et d'autorité ». En outre, il serait difficile de conserver la responsabilité de la Commission devant le Parlement car celle-ci ne saurait être responsable des activités d'un Conseil dont les membres sont responsables devant les parlements nationaux. Cette solution qui introduit une sorte de schizophrénie institutionnelle ne paraît donc pas souhaitable et d'ailleurs elle n'avait pas le soutien de la Commission laquelle préfèrerait faire coexister une présidence tournante pour le Conseil « affaires générales » avec des présidences élues pour un an pour les autres Conseils. Une autre suggestion consistait à confier la présidence du Conseil « relations extérieures » au Haut représentant pour la PESC, transformé en Secrétaire d'État de l'Union, et d'instituer des équipes de plusieurs États membres qui se partageraient les autres présidences pendant une période plus longue que six mois.

506 Finalement, la Convention sur l'avenir de l'Europe a retenu l'idée de faire présider le Conseil affaires étrangères par le ministre des Affaires étrangères de l'Union qui jouit d'un statut spécial puisque, désigné par le Conseil européen, il est le mandataire du Conseil, mais exerce également les fonctions de vice-président de la Commission en charge des relations extérieures. Pour les autres formations du Conseil, la présidence restait tournante, mais la

durée en était d'un an minimum. Il appartenait au Conseil européen de fixer les modalités de cette rotation. Lors de la conférence intergouvernementale, un accord a été trouvé autour d'une présidence collective de trois États membres pour 18 mois. La présidence de la formation « affaires étrangères » est confiée au ministre des Affaires étrangères tandis que celle des autres formations et du Coreper est assurée alternativement pour six mois par chacun des membres du groupe. Cette formule aurait pu permettre un partage des présidences pendant chaque période de six mois, mais elle n'interdisait pas le maintien du système actuel. C'est la solution que retient le traité de Lisbonne avec le changement de dénomination pour le ministre des affaires étrangères de l'Union qui est devenu le haut représentant de l'Union pour la politique étrangère et de sécurité commune (TUE, art. 16 ; TFUE, art. 236). La fixation des règles de rotation est confiée au Conseil européen La décision du 1er décembre 2009 [1] établit une présidence de trois États membres pendant 18 mois, chacun président pour une période de six mois. Le statu quo s'est donc imposé sauf pour la formation « affaires étrangères » qui est présidée par le Haut représentant qui peut se faire représenter par la présidence en exercice. Une déclaration indique que ce remplacement est de droit pour les affaires qui ne relèvent pas de la PESC, comme la politique commerciale commune. Les mesures d'application de la décision du Conseil européen ont été adoptées par le Conseil le 1er décembre 2009 [2].

B. Les responsabilités de la présidence

507 Pour bien montrer qu'elle exerce des fonctions spécifiques et afin d'éviter toute confusion entre ce qui relève de ses responsabilités propres et ce qui a trait à la participation de sa délégation aux réunions, la présidence occupe une place distincte de celle de sa délégation et ne s'exprime jamais au nom de celle-ci. Le traité et le règlement intérieur ne définissent pas de manière abstraite les fonctions de la présidence, mais énumèrent les tâches confiées à celle-ci.

1. *JO* 2 déc. 2009, L 315/50.
2. *JO* L 322/08.

D'une façon générale, le président organise et dirige les travaux du Conseil en assurant le respect des dispositions du règlement intérieur et, sous l'autorité du Conseil, représente celui-ci. Le président du Conseil convoque celui-ci et établit l'ordre du jour provisoire de chaque session. Il peut faire procéder au vote à son initiative et il est tenu de le faire si, à l'initiative d'un membre du Conseil ou de la Commission, la majorité des membres du Conseil se prononce en ce sens. Il signe les actes arrêtés par le Conseil. Il peut représenter le Conseil devant le Parlement européen et ses commissions ; la correspondance destinée au Conseil doit être adressée au président. Finalement, la présidence préside les réunions du Coreper ainsi que, sauf décision contraire du Coreper, celles des groupes de travail et autres comités du Conseil. Dans les matières qui relèvent de la Pesc, la présidence du Coreper et des groupes de travail est assurée par des représentants du haut représentant.

508 Dans le cadre de la politique étrangère et de sécurité commune, les fonctions de la présidence sont exercées par le haut représentant qui se voit confier la représentation externe de l'Union. En outre, il a la responsabilité de la mise en œuvre des actions communes et, à ce titre, exprime en principe la position de l'Union dans les organisations internationales et au sein des conférences internationales. Mais l'article 15, § 6, du même traité prévoit que le président du Conseil européen assure également cette tâche à son niveau. Un partage des responsabilités devra donc être établi en fonction de la nature des tâches. Bien entendu, le rôle de la présidence s'étend bien au-delà des strictes attributions prévues par le traité et par le règlement intérieur. *Primus inter pares*, la présidence a la responsabilité du bon fonctionnement du Conseil ou, selon les conclusions du Conseil européen d'Helsinki, « la responsabilité politique générale pour ce qui est de la gestion des activités du Conseil conformément aux traités et au règlement intérieur du Conseil ». Ceci implique qu'elle doive veiller à la bonne organisation et au bon déroulement des travaux. À cette fin, les présidences jouent un rôle essentiel dans la programmation des travaux du Conseil. D'après les conclusions d'Helsinki et de Séville, reprises à l'article 2 du règlement intérieur, le Conseil adopte un programme pluriannuel pour une période de trois ans.

Ce programme est établi sur la base d'une proposition conjointe des présidences concernées. Puis, chaque présidence prépare les ordres du jour provisoires des sessions du Conseil mentionnant à titre indicatif les décisions opérationnelles et les travaux législatifs. L'époque où chaque présidence pouvait déterminer librement son propre programme est bien loin.

509 La présidence joue un rôle essentiel dans la recherche de solutions de compromis lorsqu'un accord sur la base de la proposition de la Commission apparaît difficile à trouver. En effet, le Conseil décide généralement sur la base de compromis proposés par la présidence. Il appartient à cette dernière de forger des compromis qui pourront être soutenus par le Conseil. Contrairement au Parlement où l'on vote sur la base des amendements proposés, le Conseil se prononce sur la base d'un texte global élaboré par la présidence en tenant compte des positions des différents membres du Conseil. La présidence joue un rôle important dans les rapports interinstitutionnels. Elle rencontre régulièrement les présidents du Parlement, et de la Commission lors des trilogues informels qui ont lieu à l'occasion des sessions parlementaires et permettent d'évoquer les problèmes qui peuvent se poser dans les relations entre institutions. Dans ce cas, la présidence exprime la position du Conseil et elle doit prendre soin lorsqu'elle prend position, d'avoir l'accord de celui-ci. Enfin, depuis la mise en place de la procédure de codécision, la présidence joue un rôle essentiel dans le déroulement des travaux par les contacts informels qu'elle entretient avec le Parlement, ce qui lui permet de préparer efficacement les réunions du comité de conciliation et d'œuvrer à la recherche de compromis. La fonction politique de la présidence l'emporte donc largement sur sa fonction protocolaire. Une présidence rencontre d'autant plus de succès dans sa tâche qu'elle sait faire preuve de neutralité et est parfois capable de sacrifier certaines positions de sa délégation à la recherche d'un compromis largement acceptable. Son autorité dépend en effet beaucoup de la confiance dont elle bénéficie de la part des autres membres du Conseil, car, en toute hypothèse, la présidence est dans les mains du Conseil, lequel dispose seul du pouvoir de décision, même sur les points de procédure et d'organisation des travaux.

§ 3. Le Comité des représentants permanents

510 Le Comité des représentants permanents (Coreper) trouve son origine dans l'ancien article 151 du traité CE, lequel indiquait que le règlement intérieur du Conseil pouvait prévoir la création d'un Comité des représentants permanents dont le Conseil déterminerait la mission et la compétence. Les articles 16, § 7, TUE amendé et 240 TFUE consacrent l'existence du Coreper qui est devenu un des instruments irremplaçables du succès des travaux du Conseil.

511 Le Coreper est composé des représentants permanents des États membres auprès de l'Union européenne. Les représentants permanents sont des diplomates de carrière tandis que, pour certains États membres, leurs adjoints sont originaires des ministères plus techniques. Bien qu'il n'existe qu'un Coreper, celui-ci se réunit à deux niveaux. Le Coreper « première partie » réunit les représentants permanents adjoints et le Coreper « deuxième partie » les représentants permanents. Les membres du Coreper II sont assistés par un collaborateur dit « Antici » du nom du premier président du groupe des Antici. Les collaborateurs des membres du Coreper I sont désignés sous l'appellation de Mertens. Les groupes Antici et Mertens préparent les réunions du Coreper. Leurs membres assistent les membres du Coreper pendant les réunions. Ces groupes peuvent être chargés d'étudier des dossiers particuliers soumis au Coreper, notamment en matière institutionnelle en ce qui concerne le Coreper II. La répartition des matières entre les deux parties du Coreper est susceptible de variations, mais en règle générale, le Coreper « deuxième partie » suit les dossiers qui seront examinés par les formations « Affaires générales », « Relations extérieures », « Économie et finance », « Justice et Affaires intérieures » tandis que le Coreper « première partie » travaille sur les dossiers liés au marché intérieur, à la politique sociale, à la protection des consommateurs, aux transports, à la recherche, à la santé, à l'éducation à la pêche, aux questions vétérinaires, à l'environnement et à la culture. On notera l'existence, à côté du Coreper, d'un Comité spécial agricole (CSA) qui prépare ceux des

dossiers du Conseil « Agriculture » qui sont relatifs à la politique agricole commune. Cette exception informelle à la règle de l'exclusivité de la préparation des sessions du Conseil par le Coreper remonte au 12 mai 1960 lorsque l'on désirait accélérer la réalisation de la politique agricole commune. L'existence du CSA n'a pas été remise en cause depuis. Composé de hauts fonctionnaires des ministères nationaux de l'Agriculture, en poste à Bruxelles, le CSA se réunit chaque semaine et travaille sur la base de principes comparables à ceux qui commandent le fonctionnement du Coreper.

512 Le Coreper se réunit à un rythme hebdomadaire dans chacune de ses parties. La durée des réunions, notamment pour le Coreper I, dépasse fréquemment une journée. Elle s'accroît généralement en fin de présidence. Le règlement intérieur du Conseil s'applique mutatis mutandis aux réunions du Coreper. L'ordre du jour de celles-ci, préparé par la présidence en liaison avec le secrétariat général, comporte des points I qui sont destinés à être approuvés sans débat et des points II qui feront l'objet d'un débat. Les réunions sont présidées par le représentant permanent ou le représentant permanent adjoint de l'État membre qui exerce la présidence.

513 Le Coreper prépare les travaux du Conseil. L'article 19 § 2 du règlement intérieur précise que « Tous les points inscrits à l'ordre du jour d'une session du Conseil font l'objet d'un examen préalable du Coreper sauf décision contraire de ce dernier. Le Coreper s'efforce de trouver à son niveau un accord, qui sera soumis à l'adoption du Conseil. Il assure une présentation adéquate des dossiers au Conseil et, le cas échéant lui présente des orientations, des options ou des propositions de solution ». Selon le règlement intérieur, les travaux du Coreper se poursuivent jusqu'à une semaine avant la session du Conseil, ceci afin de permettre aux autorités nationales d'étudier le dossier avant la session. Cependant, en cas d'urgence, la présidence peut déroger à cette règle. En cas d'urgence, le Conseil peut également décider à l'unanimité de délibérer sans examen préalable du Coreper, mais les précédents sont très rares. La compétence du Coreper s'étend à tous les domaines d'activité du Conseil. Lorsque le traité prévoit l'existence d'un comité particulier, comme par exemple dans le cas de la PESC (Comité politique et de sécurité), de la Justice et des Affaires intérieures (Comité TFUE, art. 73), de l'Union économique et monétaire (comité économique et financier) et de l'emploi (comité de l'emploi), il réserve expressément la compétence du Coreper. Il n'existe qu'une exception à ce monopole. Le Conseil peut autoriser le comité politique et de sécurité à prendre des décisions dans le cadre d'une opération de gestion de crise et pour la durée de celle-ci (TUE, art. 38 ; TUE, ex-art. 25).

514 La multiplication des comités à haut niveau a fréquemment compliqué la tâche du Coreper en rendant plus difficile l'exercice de sa mission de préparation des travaux du Conseil. En effet, même si le traité préserve le rôle du Coreper, ces comités, composés de hauts fonctionnaires, ont parfois mal accepté de voir leurs travaux passer par ce filtre avant d'être soumis au Conseil. Aussi les conclusions du Conseil européen d'Helsinki confirment-elles le rôle du Coreper et soulignent sa responsabilité particulière dans la conduite des dossiers « tant multidisciplinaires qu'inter-piliers ». Elles indiquent que, pour les travaux menés dans d'autres enceintes, le Coreper a, en tout état de cause, la responsabilité d'assurer le respect du principe de légalité, des attributions des institutions de l'Union, des dispositions budgétaires, des règles de procédure, de transparence et de qualité rédactionnelle ainsi que de la cohérence avec les autres politiques et actions de l'Union (Règl. int., art. 19, § 1). Enfin, pour préserver le rôle du Coreper, le Conseil européen estime qu'il ne devrait plus être créé de groupes à haut niveau dont l'existence rend de plus en plus difficile l'exercice de la mission de coordination des travaux confiée au Coreper par le règlement intérieur. Cette prescription n'est malheureusement suivie qu'avec modération.

515 Afin d'assurer la préparation des travaux du Conseil, le Coreper peut créer des groupes de travail ou des comités (Règl. int., art. 19, § 3). À la différence des comités ou groupes dits de haut niveau qui trouvent leur origine dans le traité ou le droit dérivé, les groupes de travail créés par le Coreper dépendent entièrement de celui-ci tant pour leur mandat que leur rythme de travail. L'étude d'un dossier est d'ailleurs généralement menée au sein d'un groupe de travail avec la participation de fonctionnaires de la

Commission. Au sein de ces groupes, les membres du Conseil sont le plus souvent représentés par des fonctionnaires nationaux spécialistes de la question à l'examen et/ou par des fonctionnaires spécialisés appartenant à la représentation permanente de l'État membre. Dans ce cadre, les travaux permettent d'éclaircir les problèmes techniques et d'identifier les points d'accord et de désaccord. Lorsque la présidence le juge utile, le résultat des travaux est soumis au Coreper, lequel consacre les points d'accord et tente de trouver une solution aux problèmes qui font l'objet d'un désaccord. Il peut ensuite, soit renvoyer le dossier au groupe avec ses instructions, soit conserver le dossier à son niveau pour en poursuivre l'examen, soit le soumettre au Conseil en vue d'un débat d'orientation ou d'une décision. La pratique s'est également établie de réunir les attachés chargés d'un secteur particulier au sein des représentations permanentes lorsqu'il est nécessaire d'apporter rapidement la touche finale à un dossier entre deux réunions du Coreper. Lorsque le Coreper trouve un accord à son niveau, cet accord est le plus souvent approuvé en point A (vote sans débat) par le Conseil. Si le Coreper ne parvient pas à trouver un accord, il pourra soumettre le dossier au Conseil, en identifiant les désaccords qui subsistent, en vue d'obtenir les orientations qui lui permettront de poursuivre le débat. La procédure se poursuivra de la sorte jusqu'à ce que le dossier soit prêt pour une décision du Conseil.

516 Ce mode de fonctionnement a parfois alimenté la critique selon laquelle le Coreper serait un organe technocratique au sein duquel les questions essentielles de l'intégration européenne seraient réglées entre hauts fonctionnaires sans contrôle du pouvoir politique. C'est oublier tout d'abord que les représentants permanents agissent toujours sur instruction des autorités nationales et que, dans certains États membres, la position de l'État qu'ils représentent a fait l'objet d'un examen parlementaire. De plus, un dossier important ne peut être entièrement réglé sans intervention du Conseil. La présentation par la Commission de ses propositions importantes lors d'une session du Conseil donne lieu à un premier échange de vues. Puis, au cours de l'examen de la proposition, ses dispositions font généralement l'objet d'une ou plusieurs dis-

cussions au Conseil sur rapport du Coreper. Enfin, même si l'adoption de la proposition est inscrite à l'ordre du jour du Conseil en point A (adoption sans débat), tout membre peut obtenir que cette question soit examinée en point B (adoption avec débat) et fasse ainsi l'objet d'une discussion. Si, conformément à sa mission, le Coreper s'efforce toujours de trouver un accord à son niveau, il ne se substitue pas à l'autorité politique à laquelle il est subordonné. Bien entendu, la recherche d'un accord exige des concessions mutuelles. Il est donc indispensable que les représentants permanents soient prêts à explorer des voies qui vont parfois au-delà des instructions qui leur sont données. Mais il leur appartient, dans ce cas, d'obtenir l'approbation de leurs autorités politiques qu'ils auront tenues informées de l'évolution des discussions.

517 Le Coreper exécute les mandats qui lui sont confiés par le Conseil (TFUE, art. 240). Il ne faut pas voir dans cette formule la possibilité d'une délégation de compétence au profit du Coreper puisque seul le Conseil peut adopter des actes juridiques comme l'a confirmé la Cour dans son arrêt du 19 mars 1996[1]. Mais le Conseil peut à l'issue d'un débat charger le Coreper de poursuivre l'examen d'un dossier en tenant compte des orientations qu'il a dégagées ou demander au Coreper de lui faire rapport sur un point particulier. Comme la Cour avait consacré les limites du pouvoir du Coreper et qu'il est nécessaire d'adopter rapidement un certain nombre de décisions (consultation du Parlement, prorogation des délais dans le cadre de la procédure de décision, recours à la procédure écrite etc.), le traité a été modifié à Amsterdam afin de prévoir que « Le Comité peut adopter des décisions de procédure dans les cas prévus par le règlement intérieur du Conseil ». Il s'agit d'une faculté laissée au Conseil et qui ne s'applique qu'aux décisions de procédure à l'exclusion de toute question de fond. Le règlement intérieur énumère à l'article 19 § 7 la liste des décisions qui peuvent être prises par le Coreper.

1. CJCE 19 mars 1996, C 25/94, *Commission c/ Conseil*.

§ 4. Le secrétariat général

518 L'existence d'un secrétariat général du Conseil a longtemps reposé sur le règlement intérieur du Conseil. Le § 2 de l'article 240 TFUE, introduit à Maastricht par le traité sur l'Union européenne, consacre cette existence dans le droit primaire. L'article 240 indique que le Conseil est assisté d'un secrétariat général dont le responsable est nommé par le Conseil à la majorité qualifiée. L'article 23 du règlement intérieur confie au secrétaire général le soin de prendre sous l'autorité du Conseil les mesures nécessaires au bon fonctionnement du secrétariat général, de préparer le projet d'état prévisionnel des dépenses du Conseil et de gérer les fonds mis à disposition du Conseil.

519 Composé d'une petite administration de 3 500 fonctionnaires dont une grande partie de traducteurs, le secrétariat général a pour mission première d'assurer le bon déroulement des travaux du Conseil (programmation des réunions, interprétation, traduction et reproduction des documents...). Il joue également un rôle de greffier. C'est lui en effet qui établit sous sa propre responsabilité les rapports des groupes et les comptes rendus des réunions. Il prépare les procès-verbaux des sessions du Conseil qui sont signés par le secrétaire général avec le président. Il gère les procédures de vote par écrit, signe avec le président et notifie les actes arrêtés par le Conseil et veille, le cas échéant, à leur publication. Il peut remplir les fonctions de dépositaire d'un accord conclu par la Communauté. Il assure également le secrétariat du Conseil européen, des conférences intergouvernementales et des négociations d'adhésion.

520 À ces tâches administratives sont venues s'ajouter des fonctions de conseiller de la présidence. Informé de l'évolution des dossiers, le secrétaire général peut faire à la présidence des suggestions de procédure ou de fond et participer à l'élaboration de compromis. La discrétion qui entoure nécessairement cette tâche rend difficile d'en mesurer la portée, mais celle-ci a pris une importance croissante, comme en atteste le choix de secrétaires généraux qui ont exercé antérieurement des fonctions de représentants permanents

ainsi que d'importantes fonctions en rapport avec les affaires européennes dans leur administration nationale avant leur nomination. Les conclusions du Conseil européen d'Helsinki confirment le rôle du secrétariat général. Elles prévoient notamment que « le rôle d'appui du secrétariat général en tant que conseiller du Conseil et de la présidence doit être renforcé par une association permanente et étroite à l'organisation, à la coordination et au contrôle des travaux du Conseil. Il convient en particulier de l'encourager à jouer un rôle plus actif, sous la responsabilité et la direction de la présidence, dans les missions de bons offices et de recherche de compromis confiées à cette dernière ». Ces fonctions sont reprises à l'article 23 du règlement intérieur. Au sein du secrétariat, le rôle du service juridique est particulier. Conseiller juridique indépendant, il donne des avis à la demande du Conseil ou de sa propre initiative et veille à la correction juridique des actes et des procédures.

521 L'entrée en vigueur du traité d'Amsterdam avait renforcé le rôle du secrétariat en confiant au secrétaire général la fonction de Haut représentant pour la politique extérieure et de sécurité commune. Chargé d'assister la présidence, il assistait également le Conseil en contribuant notamment à la formulation, à l'élaboration et à la mise en œuvre de décisions politiques et, le cas échéant, en agissant au nom du Conseil et à la demande de la présidence, en conduisant le dialogue politique avec des tiers. Après l'entrée en vigueur du traité de Lisbonne, le Secrétaire général n'exerce plus les fonctions de Haut représentant puisque ce dernier a un statut spécial et est simultanément Haut représentant et vice-président de la Commission.

Section 4
Les attributions du Conseil

522 Le traité de Lisbonne indique que le Conseil « exerce, conjointement avec le Parlement, les fonctions législative et budgétaire. Il exerce des fonctions de définition des politiques et de coordination conformément aux conditions prévues par le traité » (TUE, art. 16, § 1). Cette définition atteste de l'évolution qui s'est produite en ce qui concerne les pouvoirs du Conseil depuis la création de la Communauté économique européenne. En effet, à l'époque, comme en attestait l'article 202 du traité CE, il détenait un pouvoir général de décision dans les domaines législatifs, budgétaires (**§ 1**) ainsi qu'en ce qui concernait l'exécution des actes communautaires (**§ 3**). Aujourd'hui ces pouvoirs sont largement partagés avec le Parlement. Il dispose de pouvoirs spécifiques en matière de coordination des politiques économique (**§ 2**), peut demander à la Commission des études et des propositions (**§ 4**) et dispose d'autres attributions de nature diverse (**§ 5**).

§ 1. Le pouvoir de décision du Conseil

523 L'article 202 CE qui faisait référence à un pouvoir de décision au profit du Conseil, n'avait pas pour effet d'attribuer à celui-ci un pouvoir général de décision. Conformément au principe selon lequel les institutions ne disposent que des pouvoirs qui leur sont expressément attribués, cet article devait être interprété comme faisant implicitement renvoi aux articles spécifiques du traité. C'est la raison pour laquelle le traité de Lisbonne, prenant acte de la croissance des pouvoirs du Parlement abandonne la mention d'un pouvoir de décision au profit du seul Conseil pour la remplacer par une référence à des pouvoirs législatifs et budgétaires partagés avec le Parlement. En fait sont visées la procédure législative ordinaire et la procédure budgétaire. Mais il existe des hypothèses dans lesquelles le Conseil dispose seul du pouvoir de décision en matière législative, le Parlement étant simplement consulté. Le traité fait, dans ce cas, appel à la notion de procédure législative spéciale. Il en va notamment ainsi, pour retenir les exemples principaux, en matière de sécurité sociale et de protection sociale (TFUE, art. 21), de protection à l'étranger des citoyens de l'Union (TFUE, art. 23), de droit de la famille (TFUE, art. 81, § 3), de création du parquet européen (TFUE, art. 86), d'harmonisation fiscale (TFUE, art. 113), d'environnement dans certaines hypothèses (TFUE, art. 192, § 2), de fiscalité de l'énergie (TFUE, art. 194),

d'association des pays et territoires d'outre-mer (TFUE, art. 200)... Dans le domaine de la politique étrangère et de sécurité commune, le pouvoir de décision appartient également au Conseil dans le respect des objectifs et des orientations générales définies par le Conseil européen (TUE, art. 24 et 26) Le traité prend ainsi acte de l'existence de domaines sensibles par rapport à la souveraineté des États membres pour confier dans ce cas l'exclusivité du pouvoir de décision au Conseil, le Parlement se voyant au mieux reconnaître un rôle consultatif.

§ 2. La coordination des politiques des États membres

524 La mission de coordination confiée au Conseil par les textes originaires en matière de politique économique avait suscité une grande perplexité dans la doctrine à l'époque de la rédaction du traité puisque la politique économique générale demeurait dans le domaine des compétences des États membres, les interventions communautaires se limitant au champ des politiques sectorielles. Dans ces conditions, quel pouvait être le sens de l'article 202 CE ? Permettait-il au Conseil d'intervenir en matière de coordination des politiques économiques en l'absence de toute disposition spécifique du traité ? Pouvait-il servir de base juridique à une action ? On en concluait soit que cette disposition confiait au Conseil des pouvoirs très limités (organisation de concertations, adoption de recommandations) dans un domaine fort large (l'ensemble du champ de la politique économique générale) et qu'elle instituait un pouvoir résiduaire de coordination lorsque le traité n'accordait au Conseil aucun pouvoir spécifique, soit que cette disposition ne constituait qu'un renvoi aux dispositions plus spécifiques du traité. Actuellement, les choses sont plus simples. L'ancien article 6 du traité CE est remplacé par l'article 119 TFUE (Traité CE, ex-art. 4) qui prévoit que l'action des États membres comporte « l'instauration d'une politique économique fondée sur l'étroite coordination des politiques économiques des États membres ». L'article 120 TFUE (Traité CE, ex-art. 98) précise le

cadre de cette coopération et l'article 121 TFUE (Traité CE, ex-art. 99) fournit l'instrument juridique nécessaire sous la forme du projet de grandes orientations de politiques économiques des États membres qui est élaboré par le Conseil à la majorité qualifiée et qui fait l'objet d'une conclusion du Conseil européen, puis d'une recommandation du Conseil.

525 Mais il ne s'agit pas de la seule hypothèse dans laquelle le Conseil se voit reconnaître un pouvoir d'organiser la coopération entre les États membres. L'article 74 TFUE lui confie cette tâche d'une manière générale dans l'espace de sécurité, de liberté et de justice et l'article 87, § 3, TFUE plus particulièrement en ce qui concerne la coopération policière opérationnelle. L'article 148 TFUE concerne la coordination des politiques de l'emploi.

§ 3. Les compétences d'exécution

526 Dans le traité CE, les compétences d'exécution des actes adoptés par le Conseil étaient, soit conférées par celui-ci à la Commission, soit exercées par lui. Le traité faisait donc du Conseil le titulaire du pouvoir exécutif puisque, même si la règle était la délégation, il n'aurait pu déléguer un pouvoir qui ne lui appartenait pas. Ce principe était confirmé par l'article 211 qui prévoyait que la Commission exerçait les compétences d'exécution qui lui étaient conférées. Cette situation a été contestée, tant par ceux qui auraient souhaité que la Commission soit titulaire du pouvoir d'exécution, que par ceux qui estimaient que le pouvoir détenu par le Conseil devait être partagé avec le Parlement. Bien que ces suggestions aient été présentées lors de différentes conférences intergouvernementales, les États membres avaient toujours fermement tenu au maintien de la situation existante. Le traité de Lisbonne opère sur ce point une mutation fondamentale en confiant le pouvoir d'exécution à la seule Commission dans la mesure où le législateur lui délègue ce pouvoir (TUE, art. 17 ; TFUE, art. 291). L'article 291 TFUE prévoit cependant que le législateur peut conférer des compétences d'exécution au Conseil dans des cas « spécifiques dûment justifiés » et que, dans le cadre de la PESC,

le Conseil peut retenir les compétences d'exécution au détriment du haut représentant.

527 Cependant, le traité lui-même accorde au Conseil dans des cas particuliers un pouvoir d'exécution. Il en va ainsi pour la fixation des prix agricoles et des quotas de pêche (TFUE, art. 43), pour les dispositions du traité en matière de concurrence et d'aides d'État (TFUE, art. 103 et 109) ou en matière de politique économique et monétaire (TFUE, art. 125 pour l'exécution ; TFUE, art. 123 et 124).

§ 4. Le droit de demander à la Commission des études et des propositions

528 L'article 241 TFUE autorise le Conseil à demander à la Commission de procéder à des études ou de lui soumettre des propositions. Comme le Parlement, le Conseil n'a pas le droit d'initiative, mais peut à la majorité simple demander à la Commission de lui présenter des propositions. Il fait un usage fréquent de cette faculté. On s'est interrogé sur les suites que la Commission devait donner à de telles demandes. Une minorité d'auteurs estimait que la Commission était liée par la demande et devait donner suite. Cette thèse n'est guère crédible, car elle est contredite par le monopole de l'initiative reconnu à la Commission. Elle aurait conduit à transformer une compétence discrétionnaire de la Commission en une compétence liée. Elle ne parvenait pas non plus à expliquer pour quelles raisons dans certains cas le traité imposait à la Commission d'accorder un traitement particulier à certaines demandes qui lui étaient adressées. Ces dispositions auraient été inutiles si dans tous les cas la Commission était tenue de donner suite. Cependant, en application du principe de coopération loyale entre institutions, il était admis que la Commission devait examiner de bonne foi la demande et informer le Conseil des suites qu'elle lui réservait ainsi que des motifs de sa décision. Ce principe est désormais inscrit à l'article 241 TFUE par le traité de Lisbonne. La Commission devrait-elle aller plus loin ? On peut comparer la

rédaction de l'article 241 à celle de l'article 135 TFUE, en matière monétaire, qui impose à la Commission d'examiner une demande présentée par le Conseil ou un État membre et de présenter sans délai ses conclusions au Conseil. Dans le cadre de l'article 241, la Commission ne devrait pas être contrainte d'en faire plus que ce que lui impose la formulation beaucoup plus précise de l'article 135. En fait, la question est essentiellement politique et ne s'est pas posée sur le plan juridique.

§ 5. Les autres attributions

529 L'article 242 TFUE confie au Conseil le soin d'arrêter, après avis de la Commission, le statut des comités prévus par le traité. Cette disposition ne s'applique pas au Comité économique et social et au Comité des régions pour lesquels des dispositions spécifiques sont prévues par le traité. Il appartient également au Conseil de fixer le statut financier des membres des institutions. L'article 243 TFUE s'applique aux membres de la Commission, aux juges, aux avocats généraux et au greffier de la Cour, au président du Conseil européen, au haut représentant pour la PESC ainsi qu'au secrétaire général du Conseil. Pour la Cour des comptes, des pouvoirs similaires sont attribués au Conseil par l'article 286 TFUE. Le Conseil statue sans proposition de la Commission. En ce qui concerne les membres du Parlement européen, la question est réglée par la décision du 28 septembre 2005 qui fixe la rémunération à 38,5 % du traitement de base d'un juge à la Cour de justice. En déterminant la rémunération des juges, le Conseil fixe également celle des parlementaires.

Section 5

Les sessions du Conseil

530 Le Conseil se réunit en général sur convocation de la présidence (§ 1). Il adopte son ordre du jour (§ 2) et est soumis lorsqu'il œuvre en manière législative à une obligation de transparence (§ 3).

§ 1. Convocation

531 L'article 237 TFUE confie à la présidence le soin de convoquer les sessions du Conseil, soit de sa propre initiative, soit à la demande d'un des membres du Conseil ou de la Commission. Comme le prévoit le règlement intérieur du Conseil (art. 2), la présidence future fait connaître les dates envisagées pour les sessions du Conseil avant sa prise de fonctions. L'activité du Conseil est donc largement programmée. Bien entendu, il s'agit d'une programmation souple et les dates prévues peuvent être modifiées en cours de présidence. La quasi-totalité des sessions du Conseil a donc lieu à l'initiative de la présidence. Cependant, la présidence est tenue de déférer à la demande d'un État membre ou de la Commission. En ce cas, le choix de la date lui appartient à condition que la réunion soit convoquée dans un délai raisonnable. Il faut cependant noter qu'en application de l'article 3 § 1 du règlement intérieur du Conseil, l'ordre du jour provisoire du Conseil doit être établi 14 jours au moins avant le début de la session sauf pour les points que tous les membres acceptent d'inscrire à l'ordre du jour. Il n'est donc possible de convoquer une session à plus brève échéance qu'à la seule condition que tous les membres s'accordent pour inscrire à l'ordre du jour les points pour lesquels la demande de réunion a été présentée (conformément à l'article 3 § 7 du règlement intérieur du Conseil). Dans le cadre de la PESC, l'article 30 TUE permet cependant au haut représentant pour la PESC de convoquer d'office ou à la demande de la Commission ou d'un État membre une réunion de la formation « affaires étrangères » du Conseil dans les 48 heures dans les cas exigeant une décision rapide, voire même à plus bref délai en cas d'extrême

urgence. Cette disposition permet des réunions d'urgence en cas de crise internationale.

532 Le protocole sur le siège des institutions qui a été annexé au traité d'Amsterdam a confirmé la fixation du siège du Conseil à Bruxelles. Mais, et c'est un legs de la défunte CECA qui siégeait à Luxembourg, durant les mois d'avril, de juin et d'octobre, les sessions du Conseil se tiennent à Luxembourg. Il peut arriver exceptionnellement qu'il soit nécessaire de réunir le Conseil en dehors de ces lieux. C'est le cas notamment lors de négociations internationales auxquelles participe la Communauté. L'article 1 § 3 du règlement intérieur autorise le Conseil à tenir des sessions dans un autre lieu dès lors qu'il en décide à l'unanimité, en cas de circonstances exceptionnelles et dûment justifiées.

§ 2. L'ordre du jour

533 La préparation de l'ordre du jour provisoire est une prérogative de la présidence, mais le Conseil adopte l'ordre du jour définitif. Les questions relatives à la fixation de l'ordre du jour sont très sensibles en raison de la nécessité de préserver le droit des autorités nationales de préparer avec soin les sessions du Conseil. En outre, en raison de l'attention prêtée par les médias aux sessions du Conseil, le simple fait de mettre une question à l'ordre du jour peut se révéler d'une grande sensibilité politique. Les États membres en jouent et demandent fréquemment l'inscription de questions à l'ordre du jour dans le seul but de montrer à leur opinion nationale qu'ils ont conscience de l'importance d'un problème. Dans ce cas, ils savent bien que vraisemblablement rien ne sortira de la discussion au sein du Conseil, mais peu leur importe de susciter des attentes fatalement déçues.

A. Fixation de l'ordre du jour

534 Selon l'article 2 § 5 du règlement intérieur, les ordres du jour provisoires de toutes les sessions tenues sous une présidence doivent être établis au moins une semaine avant le début de cette présidence. Bien entendu, il ne s'agit que de prévisions non contraignantes qui

couvrent les points pour lesquels une programmation peut être établie et qui peuvent être modifiées par la suite puisque le véritable ordre du jour provisoire est celui qui est communiqué 14 jours avant une session du Conseil. En effet, selon l'article 3 § 1 du règlement intérieur, la présidence établit l'ordre du jour provisoire de chaque session et le communique aux autres membres du Conseil et à la Commission au moins 14 jours avant le début de la session. Ce délai impératif est justifié par la nécessité de permettre aux membres du Conseil de préparer les réunions en procédant à toutes les consultations internes nécessaires. Puisqu'il crée un droit pour les membres, il ne peut être dérogé à ce délai qu'avec l'accord de tous. Un point ne peut être inscrit ou retiré hors délai qu'à l'unanimité. Certes, des dérogations sont fréquentes, car l'actualité peut imposer l'examen d'un point à bref délai, mais elles doivent être adoptées à l'unanimité. Un point ne peut être inscrit à l'ordre du jour provisoire que si la documentation a été adressée aux membres du Conseil et à la Commission à la date d'envoi de l'ordre du jour au plus tard. La documentation comporte les documents de base sur lesquels la discussion se déroulera, c'est-à-dire la proposition de la Commission. Il va de soi que les travaux préparatoires du Coreper se déroulant après la fixation de l'ordre du jour provisoire, le résultat de ces travaux sera ajouté à la documentation par la suite. Les documents doivent être établis, sauf dérogation acceptée par les membres, dans toutes les langues. La liste des points, établie par la présidence, est soumise au Coreper plus de 14 jours avant la session du Conseil afin de permettre d'en débattre et d'ajouter des points à la demande des États membres. L'ordre du jour définitif est adopté par le Conseil à la majorité simple au début de chaque session. Toute adjonction doit être approuvée à l'unanimité dans la mesure où elle n'a pas été soumise au moins 14 jours à l'avance.

535 Le protocole sur les Parlements nationaux, annexé au traité d'Amsterdam avait prévu qu'un délai de six semaines devait s'écouler entre le moment où une proposition législative ou de mesures à adopter en application du titre VI était mise à la disposition du Parlement européen et du Conseil dans toutes les langues et celui auquel elle était inscrite à l'ordre du jour du Conseil pour décision. Ce délai pouvait être mis à profit par les Parlements nationaux pour

étudier la proposition en question. Des exceptions étaient possibles dans des cas d'urgence. Dans cette hypothèse, les motifs justifiant l'exception devaient être exposés dans l'acte ou la position commune. En fait, ce délai n'a suscité guère de difficultés, car, en règle générale, le délai entre la présentation d'une proposition et son adoption est de très loin supérieur à six semaines. Le protocole sur le rôle des parlements nationaux attaché au traité de Lisbonne accroît le nombre de documents qui doivent être communiqués aux Parlements nationaux et étend le délai de consultation à huit semaines.

B. Contenu de l'ordre du jour

536 L'ordre du jour du Conseil contient trois grandes catégories de points : les points A, les points B et les points divers. Les points divers, qui sont fréquemment inscrits à la demande d'une délégation ou de la Commission, permettent un bref échange de vues entre les États membres ou entre un État membre et la Commission, mais ne peuvent donner lieu à un vote. Toute demande d'inscription d'un point divers doit être accompagnée d'un justificatif.

1. La partie A de l'ordre du jour

537 Selon l'article 3 § 6 du règlement intérieur du Conseil : « Sont inscrits en point A les points pour lesquels une approbation par le Conseil est possible sans débat, ce qui n'exclut pas la possibilité pour chacun des membres du Conseil et pour la Commission d'exprimer leur opinion à l'occasion de l'approbation de ces points et de faire inscrire des déclarations au procès-verbal ». Cette pratique permet d'éviter un encombrement des réunions du Conseil par des points sur lesquels un accord est déjà réalisé. Il peut s'agir de points de procédure ou de questions substantielles sur lesquels une majorité a pu être trouvée, soit en groupe de travail, soit au Coreper, ou très souvent d'actes sur lesquels un accord politique a été atteint lors d'un Conseil précédent et qui doivent encore faire l'objet d'une adoption formelle après révision juridico-linguistique.

538 Les points A sont inscrits sur une liste qui est approuvée globalement par le Conseil. Il ne faudrait pas en conclure qu'il n'y a pas de vote sur chaque point. En effet, tout point inscrit sur la liste fait l'objet d'une note qui indique le résultat atteint et l'existence de la majorité requise tels qu'ils ont été constatés au Coreper.

L'adoption globale de la liste des points A entraîne l'adoption de chaque point inscrit avec le résultat des votes mentionné dans la note. L'inscription de points sur la liste des points A est effectuée par la présidence lors de la confection de l'ordre du jour provisoire. Cette dernière s'efforce cependant de recueillir l'accord de toutes les délégations lors du Coreper afin d'éviter un refus au moment du Conseil. En effet, le § 8 de l'article 3 du règlement intérieur dispose que « toutefois, au cas où une prise de position au sujet d'un point A est susceptible d'entraîner un nouveau débat ou si un membre du Conseil ou la Commission le demande, ce point est retiré de l'ordre du jour, sauf si le Conseil en décide autrement ». En l'absence du consentement des membres lors de la session du Conseil, un point ne peut donc être maintenu à l'ordre du jour comme point A. Cette règle garantit que, dès lors qu'un point soulève des difficultés de nature politique pour une délégation, il ne puisse être adopté sans débat. L'absence de débat n'interdit pas à un membre du Conseil de faire une déclaration lors de l'adoption de la liste.

539 La pratique normale est qu'en cas d'opposition d'un membre ou de la Commission, le point soit inscrit à l'ordre du jour d'une prochaine session. Cependant, le Conseil peut, par décision contraire prise à la majorité de ses membres, maintenir le point à l'ordre du jour en point B. Cette règle doit être combinée avec celle qui impose un délai de 14 jours avant l'inscription d'un point à l'ordre du jour. Il en résulte que si le point déclassé de la liste des points A a été inscrit sur cette liste dans ce délai, il pourra faire l'objet d'un examen en point B au cours de la même session. En revanche, si le délai de 14 jours n'a pas été respecté, il sera impossible de faire passer le point en point B lors de la même session sauf accord unanime. En effet, le *ratio* de la règle des 14 jours est de permettre à une délégation de se préparer à un débat. On pourrait contourner cette règle en inscrivant un point hors délai sur la liste des points A, puis, en cas d'opposition, en décidant, à la majorité des membres, de l'examiner en point B lors de la même session du Conseil. L'unanimité garantit que l'on ne pourra examiner un point A inscrit hors délai contre la volonté d'un membre du Conseil.

2. La partie B de l'ordre du jour

540 Sont inscrites en partie B de l'ordre du jour les questions qui doivent faire l'objet d'un débat et éventuellement d'un vote. L'article 3 § 2 du règlement intérieur prévoit que « L'ordre du jour provisoire indique également les points sur lesquels la présidence, un membre du Conseil ou la Commission peuvent demander un vote. » Il en résulte qu'aucun vote ne peut avoir lieu s'il n'en a été fait mention au moment de la confection de l'ordre du jour provisoire 14 jours à l'avance. Cette mention prend la forme d'un astérisque qui suit l'énoncé du point à l'ordre du jour. Elle indique toutes les conditions sont réunies pour qu'un vote puisse intervenir (avis du Parlement européen, respect des délais relatifs aux Parlements nationaux...), mais ne signifie pas qu'un vote aura nécessairement lieu. L'astérisque est destiné à avertir les membres de l'éventualité d'un vote afin qu'ils aient l'opportunité d'accomplir toutes les procédures internes qui seraient nécessaires (coordination interministérielle, consultation des Parlements nationaux...) et à les mettre à l'abri d'un vote intervenant par surprise. Ici encore, un vote peut avoir lieu en l'absence d'astérisque, voire même d'inscription à l'ordre du jour provisoire, si tous les membres sont d'accord (Règl. int., art. 3, § 7).

C. Le procès-verbal

541 Les délibérations du Conseil donnent lieu à l'élaboration d'un procès-verbal. Celui-ci est préparé par le secrétariat général et comprend, selon l'article 13 § 1, « la mention des documents soumis au Conseil », « les décisions prises ou les conclusions auxquelles le Conseil a abouti », « les déclarations faites par le Conseil ou celles dont la Commission ou un État membre ont demandé l'inscription ». Il ne s'agit donc pas d'un compte rendu des débats, mais tout membre du Conseil ou la Commission a la faculté de demander une élaboration plus détaillée sur un point à l'ordre du jour. Le procès-verbal doit être élaboré dans les 15 jours qui suivent une session. Il est soumis pour approbation au Conseil et est signé par le secrétaire général. Les documents adoptés sont annexés au procès-verbal.

§ 3. La publicité des travaux et la transparence

542 L'article 6 du règlement intérieur prévoit que les travaux du Conseil sont couverts par le secret professionnel (sous réserve des dispositions relatives à l'accès du public aux documents, v. ss 386) à moins que le Conseil n'en décide autrement à la majorité de ses membres. Le Conseil peut autoriser la production en justice d'une copie ou d'un extrait de ses procès-verbaux. Pour le reste, les travaux du Conseil sont longtemps restés confidentiels. Cette confidentialité était justifiée par des impératifs d'efficacité. On estimait que toute publicité donnée aux travaux du Conseil serait de nature à rendre plus délicate la recherche de solutions. En effet, la publicité relative aux positions des États membres pouvait conduire ceux-ci à cristalliser ces positions à un stade précoce de l'examen d'un texte, ce qui aurait rendu difficile tout progrès ultérieur. Il est en effet difficile à un gouvernement de renoncer à une position exprimée publiquement De ce fait, la transparence des travaux du Conseil pouvait avoir comme conséquence de repousser les véritables débats dans des enceintes moins ouvertes, voire dans un cadre informel, ce qui aurait conduit, soit à dessaisir le Conseil des véritables questions au profit d'autres instances de nature plus technocratiques, soit à faire du cadre institutionnel le lieu d'un débat purement formel, ce qui n'aurait pas amélioré la transparence.

543 Pendant la négociation du traité sur l'Union européenne, le lien entre démocratie et transparence ainsi que la nécessité d'une Union plus proche des citoyens, c'est-à-dire plus transparente, furent mis en lumière. La déclaration n° 17 annexée à l'Acte final du traité sur l'Union européenne et relative « au droit d'accès à l'information » demandait à la Commission de proposer au Conseil des mesures propres à accroître la transparence. Dans le cadre du débat de ratification du traité, notamment après le premier référendum danois, que des négociations furent engagées sur ce point. Le Conseil européen de Birmingham du 16 octobre 1992 demandait aux ministres des Affaires étrangères de faire des pro-

positions en vue d'aboutir à des mesures concrètes lors du Conseil d'Édimbourg. Ce dernier aboutissait à des conclusions dans trois domaines : l'information sur le rôle du Conseil, l'ouverture des travaux au public et l'amélioration de la clarté et de l'accessibilité à la législation communautaire. Suite à ces conclusions, des mesures ont été adoptées dans les domaines suivants : tenue de débats publics au Conseil, publicité des votes, accès du public aux documents, publicité des procès-verbaux et des déclarations. L'article 255 (TFUE, art. 15) introduit par le traité d'Amsterdam a fait franchir à l'Union un pas décisif en matière de transparence. Il pose le principe du droit d'accès des citoyens aux documents du Parlement, du Conseil et de la Commission et prévoit que les principes généraux relatifs à l'accès et les limites qui lui sont applicables pour des raisons d'ordre public ou privé seront fixés par une décision du Conseil adoptée selon la procédure de codécision. L'article 240 TFUE (Traité CE, ex-art. 207) prévoit que le Conseil fixe dans son règlement intérieur les conditions d'accès du public aux documents du Conseil. Enfin, le traité de Lisbonne couronne l'édifice en prévoyant la publicité des travaux législatifs du Conseil (TUE, art. 16, § 8).

A. Les débats publics

544 L'article 8 du règlement intérieur du Conseil prévoit que le Conseil tient des débats d'orientation retransmis par télévision sur le programme d'orientation des présidences, sur le programme quinquennal et annuel de la Commission. D'autres débats peuvent faire l'objet d'une retransmission publique, notamment lorsqu'ils portent sur une question importante touchant aux intérêts de l'Union ou de ses citoyens. La décision est prise à la majorité qualifiée par le Conseil ou le Coreper. En fait, la pratique des débats ouverts a été décevante, car elle a fréquemment donné lieu à une succession de monologues sans véritable débat. Enfin le premier débat sur des propositions non législatives importantes conduisant à l'adoption d'actes juridiques est public.

B. La publicité des travaux législatifs du Conseil

545 À la suite du Conseil européen de Séville, le règlement intérieur du Conseil a été modifié afin de permettre au public d'assister aux délibérations finales du Conseil aboutissant à un vote sur des actes législatifs adoptés en codécision. Seuls restaient confidentiels, les débats préparatoires. Cette publicité portait sur les différentes lectures dans le cadre de la procédure de codécision. En outre, dans la mesure où la délibération finale consistait le plus souvent en un vote sans débat, le Conseil ouvrait également au public les discussions qui aboutissent à l'adoption d'un accord politique sur un texte législatif alors que le texte lui-même sera adopté plus tard après finalisation juridico-linguistique. Cette démarche constituait une première étape vers l'établissement d'une distinction entre les activités du Conseil en tant que législateur qui pourraient être publiques et les autres activités qui resteraient confidentielles. La constitution prévoyait que les débats législatifs seraient publics, ce qui aurait pour effet d'ouvrir au public les débats préparatoires. Dans ce domaine, le Conseil européen de juin 2000 a élargi la publicité des débats. Les conclusions du Conseil européen ont été reprises à l'article 8, § 1, du règlement intérieur. L'ensemble du processus législatif en codécision au niveau des ministres était public à moins que le Conseil n'en décide autrement. L'entrée en vigueur du traité de Lisbonne conduit à ouvrir au public l'ensemble du processus législatif. Lapublicité des débats conduit parfois à discuter des questions les plus sensibles de manière informelle hors des salles de réunion, mais ce comportement n'est pas le seul fait du Conseil, il se manifeste également au Parlement où les rencontres entre responsables des groupes politiques en vue de trouver des compromis ne se déroulent pas non plus de manière publique.

C. La publicité des votes

546 L'article 207 du traité CE posait le principe de la publicité des résultats et explications de vote ainsi que des procès-verbaux lorsque le Conseil agissait comme législateur. Cette règle a disparu du traité de Lisbonne puisque tous les travaux législatifs du

Conseil sont publics. Désormais, la publicité des votes est de droit en matière législative. En ce qui concerne l'adoption d'actes non législatifs, l'article 9 du règlement intérieur pose également le principe de la publicité. Le système a toujours fonctionné de manière satisfaisante. Il est difficile d'apprécier s'il a entraîné une modification du comportement des membres du Conseil, mais il impose notamment à ceux-ci d'expliquer à leur opinion publique les raisons pour lesquelles, après s'être opposés à une proposition, ils se sont ralliés, le cas échéant, à un compromis adopté par le Conseil.

Section 6
Le vote au sein du Conseil

547 La question de la procédure de votation au sein du Conseil est restée pendant des années au cœur du débat européen et a alimenté les discussions entre partisans et adversaires du recours systématique à la majorité qualifiée. Le traité de Lisbonne clôt le débat, mais, en raison de l'opposition de certains États, il est loin d'établir la clarté qui était espérée. La procédure de vote est établie par l'article 16, § 3 à 5, TUE et l'article 238 TFUE, par le titre II du protocole n° 36 sur les dispositions transitoires et par la déclaration n° 7 contenant un projet de décision du Conseil sur le vote à la majorité qualifiée. Le traité contient certaines obligations procédurales quant au *quorum* et à la délégation de vote (**§ 1**) ainsi qu'aux modes de votation (**§ 2**) et aux formalités de vote (**§ 3**).

§ 1. *Quorum* et délégation de vote

548 Les exigences du *quorum* découlent de l'article 239 TFUE selon lequel chaque membre du Conseil ne peut recevoir délégation que d'un autre membre. Pour que les 28 États membres puissent être présents ou représentés, il convient que 15 membres du Conseil soient effectivement présents. Compte tenu de l'article 11 du règlement intérieur, le Conseil est toujours en nombre pour délibé-

rer puisque les ministres peuvent se faire représenter par un fonctionnaire lors des discussions. En revanche, le *quorum* est nécessaire pour voter et l'article 11 § 4 du règlement intérieur prévoit que « la présence de la majorité des membres est nécessaire pour que le Conseil puisse procéder à un vote ». Le *quorum* doit être constaté par le secrétariat général chaque fois qu'une décision doit être prise.

549 L'article 239 TFUE ne permet à chaque membre du Conseil de recevoir qu'une seule délégation de vote d'un autre membre. La délégation de vote n'est soumise à aucune formalité. Elle peut être donnée sous toute forme, voire même présumée. Il importe de distinguer entre représentation et délégation du droit de vote. La représentation n'entraîne pas délégation du droit de vote puisqu'elle peut être confiée à un fonctionnaire alors que la délégation de vote ne peut intervenir qu'en faveur d'un autre membre du Conseil. Dans la pratique, la position du membre concerné est exprimée par le représentant et le vote est censé être exercé par un autre membre.

§ 2. Les modes de votation

550 Le Conseil peut voter soit à la majorité de ses membres, soit à l'unanimité, soit à la majorité de 55 % de ses États et de 65 % de sa population, un retour à la majorité qualifiée des voix pondérées des États membres étant possible à la demande de l'un d'entre eux jusqu'au 31 mars 2017.

A. Le vote à la majorité des membres

551 Le § 1 de l'article 205 du traité CE posait le principe selon lequel, en l'absence de disposition spécifique du traité, les délibérations du Conseil sont prises à la majorité des membres composant le Conseil, soit 15 membres sur 28. Cependant, il était exceptionnel qu'aucune autre règle ne soit prévue par le traité. Le recours à la majorité des membres s'appliquait par exemple pour l'adoption du règlement intérieur (TFUE, art. 240), de toute décision de procédure non prévue par le traité ou par le règlement intérieur, des

demandes d'études ou de propositions adressées à la Commission (TFUE, art. 241). Le traité de Lisbonne fait du vote à la majorité qualifiée la règle. Le vote à la majorité des membres n'est donc possible que lorsque le traité le prévoit (TFUE, art. 16, § 3).

B. Le vote à l'unanimité

552 En ce qui concerne l'unanimité, le § 4 de l'article 238 TFUE prévoit que les abstentions des membres présents ou représentés ne font pas obstacle à celle-ci. Lorsque le Conseil, statuant sur une proposition de la Commission, prend un acte portant amendement à celle-ci l'unanimité est requise (TFUE, art. 293).

553 Dans d'autres cas, les États membres ont entendu se réserver un droit de veto compte tenu de la sensibilité des questions au regard de la souveraineté nationale ou sur le plan économique : notamment ressources de la Communauté (TFUE, art. 311 ; sécurité sociale, TFUE, art. 48 qui introduit la majorité qualifiée sous réserve d'un droit d'appel au Conseil européen), harmonisation de la fiscalité indirecte (TFUE, art. 113), exceptions à la règle de la majorité prévues dans les articles 115 et 114 TFUE, certaines questions relatives à l'environnement (TFUE, art. 192), liste des munitions et matériels de guerre (TFUE, art. 346), divers cas dans le cadre de l'Union économique et monétaire et bien entendu la PESC.

554 Certaines questions requérant l'unanimité sont de nature « constitutionnelle » et restent actuellement soumises à l'unanimité : procédure uniforme d'élection du Parlement européen (TFUE, art. 223), dispositions relatives à la Cour de justice (TFUE, art. 252), au régime linguistique (TFUE, art. 342), à la clause de flexibilité de l'article 352 TFUE, aux accords d'association (TFUE, art. 218, § 8), aux accords d'adhésion (TUE, art. 49).

Il existe enfin des matières dans lesquelles le Conseil peut autoriser un retour en arrière par rapport aux règles du traité. L'unanimité rend alors plus difficile ce retour en arrière : transports (TFUE, art. 92), aides (TFUE, art. 108).

C. Le vote à la majorité qualifiée

1. La pondération des voix en vigueur jusqu'en 2014

555 La règle de vote la plus fréquemment prévue par le traité, et qui s'est appliquée jusqu'en 2014, est celle de la majorité qualifiée des voix pondérées des membres du Conseil. Dans la Communauté des Six, le système de pondération était fondé sur des critères démographiques et économiques, combinés avec des règles d'équilibre politique. Ni les États du Benelux, ni un grand État membre ne pouvaient bloquer la prise de décision. De plus, les voix additionnées des États du Benelux égalaient celles d'un grand État membre. On a tenté lors des élargissements successifs de préserver ces équilibres, mais il a fallu tenir compte de l'apparition à côté du groupe des petits États de celui des États moins favorisés économiquement. Avant l'élargissement aux pays d'Europe centrale et orientale, les cinq grands États ne disposaient pas de la majorité qualifiée et une coalition de petits États pouvait bloquer la décision, mais n'avait pas la faculté de l'imposer. En d'autres termes, ni les petits États, ni les grands États ne pouvaient emporter la décision. En fait, l'opposition entre grands et petits États membres est riche en symbolique, mais rare dans la réalité. Les clivages au sein du Conseil sont généralement d'une autre nature et la pondération recouvre des équilibres plus subtils, par exemple entre les États dits de « cohésion » parce qu'ils bénéficient du fonds de cohésion et les autres, ou entre États de tradition libre-échangiste et de tradition protectionniste.

556 Au fil des élargissements, les États ont été regroupés dans des catégories qui accueillaient les membres ayant un poids démographique comparable. Le nombre de voix qui leur était attribué restait fonction de leur importance démographique selon une proportionnalité régressive, c'est-à-dire avantageant les petits États. Le vote à la majorité qualifiée était assorti de deux modalités. La majorité était exprimée en voix pondérées lorsque le Conseil statuait sur proposition de la Commission, mais elle devait en outre recueillir le soutien de deux tiers des États membres dans les autres cas. Sur un plan politique, le jeu a toujours été très ouvert à la constitution de majorités liées à la nature des pro

blèmes traités. Il n'existe pas de majorités permanentes sur l'ensemble des questions et c'est ce qui permet au système de fonctionner. En effet, autant il serait inacceptable pour un État membre de vivre dans une Communauté où, scrutin après scrutin, la majorité méconnaîtrait ses intérêts, autant il est tolérable d'être mis en minorité sur un point, si l'on sait qu'on l'emportera sur un autre point dans un prochain vote. La composition variable des majorités est une garantie importante pour les États à condition qu'ils fassent confiance à l'aptitude de leurs pairs à adopter un comportement qui tienne compte des intérêts respectifs de tous les membres et qu'un membre ne soit pas minorisé sans qu'il ait été tenu compte de ses difficultés. L'acceptation du vote à la majorité qualifiée suppose avant tout l'existence d'une confiance mutuelle entre les membres.

2. Le compromis de Luxembourg

557 Le compromis de Luxembourg fait suite à l'une des premières grandes crises de l'histoire de la Communauté, crise marquée par la politique de la chaise vide pratiquée pendant sept mois par la France en 1965. L'une des conditions de la reprise de la participation française fut l'adoption d'une déclaration politique connue sous la dénomination de « compromis de Luxembourg ». En fait, le terme de compromis n'est pas très adapté puisque si l'on examine le texte, on constate qu'il traduit une profonde divergence de vue entre la France et ses partenaires. Le compromis comporte un élément essentiel relatif au vote : « Lorsque, dans le cas de décisions susceptibles d'être prises à la majorité sur proposition de la Commission, les intérêts très importants d'un ou plusieurs partenaires sont en jeu, les membres du Conseil s'efforceront, dans un délai raisonnable, d'arriver à des solutions qui pourront être adoptées par tous les membres du Conseil dans le respect de leurs intérêts mutuels et de ceux de la Communauté ». Si le texte s'était arrêté là, on n'y aurait sans doute vu qu'une manifestation de bon sens politique. Mais la règle du veto se développera sur la base du paragraphe suivant : « En ce qui concerne le paragraphe précédent, la délégation française estime que, lorsqu'il s'agit d'intérêts très importants, la discussion devra se poursuivre jusqu'à ce que

l'on soit parvenu à un accord unanime. Les six délégations constatent qu'une divergence subsiste sur ce qui devrait être fait au cas où la conciliation n'aboutirait pas complètement».

558 La position française incitait la présidence à prolonger les discussions jusqu'à ce qu'un accord unanime soit atteint. Certes, rien n'empêchait de faire voter puisque la plupart des délégations ne partageaient pas la position de la France quant à l'existence d'un droit de veto et puisque le compromis n'avait pas de valeur juridique, une déclaration politique des ministres des Affaires étrangères ne pouvant modifier le traité. Mais en ayant recours au vote contre l'opposition d'un État membre, la présidence courait le risque de voir un certain nombre d'États se solidariser avec celui qui invoquait le veto, non qu'ils partageassent son point de vue, mais parce qu'ils ne désiraient pas minoriser un pair sur l'un de ses intérêts essentiels, sachant qu'eux-mêmes seraient peut-être appelés à invoquer un tel intérêt lors d'un prochain scrutin. Le premier élargissement de la Communauté a renforcé le poids du veto dans la mesure où certains nouveaux adhérents ont estimé que le compromis faisait partie de l'acquis communautaire.

559 Les conséquences du compromis de Luxembourg sur le fonctionnement des institutions furent importantes. Le veto a ralenti ou paralysé le processus de décision, non seulement au Conseil, mais aussi dans les instances préparatoires où il était utilisé au niveau des fonctionnaires nationaux qui bloquaient l'étude d'un problème au stade initial de son examen. Le rôle de la Commission s'en est trouvé diminué puisqu'elle perdait de facto la protection que l'article 250 accordait à ses propositions. En effet, dans la mesure où le Conseil statuait toujours à l'unanimité, il pouvait toujours s'écarter des propositions de la Commission. D'instance dotée d'un important pouvoir de proposition, cette dernière fut transformée en un honnête courtier.

560 Enfin, la recherche systématique de l'unanimité transformait profondément le traité puisqu'elle substituait à la règle de la majorité le diktat d'un seul. Alors que la logique de la prise de décision majoritaire est d'amener la minorité à négocier pour obtenir un compromis satisfaisant, l'usage du veto permet à l'État qui l'utilise de camper sur ses positions en attendant que les autres s'y rallient.

Cette pratique permet également à un État de bloquer une décision, non parce qu'elle met en cause un de ses intérêts essentiels, mais en vue de monnayer le retrait de son veto contre une solution plus satisfaisante pour lui dans un autre domaine. C'est la technique de la prise d'otage. Elle n'a pas fonctionné en 1982 lorsque le Conseil a voté en mettant en minorité le gouvernement britannique qui bloquait l'adoption des prix agricoles pour obtenir une solution favorable au problème de sa contribution budgétaire à la Communauté.

561 Les inconvénients du veto avaient été perçus de longue date et, dès 1974, les États soulignaient la nécessité de ne plus utiliser l'unanimité dans tous les domaines. Les déclarations jointes à la déclaration solennelle sur l'Union européenne attestaient d'une évolution dans la position des États même si dans la pratique on a vu la délégation allemande, pourtant hostile au droit de veto, invoquer celui-ci pour s'opposer à la fixation du prix des céréales. Cependant, il était difficile de supprimer un droit de veto qui n'avait aucune existence juridique. De toute façon, on n'aurait trouvé aucune unanimité sur ce point. La solution était de laisser subsister le compromis de Luxembourg tout en faisant en sorte que, dans la pratique, le recours à la majorité qualifiée soit plus fréquent.

562 L'Acte unique européen a permis un élargissement des cas de recours à la majorité qualifiée en tirant argument de la nécessité d'un processus de décision efficace afin de réaliser le marché intérieur dans les délais imposés. Mais cela ne suffisait pas à modifier les pratiques. Pour arriver à ce résultat, il a fallu la conjonction de trois techniques :

– tout d'abord, l'article 95 § 4 et 5 du traité CE (TFUE, art. 114) prévoit la possibilité pour un État, après adoption d'une mesure d'harmonisation, de maintenir sa législation nationale en vigueur pour des exigences importantes visées à l'article 30 du Traité CE (TFUE, art. 36) ou relatives à la protection de l'environnement ou du milieu de travail. Un État en voie d'être minorisé n'a plus besoin d'avoir recours au compromis de Luxembourg puisque ses intérêts essentiels peuvent être préservés autrement. Cette procédure de dérogation a été vivement critiquée à l'époque pour son défaut d'orthodoxie communautaire. C'était négliger le fait qu'elle est soigneusement encadrée par l'exigence d'une constatation par la Commission que le maintien d'une législation nationale n'a pas pour effet d'instaurer de discrimination arbitraire, de fausser la concurrence ou d'entraver le fonctionnement du marché intérieur. En fait, la faculté offerte par cet article vise simplement à créer un climat de confiance destiné à permettre un recours réel au vote majoritaire et il convient de constater qu'elle y a pleinement réussi. En outre, pour l'ensemble des mesures fondées sur l'article 95, le recours au § 4 a été rare ;

– autre incitation à recourir au vote dès lors que la procédure de coopération était applicable : l'absence de vote par le Conseil en deuxième lecture à l'issue d'un délai de trois mois équivaut à un rejet. Les délais imposés dans le cadre de la codécision par l'article 251 (TFUE, art. 294) produisent un effet similaire. Ainsi, les États de la majorité qui pourraient hésiter à minoriser un de leurs pairs doivent réfléchir aux conséquences de leur attitude puisque l'absence de décision entraîne le rejet d'un texte qui peut leur paraître souhaitable alors qu'avant l'Acte unique, le veto laissait subsister la proposition et qu'un accord était toujours envisageable dans un avenir proche ou lointain. Cette situation est maintenue en deuxième et troisième lectures dans le cadre de la procédure de codécision. Les États doivent se demander s'ils souhaitent sacrifier aux intérêts d'un des leurs une mesure qui leur paraît indispensable ;

– enfin, le Conseil a modifié son règlement intérieur de telle sorte que dès qu'une majorité d'États membres le demande, le passage au vote soit de droit. La présidence ne peut plus retarder le vote et la minorité doit tenir compte du fait que d'éventuelles manœuvres d'obstruction sont vouées à l'échec. Dans la pratique, il n'est pas besoin d'avoir recours à cette procédure. L'existence de la disposition est suffisamment dissuasive.

563 Le résultat a été de banaliser le votet à la majorité qualifiée au Conseil. Le compromis de Luxembourg, même s'il y a parfois été fait référence, n'a plus empêché l'adoption définitive d'un acte. Dans la plupart des cas, la présidence se limite à constater que la majorité est atteinte sans que l'on procède à un vote formel, les

membres qui s'opposent à l'adoption d'une décision ayant toujours la faculté d'exprimer leur vote contraire.

564 Actuellement, avec la publicité donnée aux votes en matière législative, les États sont amenés à définir clairement leur attitude. La généralisation du vote majoritaire n'a pas entraîné de tyrannie de la majorité. Elle a, au contraire, élargi le champ de négociation des États en favorisant la recherche de compromis puisque l'éventualité d'un vote encourage la minorité à participer activement aux discussions pour obtenir que ses intérêts soient pris en compte dans le texte final. De son côté, la majorité examine avec soin les arguments de la minorité et reprend certaines de ses propositions. En fait, la discussion est orientée vers la recherche de l'unanimité et le recours au vote à la majorité n'intervient qu'à défaut. Le système fonctionne dans un climat de confiance mutuelle. Certes, le compromis de Luxembourg demeure toujours comme une arme exclusivement politique, mais si l'on y fait parfois implicitement référence, il n'est plus invoqué de manière formelle. Environ, 80 % des décisions sont en fait adoptées à l'unanimité bien que la majorité qualifiée soit requise. C'est en matière d'agriculture et de pêche que le recours effectif à la majorité qualifiée est le plus fréquent. L'analyse des votes hostiles et des abstentions montre que l'importance démographique d'un État n'a pas d'incidence sur son attitude puisque les uns et les autres se comportent de manière comparable. On se demandait si l'élargissement n'allait pas modifier la situation. Il n'en est rien. L'examen des votes intervenus au cours de l'année 2011 montre que sur 103 votes pour lesquels la majorité qualifiée était requise, l'unanimité n'a pas été atteinte dans 30 cas, soit 29 % des votes, soit qu'un État membre se soit abstenu, soit qu'il se soit prononcé contre le texte soumis au vote. Dans la plupart des hypothèses, un seul État s'est opposé ou s'est abstenu.

565 L'existence prétendue d'une opposition entre grands et petits n'est donc pas corroborée par la réalité. Le traité d'Amsterdam et le traité de Nice ont prévu des formes atténuées du compromis de Luxembourg notamment dans le domaine de l'ouverture de coopérations renforcées, mais, depuis Nice, il s'agit d'une simple possibilité d'évocation sans pouvoir de blocage.

566 Lors des travaux préparatoires de la constitution, il subsistait de fortes réticences au passage à la majorité qualifiée dans des domaines sensibles. Un des moyens trouvés pour permettre ce passage a été de le subordonner à une possibilité d'invocation d'une forme de compromis de Luxembourg dans les domaines sensibles. La renaissance du compromis est limitée à des domaines spécifiques. Ainsi, dans le cadre de la PESC, la constitution prévoyait que dans les cas dans lesquels la majorité qualifiée était prévue, un État pouvait demander que le vote n'intervienne pas pour des raisons de politique nationale vitales. Dans ce cas, le ministre des Affaires étrangères recherchait une solution acceptable faute de quoi le Conseil européen pouvait être saisi par le Conseil. Cette solution a été maintenue dans le traité de Lisbonne (TUE, art. 31, § 2). On trouve une procédure similaire d'appel au Conseil européen dans le cadre de la coopération judiciaire en matière pénale et policière, mais, si une décision ne peut être prise, une coopération renforcée est ouverte (TFUE, art. 86 et 87). Une procédure similaire est prévue pour la sécurité sociale, mais, dans ce cas, le Conseil européen renvoie le projet au Conseil et la procédure reprend ou soit n'agit pas, soit demande à la Commission une nouvelle proposition ce qui a pour conséquence que l'acte n'est pas adopté (TFUE, art. 48). On peut déduire de ces exceptions à la règle de la majorité qualifiée que, dans tous les autres cas, le compromis de Luxembourg ne devrait plus jouer.

3. Les discussions sur la pondération des votes dans le contexte de l'élargissement

567 Le débat sur l'élargissement de l'Union à l'Autriche, à la Finlande et à la Suède a posé avec acuité la question de la pondération des votes et de la détermination de la majorité qualifiée. En effet, il apparaissait que l'application mécanique des solutions antérieures aboutirait à renforcer les États membres les moins peuplés et à abaisser la représentation démographique de la majorité. Suite à la pondération accordée aux candidats, le minimum de population nécessaire pour atteindre la majorité qualifiée passerait de 63,21 % à 58,73 %. De même, le minimum de population pour atteindre la minorité de blocage passait de 12,10 % à 12,06 %.

Pour certains États, cette situation n'était pas acceptable, car elle permettait non seulement à des États représentant une proportion importante de la population communautaire d'être minorisés, mais surtout elle renforçait le pouvoir de blocage. Après des discussions difficiles et afin de ne pas bloquer l'élargissement, une solution fut trouvée dans ce qu'on a appelé le compromis de Ioannina. Ce compromis qui s'est traduit dans la décision du Conseil du 29 mars 1994[1], prévoyait que si des membres du Conseil représentant 23 à 26 voix indiquaient leur intention de s'opposer à une décision, la présidence ferait tout ce qui est en son pouvoir pour aboutir dans un délai raisonnable à une solution qui puisse être adoptée par 68 voix au moins. Ce compromis, qui ne fut guère invoqué, cessa d'être applicable après l'entrée en vigueur des nouvelles modalités de vote prévues par le traité de Nice.

568 La question de la pondération des voix devait figurer inévitablement à l'ordre du jour de la conférence intergouvernementale d'Amsterdam. Le rapport du groupe de réflexion qui a précédé la conférence, explorait des pistes possibles de solution. Deux voies étaient ouvertes, soit une repondération des voix, soit une modification plus radicale du système qui accordait une voix à chaque État, mais exigeait pour la prise de décision que soit réunie une majorité d'États représentant une majorité plus ou moins importante de la population. Cependant, aucune de ces solutions ne paraissait faire l'objet d'un consensus. Comme le notait le groupe de réflexion : « L'Union devra pouvoir prendre des décisions mais certains membres soulignent qu'il ne s'agira pas simplement de faciliter sa capacité décisionnelle. Pour qu'elle soit efficace, il faudra que ses décisions recueillent l'appui du plus grand nombre possible de citoyens européens. À cette fin, la réforme devra maintenir le seuil de la majorité qualifiée à un niveau opérationnel sans mettre en minorité une part significative de la population européenne. Cependant, aucune option concrète ne jouit d'un large soutien au sein du groupe lorsqu'il s'agit de préciser l'application de cette orientation »[2]. Il ressortait des études réalisées que

1. *JO* 13 avr. 1994, C 105, p. 1, modifié en 1995, *JO* 10 janv. 1995, C 1, p. 1.
2. Secrétariat gén. Cons., *Rapport du groupe*, 1995, § 103.

la représentativité, en termes de population, de la majorité qualifiée avait progressivement décliné au rythme des adhésions successives et qu'en extrapolant le système actuel, la majorité qualifiée représenterait, dans une Union de 26 membres, 50,29 % de la population.

569 Sur ces bases, différents systèmes étaient concevables :

– maintenir le système existant, mais exiger que la majorité qualifiée réunisse au moins 60 % de la population ;

– donner une voix à chaque État, mais exiger que la majorité des États nécessaire pour prendre une décision représente au moins 60 % de la population ;

– pratiquer une repondération des voix de telle sorte que la majorité qualifiée requise représente toujours au moins 60 % de la population. Lors du Conseil européen d'Amsterdam, aucune de ces solutions n'a pu recueillir l'accord de tous les États membres. La question fut donc renvoyée à une prochaine conférence intergouvernementale qui devrait se tenir avant l'élargissement.

4. Le traité de Nice et le système applicable jusqu'en 2014

570 La discussion sur la nouvelle pondération des voix a été l'une des plus longues et des plus difficiles de celles qui ont marqué le Conseil européen de Nice. À l'opposition entre petits et grands États s'ajoutaient des difficultés internes à chaque groupe sur le poids relatif de certains États. Ainsi la France était très réticente à un décrochage par rapport à l'Allemagne ou la Belgique par rapport aux Pays-Bas. Si, en réalité, l'opposition entre petits et grands États membres n'a guère joué de rôle dans le processus décisionnel, la perspective de l'accroissement du nombre de petits États membres suite à l'élargissement faisait craindre qu'une décision soutenue par la majorité qualifiée ne bénéficie pas du soutien d'une large majorité de la population ou plus encore que le maintien des critères de pondération ne nuise à l'efficacité de l'Union en favorisant la constitution de minorités de blocage. De plus, les grands États membres estimaient qu'un accroissement de leur pondération constituait une contrepartie de l'abandon de leur droit d'avoir deux commissaires de leur nationalité à la Commission. Cependant, une prise en compte trop fine de l'importance

démographique de chaque État risquait d'entraîner des différences de pondération entre États qui avaient auparavant la même pondération. L'ensemble de ces considérations a conduit à retenir un système complexe.

571 Les voix des États membres furent repondérées en faveur des grands États membres en conservant l'équilibre entre ceux-ci. La méthode choisie a été d'accroître le nombre de voix pondérées de chaque État membre, ce qui rend moins sensible la perte d'influence relative de certains d'entre eux. Le rapport entre le nombre de voix dont dispose chaque État et sa population montre que les distorsions sont très importantes en faveur des États les moins peuplés et que l'effort a surtout porté sur le maintien de catégories homogènes de telle sorte que des États ayant un nombre proche d'habitants disposent d'une influence comparable. Dans ce contexte, les grands gagnants étaient les États dits « moyens-grands » (Espagne et Pologne) qui voyaient leur poids relatif augmenté par rapport aux grands États membres. Afin de tenir compte des revendications des petits États membres, pour qu'une décision soit adoptée, il est nécessaire qu'elle réunisse tant la majorité qualifiée des voix pondérées que la majorité des membres. Le système choisi cumulait donc repondération et majorité des membres, cette dernière majorité étant d'ailleurs portée aux deux tiers des membres lorsque le Conseil statue sans proposition de la Commission. À cela s'ajoutait un filet démographique puisqu'un membre du Conseil pouvait demander que l'on vérifie que la majorité qualifiée représente au moins 62 % de la population de l'Union. Si tel n'est pas le cas, la décision n'est pas adoptée. Cette règle a été ajoutée pour tenir compte du fait que le nombre de voix pondérées accordées à l'Allemagne n'avait pas été augmenté par rapport à celui des autres grands malgré un déséquilibre démographique favorable à l'Allemagne. Cette solution rendait plus aisée pour l'Allemagne que pour d'autres États membres la constitution de minorités de blocage, mais elle joue d'autant moins que l'Europe s'élargit. Ainsi, l'Allemagne pouvait bloquer une décision si elle a le soutien de deux grands États membres. En revanche, trois grands États membres autres que l'Allemagne ne réunissaient pas un pourcentage de population

suffisant pour s'opposer à une décision. L'exigence d'une majorité d'États membres constitue une garantie pour les petits États membres qui sont très protégés puisque subsiste également la règle selon laquelle le Conseil ne peut s'écarter d'une proposition de la Commission qu'à l'unanimité. Or, la majorité de la Commission sera, après l'élargissement, formée de commissaires ayant la nationalité de petits États membres. Cependant, ces considérations sont de valeur inégale. Ainsi, l'exigence de la majorité des États a une très faible incidence puisque l'on a calculé que sur trois millions de configurations possibles dans lesquelles la majorité pondérée serait atteinte, elle ne pourrait empêcher la prise de décision que dans 16 cas. En ce qui concerne le seuil de population, son incidence est encore plus faible puisqu'il ne jouerait que dans six cas. Cependant, en ce qui concerne ce dernier critère, il conférait un pouvoir de blocage aux États méditerranéens qui a disparu avec les derniers élargissements, ce qui explique l'attachement de l'Espagne au système de Nice. En revanche, les États qui bénéficiaient du fonds de cohésion n'atteignaient pas le pourcentage nécessaire mais l'élargissement leur redonne une minorité de blocage si l'Italie se joint à eux et à condition qu'il n'existe pas de clivage entre anciens et nouveaux États de cohésion. Les contributeurs nets au budget communautaire pouvaient disposer eux aussi d'une minorité de blocage, mais l'élargissement modifie la situation. En tout état de cause, les espérances placées dans le système de Nice étaient fragiles puisqu'elles furent remises en question par les futurs élargissements en Europe centrale et orientale, sans parler d'une adhésion turque qui bouleverserait complètement le système. Dans une Communauté en voie d'élargissement, le système n'était pas stable. Ce qui explique que les États qui défendaient des intérêts spécifiques faisaient davantage confiance au maintien de l'unanimité pour préserver ceux-ci.

572 La nouvelle pondération est entrée en vigueur au 1er novembre 2004. Elle a été modifiée suite à l'adhésion de la Bulgarie, de la Roumanie et de la Croatie. Le total de voix pondérées est de 352 et la majorité qualifiée de 260, ce qui établit la minorité de blocage à 93. Seuls sont décomptés, pour la majorité qualifiée, les votes en faveur du texte ce qui signifie que les abstentions produisent

le même effet qu'un vote négatif. Pour être adopté, un texte devra réunir en sa faveur :

- 260 voix pondérées ;

- la majorité des membres (15) si le Conseil statue sur proposition de la Commission ou au moins les deux tiers de membres dans les autres cas (20) ;

- à la demande d'un membre, il sera vérifié si la majorité représente 62 % de la population, la décision n'étant pas adoptée dans le cas contraire. Il s'agit d'une vérification optionnelle qui n'intervient qu'à la demande d'un membre.

573 Ceci signifie que trois grands États membres plus l'Espagne ou la Pologne (ou deux grands plus l'Espagne ou la Pologne à condition que l'Allemagne en fasse partie) pourraient en cas de vérification de l'existence d'une majorité représentant 62 % de la population bloquer la prise de décision. Le seuil démographique n'a jamais été invoquéce qui ne signifie pas qu'il ait été absent des réflexions des États membres.

5. Le vote à la majorité qualifiée dans le traité de Lisbonne

574 La convention sur l'avenir de l'Europe ne pouvait éviter la question de la majorité qualifiée et les discussions y ont été aussi animées qu'à Nice. Cependant, la France ayant renoncé à revendiquer l'égalité de pondération avec l'Allemagne, la voie était ouverte à la formule écartée par Nice. La convention fixait le seuil de la majorité qualifiée à la majorité des membres représentant trois cinquièmes de la population. Cette solution a suscité l'objection des États auxquels le système de Nice octroyait un nombre de voix plus que proportionnel à leur population et notamment de l'Espagne et de la Pologne qui en additionnant leurs voix pondérées dépassent celles de l'Allemagne alors que leurs populations additionnées sont bien inférieures à celle de l'Allemagne. La question du choix entre le système de Nice et celui proposé par la Convention a été à l'origine de l'échec de la conférence intergouvernementale de Bruxelles en décembre 2003. En fait, le système de la convention n'affaiblissait pas en termes réels le poids de l'Espagne (qui passait de 7,8 % à 9,1 %), ni celui de la Pologne (qui passait de 7,8 % à 8,4 %). Ces deux États pesaient d'un poids

accru en raison de la disparition de l'avantage qu'octroie la pondération aux États les moins peuplés. En d'autres termes, leur poids augmentait par rapport aux petits États membres et diminuait par rapport aux grands puisque la ; France serait passée de 8,4 % dans le système de Nice à 13,1 % et l'Allemagne de 8,4 % à 18,26 %, des progressions similaires étant constatées pour l'Italie et le Royaume-Uni. Au fond, l'Espagne et la Pologne cherchaient moins à jouer de leur poids dans la prise de décision qu'à conserver un équilibre symbolique avec les États les plus peuplés ainsi qu'une faculté de blocage ce qu'a bien montré leur revendication d'une majorité placée à 66,66 % de la population en cas d'acceptation du système proposé par la convention.

575 Après de difficiles discussions, la conférence intergouvernementale a trouvé un accord sur les bases dégagées par la convention. Pour ce faire, un certain nombre d'aménagements ont été introduits afin d'apaiser les craintes des petits États et de préserver l'efficacité du processus de décision. Le système adopté n'est guère moins complexe que celui qui avait été retenu à Nice. Les seuils de la double majorité ont été relevés afin de venir à la rencontre des préoccupations de l'Espagne et de la Pologne en ce qui concerne le seuil de population et de celles des petits États membres en ce qui concerne le seuil d'États. La majorité qualifiée est de 55 % des États représentant 65 % de la population de l'Union. Pour éviter le pouvoir de blocage que confère le seuil de 65 % aux grands États, la constitution prévoit qu'une minorité de blocage doit être composée de quatre États au moins. Trois grands ne pourront bloquer l'adoption d'un texte alors qu'ils réunissent plus de 35 % de la population. En d'autres termes, pour être adoptée, une décision doit obtenir le soutien de 15 membres représentant 65 % de la population. Pour empêcher l'adoption d'un texte, la minorité de blocage doit être composée de quatre membres au moins. Ceci signifie que le seuil de population est de facto abaissé lorsque trois États représentant plus de 35 % de la population s'opposent à la décision puisque la décision sera alors réputée adoptée alors qu'elle ne réunira pas 65 % de la population en sa faveur. Enfin, une décision du Conseil, annexée à l'acte final, introduit une procédure inspirée du compromis de Ioannina. Si

s'opposent à une décision des membres représentant les trois quarts de la minorité de blocage en termes de population (27 %) ou de nombre de membres (11), le Conseil doit, dans un délai raisonnable faire le nécessaire pour trouver une solution satisfaisante. Ceci implique qu'en cas d'échec de cette tentative, le recours au vote s'impose. Il n'est pas porté atteinte aux règles de délai fixées par les traités, ce qui exclut la codécision à partir de la seconde lecture, ni au règlement intérieur qui permet à une majorité de membres de demander à tout moment le recours au vote. Cette formule diffère donc fondamentalement du compromis de Luxembourg et, si on se réfère à l'expérience du compromis de Ioannina, ne devrait pas constituer un facteur de blocage. Cette décision restait en vigueur jusqu'en 2014 après quoi le Conseil pourrait l'abroger à la majorité qualifiée. Lorsque le Conseil statue sans qu'une proposition de la Commission soit nécessaire, la majorité qualifiée est de 72 % des membres du Conseil représentant au moins 65 % de la population. La constitution applique la même règle en matière budgétaire où la Commission présente un projet et non une proposition. La majorité qualifiée est adaptée en tenant compte du nombre d'États participants dans le cadre des coopérations renforcées de telle sorte qu'elle représente 55 % des États participants et 65 % de la population, la minorité de blocage étant constituée par le nombre d'États représentant 35 % de la population plus un. Dans le nouveau système, les contributeurs nets conservent leur minorité de blocage de même que les États méditerranéens à condition que la France vote avec eux. En revanche, il devient difficile aux États de cohésion de réunir une telle minorité. Le système repose sur un équilibre entre grands et petits, l'exigence de 55 % des États jouant en faveur de ces derniers et celle de 65 % de la population en faveur des premiers.

576 Le problème polonais devait resurgir au moment de la négociation de Lisbonne, la Pologne contestant le système qu'elle avait cependant approuvé au moment de l'élaboration de la constitution. Cependant, à l'issue de difficiles négociations, une solution fut trouvée en retardant l'entrée en vigueur des dispositions relatives à la majorité et en renforçant le compromis de Ioannina. Ces dispositions sont entrées en vigueur le 1er novembre 2014. Jusqu'à

cette date, le système de Nice, repris dans le protocole n° 36 sur les dispositions transitoires s'est appliqué. En outre, entre 2014 et 2017, un État membre peut demander lors d'un vote que l'on revienne au système antérieur à 2014. Le nouveau système ne deviendra donc pleinement applicable qu'en 2017.

Tableau 2
Poids de chaque État membre lors des votes à la majorité qualifiée en 2014[1]

Allemagne	15,93 %	Autriche	1,67 %
France	12,98 %	Bulgarie	1,44 %
Royaume-Uni	12,61 %	Danemark	1,11 %
Italie	11,81 %	Finlande	1,07 %
Espagne	9,24 %	Slovaquie	1,07 %
Pologne	7,62 %	Irlande	0,91 %
Roumanie	3,97 %	Croatie	0,84 %
Pays-Bas	3,32 %	Lituanie	0,59 %
Belgique	2,21 %	Slovénie	0,41 %
Grèce	2,19 %	Lettonie	0,40 %
République tchèque	2,08 %	Estonie	0,26 %
Portugal	2,07 %	Chypre	0,17 %
Hongrie	1,96 %	Luxembourg	0,11 %
Suède	1,89 %	Malte	0,08 %

577 À ces dispositions, il convient d'ajouter la reprise du compromis de Ioannina qui sera instauré par une décision du Conseil dont le texte figure à la déclaration n° 7 à l'acte final. Le compromis s'applique après 2014, avec un régime particulier entre 2014 et 2017. Jusqu'en 2017, il pourra être mis en œuvre par des membres représentant au moins 3/4 de la population (plus de

1. Décision du Conseil du 29 septembre 2014 modifiant le règlement intérieur du Conseil, *JO* du 3 octobre 2014, n° L289, p.18.

26,25 %) ou 3/4 des États (11) nécessaires à la constitution d'une minorité de blocage. Après 2017, la même faculté appartiendra à 55 % de la population (19,25 %) ou 55 % des États (8) nécessaires à la constitution d'une minorité de blocage. Le fait que les pouvoirs accordés à la minorité soient plus importants après 2017 qu'avant s'explique par la possibilité entre 2014 et 2017 de demander le retour au système de Nice. L'appel au compromis de Ioannina ne crée qu'une obligation de négocier afin de trouver dans un délai raisonnable une solution satisfaisante. Les États ont résisté à toutes les demandes polonaises de fixer la longueur du délai ce qui aurait créé une faculté de blocage temporaire. Si, après une négociation menée de bonne foi, il apparaît qu'il n'est pas possible de trouver une solution, la présidence pourra recourir au vote. De plus, cette procédure ne peut jouer lorsque le traité prévoit des délais impératifs ce qui est notamment le cas en matière législative à partir de la seconde lecture et en matière budgétaire. Enfin, compte tenu du fait que la décision du Conseil relative au compromis sera adoptée à la majorité simple et qu'il sera possible de l'abroger à la même majorité, le protocole n° 9 prévoit que toute décision du Conseil à ce sujet sera précédée d'un examen par le Conseil européen statuant par consensus. Le compromis est de la sorte « gravé dans le marbre ».

578 Le nouveau système de vote qui reposait à l'origine sur des principes simples est devenu d'une complexité byzantine suite aux revendications de certains États membres. La lisibilité ne sera donc loin d'être parfaite. Mais l'expérience a montré que des pratiques comme celles du compromis de Ioannina n'étaient guère utilisées parce que, dans les discussions au sein du Conseil, il est prêté attention aux positions de tous les États et que l'on s'efforce autant que possible de les accommoder. De même, s'il est possible en théorie de minoriser trois grands États membres, il est plus difficile de le faire en pratique pour des raisons politiques et aussi parce que ces États sont les principaux contributeurs au budget communautaire et que les ressources propres relèvent toujours de l'unanimité. Enfin, la pratique enseigne que la plupart des décisions sont en fait prises à l'unanimité, ou à une très large majorité, et rien n'indique que cette pratique soit appelée à se modifier dans

la composition actuelle de l'Union. Cela signifie-t-il que le mode de calcul n'a guère d'importance compte tenu de la réalité de la prise de décision ? Ce serait aller trop loin. En effet, il conditionne les alliances entre États qui souhaitent constituer une minorité de blocage afin d'obtenir des autres États les concessions qui leur permettront de rejoindre une majorité. Il n'empêche qu'il n'est pas inutile de se demander si ce système pourrait perdurer au cas où la Turquie deviendrait membre de l'Union compte tenu de l'importance démographique de cet État.

§ 3. Les formalités de vote

579 Selon l'article 11 § 1 du règlement intérieur du Conseil, la décision de recourir au vote relève de la présidence. Il appartient donc à celle-ci d'apprécier l'opportunité d'un vote. Cette liberté est limitée par la nécessité d'indiquer sur l'ordre du jour provisoire les points qui pourront faire l'objet d'un vote (v. ss 540). Les votes par surprise sont donc impossibles. Cependant, le fait qu'un point soit identifié sur l'ordre du jour provisoire comme pouvant faire l'objet d'un vote n'implique pas que ce vote ait réellement lieu. La présidence pourra librement le différer si elle estime que les circonstances ne sont pas favorables sous réserve du droit pour une majorité d'exiger le recours au vote. La présidence est en effet tenue d'ouvrir une procédure de vote à la demande d'un membre du Conseil ou de la Commission dès que cette demande est soutenue par la majorité des membres. De tels cas ne se sont pas encore présentés. La Commission a présenté à plusieurs reprises des demandes de vote, mais n'a jamais obtenu le soutien d'une majorité d'États membres.

580 Selon le règlement intérieur, le vote se déroule dans l'ordre des États membres prévu pour l'exercice de la présidence en commençant par le membre qui suit celui qui exerce la présidence, ce qui permet à celle-ci de voter en dernier. On a rarement recours à une pratique aussi solennelle. Le plus souvent, à la fin du débat, la présidence se limite à constater que la majorité requise par le

traité est réunie, les membres votant contre ou désireux de s'abstenir s'identifiant alors.

581 Il peut arriver qu'un membre désire vérifier sa position auprès de ses autorités nationales ou que les formalités internes destinées à définir sa position ne soient pas terminées. Il exprimera alors une réserve qui pourra être levée ultérieurement. Cette pratique est fréquente lors de l'adoption des points A. La réserve doit être levée au cours de la session du Conseil pendant laquelle elle a été exprimée. Si, à la fin de la session, la réserve n'est pas levée et que la majorité requise n'a pu, de ce fait être atteinte, il y aura lieu de réinscrire la question à l'ordre du jour d'une autre session. En effet, sous réserve du recours à la procédure écrite, le vote ne s'exerce qu'au sein du Conseil.

582 L'adoption rapide de certains actes peut se révéler indispensable alors qu'aucune session du Conseil n'est prévue ne serait-ce que pour des impératifs de calendrier (décisions relatives aux prix agricoles ou aux quotas de pêche, par exemple). En outre, un certain nombre de décisions de routine, comme la décision de consulter le Parlement sur une proposition de la Commission, encombreraient inutilement l'ordre du jour du Conseil. C'est à cette fin que l'article 12 du règlement intérieur prévoit un vote par écrit pour les affaires urgentes et pour les décisions de consulter une autre institution ou un autre organe. Le recours au vote par écrit est décidé à l'unanimité par le Conseil ou le Comité des représentants permanents. En l'absence d'une telle décision, la présidence peut néanmoins proposer de recourir à la procédure écrite. Mais il lui faudra également l'accord de tous les membres du Conseil. Dans ce cas, la procédure écrite comportera deux questions, l'une sur l'acceptation du recours à la procédure écrite, l'autre sur la décision soumise au vote. Lorsque la procédure porte sur une matière dont la Commission a saisi le Conseil, celle-ci doit également accepter le recours à la procédure écrite. En effet, elle pourrait préférer que la question soit débattue par le Conseil, auquel cas elle participerait au débat et tenterait d'influencer les membres du Conseil. Dans le cadre de la PESC, les exigences spécifiques de rapidité ont conduit à mettre en place une procédure particulière par COREU déclenchée à l'initiative de la présidence.

Cette procédure est une procédure de non-objection ou de silence puisque la décision est acquise à l'expiration du délai fixé par la présidence, à moins qu'un membre n'ait fait connaître une objection. Cette procédure est applicable également pour l'adoption des réponses aux questions parlementaires ou les décisions de consulter le Parlement ou un organe communautaire.

Bibliographie

Roland, *Le triangle décisionnel communautaire à l'aune de la théorie de la séparation des pouvoirs*, Bruylant, Bruxelles, 2009 ; Ayral, « La présidence des Conseils », *RMC* 1975. 163 ; Constantinesco, « Le Conseil des ministres, Le Comité des représentants permanents », *J. Cl. Europe*, fasc. 220 ; Constaninesco et Simon (dir.), *Le Coreper dans tous ses États*, PU Strasbourg, 2000 ; Dewost, « La présidence dans le cadre institutionnel des Communautés européennes », *RMC* 1984. 31 ; Lafay, « L'accès aux documents du Conseil de l'Union : contribution à une problématique de la transparence en droit communautaire », *RTD eur.* 1997. 37 ; Mestre, « Conseil des ministres », *Rép. Droit communautaire ;* Piris, « Après Maastricht, les institutions communautaires sont-elles plus efficaces, plus démocratiques et plus transparentes », *RTD eur.* 1994. 1 ; Rigaux, « Coreper », *Rép. Droit communautaire ;* Wallace et Edwards, *European Community : the Evolving Role of the Presidency of the Council*, International Affairs, 1976 ; Wallace et Renshaw, *The Council of Ministers*, 2nd ed., Palgrave Macmillan, 2006 ; Westlake et Galloway, *The Council of the European Union*, 3rd ed., Catermill, 2004.

CHAPITRE 4

La Commission

583 Le statut de la Commission a toujours été particulier. À l'origine, la Commission pouvait à certains égards être comparée aux secrétariats intégrés des organisations internationales classiques bien que sur d'autres points, elle disposait de pouvoirs et d'une autonomie proches de ceux d'un exécutif national. L'évolution a préservé cette ambiguïté tout en laissant intact le principe essentiel qui est celui de l'indépendance de la Commission. La crise du printemps 1999 qui a conduit la Commission, présidée par M. Santer, à démissionner suite à la publication d'un rapport d'un comité des « sages » qui mettait en cause sa capacité à assumer d'une manière responsable ses activités, témoigne d'une dépendance accrue de la Commission à l'égard du Parlement. Il fallait donc voir de quelle manière la Commission, présidée par M. Prodi, puis par M. Barroso, parviendrait à préserver son autonomie d'action. À cet égard, tant la réforme de la Commission que la préservation de sa position particulière au sein des institutions auraient dû être facilitées par le renforcement de l'autorité du président prévue par le traité d'Amsterdam et accentuée par le traité de Nice. Cependant, malgré ces évolutions, la Commission ne peut pas vraiment être considérée comme une instance gouvernementale désignée sur un programme politique. En effet, la composition de la Commission atteste d'une recherche de neutralité et d'équilibre entre

les différentes tendances politiques. La Commission elle-même se conçoit davantage comme la représentante, de manière neutre, de l'intérêt général que comme la porteuse d'un projet politique ainsi qu'en atteste la conclusion du discours d'investiture de M. Prodi devant le Parlement européen le 21 juillet 1999 : « La Commission est un collège et les commissaires ne sont pas plus des prolongements des groupes politiques qu'ils ne sont des représentants des gouvernements nationaux ». Même si, dans le traité de Lisbonne, le choix du président doit tenir compte du résultat des élections européennes, ceci ne devrait pas s'appliquer à la composition de la Commission dans son ensemble. La Commission devrait pouvoir conserver la neutralité qui garantit son autorité tant à l'égard du Conseil que du Parlement. Il n'est pas certain que le renforcement du Conseil européen le permette. Le statut de la Commission (SECTION 1) a été modelé afin de permettre à celle-ci d'exercer des fonctions (SECTION 2) qui exigent d'elle qu'elle soit une institution indépendante.

Section 1
Le statut de la Commission

584 Le statut de la Commission est fixé dans les articles 17 et 18 TUE et 244 à 250 TFUE. Les dispositions relatives à la nomination (**§ 1**) et à la composition (**§ 2**) de la Commission ont été profondément modifiées par les révisions successives des traités, tout en préservant l'indépendance de ses membres (**§ 3**). Elle dispose du pouvoir de déterminer elle-même son organisation (**§ 4**). D'une institution nommée par les États membres et dont la responsabilité devant le Parlement était largement théorique, les modifications des traités et la pratique de ces dernières années ont conduit à une institution trouvant son origine tant dans la volonté des États que dans celle du Parlement et dont la responsabilité devant le Parlement est bien réelle.

§ 1. La désignation de la Commission

585 À l'origine, le président et les membres de la Commission étaient nommés d'un commun accord par les États membres. Le Parlement européen n'était pas associé à la désignation d'une Commission que pourtant le traité rendait responsable devant lui par le jeu de la motion de censure prévue à l'article 201 (TFUE, art. 234 ; v. ss 1061). La situation a d'abord évolué, dans la pratique, à la suite de la déclaration solennelle sur l'Union européenne de 1983. Cette déclaration prévoyait la consultation du bureau du Parlement avant la nomination du président. En outre, après sa nomination, la Commission devait faire une déclaration suivie d'un vote devant le Parlement. Cette « investiture » n'étant pas prévue par le traité, n'avait aucune signification juridique et la Commission aurait pu rester en fonction après un vote défavorable du Parlement. Cependant, la situation eut été fort difficile pour elle sur le plan politique.

586 Cette pratique devait naturellement conduire à poser, dans le cadre de la révision des traités, la question de la nomination du président de la Commission et de l'investiture du collège. Ici encore, les traités ont largement codifié la pratique. Dans le cadre du traité d'Amsterdam, la personne que les États membres envisageaient de désigner comme président de la Commission était choisie du commun accord des États membres après un vote d'approbation parlementaire (le traité de Maastricht ne prévoyait qu'un avis du Parlement). Ainsi, en 1994, deux réunions du Conseil européen ont été nécessaires pour trouver un accord sur le nom de M. Santer. Le traité de Nice a substitué la majorité qualifiée du Conseil réuni au niveau des chefs d'État ou de gouvernement au commun accord des États membres. Compte tenu de l'impact de l'élargissement, la solution pouvait paraître réaliste, car il pourrait devenir impossible de trouver l'accord de 27 États membres sur la personne du président.

587 Lors de la désignation du président Barroso en 2004, deux réunions successives du Conseil européen ont été nécessaires. À cette occasion, il est apparu que le jeu de la majorité qualifiée était

difficile, car un président qui susciterait l'opposition d'États importants, même minoritaires, manquerait de l'autorité nécessaire à l'accomplissement de ses fonctions. Quant au Parlement, le Conseil européen doit naturellement tenir compte de sa composition s'il désire que le président de la Commission soit confirmé. Aussi le fait que lors des élections parlementaires de 2004 le groupe du Parti populaire européen soit le plus nombreux bien que n'ayant pas la majorité absolue, a sans doute conduit le Conseil européen à écarter certains candidats socialistes. La même considération a sans doute constitué l'un des éléments de la décision du Conseil européen de proposer la reconduction de M. Barroso en 2009.

588 Le traité de Lisbonne apporte trois modifications au processus de désignation de la Commission. Dans sa proposition, le Conseil européen doit tenir compte du résultat des élections parlementaires. Ce qui était une règle de sagesse politique est incorporé dans le traité. La déclaration n° 17 jointe à l'acte final prévoit la tenue de consultations entre le Conseil et le Parlement sur le profil du futur président du Parlement européen en fonction des résultats des élections. Ensuite, le président de la Commission est élu par le Parlement. Juridiquement, il n'existe guère de distinction entre une approbation et une élection, mais, politiquement, le changement de vocabulaire met l'accent sur le fait qu'en dernier ressort le président tire sa légitimité du vote parlementaire. Enfin, le président est élu à la majorité des membres composant le Parlement (au lieu de la majorité des suffrages exprimés) ce qui peut rendre la désignation difficile, mais lui confère un plus grand soutien parlementaire. Le président Barroso a été nommé avant l'entrée en vigueur du traité de Lisbonne, mais il a obtenu la majorité des membres composant le Parlement.

589 L'entrée en vigueur du traité de Lisbonne a profondément modifié la situation en ce sens que le Parlement s'est appuyé sur celui-ci pour jouer un rôle déterminant dans la désignation du Président de la Commission. À l'instigation du groupe socialiste, les formations politiques ont décidé de soumettre aux électeurs le nom de la personne qu'ils proposaient à la tête de la Commission, étant entendu que le candidat du parti qui aurait remporté le plus grand

nombre de sièges devrait être proposé par le Conseil européen à l'élection parlementaire. Le Parti populaire européen se trouvant dans cette position après les élections de 2014, la Conférence des présidents du Parlement sortant demandait au Conseil européen de proposer M. Jean-Claude Juncker. Le Conseil européen accédait à cette demande en se prononçant pour la première fois à la majorité qualifiée, la Hongrie et le Royaume-Uni votant contre, après que M. Cameron ait mené une campagne publique contre la candidature de M. Juncker. Le candidat proposé était élu sans difficulté par le Parlement. S'agit-il d'un précédent ? Il est trop tôt pour le dire. M. Juncker était un candidat acceptable pour les chefs d'État ou de gouvernement. Sa candidature à la présidence de la Commission ainsi que du Conseil européen avait déjà été envisagée dans le passé et il était l'un des plus anciens membres du Conseil européen. Ce dernier suivrait-il automatiquement les vœux du Parlement au cas où le candidat serait moins acceptable ou ne chercherait-il pas une majorité alternative au Parlement ? N'est-il pas vraisemblable que, si la pratique se poursuivait, les membres du Conseil européen qui jouent un rôle important dans les organes dirigeants des partis politiques européens chercheront à influer sur le choix du candidat de ces partis avant les élections de telle sorte que ne soient proposés que des candidats qu'ils puissent accepter ?

590 Après l'approbation parlementaire du président désigné, les États membres désignent les personnes qu'ils envisagent de nommer membres de la Commission. Dans le cadre du traité de Maastricht, cette désignation se faisait en consultation avec le futur président désigné de la Commission. Le traité d'Amsterdam a renforcé le rôle du président en substituant l'accord à la consultation. Le traité de Nice a introduit la majorité qualifiée du Conseil et le commun accord avec le président de la Commission. Cependant, dans la mesure où le vote au sein du Conseil intervient sur une liste de personnalités établie conformément aux propositions des États membres, aucun membre ne peut être désigné s'il n'a été proposé par l'État dont il a la nationalité. C'est donc au moment de l'établissement de la liste que se dérouleront des consultations entre les États membres et le président de la Commission. Enfin,

la Commission dans son ensemble, est soumise à un vote d'approbation du Parlement, après quoi elle est nommée par le Conseil à la majorité qualifiée. L'investiture parlementaire est donc l'une des conditions de la nomination. La Commission tient donc son mandat tant du Parlement que des États membres. Avant le vote d'investiture, le Parlement a ajouté, aux formalités prévues par le traité, une pratique d'audition des commissaires par les commissions parlementaires compétentes afin de vérifier si ceux-ci répondent bien aux conditions de compétence générale et d'indépendance prévues à l'article 213 du traité CE. Cette pratique aurait pu mettre en cause le principe de collégialité de la Commission qui implique une investiture collective. Les auditions des membres de la Commission montrent cependant qu'il existe, au sein du Parlement, une forte tendance à mêler à des appréciations sur l'aptitude de chaque commissaire des prises de positions souvent inspirées de considérations politiques nationales. Lors de la désignation de la Commission Barroso en 2004, le Parlement a indiqué, après les auditions, qu'il ne pourrait investir la Commission si la composition de celle-ci n'était pas modifiée notamment en ce qui concernait le membre proposé par le gouvernement italien dont les déclarations conservatrices sur certains problèmes de société avaient indisposé les parlementaires. Face à cette situation, M. Barroso a demandé au gouvernement italien de proposer un nouveau candidat et a modifié la répartition des portefeuilles. Lors de la procédure de nomination de la commission Barroso II, l'un des membres proposés a retiré sa candidature suite à l'attention portée par le Parlement sur d'éventuelles affaires de corruption dans son pays d'origine. Enfin, lors de la composition de la Commission Juncker, la candidate slovène a dû se retirer après son audition. De fortes critiques ont été exprimées à l'égard des candidats britannique, espagnol et français, mais les socialistes et le parti populaire européen ont joué de la dissuasion réciproque pour les confirmer dans leurs fonctions. Ainsi, bien que l'investiture reste collective, il appartient à l'assemblée de juger si son hostilité à l'égard d'un candidat peut justifier un refus d'investiture et au président de se demander s'il désire prendre un tel risque ou bien solliciter du gouvernement concerné et du Conseil une nouvelle proposition. Le haut représentant qui est également vice-président de la Commission est soumis à la même procédure bien qu'il soit nommé et révoqué par le Conseil. Cette situation s'explique par le fait qu'il participe à la prise de décision collégiale comme les autres membres de la Commission. Après l'approbation parlementaire, la Commission est nommée par le Conseil à la majorité qualifiée. Une fois nommés, les commissaires prêtent serment devant la Cour de justice.

591 La durée du mandat de la Commission est de cinq ans ce qui établit une coïncidence entre le mandat parlementaire et le mandat de la Commission. Cette coïncidence est préservée par le fait qu'en cas de démission, même à la suite d'une motion de censure, la Commission qui remplace celle qui quitte ses fonctions n'est nommée que pour la période restant à courir jusqu'à la fin des cinq ans. C'est ce qui s'est passé à la suite de la démission de la Commission Santer. Celle-ci a continué à exercer ses fonctions jusqu'à ce que la Commission Prodi soit nommée d'abord pour terminer le mandat de la Commission démissionnaire, puis pour une période de cinq ans. Le mandat peut prendre fin soit par démission (cas de la Commission Santer en 1999), soit à la suite du vote d'une motion de censure (v. ss 1061). La démission d'office d'un membre de la Commission qui aurait manqué à ses obligations, peut être prononcée par la Cour à la demande du Conseil ou de la Commission. Le traité de Nice consacrait le droit du président d'obtenir, avec l'accord de la majorité du collège, la démission d'un des membres. La procédure de révocation individuelle a été conservée par le traité de Lisbonne, mais à la demande du président seul. Devait-elle s'appliquer au haut représentant pour la PESC qui est responsable devant le Conseil européen ? Le traité précise que le président de la Commission ne peut demander la démission du haut représentant qu'avec l'accord du Conseil européen (TUE, art. 17, § 6, 2e al.). Les membres démissionnaires restent en fonction jusqu'à ce qu'il soit pourvu à leur remplacement, excepté en cas de démission d'office pour faute. Le Conseil décide à la majorité qualifiée d'un commun accord avec le président de la Commission et après consultation du Parlement du remplacement du membre démissionnaire (TFUE, art. 246). Il peut

également décider à l'unanimité sur proposition du président de la Commission de ne pas procéder au remplacement. Lorsque la démission fait suite à une motion de censure, la Commission reste en fonction jusqu'à la désignation d'une nouvelle Commission, mais ne peut qu'expédier les affaires courantes. Cette règle ne s'impose pas lorsque la Commission démissionne de son propre mouvement. C'est donc de sa propre initiative que la Commission Santer a estimé, après sa démission, ne pouvoir qu'expédier les affaires courantes alors que d'après le traité, elle disposait de la plénitude de ses pouvoirs. Elle a d'ailleurs appliqué cette discipline avec une certaine souplesse.

§ 2. La composition de la Commission

592 Avant l'élargissement aux pays d'Europe centrale et orientale, la Commission était composée de 20 membres, nationaux des États membres. Elle devait compter un membre au moins ayant la nationalité de chaque État sans pouvoir comporter plus de deux membres de la même nationalité. Dans la pratique, il était convenu que les plus grands États (Allemagne, France, Italie, Royaume-Uni et Espagne) pouvaient compter deux commissaires. Fréquemment, lorsque la Commission comptait en son sein deux membres de la même nationalité, l'un était choisi dans l'opposition et l'autre dans la majorité politique nationale. Le nombre de commissaires pouvait être modifié par une décision du Conseil statuant à l'unanimité. On a souvent estimé que le nombre de commissaires était trop élevé pour que chacun puisse exercer la responsabilité d'un secteur important. Compte tenu de ce fait, il paraissait difficile, dans la perspective de nouvelles adhésions, de poursuivre la pratique actuelle qui conduit à un accroissement continu du nombre de commissaires. Aussi a-t-on fréquemment évoqué l'idée d'une réduction du nombre des commissaires. La question ne pouvait être éludée lors des négociations qui ont conduit au traité d'Amsterdam. Deux tendances s'opposaient. Certains étaient en faveur d'une Commission restreinte, comportant un nombre de membres sensiblement inférieur à celui des États

membres. Selon ses promoteurs, une telle solution renforçait l'autorité et l'efficacité de la Commission. Une autre tendance, animée notamment par les petits États membres, consistait à reprendre la solution, déjà envisagée lors de la précédente conférence intergouvernementale, d'avoir un nombre de commissaires égal à celui des États membres. Un compromis était d'autant plus difficile à établir que le problème était lié à celui de la réforme de la pondération des voix au sein du Conseil, la perte d'un commissaire pour les grands États membres devant être compensée par un accroissement de leur poids au sein du Conseil. La solution retenue dans le traité d'Amsterdam était transitoire et son application était liée à une repondération des voix au sein du Conseil. La Commission aurait été composée d'un national par État membre à la date d'entrée en vigueur du premier élargissement. Cependant, un an au mois avant que l'Union ne comporte plus de 20 membres, « une conférence des représentants des gouvernements des États membres devait être convoquée pour procéder à un réexamen complet des dispositions des traités relatives à la composition et au fonctionnement des institutions » (protocole sur les institutions dans la perspective de l'élargissement de l'Union européenne). Le traité de Nice a modifié la situation.

593 La question de la composition de la Commission a joué un rôle essentiel lors des négociations du traité de Nice. Les thèses qui s'étaient affrontées lors des négociations d'Amsterdam se sont à nouveau exprimées et il a paru difficile de trouver un accord sur toute autre solution que celle prévoyant un commissaire par État membre. À vrai dire, la logique de cette thèse, défendue essentiellement par les petits États membres ne paraît pas évidente. Ces derniers se prononçaient en faveur d'une Commission forte, ce qui est bien entendu dans leur intérêt. Mais on voit mal comment une Commission composée d'un commissaire par État membre pourrait être une Commission forte, non pas tant parce qu'une Commission trop nombreuse serait inefficace, mais essentiellement parce qu'une telle Commission prendrait inévitablement l'allure d'une institution intergouvernementale et parce que sa majorité serait dominée par les petits États membres. Dès lors, la majorité du Conseil se sentirait d'autant moins encline à lui délé-

guer des pouvoirs et à reconnaître son autorité qu'il risquait d'exister un écart considérable entre la majorité qualifiée au sein du Conseil et la majorité des membres de la Commission. Il est certes aisé de corriger les inconvénients du nombre par des mesures d'organisation interne, mais il serait plus difficile de renforcer l'autorité d'une Commission ainsi composée tant vis-à-vis du Conseil que du Parlement. Certains États ont senti la contradiction interne de leur position. Aussi a-t-il été décidé que lorsque l'Union comporterait 27 États membres, la composition de celle-ci serait fixée par le Conseil statuant à l'unanimité à un nombre de membres inférieurs à 27, choisis sur la base d'une rotation égalitaire entre les États membres de telle sorte que soit reflété, de manière satisfaisante, l'éventail démographique et géographique de l'Union. Cette situation devrait intervenir rapidement compte tenu des adhésions programmées de la Bulgarie et de la Roumanie.

594 Le débat ne pouvait manquer de resurgir lors des débats de la Convention sur l'avenir de l'Europe. Si la Commission restait fidèle à la thèse d'un commissaire par État membre en proposant simplement de renforcer la cohésion par des mesures d'ordre interne, d'autres proposaient de limiter le nombre de membres disposant du droit de vote à 15, ceux-ci étant assistés par des « commissaires européens » qui participeraient sans droit de vote aux travaux de la Commission. Chaque État aurait ainsi un commissaire de sa nationalité, mais la nationalité des commissaires disposant du droit de vote aurait été déterminée sur la base d'une rotation entre les États membres. C'est la solution qui a été retenue par la convention. Outre le président et le ministre des Affaires étrangères, la Commission aurait comporté 13 commissaires ayant le droit de vote, leur nationalité étant fondée sur une rotation égalitaire reflétant l'éventail géographique et démographique de l'Union. Le collège était complété par des commissaires sans droit de vote ayant la nationalité des États membres qui n'ont pas de commissaires avec droit de vote. Rien dans le texte n'interdisait de donner certaines attributions à ces commissaires à condition qu'ils soient placés sous l'autorité d'un membre avec droit de vote. Leur situation pouvait être assimilable à celle de secrétaires d'État dans certains États membres. En outre, le Haut représentant pour

la PESC devenu ministre des Affaires étrangères de l'Union faisait partie de la Commission. Le débat a repris lors de la conférence intergouvernementale. La constitution établit une période transitoire pendant laquelle la Commission serait composée d'un ressortissant de chaque État membre. À l'issue du mandat de la première Commission nommée après l'entrée en vigueur de la constitution, le nombre de commissaires serait égal aux deux tiers des États membres, ce nombre pouvant être modifié à l'unanimité par le Conseil européen. Le choix se ferait alors sur la base d'un système égalitaire de rotation tel que l'écart entre les mandats détenus par les ressortissants de deux États membres ne puisse être supérieur à deux, ce qui signifie que nul ne pourrait exercer plus de deux mandats consécutifs. La rotation devait refléter l'éventail géographique et démographique des États.

595 Le traité de Lisbonne confirmait la solution de la constitution et l'article 17, § 5, du TUE prévoit qu'à partir de 2014, la Commission sera composée d'un nombre de membres correspondant aux deux tiers des États membres, y compris son président et le Haut représentant. Cependant, à l'issue du referendum négatif irlandais, le gouvernement de ce pays estimait qu'une des causes de l'échec résidait dans la diminution du nombre de commissaires (alors que celle-ci avait été acceptée dans le referendum précédent relatif au traité de Nice). L'une des conditions mises à l'organisation d'un nouveau referendum consistait dans le rétablissement d'un commissaire par État membre. Cette revendication rencontrait les arrière-pensées d'un certain nombre d'États membres qui n'avaient accepté la réduction du nombre de commissaires qu'avec réticence. Il n'est donc pas surprenant que le Conseil européen se soit engagé à utiliser le pouvoir que lui confère le § 5 de l'article 17 TUE de modifier à l'unanimité le nombre de commissaires afin de maintenir la situation actuelle. Il est vraisemblable que l'objet de cette disposition n'était pas celui-ci, mais devait plutôt permettre une nouvelle réduction en cas d'élargissement important. Le Conseil européen a pris en 2013 une décision établissant que la Commission comporterait un national de chaque État membre annihilant ainsi l'effet d'une réforme préparée par de longs débats. Cependant, la décision prévoit que la situation sera revue avant que l'Union ne comporte trente États membres ou avant la fin du mandat de la Commission investie en 2014[1].

596 Pour tenter de limiter l'effet lié au nombre de commissaires, le président Juncker a réorganisé la Commission autour des vice-présidents. Chaque vice-président supervise l'activité d'un certain nombre de commissaires dans un secteur déterminé. Les propositions législatives émanant d'un commissaire devront recevoir l'aval d'un vice-président ce qui devrait permettre d'assurer une certaine cohérence. De plus, les vice-présidents et les commissaires ont reçu une lettre de mission qui fixe les priorités de leur action. De cette manière, la dispersion liée au nombre devrait être palliée par le mode de fonctionnement du collège.

597 Dans le passé, la répartition des fonctions au sein de la Commission faisait l'objet de négociations entre les membres de la Commission. Dans une déclaration annexée au traité d'Amsterdam, la conférence intergouvernementale, en vue de renforcer l'autorité du président, estimait que celui-ci devait disposer « d'un large pouvoir discrétionnaire » dans l'attribution initiale des tâches et dans tout remaniement ultérieur. Ceci n'était d'ailleurs que la conséquence de l'autorité nouvelle conférée au président dans le choix des membres de la Commission. En effet, dans ses discussions avec les États membres, au moment de la désignation des commissaires, la question du portefeuille qui pourrait être attribué aux membres était l'un des éléments pris en considération par le président de la Commission lorsqu'il donnait son accord. En fait, la répartition des portefeuilles est un élément important de la discussion entre le président et les États membres au moment de la désignation des commissaires.

598 Le traité de Nice poursuivait le renforcement des pouvoirs du président. Il confie à celui-ci de répartir les portefeuilles entre les membres et de modifier le cas échéant cette répartition. Les commissaires exercent leurs fonctions sous l'autorité du président et celui-ci décide de l'organisation interne du collège. Avec l'appro-

1. Décision du 22 mai 2013, *JO* L 165/98 du 18 juin 2013.

bation du collège, il nomme les vice-présidents, dont le nombre n'est plus fixé par le traité. Il peut demander à un membre de présenter sa démission (v. ss 591). Le traité de Lisbonne confirme ces dispositions, mais supprime l'approbation du collège en ce qui concerne la démission à la demande du président. À vrai dire, la liberté du président dans la répartition des portefeuilles n'est pas totale. En effet, au moment de la désignation des commissaires, les États membres établissent fréquemment un lien entre la personnalité qui sera proposée et le portefeuille qui lui sera attribué.

§ 3. L'indépendance des membres et le principe de collégialité

599 L'article 15, § 3, 3e alinéa, TUE et l'article 245 TFUE indiquent que « les membres de la Commission exercent leurs fonctions en pleine indépendance dans l'intérêt général de la Communauté ». Cette indépendance s'exerce notamment à l'égard des États membres dont ils ne sollicitent, ni n'acceptent d'instructions. De leur côté, les États membres s'engagent à ne pas chercher à influencer les commissaires. Cette indépendance juridique à l'égard des États membres est, dans les faits, relative. En effet, les membres de la Commission se perçoivent souvent comme des interprètes des intérêts de l'État dont ils ont la nationalité auprès du collège. En outre, dans la mesure où une carrière politique ne se termine pas après l'expiration d'un mandat de commissaire, il peut être utile de conserver des liens avec son État d'origine. En témoignent les démissions de membres en vue d'exercer des fonctions politiques nationales.

600 Les membres de la Commission ne peuvent exercer aucune autre activité professionnelle. Ils doivent respecter pendant leurs fonctions et après la cessation de celles-ci les devoirs d'honnêteté et de délicatesse. Cette obligation peut être sanctionnée par la Cour de justice qui, saisie par le Conseil ou la Commission, a le pouvoir de prononcer la démission d'office d'un commissaire ou la suspension de ses droits à pension s'il n'est plus en fonction. C'est ainsi que la Cour de justice a été saisie par le Conseil en 1999

du cas d'un commissaire démissionnaire, M. Bangeman, qui avait accepté des fonctions dans une société dont le secteur d'activité correspondait au portefeuille qui lui avait été attribué dans la Commission. Finalement, l'affaire a été réglée à l'amiable, M. Bangeman s'étant engagé à ne prendre ses nouvelles fonctions qu'après un délai d'un an, à n'avoir de relations avec les institutions communautaires au titre de ces fonctions qu'après un délai de deux ans et à ne communiquer aucune information confidentielle à son nouvel employeur. De même, la Commission a saisi la Cour de justice du cas de Mme Cresson, ancien membre de la Commission, à laquelle étaient reprochés divers actes de mauvaise administration bien que la justice belge ait prononcé un non-lieu dans la même affaire. Dans son arrêt du 11 juillet 2006, la Cour de justice a constaté que Mme Cresson avait manqué à ses obligations, mais ne lui a pas infligé de réduction de sa retraite, estimant que la constatation du manquement était suffisante[1]. Dès son entrée en fonction, la Commission Prodi a établi un code de conduite qui précise les obligations que les traités imposent aux commissaires et établit une déclaration des intérêts financiers et du patrimoine des commissaires et de leurs conjoints. La Commission Barroso a également adopté un code de conduite le 24 novembre 2004.

601 Mais l'indépendance ne découle pas exclusivement de ces règles, elle procède également du principe de collégialité. Les décisions de la Commission sont, en effet, adoptées par le collège des commissaires et sont imputables à celui-ci. La solidarité est de règle comme dans un gouvernement. Quelles que soient les pressions que pourrait opérer un État membre sur un commissaire de sa nationalité, elles seraient largement contrariées par le fait que les décisions sont prises collectivement. Le principe de collégialité qui résultait implicitement des dispositions relatives au statut des membres et au fonctionnement de la Commission a trouvé une expression formelle à l'article 217, § 1, tel que modifié par le traité de Nice (TUE, art. 17, § 6 et 8). La Cour veille au respect de la

1. CJCE C-432/04, *Commission c/ Cresson*.

collégialité. Elle a été amenée, dans ce contexte, à se prononcer sur les délégations accordées par la Commission à l'un de ses membres. Si compte tenu du nombre de décisions à prendre, le phénomène est inévitable, il doit être limité à des actes de pure gestion à caractère administratif et reposer sur une habilitation donnée avec l'accord des membres du collège. L'acte pris sur délégation engage la responsabilité de la Commission dans son ensemble[1].

602 Dans son arrêt du 15 juin 1994, la Cour rappelle avec netteté les exigences du principe de collégialité : « le principe de collégialité (...) repose sur l'égalité des membres de la Commission dans la participation à la prise de décision et implique notamment, d'une part, que les décisions soient délibérées en commun et, d'autre part, que tous les membres du collège soient collectivement responsables, sur le plan politique, de l'ensemble des décisions arrêtées. Or le respect de ce principe, et spécialement la nécessité que les décisions soient délibérées en commun par les membres de la Commission, intéresse nécessairement les sujets de droit concernés par les effets juridiques qu'elles produisent en ce sens qu'ils doivent être assurés que ces décisions ont été effectivement prises par le collège et correspondent exactement à la volonté de ce dernier »[2]. Cette jurisprudence ne s'oppose pas aux habilitations, elle vise seulement à limiter celles-ci à l'accomplissement d'actes d'administration et de gestion et exclut notamment l'adoption d'actes portant des effets juridiques dans le chef des tiers, à l'exception des mesures d'instruction.

603 La collégialité postule que la responsabilité de la Commission devant le Parlement est collective. Il n'est pas possible de mettre en cause la responsabilité d'un membre du collège pris individuellement et jusqu'à présent, toutes les propositions d'instauration d'un système de blâme parlementaire à l'égard d'un commissaire pris isolément, ont été écartées. M. Prodi avait demandé aux membres de la Commission de s'engager à démissionner à sa demande lorsqu'il apparaîtrait qu'ils ne seraient plus en mesure

1. CJCE 23 sept. 1986, n° 5/85, *Akzo c/ Commission.*
2. CJCE 15 juin 1994, C-137-92P, *Commission c/ Basf AG.*

d'exercer leurs fonctions avec l'autorité qui doit s'attacher à celles-ci. Cette règle de conduite ne porte pas atteinte en apparence à la responsabilité collégiale puisqu'elle reste interne à la Commission et qu'elle n'établit pas une responsabilité individuelle devant le Parlement. Le traité de Nice consacrait la pratique en prévoyant expressément qu'un membre de la Commission doit présenter sa démission sur demande du président après approbation du collège. Le traité de Lisbonne permet au président de la Commission de mettre fin au mandat d'un commissaire sans qu'une intervention du collège soit nécessaire (TUE, art. 18, § 6).

604 Cependant, il n'est pas exclu que le Parlement demande la démission d'un commissaire. Il appartiendra alors au président de décider s'il doit donner suite à cette demande ou s'il doit la refuser au risque de faire face à une motion de censure qui visera la Commission en tant qu'institution collégiale. D'ailleurs, le président de la Commission s'est engagé à examiner sérieusement l'opportunité de demander à un commissaire de démissionner lorsque le Parlement « refuse sa confiance » (sic) à celui-ci[1]. L'accord-cadre actuel prévoit que, dans ce cas, le président de la Commission demande au membre de démissionner ou explique ses raisons.

§ 4. L'organisation de la Commission

605 Comme toute institution, la Commission a la maîtrise de son organisation interne. Les obligations imposées par le traité sont limitées. La Commission prend ses décisions à la majorité des membres qui la composent, la fixation du *quorum* étant laissée au règlement intérieur lequel impose la présence de la majorité des membres (art. 5). Elle adopte son règlement intérieur[2].

606 C'est dans ce règlement qu'il convient de rechercher les règles qui régissent le fonctionnement de la Commission. La Commission se réunit en principe une fois par semaine et ses réunions ne sont pas publiques. Les membres sont tenus d'assister aux réunions,

1. Parl. et Comm., accord-cadre, 5 juill. 2000, pt 10.
2. *JO* 8 déc. 2000, L 308, p. 26 modifié par Décis. 15 nov. 2005, *JO* 30 déc. 2005, L 347/83.

sauf autorisation du président. En l'absence d'un commissaire, son chef de cabinet peut, sur invitation du président, exposer le point de vue du membre absent. Un membre de la Commission peut demander que l'examen d'une question soit reporté à une séance ultérieure, un nouveau report ne pouvant être accordé que par la Commission elle-même. Les décisions sont prises par un vote en réunion. Cependant, afin d'alléger l'ordre du jour, il est possible d'utiliser une procédure écrite lorsque la proposition recueille l'accord des services concernés et l'avis favorable du service juridique. Un membre peut néanmoins demander que la question soit soumise à débat auquel cas elle sera inscrite à l'ordre du jour de la prochaine réunion de la Commission. Enfin, la Commission peut déléguer à l'un de ses membres le soin de prendre en son nom des mesures de gestion ou d'administration « clairement définies » et notamment des actes préparatoires à une décision à prendre ultérieurement par le collège. Les réunions de la Commission sont préparées par des réunions des chefs de cabinet des commissaires. La Commission est assistée par son secrétariat général.

Section 2
Les fonctions de la Commission

607 Les fonctions de la Commission sont énumérées à l'article 17, § 1, TUE (Traité CE, ex-art. 211) : « La Commission promeut l'intérêt général de l'Union et prend les initiatives appropriées à cette fin. Elle surveille l'application du droit de l'Union sous le contrôle de la Cour de justice de l'Union européenne. Elle exécute le budget et gère les programmes. Elle exerce des fonctions de coordination, d'exécution et de gestion conformément aux conditions prévues par les traités. À l'exception de la politique étrangère et de sécurité commune et des autres cas prévus par le traité, elle assure la représentation extérieure de l'Union. Elle prend les initiatives de programmation annuelle et pluriannuelle de l'Union pour parvenir à des accords interinstitutionnels ». Si l'on résume, la Commis-

sion dispose d'un pouvoir d'initiative (**§ 1**), de pouvoirs d'exécution (**§ 2**), d'un pouvoir de surveillance (**§ 3**) et de représentation (**§ 5**), ainsi que de nouvelles fonctions conférées dans le cadre de l'Union économique et monétaire (**§ 4**).

§ 1. Le pouvoir d'initiative

608 La Commission dispose d'un quasi-monopole du pouvoir d'initiative dans l'Union puisque le Conseil statue généralement sur proposition de la Commission. Ce pouvoir est complété par la disposition de l'article 293 TFUE qui prévoit que lorsque le Conseil statue à la majorité qualifiée sur proposition de la Commission, il ne peut s'écarter de la proposition qu'en réunissant l'unanimité. Historiquement, cette disposition était destinée à protéger les petits États membres contre la domination des grands. On supposait qu'en faisant ses propositions dans l'intérêt général, la Commission tiendrait dûment compte des intérêts de tous les États, petits comme grands. La règle empêchait dès lors une majorité de grands États de minoriser les petits si ces derniers bénéficiaient du soutien de la Commission. Cette exigence a perdu de son intérêt avec l'élargissement et les modifications consécutives de la pondération, lesquelles ne donnent plus la majorité qualifiée à une coalition de grands États. Elle permet à la Commission de s'opposer à la prise de décision au Conseil dès lors qu'un seul État membre soutient son point de vue. C'est pour cette raison que l'Allemagne avait proposé lors des négociations du traité d'Amsterdam de substituer à l'unanimité une majorité superqualifiée. Cette suggestion n'a pas été retenue parce qu'en fait la Commission a toujours su faire un usage intelligent de cette prérogative et rechercher un compromis dès lors qu'existait une forte majorité d'États membres. Elle y trouve d'ailleurs un intérêt, car si elle campait sur ses positions, le Conseil ne pourrait fréquemment ni les modifier à l'unanimité, ni les accepter à la majorité qualifiée. Dès lors qu'elle tient à voir son texte adopté, la Commission doit montrer une certaine souplesse. Dans le cas contraire, nul doute que la réforme de la règle reviendrait à l'ordre du jour.

609 Le monopole du pouvoir d'initiative est l'une des armes principales de la Commission. Elle dispose d'abord du choix du moment pour l'introduction d'une proposition. Ensuite lorsque le Conseil statue à la majorité qualifiée, l'article 293 TFUE peut lui conférer un pouvoir de négociation avec le Conseil. Ce rôle avait été considérablement diminué par la pratique de l'unanimité, issue du compromis de Luxembourg. Dans la mesure où le Conseil décidait généralement à l'unanimité, il pouvait toujours s'écarter de la proposition de la Commission. Le retour à la pratique de la majorité qualifiée à la suite de l'Acte unique aurait dû permettre à la Commission de retrouver la situation originelle, mais la recherche du consensus au sein du Conseil limite fortement le pouvoir de celle-ci.

610 Le monopole de l'initiative dont dispose la Commission a été contesté autrefois par le Parlement européen qui souhaitait, à l'instar des Parlements nationaux, disposer également de ce droit. Les prétentions, même modérées, du Parlement se sont toujours heurtées à l'opposition de la Commission. Ainsi, la Commission a-t-elle refusé de consulter formellement le Parlement avant de prendre des initiatives, tout au plus le tient-elle informé. Dans le traité de Maastricht, le Parlement ne s'est pas vu reconnaître un droit d'initiative. Tout au plus dispose-t-il de l'initiative de l'initiative. En effet, selon l'article 225 TFUE : « Le Parlement européen peut, à la majorité de ses membres, demander à la Commission de soumettre toute proposition appropriée sur les questions qui lui paraissent nécessiter l'élaboration d'un acte communautaire pour la mise en œuvre du présent traité. » Cette disposition ne va guère au-delà de la pratique antérieure dans laquelle le Parlement suggérait à la Commission certaines initiatives législatives. Son efficacité dépend pour l'essentiel de la pression que peut exercer le Parlement sur la Commission.

611 Aussi la menace pour le monopole d'initiative de la Commission ne vient guère de la revendication par le Parlement d'un pouvoir d'initiative qu'en toute hypothèse, il n'exercerait que rarement. Elle découle plutôt de la tendance à instaurer un dialogue direct

entre le Parlement et le Conseil dans le cadre de la procédure législative. Dans le cadre de la procédure de coopération instaurée par l'Acte unique européen, la Commission avait réussi à préserver son contrôle sur la proposition jusqu'en fin de procédure puisque seuls les amendements du Parlement repris par elle dans une proposition modifiée étaient soumis au Conseil qui ne pouvait s'en écarter qu'à l'unanimité. Dans la procédure de codécision, le droit d'initiative de la Commission est encore réduit puisque, dans la phase de conciliation entre Conseil et Parlement, les deux institutions sont libres d'adopter les dispositions qui leur conviennent sans que la Commission puisse s'y opposer. D'ailleurs dès lors que le Parlement et le Conseil trouvent un accord que ce soit en première lecture ou ensuite, la Commission peut difficilement s'y opposer.

612 L'article 241 TFUE du traité autorise le Conseil à demander à la Commission de lui soumettre des propositions. Bien entendu, la Commission reste libre de donner ou non suite à cette demande. Il arrive cependant fréquemment que, pour obtenir l'adoption d'une proposition, elle s'engage à soumettre d'autres propositions demandées par le Conseil. D'ailleurs, la Commission s'est souvent défendue de la frénésie réglementaire dont la soupçonnait l'opinion publique en faisant valoir que la plupart des mesures proposées faisaient suite à une demande du Conseil. En fait, aujourd'hui, la montée en puissance du Conseil européen, notamment dans le domaine économique et financier, a conduit à limiter le pouvoir d'initiative du Conseil européen. Celle-ci se limite souvent à mettre en forme des initiatives qui émanent du Conseil européen.

613 Le pouvoir d'initiative de la Commission est concurrencé dans certains domaines. Dans le cadre de l'UEM, la Banque centrale européenne s'est vue reconnaître un pouvoir d'initiative (TFUE, art. 107, § 5 et 111, art. 129 et 219). De plus, l'article 135 TFUE impose à la Commission d'examiner les propositions présentées par le Conseil ou un État membre et de présenter sans délai ses conclusions au Conseil. Dans le cadre du titre relatif aux visas, à l'asile, à l'immigration et aux autres politiques liées à la libre circulation des personnes, le traité d'Amsterdam avait accordé un droit d'initiative

aux États membres pendant une période de cinq ans, après quoi la Commission recouvrait le monopole de l'initiative, mais devait examiner toute demande de proposition qui émanait d'un État membre. Le traité de Lisbonne conserve pour l'espace de liberté, de sécurité et de justice un droit d'initiative pour les États qui peut être exercé par un quart des États membres (TFUE, art. 76).

614 Le traité de Lisbonne institue également une initiative populaire à la demande d'un million de citoyens, d'un nombre représentatif d'États membres. La Commission n'est pas obligée de donner suite à la demande, mais il est vraisemblable qu'elle sera politiquement tenue d'agir si la proposition a un soutien populaire important (TUE, art. 11, § 4). L'initiative populaire a été mise en œuvre par le règlement du 16 janvier 2011 [1]. L'initiative doit émaner d'un nombre minimum de citoyens en âge de voter d'un quart des États membres. Ce nombre est égal au nombre de parlementaires élus dans l'État membre multiplié par 750. Elle doit entrer dans le champ des attributions de la Commission et respecter les valeurs de l'Union. Jusqu'à présent, elle n'a pas connu un grand succès. Le filtre préalable de la recevabilité, qui est entre les mains de la Commission s'est montré d'une grande efficacité, la Commission devant vérifier si une initiative porte sur un objet qui entre dans le cadre de ses attributions. Plus de la moitié des initiatives (20) ont connu ce sort tandis que neuf ont été retirées faute de réunir les signatures nécessaires. Cinq initiatives ont été clôturées et sont dans l'attente d'une vérification des signatures tandis que trois sont en cours de collecte des signatures. Au total, seules deux initiatives, l'une sur la qualité de l'eau et l'autre sur la protection des embryons, sont arrivées à leur terme sans que la Commission, trouvant son action suffisante, ne fasse une proposition.

615 Il était courant, il y a quelques années, de mettre en cause l'exercice par la Commission de son pouvoir d'initiative. On prêtait à celle-ci une volonté universelle d'harmonisation sans tenir compte des spécificités nationales. C'est l'une des raisons pour lesquelles le principe de subsidiarité a été introduit dans le traité sur l'Union

1. *JOUE* 13 mars 2011, L 65, p. 1.

européenne. En réalité, les critiques étaient exagérées et plus souvent fondées sur des rumeurs que sur des faits. En outre, dans bon nombre de cas, les propositions de la Commission intervenaient suite à la demande des États membres. Il résulte d'études effectuées par la Commission que 35 % de ses propositions découlent des nécessités de mise en œuvre d'accords internationaux. 25 à 30 % des propositions visent soit à l'adaptation d'actes législatifs existants à l'évolution économique ou technologique, soit à la codification des normes existantes. Les demandes du Parlement, du Conseil ou des opérateurs économiques sont à l'origine de 20 % des propositions tandis que 10 % d'entre elles constituent des actes imposés par les traités ou le droit dérivé (comme la fixation annuelle des prix agricoles). Il ne reste donc qu'un nombre très limité de propositions qui interviennent à l'initiative de la seule Commission (5 à 10 %). Les reproches faits à la Commission semblent donc largement exagérés. Il n'en demeure pas moins que celle-ci doit faire preuve de prudence et éviter de donner systématiquement suite aux demandes qui lui sont adressées. La politique actuelle met moins l'accent sur la quantité que sur la qualité de la législation. Toutes les initiatives importantes sont accompagnées d'une étude d'impact afin d'éclairer les législateurs quant aux effets de la mesure proposée sur la compétitivité, les conséquences dans le domaine social et sur l'environnement.

§ 2. Les pouvoirs d'exécution

616 La question des compétences d'exécution des normes de l'Union figure depuis longtemps au cœur du débat institutionnel. Nul ne conteste que l'exécution matérielle des normes de l'Union appartient normalement aux États membres. L'article 4, § 3, TUE impose d'ailleurs aux États membres de prendre toutes les mesures propres à assurer l'exécution des obligations résultant des actes des institutions de l'Union. Il en va normalement ainsi, et c'est fréquemment le cas, de l'exécution normative lorsque la mise en œuvre de la norme de l'Union implique l'adoption d'une réglementation d'exécution. Cette réglementation est adoptée par les

États membres lesquels sont les mieux placés pour apprécier les modalités selon lesquelles la norme communautaire doit être appliquée dans le cadre national.

617 Les propositions de la Commission en vue de se voir reconnaître le monopole du principe de l'exécution n'ont pas reçu de suite lors de la Conférence intergouvernementale, mais le principe selon lequel la mise en œuvre de la législation de l'Union relève en principe des États membres n'a jamais été contesté. D'ailleurs, si la règle de la proportionnalité implique que l'intervention de l'Union n'excède pas ce qui est nécessaire pour atteindre les objectifs du traité, l'exercice par l'Union de compétences d'exécution est soumis à cette règle. L'adoption de mesures d'exécution doit donc être laissée aux États dès lors que l'intervention de l'Union n'est pas nécessaire (v. ss 795).

618 La Commission a fréquemment revendiqué le pouvoir de prendre seule les mesures d'exécution des normes. Pendant longtemps, les auteurs du traité n'avaient pas souhaité lui donner satisfaction et l'article 202 CE faisait du Conseil le titulaire du pouvoir d'exécution. Lorsque l'adoption de normes d'exécution est prise au niveau de l'Union, il appartenait au Conseil de déléguer à la Commission, la compétence d'adopter ces règles. La délégation était le principe, mais le Conseil pouvait se réserver, dans des cas spécifiques, d'adopter lui-même ces règles (sur la question dans son ensemble, v. ss 798). Le traité de Lisbonne opère un recentrage du pouvoir d'exécution entre les mains de la Commission (TFUE, art. 291, § 2), mais en affirmant clairement qu'en principe, les pouvoirs d'exécution appartiennent aux États membres et que l'exécution au niveau de l'Union doit constituer l'exception

619 Outre le pouvoir d'adopter des normes d'exécution, la Commission détient de véritables pouvoirs de gestion. En matière budgétaire, l'article 317 TFUE lui confie le soin d'exécuter le budget, ce qui implique la gestion des Fonds communautaires (FEOGA, Fonds Social, FEDER, etc.). Cependant, ici encore, sauf en ce qui concerne l'exécution comptable du budget, les pouvoirs de la Commission peuvent être encadrés en application de l'article 291 TFU[1].

1. CJCE 24 oct. 1989, n° 16/88, *Commission c/ Conseil*.

§ 3. Le pouvoir de surveillance

620 Le traité TFUE charge la Commission de veiller à son application et lui octroie à cette fin tant des pouvoirs spécifiques en matière de concurrence et de mesures dérogatoires que le soin de déclencher l'action en manquement d'État. En ce qui concerne les manquements d'État, l'article 258 TFUE du traité autorise la Commission, après avoir mis un État membre en mesure de présenter ses observations, à émettre un avis motivé si elle estime que cet État membre a manqué à ses obligations. Si l'État membre ne se conforme pas à l'avis motivé, la Commission peut saisir la Cour afin que celle-ci constate le manquement. Il s'agit ici d'une prérogative propre de la Commission qui est seule juge de l'opportunité de poursuivre.

621 Agissant d'office ou sur plainte, la Commission a développé toute une procédure destinée à permettre un redressement des manquements avant que soit ouverte la phase contentieuse. Cependant, on constate, malgré le succès de la phase précontentieuse, qui permet de régler près de 80 % des cas, une multiplication des hypothèses de manquement. On avait suggéré de prévoir une procédure de sanctions pécuniaires contre les États membres et cette suggestion a été retenue dans le traité sur l'Union européenne. L'article 260 TFUE prévoit que lorsqu'un État membre ne prend pas les mesures qui résultent d'un arrêt de manquement, la Commission peut, après un avis motivé non suivi d'effet, demander à la Cour d'infliger à l'État concerné, le paiement d'une astreinte ou d'une amende.

622 Dans sa communication du 5 juin 1996, la Commission a précisé les modalités de mise en œuvre de l'article 171. Elle se fonde pour déterminer le niveau des astreintes qu'elle compte demander sur la gravité de l'infraction, sur sa durée et sur la nécessité d'assurer l'effet dissuasif de la sanction[1]. Cet article a été utilisé pour la première fois contre la Grèce en 2000.

1. Comm. n° 96/07, *JOCE* 21 août 1996, C 242 ; Décis. 8 janv. 1997 sur le mode de calcul des astreintes.

623 Le traité de Lisbonne consolide le système en permettant à la Commission de demander à la Cour de prononcer des astreintes dès constatation du manquement par cette dernière dans les cas de non-communication des mesures de transposition d'une directive. L'auteur du manquement sera alors incité à se mettre en règle le plus rapidement possible.

624 Cette procédure constitue-t-elle un remède absolu ? Il existe en fait divers types de manquements. Certains sont dus à la négligence des administrations nationales et disparaissent souvent dès la phase d'instruction par la Commission. Il en va de même des manquements qui sont destinés à permettre à un État de profiter quelque temps encore d'une situation favorable en ne se conformant pas immédiatement à leurs obligations. D'autres manquements trouvent leur origine dans les difficultés techniques d'application de l'acte adopté par l'Union. Ils peuvent être évités par une meilleure association des administrations nationales lors de la phase d'élaboration des mesures communautaires et par une collaboration étroite avec la Commission. Quelques États membres connaissent des difficultés de mise en œuvre liées à leur structure interne. Il en est allé ainsi en Belgique à cause des problèmes de répartition des compétences entre l'État, les Communautés et les régions ou en Italie en raison des mauvaises performances du législateur. Dans cette hypothèse, des sanctions financières sont inopérantes et il appartient à chaque État de trouver des solutions sur le plan interne. Les sanctions financières pourraient tout au plus accélérer les réflexions internes sur ce point. Enfin, il peut arriver que l'État n'applique pas le droit communautaire parce qu'il craint les réactions de certains secteurs de son opinion interne. Dans ce cas, une condamnation est pour lui la bienvenue puisqu'elle lui permet de se décharger de la responsabilité de la mesure sur la Communauté en montrant qu'il a fait l'impossible pour protéger les intérêts nationaux. À ce stade, la condamnation est généralement suffisante.

625 L'intérêt des sanctions pécuniaires n'est donc essentiel que dans les cas d'inexécution persistante et c'est ainsi qu'il est conçu puisque le traité institue un système de sanctions pécuniaires infligées par la Cour à la demande de la Commission si l'État n'a

pas pris les mesures d'exécution d'un précédent arrêt en manquement. À ce titre, il semble efficace puisque les premières menaces de sanction ont conduit les États concernés à exécuter les arrêts de la Cour. Il faut ajouter que la jurisprudence de la Cour dans l'arrêt *Francovich* qui autorise la mise en jeu de la responsabilité de l'État en cas de non-transposition d'une directive constitue également un remède efficace[1].

626 La Commission recherche les moyens de prévenir les infractions et de rendre plus efficace le traitement de celles-ci. La prévention repose sur des contacts étroits avec les administrations nationales notamment lors de la transposition des directives et sur le développement du recours aux communications interprétatives. En ce qui concerne le traitement des infractions, compte tenu du nombre de plaintes (environ 2 000), la Commission souhaite définir des priorités dans l'examen de celles-ci de façon à traiter en urgence les manquements les plus graves. Il est également souhaitable de favoriser le recours aux juridictions nationales, notamment en prévoyant l'accès à la justice dans certains cas spécifiques (comme l'information du public en matière environnementale). Dans cette hypothèse, le particulier se voit reconnaître par le droit communautaire un droit de recours qui lui permet de faire sanctionner la violation du droit communautaire par le juge national. Enfin, pour faciliter le traitement des plaintes des particuliers, la Commission a mis en place un système de point de contacts nationaux auquel le particulier victime d'une violation dans une affaire transfrontalière peut s'adresser. Le centre national s'adressera au centre de l'État dans lequel se situe le problème. Si ce dernier centre accepte la demande, il dispose de 10 semaines pour donner une réponse positive ou négative. Ce système, dit SOLVIT, ne se substitue pas à la procédure en manquement et, si la réponse est insatisfaisante, il sera toujours possible de saisir la Commission. SOLVIT offre un moyen commode de régler rapidement des problèmes qui touchent de près les particuliers sans que ceux-ci soient obligés de recourir à la procédure lourde et aléatoire de la plainte.

1. CJCE 19 nov.1991, C-6/90, *Francovich c/ État italien.*

627 En ce qui concerne les pouvoirs détenus par la Commission en matière de concurrence, la Commission gère la politique de concurrence, contrôle les concentrations d'entreprises et le règlement n° 1/2003 l'autorise à prononcer des astreintes et à infliger des amendes aux entreprises qui commettent des infractions[1].

§ 4. Les nouvelles fonctions conférées à la Commission dans le cadre de l'Union économique et monétaire

628 La gestion de la crise par l'institution intergouvernementale qu'est le Conseil européen a paradoxalement conduit à un renforcement considérable des pouvoirs de la Commission[2]. Si la survie de la zone euro repose sur la solidarité entre les États membres, cette solidarité n'est possible que si chacun accepte une certaine discipline. Le respect de cette discipline ne pouvait être assuré par le Conseil européen qui ne dispose ni de la permanence ni de l'appareil administratif nécessaire. En outre, les péripéties liées à l'incapacité du Conseil de prendre des mesures face au non-respect du Pacte de stabilité par l'Allemagne et la France en 2003 montraient qu'un contrôle exercé par une institution composée de représentants des États membres était inefficace parce que pollué par des considérations de type politique. Dans ces conditions, la seule possibilité était de confier la surveillance du processus à une institution indépendante. Ceci a pour conséquence que toute « politisation excessive » de la Commission irait à l'encontre de la confiance que les États membres sont censés lui porter. Il est difficile d'être simultanément porteur d'un programme politique au sens partisan du terme et de vouloir être considéré comme un acteur impartial.

1. *JO* 4 janv. 2003, n° L 1/1, ce règlement reprend sur ce point les dispositions de la réglementation antérieure.
2. Sur ces points, voir Philippe de Schoutheete et Srefano Micossi, *On Political Union in Europe : The changing landscape of decision-making and political accountability*, CEPS Essay n° 4, 21 february 2013.

629 L'ensemble des règles adoptées suite à la crise dans le cadre du pacte de stabilité et de croissance et des législations dites « six-pack », puis « two-pack » ont conduit à un renforcement considérable des pouvoirs de la Commission. Sans entrer dans les détails de chaque mesure, la Commission se voit d'abord reconnaître un pouvoir d'avis et de surveillance qui repose sur un dialogue avec les États concernés. Ce pouvoir ne concerne pas seulement les États qui font l'objet de mesures en cas de déficit excessif ou de risque d'un tel déficit, mais tous les États de la zone euro. La procédure d'examen des plans budgétaires des États donne lieu à un avis de la Commission avec la possibilité de demander à l'Etat concerné un plan révisé. Il s'agit d'une intrusion importante dans ce qui relève par excellence de la souveraineté nationale. Certes, le pouvoir reste entre les mains des parlements nationaux, mais avec tous les risques que peut présenter le refus de tenir compte des avis tant en ce qui concerne les réactions des marchés que la possibilité de se voir dans l'avenir placé dans une situation où s'appliquera une surveillance renforcée avec la possibilité de se voir imposer des mesures correctrices contraignantes.

630 Au delà de ce dialogue budgétaire, la Commission dans ses missions de surveillance s'est vue reconnaître le droit de proposer des recommandations au Conseil. Le pouvoir de décider reste dans ce cas entre les mains du Conseil, mais est soumis à la procédure dite « comply or explain ». Si le Conseil n'adopte pas la proposition de recommandation, il doit donner publiquement ses raisons, ce qui renforce considérablement la position de la Commission et constitue une garantie d'objectivité du débat en évitant une politisation trop évidente[1]. Enfin, les décisions relatives aux sanctions et aux mesures correctrices sont adoptées selon la procédure de la majorité inversée qui était déjà appliquée pour les mesures provisoires anti-dumping. La proposition de la Commission est adoptée à moins que le Conseil ne s'y oppose à la majorité qualifiée dans un délai déterminé.

1. Voir par exemple article 2-bis ter § 2 du règlement 1466/97 relatif au renforcement de la surveillance des positions budgétaires ainsi que de la surveillance et de la coordination des politiques économiques : « Le Conseil est censé, en principe, suivre les recommandations et propositions de la Commission ou expliquer publiquement sa position ».

631 Ce renforcement des pouvoirs de la Commission se manifeste également dans le cadre du traité sur la stabilité, la coordination et la gouvernance de l'Union économique et monétaire. Si la spécificité de ce type de gouvernance par voie d'accord intergouvernementale se développe, il n'y aurait pas de difficultés à ce que la Commission se voie confier des missions supplémentaires tant que, selon la Cour de justice, « ces missions ne dénaturent pas les attributions que les traités UE et FUE confèrent à ces institutions »[1]. Dans le contexte de l'UEM, la Commission se troue donc placée au centre du dispositif parce qu'elle est la seule institution à pouvoir exercer des pouvoirs de nature exécutive avec une certaine indépendance. L'expérience ayant montré qu'un système presque qu'exclusivement fondé sur des règles que les États étaient invités à respecter sous le contrôle de leurs pairs et du marché n'avait pu permettre la stabilité de la zone euro, elle s'est trouvée en position de combler ce vide. Il ne s'agit sans doute pas d'une solution transitoire. Les difficultés liées à l'asymétrie entre le pilier monétaire et le pilier économique de l'UEM ont été résolues par un renforcement de la gouvernance qui a profité tant au Conseil européen qu'à la Commission

§ 5. La fonction de représentation

632 La représentation de l'Union est assurée dans l'ordre interne sur la base de l'article 335 TFUE (Traité CE, ex-art. 282). Quant à la représentation externe, il était admis que la Commission exerce le droit de légation actif par l'intermédiaire de ses délégations auprès des États membres. Pour le droit de légation passif, les lettres de créance étaient remises au président de la Commission et au président en exercice du Conseil. Dorénavant, ces responsabilités seront assurées par le haut représentant pour la PESC. L'article 218 TFUE (Traité CE, ex-art. 300, § 1) confie à la Commission le soin de négocier pour le compte de la Communauté sur la base d'un mandat du Conseil et dans le cadre des directives que le Conseil peut lui adresser.

1. CJUE Arrêt du 27 novembre 2012, C-370/12.

Conclusion

633 De manière générale, depuis la fin de la Commission Delors, l'influence de la Commission semble avoir décliné régulièrement. Cette situation peut paraître paradoxale, puisque, depuis le traité de Maastricht, les pouvoirs du président de la Commission dans la composition et la gestion du collège ont été renforcés. De plus, le Conseil européen s'est donné pour règle de choisir un de ses actuels ou anciens membres comme président de la Commission. Indépendamment des questions de personne, la situation actuelle de la Commission tient à des considérations objectives. La plus importante est sans doute liée à sa situation face au Parlement. Pendant longtemps, l'alliance entre la Commission et le Parlement a constitué l'une des données incontournables des relations interinstitutionnelles. Avant Maastricht, le Parlement ne pouvait espérer exercer une influence sur le Conseil qu'en passant par le truchement de la Commission. La mise en place de la procédure de codécision a permis l'établissement de relations directes entre le Parlement et la Commission. Le concours de cette dernière n'est donc plus indispensable. Simultanément, le Parlement a accentué son contrôle ce qui a conduit la Commission à faire d'importantes concessions au Parlement par la conclusion d'accords interinstitutionnels et de codes de conduite. Or, la Commission ne peut espérer influencer le Conseil que si elle lui paraît s'exprimer en toute indépendance, ce qui n'est plus le cas compte tenu des contraintes qui la lient au Parlement. Dans ces conditions, il est plus utile pour le Conseil de négocier directement avec le Parlement. En abandonnant de fait sa position d'arbitre entre Parlement et Conseil, la Commission ne pouvait que perdre son autorité. Le seul remède à la situation consiste dans un renforcement de la Commission face au Parlement. Or, ceci exige de procéder à un choix que les auteurs des traités n'ont pas voulu effectuer. Soit l'on opte pour un système de type parlementaire et l'on introduit la possibilité de dissoudre le Parlement, soit l'on opte pour un système de séparation rigide des pouvoirs et l'on supprime la possibilité de censurer la Commission. Dans les deux cas, la Commission retrouverait la latitude politique d'action qui lui fait actuellement défaut. Le second facteur de diminution du rôle de

la Commission vient de ce qu'elle joue un rôle marginal dans les domaines les plus importants d'activité de l'Union. La gestion monétaire est le fait d'une banque centrale indépendante. Le rôle de la Commission est secondaire dans la PESC. Dans ces secteurs, le rôle de la Commission ne peut excéder un ministère de la parole, fonction qui, en outre, dans la PESC est tenue par le Haut représentant de l'Union. De même, en matière de politique économique, d'emploi ou de politique sociale, la méthode ouverte de coopération conduit à confier l'essentiel du pouvoir aux membres du Conseil européen, la Commission ayant pour le moment une place marginale dans le processus. Il est certain que la montée en puissance du Conseil européen doté d'un président permanent a réduit dans certains cas le pouvoir d'initiative de la Commission à une simple tâche de mise en forme des conclusions du Conseil européen. Par contre, le Conseil européen a considérablement renforcé les pouvoirs de surveillance de la Commission en lui confiant des missions nouvelles en matière économique et budgétaire. Enfin, les décisions de Nice quant à la composition de la Commission ont fait de celle-ci un collège dans lequel sont « représentés » à égalité tous les États membres, ce qui peut conduire à des décisions adoptées par des majorités de commissaires ayant la nationalité de petits États membres. Il est douteux que, dans ces conditions, la légitimité de la Commission face au Parlement et au Conseil en sorte renforcée. Il est donc probable que la situation de la Commission ne puisse être améliorée sans que soient opérés des choix fondamentaux dans l'architecture institutionnelle de l'Union. La décision du Conseil européen de laisser subsister une Commission composée d'un national de chaque État membre, dans le cadre du traité de Lisbonne, constitue un facteur d'affaiblissement. Certains estiment qu'au contraire la présence d'un national de chaque État membre devrait au contraire accroître la légitimité de la Commission. Ce n'est pas ce que démontre l'expérience.

Bibliographie

Constantinesco, « La Commission », *J. Cl. Europe*, fasc. 230 ; Dimitrakopoulos, *The Changing European Commission*, Manchester

Univ. Press, 2004 ; Ponzano, Hermanin et Corona, *Le pouvoir d'initiative de la Commission européenne : une érosion progressive ?*, Notre Europe 2012, Études et recherches, n° 89 ; *La Commission au cœur du système communautaire*, Bruxelles, Éd. ULB, 1989 ; Sorasio, « Commission », *Rép. Droit communautaire ;* « Communication de la Commission sur l'amélioration de l'application du droit communautaire », COM (2002) 725 final/2 ; « Communication de la Commission, Un système efficace de résolution des problèmes dans le marché intérieur (SOLVIT) », COM (2001) 702 final ; *La Commission Européenne 1958-1872, Histoire et mémoire d'une institution*, Office publ. UE, 2007.

CHAPITRE 5

Les institutions et organes chargés du contrôle

634 Le contrôle de l'activité de l'Union s'exerce à des niveaux différents. Le contrôle politique est exercé par le Parlement européen. En liaison avec le Parlement européen, le contrôle du fonctionnement de l'administration de l'Union est exercé par le médiateur qui n'est pas une institution au sens du traité, mais plutôt un organe administratif indépendant (SECTION 3). Le contrôle juridictionnel appartient à la Cour de justice de l'Union (SECTION 1). Enfin, le contrôle budgétaire relève de la Cour des comptes qui a accédé au rang d'institution avec le traité sur l'Union européenne à Maastricht (SECTION 2). Enfin, le médiateur est saisi de plaintes de personnes résidant dans l'Union (SECTION 3).

Section 1
La Cour de justice de l'Union européenne

635 L'article 19 TUE précise que « La Cour de justice assure le respect du droit dans l'interprétation et l'application du traité » (Traité CE, ex-art. 220). Malgré cette formulation générale, la Cour de justice ne dispose, comme les autres institutions, que d'une compétence d'attribution et le contrôle qu'elle exerce ne joue que dans le cadre et selon les procédures définies par le traité. Cependant, la Cour a interprété largement ses compétences en se fondant sur l'article 220 du traité CE (actuel TUE, art. 19). C'est ainsi qu'alors que le traité ne permettait pas d'attaquer devant la Cour les actes du Parlement, elle a considéré qu'elle pouvait accueillir de tels recours. Elle s'est fondée sur la constatation que la Communauté étant une Communauté de droit, il lui appartenait, faute de quoi elle méconnaîtrait la fonction que lui attribue l'article 220, d'assurer que le Parlement n'empiète pas sur les compétences des États membres ou des autres institutions ou n'outrepasse pas les limites de ses compétences[1]. Elle devait pour des motifs de même nature (garantir l'équilibre institutionnel voulu par le traité) reconnaître la légitimation active du Parlement[2]. Même si ces innovations ont été par la suite consacrées par le traité sur l'Union européenne, la Cour n'en a pas moins marqué sa volonté, au-delà du texte même des traités, d'assurer pleinement la fonction que lui attribuait l'article 220 CE. Elle attache une telle importance à cet article qu'elle a indiqué par la suite dans son avis sur l'Espace économique européen qu'il n'était pas possible d'y déroger dans le cadre d'une modification de l'article 238 (aujourd'hui TFUE, art. 217 ; Avis n° 1/91, 14 déc. 1991). Cet avis a donné lieu à une controverse sur le caractère supraconstitutionnel de cetarticle. En fait, la Cour exclut seulement toute atteinte indirecte à l'article 19

1. CJCE 23 avr. 1986, n° 294/83, *Les Verts c/ Parlement européen.*
2. C'est-à-dire le droit du Parlement de mettre en cause la légalité des actes des autres institutions ; CJCE 22 mai 1990, C-70/88, *Parlement c/ Conseil.*

TUE (Traité CE, ex-art. 220), mais ne pourrait empêcher une modification directe de cet article. par la voie d'une modification d'un autre article du traité (v. ss 877).

636 La Cour de Justice ne constitue pas à elle seule le système juridictionnel de l'Union. Elle n'est en fait que la partie émergée de l'iceberg. Le juge de droit commun du droit de l'Union est le juge national ce que rappelle opportunément le traité de Lisbonne dans l'article 19, § 1, alinéa 2 du TUE : « les États membres établissent les voies de recours nécessaires pour assurer une protection juridictionnelle effective dans les domaines couverts par le droit de l'Union ». La régulation de l'ensemble du système est essentiellement assurée par le biais du recours préjudiciel en interprétation et en appréciation de validité, prévu par l'article 267 TFUE (Traité CE, ex-art. 234). Le traité n'instaurant aucune hiérarchie entre juge national et juge communautaire, la régulation qui s'effectue par le biais de cet article, repose essentiellement sur la coopération qui s'établit entre les deux juges.

637 Enfin, sous le terme générique de Cour de justice de l'Union européenne, existe un triple degré de juridiction, certaines affaires étant jugées en premier ressort par le Tribunal (**§ 3**), sous le contrôle de la Cour de justice par le biais du pourvoi qui peut être formé devant elle contre les arrêts du Tribunal. D'autres affaires sont jugées par des tribunaux spécialisés (tribunal de la fonction publique) avec possibilité d'appel ou de pourvoi devant le tribunal et de réexamen par la Cour de justice. Dans d'autres affaires enfin, la Cour en premier et dernier ressort. On en examinera la composition (**§ 1**) et les fonctionnements (**§ 2**).

§ 1. La composition de la Cour

638 La Cour est formée d'un juge par État membre et de neuf avocats généraux. Le traité prévoit néanmoins que le Conseil peut, sur demande de la Cour augmenter par une décision unanime le nombre d'avocats généraux (TFUE, art. 252). La pratique consiste à nommer un avocat général de la nationalité des quatre plus grands États membres, les autres postes d'avocat général étant occupés successivement par des nationaux des autres États membres. Lors de la négociation du traité de Nice, la question de la modification du système dans la perspective de l'adhésion s'était posée. Il était concevable de maintenir le nombre de juges à 15 quel que soit le nombre d'États membres, ce qui eut fortement préservé la cohésion et le caractère collégial de la Cour. Les auteurs du traité ont estimé que la présence d'un juge de la nationalité de chaque État membre contribuait, grâce à la représentation de chaque système juridique, à assurer une plus grande légitimité à la Cour. La préservation des systèmes juridiques nationaux est sans doute un prétexte, car ceux-ci se rattachent tous à de grandes traditions juridiques qui, elles, auraient pu être représentées. D'ailleurs, puisqu'il est très rare que tous les juges soient réunis dans une même formation de jugement, la représentation des systèmes juridiques nationaux n'est pas assurée lorsqu'il s'agit de juger d'une affaire donnée. Cependant, la présence d'un juge par État membre peut se justifier par la volonté de donner une plus grande légitimité à la Cour. Ses jugements seront d'autant mieux acceptés par les juridictions nationales que la Cour n'apparaîtra pas comme une autorité « étrangère ».

639 Les juges et avocats généraux sont nommés d'un commun accord par les gouvernements des États membres. En pratique, cette nomination intervient sur proposition des États membres. On a évité de faire intervenir une institution de l'Union dans la nomination. En effet, les institutions étant appelées à agir comme parties devant la Cour, il eut été contraire à l'indépendance des membres de la Cour de leur permettre de jouer un rôle dans la désignation de ceux-ci. On objectera que les États membres peuvent également être parties devant la Cour, mais la nomination d'un juge est le fait non d'un État membre, mais de la collectivité des États membres. Sans modifier le système de nomination, l'article 255 TFUE introduit par le traité de Lisbonne confie à un comité de sept membres (anciens membres de la Cour et du Tribunal, membres des juridictions nationales suprêmes, jurisconsultes dont la compétence est notoire) le pouvoir de donner un avis sur les candidatures. Un des membres du comité est proposé par le Parlement européen. Les membres de la Cour sont nommés pour

six ans et la Cour est renouvelée par moitié tous les trois ans. On a parfois évoqué la possibilité d'allonger la durée du mandat pour une période de 12 ans non renouvelable. Une telle solution, à laquelle la Cour elle-même était favorable, aurait renforcé l'indépendance de ses membres et assuré une plus grande continuité. Elle n'a pas été retenue.

640 Les membres de la Cour doivent présenter toutes les garanties d'indépendance et, soit réunir les conditions pour exercer dans leur pays les plus hautes fonctions juridictionnelles, soit être des jurisconsultes présentant des compétences notoires. En fait, la majorité des membres de la Cour sont de hauts magistrats. Le statut de la Cour prévoit que les juges doivent prêter serment d'exercer leurs fonctions en toute impartialité et de conserver le secret des délibérations. Ils ne peuvent être relevés de leurs fonctions qu'en cas de manquement à leurs obligations et par un vote unanime des autres juges et avocats généraux. L'article 13 du Statut prévoit la possibilité de nommer des rapporteurs adjoints afin d'assister la Cour, et notamment le juge-rapporteur, dans l'instruction des affaires. Cette décision est prise par le Conseil à l'unanimité sur proposition de la Cour. Jusqu'à présent, il n'a pas été donné effet à cette disposition du Statut.

§ 2. L'organisation de la Cour

641 Outre les règles contenues dans le traité, les modalités d'organisation et de fonctionnement de la Cour sont déterminées par le statut de celle-ci et par le règlement de procédure. Le statut a été établi par un protocole annexé au traité dont seul le titre III consacré à la procédure pouvait être modifié à l'unanimité par le Conseil à la demande de la Cour et après consultation du Parlement et de la Commission. Le règlement de procédure était établi par la Cour et soumis à l'approbation unanime du Conseil. À la demande de la Cour, le traité de Nice a assoupli les règles relatives au statut et au règlement de procédure de manière à permettre une adaptation plus rapide de l'organisation de la Cour à l'évolution du contentieux. Toutes les dispositions du Statut, à l'excep-

tion du titre I qui porte sur le statut des juges et avocats généraux, pouvaient être modifiées par le Conseil statuant à l'unanimité. Quant à l'approbation du règlement de procédure, elle n'exigeait plus que la majorité qualifiée. Le traité de Lisbonne assouplit encore la règle relative à la modification du statut puisque, à l'exception du titre I et de l'article 64 (régime linguistique), le statut peut être modifié par le Parlement et le Conseil statuant selon la procédure législative ordinaire sur demande de la Cour après consultation de la Commission ou sur proposition de la Commission après consultation de la Cour (TFUE, art. 281). Les juges élisent le président et le vice-président de la Cour pour une durée de trois ans. Certains s'étonnent que le président qui représente l'institution comportant la Cour, le Tribunal et le Tribunal de la fonction publique soit élu par les seuls membres de la première juridiction. Outre la direction des travaux de la Cour, le président prend des mesures provisoires lorsque celles-ci sont nécessaires dans les affaires soumises à la Cour. La Cour élit pour une année les présidents de chambre et le premier avocat général qui est chargé de la répartition des affaires entre les différents avocats généraux. La Cour est divisée en chambres de trois juges et de cinq juges. Ces chambres ne sont pas spécialisées. Il existe une grande chambre de 15 juges qui siège lorsqu'un État membre ou une institution, partie à la procédure, le demande. Font obligatoirement partie de cette formation le président et les présidents des chambres de cinq juges. La Cour peut siéger en assemblée plénière lorsqu'elle estime que l'affaire dont elle est saisie revêt une importance exceptionnelle et pour statuer sur la démission du médiateur, des commissaires ou des membres de la Cour des comptes. Le greffier, nommé par la Cour, est chargé de l'administration de celle-ci et du suivi procédural des affaires.

642 La procédure devant la Cour suit une phase écrite et une phase orale. La phase écrite est marquée par l'échange des mémoires entre les parties. À la fin de ces échanges, le juge rapporteur établit un rapport. La procédure orale suit. Lorsque les parties sont d'accord ou en cas d'urgence, la Cour peut décider de ne pas y avoir recours. Lors de l'audience, les parties présentent leurs plaidoiries. Le temps de parole est limité. Des questions sont fréquem-

ment posées aux parties. Après la clôture de la procédure orale, l'avocat général présente ses conclusions. Il agit en toute indépendance et suggère à la Cour une solution. Puis l'affaire est mise en délibéré. L'arrêt est adopté par la Cour ou la chambre. Aucune indication n'est donnée sur le vote des membres de la Cour et il n'y a pas d'opinions dissidentes. Le statut prévoit la possibilité pour la Cour de décider sans conclusions de l'avocat général si l'affaire ne soulève aucune question de droit nouvelle. Le traité de Lisbonne prévoit l'institution d'une procédure d'urgence lorsque la Cour est saisie d'une demande préjudicielle concernant une personne détenue (TFUE, art. 267, 3e al.). Cette exigence a été anticipée et une telle procédure est applicable depuis mars 2008[1].

§ 3. Le Tribunal

643 Le Tribunal a été créé suite à l'encombrement de la Cour, notamment par les affaires de fonction publique et de concurrence. Cette création devait permettre de décharger le rôle de la Cour et d'accélérer le règlement des affaires. La création du Tribunal a été rendue possible par l'Acte unique européen. Le traité sur l'Union européenne a élargi par la suite la possibilité de transferts de catégories de recours de la Cour au Tribunal (art. 225 devenu TFUE, art. 256). Le Tribunal était adjoint à la Cour, mais le traité de Nice a renforcé l'autonomie du Tribunal en supprimant la référence à cette adjonction.

A. Compétence du Tribunal

644 L'article 256 TFUE (Traité CE, ex-art. 225) prévoit que le Tribunal est compétent pour connaître en première instance des recours en annulation, en carence, en responsabilité auxquels viennent s'ajouter le contentieux de la fonction publique et celui reposant sur des clauses compromissoires inclues dans des contrats passés par la Communauté ou pour son compte. Cette attribution de

1. *JO* 29 janv. 2008, n° L 24/39.

compétence est exprimée de manière générale et n'en sont exclues que les compétences réservées par le statut à la Cour de justice ou à une chambre spécialisée. Cette formulation montre bien que le Tribunal est la juridiction de droit commun. En application du statut, la Cour reste compétente pour ceux de ces recours en annulation ou en carence formés par des institutions, des États membres et la Banque centrale européenne. Sont exceptés également pour le moment les recours préjudiciels qui ne peuvent être examinés que par la Cour sous réserve d'une possible décision de transfert prise dans le cadre du statut dans des matières spécifiques. La Cour conserve donc le monopole de l'interprétation du droit de l'Union et de l'appréciation de sa validité à la demande des juridictions nationales et un éventuel transfert au Tribunal suscite de très fortes réserves. Puisque le traité de Lisbonne soumet la révision de ces dispositions du Statut à la procédure législative ordinaire, le législateur de l'Union aura la maîtrise de la répartition des compétences entre la Cour et le Tribunal.

645 Les arrêts du Tribunal sont susceptibles de pourvoi devant la Cour de justice. Le pourvoi ne peut être formé que pour violation des règles de droit. La Cour ne peut donc remettre en question l'appréciation des faits effectuée par le Tribunal. Le pourvoi n'est pas suspensif. Si la Cour le juge fondé, elle peut soit statuer elle-même si l'affaire est en état d'être jugée, soit renvoyer l'affaire au Tribunal, lequel est tenu de respecter l'arrêt de la Cour. Lorsque le Tribunal sera appelé à statuer en matière préjudicielle, le pourvoi ne sera pas possible, car il prolongerait de manière excessive la procédure. Dans ce cas, il appartiendra au premier avocat général de proposer, dans un délai d'un mois, à la Cour de réexaminer l'affaire en « cas de risque sérieux d'atteinte à l'unité ou à la cohérence du droit de l'Union ». La Cour décidera dans un délai d'un mois s'il y a lieu de réexaminer l'affaire. De son côté, le Tribunal pourra renvoyer une affaire à la Cour s'il estime que l'affaire « appelle une décision de principe susceptible d'affecter l'unité ou la cohérence du droit communautaire » (TFUE, art. 256 ; Statut, art. 62).

646 Le traité prévoit également la possibilité pour le Conseil statuant à l'unanimité de créer des tribunaux chargés de connaître de cer-

taines catégories de recours portant sur des matières spécifiques. Les membres de ces chambres sont nommés par le Conseil statuant à l'unanimité et choisis parmi les personnes offrant toutes garanties d'indépendance et possédant la capacité requise pour l'exercice de fonctions juridictionnelles. Un tribunal pour la fonction publique a été créé, mais on a également évoqué le contentieux des marques. Les décisions de ces chambres peuventt faire l'objet d'un pourvoi devant le Tribunal (TFUE, art. 257). La Cour peut réexaminer les jugements rendus par le Tribunal s'il existe un risque sérieux d'atteinte à l'unité ou à la cohérence du droit communautaire (v. Statut, art. 62).

B. Composition et organisation du Tribunal

647 Le Tribunal était composé d'au moins un juge par État membre nommé du commun accord des États membres parmi les personnes offrant toutes les garanties d'indépendance et possédant la capacité requise pour l'exercice de fonctions juridictionnelles. Sous cette réserve, le traité confie au statut le soin de fixer le nombre de juges. Le traité de Lisbonne ne mentionne plus l'exigence d'au moins un juge par État membre, mais laisse au statut la fixation du nombre de juges (TFUE, art. 254 ; Statut, art. 48, titre IV). La procédure de sélection applicable aux juges de la Cour l'est également aux membres du tribunal. La Cour avait, en raison de l'encombrement du Tribunal, demandé la création de postes de juges supplémentaires. Le Conseil n'a pas donné suite à cette demande suite, semble-t-il, aux difficultés quant à la détermination de la nationalité de ces nouveaux juges. Dans une nouvelle proposition, la Cour de justice envisage la suppression du tribunal de la fonction publique dont les membres rejoindraient le Tribunal. Ce dernier ne semble pas enchanté d'une solution qui reviendrait à lui faire traiter le contentieux de la fonction publique.

648 Il n'existe pas d'avocats généraux, mais les membres du Tribunal peuvent être appelés à exercer les fonctions d'avocat général. Lorsque le Tribunal siège en *plenum*, il est assisté obligatoirement d'un avocat général, par contre la présence d'un avocat général est facultative devant les chambres du Tribunal. L'office

d'avocat général est exercé par l'un des membres du Tribunal. Le Tribunal élit son président pour une période de trois ans. Le Tribunal comporte deux chambres de cinq juges et deux chambres de trois juges. Récemment, afin d'accélérer le traitement des affaires, le Tribunal s'est vu octroyer la possibilité de faire juger certaines affaires par un juge unique en l'absence de difficultés sur certains points de fait ou de droit et en raison de l'importance limitée de l'affaire. Cette faculté s'applique au contentieux de la légalité ou de la carence du législateur lorsque le requérant est une personne physique ou morale et lorsque la question posée a déjà été clarifiée dans la jurisprudence ou qu'elle fait partie d'une suite d'affaires dont l'une a déjà été jugée. Le recours au juge unique n'est pas possible lorsqu'il s'agit de juger de la légalité d'un acte de portée générale, dans les affaires de concurrence, d'aides d'État, de défense commerciale ainsi que dans les affaires relatives aux organisations communes de marchés agricoles sauf pour des affaires faisant partie d'une série d'affaires ayant le même objet et dont l'une a déjà été décidée avec force de chose jugée. La Cour de justice a rappelé qu'en vue de la dévolution d'une affaire à un juge unique, la notion d'acte de portée générale devait être interprétée en tenant compte de la jurisprudence développée par la Cour et que le recours au juge unique était impossible lorsque la question de la légalité d'une telle mesure était posée au cours de l'instance soit par la voie de l'exception d'illégalité, soit de façon incidente[1]. La procédure suivie devant le Tribunal est voisine de celle suivie devant la Cour. Le Conseil approuve à la majorité qualifiée le règlement de procédure établi par le Tribunal en accord avec la Cour de justice.

Conclusion

649 S'il est un reproche classiquement adressé à toutes les juridictions suprêmes, c'est bien celui de pratiquer le gouvernement des juges, c'est-à-dire de substituer leur appréciation à celle du pouvoir politique. Certains milieux politiques, notamment en France, n'ont pas manqué dans le passé de critiquer la Cour à cet égard. Or,

1. CJCE 15 janv. 2002, n° C-171/00P, *Libéros*.

cette appréciation est loin d'être fondée. Tout d'abord la Cour ne choisit pas les termes des questions qui lui sont posées et doit leur apporter une réponse. Or il peut arriver qu'un litige ait une portée politique importante, soit en raison de ses incidences institutionnelles, soit parce que la Cour est amenée à se prononcer sur une question juridique qui revêt une grande importance politique dans un État membre. Dans ce cas, la Cour n'a d'autre choix que d'appliquer les règles du traité. Cependant, elle refuse fréquemment de substituer son appréciation à celle du législateur. Dans un contentieux qui est le plus souvent de nature économique, elle reconnaît au législateur une large marge d'appréciation qui n'est sanctionnée qu'en cas d'erreur manifeste. De plus, le traité communautaire est un traité-cadre qui laisse une large place à l'interprétation. La Cour est donc parfois amenée à apporter des réponses à des questions qui n'ont pas été envisagées par les auteurs du traité en se référant au cadre général du système communautaire et à ses objectifs ce qui peut conduire certains à estimer qu'elle opère alors des choix politiques. Cependant, d'une manière générale, dès lors que les auteurs du traité ou le législateur ont laissé, dans le cadre du droit primaire ou du droit dérivé, une large place à l'interprétation judiciaire, il ne saurait être reproché au juge, qui ne peut refuser de statuer, d'exercer sa mission dès lors que ses jugements sont fondés sur des considérations juridiques. En outre, dans la mesure où le droit est destiné à encadrer des relations politiques, toute interprétation de la règle de droit ne peut être dénuée d'effets politiques. Il n'en résulte pas pour autant que le juge se substitue au pouvoir politique. Enfin, la Cour n'a pas le pouvoir de sanctionner les législations nationales contraires au droit communautaire. Si elle constate une contradiction, elle devra s'en remettre au juge national pour en tirer les conséquences. Tout repose donc sur la qualité du dialogue entre le juge national et le juge communautaire et sur la capacité de conviction de la Cour de justice. Sur ces bases, l'œuvre de la Cour est importante. Elle a affirmé les principes fondamentaux de la primauté et de l'effet direct qui sont à la base de l'ordre juridique communautaire. À travers l'effet direct, elle a pu surmonter les carences du législateur en imposant, en l'absence d'harmonisation, le principe de la reconnaissance mutuelle qui, par un effet boomerang, a déclenché le mouvement d'harmonisation consacré par l'Acte unique européen. Sur le plan institutionnel, par sa jurisprudence sur les compétences de l'Union, les droits fondamentaux et les relations interinstitutionnelles, elle a précisé et garanti le cadre constitutionnel tracé par le traité. Au fond, même si certains jugements ont soulevé des critiques, la Cour a su conquérir, et conserver, sa légitimité tout en adaptant le droit communautaire aux évolutions de la société.

Bibliographie

Boulouis et Darmon, *Contentieux communautaire*, Dalloz, 1997 ; Dehousse, *La Cour de justice des Communautés européennes*, Clefs, Montchrestien, 1995 ; Commentaires Mégret, vol. 10, Éd. ULB, Bruxelles, 1993 ; Molinier et Lotarski, *Droit du contentieux de l'Union européenne*, Systèmes, LGDJ, 2012 ; Rigaux, « Le Tribunal de première instance », *J. Cl. Europe*, fasc. 300 et 301 ; Vandersanden (éd.), *La réforme du système juridictionnel communautaire*, Éd. ULB, Bruxelles, 1994.

Section 2

La Cour des comptes

650 La Cour des comptes a pour mission le contrôle des finances de l'Union (TFUE, art. 285 à 287). À ce titre, elle contrôle l'ensemble des dépenses et des recettes de l'Union. Créée en 1975, lors de la révision des dispositions budgétaires des traités, elle a accédé au rang d'institution avec l'entrée en vigueur du traité sur l'Union européenne.

651 La Cour est composée d'un ressortissant de chaque État membre offrant toutes les garanties d'indépendance et ayant appartenu, dans leurs États respectifs aux institutions de contrôle externe ou possédant une qualification particulière pour cette fonction. Le statut des membres est fort proche de celui des membres de la Cour de justice. Il met l'accent sur leur indépendance et établit la possibilité d'une démission d'office prononcée par la Cour de justice, à la

demande de la Cour des comptes, en cas de manquement d'un des membres aux devoirs de sa charge. La décision adoptant la liste des membres établie conformément aux propositions de chaque État membre est prise, après avis du Parlement, par le Conseil à la majorité qualifiée. Le mandat de six ans est renouvelable.

652 La Cour contrôle la légalité et la régularité des dépenses et des recettes. Elle s'assure de la bonne gestion financière. Elle est amenée à donner des avis lors de l'adoption des règlements financiers. Dans le cadre de son pouvoir de contrôle la Cour peut se livrer à des investigations sur pièces et sur place. Ces contrôles donnent lieu au rapport général de la Cour et éventuellement à des rapports spéciaux. Le traité d'Amsterdam a renforcé les pouvoirs de la Cour en ce qui concerne son droit d'obtenir des informations et lui permet de saisir la Cour de justice pour la défense de ses prérogatives.

Bibliographie

Cour des comptes européenne, *La Cour des comptes européenne*, Dictus Publ., 2010 ; De Crouy-Chapel et Perron, *La Cour des comptes européenne*, PUF, Paris, 1998 ; Ekelman, « Cour des comptes », *Rép. Droit communautaire ;* Orsini, *La Cour des comptes des Communautés européennes*, Economica, Paris, 1983.

Section 3
Le médiateur

653 Le médiateur a été créé par le traité sur l'Union européenne en vue de rapprocher le citoyen de l'Union en permettant à ce dernier de soumettre des plaintes fondées sur le mauvais fonctionnement de l'administration communautaire. Il n'a pas le statut d'institution communautaire (**§ 1**) et exerce ses fonctions en toute indépendance (**§ 2**).

§ 1. Statut du médiateur

654 Le statut du médiateur est fondé sur l'article 228 TFUE, lequel prévoit que le statut du médiateur est adopté par le Parlement

après avis de la Commission et avec l'approbation du Conseil statuant à la majorité qualifiée. Le statut du médiateur a été adopté le 9 mars 1994[1].

655 Le médiateur est élu par le Parlement européen. Il doit avoir la nationalité d'un État membre et présenter des garanties de capacité et d'indépendance. Son mandat est d'une durée de cinq ans renouvelable. Il est mis fin à ses fonctions, en dehors de l'expiration de son mandat, par démission volontaire ou démission d'office, s'il ne remplit plus les conditions nécessaires à l'exercice de ses fonctions ou en cas de faute grave, par la Cour à la demande du Parlement. La fonction de médiateur est incompatible avec tout mandat électif ou toute activité professionnelle. Le médiateur doit agir de manière indépendante, mais son indépendance à l'égard du Parlement qui le nomme, auquel il fait rapport, dont il dépend pour son budget et qui peut déclencher une procédure de révocation, n'est pas parfaitement assurée, même si jusqu'à présent elle semble avoir été respectée.

§ 2. Les fonctions du médiateur

656 Le médiateur est saisi de plaintes des personnes physiques et morales résidant dans l'Union, soit directement, soit par l'intermédiaire d'un parlementaire européen. Ces plaintes doivent porter sur des cas de mauvaise administration dans l'action des institutions ou organes de l'Union. Elles ne peuvent donc concerner l'application du droit de l'Union par les États membres, ni à l'origine les titres V et VI du traité sur l'Union européenne. Le traité d'Amsterdam a étendu la compétence du médiateur au titre VI et, avec le traité de Lisbonne, la limitation relative à la PESC est maintenue (TUE, art. 40). Le médiateur peut également agir de sa propre initiative, ce qu'il a fait à propos de question comme l'accès du public aux documents ou la limite d'âge dans le recrutement dans l'administration communautaire. Il ne peut enquêter sur l'administration de la justice. Une demande ne peut porter sur

1. *JO* 4 mai 1994, L 113.

des faits qui étaient connus par l'intéressé plus de deux ans avant le dépôt de la plainte et sur des faits soumis à une procédure juridictionnelle.

657 Lorsque le médiateur estime que la plainte est recevable, il instruit celle-ci. Dans le cas contraire, il peut conseiller à l'intéressé une autre voie. Le médiateur peut compter sur la collaboration des institutions. La seule réserve est que celles-ci peuvent refuser de lui fournir des informations couvertes par le secret en vertu du traité ou d'un acte de droit dérivé, des informations qui relèvent de la vie privée ou qui, par leur nature, sont confidentielles.

658 Si le médiateur détecte un cas de mauvaise administration, il tente d'obtenir de l'institution concernée qu'elle remédie à la situation. En cas d'échec, il peut soumettre des propositions de recommandation auquel cas l'institution concernée dispose d'un délai de trois mois pour leur donner suite ou répondre par un avis circonstancié. Il ne peut en aucun cas imposer une solution. Mais il a le pouvoir de faire au Parlement un rapport spécial ou de mentionner le cas dans son rapport annuel au Parlement. Ce dernier peut agir par la publicité qu'il donne au rapport, en mettant en place une commission d'enquête ou, dans des cas graves, en censurant la Commission lorsque celle-ci est en cause.

659 Le bilan de l'action du médiateur est largement positif. Certes sa compétence est limitée et il a été saisi d'un grand nombre de requêtes irrecevables (plus de 70 %). Dans ce cas, le médiateur s'est efforcé de renvoyer le demandeur à l'autorité compétente. Lorsque les requêtes étaient recevables, il estime avoir réussi à se montrer efficace. Ses principaux champs d'investigation ont concerné l'accès du public aux documents, la manière dont la Commission traite les plaintes qui lui sont adressées par des particuliers et les limites d'âge dans l'accès à la fonction publique communautaire. Les institutions ont le plus souvent donné une suite favorable à ses recommandations.

Bibliographie

Bono, « Médiateur », *Rép. Droit communautaire* ; Perroni, « Le médiateur européen », *RMC* 1993. 818.

CHAPITRE 6

Les organes et organismes de l'Union

660 À côté des institutions communautaires, le traité établit un certain nombre d'organes chargés d'une mission spécifique. Le médiateur étudié ci-dessus fait partie de ces organes. Mais les plus importants sont d'une part les organes consultatifs (SECTION 1), d'autre part les institutions financières (SECTION 2). À cette liste, il convient d'ajouter le Service d'action extérieure et les agences de l'Union qui constituent des organismes spécifiques (SECTION 3).

SECTION 1

LES ORGANES CONSULTATIFS

661 Le traité consacre l'existence de deux organes consultatifs : le Comité économique et social (**§ 1**) et le Comité des régions (**§ 2**). Si le premier qui permet aux forces économiques et sociales de faire entendre leur avis lors de l'élaboration de la législation de l'Union a été prévu dès l'origine par les traités, le second n'a été créé que, plus tardivement, par le traité sur l'Union européenne.

§ 1. Le Comité économique et social (CES)

A. Composition et organisation

662 Selon l'article 300 TFUE (Traité CE, ex-art. 257), le Comité est composé de « représentants des organisations d'employeurs, de salariés et d'autres acteurs représentatifs de la société civile, en particulier dans les domaines socio-économiques, civique, professionnel et politique ». Le TFUE laisse au Conseil sur proposition de la Commission le soin de fixer le nombre de membres dans la limite maximale de 350. Les membres sont nommés pour cinq ans par le Conseil, après consultation de la Commission, statuant à la majorité qualifiée sur une liste établie conformément aux propositions des États membres. Leur mandat est renouvelable. L'appartenance au CES est incompatible avec la qualité de membre du Parlement européen. Les membres exercent leur mandat en toute indépendance et ne peuvent être liés par un mandat impératif. Le Comité élit son président et deux vice-présidents.

B. Attributions

663 Le Comité exerce exclusivement des activités consultatives. Il est obligatoirement consulté dans les cas prévus par le traité. Le Conseil, la Commission et le Parlement peuvent lui impartir un délai qui ne peut être inférieur à un mois pour rendre son avis. À l'expiration de ce délai, il peut être passé outre à l'absence d'avis. En dehors de ces cas, le Conseil, la Commission ou le Parlement peuvent demander un avis lorsqu'ils le jugent opportun. Enfin, le Comité peut rendre des avis de sa propre initiative. Le traité d'Amsterdam a élargi le nombre de cas dans lesquels l'avis du Comité est obligatoire et a attribué au Parlement le droit de demander un avis au Comité. Même si le poids du Comité reste celui d'un organe purement consultatif, il remplit pleinement ce rôle et joue à ce titre un rôle utile d'intermédiaire entre les institutions et les forces économiques et sociales.

§ 2. Le Comité des régions

664 Conçu sur le modèle du Comité économique et social, le Comité des régions a été créé par le traité de Maastricht (TFUE, art. 305 à 307 ; Traité CE, ex-art. 263 s.). Il a été conçu comme un moyen d'associer les régions au processus décisionnel de l'Union. Cette association était vivement demandée par les États fédéraux ou fortement décentralisés.

665 Comme pour le CES, les membres dont le nombre ne peut excéder 350, ainsi que leurs suppléants, sont nommés par le Conseil à la majorité qualifiée pour cinq ans sur proposition des États membres. À l'origine, la qualité de membre n'était pas liée à celle d'élu local et la perte d'un mandat local n'entraînait pas la perte de la qualité de membre du Comité. Le traité de Nice a modifié la situation en précisant que les membres devaient être soit titulaires d'un mandat électif dans une assemblée régionale ou locale, soit politiquement responsables devant une assemblée élue. Les qualités de membre du Comité et d'élu au Parlement sont incompatibles. La consultation du Comité suit le modèle du CES. Le traité d'Amsterdam octroie également au Parlement le droit de demander un avis.

666 Le traité d'Amsterdam a élargi le champ de la consultation obligatoire du Comité des régions et aligné largement celui-ci sur celui du comité économique et social. Devant la multiplication des demandes d'avis, le comité exerce une certaine sélectivité et renonce parfois à rendre son avis sur des questions techniques dont il estime qu'elles ne soulèvent pas de problèmes importants pour les régions. Le Conseil ou la Commission (ou le Parlement) peuvent impartir au comité un délai d'au moins un mois pour rendre son avis. À l'expiration de ce délai, il peut être passé outre à l'absence d'avis. Le traité de Lisbonne, ajoute le Comité des régions à la liste des institutions qui peuvent saisir la Cour d'un recours en annulation pour la sauvegarde de leurs prérogatives (TFUE, art. 263). Il disposera ainsi de la possibilité de voir garantir l'efficacité de son droit à être consulté. Le protocole sur la subsidiarité et la proportionnalité accorde également au Comité des régions, dans son article 8, le droit d'intenter un recours pour

violation du principe de subsidiarité contre les actes sur lesquels il est consulté. Les compétences des régions sont ainsi protégées à l'instar des celles des États membres.

Bibliographie

Bourrinet, *Le Comité des régions de l'Union européenne*, Economica, 1997 ; Féral, *Le Comité des régions de l'Union européenne*, coll. Que sais-je, PUF, 1998 ; Rigaux, « Comité économique et social », *Rép. Droit communautaire*.

Section 2

Les institutions responsables de la gouvernance économique et financière

667 Les organismes financiers de l'Union remplissent des fonctions spécifiques qui postulent leur indépendance par rapport aux institutions. C'est la raison pour laquelle ils ne constituaient pas des institutions et répondent à des règles différentes de celles-ci même si, comme c'est le cas pour le système européen de banques centrales (**§ 1**), ils peuvent participer au processus de décision communautaire ou si, comme c'est aussi le cas pour la Banque européenne d'investissement(**§ 2**), ils contribuent à la mise en œuvre des politiques communautaires. Cependant le traité de Lisbonne a donné à la Banque centrale le statut d'institution. Esquissée dans le traité de Lisbonne, la gouvernance de la zone euro s'est considérablement étoffée pendant la crise (**§ 3**).

§ 1. Le système européen de banques centrales (SEBC)

668 La gestion de l'Union monétaire est assurée par le SEBC auquel l'article 127 TFUE (Traité CE, ex-art. 105) fixe comme objectif

principal de maintenir la stabilité des prix et d'apporter « son soutien aux politiques économiques générales de l'Union ». Le SEBC est composé des banques centrales des États membres qui participent à l'Euro et de la Banque centrale européenne (BCE). Cette présentation pourrait laisser penser que le SEBC est un système largement décentralisé qui reconnaîtrait de larges compétences aux banques centrales des États membres. Il n'en est rien, car les auteurs du traité ont bien perçu que l'efficacité de la politique monétaire imposait une gestion centralisée. C'est ainsi que le SEBC ne dispose pas de la personnalité juridique laquelle est attribuée à la seule Banque centrale européenne. L'article 129 TFUE (Traité CE, ex-art. 107) indique que le SEBC « est dirigé par les organes de décision de la BCE ». L'article 14.3 du protocole sur les statuts du SEBC et de la BCE précise d'ailleurs que « les banques centrales nationales font partie intégrante du SEBC et agissent conformément aux orientations et instructions de la BCE ». Cette subordination des banques centrales nationales ne s'applique que dans le cadre des fonctions exercées par le SEBC, ces banques retrouvant leur liberté d'action lorsqu'elles remplissent des fonctions qui n'entrent pas dans ce cadre.

669 Outre son aspect centralisé, l'autre caractéristique du système réside dans son indépendance, laquelle a reçu toute l'attention des auteurs du traité. L'article 130 TFUE interdit à la BCE et aux banques centrales nationales de solliciter ou d'accepter des instructions des institutions ou organes de l'Union, des gouvernements des États membres ou de tout autre organisme. De la même manière, les institutions ou organes de l'Union ainsi que les gouvernements des États membres ne peuvent chercher à influencer les organes de décision du système. L'article 131 TFUE impose aux États membres de mettre le statut de leur banque centrale nationale en conformité avec le traité ce qui implique que l'indépendance des banques centrales est l'une des conditions d'appartenance au système. Enfin, l'article 14 des statuts du SEBC assure l'indépendance des gouverneurs des banques centrales, lesquels ne peuvent être révoqués qu'au cas où ils ne rempliraient plus les conditions nécessaires à l'exercice de leurs fonctions ou auraient commis une faute grave. Un recours peut être formé

devant la Cour de justice par le gouverneur concerné ou le conseil des gouverneurs contre la révocation. S'agissant des membres du directoire du SEBC, ils ne peuvent être révoqués pour les mêmes motifs que par la Cour à la requête du Conseil des gouverneurs ou du directoire de la BCE.

670 Ayant son siège à Francfort, le SEBC comporte deux organes : le conseil des gouverneurs et le directoire. Le conseil des gouverneurs est composé des membres du directoire de la Banque et des gouverneurs des banques centrales des États qui participent à l'Euro. L'élargissement entraînait un accroissement de membres qui aurait menacé l'efficacité et la crédibilité de l'institution. C'est la raison pour laquelle, sur proposition de la banque, il a été décidé de maintenir la composition du conseil, mais de ne pas donner le droit de vote à tous. Seuls 15 gouverneurs auront le droit de vote. En vue de l'attribution de ces voix, les États membres sont classés en groupes d'États en fonction de leur poids économique et de la taille de leur secteur financier. Le nombre de groupes est de 2 jusqu'à ce que la zone euro comporte 21 membres. Les droits de vote sont répartis entre ces groupes (4 pour le premier groupe qui comporte 5 États, et 11 pour le second groupe). Au-delà de 21 membres, 3 groupes seront formés sur la base des mêmes critères. Le nombre de droits de vote attribué au premier groupe restera inchangé, le second groupe qui comportera la moitié des gouverneurs disposera de 8 droits de vote et le troisième groupe de trois (Statut, art. 10). L'affectation des droits de vote aux gouverneurs fait d'une rotation égalitaire à l'intérieur de chaque groupe. Les décisions sont prises à la majorité simple avec voix prépondérante du président en cas d'égalité des voix. Mais pour certaines décisions (capital, transfert de réserves, répartition des bénéfices...), les voix des gouverneurs sont pondérées en fonction de la répartition du capital. La prise de décision exige alors la majorité des actionnaires représentant les deux tiers du capital. Le Conseil arrête les orientations et prend les décisions nécessaires à l'accomplissement des missions du SEBC : définition de la politique monétaire, principes directeurs, réserves... Le directoire de la banque (président, vice-président, quatre autres membres), est nommé par le Conseil européen à la majorité qualifiée après avis

du Parlement européen et du Conseil des gouverneurs pour une période de huit ans. Leur mandat n'est pas renouvelable.

671 Le directoire met en œuvre la politique monétaire conformément aux orientations et décisions du conseil des gouverneurs lequel peut lui déléguer certains pouvoirs. Enfin, tant qu'il existera des États membres à dérogation, il subsistera un conseil général (président et vice-président de la BCE, gouverneurs de toutes les banques centrales des États membres de l'Union). Ce conseil exerce une fonction consultative.

§ 2. La Banque européenne d'investissement (BEI)

672 La Banque européenne d'investissement a été créée par le traité dès l'origine de la Communauté économique européenne. Actuellement les articles 308 et 309 TFUE (Traité CE, ex-art. 266 et 267) lui sont consacrés. La mission initiale de la banque était de contribuer au développement de la Communauté en permettant le financement de projets relatifs à la mise en valeur des régions les moins développées, à la modernisation ou à la conversion d'entreprises, à des projets d'intérêts communs à plusieurs États membres. La Banque étend son activité à l'extérieur de la Communauté au profit des États associés d'Afrique, des Caraïbes et du Pacifique (ACP), des États d'Europe centrale et orientale etc. L'activité de la BEI est donc étroitement liée à celle de la Communauté puisqu'elle intervient à la demande des institutions et que l'Union garantit ses interventions. En 1993, un Fonds européen d'investissement a été créé aux côtés de la banque afin de soutenir la croissance européenne à travers le développement des réseaux transeuropéens de transports, télécommunication et énergie ainsi que le développement des petites et moyennes entreprises. Le fonds octroie sa garantie à certaines de ces activités et peut prendre des participations dans des entreprises.

673 La banque a la personnalité juridique et son siège est à Luxembourg. Ses statuts figurent dans un protocole annexé au traité. Le capital de la banque est souscrit par les États membres selon une

clé de répartition. La banque est administrée par un Conseil des gouverneurs composé d'un ministre par État membre. Le Conseil statue soit à l'unanimité, soit à la majorité qualifiée, soit le plus souvent à la majorité simple représentant 40 % du capital, gère la politique de la banque et octroie notamment les crédits et garanties. La répartition du capital est fixée à l'article 4 du protocole sur les statuts de la Banque. Composé de membres, nommés pour six ans par le Conseil des gouverneurs, le conseil de direction assure la gestion quotidienne de la banque. Le contrôle de la banque est assuré par un comité de vérification.

§ 3. La gouvernance de la zone euro

674 Le Traité de Lisbonne a tenté d'instaurer des mécanismes de gouvernance de la zone, mais les résistances des États membres qui ne partageaient pas la monnaie commune ont limité cette tentative. Il en reste une trace dans le protocole 14 qui prévoit des réunions informelles des ministres de la zone euro (Eurogroupe) sous la présidence d'un président élu. Le Premier ministre luxembourgeois, M. Jean-Claude Junker, a assumé cette responsabilité. L'existence de l'Eurogroupe a vidé d'une partie de leur intérêt les réunions du Conseil dans sa formation « économie et finances » puisque les débéts de celle-ci étaient préparés au sein de l'Eurogroupe. Les difficultés de gestion de la crise ont montré que cette structure était insuffisante d'autant plus que des tensions s'étaient fait jour entre le président de l'Eurogroupe et certains chefs d'Etat et de gouvernement à propos de l'autorité responsable de la gestion de la situation économique. En effet, l'intervention directe par les chefs d'Etat ou de gouvernement de la zone, réunis en formation spéciale, a été mal acceptée par certains ministres des Finances. Certains avaient émis l'idée de créer un ministre des Finances de l'Union, mais ceci ne résolvait pas le problème. Il était nécessaire de restructurer le dispositif.

675 Cette démarche s'est faite en deux étapes. Tout d'abord la déclaration des chefs d'Etat ou de gouvernement de la zone euro du 26 octobre 2011 établit une structure pyramidale complexe dont

certains aspects seront ensuite précisés par le traité sur la stabilité, la coordination et la gouvernance de l'Union économique et monétaire. Tout d'abord, l'existence de sommets de la zone euro auxquels participe le président de la Commission est confirmée. Ces sommets qui se tiennent au moins deux fois par an sont présidés par un président élu par les chefs d'Etat et de gouvernement de la zone euro en même temps qu'est élu le président du Conseil européen. Le président du Conseil européen a été élu comme président des sommets de la zone euro le 2 mars 2012. Le principe selon lequel la présidence du Conseil européen et celle des Euro-sommets sont jumelées est confirmé par le fait que M. Donald Tusk, national d'un État non-membre de l'Euro a été désigné pour succèder à M. Herman van Rompuy. Le traité sur la stabilité, la coordination et la gouvernance apporte quelques précisions. Le président est élu à la majorité simple et le président de la Banque centrale assiste aux sommets. Mais la question la plus importante a été celle de la participation aux « Euro-sommets » des parties au nouveau traités qui ne partagent pas l'euro comme monnaie commune. Certains États, dont la France étaient réticents à cette idée et il a fallu toute l'insistance du Premier ministre polonais pour que celle-ci soit possible. Elle reste cependant limitée « aux discussions des sommets de l'euro relatives à la compétitivité des parties prenantes, à la modification de l'architecture globale de la zone euro et aux règles fondamentales applicables à l'avenir, mais également lorsqu'il y a lieu et au moins une fois par an, dans les discussions sur des questions spécifiques relatives à l'application du présent traité sur la stabilité, la coordination et la gouvernance au sein de l'Union économique et monétaire ». Le président du Parlement européen peut également être invité à s'exprimer.

676 L'Eurogroupe subsiste et assure la préparation des « euro-sommets ». Son président est élu. L'Eurogroupe est chargé de la coordination des politiques économiques et de la stabilité financière. Il est assisté du groupe de travail sur l'euro lequel dispose également d'un président lequel devrait assurer également la présidence du comité économique et financier prévu par l'article 134 TFUE. Pour assurer la coordination, le président de l'euro-sommet, le président de l'Eurogroupe, celui de la Commission et celui de

la Banque centrale européenne se réuniront au moins une fois par mois. Enfin, la participation parlementaire sera assurée par des réunions des commissions compétentes des parlements nationaux et du Parlement européen.

677 Lors du Conseil européen des 14 et 15 mars 2013, les chefs d'États et de gouvernement ont adopté les principes directeurs relatifs à l'organisation et au déroulement des sommets de la zone euro[1]. Adoptés par consensus, ces principes sont modifiés de la même manière. Ils sont fortement inspirés du règlement intérieur du Conseil européen. Ils précisent d'ailleurs que ce règlement s'applique mutatis mutandis aux questions non réglées dans ce texte. Les sommets se tiennent au mois deux fois par an à Bruxelles et sont adossés à des réunions du Conseil européen. La préparation est confiée au président qui est élu à la majorité simple en même temps que le président du Conseil européen[2]. Le président établit un ordre du jour annoté qui est soumis à l'Eurogroupe un mois au moins avant la réunion. Sur la base des résultats de la réunion de l'Eurogroupe qui se tient quinze jours au plus tard avant le sommet, le président prépare un ordre du jour provisoire lequel est adopté par le sommet à la majorité simple.

678 La définition des fonctions de la présidence est calquée sur celle des fonctions du président du Conseil européen. Il préside et anime les travaux du sommet de la zone euro, établit l'ordre du jour des réunions, assure la préparation et la continuité des travaux du sommet, en coopération avec le président de la Commission, et sur la base des travaux de l'Eurogroupe, veille à ce que les travaux de l'ensemble des sessions du Conseil et réunions ministérielles soient pris en compte dans la préparation du sommet et présente un rapport au Parlement européen à la suite de chacun des sommets. A été omise la tâche d'assurer le suivi des travaux laquelle est confiée à l'Eurogroupe. Le président de la Banque centrale européenne est invité aux travaux et le président du Parlement européen peut être entendu. Les travaux sont prépa-

1. Voir les documents annexés aux conclusions du Conseil.
2. En cas d'empêchement du président, la présidence du sommet est assurée par le chef d'État ou de gouvernement qui assure la présidence du Conseil si l'État fait partie de la zone euro. Si ce n'est pas le cas, la présidence est confiée à celles des futures présidences d'un État membre de la zone.

rés par le président en collaboration avec le président de la Commission sur la base des travaux de l'Eurogroupe. Le Coreper est informé. Lorsque le sommet doit réunir toutes les parties au traité de stabilité, de coordination et de gouvernance, les non-membres de la zone sont associés aux préparations.

679 Le Sommet adopte par consensus des déclarations dont la préparation est confiée au président. Le secrétariat est assuré par le secrétariat général du Conseil ce qui indique la renonciation à la création d'un secrétariat spécifique à la zone euro.

Bibliographie

Leneuf-Péraldi, « Banque européenne d'investissement », *J. Cl. Europe*, fasc. 2160 ; Carreau, « L'Union économique et monétaire », *J. Cl. Europe*, fasc. 1811 ; Louis, « L'Union économique et monétaire », *CDE* 1992. 251.

Section 3
Les organismes de l'Union

680 Parmi la multitude d'organismes créés dans le cadre de l'Union, les agences et le service européen d'action extérieure (SEAE) méritent une attention particulière. En ce qui concerne ce dernier, s'il doit être classé parmi les organismes, c'est sans doute par défaut. Certes, l'Union comporte d'autres exemples d'organismes administratifs à statut particulier comme le contrôleur des données ou l'office de lutte antifraude (OLAF), mais ceux-ci sont placés au sein de la Commission et leur statut spécifique vient de la nécessité de leur conférer une certaine indépendance dans l'exercice de leur mission. Le SEAE n'est pas situé au sein d'une autre institution, mais est au service du haut représentant (**§ 1**). L'existence des agences est plus ancienne, mais, avec le développement des activités de l'Union, leur nombre s'est considérablement accru (**§ 2**).

§ 1. Le Service européen d'action extérieure

681 L'article 27, § 3, TUE prévoit la création d'un service européen pour l'action extérieure destiné à assister le haut représentant dans l'exercice de ses fonctions. Ce service est composé de fonctionnaires du Conseil, de la Commission et de personnels des services diplomatiques nationaux. La composition du service constitue un problème délicat, les États membres souhaitant que, lorsqu'il sera opérationnel, un tiers de ses membres proviennent des services diplomatiques nationaux. Il coopère tant avec le Conseil puisque le haut représentant préside le Conseil « affaires étrangères » qu'avec la Commission. À ce titre, les membres du service assurent la présidence du Coreper et des groupes de travail du Conseil dans le domaine de la PESC et être associé aux travaux préparatoires de la Commission. Le statut du service est adopté par le Conseil à la majorité qualifiée avec l'approbation de la Commission et après avis du Parlement. Si le Parlement n'a qu'un rôle consultatif pour l'adoption de la décision de mise en place du service, son accord est nécessaire pour les adaptations nécessaires du statut du personnel et du règlement financier. Il a donc décidé d'utiliser le pouvoir qu'il détient pour ces adaptations afin d'exercer son influence sur le contenu de la décision de création du service. Le service a été créé par la décision du Conseil du 26 juillet 2010[1].

682 En raison du statut particulier du haut représentant, à la fois nommé par le Conseil et vice-président de la Commission, le service ne pouvait être intégré dans aucune des deux institutions ; le seul choix possible était de lui reconnaître une existence autonome et de le doter de la capacité juridique nécessaire pour lui permettre de remplir sa mission. Les services du Conseil et de la Commission qui œuvraient auparavant dans le domaine des compétences du haut représentant ont été transférés au service.

1. *JOUE* 3 août 1010, L 210, p. 30.

Le service n'a pas une activité limitée à la PESC. L'unité d'action extérieure de l'Union implique qu'il soit associé à la prise de décision dans d'autres domaines comme celui de la coopération au développement, de la démocratie et des droits de l'homme, de la politique de bon voisinage... Pour cette raison, le service est associé à l'activité de la Commission dans le domaine de la programmation et de la gestion des instruments financiers de l'action extérieure. Pour le moment, cette coopération entre le service et la Commission ne semble pas toujours se dérouler au mieux.

683 Le service ne comporte pas seulement une administration centrale, mais dispose également des délégations de l'Union dans les pays tiers lesquelles recevront leurs instructions du haut représentant. Compte tenu du fait que les délégations sont appelées à représenter l'Union tant dans le domaine de la PESC que dans des matières qui relèvent des pouvoirs de la Commission, cette dernière peut être également amenée à adresser des instructions au chef de délégation. Il existe, de ce fait, un besoin de coordination afin que l'action extérieure de l'Union soit cohérente. Pour la même raison, les délégations devront maintenir une étroite coordination avec les missions diplomatiques des États membres.

§ 2. Les agences

684 Le phénomène des agences n'est pas propre à l'Union européenne. Dans tous les États membres, il est apparu nécessaire de déléguer l'exercice de certaines tâches de nature technique à des entités juridiquement indépendantes. Les premières agences datent des années 1970. Leur fonction essentielle était de réaliser des études en coordination avec les États membres (Centre européen pour le développement de la formation professionnelle, Fondation européenne pour l'amélioration des conditions de vie et de travail). Si d'autres agences de ce type ont depuis vu le jour telle l'agence européenne des droits fondamentaux, l'évolution a conduit à la création de nouveaux types d'agences auxquelles étaient déléguées des activités de gestion dans le cadre de la mise en œuvre du droit de l'Union, activités qui auraient normalement dû être

assurées par la Commission. En application de la jurisprudence de la Cour, ces agences ne peuvent se voir déléguer un pouvoir de décision qui implique l'exercice d'un pouvoir discrétionnaire. En effet, une telle délégation qui impliquerait un exercice du pouvoir de décision dans des conditions qui ne sont pas prévues par le traité modifierait l'équilibre institutionnel[1] et priverait les particuliers des garanties qui entourent celui-ci.

685 Les agences exécutives ont été instituées en application du règlement n° 58/203 du 19 décembre 2002 du Conseil[2]. Elles constituent un moyen d'externaliser la gestion des programmes financiers de l'Union. En effet, la multiplication de ces programmes et la complexité des règles financières applicables constituaient une charge de travail considérable qui empêchait la Commission de se consacrer à ses missions principales. L'agence intervient par délégation dans le cadre des pouvoirs d'exécution du budget que le traité accorde à la Commission. Sont exclues de la délégation toutes les tâches « qui impliquent une marge d'appréciation de nature à traduire des choix politiques » (art. 6). L'agence a la personnalité juridique et est gérée par un comité de direction dont les membres sont désignés par la Commission. Le directeur est également nommé par la Commission. Le contrôle de légalité des actes de l'agence est exercé par la Commission sous réserve du contentieux de légalité devant la Cour de justice. Le contrôle financier appartient à la Cour des comptes.

686 Les autres agences remplissent diverses fonctions. À côté de celles mentionnées plus haut qui fournissent à la Commission une expertise scientifique par des études, d'autres sont plus directement chargées de régulation. La Commission définit ainsi les agences de régulation : « les agences chargées de participer de manière active à l'exercice de la fonction exécutive, en posant des actes qui contribuent à la régulation d'un secteur déterminé »[3]. Les fonctions de ses agences sont de natures diverses. Elles peuvent se livrer aux expertises techniques nécessaires à la prise

---

1. CJCE 13 juin 1958, n° 9/56, *Meroni*.
2. *JO* 16 janv. 2003, L 11, p. 1.
3. COM(2002)157 final.

de décision (par exemple l'agence européenne pour l'évaluation du médicament) ou assister la Commission dans sa mission de mise en œuvre du droit de l'Union (par exemple, l'agence pour la sécurité maritime). À côté de ces deux catégories que la Commission qualifie d'agence d'assistance, il existe des agences décisionnelles qui ont le pouvoir d'adopter des actes juridiques à portée individuelle (par exemple l'office pour l'harmonisation du marché intérieur en ce qui concerne l'enregistrement des marques ou l'agence pour la sécurité aérienne en ce qui concerne la certification des aéronefs).

687 Comme les agences exécutives, ces agences ont la personnalité juridique et un budget propre dont l'exécution est placée sous le contrôle de la Cour des comptes. Le traité de Lisbonne unifie le régime contentieux en soumettant leurs actes au contrôle de la Cour de justice (TFUE, art. 263). Pour le reste, leur organisation et leur mode de fonctionnement varie et reflète les conceptions en vigueur à l'époque de leur création. La Commission a tenté en vain de proposer l'adoption d'un règlement, puis d'un accord interinstitutionnel pour encadrer ces agences. À défaut, le Parlement, le Conseil et la Commission ont adopté en 2012 une approche commune qui contient certains principes généraux relatifs à la création, à l'organisation et au fonctionnement des agences.

688 Il existe actuellement six agences exécutives et 35 agences créées sur la base des traités auxquelles s'ajoutent deux agences créées dans le cadre du traité Euratom. Trois agences ont été créées dans le cadre de la PESC (Institut d'études de la sécurité en Europe, centre satellitaire de l'Union européenne, Agence européenne de défense). Trois agences ont été également créées dans le cadre de la justice et des affaires intérieures (Europol, Eurojust et le collège européen de police).

689 La question de la possibilité de déléguer des pouvoirs décisionnels aux agencesa étés un sujet constant de discussions au sein de l'Union. Les jurisprudences Meroni[1] et Romano[2] paraissaient

1. Cour de justice, 13 juin 1958, 9/56, *Meroni c/ Haute Autorité de la CECA.*
2. Cour de justice, 14 mai 1981, 98/80, *Romano c/ Institut national d'assurance maladie-invalidité.*

donner une interprétation très restrictive des pouvoirs qui peuvent être exercés par les organismes mis en place par la législation de l'Union. L'arrêt relatif aux pouvoirs de l'Agence européenne des marchés financiers (AEMF)[1] permet de faire un point utile au moment où la création d'agences et autres organismes se multiplie en raison du besoin d'expertise dans des domaines de plus en plus techniques. Pour la Cour, dès lors qu'une délégation ne vise que des pouvoirs d'exécution limités dont l'exercice est susceptible d'un contrôle juridictionnel, elle ne menace pas l'équilibre institutionnel ce qui n'est pas le cas lorsqu'elle confère un large pouvoir d'appréciation. La délégation, pour être acceptable doit être suffisamment encadrée sur le plan procédural et sur le fond. Elle peut porter aussi bien sur des mesures individuelles que sur des actes de portée générale dans la mesure où le traité en ouvrant le recours en annulation et en exception d'illégalité contre les actes des agences postule implicitement que celles-ci peuvent adopter des actes de portée générale. Il s'agit donc d'un type de délégation spécifique qui échappe aux articles 290 et 291 TFUE (v. ss 826).

1. Cour de justice, 22 janv. 2014, C-270/12, *Royaume-Uni c/ Parlement et Conseil.*

TITRE 3

LE PROCESSUS DÉCISIONNEL

690 Le processus de décision dans l'Union européenne est complexe. En effet, les procédures reflètent les équilibres délicats que les auteurs des traités ont voulu établir entre les institutions, équilibres qui varient selon les matières traitées. D'où l'existence de procédures différentes selon les secteurs d'activité de l'Union et parfois à l'intérieur même de ces secteurs (CHAPITRE 1). Certes, le traité d'Amsterdam a contribué à une simplification des procédures, mais une certaine diversité subsiste. L'évolution de ces dernières années a été marquée par un renforcement de la participation du Parlement dans le processus décisionnel et par l'octroi à celui-ci d'un pouvoir de codécision dans des domaines accrus, mais les procédures anciennes n'ont pas pour autant disparu. Le processus de décision dans le cadre des titres V et VI du traité sur l'Union européenne était resté plus classique et les possibilités d'intervention du Parlement européen y étaient plus limitées jusqu'à l'entrée en vigueur du traité de Lisbonne apporte une simplification bienvenue, mais conserve un régime particulier pour la PESC (CHAPITRE 2).

CHAPITRE 1

Les procédures (hors PESC)

691 Dans l'Union comme dans la plupart des États membres, les procédures de prise de décision sont adaptées aux questions auxquelles elles doivent s'appliquer. Il est donc naturel de distinguer entre la procédure législative (SECTION 1), la procédure budgétaire (SECTION 2), la procédure de conclusion des accords internationaux (SECTION 4) et la procédure d'adoption des mesures d'exécution (SECTION 3). Cependant, ceci ne signifie pas qu'il n'existe aucune interaction entre ces différentes procédures. Ainsi, le Parlement a longtemps participé à l'exercice du pouvoir budgétaire sans avoir de réelle influence sur l'exercice du pouvoir législatif. Il a donc tenté d'utiliser son pouvoir budgétaire pour exercer une influence indirecte sur le processus législatif, allant même jusqu'à tenter de légiférer par la voie budgétaire. De son côté, le Conseil détenteur du pouvoir législatif a utilisé celui-ci pour limiter les dépenses en inscrivant des montants limitatifs de dépenses dans les textes législatifs. Le jeu entre les différentes procédures est constant et toute modification du processus de décision dans un domaine induit des effets dans les autres domaines.

SECTION 1
LA PROCÉDURE LÉGISLATIVE

692 La procédure législative telle qu'elle était prévue à l'origine par le traité CE était simple : proposition de la Commission, avis éventuel du Parlement européen, décision du Conseil selon les exigences des traités, unanimité ou majorité qualifiée, ce dernier ne pouvant s'écarter de la proposition de la Commission qu'à l'unanimité. À cela venait s'ajouter le droit de la Commission de modifier sa proposition à tout moment. La mise en place de la procédure de coopération par l'Acte unique européen a compliqué le processus et rendu plus aigu le problème du choix de la base juridique puisque, selon l'article sur lequel se fondait la proposition, la procédure était différente. En limitant considérablement le champ de la procédure de coopération et en étendant celui de la procédure de codécision, le traité d'Amsterdam a réduit, sans les supprimer, les problèmes liés au choix de la base juridique et à l'encadrement de la procédure législative (**§ 1**). Le traité de Lisbonne procède à une simplification supplémentaire en supprimant la procédure de coopération et en faisant de la codécision la procédure législative ordinaire, même s'il reste des procédures spéciales (**§ 2**).

§ 1. L'encadrement de l'exercice de la fonction législative

693 Sauf exception, l'exercice de la fonction législative dans le cadre de l'Union est subordonné à l'existence d'une proposition de la Commission. À cet égard, la Commission peut donc réguler l'activité législative de l'Union. Le second facteur d'encadrement réside dans la base juridique qui fonde la proposition puisque c'est en fonction de cette base que sera déterminée la procédure qui devra être suivie.

A. L'initiative de la Commission

694 L'activité législative de l'Union trouve normalement son origine dans une proposition de la Commission. Certes, avant de formuler sa pro-

position, la Commission pourra procéder à des consultations, voire s'il s'agit d'une question importante adresser aux autres institutions et aux milieux concernés un livre vert destiné à susciter des réactions au vu desquelles elle rédigera sa proposition. Mais ces préalables ne font pas partie de la procédure législative laquelle est déclenchée par le dépôt de la proposition dans toutes les langues officielles de l'Union. Ces consultations sont consacrées au titre de la démocratie participative par le traité de Lisbonne (TUE, art. 11, § 3).

695 Cette proposition doit être motivée et comporte un certain nombre d'annexes (annexe financière destinée à faire apparaître le coût de la proposition, analyse des effets sur l'environnement, sur les petites et moyennes entreprises...). L'article 270 du traité CE imposait à la Commission de ne faire aucune proposition ayant des implications financières notables sans donner l'assurance qu'elle pourrait être financée dans le cadre des ressources propres. Le traité de Lisbonne va plus loin puisque l'article 310, § 4, TFUE interdit à l'Union d'adopter de tels actes d'où l'importance de la fiche financière établie par la Commission au moment de la proposition. Dans le cadre de la politique visant à « mieux légiférer », la Commission mène également pour toute proposition importante des études d'impact portant notamment sur les aspects économiques, sociaux et environnementaux de celle-ci. Ces études et les suites qui leur sont données par le législateur sont essentielles au regard du principe de proportionnalité. Depuis le traité de Maastricht, les propositions de la Commission étaient justifiées au regard du principe de subsidiarité. Le protocole sur la subsidiarité, annexé au traité de Lisbonne, rend cette justification obligatoire.

696 La Commission dispose d'une totale autonomie dans l'usage de son pouvoir d'initiative législative et les autres institutions ne sauraient contraindre celle-ci à en faire usage. Il n'en va pas de même lorsque la Commission exerce des pouvoirs d'exécution qui lui ont été conférés par le législateur. Dans cette hypothèse, le législateur peut lier complètement l'exercice du pouvoir d'initiative et contraindre la Commission de faire une proposition dans des circonstances données[1]. La proposition de la Commission

1. TPICE 25 juin 1998, T-120/96, *Lilly industries Ltd.*

délimite le cadre matériel de l'exercice de l'activité législative. En effet, si les autres institutions peuvent amender la proposition de la Commission, il ne leur est pas possible de sortir du champ de celle-ci, c'est-à-dire d'adopter des amendements sans rapport avec son objet. Une telle pratique rendrait d'ailleurs illusoire le droit d'initiative de la Commission puisqu'elle permettrait de statuer par voie d'amendements sur des questions qui ne font pas l'objet d'une initiative. La Cour de justice a confirmé cette interdiction de dénaturation d'une proposition de la Commission[1].

697 Le pouvoir d'initiative de la Commission est renforcé par le fait que le Conseil ne peut s'écarter d'une proposition de la Commission qu'en votant à l'unanimité (Traité CE, ex-art. 250 ; TFUE, art. 293 ; sur les origines de ce principe, v. ss 608). Bien entendu, lorsque le Conseil statue en tout état de cause à l'unanimité, la proposition perd alors de son importance puisque, lorsqu'il adoptera l'acte, le Conseil aura toute liberté pour modifier la proposition de la Commission. En revanche, lorsque le Conseil statue à la majorité qualifiée, cette règle pourrait offrir à la Commission des armes très utiles dans le débat législatif. En effet, si le Conseil trouve une majorité qualifiée sur un texte différent de celui proposé par la Commission, cette dernière pourra négocier avec le Conseil pour qu'il renonce à certains amendements en échange d'une modification de la proposition incorporant d'autres amendements souhaités par le Conseil, ce qui permettra une adoption à la majorité qualifiée. La Commission perd ce pouvoir lors de la phase de conciliation dans le cadre de la procédure de codécision puisqu'à ce stade, la règle de l'article 293 TFUE ne jouant pas, le Conseil et le Parlement peuvent amender la proposition comme ils l'entendent dès lors qu'ils ne dénaturent pas celle-ci. En règle générale, la codécision affaiblit les pouvoirs de la Commission. Bien souvent, celle-ci hésite, en première lecture, à s'opposer à la position du Conseil lorsque celle-ci ne réunit pas l'unanimité pour éviter le blocage du processus décisionnel. Elle préfère accepter les modifications du Conseil dans l'espoir de pouvoir corriger la

1. CJCE 11 nov. 1997, C-408/95, *Eurotunnel*.

situation au Parlement européen. Lorsque la Commission adresse au Conseil des recommandations, et non des propositions, la règle de l'article 293 ne joue pas et le Conseil peut s'en écarter à la majorité qualifiée.

698 L'article 293 TFUE permettant à la Commission de modifier sa proposition, celle-ci en a déduit qu'elle disposait d'un droit de retrait. L'existence d'un pouvoir général de retrait n'a jamais été acceptée par le Conseil qui considère qu'il aurait pour effet de le priver de son droit d'amender les propositions de la Commission et d'ériger la Commission en juge de l'opportunité quant au contenu d'une mesure communautaire ce qui relève de la responsabilité du législateur. Le retrait ne devrait donc pas être possible sauf circonstances exceptionnelles et avec l'accord du Conseil (et du Parlement en cas de codécision). Pour la Commission, le droit de retrait serait le corollaire du droit d'initiative. Elle admet cependant qu'un retrait ne doit pas intervenir arbitrairement. Il peut résulter de l'absence d'intérêt manifesté par le législateur pour une proposition, d'un changement fondamental des circonstances ayant motivé la proposition et surtout d'un risque de dénaturation de celle-ci. La controverse n'avait jamais été tranchée par la Cour, car, sauf de très rares exceptions, le retrait n'est en fait intervenu que pour des propositions caduques avec l'accord ou à la demande du législateur. Dans le code de conduite adopté par la Commission et le Parlement le 9 mars 1995, la Commission s'engageait à retirer, le cas échéant, une proposition législative à la demande du Parlement. Elle ne maintiendrait une telle proposition qu'après examen du collège des commissaires et en fournissant au Parlement les raisons de son attitude. Cette formule a été reconduite dans les versions successives de l'accord-cadre Parlement-Commission. Il semble que la Commission soit allée très loin en accordant au Parlement un droit de regard sur une prérogative qui, si elle existait, ne pourrait être exercée que de manière indépendante. En effet, la Commission peut-elle aliéner au profit d'une institution l'exercice d'une prérogative propre sans modifier l'équilibre institutionnel voulu par les traités ? En fait, les hypothèses de retrait avec l'accord du Parlement et du Conseil sont fréquentes lorsque la Commission souhaite retirer d'anciennes propositions qui n'ont

jamais fait l'objet d'un examen sérieux par le législateur ou qui sont dépassées par l'évolution politique ou technique. Par contre le dernier retrait sans l'accord du Conseil s'était produit en 1974. Il semblait bien que l'invocation du retrait unilatéral par la Commission soit plus un argument politique qu'une arme effective. La Commission a cependant usé récemment du retrait et le Conseil a saisi la Cour de justice. Dans son arrêt du 14 avril 2015, la Cour, si elle confirme la possibilité pour la Commission de retirer une proposition, indique que le retrait ne saurait être assimilé à un veto législatif. Il doit être motivé et s'exerce dans le cadre de la coopération loyale entre institutions avant que le Conseil n'ait statué. En l'occurrence, la Cour admet que le risque de dénaturation de la proposition par le législateur peut constituer un motif de retrait, mais elle examine au fond si le risque était justifié. Le retrait ne devrait donc intervenir que dans des cas exceptionnels : dénaturation de la proposition, changement de circonstances, caducité de propositions. L'arrêt ne changera donc pas fondamentalement la pratique actuelle. De toute façon, si le droit de retrait est le corollaire du droit de proposition, il disparaît avec celui-ci. Le retrait d'une proposition après la fin de la première lecture n'a donc aucun effet dans le cadre de la procédure législative ordinaire.

699 Il est toujours possible que le législateur décide de scinder une proposition et de n'adopter qu'une partie de celle-ci en laissant le reste de la proposition à l'examen en vue d'une adoption ultérieure. Cette pratique, connue sous la dénomination de *splitting* requiert l'unanimité du Conseil à moins que la Commission n'accepte de modifier sa proposition en ce sens.

B. La question de la base juridique

700 Dans le « jargon » de l'Union, le terme de base juridique désigne la disposition du traité sur laquelle se fonde la compétence de l'Union pour adopter une certaine mesure. En effet, l'Union ne disposant que de compétences d'attribution, elle ne saurait agir que si le traité contient un titre de compétence. En outre, la disposition du traité relative à la compétence contient (ou renvoie à) une règle de procédure. Le choix de la base juridique détermine ainsi la procédure à

suivre pour adopter l'acte ainsi que le mode de votation au sein du Conseil et éventuellement au Parlement. Dans ces conditions, on ne saurait s'étonner des enjeux institutionnels que met en jeu le choix d'une base juridique même s'il est exclu que cette base soit déterminée en fonction de considérations institutionnelles.

701 Le choix d'une base juridique n'est pas toujours évident, car, selon l'angle sous lequel il est abordé, un même texte peut relever d'articles différents du traité. Ainsi, le choix n'a pas toujours été clair entre les dispositions relatives à l'agriculture et celles relatives au marché intérieur ou entre les dispositions relatives à l'environnement et celles du marché intérieur ou de la politique commerciale commune. Pour la Cour de justice, la détermination de la base juridique doit être opérée sur la base de critères objectifs[1]. Par critères objectifs, la Cour entend des éléments susceptibles de contrôle juridictionnel et, au premier chef, le but et le contenu de l'acte[2].

702 Cependant, même à l'aide d'éléments objectifs, il n'est pas toujours aisé de déterminer une base juridique unique. Ainsi, dans l'affaire relative à la directive Déchets de dioxine, la Cour avait conclu que la matière relevait à la fois de l'article 130 S (TFUE, art. 192 actuel) et de l'article 100 A (TFUE, art. 114 actuel). Elle a estimé qu'il était impossible de fonder l'acte sur une double base juridique parce que cela aurait entraîné le recours à des procédures qu'elle jugeait incompatibles entre elles (coopération à la majorité qualifiée d'une part et unanimité d'autre part). Elle a donc approfondi son analyse et conclu que l'article 100 A était prépondérant parce que l'environnement était l'une des composantes de l'ensemble des politiques communautaires et que les mesures environnementales contribuaient en l'espèce à la réduction des distorsions de concurrence[3].

703 Cette démarche pourrait surprendre, car seuls le contenu et l'objectif de l'acte, et non la procédure décisionnelle, doivent être pris en

1. CJCE 26 mars 1987, n° 45/86, *Commission c/ Conseil*.
2. CJCE 11 juin 1991, n° 300/89, *Commission c/ Conseil* ; CJCE 26 avr. 1996, C-271/94, *Parlement c/ Conseil*.
3. CJCE 11 juin 1991, C-300/89, *Commission c/ Conseil* ; pour une solution différente, CJCE 17 mars 1993, C-155/91.

considération dans le choix de la base juridique. Partir de considérations institutionnelles pour déterminer une base juridique alors qu'un acte peut légitimement reposer sur deux bases conduit à modifier l'équilibre institutionnel dès lors qu'aucune règle du traité n'est susceptible de justifier un tel choix. Il semble bien qu'à travers sa jurisprudence la Cour souhaite protéger le principe de démocratie. Au fond, derrière la question de la base juridique, se dissimule celle du pouvoir des institutions puisque, selon la base juridique, choisie, les pouvoirs respectifs des institutions varieront. Ainsi, la Commission privilégie les articles 114 et 207 TFUE. Quant au Parlement, il choisit parfois la base juridique en fonction de ses intérêts institutionnels. Comme l'écrivait M. Mayer dans son rapport au Parlement lors de l'examen des textes relatifs à la création de la Société européenne : « il convient d'opter (...) pour la base juridique qui confère au Parlement les droits les plus étendus »[1]. Il existe une jurisprudence abondante sur le choix de l'article 352), que le Conseil semblait favoriser comme base juridique, jurisprudence dont il résulte qu'un recours à cet article n'est possible que si aucune autre base ne peut être retenue dans le traité[2].

704 La jurisprudence s'est progressivement clarifiée à propos des hypothèses dans lesquelles un acte poursuit une double finalité. Il convient tout d'abord de rechercher si l'un des objectifs est prépondérant, auquel cas la base juridique est celle qui correspond à cet objectif[3]. Si les objectifs sont indissociables et qu'aucun n'est prépondérant, il est alors possible de faire recours à deux bases juridiques différentes à moins que ces deux bases n'impliquent des procédures inconciliables[4]. Ceci ne répond pas à la question de savoir ce qu'il convient de faire à ce moment-là. Faut-il alors choisir une base juridique en fonction de critères institutionnels, comme la procédure qui implique le plus le Parlement ? Mais, dans ce cas, il sera porté atteinte à l'équilibre institutionnel. Faut-il de façon plus pratique répartir les dispositions proposées entre deux actes

1. Doc. de séance A5-0243/200.
2. CJCE 30 mai 1989, n° 242/87, *Commission c/ Conseil.*
3. CJCE 11 sept. 2003, C-211/01, *Commission c/ Conseil.*
4. Unanimité et majorité qualifiée par exemple, v. CJCE 29 avr. 2004, C-338/01, *Commission c/ Conseil.*

reposant chacun sur la base juridique adéquate ? La Cour a eu à se prononcer à propos du choix par le Conseil d'une base juridique dans le titre V du TUE (PESC) alors que certains aspects de la question pouvaient relever du traité CE. La Cour a estimé qu'en ce cas une double base juridique était impossible et a accordé la préférence au traité CE en raison de l'article 47 TUE selon lequel aucune disposition du TUE n'affecte le traité CE. Il convient donc selon la Cour d'accorder la priorité à ce dernier[1]. La situation devient encore plus complexe en ce domaine avec le traité de Lisbonne qui, s'il contient en substance la règle de l'article 47, indique également qu'aucune disposition du TFUE n'affecte les dispositions du TUE relatives à la PESC (TUE, art. 40). Il n'est dès lors plus possible de donner la priorité à l'un des traités sur l'autre[2].

705 Sur le plan procédural, la Commission choisit la base juridique en formulant sa proposition. Cette base peut être modifiée au cours de la procédure en suivant les règles applicables à toute modification d'une proposition de la Commission (unanimité au Conseil). Lorsque le Conseil est en désaccord avec la base proposée, il a pris l'habitude, dès lors que la modification de la base juridique entraîne également une modification de la procédure à suivre, soit d'en informer le Parlement si celui-ci n'a pas encore rendu son avis, soit de le reconsulter lorsque l'avis a déjà été rendu.

§ 2. Les différentes procédures

706 Les différentes procédures sont apparues successivement. La consultation était la procédure originaire. Sont venus s'y ajouter la concertation, la coopération, l'avis conforme et la codécision. Ces procédures présentent des traits communs (consultation du Parlement), mais elles diffèrent essentiellement dans les pouvoirs accordés au Parlement. Le traité de Lisbonne a tenté de clarifier le processus législatif en distinguant dans l'article 289 TFUE entre la procédure législative ordinaire (codécision) qui constitue la règle

1. CJCE 20 mai 2008, C-91/05, *Commission c/ Conseil.*
2. Pour une première appplication des dispositions relatives à la PESC lors de la conclusion d'un accord, voir CJUE 20 juin 2015, *Parlement* c/Conseil, C 658/11.

générale et les procédures législatives spéciales (Conseil avec la participation du Parlement ou Parlement avec la participation du Conseil) qui sont applicables dans des cas spécifiques prévus par le traité. La procédure de coopération qui avait été introduite par l'Acte unique européen a été supprimée. Actuellement la majorité des actes législatifs est adoptée selon la procédure législative ordinaire (89 % des actes entre 2009 et 2014 contre 21 % entre 2004 et 2009).

707 Une question commune à toutes ces procédures est celle de l'effet d'un changement dans la composition d'une institution sur leur déroulement. Pour le Parlement, la réponse est claire. Les questions en instance devraient être considérées comme caduques à la fin d'une législature (Règl., art. 229) sauf décision contraire à la demande de la commission parlementaire et des autres institutions. La Commission devrait à nouveau présenter ses propositions (Règl., art. 59). Cela ne semble pas être la conviction de la Cour : « la modification de la composition d'une institution n'affecte pas la continuité de l'institution même, dont les actes définitifs ou préparatoires conservent, en principe, leurs effets »[1]. Certes la Cour note ensuite qu'il appartient aux institutions elles-mêmes d'apprécier si les changements de circonstances justifient une nouvelle délibération. Mais, outre le fait que ceci ne permet pas de revenir sur des phases antérieures de la procédure, cette décision doit, semble-t-il, être prise au cas par cas. Dans la pratique, le Parlement a généralement confirmé les actes préparatoires adoptés antérieurement. De la même manière, on s'est interrogé sur l'effet d'une décision motivée par l'irrégularité d'un acte préparatoire. Faut-il reprendre la procédure au point de départ au moment où l'irrégularité s'est produite ? La réponse de la Cour en faveur de la seconde solution est claire (v. ss 1122).

A. La procédure législative ordinaire

708 La procédure législative ordinaire est l'appellation donnée par le traité de Lisbonne à l'ancienne procédure dite de « codécision » qui avait été introduite par le traité de Maastricht. Cette nouvelle procé-

1. CJCE 13 nov. 1990, C-331/88, *Fedesa*.

dure consacrait un accroissement des pouvoirs du Parlement, notamment en lui octroyant un droit de rejet définitif. Elle a conduit également à une limitation du rôle de la Commission par rapport à celui qu'elle jouait dans les procédures antérieures. Le traité d'Amsterdam avait étendu considérablement le champ d'application de la procédure de codécision etrenforcé les pouvoirs du Parlement européen dans le cadre de celle-ci. En effet, l'article 189 B (devenu TFUE, art. 294) tel qu'adopté à Maastricht prévoyait qu'en cas d'échec de la conciliation entre Parlement et Conseil, ce dernier pourrait, en troisième lecture, adopter l'acte à la majorité qualifiée, sous réserve d'un vote éventuel de rejet du Parlement à la majorité des membres qui le composent. Le traité d'Amsterdam a supprimé cette lecture et exigé pour l'adoption d'un texte l'approbation expresse tant du Parlement que du Conseil. Quant au déroulement de la procédure tel qu'il résulte du traité d'Amsterdam, il a été simplifié par rapport à la procédure antérieure. Le traité de Lisbonne n'a pas modifié la procédure, mais a considérablement élargi son champ d'application (TFUE, art. 294). La procédure comporte trois lectures successives au Parlement et au Conseil, mais un accord peut être trouvé en première ou en seconde lecture sans qu'il soit nécessaire de couvrir tout le parcours prévu par le traité.

1. La première lecture

709 Les propositions de la Commission sont adressées simultanément au Parlement et au Conseil. Le Parlement adopte une position et le Conseil statue à la majorité qualifiée. Dans la mesure où l'article 293 TFUE est applicable à cette phase de la procédure, le Conseil doit en tout cas statuer à l'unanimité s'il souhaite modifier la proposition de la Commission :

– si le Parlement n'a adopté aucun amendement, le Conseil peut arrêter l'acte tel que proposé par la Commission ;

– si le Conseil approuve la position du Parlement, il peut arrêter l'acte, l'unanimité étant requise, conformément à l'article 293 TFUE, si le texte incorporant les amendements du Parlement s'écarte de la proposition, éventuellement modifiée, de la Commission ;

- dans le cas contraire, le Conseil adopte sa position. Le traité ne prévoit pas de possibilité de rejet au profit du Parlement en première lecture, mais l'article 56 du règlement du Parlement envisage cette éventualité. Dans ce cas, la Commission est invitée à retirer sa proposition. À défaut, la question est renvoyée en commission parlementaire. De toute façon, dans la pratique, un rejet en première lecture annonce un rejet en seconde lecture, aussi le Conseil ne poursuit-il pas l'examen de la proposition.

710 Afin de trouver un accord en première lecture, il est nécessaire que les institutions s'informent pleinement du déroulement de leurs travaux respectifs de telle sorte qu'elles puissent adopter leur position en pleine connaissance des modifications que chacune entend adopter. Le Parlement qui se prononce en premier pourra reprendre certaines modifications souhaitées par le Conseil de telle sorte qu'un accord soit trouvé sur un texte commun. Faute de quoi, le Conseil devra, après l'avis du Parlement, introduire ses propres amendements et poursuivre la procédure en deuxième lecture. L'expérience montre qu'un nombre croissant de propositions est adopté en première lecture (72 % entre 2004 et 2009, cette tendance n'a cessé de s'accentuer et, entre 2009 et 2014, 85 % des textes soumis à la procédure législative ordinaire ont été adoptés en première lecture). Ceci atteste de l'excellence des rapports entre Parlement et Conseil, d'autant plus qu'il ne s'agit pas uniquement de textes de nature technique. Dans ce contexte, il est important que le Parlement et le Conseil identifient rapidement les textes sur lesquels un accord est possible afin d'éviter toute perte de temps dans des négociations vouées à l'échec.

711 C'est dans cet esprit que la déclaration commune du 13 juin 2007 sur les modalités pratiques de la procédure de codécision[1] prévoit que « les institutions coopèrent loyalement afin de rapprocher au maximum leurs positions pour que, dans la mesure du possible, l'acte puisse être arrêté en première lecture ». Ceci implique l'établissement de relations étroites entre le président de la commission parlementaire compétente, le rapporteur, la présidence du Conseil et la Commission. La coopération de cette dernière est indispensable si le Conseil ne peut trouver l'unanimité pour adopter l'ensemble des amendements parlementaires. Dans ce cas, seule une modifica-

1. *JO* 30 juin 2007, C-145/5.

tion par la Commission de sa proposition pourrait permettre une adoption en première lecture à la majorité qualifiée. Il est vrai qu'il s'agit d'une hypothèse d'école, la Commission se rangeant de manière régulière à l'avis du Parlement et du Conseil. Lors de cette première phase, le traité n'impose au Parlement aucune règle de majorité particulière ce qui implique qu'il statue à la majorité absolue des suffrages exprimés (majorité simple).

712 La réalisation d'un accord en première lecture a des incidences sur le fonctionnement des institutions. En ce qui concerne le Conseil, les négociations sont menées par le président du Coreper sous le contrôle de celui-ci. Il pourrait en résulter une mise à l'écart des ministres puisqu'ils ne seront appelés à se prononcer qu'après qu'un accord avec le Parlement ait été trouvé. Pour impliquer les ministres dans le processus, le Conseil s'efforce le plus souvent possible d'adopter avant l'ouverture des négociations une orientation générale, texte sans statut juridique qui servira de base de négociation. En outre, dans la recherche d'un accord en première lecture, le Conseil négocie sur la base de positions parlementaires qui ne recueillent qu'une majorité simple et qui ne franchiraient peut-être pas le barrage de la seconde lecture où la majorité absolue est exigée, ce qui peut le conduire à faire des concessions qu'il pourrait éviter en seconde lecture. S'agissant du Parlement, dans la mesure où les négociations sont conduites par le rapporteur, la commission parlementaire pourrait être laissée en dehors du processus. Pour éviter cette situation, le Parlement a introduit, dans son règlement intérieur, les articles 73 et 74, relatifs aux négociations interinstitutionnelles. Les négociations doivent s'ouvrir sur la base d'un mandat de la commission compétente et se conformer au code de conduite contenu à l'annexe XX du réglement intérieur. La Conférence des présidents peut décider d'organiser un débat en plénière afin de déterminer sa position de négociation. Enfin, la situation n'est guère avantageuse pour la Commission qui peut difficilement utiliser ses armes institutionnelles, et notamment exiger un vote unanime du Conseil sur les amendements qu'elle n'approuve pas, tant il lui est politiquement difficile de s'opposer à un accord entre le Parlement et le Conseil. Le ferait-elle qu'elle se retrouverait en fin de procédure face à une situation identique et

qu'elle ne pourrait plus s'y opposer puisque le traité la prive à ce stade de la possibilité d'exiger l'unanimité pour modifier une de ses propositions. Par contre, s'il n'y a pas d'accord en première lecture, elle pourrait contraindre le Conseil de tenir compte de sa position en exigeant l'unanimité pour l'adoption de la position commune qui servira de base à la suite de la procédure.

713 Le traité n'impartit aucun délai pour le déroulement de cette première phase ce qui laisse le temps nécessaire à la recherche d'un accord. La déclaration n° 34 annexée à l'Acte final du traité d'Amsterdam invitait les institutions à tout mettre en œuvre pour garantir un déroulement rapide de la procédure de codécision.

714 Si un accord n'a pu être trouvé en première lecture, le Conseil transmettra sa position au Parlement européen en l'informant « pleinement » (art. 294, § 4) des raisons qui l'on conduit à adopter celle-ci. La Commission informe également le Parlement de sa position. Le Parlement dispose alors d'un délai de trois mois, prorogeable d'un mois, pour statuer. Il est possible qu'avant l'adoption de la position du Conseil s'ouvrent des négociations avec le Parlement afin de trouver un accord sur un texte qu'il pourra adopter sans amendements.

2. La deuxième lecture

715 Le traité fait partir le délai de trois mois de la date de transmission de la position commune. Pour le Conseil, ce délai commence à courir dès qu'il est possible d'attester que la position commune a été physiquement reçue par le Parlement dans toutes les langues officielles. Pour le Parlement, la transmission n'est effectuée que lorsque le président annonce, en séance plénière, la communication de la position commune (Règl., art. 64). Cette communication ne peut intervenir que lorsque le président a constaté qu'il disposait de la position commune, de l'exposé des motifs du Conseil et de toutes les déclarations au procès-verbal du Conseil. La divergence de position sur la computation des délais pourrait dans des cas extrêmes entraîner des écarts d'appréciation portant sur un mois. L'acte pourrait alors être arrêté à la suite d'une approbation implicite par le Parlement européen conformément à l'article 251, § 7) parce que le délai calculé à partir de la date de transmission

aurait expiré alors pour le Parlement, en raison de son propre mode de computation, le délai serait encore ouvert. Jusqu'à présent, cette divergence d'appréciation n'a pas eu de conséquences pratiques en raison de l'esprit de coopération entre les institutions. En fait, pour permettre un déroulement optimal des travaux, les dates de transmission font l'objet d'un accord informel entre le Parlement et le Conseil.

716 Dans les délais prévus par le traité :

– le Parlement peut approuver la position commune, soit explicitement (aucune majorité spécifique n'étant prévue, le Parlement statue à la majorité simple), soit en gardant le silence. Dans ce cas, l'acte est réputé arrêté conformément à la position commune. Dans la version retenue à Maastricht, le traité prévoyait que, dans cette hypothèse, le Conseil adoptait l'acte conformément à la position commune. Un acte du Conseil était donc nécessaire, mais il s'agissait d'un acte « dû », le Conseil ayant l'obligation d'adopter et ne disposant d'aucune latitude quant au contenu de l'acte. À cet égard, le traité d'Amsterdam a simplifié la procédure en indiquant que l'acte est réputé adopté sans qu'aucune action du Conseil ne soit requise ;

– le Parlement peut rejeter l'acte à la majorité des membres qui le composent auquel cas l'acte est réputé non adopté. Le traité d'Amsterdam a supprimé la procédure complexe antérieure qui prévoyait la manifestation par le Parlement de son intention de rejeter, suivie éventuellement d'une conciliation durant laquelle le Conseil expliquait ses raisons, puis d'un vote ;

– le Parlement peut proposer, à la majorité des membres qui le composent (majorité absolue), des amendements à la position commune auquel cas la procédure se poursuit. Le règlement du Parlement (art. 69) limite le droit de dépôt des amendements en seconde lecture à la commission compétente, à un groupe politique ou à 40 parlementaires. Ces amendements ne peuvent viser qu'à rétablir la position du Parlement, à parvenir à un compromis avec le Conseil, à modifier des éléments de la position du Conseil qui ne figuraient pas en première lecture ou à tenir compte de faits ou de situations nouvelles. Le président du Parlement décide de la recevabilité des amendements. L'objet de ces dispositions est d'éviter de remettre en cause les progrès réalisés au cours de la lecture précédente et d'introduire de nouveaux éléments dans le débat. Les amendements votés sont transmis au Conseil et à la Commission laquelle émet un avis.

717 Si le Parlement propose des amendements, le Conseil dispose d'un délai de trois mois, prorogeable d'un mois, pour statuer à la majorité qualifiée. L'article 293 TFUE n'étant pas applicable, le Conseil n'est plus tenu de statuer à l'unanimité pour s'écarter de la proposition de la Commission, ce qui est logique puisque le débat ne porte plus sur cette proposition, mais sur la position du Conseil. Il s'ensuit d'ailleurs qu'une modification de la proposition, voire un retrait de celle-ci, est sans effet sur la suite de la procédure. Le Conseil peut adopter tous les amendements du Parlement auquel cas l'acte est réputé adopté. Il devra cependant statuer à l'unanimité pour retenir ceux des amendements qui auraient fait l'objet d'un avis négatif de la Commission. La réalisation d'un accord en seconde lecture implique qu'avant le vote du Parlement s'ouvrent des négociations avec le Conseil afin de trouver un compromis sur un ensemble d'amendements acceptables par le Conseil. Entre 2009 et 2014, 13 % des dossiers ont trouvé un accord en seconde lecture dont près des deux tiers par adoption de la position commune sans amendement (statistique jusqu'au 30 juin 2006). Si le Conseil n'adopte pas tous les amendements parlementaires, un comité de conciliation est convoqué pour un délai de six semaines, prorogeable de deux semaines, par le président du Conseil en accord avec le président du Parlement.

3. La troisième lecture : conciliation et approbation définitive

718 Le comité de conciliation est composé des membres du Conseil ou de leurs représentants et d'un nombre égal de membres du Parlement. Généralement, la représentation des membres du Conseil est assurée au niveau de la présidence par un membre du gouvernement de l'État qui exerce la présidence, les autres membres étant selon le cas, des représentants permanents ou des représentants permanents adjoints. Du côté du Parlement, la délégation est composée conformément à la répartition des groupes politiques au sein de cette institution. Néanmoins, parmi les 28 membres de la

délégation, trois, choisis parmi les vice-présidents, se partagent à tour de rôle la présidence des délégations parlementaires. Cette solution permet d'assurer une certaine permanence au sein de la délégation puisque trois autres membres sont désignés pour participer à toutes les conciliations pendant une période de 12 mois. Le président de la commission compétente et le rapporteur sont en tout cas membres de la délégation, les autres membres sont désignés ad hoc (article 71 du règlement intérieur).

719 Le comité de conciliation est coprésidé par le président du Parlement (en fait un vice-président) et le président du Conseil. Ils en assurent alternativement la présidence effective et les réunions ont lieu, tour à tour, dans les locaux du Parlement et dans ceux du Conseil. Le comité dispose d'un délai de six semaines, prorogeable de deux semaines pour trouver un accord. Ce délai est décompté à partir de la date de la convocation, solution qui permet une certaine souplesse puisque cette convocation intervient Elle-même dans les six semaines qui suivent la dernière lecture du Conseil. La période qui précède la convocation se prête alors à d'utiles contacts informels de telle sorte que, lorsque celle-ci intervient, les divergences entre les deux institutions ont déjà fait l'objet d'échanges et des solutions ont pu être envisagées. En outre, lorsque le comité doit tenir plusieurs réunions, celles-ci sont précédées d'actives négociations menées avec le concours de la Commission. Cette dernière ne contrôle plus le déroulement des travaux puisque l'article 293 ne s'applique pas à cette phase de la procédure. Il en résulte que le comité de conciliation peut reprendre, sans condition de majorité spécifique, des amendements sur lesquelles la Commission avait émis un avis négatif lors de la deuxième lecture. Dans cette phase de la procédure, le rôle de la Commission est avant tout de rechercher des éléments de compromis entre le Parlement et le Conseil.

720 Le comité travaille sur la base des positions du Conseil et du Parlement en seconde lecture. Il dispose de la proposition de la Commission, de l'avis de celle-ci sur les amendements ainsi que d'un document de travail commun établi par le Parlement et le Conseil. Si aucun accord n'est trouvé, la procédure se termine par un échec et l'acte est réputé non adopté. Si le comité se prononce sur un

texte commun, la délégation du Conseil statuant à la majorité qualifiée et la délégation du Parlement à la majorité de ses membres approuvent un projet commun, la procédure se poursuit. Chaque délégation vote séparément, mais le détail des votes, et le cas échéant les explications de vote, sont transmis au comité. L'accord est constaté, soit au cours d'une réunion du comité, soit par un échange de lettres entre les deux coprésidents.

721 Si un accord est trouvé, le Parlement, à la majorité absolue des suffrages exprimés, et le Conseil, à la majorité qualifiée, disposent d'un délai de six semaines, prorogeable de deux semaines, pour arrêter l'acte conformément au projet commun, c'est-à-dire sans qu'aucun amendement au texte commun ne puisse être introduit. À défaut, l'acte est réputé non adopté. L'acte adopté est signé par les présidents des deux institutions. Normalement, le comité de conciliation ne travaille que sur les points de désaccords entre les institutions et ne revient pas sur les questions réglées lors de lectures précédentes. Ce principe que l'on connaît en France sous le nom de « règle de l'entonnoir » n'est dans l'Union qu'un principe de comportement politique sans valeur juridique. La Cour a en effet estimé qu'il était toujours loisible au comité de modifier des parties auparavant non contestées du texte si c'était nécessaire à la recherche d'un accord global[1].

722 La procédure place sur un pied d'égalité les deux institutions. Elle a été critiquée en raison de sa prétendue complexité. En fait, elle n'est guère plus complexe que bien des procédures nationales et se résume, au fond, à l'exigence d'un accord entre le Parlement et le Conseil. Sur un plan pratique, elle a fonctionné de manière satisfaisante. Sur près de 1 500 textes adoptés en codécision, seuls sept propositions ont été rejetées et quatre d'entre elles ont été adoptés par la suite sur la base d'une nouvelle proposition de la Commission. Les échecs complets portent sur la libéralisation des services portuaires, la brevetabilité des inventions mises en œuvre par ordinateur et l'aménagement du temps de travail. Le recours à la conciliation est devenu très rare puisqu'il n'a concerné que 2 % des textes pendant la dernière législature.

1. CJCE 10 janv. 2006, C-344/04, *IATA*.

Schéma de la procédure législative ordinaire

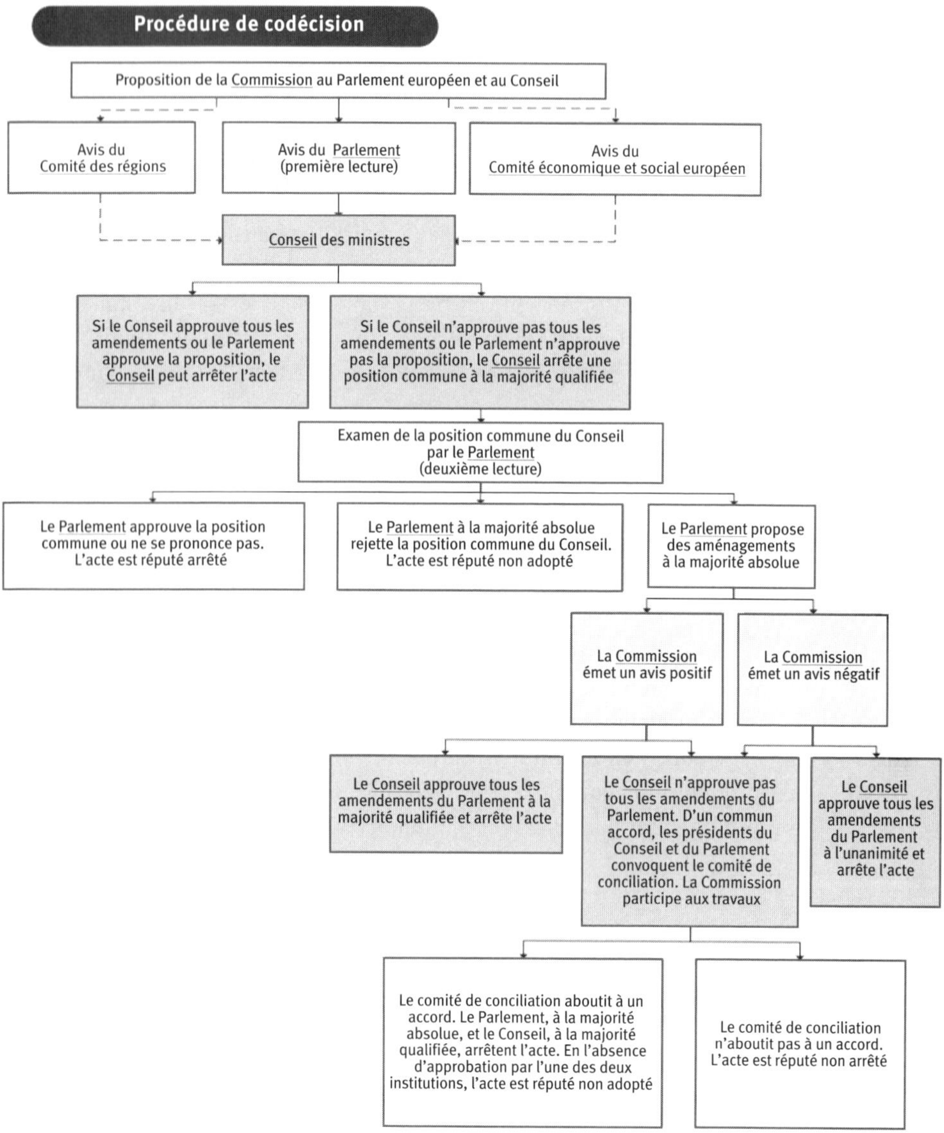

Source : Commission européenne

B. Les procédures législatives spéciales

723 Ces procédures prennent deux formes essentielles : la consultation et l'approbation.

1. La consultation

724 La consultation était à l'origine la seule forme de participation du Parlement au processus législatif. Elle permettait au Parlement d'exprimer son avis sur les propositions de la Commission lorsque le traité le prévoyait. À l'origine, il était difficile de retrouver la logique suivie par les rédacteurs du traité quant au choix des matières qui étaient soumises à l'avis parlementaire. Comme l'avait souligné la Cour « les pouvoirs des institutions et les conditions de leur exercice découlent de différentes dispositions particulières du traité, dont les divergences, notamment en ce qui concerne l'intervention du Parlement européen, ne reposent pas toujours sur des critères systématiques »[1]. Cependant, les auteurs du traité sur l'Union européenne ont procédé à une systématisation en généralisant, sauf lorsque des raisons spécifiques s'y opposaient, la consultation du Parlement dès lors que le recours à une procédure plus évoluée n'était pas prévu. En outre, en dehors des cas dans lesquels le traité imposait la consultation du Parlement, ce dernier a obtenu du Conseil l'engagement qu'il serait consulté sur la plupart des questions importantes[2]. Après l'entrée en vigueur du traité de Lisbonne, la procédure de consultation est devenue résiduelle et intervient pour l'essentiel dans des cas où le Conseil statue encore à l'unanimité.

725 La consultation du Parlement en matière législative est prévue dans les articles 21 TFUE (sécurité et protection sociale), 22 TFUE (participation des citoyens de l'Union aux élections municipales et européennes), 23 TFUE (protection diplomatique et consulaire), 64, § 3 TFUE (recul en matière de libéralisation des mouvements de capitaux), 77, § 3, TFUE (documents d'identité), 81, § 3 TFUE (droit de la famille), 83, § 2 TFUE (définition des infractions pénales et des incriminations en vue de faire respecter des mesures

1. CJCE 30 mai 1989, n° 56/88, *Royaume-Uni c/ Conseil*, *Rec.* 1615.
2. V. Parl., résol. n° 2711-1959, *JO* 19 déc. 1959, p. 1267 et la déclaration du président en exercice du Conseil devant l'assemblée le 28 mars 1960 ; v. aussi Cons., décl. 8 avr. 1982, *Bull. PE* 11/82, p. 52.

d'harmonisation lorsque la base juridique pour l'adoption de ces mesures impose une procédure législative spéciale), 86 TFUE (parquet européen), 87 TFUE (coopération policière opérationnelle), 89 TFUE (opérations de police sur le territoire d'un autre État membres), 113 TFUE (harmonisation fiscale), 115 TFUE (harmonisation dans les domaines non couverts par l'art. 114 TFUE), 118 TFUE (dispositions relatives aux langues en matière de propriété intellectuelle), 126, § 8, TFUE (mesures de remplacement du protocole sur les déficits excessifs), 127, § 6, TFUE (confier des missions à la Banque centrale européenne pour le contrôle des établissements de crédit et autres établissements financiers), 153 TFUE (harmonisation en matière de sécurité sociale, de protection des travailleurs en cas de résiliation du contrat de travail, de représentation et de défense des intérêts collectifs des travailleurs, de condition d'emploi des ressortissants des pays tiers en séjour régulier), 182, § 4, TFUE (adoption des programmes spécifiques de recherche), 192, § 2 TFUE (certaines mesures environnementales), 194, § 3, TFUE (fiscalité de l'énergie), 203 TFUE (association des pays et territoires d'outre-mer), 262 TFUE (compétence de la Cour pour les titres de propriété intellectuelle créés sur la base des traités), 308 TFUE (amendements au statut de la Banque européenne d'investissement), 311 TFUE (ressources propres), 349 TUE (régions insulaires et ultrapériphériques). Tous ces domaines concernent des questions que les États membres ont jugées trop sensibles pour relever de la majorité qualifiée et pour faire l'objet d'une codécision avec le Parlement (droit de vote, sécurité sociale et certains aspects du droit du travail, droit de la famille, droit pénal et coopération policière, fiscalité...).

726 La règle essentielle est que la consultation doit être effective. Aussi le fait pour le Conseil de décider, sans avoir consulté le Parlement alors que le traité impose la consultation, entraîne la nullité de l'acte pour non-respect d'une formalité essentielle. Comme l'a rappelé la Cour, « La consultation (...) est le moyen qui permet au Parlement de participer effectivement au processus législatif de la Communauté. Cette compétence représente un élément essentiel de l'équilibre institutionnel voulu par le traité. Elle est le reflet, bien que limité, au niveau de la Communauté, d'un principe démocratique fondamental, selon lequel les peuples participent à l'exercice du pouvoir par l'intermédiaire d'une assemblée représentative. La consultation régulière du Parlement dans les cas prévus par le traité constitue dès lors une formalité substantielle dont le non-respect entraîne la nullité de l'acte concerné »[1].

727 De son côté, le Parlement ne peut bloquer le processus de décision en refusant de rendre son avis. Il résulte en effet de la jurisprudence *Isoglucose* que le Conseil pourrait passer outre l'inaction du Parlement après avoir utilisé toutes les possibilités offertes par les traités pour obtenir un avis (demande d'urgence, demande d'une session extraordinaire...). Ce principe a été consacré par la Cour dans l'affaire C-65/93. La Cour constatait que le Parlement n'avait pas pris toutes les dispositions nécessaires pour rendre son avis compte tenu de l'urgence. Elle ajoutait : « En adoptant un tel comportement, le Parlement a manqué à son devoir de coopération loyale vis-à-vis du Conseil (...). Dans ces conditions, le Parlement ne saurait valablement faire grief de ne pas avoir attendu son avis pour adopter le règlement litigieux (...). La méconnaissance de la formalité substantielle que constitue la consultation du Parlement trouve, en effet, sa cause dans le manquement de cette institution à son devoir de coopération loyale avec le Conseil »[2].

728 Puisque la consultation doit être effective, la reconsultation du Parlement s'impose lorsque le texte adopté par le Conseil s'écarte par trop du texte initial sur des éléments essentiels de l'acte. Faute d'une reconsultation, le Conseil se prononcerait en effet sur des points sur lesquels le Parlement n'aurait pas rendu son avis et contournerait ainsi l'obligation de consulter. Selon la jurisprudence, pour que la reconsultation s'impose, les modifications apportées par le Conseil doivent être substantielles[3]. Ce principe a été confirmé par l'arrêt du 16 juillet 1992 par lequel la Cour annule un règlement dans la mesure où le texte adopté s'écartait dans sa substance de celui sur lequel le Parlement avait été consulté[4]. Depuis, la jurisprudence s'est développée sur ce point. Une modifi-

1. CJCE 29 oct. 1980, n° 138 et 139/79, *Roquette frères et Maïzena c/ Conseil (Isoglucose).*
2. CJCE 30 mars 1995, *Parlement c/ Conseil.*
3. CJCE 15 juill. 1970, n° 41/69, *ACF Chemiefarma c/ Commission.*
4. Aff. C-65/90.

cation substantielle est une modification qui touche au cœur même du dispositif, ce qui écarte les simples modifications de méthode[1]. De plus, lorsque le Conseil décide en sens contraire de l'opinion exprimée par le Parlement dans son avis, il doit malgré tout reconsulter le Parlement alors que, par définition, il connaît déjà l'opinion de celui-ci[2]. Cette dernière jurisprudence qui impose au Conseil de reconsulter dès lors qu'il s'écarte substantiellement de la proposition de la Commission ou des vœux du Parlement, même lorsque le Parlement a exprimé sa volonté de manière non équivoque et que le Conseil entend s'en écarter, tend à faire prévaloir une vision très formaliste de la reconsultation.

729 En revanche, pour commencer son propre examen de la proposition, le Conseil ne doit pas attendre que le Parlement ait rendu son avis. Une telle exigence retarderait considérablement la décision compte tenu de la durée du processus de décision interne au Conseil. Il peut même arriver que le Conseil arrive à définir une position avant que soit rendu l'avis. Cette solution n'est pas critiquable puisque la Commission conserve la possibilité de modifier sa position au vu de l'avis et que le Conseil aura l'obligation d'examiner celui-ci avant d'adopter formellement l'acte. Cette analyse a été confirmée par la Cour dans son arrêt du 10 mai 1995 : « Dans le cadre de la procédure de consultation, aucune disposition de droit communautaire n'impose au Conseil de s'abstenir de tout examen de la proposition ou de toute recherche d'une orientation commune, voire même d'une position commune en son sein, avant que l'avis du Parlement ne soit rendu pour autant qu'il n'arrête pas sa position définitive avant d'en avoir pris connaissance »[3]. La meilleure voie pour que le Parlement obtienne la prise en considération de son avis par le Conseil est d'agir sur la Commission afin que cette dernière retienne, dans le cadre d'une modification de sa proposition initiale, les amendements suggérés par le Parlement. En effet, lorsque tel est le cas, le Conseil ne pourra s'écarter de la proposition modifiée de la Commission,

1. CJCE 5 oct. 1994, C-280/93, *Allemagne c/ Conseil.*
2. CJCE 10 juin 1997, C-392/95, *Parlement c/ Conseil.*
3. Aff. C-417/93, *Parlement européen c/ Conseil.*

c'est-à-dire des amendements parlementaires repris dans la proposition, qu'à l'unanimité en application de l'article 293 TFUE.

730 Pour utiliser cette voie, le règlement du Parlement prévoit que lorsque celui-ci approuve la proposition de la Commission tout en formulant des amendements, le vote de la résolution législative qui constitue l'avis du Parlement sera reporté jusqu'à ce que la Commission fasse connaître sa position sur les amendements parlementaires. Si la Commission n'est pas en mesure de se prononcer, le vote sera alors reporté jusqu'à la prochaine période de session. Si tous les amendements du Parlement ne peuvent être repris, le rapporteur fait au Parlement une proposition qui peut entraîner le renvoi en commission pour une période de deux mois après laquelle rapport est fait au Parlement, ce rapport pouvant comporter des amendements de compromis entre le Parlement et la Commission (Règl., art. 58 et 61). En cas de rejet de la proposition de la Commission, le président du Parlement invite la Commission à retirer sa proposition. Si cette dernière ne procède pas au retrait, la proposition est renvoyée en commission laquelle fait rapport dans un délai de deux mois. On doit cependant remarquer que si le traité permet à la Commission de modifier à tout moment sa proposition, il ne prévoit pas de droit de retrait et il est douteux qu'un pouvoir inconditionnel de retrait puisse être déduit du droit de modification. Admettre le retrait en cours de procédure, sans accord du Conseil ou sans que l'évolution des circonstances ait rendu la proposition caduque, reviendrait à doter la Commission d'un pouvoir de veto. En tout état de cause, on doit constater que le Parlement s'est doté des moyens d'exploiter toutes les latitudes que lui offre la jurisprudence de la Cour afin d'établir un dialogue approfondi avec la Commission.

731 La procédure de concertation, qui n'était pas prévue par le traité, se greffait sur la procédure de consultation. Son apparition a fait suite à l'accroissement des pouvoirs budgétaires du Parlement. En effet, dans l'usage de son pouvoir budgétaire, le Parlement aurait pu remettre en cause les effets financiers des législations en vigueur en refusant d'accorder les crédits nécessaires à leur mise en œuvre. Il apparaissait donc souhaitable de l'associer plus étroitement à l'exercice du pouvoir législatif en amont afin d'éviter

des difficultés en aval lors de l'adoption du budget. Tel était l'objet de la déclaration interinstitutionnelle du 4 mars 1975[1]. Le lien avec le budget était évident puisque la procédure n'était susceptible de s'appliquer qu'aux « actes communautaires de portée générale qui ont des implications financières notables et dont l'adoption n'est pas imposée par des actes préexistants ». La procédure de concertation suspendait le jeu de la procédure normale pendant trois mois, sauf en cas d'urgence. Son objet était de permettre au Parlement et au Conseil de rechercher un accord dans le cadre de réunions qui regroupaient le Conseil, une délégation parlementaire et la Commission. Si les positions s'étaient suffisamment rapprochées, le Parlement rendait un nouvel avis et le Conseil statue. En cas d'échec, la procédure normale reprend son cours et le Conseil statuait. Le règlement du Parlement européen avait maintenu la procédure jusqu'à l'entrée en vigueur du traité de Lisbonne. Elle n'a plus aujourd'hui de raison d'être puisque les dispositions budgétaires des traités sur lesquelles elle était fondée ont été modifiées.

2. L'approbation

732 La procédure de l'avis conforme a été introduite par l'Acte unique pour les accords d'association (Traité CE, art. 238 ; actuel TUE, art. 310) et pour la procédure d'adhésion (Traité CE, art. 237 ; actuel TUE, art. 49). Elle était particulièrement bien adaptée aux accords internationaux puisque ceux-ci ne peuvent faire l'objet d'amendements lors de leur approbation. Étendue dans son champ d'application par le traité de Maastricht, elle est préservée en tant que procédure législative spéciale par le traité de Lisbonne sous la dénomination d'approbation tout en continuant d'être utilisée pour les accords internationaux. Elle établit une forme de codécision simplifiée puisque l'acte est adopté en une seule lecture sans que le Parlement puisse amender le texte du Conseil. Le refus ou le défaut d'avis conforme interdit l'adoption de l'acte. La prohibition des amendements puisque le texte doit être approuvé tel qu'il a été présenté n'empêche pas les négociations interinstitution-

1. *JOCE* 22 avr. 1975, C 89.

nelles. Le Parlement et le Conseil se mettent informellement d'accord sur la rédaction du texte qu'ils approuveront ensuite.

733 L'approbation du Parlement sur un texte adopté par le Conseil est requise par les articles 19 TFUE (mesures en vue de combattre la discrimination), 23 TFUE (extension des droits des citoyens européens, avec ensuite ratifications nationales), 223 TFUE (procédure uniforme pour les élections européennes, avec ensuite ratifications nationales), 311 TFUE (mesures d'exécution des ressources propres), 312 TFUE (cadre financier pluriannuel), 352 TFUE (clause de flexibilité), protocole CECA (mise en œuvre). L'approbation du Conseil sur un texte adopté par le Parlement est plus rare. Elle est prévue par les articles 223 TFUE (statut des parlementaires), 226 TFUE (commissions d'enquête, l'approbation de la Commission étant également nécessaire), 228 TFUE (médiateur). L'approbation est requise essentiellement sur des questions institutionnelles, voire quasi-constitutionnelles, et lorsqu'il s'agit d'actes qui concernent au premier chef le Parlement, il appartient à ce dernier d'adopter le texte qui sera ensuite soumis à l'approbation du Conseil.

734 La procédure d'approbation ne joue pas seulement en matière législative, elle est également utilisée pour la conclusion des accords internationaux (v. ss 837) ou pour la procédure d'identification d'un risque sérieux d'atteinte aux valeurs de l'Union dans un État membre (TUE, art. 7). Mais, dans ces cas, il ne s'agit plus d'une procédure législative spéciale.

Bibliographie

Bertrand, *La prise de décision dans l'Union européenne*, Doc. fr., réflexe Europe, 1998 ; Blumann, *La fonction législative communautaire, Droit communautaire*, LGDJ, 1995 ; Chaltiel, *Le processus de décision dans l'Union européenne*, Doc. fr., Réflexe europe, 2006 ; Costa, Dehousse, Trakalova, La codécision et les « accords précoces », progrès ou détournement de la procédure législative, *Notre Europe 2011*, Études et recherches n° 84 ; Jacqué, « Une vision réaliste de la procédure de codécision », *Mélanges Vandersanden*, Bruylant, 2009 ; Ponzano, « Le processus de prise de décision dans l'Union européenne », *Rev. aff. eur.* 2001-2002. 5-15 ; Rideau, « La fonction législative de l'Union européenne », *Rev. aff. eur.* 1995.

Section 2
La procédure budgétaire

735 Le budget communautaire est soumis à des règles générales qui découlent du traité et du règlement financier[1]. Sont venus s'y ajouter, au fil du temps, plusieurs accords interinstitutionnels que complète et codifie l'accord interinstitutionnel de 2006 sur la discipline budgétaire et l'amélioration de la procédure budgétaire[2]. À cet égard, en raison de la matière traitée, le droit budgétaire de l'Union obéit à des principes généraux qui sont fort proches de ceux qui trouvent application dans le droit budgétaire national (**§ 1**). En revanche, la spécificité se manifeste tant dans les règles relatives à l'encadrement des dépenses que dans la procédure budgétaire proprement dite (**§ 2**). La raison en est que les États, tout en accordant au Parlement un droit de participation au processus budgétaire, ont souhaité éviter qu'il n'utilise ses pouvoirs pour augmenter les dépenses de façon trop importante.

§ 1. L'encadrement par les principes généraux du droit budgétaire

736 Les principes du droit budgétaire de l'Union sont classiques et reprennent des règles largement communes à l'ensemble des États membres. Il s'agit des principes d'unité, d'universalité, d'annualité, de spécialité et d'équilibre auxquels s'ajoutent les principes de bonne gestion financière et de transparence. Mais il s'agit en ce qui concerne la bonne gestion financière, d'affirmer que les crédits doivent être gérés conformément aux principes d'économie (crédits rendus disponibles en temps utile), d'efficience (meilleur rapport possible entre les moyens financiers et les résultats) et d'efficacité (atteindre les objectifs fixés). Ce principe constitue

1. TFUE, art. 311 à 325 ; Traité CE, ex-art. 268 à 280 ; Règl. fin. 25 juin 2002, *JO* 16 sept. 2002, L 248/1, modifié par Règl. 13 déc. 2006, *JO* 30 déc. 2006, L 390 et qui sera sans doute révisé suite à l'entrée en vigueur du traité de Lisbonne ; v. Comm., prop. 3 mars 2010, COM(2010)71.
2. *JO* 14 juin 2006, C 139/1.

davantage une ligne de conduite qu'une règle juridique. Quant à l'obligation de transparence, elle implique avant tout la publicité des documents budgétaires. Ces principes sont développés dans le règlement financier[1]

A. Le principe d'unité et de vérité budgétaire

737 La règle de l'unité et de la vérité budgétaire, selon l'appellation du règlement financier, implique que toutes les dépenses et recettes de la Communauté soient reprises dans un document unique. Comme l'indique l'article 310 TFUE[2] : « Toutes les recettes et dépenses de la Communauté (...) doivent faire l'objet de prévisions pour chaque exercice budgétaire et être inscrites au budget ». Cette règle est également exprimée à l'article 7 du règlement financier qui indique que le budget comprend « les recettes et les dépenses de l'Union, y compris les dépenses administratives entraînées pour les institutions par les dispositions du traité sur l'Union européenne dans le domaine de la politique étrangère et de sécurité commune, ainsi que les dépenses opérationnelles entraînées par la mise en œuvre desdites dispositions quand celles-ci sont à la charge du budget ».

738 La question de la budgétisation du Fonds européen de développement (FED) créé en application des conventions de Lomé conclues avec les pays associés d'Afrique, des Caraïbes et du Pacifique a retenu l'attention du Parlement européen qui y voyait une exception au principe de l'unité. Il a revendiqué à des nombreuses reprises l'intégration du FED, qui est géré collectivement par les États membres, dans le budget communautaire. La question a été tranchée par la Cour en défaveur du Parlement dans l'arrêt du 2 mars 1994. Celle-ci a constaté que la Communauté ne disposant pas d'une compétence exclusive en matière d'aide au développement, « les États membres sont en droit d'exercer collectivement leurs compétences à cet égard afin de prendre en charge les concours financiers à octroyer aux États ACP ». En l'espèce, les

1. Règlement du 25 octobre 2012, *JO* du 26 octobre 2012 n° L 298
2. Traité CE, ex-art. 268.

États membres ont choisi par accord interne d'exercer eux-mêmes ces compétences. Il en résulte que les dépenses du FED ne « constituent pas des dépenses de la Communauté qui doivent être inscrites au budget communautaire »[1]. C'est donc à tort que l'on a parfois estimé que la non-budgétisation du FED constituait une atteinte à la règle de l'unité budgétaire. Une autre prétendue exception résulterait des opérations d'emprunt et de prêt. Il s'agit d'une série d'opérations fondées sur divers textes communautaires[2]. La Commission est autorisée à emprunter des fonds en vue d'effectuer des prêts. Ces opérations ne sont pas budgétisées malgré les demandes du Parlement, car, en raison de leur caractère provisoire, elles ne constituent pas des dépenses et des recettes définitives. Seule est inscrite au budget la garantie des opérations d'emprunt et de prêt. Un récapitulatif des opérations en cours est annexé au budget.

739 Les dépenses administratives de la PESC sont à la charge du budget de l'Union. En ce qui concerne les dépenses opérationnelles, à l'exception de celles qui relèvent de la défense, elles sont également à la charge du budget à moins que le Conseil ne décide à l'unanimité de les mettre à la charge des États membres.

740 Le principe de vérité budgétaire implique que soit évitée toute dépense inutile, aussi l'article 8, paragraphe 3 du règlement financier prévoit-il que les crédits inscrits au budget doivent répondre à une dépense estimée nécessaire. Il interdit toute opération budgétaire en dehors du budget ainsi que l'ordonnancement d'une dépense au-delà des crédits inscrits au budget.

B. Le principe d'universalité

741 La règle de l'universalité implique que toutes les recettes servent à financer toutes les dépenses. Selon l'article 20 du règlement financier « l'ensemble des recettes couvre l'ensemble des crédits pour paiement ». La règle figure également à l'article 6 de la déci-

1. Aff. C-316/91, *Parlement c/ Conseil.*
2. Notamment celui instituant le nouvel Instrument communautaire, *JO* 14 mars 1987, L 71/34.

sion sur les ressources propres : « les recettes visées à l'article 2 sont utilisées indistinctement pour le financement de toutes les dépenses inscrites au budget ».

1. La non-affectation des recettes aux dépenses

742 La première conséquence de cette règle est d'interdire l'affectation de certaines recettes à des dépenses spécifiques. La décision sur les ressources propres contient elle-même certaines dérogations à la règle de non-affectation :

– l'article. 285 TFUE permet la mise en place de programmes complémentaires de recherche et de développement entre plusieurs États membres. Dans ce cas, les contributions spécifiques versées par les États sont affectées à ces programmes ;

– en outre, l'article 21 du règlement financier contient une longue liste d'exceptions, notamment la participation d'États membres à des projets d'aide extérieure gérés pour leur compte par la Communauté ou la participation d'États tiers à des activités communautaires.

2. La non-contraction des recettes et des dépenses

743 La règle de l'universalité interdit que soient inscrites au budget des sommes qui seraient le produit d'une contraction entre les recettes et les dépenses. L'interdiction de la contraction est rappelée à l'article 20 du règlement financier. Cette règle fait l'objet d'exceptions et le règlement financier dans son article 23 autorise certaines contractions.

744 D'autres contractions sont prévues par des textes spécifiques :

– la décision sur les ressources propres autorise les États membres à retenir 20 % des montants perçus à titre de frais de perception des recettes provenant des prélèvements agricoles et des droits de douane. Ces frais de perception sont inscrits en recettes négatives au budget, le solde contracté apparaissant *in fine* dans le montant des ressources propres ;

– les prélèvements de coresponsabilité agricole sur le lait et les céréales qui étaient perçus sur les producteurs agricoles en cas de dépassement de production, étaient inscrits au budget comme des dépenses négatives alors qu'il s'agit de recettes de l'Union. Ils venaient en diminution des dépenses positives ce qui fait que l'on a pu considérer qu'ils ne respectaient pas la règle de non-contraction. Cette pratique a été critiquée par la Cour des comptes, mais la Cour de justice avait accepté ce système[1]. Cependant l'article 45 du règlement financier interdit aujourd'hui les recettes négatives.

C. Le principe d'annualité

745 Toutes les opérations budgétaires sont rattachées à un exercice annuel. Ceci signifie que les prévisions sont effectuées pour un exercice budgétaire lequel coïncide avec l'année civile. Comme le stipule l'article 268 du traité, toutes les recettes et les dépenses doivent faire l'objet de prévisions pour chaque exercice budgétaire et selon l'article 313 TFUE (Traité CE, ex-art. 272, § 1) : « l'exercice budgétaire commence le 1er janvier et s'achève le 31 décembre ». Le principe d'annualité s'impose également en vertu de l'article 271, alinéa 1 (TFUE, art. 316) en matière d'exécution puisque « les dépenses inscrites au budget sont autorisées pour la durée d'un exercice budgétaire ».

746 La règle de l'annualité impose d'inscrire au budget toutes les dépenses et les recettes prévisibles pour l'année budgétaire. Le budget doit donc être sincère et rendre compte de la réalité des dépenses et des recettes. S'agissant des recettes, cette règle est rappelée par la Cour dans son arrêt du 31 mars 1992. Il s'agissait de savoir s'il pouvait être fait exception à la règle selon laquelle l'excédent d'un exercice ne peut être reporté que sur l'exercice suivant en n'inscrivant à cet exercice qu'une partie du solde. Or selon la Cour, les principes d'annualité et d'unité du budget, « exigent que toutes les recettes dont dispose la Communauté pour un exercice donné soient inscrites au budget de cet exercice. Il s'ensuit que la non-inscription d'une partie du solde excédentaire d'un exercice budgétaire à l'exercice suivant, solution retenue par le Parlement et soutenue par la Commission, a pour effet que le budget pour ce dernier exercice ne reflète pas toutes les recettes

1. CJCE 21 févr. 1979, n° 138/78, *Stölting*.

dont dispose la Communauté pour cet exercice et porte, dès lors atteinte aux principes susmentionnés »[1].

747 S'agissant des dépenses, le problème s'est posé à deux reprises devant la Cour. Dans l'affaire n° 34/86, il s'agissait de savoir si le refus du Conseil d'augmenter le taux maximal des dépenses non obligatoires pouvait autoriser celui-ci à sous-évaluer les dépenses. Si la Cour ne s'est pas prononcée sur ce point, l'avocat général Mancini déclarait « il n'existe pas de dépenses « prévisibles » dont l'autorité budgétaire ne peut tenir compte »[2]. Dans l'affaire n° 377/87 relative à la carence du Conseil en l'absence de transmission d'un projet de budget au Parlement à la date prévue par le traité, l'avocat général Mischo s'est interrogé sur le fait justificatif que constituait l'insuffisance des ressources propres. Après un long examen, l'avocat général conclut à l'impossibilité de « couper dans les dépenses prévisibles ». Le budget doit être sincère et comporter toutes les dépenses prévisibles pour l'année en cours[3] Les dépenses et recettes qui doivent être inscrites au budget sont donc toutes celles prévisibles pour l'année en cours.

748 La règle de l'annualité dans l'exécution du budget repose sur le rattachement à la gestion de l'année en cours de toutes recettes perçues au cours de l'exercice considéré à l'exception des ressources propres de janvier qui peuvent être encaissées par anticipation et des réajustements des ressources TVA et PNB résultant de budgets rectificatifs et supplémentaires qui, sans considération de la date de leur encaissement, sont rattachées à l'exercice concerné.

1. Les crédits dissociés

749 Il est nécessaire à l'Union d'autoriser des opérations dont la réalisation s'étend sur plusieurs exercices budgétaires. Cette nécessité a donné naissance à la technique des crédits dissociés, c'est-à-dire à la distinction entre crédits d'engagements et crédits de paiement. Cette distinction est consacrée à l'article 10 du règlement financier. Les crédits dissociés couvrent les actions pluriannuelles. Dans

1. Aff. C-284/90, *Conseil c/ Parlement européen.*
2. CJCE 3 juill. 1986, *Conseil c/ Parlement*, concl.
3. CJCE 12 juill. 1988, *Parlement c/ Conseil*, concl.

ce cas, les crédits d'engagement « couvrent, pendant l'exercice en cours, le coût total des obligations juridiques contractées pour des opérations dont la réalisation s'étend sur plus d'un exercice » et les crédits de paiement « couvrent les dépenses qui découlent de l'exécution des engagements contractés au cours de l'exercice et/ou des exercices antérieurs ».

750 Le règlement financier qualifie de crédits d'engagements l'ensemble des crédits non dissociés et des crédits d'engagement des crédits dissociés. Les crédits de paiement sont constitués par l'ensemble des crédits non dissociés et les crédits de paiement des crédits dissociés. Cette approche est logique puisque les crédits non dissociés autorisent, à concurrence de leur montant, l'engagement et le paiement dans le même exercice. Le crédit d'engagement autorisé pour un exercice et le crédit de paiement pour le même exercice figurent à la même ligne budgétaire. Un commentaire au budget contient un échéancier qui indique le montant prévisionnel des crédits de paiement pour les exercices ultérieurs. Afin d'éviter que ne figurent au budget des engagements qui ne pourront être exécutés, l'article 86 du règlement financier prévoit pour les engagements une date limite d'exécution, ce qui implique qu'à l'expiration de cette date, il sera procédé à des dégagements. On évite l'existence d'engagements « dormants » ne donnant lieu à aucune exécution.

751 La technique des crédits dissociés a donné lieu à de très sérieuses difficultés dans les années 1980 en raison de la tendance de l'autorité budgétaire de surbudgétiser les crédits d'engagement bien au-delà des disponibilités financières de la Communauté. Cette situation faisait courir à la Communauté le risque de ne pouvoir honorer ses engagements en crédits de paiement. La décision sur les ressources propres de 1988 a plafonné les crédits pour engagements. Cette technique est reprise dans les décisions suivantes qui fixent à un pourcentage du total du PNB des États membres l'enveloppe globale des crédits pour engagement. Il est en outre précisé qu'il convient de maintenir une relation ordonnée entre crédits pour engagements et crédits pour paiements afin de garantir leur compatibilité et le respect du plafond des ressources propres.

2. Les reports de crédits

752 La technique du report de crédits permet de s'affranchir de l'annualité puisqu'elle permet que des crédits non utilisés dans le cadre d'un exercice le soient lors de l'exercice suivant. L'article 316 TFUE limite cependant le recours à cette technique puisqu'il l'exclut pour les crédits de personnel et ne l'autorise pour les autres crédits que dans la limite du seul exercice suivant. Dans ce cadre, la pratique a d'abord été assez souple puisque tous les reports étaient autorisés dans les limites du traité. Devant les abus entraînés par cette 271, alinéa 3 et 4 du traité pratique, le règlement financier a été révisé et l'article 9 § 1 du règlement financier pose en principe l'interdiction des reports.

753 Pour les crédits non dissociés, la règle générale est celle de l'annulation des crédits non engagés à la fin de l'exercice. Sont reportés automatiquement les seuls crédits correspondant à des obligations contractées au cours de l'exercice ou lorsque la plupart des opérations relatives à l'engagement a été effectuée. Peuvent également faire l'objet d'un report les montants nécessaires lorsque l'acte de base a été arrêté au cours du dernier trimestre de l'année et que la Commission n'a pas pu engager les crédits avant la fin de celle-ci. La Commission informe à l'autorité budgétaire de la liste des reports.

754 Pour les crédits dissociés, le report est autorisé pour les crédits d'engagement lorsque la conclusion des dossiers était presque achevée, mais n'a pu être traduite en engagement. L'engagement doit alors être effectué avant le 31 mars ou, pour des projets immobiliers, avant le 31 décembre. Pour les crédits de paiement, le report doit permettre de couvrir des engagements antérieurs ou liés à des crédits d'engagement reportés. La Commission doit cependant n'avoir recours aux crédits reportés qu'après épuisement des crédits de l'exercice.

D. Le principe de spécialité

755 L'autorisation budgétaire n'est pas donnée globalement, mais de façon spécifique pour des dépenses déterminées. La règle de la spécialité est la condition d'un débat budgétaire véritablement

transparent et d'une exécution qui respecte la volonté de l'autorité budgétaire. Selon l'article 316 alinéa 2 TFUE : « Les crédits sont spécialisés par chapitres groupant les dépenses selon leur nature ou leur destination, et subdivisés conformément au règlement pris en exécution de l'article 322. Les dépenses du Parlement européen, du Conseil européen, du Conseil, de la Commission et de la Cour de justice de l'Union européenne font l'objet de parties séparées du budget sans préjudice d'un régime spécial pour certaines dépenses communes ».

1. La nomenclature budgétaire

756 Les articles 44 et suivants du règlement financier établissent la nomenclature du budget. D'une manière générale, le budget comporte un état général des recettes et des sections comportant les dépenses et les recettes de chaque institution. Cette nomenclature par institution est liée au fait que chaque institution administre ses dépenses et ses recettes. Les dépenses et recettes du Comité économique et social et du Comité des régions sont inscrites à la section du Conseil. Sous réserve des dispositions du règlement financier, la nomenclature est établie dans le cadre de la procédure budgétaire.

757 L'état général des recettes comporte les prévisions de recettes, les recettes de l'exercice précédent et les commentaires appropriés. La section propre à chaque institution indique les recettes propres à cette institution et les dépenses réparties en titres, chapitres, articles et postes. Le chapitre constitue l'unité budgétaire essentielle puisque seule l'autorité budgétaire peut autoriser des virements de chapitre à chapitre. Un titre correspond à un domaine politique et un chapitre à une activité S'y ajoutent des commentaires qui indiquent l'acte de base lorsqu'il en existe un, les explications sur la nature et la destination des crédits et, pour les crédits dissociés, un échéancier indicatif des paiements. Les commentaires budgétaires n'ont qu'une valeur indicative et ne lient pas les institutions.

758 Certaines lignes budgétaires sont affectées de la mention p.m. (pour mémoire). Cette mention signifie que l'autorité budgétaire reconnaît le principe de la dépense, mais qu'elle n'a pas déterminé

le montant de celle-ci, soit parce que l'acte législatif de base n'a pas encore été adopté, soit parce qu'il n'est pas encore possible d'apprécier le montant de la dépense, soit parce que pour une raison quelconque, l'autorité budgétaire a souhaité bloquer la dépense. Ces lignes devront être alimentées par des virements notamment en provenance de la réserve constituée à cette fin au chapitre 100. D'autres lignes sont dotées d'un tiret. Ceci implique qu'aucune dépense ne peut être effectuée sur la ligne qui a cessé d'être opérationnelle et n'est maintenue au budget que pour permettre d'indiquer les crédits inscrits et les dépenses effectuées lors des exercices précédents. Ces lignes ne peuvent être alimentées par virement et seul un budget rectificatif permettrait de les rendre à nouveau opérationnelles.

2. Les assouplissements au principe de spécialité

759 La procédure de virement permet de transférer des crédits d'une ligne à une autre afin de tenir compte de l'état d'exécution du budget et de pourvoir des lignes insuffisamment dotées au moment de l'adoption du budget par des crédits puisés dans des lignes sur dotées. La procédure est prévue aux articles 22 et suivants du règlement financier. Elle est complexe, car commandée par le souci que les virements ne contribuent à l'exécution d'un budget fondamentalement différent de celui arrêté en fin de procédure. L'accord de l'autorité budgétaire doit donc être requis pour les virements les plus importants, mais pour éviter de paralyser l'exécution du budget, cet accord est fréquemment tacite.

760 La procédure est prévue à l'article 26 du règlement financier. S'agissant de la Commission, il convient de distinguer entre les virements de titre à titre, de chapitre à chapitre et à l'intérieur d'un même chapitre. Un régime particulier s'applique également aux dépenses d'administration et de personnel. Les virements de titre à titre pour les dépenses opérationnelles doivent recevoir l'accord de l'autorité budgétaire selon la procédure de l'article 26 du règlement financier. Les transferts sont approuvés par le Parlement et le Conseil, soit par un vote exprès, soit par le silence. En cas de désaccord sur le montant du transfert entre les deux institutions, le montant le plus faible agréé par l'une des institu-

tions est retenu. Au cours des deux derniers mois d'un exercice, la Commission peut procéder à des virements dans la limite de 5 % des crédits inscrits sur l'exercice pour les dépenses relatives au personnel. La même procédure s'applique aux virements effectués à partir du titre « crédits provisionnels » lorsqu'il s'agit de financer une action dont l'acte de base vient d'être adopté. Les virements de chapitre à chapitre sont également soumis à la procédure de l'article 24. Cependant, une procédure allégée est applicable lorsque le virement à l'intérieur d'un même titre reste dans la limite de 10 % des crédits inscrits à la ligne à partir de laquelle il est procédé au virement. Ce n'est qu'en cas d'objections justifiées de l'autorité budgétaire dans un délai de trois semaines que la procédure de l'article 26 sera d'application. Les virements à l'intérieur d'un même chapitre peuvent intervenir librement.

761 Le règlement financier prévoit dans ses articles 47et suivants des réserves. Ces réserves vont permettre en cours d'exercice d'alimenter ou de réduire des lignes budgétaires. Il s'agit donc d'une exception au principe de spécialité puisque l'affectation des crédits contenus dans la réserve n'est pas déterminée lors du vote du budget. Les crédits provisionnels sont mis en réserve dans l'attente de l'adoption d'un acte de base par le législateur ou lorsqu'il existe un doute sur la possibilité d'exécuter certaines actions dans le respect des règles de bonne gestion financière. La réserve pour les aides d'urgence en faveur des pays tiers est mobilisée lorsque le besoin se fait sentir. La réserve négative permet le financement des dépenses nouvelles en puisant sur des lignes qui feront l'objet d'économies en cours d'exécution. Ces lignes ne peuvent bien entendu être identifiées au moment de l'arrêt du budget. C'est en cours d'exécution que l'on viendra puiser sur ces lignes excédentaires pour combler la réserve négative. En d'autres termes, les montants inscrits à la réserve négative ne seront disponibles que pour autant que des économies aient pu être effectuées sur d'autres lignes budgétaires. Le montant de la réserve négative ne peut excéder 200 millions d'euros.

E. Le principe d'équilibre du budget

762 L'article 310 TFUE impose que le budget soit équilibré en dépenses et en recettes. Le montant des dépenses de l'Union est donc limité par le plafond des ressources propres et il n'est pas possible de recourir à l'emprunt pour équilibrer le budget. Dès lors que le plafond n'est pas atteint, le montant des recettes est fixé en fin de procédure budgétaire en fonction du montant des dépenses approuvées. C'est la raison pour laquelle on a souvent qualifié le budget de l'Union de budget de dépenses. En revanche, il n'est pas possible d'adopter un budget dans lequel les dépenses excéderaient le plafond des ressources propres.

763 L'article 314, § 10, TFUE impose le respect de l'équilibre budgétaire à tous les stades de la procédure. Le projet de budget et le budget à chaque lecture doivent être adoptés en équilibre. Il résulte que le budget ne pourrait être établi en cas d'insuffisance des ressources propres puisqu'il résulte de la jurisprudence de la Cour que toutes les dépenses prévisibles doivent être inscrites au budget. Il reviendrait alors aux États membres en application de l'article 4 TUE de mettre en œuvre les moyens permettant à l'Union de faire face à ses obligations.

764 Une des conséquences de la règle de l'équilibre est l'interdiction de mettre en réserve les soldes constatés dans l'exécution du budget. Le solde qui est constitué par la différence entre les recettes perçues et les dépenses effectuées doit, en application de l'article 18 du règlement financier, être inscrit au budget de l'exercice suivant par la voie d'un budget rectificatif, le solde estimé devant lui être inscrit au cours de la procédure budgétaire elle-même. Lorsque le solde est positif, il sera inscrit en recettes. Lorsque le solde est négatif, il sera inscrit en dépenses. L'existence d'un solde négatif qui ne peut provenir que d'une surestimation des recettes puisque les crédits de paiement sont limitatifs, signifie que les dépenses ont été supérieures aux recettes. L'existence durable de soldes négatifs en période de récession pose des problèmes sérieux à la Communauté surtout lorsque les dépenses sont proches du plafond des ressources.

765 La technique de la réserve négative a été inventée dans le cadre de la procédure budgétaire pour 1986 afin de permettre un dépas-

sement des dépenses par rapport aux recettes en préservant l'équilibre budgétaire. Une réserve négative d'un montant égal au dépassement a été créée. Cette réserve est alimentée par des virements provenant des différentes lignes du budget. Il s'agit en fait de spéculer sur la non-consommation de crédits qui permettra d'atteindre l'équilibre en cours d'exercice. Le règlement financier a officialisé cette réserve dans son article 47 et a limité son montant à 200 millions d'euros.

F. Le principe de transparence et de bonne gestion financière

766 Le principe de transparence implique la publication du budget, des budgets rectificatifs, des comptes consolidés et du rapport sur la gestion budgétaire établi par chaque institution au Journal officiel. De même les opérations d'emprunts et prêts figurent pour information en annexe au budget. En outre, la Commission doit communiquer les informations qu'elle détient sur les bénéficiaires de fonds en provenance du budget. Lorsque le budget est exécuté de manière décentralisée, ces informations sont fournies par les entités auxquelles l'exécution du budget a été déléguée. Quant au principe de bonne gestion financière, il résulte de l'article 317 TFUE et des articles 30 et suivants du règlement financier. Il implique l'utilisation des crédits dans le respect des principes d'économie (mise à disposition des moyens en temps utile, en quantité et qualité appropriées et au meilleur prix), d'efficience (meilleur rapport entre les moyens et les résultats) et d'efficacité (atteinte des objectifs fixés et obtention des résultats escomptés). Aussi des objectifs mesurables doivent-ils être fixés pour chaque activité et leur réalisation contrôlée par des indicateurs de performance. L'évaluation doit avoir lieu *ex-ante* et *ex-post*. Un des instruments de cette évaluation *ex-ante* est la fiche financière établie pour chaque proposition législative. Cette fiche justifie l'action communautaire et établit les ressources administratives, humaines et opérationnelles nécessaires. L'évaluation des programmes se fait généralement à mi-parcours, puis à la fin de la période d'application du programme.

§ 2. La procédure budgétaire

767 La procédure budgétaire traduit un subtil équilibre des pouvoirs entre les institutions et plus particulièrement entre les deux branches de l'autorité budgétaire, Parlement et Conseil, puisqu'en la matière, la Commission ne dispose pas des pouvoirs dont elle jouit dans le cadre de la procédure législative. À l'origine, la procédure a été conçue pour associer le Parlement à la prise de décision tout en évitant la remise en cause des décisions prises dans le cadre de la procédure législative dans laquelle il ne disposait que d'un pouvoir consultatif et en faisant obstacle à la tentation parlementaire d'accroître immodérément le volume des dépenses. Si le traité de Lisbonne modifie profondément la procédure, il n'abandonne pas cette préoccupation. De ce fait, l'exercice du pouvoir budgétaire est donc très fortement encadré.

A. L'encadrement du pouvoir budgétaire

768 L'encadrement de la procédure budgétaire prend des formes diverses. La première est sans doute l'encadrement temporel par le calendrier très rigoureux imposé par le traité. Puis venait l'encadrement du pouvoir de décision par la classification des dépenses, aujourd'hui remplacé par le cadre financier pluriannuel. Enfin, se pose le problème des rapports entre pouvoir législatif et pouvoir budgétaire.

1. Le calendrier budgétaire

769 L'article 314 TFUE du traité enferme le débat budgétaire dans un calendrier très strict et, dès lors que le projet de budget est transmis par la Commission au Parlement et au Conseil, les délibérations au sein de chaque institution doivent se dérouler dans des délais dont le dépassement a pour effet une approbation tacite. En effet, l'essentiel est de permettre à l'Union de disposer d'un budget avant le début de l'exercice.

770 Le retard peut procéder de deux causes. Tout d'abord, le défaut de la Commission de présenter un projet en temps utile ou le défaut du Conseil de statuer dans le délai prévu. Ce défaut entraîne un décalage du déroulement de l'ensemble de la procédure budgé-

taire. Il s'est produit en 1987 en raison de l'insuffisance des ressources propres. Ce défaut peut être constitutif d'une carence, mais la Cour a jugé que le dépôt du projet avant le prononcé de l'arrêt interrompait l'instance. La carence ayant cessé, l'objet du recours avait disparu. Il en résulte que l'inaction du Conseil ne peut être sanctionnée lorsque le retard n'excède pas le délai mis par la Cour à statuer. Il faut ajouter que, dans ses conclusions, l'avocat général estimait qu'en l'espèce il existait des causes justificatives à la carence et qu'« il y a donc lieu de retenir que l'obligation de présenter un budget complet doit l'emporter sur l'obligation de le présenter avant le 5 octobre, dans les situations extrêmes où ces deux exigences ne sont pas conciliables »[1]. L'autre hypothèse dans laquelle un budget peut ne pas être adopté avant le début de l'exercice est celle d'un rejet du budget. Il faudra alors avoir recours aux douzièmes provisoires comme le prévoit l'article 315 TFUE.

771 D'après le calendrier établi par le traité, la Commission doit saisir le Parlement et le Conseil d'une proposition contenant un projet de budget avant le 1er septembre et le Parlement doit être saisi de la position du Conseil sur le projet avant le 1er octobre. Le Parlement dispose alors de 42 jours pour sa première lecture. En cas de désaccord, un comité de conciliation doit, dans les 21 jours, établir un projet commun. Puis pendant un délai de 14 jours, le Parlement et le Conseil doivent approuver le projet commun, et le Conseil de 15 jours pour sa seconde lecture. À l'exception de la première lecture du Conseil, si une institution n'a pas statué dans le délai requis son silence vaut approbation. Ce qui concerne le comité de conciliation, l'absence de projet commun à l'expiration du délai a pour effet de clore la procédure qui recommencera sur la base d'un nouveau projet. Afin de limiter les contraintes temporelles de la procédure, les institutions ont convenu par accord d'un calendrier pragmatique qui permet d'anticiper le délai de transmission du projet et de laisser plus de temps au Parlement pour sa première lecture. Mais, en cas de désaccord entre les institu-

1. CJCE 12 juill. 1988, nº 377/87, *Parlement c/ Conseil*.

tions, les règles du traité s'appliquent. Ainsi, la Commission devrait transmettre son projet fin avril ou début mai et le Conseil statuer fin juillet.

2. De l'encadrement par la classification des dépenses au cadre financier pluriannuel

772 Source incessante de conflits interinstitutionnels, la classification des dépenses a constitué jusqu'à l'entrée en vigueur du traité de Lisbonne, la pierre de touche de la répartition du pouvoir budgétaire entre le Parlement et le Conseil. Le Parlement disposait d'un droit de dernier mot sur les dépenses non obligatoires tandis que le Conseil disposait du droit de dernier mot sur les dépenses obligatoires. Le traité n'utilisait pas les termes de dépenses obligatoires ou non obligatoires, mais distinguait « les dépenses qui découlent directement du traité ou des actes arrêtés en vertu de celui-ci » des autres. La philosophie qui avait présidé à l'établissement de cette classification devait être recherchée dans la volonté des auteurs du traité de préserver le pouvoir législatif détenu à l'époque par le Conseil contre les atteintes du Parlement. En effet, on craignait dans les années 1970 que le Parlement ne profite de son pouvoir budgétaire pour remettre en cause les actes législatifs adoptés par le Conseil. En donnant au Conseil le droit de dernier mot sur les dépenses découlant des actes arrêtés en vertu du traité, on se prémunissait contre ce risque. Le risque devait diminuer dès lors que le Parlement s'est vu reconnaître une participation accrue au pouvoir législatif. Il est d'ailleurs significatif que les conflits sur la classification des dépenses concernaient pour l'essentiel les dépenses agricoles, domaine dans lequel le Parlement ne disposait que d'un pouvoir consultatif pour l'adoption des actes législatifs de base. Pour que la classification soit opérationnelle, il était nécessaire d'établir des critères permettant de distinguer concrètement entre les deux catégories de dépenses. Après une longue période de conflits, les trois institutions recherchèrent une solution par la négociation. La déclaration commune du 30 juin 1982 a constitué l'aboutissement de cette négociation. Son contenu fut repris dans les accords interinstitutionnels successifs sur la procédure budgétaire. L'accord n'a pas empêché de nouveaux conflits,

mais il a fourni un cadre de négociation. En effet, la Cour a toujours évité de se prononcer sur la classification des dépenses. Dans son arrêt du 3 juillet 1986[1], elle a renvoyé les parties à la procédure interinstitutionnelle mise en place par la déclaration commune de 1982. Dans son arrêt du 27 septembre 1988, la Cour a estimé que les questions de classification relevaient de l'appréciation des institutions, réservant son intervention aux cas d'usage manifestement erroné ou arbitraire de ce pouvoir d'appréciation[2]. Si le Parlement disposait du droit de dernier mot sur les dépenses non obligatoires, le droit d'augmenter celles-ci était limité par l'existence d'un taux maximum d'augmentation des dépenses non obligatoires. Ce taux était constaté chaque année par la Commission sur la base de l'évolution du PNB en volume dans la Communauté, de la variation moyenne des budgets des États membres et de l'augmentation du coût de la vie dans la Communauté au cours du dernier exercice. Il s'impose aux institutions au cours de la procédure budgétaire. Ce taux appliqué aux dépenses non obligatoires de l'exercice précédent permettait de calculer le montant maximum de l'augmentation possible de ces dépenses pour l'exercice suivant. Il en résultait qu'un désaccord sur la classification des dépenses lors de l'exercice n – 1 avait des incidences sur le montant maximum d'augmentation lors de l'exercice n. On mesure les difficultés qui pouvaient se faire jour en ce qui concerne la détermination de ce montant maximum lorsque plusieurs budgets successifs étaient votés avec un désaccord sur la classification. Un désaccord sur la classification des dépenses entraînait nécessairement un désaccord sur le montant possible d'augmentation des dépenses puisque ce montant était déterminé par l'application du taux aux dépenses non obligatoires de l'année précédente.

773 La question de l'augmentation du taux a cependant perdu une partie de son intérêt depuis l'instauration des perspectives financières et de la discipline budgétaire. C'est dans le cadre de la réforme du système des ressources de 1988 que s'est concrétisée

1. Aff. n° 34/86, *Conseil c/ Parlement.*
2. Aff. n° 204/86, *Grèce c/ Conseil.*

l'idée d'une discipline budgétaire applicable à toutes les dépenses, l'objectif était d'assurer un meilleur contrôle de la croissance des dépenses tout en garantissant un équilibre entre les diverses catégories de dépenses. En effet, la seule limitation résultait, à l'époque, du plafond des ressources propres et du taux maximum, ce qui ne permettait pas de programmer la progression des dépenses et d'éviter que la croissance n'avantage certaines catégories de dépenses par rapport à d'autres sans que l'on dispose d'une vision pluriannuelle. Dans les accords interinstitutionnels successifs, les institutions s'engageront à considérer les montants inscrits dans les perspectives comme un plafond qu'elles respecteront au cours de la procédure budgétaire. La mise en œuvre d'une action dépassant les perspectives ne pouvait avoir lieu qu'après modification du budget et, éventuellement révision des perspectives. Les crédits de paiement ne pouvaient conduire à un taux d'appel des ressources propres supérieur à celui prévu par la décision ressources propres et, si besoin est, les perspectives financières (devenues cadre financier pluriannuel) doivent être ajustées pour assurer le respect du plafond des ressources propres. Les crédits inscrits dans les perspectives financières sont des crédits pour engagement à l'exception des crédits pour l'élargissement. Mais les perspectives fixent également des plafonds en crédits de paiement et les institutions s'engagent à laisser dans la mesure du possible des marges disponibles au-dessous des plafonds. Les perspectives ont été consacrées dans le traité de Lisbonne sous la forme du cadre financier pluriannuel (article 312 TFUE).

774 Ainsi, l'évolution des dépenses est totalement encadrée dans le respect du plafond des ressources propres. Dans ces conditions, les controverses quant à la fixation du taux maximum ont perdu de leur intérêt. L'accord interinstitutionnel prévoyait d'ailleurs que les institutions exerçaient leurs compétences de façon à respecter les différents plafonds au cours de la procédure budgétaire et d'exécution du budget. Il en résulte que, de fait, l'accord sur le taux maximal était automatique. Certes, les formes devaient être respectées et, si l'application de l'accord entraîne une augmentation du taux, celle-ci devait faire l'objet d'une acceptation expresse. Ce processus a abouti à mettre entre parenthèses les

conséquences financières de la classification des dépenses dès lors que les deux branches de l'autorité budgétaire respectaient l'accord interinstitutionnel.

775 Le traité de Lisbonne met en accord la réalité avec la pratique en intégrant dans le traité les perspectives financières, sous la dénomination de cadre financier pluriannuel et en imposant à l'autorité budgétaire de respecter ce cadre. Le cadre s'inscrit dans la limite des ressources imposée par la décision ressources propres et les budgets annuels doivent respecter le cadre financier pluriannuel. Dans ce contexte, les États membres contrôlent le système grâce à la décision ressources propres sur laquelle le Parlement est simplement consulté. La marge de manœuvre de l'autorité budgétaire, et plus particulièrement au sein de celle-ci du Parlement, est donc singulièrement limitée.

776 Le cadre financier est adopté par le Conseil à l'unanimité avec l'approbation du Parlement à la majorité de ses membres. Il contient des plafonds de crédits pour engagement et de crédits de paiement par grandes catégories de dépenses ainsi que des dispositions utiles au bon fonctionnement de la procédure budgétaire. Cette dernière catégorie vise les matières qui constituaient le contenu des accords interinstitutionnels joints aux perspectives financières. Le § 2, alinéa 2 de l'article 312 TFUE prévoit un passage possible de l'unanimité à la majorité qualifiée au Conseil sur décision du Conseil européen.

3. Pouvoir législatif et pouvoir budgétaire

777 Une des particularités de l'Union est l'absence de parallélisme entre l'exercice du pouvoir législatif et celui du pouvoir budgétaire puisque loi et budget sont adoptés selon des procédures impliquant des majorités différentes. Le pouvoir budgétaire ne saurait donc se substituer au pouvoir législatif puisque les titulaires et les modalités de ces pouvoirs diffèrent. Aussi, s'il est indispensable pour la mise en œuvre financière d'une mesure législative, qu'une autorisation de dépense figure au budget, l'existence de cette autorisation ne saurait dispenser l'Union de légiférer. Une dépense requiert donc tant une inscription budgétaire qu'un acte législatif de base. Certes, le Parlement a eu la

tentation de substituer le pouvoir budgétaire au pouvoir législatif en soutenant qu'il était possible de mener une action sur la seule base d'une inscription budgétaire, mais cette revendication a trouvé sa limite dans la déclaration commune de 1982 qui prévoyait que « l'exécution de crédits inscrits au budget pour toute nouvelle action communautaire significative nécessite l'arrêt préalable d'un règlement de base. » La déclaration prévoyait également qu'en cas d'adoption de tels crédits en l'absence d'un règlement de base, la Commission ferait une proposition législative pour la fin du mois de janvier et que le Parlement et le Conseil mettraient tout en œuvre pour que le règlement soit adopté au plus tard à la fin mai. À défaut, la Commission ferait des propositions de rechange pour assurer l'utilisation du crédit.

778 La référence, dans la déclaration de 1982, à une action communautaire significative laissait la place à des hypothèses d'utilisation de crédits sans règlement de base lorsque l'action n'était pas significative. Il existe en effet des actions à caractère ponctuel qui peuvent être menées par la Commission telles des aides d'urgence pour faire face à une situation particulière, des projets pilotes à caractère expérimental ou des actions très spécifiques comme la participation de la Communauté à une Exposition universelle ou l'année européenne de l'environnement qui ne sont pas appelées à se renouveler. Ces actions peuvent intervenir sans acte législatif de base. La définition des actions non significatives a donné lieu à de vives controverses. Le Conseil craignait que, par ce biais, on aboutisse à une remise en cause du pouvoir législatif, des politiques nouvelles étant présentées comme des actions non significatives et décidées sur la base du seul budget sans intervention du législateur.

779 La question a été portée devant la Cour qui a clairement souligné que le budget ne saurait à lui seul servir de base à une action communautaire significative : « l'exécution de dépenses communautaires relatives à toute action communautaire significative suppose non seulement l'inscription du crédit correspondant au budget de la Communauté, qui relève de l'autorité budgétaire, mais encore l'adoption préalable d'un acte de base autorisant lesdites dépenses qui relèvent de l'autorité législative, alors que

l'exécution des crédits communautaires qui ne relèvent pas de cette catégorie, à savoir les actions communautaires non significatives, ne nécessite pas l'adoption d'un tel acte de base »[1]. Sur cette base, les institutions ont conclu un accord qui a été inséré dans l'accord du 6 mai 1999. L'accord considère comme non significatifs les crédits relatifs à des projets pilotes de nature expérimentale (durée maximum de 2 ans et pas plus de 40 millions pour l'ensemble de ces actions) et les crédits relatifs à des actions préparatoires destinées à préparer des propositions législatives (durée maximum de 3 ans et pas plus de 100 millions d'euros pour l'ensemble des actions préparatoires dont au maximum 50 millions d'actions nouvelles par an). Cet accord a été codifié à l'article 54 du règlement financier.

780 Le pouvoir législatif peut-il dans certains cas limiter le pouvoir budgétaire ? Tel est le cas lorsque le législateur introduit, dans un règlement de base, le montant des crédits qui seront dépensés dans le cadre de l'action prévue. Cette pratique a donné lieu à de vifs débats avec le Parlement qui n'admettait pas cette limite au pouvoir budgétaire. La déclaration commune de 1982 prévoyait que les plafonds existants seraient respectés, mais que la fixation de montants maximaux devait désormais être évitée. Cependant, l'Acte unique consacrait la notion de crédits maximaux dans le domaine de la recherche. L'article 130-I (art. 182 TFUE) prévoyait que le programme-cadre pluriannuel fixait le montant maximal et les modalités de la participation financière de la Communauté au programme-cadre. Chaque programme spécifique fixait les moyens estimés nécessaires. La somme de ces moyens ne pouvait dépasser le montant maximum établi par le programme-cadre. Cette technique des moyens estimés nécessaires a été étendue à d'autres domaines. Le problème se pose alors de savoir quel est l'effet pour le pouvoir budgétaire de l'insertion d'une limitation des dépenses dans un acte législatif.

781 Un accord sur ce point est intervenu entre le Parlement, le Conseil et la Commission le 6 mars 1995, accord repris dans l'accord du

1. CJCE 12 mai 1998, C-106/96, *Royaume-Uni c/ Parlement*.

6 mai 1999. Les actes relatifs à des programmes pluriannuels adoptés en codécision contiennent une disposition établissant l'enveloppe financière pour la durée du programme. Cette disposition constitue une référence privilégiée pour l'autorité budgétaire qui ne devrait s'en écarter de plus de 10 % qu'en présence de circonstances objectives nouvelles et durables faisant l'objet d'une justification explicite et précise. Les actes non soumis à codécision peuvent contenir une telle référence, mais elle ne revêt alors qu'un caractère illustratif et n'affecte pas les compétences de l'autorité budgétaire, sauf si le montant a fait l'objet d'un accord avec le Parlement dans le cadre de la procédure de concertation. En d'autres termes, le Parlement accepte que le pouvoir législatif puisse avec son accord lier l'autorité budgétaire. Sa position n'est pas fondée sur une théorie des relations entre le législatif et le budgétaire, mais sur sa volonté de préserver ses pouvoirs (points 17 et 18 de l'accord interinstitutionnel de 2013)[1].

782 On peut se demander si, à l'inverse, le cadre financier ne peut limiter l'exercice du pouvoir législatif. L'article 270 du traité CE inscrivait le pouvoir d'initiative de la Commission dans le cadre du plafond des ressources propres : « En vue d'assurer la discipline budgétaire, la Commission ne fait pas de proposition d'acte communautaire, ne modifie pas ses propositions et n'adopte pas de mesures d'exécution susceptibles d'avoir des incidences notables sur le budget sans donner l'assurance que cette proposition ou cette mesure peut être financée dans la limite des ressources propres de la Communauté ». L'article 310, § 4, TFUE renforce cette règle qui ne s'applique plus seulement aux propositions de la Commission, mais à tous les actes adoptés par l'Union.

B. Le déroulement de la procédure budgétaire

783 La procédure budgétaire commence par l'établissement par chaque institution, à l'exception de la Banque centrale, avant le 1er juillet, d'un état prévisionnel de ses dépenses. Ces états sont regroupés par la Commission dans un projet de budget. Dans la

1. *JO* n° C 373 du 20 décembre 2013

mesure où la Commission ne dispose pas du pouvoir de modifier les états des autres institutions, l'article 314, § 2, TFUE (Traité CE, ex-art. 272, § 2) lui permet de joindre un avis qui comporte des prévisions divergentes sur ce point. La Commission présente une proposition contenant un projet de budget au plus tard le 1er septembre (en fait fin avril). Elle peut modifier le projet de budget jusqu'à l'ouverture de la procédure de conciliation, ce qui lui permet d'adapter ses propositions en fonction du rythme d'exécution du budget de l'année en cours ou pour ce qui concerne l'agriculture du secteur après la campagne d'été. L'article 293 TFUE indique que le Conseil n'a pas besoin de l'unanimité pour modifier le projet de budget par dérogation à la règle traditionnelle en ce qui concerne les modifications d'une proposition de la Commission.

784 Le Conseil adopte sa position sur le projet de budget au plus tard le 1er octobre. En fait, le plus souvent en application du calendrier convenu entre le Parlement, la Commission et le Conseil, le projet est adopté avant le 31 juillet, mais transmis plus tardivement afin de laisser au Parlement le délai le plus long possible. Bien avant l'adoption du projet, se déroule une concertation avec le Parlement européen afin de confronter les points de vue et de tenter de rapprocher ceux-ci.

785 Saisi de la position du Conseil, le Parlement dispose de 42 jours pour adopter le budget par un vote positif ou par le silence gardé jusqu'à l'expiration du délai. Il peut amender le projet à la majorité des membres qui le composent et transmettre le budget amendé au Conseil et à la Commission.

786 Il a subsisté par le passé un doute sur la portée du pouvoir d'amendement du Parlement. Ce pouvoir couvre certainement les dépenses, mais s'applique-t-il également aux recettes ? Le budget de l'Union est essentiellement un budget de dépenses puisque les ressources ne sont pas déterminées dans le cadre budgétaire, mais en fonction de la procédure spécifique de l'article 311 TFUE. Le Parlement ne dispose pas de la maîtrise des ressources et il doit respecter la décision sur les ressources propres. Dans le cadre budgétaire, le niveau des recettes est arrêté en fonction du montant des dépenses et le principe de l'équilibre, combiné avec la décision

sur les ressources propres ne laisse aucune marge de manœuvre à cet égard. La seule incertitude réside dans l'exactitude de la prévision des recettes. Le Parlement pourrait-il corriger les prévisions ? De toute façon, l'enjeu du débat est limité. Le montant de ressources propres qu'il convient d'appeler est constaté en fin de procédure. L'hypothèse dans laquelle seraient corrigées certaines estimations de recettes est très marginale. Comme le constate l'avocat général Jacobs : « le Parlement doit exercer son pouvoir d'amendement conformément aux dispositions législatives concernées, y compris en particulier celles qui déterminent le montant des ressources propres des Communautés (...) et il est peut-être vrai que les dispositions en question ne laissent guère de marge de manœuvre. Il est clair en outre, que le Parlement n'est pas habilité à user de son droit d'amendement de manière à empêcher le Conseil d'exercer ses pouvoirs ; un tel comportement constituerait un manquement au principe de coopération loyale entre les institutions »[1]. De toute façon, une intervention éventuelle en matière de recettes ne serait possible, dans le cadre du traité de Lisbonne, qu'avec l'accord du Conseil.

787 Le budget amendé est transmis au Conseil et à la Commission et le président du Parlement convoque immédiatement un comité de conciliation composé des membres du Conseil ou leurs représentants et d'un nombre égal de parlementaires. Ce comité dispose de 21 jours pour trouver un accord. Mais, si pendant les 10 premiers jours, le Conseil approuve tous les amendements, le comité ne se réunit pas. Dans le cas contraire, le comité doit parvenir à un accord à la majorité qualifiée des représentants du Conseil et à la majorité des représentants du Parlement. En cas d'échec, la procédure est terminée et la Commission doit présenter un nouveau budget. Cette situation s'est produite à plusieurs reprises, notamment en 2014, mais un accord a toujours été trouvé sur la bse d'une nouvelle proposition de la Commission avant le 31 décembre. Sur le modèle de la codécision législative, les réunions sont précédées de trilogues entre les institutions et il a été

1. CJCE 31 mars 1992, C-284/90, *Conseil c/ Parlement européen.*

agréé qu'au cas où un accord serait constaté au cours de l'un de ces trilogues, il ne serait plus utile de réunir le comité et que le projet commun serait finalisé par échange de lettres.

788 Si le comité parvient à un accord, Parlement et Conseil disposent de 14 jours pour statuer. En cas d'approbation par les deux institutions ou d'approbation par l'une d'entre elles, l'autre gardant le silence, le budget est approuvé. Le budget est rejeté si les deux institutions désapprouvent l'accord ou si le parlement le désapprouvait tandis que le Conseil l'approuverait. Le Parlement dispose du droit de dernier mot au cas où il approuverait le projet commun tandis que le Conseil le désapprouverait. Il devrait statuer à la majorité de ses membres et des trois cinquièmes de suffrages exprimés. En absence de confirmation par le Parlement d'un de ses amendements, l'accord réalisé sur ce point en conciliation prévaut. Il s'agit d'une hypothèse tout à fait théorique puisque les membres du Conseil participant tous au comité de conciliation, on les voit mal désavouer ce qu'ils avaient approuvé 14 jours auparavant.

789 À l'issue de la procédure, le président du Parlement constate l'arrêt du budget. Ce pouvoir n'est pas symbolique ; il implique que le président vérifie la régularité de la procédure et la conformité du budget avec le traité. L'acte du président est attaquable devant la Cour de justice. Après Lisbonne, le Conseil a estimé que, comme dans la procédure législative ordinaire, le budget devait être cosigné par le Président du Conseil. Se fondant sur le texte de l'article 314, paragraphe 9 TFUE, la Cour de justice a refusé d'assimiler la procédure budgétaire à la procédure législative budgétaire et rejeté la prétention du Conseil[1].

790 Lorsque la procédure budgétaire n'est pas achevée au début de l'exercice, l'article 315 TFUE prévoit, dans un souci de continuité un système de douzièmes provisoires qui est organisé par l'article 9 (a) du règlement financier. Les dépenses peuvent alors être effectuées mensuellement par chapitre ou autre division dans la limite du douzième des crédits ouverts à l'exercice précédent.

1. CJUE 17 septembre 2013, *Conseil c/ Parlement*, C-71/11

Des douzièmes supplémentaires peuvent être autorisés par le Parlement et le Conseil. Le taux de TVA et le taux PNB de l'exercice précédent restent applicables. En fait, selon le règlement financier, pour les crédits d'engagement, peuvent être effectués par chapitre le quart des engagements inscrits à l'exercice précédent augmentés d'un douzième par mois écoulé sans que cela ne puisse conduire à des engagements excédant le montant inscrit au projet de budget ou à défaut à l'avant-projet.

791 En cours d'exercice, il est possible d'adopter suivant la procédure de l'article 203 des budgets rectificatifs. La présentation d'un budget rectificatif est subordonnée à la survenance de circonstances « inévitables, exceptionnelles ou imprévues ». La procédure est la procédure budgétaire normale.

792 La réforme introduite par le traité de Lisbonne devrait rendre plus simple et surtout plus lisible le déroulement de la procédure budgétaire. Nul doute que cela ne supprime pas les conflits entre institutions. Ceux-ci sont naturels puisque le vote du budget est l'occasion de passer en revue l'ensemble des politiques et d'établir des priorités pour l'action de l'Union. D'ailleurs la première procédure budgétaire qui a suivi l'entrée en vigueur du traité de Lisbonne s'est achevée par un rejet du budget faute d'accord au sein du comité de conciliation. Le désaccord ne portait pas sur le budget, mais sur la revendication parlementaire de pouvoirs que ne lui accordait pas le traité dans l'élaboration du cadre financier et de la décision ressources propres. La Commission a présenté une nouvelle proposition et la procédure s'est achevée par un accord avant la fin de l'année. La procédure budgétaire n'a jamais été un long fleuve tranquille, mais après Lisbonne, les eaux du fleuve ne semblent guère plus limpides.

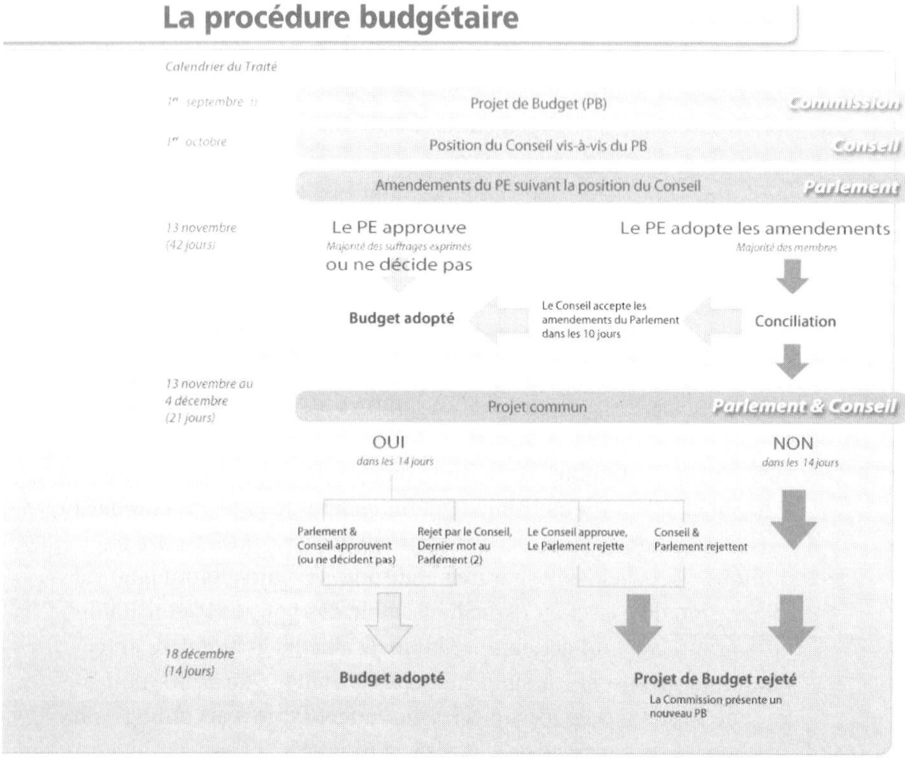

(1) Dans la pratique, la Commission s'efforce de présenter le projet de budget avant fin avril/début mai.
(2) C'est-à-dire que le Parlement approuve le projet commun et, dans un délai de quatorze jours à compter de la date du rejet par le Conseil, décide (à la majorité des membres qui le composent et des 3/5e des suffrages exprimés) de confirmer l'ensemble ou une partie de ses amendements issus de la première lecture.

Source : Commission européenne

Bibliographie

Comm. Mégret, *Les finances de l'Union européenne*, vol. 11, Éd. ULB, Bruxelles, 1999 ; Lechantre et Schajer, *Le budget de l'Union européenne*, Doc. fr., Réflexe Europe, 2004 ; Commission européenne, *Les finances de l'Union européenne*, 4e éd., 2009.

Section 3
L'adoption des mesures d'exécution des actes de l'Union

793 L'exécution matérielle des actes normatifs de l'Union relève dans la quasi-totalité des cas des États membres. C'est le principe de l'administration indirecte selon laquelle l'application du droit de l'Union s'effectue par l'intermédiaire des administrations nationales puisque l'Union n'est dotée ni des compétences administratives, ni de l'appareil répressif nécessaires pour assurer l'efficacité de la mise en œuvre du droit, même s'il appartient à la Commission, en sa qualité de gardienne des traités, de veiller à ce que, dans le cadre de leur activité, les États membres assurent bien le respect du droit de l'Union. Le problème qui se pose ici est celui de l'exécution normative du droit de l'Union, ce que l'on qualifierait en France de pouvoir réglementaire dérivé. Comment est assurée l'adoption des normes d'exécution indispensable à la mise en œuvre de la législation communautaire ? Cette question appelle une réponse tant sur le plan des principes (**§ 1**) que sur celui des procédures (**§ 2**).

§ 1. Les principes généraux

794 Dans une structure composée de plusieurs niveaux de pouvoirs comme l'Union, plusieurs questions se posent en ce qui concerne les compétences d'exécution. La première concerne le niveau auquel doit être exercée la compétence d'exécution, celui de l'Union ou celui des États membres. Dès lors que la compétence est, dans certains cas, exercée au niveau de l'Union, il convient de déterminer l'institution titulaire de cette compétence. Enfin, la réflexion doit porter sur l'étendue de cette compétence.

A. Le niveau d'exercice de la compétence d'exécution

795 Deux visions sont possibles en ce qui concerne le niveau auquel doivent être adoptés les actes d'exécution. On pourrait considérer que la compétence d'exécution est liée à la compétence législative. Dans cette optique qui est celle de certains États fédéraux comme les États-Unis d'Amérique, l'Union disposerait de l'exclusivité de la compétence d'exécution. Dans d'autres systèmes fédéraux, comme l'Allemagne ou l'Autriche, la compétence d'exécution appartient de plein droit aux entités fédérées. Elle ne peut être exercée au niveau fédéral que lorsque la loi le prévoit et, dans ce cas, avec des procédures qui permettent une association des entités fédérées à la prise de décision.

796 On ne trouvait dans le traité aucun élément permettant de soutenir la thèse d'une éventuelle compétence exclusive d'exécution de l'Union même lorsque cette dernière dispose de l'exclusivité de la compétence législative. Cette thèse ne correspond pas non plus à la pratique. Sur le plan des principes, l'article premier TUE souligne que les décisions doivent être prises le plus près possible des citoyens. Ce principe qui trouve sa concrétisation dans l'article 5 du traité CE (subsidiarité), inspire l'ensemble de l'action de l'Union et plus particulièrement l'adoption des normes d'exécution qui sont celles qui touchent de plus près les citoyens dont les droits seront d'autant mieux protégés, y compris sur le plan juridictionnel, que les normes d'exécution seront adoptées par des autorités proches d'eux. Or, la reconnaissance d'une compétence exclusive d'exécution au profit de l'Union aurait pour conséquence de conduire celle-ci à agir alors qu'une action communautaire n'est pas nécessaire. Telle est la conclusion que l'on peut dégager de l'arrêt *Deutsche Milchkontor GmbH :* « Conformément aux principes généraux qui sont à la base du système institutionnel de la Communauté et qui régissent les relations entre la Communauté et les États membres, il appartient aux États membres, en vertu de l'article 5 (devenu TUE, art. 4) du traité d'assurer, sur leurs territoires, l'exécution des réglementations communautaires, notamment dans le cadre de la politique agricole commune, pour autant que le droit communautaire, y compris les principes géné-

raux de celui-ci, ne comporte pas de règles communes à cet effet »[1].

797 Il en découle que la compétence d'exécution appartient normalement aux États membres. Il n'est cependant pas exclu que des normes adoptées par l'Union soient indispensables pour assurer une uniformité dans l'application afin d'éviter des distorsions de concurrence ou des discriminations entre ressortissants de l'Union. Dans ce cas, celle-ci peut intervenir. C'est la thèse à laquelle, après avoir longtemps résisté, la Commission a fini par se rallier après l'entrée en vigueur du traité de Lisbonne : « Les États membres sont naturellement responsables de l'exécution des actes juridiquement contraignants de l'Union européenne. Toutefois, si ces actes de base exigent des conditions d'exécution uniformes, il incombe à la Commission d'exercer les compétences d'exécution. Il revient donc aux États membres de contrôler l'exercice de ces compétences d'exécution par la Commission »[2]. La pratique, confirmée par la jurisprudence, puis ancrée dans le traité, a été d'associer les États membres à l'élaboration des normes d'exécution lorsque celles-ci sont adoptées au niveau de l'Union. Dans la mesure où, dans ce cas, l'Union exerce un pouvoir dévolu en principe aux États membres, il apparaît logique d'instaurer une étroite collaboration entre ceux-ci et l'Union. Cette pratique a consisté à encadrer la Commission par des comités de représentants des États membres chargés de donner un avis sur les projets de mesures d'exécution préparées par la Commission. Un avis négatif, voire l'absence d'avis, pouvait entraîner l'évocation de la question au Conseil. Ce système est généralement connu sous l'appellation de « comitologie ». Il remplit deux fonctions. Il permet tout d'abord aux États membres, plus familiers que la Commission des spécificités administratives nationales, de conseiller la Commission dans l'élaboration de mesures afin d'éviter d'éventuelles difficultés concrètes d'application. Il constitue également un moyen pour les États membres d'être associés à l'exercice d'un pouvoir qui leur appartient normalement.

1. CJCE 21 sept. 1983, n° 205 à 215/82.
2. COM(2010) 83 final.

B. L'institution de l'Union titulaire du pouvoir d'adopter des mesures d'exécution

798 À l'origine, la situation était régie par l'article 155, 4e tiret, du traité CEE selon lequel la Commission « exerce les compétences que le Conseil lui confère pour l'exécution des règles qu'il établit ». Le pouvoir d'exécution appartenait donc au Conseil à moins que celui-ci ne décide d'en déléguer tout ou partie à la Commission. C'est sur la base de cette disposition que s'est développée la pratique d'encadrer l'exercice du pouvoir délégué à la Commission par des comités composés de représentants d'États membres. Cette pratique a donné lieu à des critiques parce qu'elle comportait le droit pour le Conseil d'évoquer le dossier en cas d'avis négatif, voire d'absence d'avis, du comité sur les mesures proposées par la Commission. La Cour de justice a cependant reconnu la validité des procédures « comitologiques » dans son arrêt *Köster* : « l'article 155 dispose que la Commission exerce les compétences que le Conseil lui confère pour l'exécution des règles qu'il établit ; que cette disposition, dont l'emploi est facultatif permet au Conseil de déterminer les modalités éventuelles auxquelles il subordonne l'exercice, par la Commission, du pouvoir à elle attribué (...) le comité de gestion a pour fonction d'assurer une consultation permanente afin d'orienter la Commission dans l'exercice des pouvoirs qui lui sont conférés par le Conseil et de permettre à celui-ci de substituer son action à celle de la Commission ; (...) le comité de gestion n'a donc pas le pouvoir de prendre une décision en lieu et place de la Commission ou du Conseil (...) dès lors, sans fausser la structure communautaire et l'équilibre institutionnel, le mécanisme du comité de gestion permet au Conseil d'attribuer à la Commission un pouvoir d'exécution d'une étendue appréciable, sous réserve d'évoquer éventuellement la décision »[1].

799 Au fil du temps, la nécessité d'accroître les délégations à la Commission afin de permettre au Conseil de concentrer ses travaux sur sa fonction législative est devenue impérative et l'obligation de réaliser l'ambitieux programme d'achèvement du marché inté-

1. CJCE 17 déc. 1970, n° 25/70.

rieur avant le 1er janvier 1993, prévue par l'Acte unique européen, a imposé un recentrage de l'activité du Conseil sur sa tâche législative. En outre, il est apparu souhaitable de remettre de l'ordre dans les diverses procédures d'encadrement des compétences d'exécution dont la diversité s'accroissait avec le temps. L'Acte unique européen allait procéder à cette remise en ordre. L'article 145 CE modifié par l'Acte unique indiquait que le Conseil « confère, à la Commission, dans les actes qu'il adopte, les compétences d'exécution des règles qu'il établit ». La voie normale est donc la délégation de compétences à la Commission. Cette interprétation était confirmée, *a contrario*, par la troisième phrase du troisième tiret qui prévoit que le Conseil pouvait se réserver, dans des cas spécifiques, d'exercer directement des compétences d'exécution. Il en résultait donc que, dans tous les autres cas, la compétence de prendre les mesures d'exécution est conférée à la Commission. Cependant, même en apparence, le traité faisait du Conseil le titulaire du pouvoir d'exécution tout en lui imposant de le déléguer à la Commission. Cette situation devait être remise en cause par l'apparition de la procédure de codécision. En effet, lorsqu'une législation est adoptée en codécision, les dispositions relatives à l'adoption d'exécution sont décidées par le Parlement et par le Conseil. Le Parlement participe dès lors de manière importante à la détermination des modalités d'exécution et il est difficile de prétendre que le Conseil est encore titulaire du pouvoir d'exécution. En fait ce pouvoir appartient au législateur. Cette inadéquation entre les dispositions relatives à l'exécution au niveau de l'Union et la réalité de la procédure législative a été source de conflits répétitifs entre le Parlement et le Conseil.

800 Le traité de Lisbonne a clarifié la question du titulaire du pouvoir d'exécution en confiant ce pouvoir aux États membres. Des pouvoirs d'exécution peuvent uniquement être exercés par l'Union lorsque des conditions uniformes d'exécution sont nécessaires. Il appartient donc au législateur d'établir cette nécessité dans la motivation de l'acte. Mais, dès qu'il existe une nécessité d'intervention de l'Union, le pouvoir d'exécution ne peut être exercé que par la Commission dans le cadre et avec les limites décidées par le législateur. Cependant le Conseil détient des pouvoirs d'exécution qui lui sont directement attribués par le traité dans des cas spécifiques (par exemple concurrence, TFUE, art. 103) ou dans le cadre de la PESC (TUE, art. 24 et 25) ainsi que sur autorisation du législateur dans des cas spécifiques dûment motivés (TFUE, art. 291).

C. L'étendue de la compétence d'exécution

801 La compétence d'exécution ne peut porter sur tous les éléments d'une réglementation. Il appartient au seul législateur de l'Union de légiférer sur les éléments essentiels d'une matière (réserve de la loi). La Cour a souligné dans l'affaire *Köster* que l'on « ne saurait donc exiger que tous les détails des règlements concernant la politique agricole commune soient établis par le Conseil selon la procédure de l'article 43 (...) il est satisfait à cette disposition dès lors que les éléments essentiels de la matière à régler ont été arrêtés conformément à la procédure qu'elle prévoit »[1]. La législation doit ainsi fixer les éléments essentiels de la matière et aucune compétence d'exécution portant sur la fixation de ces éléments ne peut être déléguée. Mais ceci ne signifie aucunement que la compétence du législateur soit limitée à ces éléments essentiels. Le législateur est libre de régler tous les éléments de la matière ne laissant aucune place au pouvoir d'exécution.

802 L'obligation de légiférer sur les éléments essentiels est destinée à préserver l'équilibre institutionnel. Il n'appartient pas au législateur de renoncer, en le conférant à la Commission, au pouvoir de légiférer dans une matière. Par le passé, la Cour a interprété de manière fort restrictive la notion d'éléments essentiels. Ainsi, dans l'affaire C-240/90, elle a estimé que les règles essentielles étaient les règles destinées à traduire les orientations fondamentales d'une politique communautaire, ce qui laisse une large place au pouvoir d'exécution[2]. Mais récemment, dans l'affaire *Frontex*, elle a précisé son interprétation en soulignant qu'il n'était pas permis au législateur de déléguer à la Commission le pouvoir d'adopter

1. Aff. n° 25/70 préc.
2. CJCE 27 oct. 1992, *Allemagne c/ Commission*.

des mesures qui impliquaient des choix politiques tels que le soin de décider de mesures coercitives à l'égard de particuliers ou qui imposaient des limitations aux droits fondamentaux[1].

803 Le législateur doit-il encadrer les compétences d'exécution en déterminant les lignes principales qui doivent guider l'exercice de celles-ci ? La décision du Conseil du 13 juillet 1987, relative aux modalités d'exercice des compétences d'exécution conférées à la Commission, précisait en son article premier que lorsqu'il conférait des compétences d'exécution à la Commission, le Conseil devait préciser les éléments essentiels de ces compétences. La Cour a jugé qu'une telle précision n'était pas nécessaire et qu'une habilitation rédigée dans des termes généraux était suffisante. Elle a ajouté même que la décision de 1987 étant un acte de droit dérivé, « celle-ci ne peut (...) ajouter aux règles du traité, lesquelles n'obligent pas le Conseil à préciser les éléments essentiels des compétences d'exécution déléguées à la Commission »[2]. Si rien n'oblige le législateur à donner de telles précisions, rien ne lui interdit de le faire et le Conseil avait reconduit la même règle dans la décision de 1999 qui remplace celle de 1987. Cette mention a disparu de la nouvelle procédure de comitologie adoptée après Lisbonne[3]. De son côté, la Cour adopte une vision large des pouvoirs de la Commission dans le cadre de la délégation qui lui est accordée par le législateur. Dès lors qu'elle respecte la distinction établie par le traité de Lisbonne entre acte délégué et mesure d'exécution, c'est-à-dire qu'elle se limite à préciser le contenu de l'acte législatif sans modifier ou compléter celui-ci (ce qui est le

1. CJUE 5 septembre 2012, *Parlement c/ Conseil*, C-355/10 / « Ainsi, ne sauraient faire l'objet d'une telle délégation les dispositions dont l'adoption nécessite d'effectuer des choix politiques relevant des responsabilités propres du législateur de l'Union. (...) D'une part, l'adoption des règles relatives à l'attribution de pouvoirs coercitifs aux gardes-frontières, (...) nécessite des choix politiques relevant des responsabilités propres du législateur de l'Union, en ce qu'elle implique une pondération des intérêts divergents en cause sur la base d'appréciations multiples (...). D'autre part, il importe de souligner que des dispositions qui portent sur l'attribution de pouvoirs de puissance publique aux gardes-frontières (...) permettent des ingérences dans des droits fondamentaux des personnes concernées d'une importance telle qu'est rendue nécessaire l'intervention du législateur de l'Union ».

2. Aff. C-240/90, préc.

3. Parl. eur. et Cons., règl. 16 févr. 2011 établissant les règles et principes généraux relatifs aux modalités de contrôle par les États membres de l'exercice des compétences d'exécution par la Commission, *JOUE* 28 févr. 2011, L 53, p. 13.

propre de l'acte délégué), la Commission peut prendre toutes les mesures nécessaires dans le cadre des objectifs généraux de l'acte[1].

§ 2. Les modalités d'exercice du pouvoir d'exécution

804 L'article 202 du traité CE prévoyait que le Conseil pouvait soumettre l'exercice, par la Commission, de compétences d'exécution à certaines modalités. Il précisait que ces modalités devaient obéir aux principes et règles que le Conseil aurait préalablement établis par une décision prise à l'unanimité sur proposition de la Commission et après avis du Parlement. La décision visée à l'article 202 a été adoptée par le Conseil le 13 juillet 1987. Elle a été remplacée par la décision du 17 juillet 1999. En inscrivant dans le traité l'obligation de fixer les procédures de comitologie et de s'en tenir ensuite à ces procédures, les auteurs du traité ont voulu mettre de l'ordre dans les pratiques existantes en évitant la création de nouvelles procédures de comitologie chaque fois que le Conseil conférait dans un acte des compétences d'exécution à la Commission.

805 Ainsi, selon le traité, la décision sur la comitologie était exhaustive et que l'on ne pouvait se fonder sur l'absence de parallélisme des formes en droit communautaire pour y déroger en créant une procédure nouvelle lors de l'adoption d'un règlement ou d'une directive[2]. Cette interprétation résulte de l'emploi des termes « préalablement établis » par l'article 202. Une telle rédaction

1. CJUE 25 octobre 2014, *Parlement c/ Commission*, C-65-13 : « il importe de relever, d'abord, que le pouvoir d'exécution conféré à la Commission est à la fois délimité par l'article 291, paragraphe 2, TFUE et par les dispositions du règlement n° 492/2011. La Cour a, en effet, jugé que, lorsqu'un pouvoir d'exécution est conféré à la Commission sur le fondement de l'article 291, paragraphe 2, TFUE, celle-ci est appelée à préciser le contenu de l'acte législatif, afin d'assurer sa mise en œuvre dans des conditions uniformes dans tous les États membres (...). Ensuite, il ressort d'une jurisprudence constante que, dans le cadre de son pouvoir d'exécution, dont les limites s'apprécient notamment en fonction des objectifs généraux essentiels de l'acte législatif en cause, la Commission est autorisée à adopter toutes les mesures d'application nécessaires ou utiles pour la mise en œuvre dudit acte, pour autant qu'elles ne soient pas contraires à celui-ci »

2. CJCE 21 janv. 2003, C-378/00, *Commission c/ Parlement et Conseil*.

implique que toute procédure comitologique insérée dans un acte doit avoir été établie préalablement à l'adoption de cet acte. Au cas où il apparaîtrait nécessaire d'avoir recours à une procédure nouvelle, il conviendrait de modifier au préalable la décision de 1999. Le traité accorde donc un statut supra-législatif à la décision sur la comitologie. Ces principes s'appliquent également à la nouvelle décision comitologie prise sur la base de l'article 291 TFUE puisque le § 3 indique que les règles et principes relatifs aux modalités de contrôle doivent être établies « au préalable ».

806 De la même manière, les règles anciennes continueront à s'appliquer au choix d'une procédure d'exécution dans le cadre de la procédure législative, parmi celles qui sont offertes par le nouveau règlement sur la comitologie prévu à l'article 291 TFUE. Ce choix suivra la procédure prévue pour l'adoption de l'acte de base. Il appartiendra à la Commission, si elle l'estime nécessaire, d'inclure, dans sa proposition, une disposition d'habilitation assortie de l'une des procédures de comitologie prévues. Si le législateur désire avoir recours à une autre procédure, il devra amender la proposition de la Commission, à moins que la Commission n'accepte elle-même de modifier sa proposition. Si le Conseil modifie la proposition de la Commission en ce qui concerne la comitologie lorsque la procédure consultative est applicable, il est possible qu'il soit obligé de reconsulter le Parlement. La Cour considère, en effet, qu'une modification de la comitologie peut être, dans certains cas, considérée comme touchant un élément substantiel de l'acte. Pour celle-ci, une reconsultation devrait intervenir lorsque la modification adoptée quant au type de comité affecte, de manière décisive, l'équilibre global des compétences entre la Commission et le Conseil tel qu'il résultait de la proposition initiale[1]. Si la matière est soumise à la procédure législative ordinaire, un accord devra être trouvé à ce sujet entre le Parlement et le Conseil.

1. CJCE 10 mai 1995, C-417/93, *Parlement européen c/ Conseil.*

A. La « comitologie » avant l'entrée en vigueur du traité de Lisbonne

807 La dénomination « comitologie » fait référence aux comités de représentants des États membres placés auprès de la Commission afin de contrôler les mesures d'exécution que celle-ci exercice dans le cadre de délégations législatives. Ces comités relèvent de la Commission qui en assure la présidence et le secrétariat. Il appartient aux États membres de désigner leurs représentants au sein des comités. Ces comités ne doivent pas être confondus avec les nombreux groupes d'experts mis en place par la Commission pour la conseiller, même si parfois leur composition est identique. La décision adoptée en 1999 sur la base de l'article 202 du traité CE établissait trois types de comités.

808 Les comités consultatifs donnaient à la Commission un avis sur les projets de mesures d'exécution. La Commission prenait ensuite librement sa décision. Les comités de gestion qui devaient en principe être institués essentiellement pour la gestion de la politique agricole et de la pêche ainsi que pour la gestion des programmes financiers étaient saisis de la même manière. Ils donnaient à la majorité qualifiée un avis à la Commission. Si l'avis était favorable, ou en cas d'absence d'avis, la Commission adoptait les mesures proposées. En cas d'avis négatif, le Conseil était saisi et pouvait à la majorité qualifiée adopter un texte différent. À défaut de décision du Conseil, notamment parce qu'il n'avait pu réunir une majorité qualifiée, la Commission adoptait son projet. Quant aux comités de réglementation qui devaient intervenir en cas de mise en œuvre d'éléments essentiels d'un acte législatif ou pour la modification d'éléments non essentiels de cet acte, ils statuaient de la même manière, mais le renvoi au Conseil intervenait non seulement en cas d'avis négatif, mais aussi d'absence d'avis. Dans ce cas, la Commission saisissait le Conseil d'une proposition ce qui signifiait qu'elle ne pouvait être modifiée qu'à l'unanimité. Si le Conseil adoptait cette proposition, modifiée ou non, elle s'appliquait en qualité de mesure d'exécution. Dans le cas contraire, la Commission prenait elle-même les mesures d'exécution sauf si le Conseil s'y est opposé à la majorité qualifiée. Dans ce cas, aucune

mesure d'exécution n'était adoptée et il convenait soit de reprendre la procédure à son point de départ, soit de passer par la voie législative.

809 Depuis, l'instauration de la procédure de codécision, le Parlement avait revendiqué des droits égaux à ceux du Conseil en matière d'exécution. Il était difficile de donner satisfaction à cette revendication en raison même de la philosophie du système. Tout d'abord, le Parlement est largement informé des travaux des comités qui portent sur des mesures d'exécution d'actes adoptés en codécision. Il reçoit l'ordre du jour des comités, les projets qui leur sont soumis, les résultats des votes et les comptes rendus des réunions. Sur la base de ces informations, si le Parlement estimait qu'un projet soumis à un comité excède les compétences d'exécution déléguées à la Commission dans un domaine soumis à codécision, il votait une résolution à l'adresse de la Commission. Celle-ci réexaminait son projet dans le respect des délais et pouvait, selon les cas, poursuivre la procédure, modifier son projet ou soumettre une proposition législative. De même, dans la procédure de réglementation, lorsque le Conseil était saisi et que le Parlement estimait que la proposition de la Commission excède les compétences d'exécution, il pouvait informer le Conseil de sa position. Sans avoir le contrôle de la procédure, le Parlement pouvait intervenir dans celle-ci et, en dernier ressort, saisir la Cour de justice s'il estimait que la Commission n'avait pas respecté les limites de la délégation.

B. Les modifications introduites par le traité de Lisbonne

810 Aux yeux de la Commission, la principale modification introduite par l'article 291 TFUE est d'exclure le Conseil (et *a fortiori* le Parlement) de la procédure d'adoption des mesures d'exécution puisque le § 3 fait référence au contrôle exercé par les représentants des États membres. Les comités étaient donc maintenus, mais le droit d'évocation du Conseil disparaissait. Comme souvent en droit de l'Union, la modification n'était qu'apparente et le Conseil pouvait faire son retour par la porte de derrière.

811 La Commission avait fait diligence pour présenter une proposition[1] et le Conseil s'était engagé à examiner celle-ci rapidement en échange de l'acceptation par le Parlement de l'application de l'ancienne décision pendant la période intérimaire. On aurait pu s'attendre à ce que la discussion interinstitutionnelle soit difficile, mais il n'en a rien été puisque l'accord sur le texte s'est établi sous la présidence belge sur la base de la résolution du Parlement du 16 décembre 2010[2].

812 L'article 291 TFUE comporte deux éléments importants. Tout d'abord, il confirme que le pouvoir d'exécution appartient en principe aux États membres et ne peut être exercé par l'Union que lorsque des conditions uniformes d'exécution sont indispensables, ce qui implique que chaque fois qu'un acte de base devra organiser le recours à des mesures d'exécution de l'Union, il devra motiver ce choix. Puisque le pouvoir d'exécution appartient aux États membres, il est logique que, lorsqu'il est exercé au niveau de l'Union, un pouvoir de contrôle soit attribué aux États membres. Par contre, rien ne justifie que le Parlement dispose d'un pouvoir identique et il ne l'avait d'ailleurs pas réclamé. Le second aspect essentiel de l'article 291 est qu'il implique soit mis fin au système comitologique classique qui organisait, dans certains cas, un droit d'appel du Conseil lui permettant de préempter la décision. En effet, le § 3 de l'article 291 fait référence à un contrôle par les États membres, ce qui exclut un contrôle par une institution de l'Union.

813 Tout l'effort de la Commission dans sa proposition avait consisté d'une part à consacrer cette nouvelle situation, d'autre part à limiter autant que possible le caractère contraignant de l'intervention des États membres en limitant le nombre de comités et en imposant des critères stricts au recours à un type de comité. En effet, la proposition de la Commission substituait deux types de comités aux trois qui existaient jusqu'alors. Le comité consultatif dont l'avis ne liait pas la Commission bien qu'elle dût en tenir le plus

1. COM(2010)083.
2. Parl. eur. et Cons., règl. 16 févr. 2011 établissant les règles et principes généraux relatifs aux modalités de contrôle par les États membres de l'exercice des compétences d'exécution par la Commission, *JO* 28 févr. 2011, L 55, p. 13

grand compte selon la formule consacrée et le comité d'examen dont seul l'avis négatif empêchait la Commission d'adopter les mesures d'exécution. Le recours au comité d'examen ne pouvait avoir lieu que dans les cas spécifiques d'adoption de mesures d'exécution de portée générale ou d'autres mesures concernant l'agriculture et la pêche, l'environnement, la sécurité et la sûreté ou la protection de la santé ou la sécurité des personnes, des animaux ou des plantes, la politique commerciale commune. À l'issue des débats, la structure proposée par la Commission a été maintenue, mais les modifications apportées par le Conseil, et acceptées par le Parlement, sont profondes. Elles touchent tant au choix du type de comité qu'à la procédure, avec une attention spécifique pour la procédure d'adoption des mesures commerciales.

814 Lors des débats relatifs à la précédente décision comitologie, le Conseil avait déjà refusé l'établissement de critères contraignants pour le choix du type de comité. Il n'a pas changé d'avis et en ajoutant l'expression « en particulier » avant l'énumération des cas dans lesquels il sera fait recours à la procédure d'examen, les auteurs du règlement ont ouvert au législateur la faculté d'avoir recours à cette procédure dans tous les cas à condition qu'ils motivent leur choix [1]. La liste proposée par la Commission soumettait notamment à la procédure d'examen les mesures de portée générale ce qui lui donnait une portée très large. Le règlement reprend cette liste, mais viennent s'y ajouter les mesures d'exécution des programmes d'importance majeure (programmes financiers importants ou programmes destinés à des pays tiers). Cet ajout était important pour les États membres qui ont toujours souhaité contrôler la manière dont la Commission allouait les fonds inscrits dans les programmes de financement alors que cette dernière tentait de préserver son autonomie de gestion. Cependant, pour préserver une certaine souplesse, les domaines énumérés au § 2 de l'article 2 ne relèvent pas exclusivement de la procédure d'examen, ils peuvent, dans des cas justifiés, se voir appliquer la procédure consultative. La rigidité souhaitée par la Commission a

1. CJCE 21 janv. 2003, C-378/00, *Commission c/ Parlement et Conseil*.

donc disparu. La liste des cas de recours à la procédure d'examen est la suivante selon l'article 2 § 2 et 3 du règlement : « 2. La procédure d'examen s'applique en particulier pour l'adoption : a) d'actes d'exécution de portée générale b) d'autres actes d'exécution concernant i) des programmes ayant des incidences majeures ; ii) la politique d'agricole commune et la politique commune de la pêche iii) l'environnement, la sécurité et la sûreté ou la protection de la santé ou de la sécurité des personnes, des animaux ou des plantes iv) la politique commerciale commune v) la fiscalité 3. La procédure consultative s'applique en règle générale à l'adoption des actes d'exécution qui ne relèvent pas du paragraphe 2, mais elle peut aussi, dans des cas dûment justifiés, s'appliquer à l'adoption des actes d'exécution visés audit paragraphe ».

815 Sur le plan procédural, la proposition n'a pas été amendée en ce qui concerne la procédure consultative. L'avis du comité est adopté à la majorité simple et la Commission en tient le plus grand compte. Par contre, la procédure d'examen proposée par la Commission a été profondément modifiée. Selon un schéma classique, l'avis favorable du comité, qui statue à la majorité qualifiée, ouvre la voie aux mesures proposées par la Commission de même que l'absence d'avis alors que l'avis défavorable ferme celle-ci. Dans ce dernier cas, la Commission peut présenter une proposition modifiée au comité. La précédente décision « comitologie » prévoyait un recours au Conseil en cas d'avis défavorable dans le cas de la procédure de gestion. Dans la procédure de réglementation, l'évocation au Conseil intervenait en outre en cas d'absence d'avis du comité. S'appuyant à juste titre sur la rédaction de l'article 291 TFUE qui ne fait référence qu'à l'intervention des représentants des États membres, la Commission avait exclu dans sa proposition tout recours au Conseil.

816 Le Conseil n'a pu accepter cette solution et a institué, avec l'accord du Parlement, une instance d'évocation supérieure au comité d'examen sous la forme d'un comité d'appel. Au sein de ce comité, les États membres sont représentés à un niveau approprié selon l'article 4, § 7 du règlement, ce qui laisse ouverte la possibilité d'une présence des représentants permanents (comme le prévoit le règlement intérieur du comité d'appel), voire des ministres. La différence avec la solution antérieure est que la présidence du comité d'appel est assurée par la Commission. En cas d'avis négatif du comité d'examen, en cas d'absence d'avis lorsque l'acte de base le prévoit, lorsqu'une majorité simple s'est opposée à l'acte au sein du comité d'examen et lorsque les actes portent sur la fiscalité, les services financiers, la protection de la santé ou de la sécurité des personnes, des animaux ou des plantes ou des mesures de sauvegarde définitive, la Commission peut proposer un nouveau projet de mesures d'exécution ou saisir le comité d'appel dans un délai d'un mois. L'avis défavorable du comité d'appel empêche l'adoption de l'acte. En cas d'absence d'avis, il appartient à la Commission de décider si elle adopte ou non l'acte. On retrouve dans cette énumération les principaux cas dans lesquels il était fait recours par le passé à la procédure de réglementation. La procédure de recours regroupe en fait les principales caractéristiques des procédures de gestion et de réglementation.

817 Les procédures d'urgence sont maintenues. Si l'acte de base le prévoit, la Commission peut adopter des actes qui s'appliquent immédiatement pour une période qui n'excède pas six mois pour des raisons d'urgence impérieuses dûment justifiées (art. 8). Un avis négatif du comité peut imposer à la Commission d'abroger ces mesures. Sinon, pendant la période de six mois, la Commission aura, si nécessaire, le loisir de poursuivre la procédure normale. Enfin, à titre exceptionnel, en cas de perturbation importante des marchés agricoles ou de risque pour les intérêts financiers, la Commission adopte des actes qui sont immédiatement soumis au comité de recours lequel peut, par un avis négatif, imposer leur abrogation (art. 9).

818 Le règlement codifie également la procédure d'adoption des mesures de défense commerciale. Celle-ci a donné lieu à de difficiles discussions avec le Conseil qui souhaitait garder un contrôle sur celle-ci. Les mesures antidumping ou les mesures compensatoires provisoires peuvent être adoptées selon la procédure d'urgence de l'article 8 après consultation ou, en cas d'extrême urgence, information des États membres. Les mesures de sauvegarde définitives sont toujours soumises au comité de recours en

cas d'absence d'avis du comité d'examen. Il en va de même pour les mesures antidumping définitives lorsque le comité d'examen n'émet aucun avis, mais qu'une majorité simple s'est opposée à l'adoption. En ce qui concerne le comité de recours, l'absence d'avis sur des mesures de sauvegarde définitives empêche l'adoption de l'acte. Enfin, pendant une période transitoire de 18 mois, les avis sur les projets de mesures antidumping ou compensatoires sont adoptés à la majorité simple. La Commission s'est engagée à examiner la possibilité de moderniser les instruments de défense commerciale de l'Union

819 Quant au Parlement, la procédure dite de la « sonnette d'alarme » ou du droit de regard qui permet au Parlement d'indiquer que le projet d'acte excède les compétences d'exécution conférées à la Commission par l'acte de base est maintenue. Compte tenu de l'absence de droit d'évocation du Conseil, ce dernier dispose du même droit. Dans ce cas, la Commission revoit le projet en tenant compte des observations qui lui ont été adressées et informe le Parlement et le Conseil de son intention de maintenir, de modifier ou de retirer l'acte. Les documents destinés aux comités sont également adressés à la Commission et au Conseil.

C. Exécution et législation déléguée

820 Le traité de Lisbonne crée une nouvelle catégorie d'actes, les actes délégués, qui sont adoptés par la Commission sur délégation du législateur et se distinguent des actes d'exécution. Cette innovation vise à distinguer entre deux situations qui autrefois se confondaient largement. En effet, la procédure de comitologie était fréquemment utilisée pour modifier les dispositions non essentielles d'un acte législatif afin d'adapter celles-ci aux évolutions techniques, voire pour les compléter. Le Parlement européen contestait à juste titre cette situation dans laquelle la Commission ou le Conseil pouvaient sans intervention parlementaire altérer le contenu d'un acte adopté en codécision. La constitution avait déjà identifié cette situation et avait créé à cette fin la catégorie de l'acte délégué. Après l'échec de la constitution, le Conseil avait cédé aux pressions du Parlement et mis en place une procédure

spéciale de comitologie dite procédure de règlement avec contrôle qui visait à donner au Parlement et au Conseil le droit de s'opposer à des mesures de ce type. Le traité de Lisbonne remplace la procédure de réglementation avec contrôle par un système de législation déléguée (TFUE, art. 290). Le législateur peut autoriser la Commission à adopter dans le cadre d'une habilitation spécifique des mesures modifiant ou complétant des éléments non essentiels d'une législation.

821 Le Parlement ou le Conseil ont le droit de s'opposer à l'entrée en vigueur de ces mesures de législation déléguée. L'acte de base peut prévoir la possibilité pour le Parlement ou le Conseil de révoquer la délégation. Ces deux modalités (veto ou révocation) ne sont pas les seules possibles. En effet, l'article 290 ne donne pas une liste exclusive puisque le § 2 indique que les conditions de la délégation « peuvent » être le veto ou la révocation. Le Parlement a notamment envisagé l'hypothèse de délégation à durée déterminée.

822 La pratique des actes délégués devrait être encadrée par le « *Common Understanding* » adopté par la Conférence des présidents du Parlement le 3 mars 2011. Ce document se limite à préciser quelques détails pratiques sur les procédures de délégation, leur durée limitée ou illimitée, les relations entre institutions lors de la préparation des actes, les délais de transmission et d'objection, la procédure d'urgence. Il contient également des clauses types pour la délégation. En fait, l'usage fait par le législateur des possibilités offertes par l'article 290 est exhaustif. L'article 290 prévoit deux possibilités qui ne sont pas exclusives l'une de l'autre : la révocation de la délégation, la procédure d'objection qui permet au Parlement et/ou au Conseil de s'opposer à l'entrée en vigueur de l'acte délégué. Dans la pratique, la procédure d'objection est toujours retenue, mais la délégation n'est accordée que pour une durée déterminée (3 à 5 ans) tacitement renouvelable, mais révocable à tout moment. La combinaison de la durée déterminée et de la révocabilité à tout moment permet un contrôle très étroit sur l'usage fait de la délégation par la Commission. La conséquence de la révocation est que la matière revient au législateur. En ce qui concerne la préparation des actes, il est toujours précisé dans la motivation de l'acte législatif que la Commission doit consulter des experts. Il s'agit d'une formule cryptique qui désigne en fait la consultation des comités « comitologiques ». Il n'est pas exclu que des membres du Parlement puissent être associés à cette consultation qui est précieuse parce qu'elle permet à la Commission de s'assurer que l'acte délégué sera applicable sans difficultés par les administrations nationales compétentes. Elle a aussi l'avantage de vérifier qu'il n'y aura pas d'objections après l'adoption de l'acte. Cette consultation des comités d'experts contribue à rapprocher la procédure d'adoption de l'acte délégué de celle applicable aux mesures d'exécution. Certes l'avis du comité est purement consultatif, mais son influence en amont est accentuée par la possibilité d'un rejet du Conseil en aval. C'est sans doute pour cette raison que le Conseil insiste pour que la consultation des comités ne soit pas laissée à l'appréciation de la Commission, mais soit obligatoire. Ceci d'autant plus que le contrôle du législateur sur les actes délégués n'est pas théorique. Tant le Parlement que le Conseil ont eu l'occasion de mettre leur veto à l'entrée en vigueur d'actes délégués.

823 Le problème le plus important découle du champ d'application de cette procédure. Le législateur peut déléguer à la Commission « le pouvoir d'adopter des actes non législatifs de portée générale qui complètent ou modifient certains éléments non essentiels de l'acte législatif ». Le concept d'acte de portée générale est clair et il existe une abondante jurisprudence de la Cour de justice sur ce point. Il en va de même de la notion d'éléments essentiels. Le véritable problème vient de la définition de la notion de compléter. En effet, tout acte d'exécution vient en quelque sorte compléter l'acte législatif puisqu'il en précise les modalités d'application. Mais à adopter une interprétation aussi large, on réduirait à néant la notion d'exécution et, par là même, les cas de recours à l'article 291 TFUE. La question n'est pas nouvelle et s'était déjà posée dans le cadre de la procédure de réglementation avec contrôle. Le critère reconnu, après bien des discussions interinstitutionnelles, résidait dans l'étendue du pouvoir d'appréciation de la Commission. Comme l'indique la Commission : « pour déterminer si une mesure « complète » l'acte de base, le législateur devrait évaluer si la future mesure ajoute concrètement de nouvelles normes non essentielles qui changent le cadre de l'acte législatif, en laissant une marge d'appréciation à la Commission. Dans l'affirmative, il pourrait être considéré que la mesure « complète » l'acte de base. À l'inverse, des mesures qui ne visent qu'à donner effet aux règles existantes de l'acte de base ne devraient pas être considérées comme des mesures complémentaires »[1]. Il n'en demeure pas moins que la définition laisse une large marge d'interprétation aux institutions. Or l'acte délégué offre un pouvoir de veto au Parlement alors qu'il n'intervient pas dans l'adoption des mesures d'exécution. La tentation est grande de choisir la procédure qui offre la plus grande possibilité d'intervention. Certes, le choix entre les procédures est l'œuvre du Parlement et du Conseil et un accord sera donc nécessaire entre les deux institutions, mais il est difficile à trouver comme en témoigne cette déclaration du Parlement annexée à la résolution législative du Parlement européen du 19 janvier 2012 sur la position du Conseil en première lecture en vue de l'adoption de la directive du Parlement européen et du Conseil concernant les déchets d'équipements électriques et électroniques : « Le Parlement européen déclare que les dispositions de la présente directive concernant les actes délégués et les actes d'exécution sont le fruit d'un compromis délicat qui, sur certains points, s'écarte de la position du Parlement en première lecture. Afin d'aboutir à un accord en deuxième lecture, le Parlement européen a donc accepté le recours, dans certains cas spécifiques, à des actes d'exécution et non à des actes délégués. Il souligne toutefois que ces dispositions ne sauraient être considérées ou utilisées comme un précédent en vue de réglementer des situations similaires dans de futurs actes législatifs ». Pour tenter de mettre fin à la controverse, la Commission a choisi la première occasion pour saisir la Cour de justice. La réponse n'est guère éclairante[2]. Selon la Cour, le choix entre l'article 290 ou 291 TFUE relève avant tout du pouvoir d'appréciation du législateur : « Il convient de souligner que le législateur de l'Union dispose d'un

1. COM(2009)673 final.
2. CJUE 18 mars 2014, *Commission c/ Parlement et Conseil*, C-427/12

pouvoir d'appréciation lorsqu'il décide d'attribuer à la Commission un pouvoir délégué en vertu de l'article 290, paragraphe 1, TFUE ou un pouvoir d'exécution en vertu de l'article 291, paragraphe 2, TFUE ». La réponse peut surprendre dans la mesure où elle semble négliger le rôle de la Cour qui est de veiller à l'équilibre des pouvoirs. En effet, le contrôle exercé par le Parlement et le Conseil ou les États membres est lié au choix entre l'une ou l'autre des catégories. Retenir les mesures d'exécution exclut tout contrôle parlementaire et laisse le champ libre à la Commission et aux États membres. Cependant la Cour refuse de s'engager dans cette voie et se limite à un contrôle de l'erreur manifeste pour éviter d'intervenir dans les choix du législateur. Ce n'est pas première fois. Par le passé déjà, la Cour avait refusé de se pencher sur une question de ce type en matière budgétaire s'agissant de la distinction entre les dépenses obligatoires et non obligatoires qui commandait la répartition des pouvoirs entre les Parlement et le Conseil. Elle renvoyait la question à la coopération entre les deux institutions se limitant à un contrôle de l'erreur manifeste[1]. La présente solution n'est donc pas spécifique, mais s'inscrit dans une attitude de « *self-restraint* » à l'égard des pouvoirs du législateur.

824 Cependant ceci ne signifie pas que le législateur puisse disposer d'un blanc-seing et, en l'espèce, quoiqu'en dise la Cour, il n'est pas évident qu'elle se soit limitée à un contrôle de l'erreur manifeste. Elle a examiné avec soin l'ensemble des éléments afin de déterminer si le règlement établissait un cadre suffisamment précis pour justifier le recours à des mesures d'exécution. Enfin, concrètement, la Cour paraît consacrer l'accord sur lequel le Parlement et le Conseil s'étaient entendus à l'époque de la réglementation avec contrôle (PRAC) avant Lisbonne. Le critère essentiel de la distinction réside dans l'étendue du pouvoir d'appréciation laissé à la Commission.

1. CJCE 29 sept. 1988, *Grèce c/ Conseil*, 204/86: « Il convient d'ajouter qu'en matière de classification des dépenses les institutions communautaires jouissent d'un pouvoir d'appréciation qui est toutefois limité par la répartition des compétences entre les institutions, prévue par le traité. La Cour doit donc veiller à ce que les institutions ne méconnaissent pas, dans le cadre de leur collaboration, les règles du droit et à ce qu'elles ne fassent pas usage de leur pouvoir d'appréciation d'une façon manifestement erronée ou arbitraire ».

825 L'arrêt ne mettra pas fin aux controverses. D'ailleurs, le Parlement et Conseil, souhaitent ajouter des éléments à la définition de l'acte délégué. Pour le Conseil, il s'agit d'une reprise de la revendication selon laquelle la Commission doit s'engager à consulter des experts des États membres avant d'adopter un acte délégué. Tout en ne refusant pas la consultation d'experts, la Commission refuse de prendre un engagement qui placerait l'adoption d'actes délégués au même plan que celle des mesures d'exécution dans le cadre de la procédure consultative. Pour le Parlement, les revendications sont diverses. Dans sa résolution du 15 février 2014, il expose une longue série de demandes dont l'une porte sur la notion d'acte général. Pour le Parlement, dont le Conseil ne partage pas l'avis, certaines autorisations « individuelles » devraient être considérées comme des mesures de portée générale auxquelles la procédure de l'acte délégué pourrait s'appliquer. Cette situation laisse prévoir de nouvelles discussions, sinon de nouveaux affrontements.

D. Les nouveaux types de mesures d'exécution non prévus par le traité

826 Le développement des agences conduit à l'apparition de types de délégations par le législateur qui ne correspondent pas aux exigences des articles 290 et 291. La Cour de justice a reconnu la possibilité de déléguer à une agence le pouvoir d'adopter des mesures d'exécution de caractère général dès lors qu'il s'agissait de mesures limitées qui n'impliquaient pas une large marge d'appréciation[1] (v. ss 689). Il s'agissait en l'espèce de l'Agence européenne des marchés financiers. Sans aller jusque-là, le règlement relatif à l'Autorité européenne de surveillance (Autorité bancaire européenne) tout en déléguant à la Commission le pouvoir d'adopter des actes délégués ou des mesures d'exécution limite singulièrement ses possibilités d'intervention[2]. Le Conseil des autorités de surveillance qui comporte un représentant de chaque

1. Cour de justice, 22 janv. 2014, C-270/12, *Royaume-Uni c/ Parlement et Conseil*.
2. Règlement du 24 novembre 2010 instituant une Autorité européenne de surveillance (Autorité bancaire européenne), modifiant la décision n° 716/2009/CE, *JO* L 331 du 15 décembre 2010, p.12

autorité nationale et qui statue à la majorité qualifiée, élabore des normes techniques de réglementation (équivalent de l'acte délégué) et des normes techniques d'exécution (équivalent des mesures d'exécution). Ces normes sont soumises à la Commission pour adoption formelle, mais si la Commission désire les modifier, elle doit les retourner à l'Autorité en motivant sa position. L'autorité peut alors adopter des normes modifiées qu'elle renvoie pour adoption à la Commission. La Commission ne peut donc agir sans le concours de l'Autorité qu'en cas de silence de celle-ci. Comme les normes techniques de réglementation constituent des actes délégués, la décision de la Commission de les approuver n'entre en vigueur qu'en l'absence d'objection du Parlement ou du Conseil. Il s'agit d'une forme de comitologie hors article 291 TFUE qui ne laisse à la Commission que la possibilité d'approuver ou de refuser. De plus, l'Autorité peut également adopter des orientations ou des recommandations non contraignantes. Mais les autorités nationales doivent indiquer si elles ont l'intention de s'y conformer et dans le cas contraire justifier leur position. Le refus et la motivation peuvent être publiés. Ces orientations et recommandations constituent des actes de soft law dont le respect est assuré par la nécessité pour les récalcitrants de justifier, éventuellement publiquement, leur position. Le développement des agences contribue à la création de modèles nouveaux d'adoption de mesures déléguées ou d'exécution qui n'ont pas été prévues par les traités, mais qui, bien qu'ils s'efforcent de respecter formellement ceux-ci, n'en modifient pas moins l'architecture et l'équilibre des pouvoirs.

La procédure d'adoption des actes d'exécution selon le traité de Lisbonne

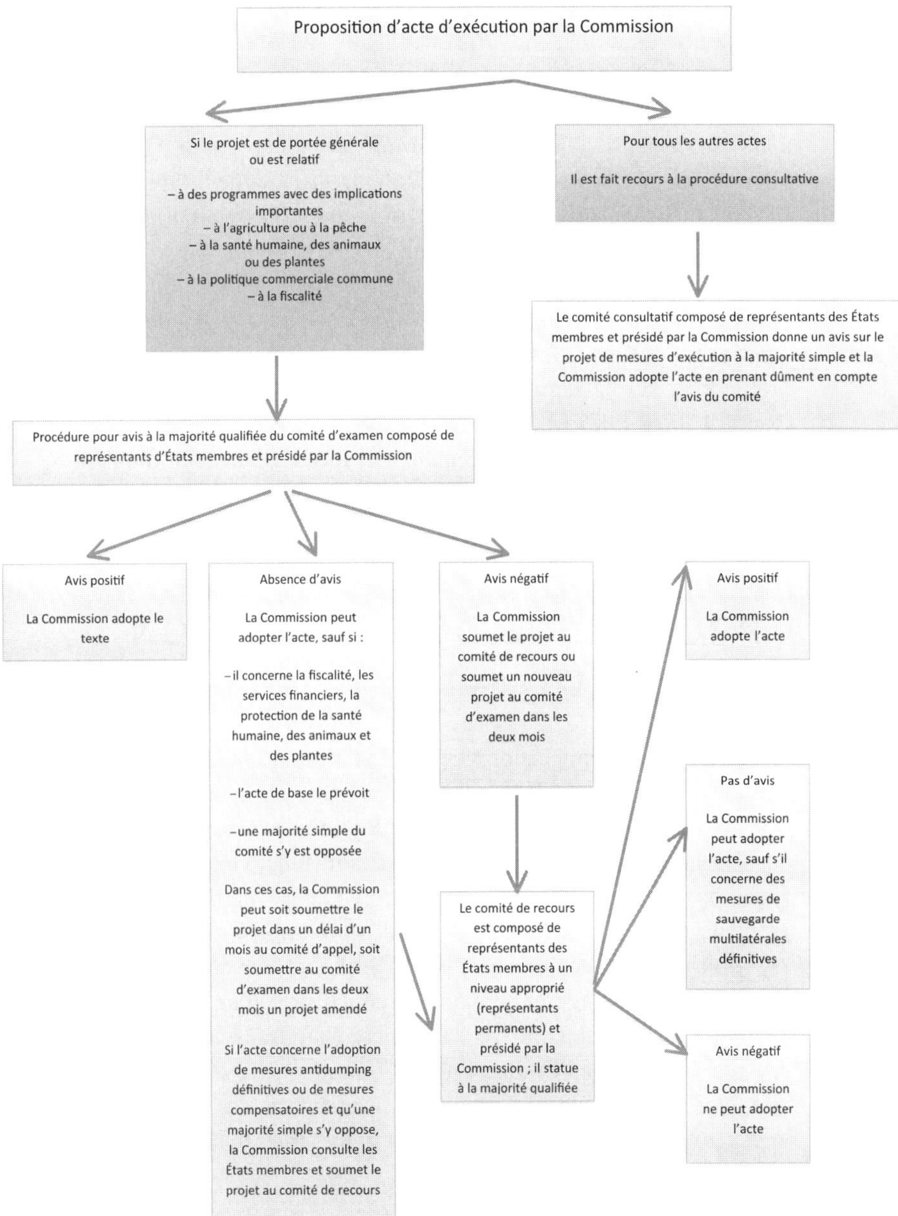

Bibliographie
Blumann, « Le pouvoir exécutif de la Commission à la lumière de l'Acte unique européen », *RTD eur.* 1988. 23-59 ; Ciavarini Azzi Giuseppe, « Comitologie : Le voile se lève... », *Rev. aff. eur.* 2001-2002. 6-28 ; Craig, Paul P., Comitology, *Rulemaking and the Lisbon Settlement: Tensions and Strains* (October 20, 2014). C-F. Bergstrom and D. Ritleng (eds.), “Rulemaking by the Commission: The New System” (Oxford: *Oxford University Press, 2015); Oxford Legal Studies Research Paper No. 75/2014.* Available at SSRN: http://ssrn.com/abstract=2512368; Ehlermann, « Compétences d'exécution conférées à la Commission, La nouvelle décision-cadre du Conseil », *RMC* 1988. 323-239 ; Jacqué, « L'éternel retour, réflexions sur la comitologie », *Mélanges Louis*, Éd. ULB, Bruxelles, 2003 ; Kortenberg, « Comitologie, le retour », *RTD eur.* 1998. 318 ; Reich, « Le Parlement européen et la comitologie », *RMC* 1990. 319-323.

Section 4
La procédure de conclusion des accords internationaux

827 La procédure de conclusion des accords internationaux est prévue à l'article 218 TFUE (Traité CE, ex-art. 300). La même procédure est applicable *mutatis mutandis* à l'adoption des actes unilatéraux des organisations internationales ou des instances établies par des accords conclus par la Communauté. Elle se déroule selon le schéma classique : négociation (**§ 1**), signature (**§ 2**), conclusion (**§ 3**) et éventuellement suspension (**§ 4**). La Cour de justice peut être amenée à intervenir avant la conclusion d'un accord afin d'apprécier la compatibilité d'un accord envisagé avec le traité (**§ 5**). La fusion de l'Union et de la Communauté a conduit à rassembler dans un même article la négociation des accords qui relèvent de la PESC et de ceux qui portent sur les autres domaines de compétence.

§ 1. La négociation

828 L'ouverture de négociations est décidée par le Conseil lequel statue à la majorité qualifiée sauf pour les accords d'association et pour les accords qui portent sur des matières pour lesquelles l'unanimité est requise pour l'adoption de règles internes. Il ne peut être dérogé à cette règle que pour les accords purement administratifs lesquels sont négociés et conclus par la seule Commission. La Cour de justice a donné une interprétation très restrictive de cette compétence en soulignant que l'existence au profit de la Commission d'une compétence de prendre des mesures internes (en l'espèce, dans le domaine de la concurrence) ne suffit pas à lui permettre de conclure seule un accord international[1]. L'autorisation du Conseil n'est pas soumise à des conditions de forme particulières et peut soit résulter d'une décision, soit être contenue dans des conclusions du Conseil. Elle intervient sur la base de recommandations présentées par la Commission ou par le haut représentant pour la PESC.

829 Lorsque le Conseil autorise l'ouverture de négociations, il peut également adopter des directives de négociation. La négociation se déroulera dans le cadre de ces directives. Juridiquement, celles-ci ne sont pas contraignantes, mais si le négociateur s'en écarte, il court le risque de voir le Conseil refuser la signature de l'accord. D'autre part, dans le cadre du principe de coopération loyale entre institutions, il lui appartient, au cas où les objectifs définis dans l'accord ne pourraient être atteints, d'en informer le Conseil et de solliciter, le cas échéant, de nouvelles directives. Le Conseil peut également modifier à tout moment les directives de négociation et créer un comité spécial qui suivra les négociations et qui sera régulièrement consulté. Alors que, dans le cadre de la Communauté européenne, la Commission était le négociateur, l'article 218 ne contient aucune précision. Il appartiendra donc au Conseil de désigner le chef de la délégation qui devrait être le haut représentant pour les domaines qui relèvent de la PESC et la

1. CJCE 9 août 1994, C-327/91, *France c/ Commission.*

Commission dans les autres cas, mais le traité n'interdit pas d'autres solutions, notamment le recours à la présidence (sauf les accords dans le domaine de la politique commerciale commune qui ne peuvent être négociés que par la Commission ; TFUE, art. 207).

830 Par le passé, le Parlement européen a souhaité à plusieurs reprises être associé aux négociations. S'il peut arriver lors d'une conférence internationale que des parlementaires fassent partie de la délégation communautaire, ils sont soumis à la discipline commune et ne peuvent pas s'exprimer au nom du Parlement, comme l'a précisé à plusieurs reprises le Conseil. Le Parlement est également, en application des procédures Luns (25 févr. 1964) et Luns-Westerterp (15 oct. 1973) informé sur des bases confidentielles, dans le cadre de ses commissions compétentes, de la négociation des accords internationaux. Désormais, le § 10 de l'article 218 prévoit que « le Parlement européen est immédiatement et pleinement informé à toutes les étapes de la procédure ». S'appuyant sur son pouvoir d'approbation de certains accords, le Parlement semble estimer qu'il doit être impliqué dans la définition des directives de négociation ce qui va bien au-delà du traité qui confère au Conseil le contrôle exclusif des négociations. Cependant la Commission a accepté au point 23 de l'accord-cadre avec le Parlement d'informer pleinement celui-ci de la définition des directives de négociations sous réserve de l'article 218 ce qui semble indiquer que la Commission doit agir dans le respect des prérogatives du Conseil.

831 Lorsque l'accord négocié est un accord mixte, c'est-à-dire qu'il porte tant sur des domaines qui relèvent de la compétence de l'Union que sur des matières qui relèvent de la compétence des États membres, les négociations sont conduites en étroite coordination entre la Commission et les États membres. C'est l'application du principe de coopération loyale qui découle de l'article 4 TUE (Traité CE, ex-art. 10 CE qui impose l'unité de la représentation internationale de l'Union tant dans le processus de négociation que dans la conclusion[1]. Dans cette hypothèse, il peut arriver

1. V. CJCE délib. 14 nov. 1978, n° 1/78, *Rec.* 2151 et avis 15 nov. 1994 à propos de l'OMC.

que les États membres donnent mandat à la Commission pour négocier en leur nom. Lorsque la Communauté ne peut participer à un accord en raison de son statut particulier comme c'est le cas pour les conventions de l'OIT dont elle n'est pas membre, elle agit par l'intermédiaire des États membres et, dans ce cas également, une coopération étroite doit être établie lors de la négociation entre la Communauté et les États membres[1]. Toujours en application du principe de coopération loyale, les États membres doivent respecter la position commune adoptée par le Conseil et s'abstenir de toute prise de position unilatérale pendant la négociation de celle-ci[2])

§ 2. La signature

832 Lorsque les négociations sont terminées, il appartient au Conseil d'autoriser la signature de la convention. Avant le traité d'Amsterdam, il n'était pas nécessaire que le Conseil soit saisi d'une proposition de la Commission, mais le traité fait actuellement référence à une proposition de la Commission. La formalité de la signature est accomplie soit par la Commission, soit par la présidence du Conseil, soit le plus souvent par les deux et la décision de signature indique l'autorité habilitée à cet effet.

833 La signature peut emporter application provisoire de l'accord. Le Parlement européen a longtemps estimé que la décision d'application provisoire devait être prise avec sa participation dès lors que la conclusion de l'accord imposait cette participation. Le Conseil estimait, pour sa part, que cette décision dépendait de lui seul puisque l'application provisoire ne valait pas engagement définitif. L'article 300 CE, puis l'article 218 TFUE mettent fin à cette controverse. Le Parlement européen est simplement informé.

1. CJCE avis 19 mars 1993.
2. CJUE 20 avr. 2010, C-246/07, *Commission c/ Suède*.

§ 3. La conclusion

834 L'engagement définitif de l'Union résulte de la conclusion de l'accord. La décision de conclusion est prise par le Conseil, sur proposition du négociateur, à la majorité qualifiée, sauf pour les accords d'association, les accords de coopération avec les candidats à l'adhésion, l'accord d'adhésion à la convention européenne des droits de l'homme et les accords portant sur des domaines pour lesquels l'unanimité est exigée pour l'adoption des règles internes (v. notamment TFUE, art. 207). La forme de l'acte de conclusion n'est pas déterminée. Il peut s'agir d'un règlement, mais actuellement le Conseil a le plus souvent recours à une décision spécifique. Quoi qu'il en soit, l'engagement de l'Union ne naît pas de la décision de conclusion, mais de la notification de celle-ci et de l'entrée en vigueur de l'accord dans les conditions déterminées par celui-ci.

835 Lorsque l'accord est mixte, la pratique est de ne notifier la décision de conclusion aux autres parties que lorsque tous les États membres ont ratifié l'accord afin d'éviter les doutes qui pourraient naître sur la portée d'un engagement de l'Union dans l'attente de la ratification des États membres surtout lorsqu'il s'agit d'une convention multilatérale. Il ne s'agit cependant pas d'une règle contraignante. Dans la mesure où la procédure de ratification au sein des États membres peut durer un certain temps, la pratique s'est développée soit de mettre provisoirement en vigueur dès la signature la partie « communautaire » de l'accord, soit de conclure parallèlement un accord intérimaire portant sur les seules matières relevant de la compétence de l'Union. Dans bien des cas, l'acceptation par les États membres de l'exercice par l'Union de compétences externes, alors qu'il n'existe pas encore de mesures internes, éviterait le recours à l'accord mixte et simplifierait la conclusion des accords. Mais, en insistant sur la formule de l'accord mixte, les États membres gardent un contrôle sur la conclusion d'un accord puisque leur consentement est nécessaire. Si l'on acceptait l'exercice par l'Union de ces compétences, une

décision du Conseil à la majorité qualifiée serait, dans bien des cas, suffisante.

836 Dans certains cas, l'article 218 TFUE permet au négociateur d'engager seul l'Union. Le Conseil peut habiliter celui-ci à accepter des modifications d'un accord lorsque celui-ci prévoit une procédure simplifiée à cette fin. Le Conseil peut assortir cette habilitation de conditions spécifiques. Par ailleurs, les règles posées par l'article 218 sont applicables à l'adoption des positions de l'Union dans un organe créé par un accord d'association lorsque cet organe est habilité à prendre des décisions ayant des effets juridiques.

837 Le Parlement est associé à la conclusion des accords internationaux. En application de l'article 218, TFUE il est consulté avant la conclusion de ces accords. Le Conseil peut fixer un délai au Parlement. Passé ce délai, il pourra statuer même en l'absence d'avis. Le traité requiert, dans certains cas, l'approbation parlementaire. La procédure d'approbation est applicable aux accords d'association et aux accords qui « créent un cadre institutionnel spécifique en organisant des procédures de coopération ». Cette dernière catégorie est assez importante compte tenu du nombre d'accords qui instituent des comités mixtes dotés d'un pouvoir de décision. La procédure est également applicable à la conclusion des accords qui couvrent des domaines dans lesquels la procédure législative ordinaire (codécision) est applicable ou dans lesquels l'approbation du Parlement est requise. Le Parlement co-législateur dispose d'un droit de regard qui permet d'éviter que le pouvoir législatif soit préempté par la conclusion d'un accord par un accord international sans qu'il ne lui soit possible d'intervenir. L'approbation parlementaire est également requise pour les accords qui ont des implications budgétaires notables. Une controverse s'était développée entre le Parlement et le Conseil sur la signification de l'adjectif « notable ». Pour le Parlement le caractère notable des dépenses devait s'apprécier par rapport à l'importance de la dépense rapportée à la ligne budgétaire concernée. Pour le Conseil, il convenait de se référer au montant global du budget. La Cour a estimé que la ligne budgétaire ne constituait pas un point de référence suffisamment fiable en raison du caractère

variable de la nomenclature budgétaire qui peut être modifiée d'un budget à l'autre. Cette thèse avait également comme conséquence qu'un accord impliquant des dépenses mineures pouvait être soumis à la procédure de l'avis conforme dès lors qu'il se référait à une ligne budgétaire faiblement dotée. Aussi, la Cour a-t-elle estimé que le caractère notable devait s'apprécier par rapport aux dépenses externes de la Communauté en tenant compte, le cas échéant, des dépenses consacrées à la politique concernée[1]. Enfin l'approbation parlementaire est requise pour l'accord d'adhésion de l'Union à la convention européenne des droits de l'homme. L'approbation des accords par le Parlement n'est pas acquise d'avance. Au lendemain de l'entrée en vigueur du traité de Lisbonne, il a refusé l'approbation d'un accord avec les États-Unis sur la communication des données personnelles relatives aux transferts de fonds (accord Swift). En fait, le Parlement s'appuie sur son pouvoir d'approbation pour conquérir une influence en amont lors des négociations et tenter de s'imposer comme un négociateur parallèle.

§ 4. La suspension des accords

838 L'exécution des accords peut être suspendue dans un certain nombre de cas. Il s'agit essentiellement des hypothèses de non-exécution par l'autre partie, notamment dans les cas où l'accord contient, conformément à une pratique constante de l'Union, une clause « droits de l'homme » faisant du respect des droits de l'homme une condition essentielle de l'accord, ce qui autorise, par référence implicite aux dispositions pertinentes de la convention de Vienne sur le droit des traités, sa suspension en cas de violation des droits de l'homme par l'une des parties. La mise en œuvre de la procédure de suspension avait soulevé des interrogations. Certains estimaient que l'appréciation du respect des droits de l'homme était de nature politique et exigeait une constatation unanime dans le cadre de la PESC. On s'est également demandé

1. CJCE 8 juill. 1999, C-198/97, *Parlement c/ Conseil.*

si le Parlement devait être associé à la décision de suspension d'un accord lorsqu'il était associé à sa conclusion. Le traité d'Amsterdam a apporté une réponse à ces questions. La procédure de suspension est soumise en ce qui concerne le vote au Conseil aux mêmes règles que la conclusion de l'accord. Le Parlement européen n'intervient pas dans la procédure, il est simplement informé (TFUE, art. 218, § 9).

§ 5. L'intervention de la Cour de justice

839 Il peut arriver que l'on s'interroge sur la compatibilité d'un accord avec les traités. Autoriser la ratification d'un tel accord permettrait une révision indirecte des traités par la voie d'un accord avec des tiers. Pour éviter une telle situation, l'article 218, § 11, TFUE (Traité CE, ex-art. 300, § 6) permet au Parlement, Conseil, à la Commission ou à un État membre, d'interroger la Cour de justice sur la compatibilité d'un accord envisagé avec le traité. En cas d'avis négatif de la Cour, l'accord ne peut entrer en vigueur qu'après la révision du traité, à moins qu'il ne soit renégocié en vue d'éliminer les incompatibilités avec le traité. Cette procédure est importante puisqu'à défaut d'une demande d'avis, la Cour pourrait toujours, si elle était saisie d'un recours après la conclusion de l'accord, annuler la décision de conclusion ce qui empêcherait l'Union d'exécuter ses engagements et susciterait des difficultés avec les autres parties. La voie préalable de l'avis est donc préférable à celle d'un contentieux *a posteriori*.

840 La saisine de la Cour porte, selon l'article 218 TFUE, sur un accord envisagé par l'Union. On s'est donc demandé quel devait être l'état des négociations pour que la Cour puisse être saisie. Fallait-il que la négociation soit terminée afin que la Cour puisse disposer du texte complet de l'accord envisagé ? En fait, l'avis a pour objet d'éclairer la Communauté dans son action, mais aussi de prévenir d'éventuelles difficultés avec des pays tiers si l'accord devait être remis en question. C'est la raison pour laquelle il est possible de saisir la Cour dès lors que le contenu éventuel de l'accord est

suffisamment précis pour qu'un avis puisse être rendu[1]. Ainsi, dans son avis sur l'adhésion de la Communauté à la Convention européenne des droits de l'homme, la Cour a constaté que le contenu précis de l'accord n'étant pas encore déterminé, il ne lui était pas possible d'en analyser la compatibilité avec le traité[2].

841 La Cour a une vision large de sa compétence et estime que la demande d'avis peut également porter sur l'existence d'une compétence de l'Union. Ainsi, tant l'avis n° 2/94 sur la Convention européenne des droits de l'homme[3] que l'avis n° 1/94 sur l'OMC[4] traitaient la compétence communautaire en la matière. Dans la mesure où l'avis doit permettre à la Cour d'éclairer la Communauté avant la conclusion un accord, il va de soi que ce contrôle préventif ne peut plus être exercé dès lors que l'accord a déjà été conclu[5]. Dans ce cas, la seule voie ouverte est celle d'un recours en annulation à l'encontre de la décision de conclusion. Cette solution a parfois été contestée par la doctrine qui estimait que lorsque la conclusion d'un accord faisait l'objet d'une demande d'avis, il convenait de suspendre la procédure en attendant l'avis de la Cour. Mais la Cour ne dispose pas de cette possibilité dont l'objectif pourrait être atteint par une demande de suspension de la mise en œuvre de l'accord lors du dépôt du recours en annulation comme le rappelle l'avis n° 3/94 : « En toute hypothèse, l'État ou l'institution communautaire à l'origine de la demande d'avis dispose de la voie du recours en annulation contre la décision du Conseil de conclure l'accord ainsi que de la possibilité de solliciter, à cette occasion, des mesures provisoires par une demande de référé »[6]. Ainsi, la cohérence entre les deux voies, *a priori* et *a posteriori*, est assurée sans lacune dans le système de contrôle. Toute autre solution méconnaîtrait le caractère spécifique de la procédure de l'article 300 qui est de nature préventive.

1. CJCE avis 13 déc. 1995, n° 3/94.
2. CJCE avis 28 mars 1996, n° 2/94.
3. Avis préc.
4. CJCE avis 13 nov. 1994.
5. CJCE avis 13 déc. 1995, n° 3/94.
6. Avis préc.

Bibliographie

Comm. Mégret, *Relations extérieures*, vol. 12, Bruxelles, Éd. ULB ; Leroy et Potteau, « Réflexion sur la cohérence du système de contrôle de la légalité des accords internationaux conclus par la Communauté européenne », *RTD eur.* 1998 ; Rideau, « Accords internationaux », *Rép. Droit communautaire*.

CHAPITRE 2

Le processus décisionnel dans le cadre de la PESC

842 Compte tenu du maintien de la spécificité de la PESC dans le traité de Lisbonne, le processus décisionnel est soumis à des règles particulières et reste profondément marqué par le recours à l'unanimité. Le traité a tenté de simplifier la typologie des actes en supprimant les positions et actions communes pour les remplacer par des décisions. En outre, l'article 31 TUE (TUE, ex-art. 23) exclut l'adoption d'actes législatifs.

843 La Commission ne dispose plus du droit d'initiative qu'elle partageait autrefois avec les États membres. Dans le traité de Lisbonne, le droit d'initiative appartient à tout État membre et au haut représentant avec ou sans le soutien de la Commission (art. 30 ; TUE, ex-art. 22). Elle est soumise ensuite pour discussion aux instances du Conseil. Les communications entre les États membres sont acheminées par un réseau spécial dit COREU (correspondants européens) qui unit le Conseil aux différentes capitales et à la Commission. Dans ces conditions, il aurait pu être tentant d'utiliser ce réseau pour la discussion et l'adoption des actes qui interviennent dans le domaine de la PESC. Mais cette méthode aurait eu pour effet de passer outre les méthodes de travail du Conseil et de vider de leur contenu les réunions des groupes de travail et

du Coreper. C'est la raison pour laquelle l'instruction des initiatives ne peut être menée par le réseau COREU comme l'a décidé le Conseil dans le mode d'emploi de la procédure qu'il a adopté en 1995.

844 Les initiatives sont donc examinées par les groupes de travail spécialisés du Conseil lesquels, de même que le Coreper lorsqu'il délibère sur la PESC, sont présidés par des représentants du haut représentant. Après cet examen, rapport est fait au Coreper en vue de la préparation de la session du Conseil « Affaires étrangères ». Le traité a institué un comité politique (aujourd'hui comité politique et de sécurité, art. 38 TUE) composé de représentants des États membres. La rédaction de l'article 38 n'implique pas que les projets d'actes doivent être examinés par le comité politique puisque celui-ci suit les affaires de la PESC et donne des avis au Conseil à sa demande. Mais dans la pratique, les documents issus des groupes de travail sont fréquemment soumis au comité politique avant leur passage au Coreper. Depuis l'entrée en vigueur du traité de Nice, le comité politique et de sécurité peut prendre des décisions dans le cadre de la gestion des crises.

845 La PESC est définie et mise en œuvre par le Conseil européen et le Conseil qui statuent à l'unanimité (art. 24 TUE). Cependant, une clause passerelle permet au Conseil européen de décider à l'unanimité du passage à la majorité qualifiée dans certains cas (TUE art. 31, § 3). Cette possibilité ne joue pas pour les décisions ayant des implications en matière de sécurité et défense. Le haut représentant est chargé de l'exécution de cette politique. Le Parlement européen n'est pas consulté sur chaque acte, mais seulement sur les principaux aspects et choix fondamentaux. Deux débats parlementaires annuels sont prévus par le traité et le Parlement dispose du droit de poser des questions et de voter des recommandations de sa propre initiative. Cependant, l'expérience montre que le Parlement n'a pas renoncé à exercer une certaine forme de contrôle notamment en utilisant son pouvoir de voter les dépenses pour faire pression sur le Conseil. La PESC est soustraite au contrôle juridictionnel à l'exception des mesures individuelles restrictives comme le gel des avoirs réalisé sur la base de résolutions du Conseil de sécurité des Nations unies dans le cadre de la lutte

contre le terrorisme. Cette exclusion a été souvent critiquée, mais, dans la mesure où le Conseil ne peut adopter d'actes législatifs, les décisions prises dans le cadre de la PESC ne devraient pas produire d'effets sur les tiers. Il s'agit essentiellement de décisions politiques dont la mise en œuvre concrète est assurée par les États membres qui sont soumis au contrôle de leurs juridictions nationales.

846 Le système décisionnel repose sur différents niveaux de prise de décision. Il appartient au Conseil européen de définir les lignes directrices et d'adopter à cet égard les décisions nécessaires. Le Conseil agit sur la base des orientations générales et lignes stratégiques adoptées par le Conseil européen (art. 26 ; TUE). Il peut définir par des décisions la position de l'Union sur une question particulière de nature géographique ou thématique (art. 29 TUE). Enfin, le Conseil prend, lorsque la situation l'exige, des décisions de nature opérationnelles (art. 28 TUE). L'exécution est assurée par les États membres et le haut représentant (art. 26, § 3).

847 Les décisions sont adoptées à l'unanimité, mais, par voie d'exception, la majorité qualifiée est applicable dans quatre hypothèses : 1) lorsque le Conseil agit sur la base d'une décision du Conseil européen portant sur les intérêts et objectifs stratégiques de l'Union ; 2) lorsqu'il adopte, sur proposition du haut représentant, une décision qui fait suite à une demande spécifique du Conseil européen ; 3) lorsque la décision est une décision de mise en œuvre d'une décision qui définit une action ou une position de l'Union ; 4) pour la nomination des représentants spéciaux (art. 31 TUE). À l'exception de la dernière hypothèse, il s'agit de cas dans lesquels la décision est encadrée par une décision prise antérieurement par le Conseil européen ou le Conseil.

848 Lorsque le Conseil statue à l'unanimité, les abstentions n'empêchent pas l'unanimité. Cependant, un État membre a la possibilité d'assortir son vote d'une déclaration selon laquelle il n'appliquera pas la décision. Dans ce cas, il reste tenu par une obligation de solidarité et ne doit pas entreprendre d'actions susceptibles d'entrer en conflit avec les décisions de l'Union. De leur côté, les autres États membres respectent sa position. C'est ce que l'on appelle l'abstention constructive. Dès lors que les abstentions constructives dépassent le tiers des États membres réunissant au moins un tiers de la population, la décision ne peut être adoptée. C'est la garantie que toute action de l'Union aura le soutien d'un noyau important d'États membres. Cette procédure a été utilisée par Chypre lors de décisions relatives au Kosovo. Lorsque le Conseil statue à la majorité qualifiée, un État membre peut invoquer des raisons de politique nationale vitales pour s'opposer au vote. Il appartient alors au haut représentant de rechercher avec l'État concerné une solution. En cas d'échec, le Conseil européen est saisi et se prononce à l'unanimité. Cette procédure introduit le compromis de Luxembourg dans le cadre du processus décisionnel de la PESC.

849 Le haut représentant représente l'Union à l'extérieur, mais il ne dispose pas du monopole de représentation puisque le président du Conseil européen représente « à son niveau » l'Union en ce qui concerne la PESC (TUE, art. 15). La répartition des tâches entre les deux personnalités doit donc dépendre du niveau auquel se situe la relation. Le président du Conseil européen devrait essentiellement assurer la représentation de l'Union lors des rencontres avec des chefs d'État ou de gouvernement étrangers alors que les autres relations devraient être assurées par le haut représentant. En ce qui concerne la négociation d'accords internationaux, elle suit les règles générales fixées par l'article 218 TFUE, la représentation de l'Union n'étant plus assurée par la Commission, mais par le haut représentant, le Parlement européen n'étant pas appelé à donner un avis sur la conclusion. Le traité permet la conclusion d'accords « mixtes » portant sur la PESC et sur les autres aspects des compétences de l'Union. D'après l'article 218 TFUE, les règles spécifiques relatives à la PESC s'appliquent lorsque l'accord porte principalement ou exclusivement sur la PESC.

850 Le Parlement a tenté de jouer sur la distinction entre principal ou exclusif pour plaider que son approbation pouvait être requise lorsque l'accord ne portait que principalement sur la PESC. La Cour n'a pas partagé cette analyse[1]. L'affaire portait sur un accord

1. CJUE 20 juin 2014, *Parlement c/ Conseil*, C-658/11

conclu entre l'Union européenne et l'Île Maurice relatif à l'opération de lutte contre la piraterie (« Atalante »). Dans ce cadre, l'Union avait conclu, sur la base de l'article 37 TUE, un accord sur le transfert des personnes suspectées d'acte de piraterie. Le Parlement, soutenu par la Commission, ne contestait pas le fait que l'accord poursuivait principalement des objectifs liés à la PESC, mais soulignait qu'il portait aussi sur des questions concernant la coopération judiciaire en matière pénale, à la coopération policière et à la coopération au développement. Au-delà d'une analyse purement textuelle, la Cour se fonde sur la philosophie du système et établit un lien entre les pouvoirs du Parlement sur le plan interne et sur le plan externe : « Comme il peut être déduit notamment de l'article 218, paragraphe 6, second alinéa, sous a), v), TFUE, cette distinction vise à refléter, sur le plan extérieur, la répartition des pouvoirs entre institutions applicable sur le plan intérieur. En effet, le traité de Lisbonne a, d'une part, exigé l'approbation par le Parlement de la conclusion d'un accord international précisément pour les accords couvrant des domaines auxquels, sur le plan intérieur, s'applique la procédure législative ordinaire, prévue à l'article 294 TFUE, ou la procédure législative spéciale, mais uniquement lorsque celle-ci requiert l'approbation du Parlement. D'autre part, la participation de cette institution dans la conclusion d'un tel accord n'est exclue que lorsque celui-ci porte exclusivement sur la PESC, dans le cadre de laquelle le traité de Lisbonne a conféré un rôle limité au Parlement ». En conséquence, l'élément déterminant est constitué par la base matérielle de l'acte et non par la base formelle ou procédurale que constitue l'article 218. Dans ces conditions, dès lors que l'objet et le contenu principal de l'acte relève de la PESC, la base procédurale doit correspondre à la base matérielle, ce qui implique une conclusion par le Conseil seul. D'ailleurs, sur un plan textuel, la référence à exclusivement ou principalement se trouve dans le paragraphe 3 relatif à la négociation alors que le paragraphe 6 sur la conclusion ne mentionne que les accords qui portent exclusivement sur la PESC. Par contre, l'obligation de consultation du Parlement est prévue par l'article 218 TFUE « a une portée générale et a dès lors vocation à s'appliquer, en principe, à tous les accords internationaux négociés et conclus par l'Union dans tous les domaines d'action de celle-ci, y inclus la PESC qui, contrairement à d'autres domaines, n'est soumise à aucune procédure spéciale ».

Deuxième partie

L'ordre juridique de l'Union

851 Le droit de l'Union constitue, selon la Cour de justice, un ordre juridique véritable distinct de l'ordre international. Selon la formule de l'arrêt *Costa c/ ENEL*, il s'agit d'un « ordre juridique propre intégré au système juridique des États membres »[1]. Dire que l'on est en présence d'un ordre juridique propre implique que celui-ci tire sa validité de sources autonomes (Chapitre 1), qu'il possède sa spécificité (Chapitre 2) et contienne des dispositions destinées à permettre sa mise en œuvre (Chapitre 3). Ce sont ces caractéristiques qu'identifie la Cour de justice lorsqu'elle donne un saisissant raccourci de sa jurisprudence relative à l'ordre juridique communautaire dans son avis n° 1/91 : « les traités communautaires ont institué un nouvel ordre juridique au profit duquel les États ont limité, dans des domaines de plus en plus étendus, leurs droits souverains et dont les sujets sont non seulement les États membres, mais également leurs ressortissants. Les caractéristiques essentielles de l'ordre juridique de l'Union ainsi constitué

1. CJCE 15 juill. 1964, n° 6/64, *Rec.* 1141.

sont en particulier sa primauté par rapport au droit des États membres ainsi que l'effet direct de toute une série de dispositions applicables à leurs ressortissants et à eux-mêmes »[1].

1. CJCE avis 14 déc. 1991, *Rec.* I, 6079

CHAPITRE 1

La structure de l'ordre juridique de l'Union

852 Comme tout ordre juridique, l'ordre juridique de l'Union est constitué d'un ensemble organisé de normes qui tirent leur validité de la norme juridique de base constituée par les traités. Aussi distingue-t-on classiquement le droit primaire constitué par les traités et les actes assimilés à ceux-ci et le droit dérivé fondé sur les traités et adoptés selon les procédures prévues par ceux-ci. De la même manière, on distingue entre les actes de base et les mesures d'exécution, les secondes étant subordonnées aux premiers. À ce titre, l'ordre juridique de l'Union est structuré et hiérarchisé.

853 Dans ces conditions, il faut s'interroger sur l'insistance avec laquelle certains États membres, la Commission, le Parlement et une grande partie de la doctrine ont réclamé l'instauration d'une hiérarchie des normes en droit de l'Union. La conférence intergouvernementale qui négociait le traité de Maastricht avait débattu de la question sur la base d'une proposition italienne, mais, devant les difficultés rencontrées, l'examen fut renvoyé à une prochaine conférence intergouvernementale. Il n'a pas été plus aisé de trouver une solution lors de la négociation du traité d'Amsterdam et les projets sont restés sans suite, la question ayant été

abordée à nouveau sans succès à Nice et prétendument résolue par la constitution avant d'être revue dans le traité de Lisbonne.

854 Le problème était sans doute mal posé. En effet, il existe actuellement une hiérarchie des actes et des normes en droit de l'Union. Tout acte vient prendre sa place dans l'ordre juridique avec l'obligation de respecter les normes supérieures faute de quoi la Cour de justice pourra en prononcer la nullité. Les actes qui se situent à un rang inférieur doivent être conformes à ceux qui se situent à un rang supérieur. L'établissement d'une hiérarchie des normes n'est donc pas nécessaire puisque celle-ci existe déjà. D'ailleurs, sans cela, la Cour aurait-elle pu parler d'un ordre juridique ?

855 En fait, ce qui était visé par la prétendue instauration d'une hiérarchie des normes, c'était bien autre chose. Il s'agissait de faire coïncider la hiérarchie existante avec une rationalisation des procédures décisionnelles et avec l'établissement d'une séparation des pouvoirs. Les traités, négociés entre les États membres, constitueraient bien entendu le niveau supérieur. Puis, à un échelon inférieur, se situerait un certain nombre de normes fondamentales comme celles relatives à la procédure électorale uniforme, au statut des parlementaires, aux ressources propres etc. Ces normes, qui règlent des questions régies, en France, par des lois organiques seraient adoptées par le Conseil à l'unanimité avec éventuellement un recours aux procédures nationales d'approbation. Ensuite, viendrait la loi adoptée en codécision par le Parlement et le Conseil, puis les mesures d'application adoptées par la Commission.

856 Ces propositions allaient largement au-delà de la hiérarchie des normes puisqu'elles visaient au fond à éliminer les hypothèses dans lesquelles le Conseil est seul législateur et à confier le monopole de l'adoption des mesures d'exécution à la Commission. Il s'agissait donc d'une mutation institutionnelle importante. C'est d'ailleurs ce qui explique que l'idée ait été politiquement très discutée. Sur un plan technique, elle se heurtait également à la difficulté qu'il peut y avoir à distinguer le domaine de la loi de celui imparti aux mesures d'exécution. La solution française, telle qu'elle résulte des articles 34 et 37 de la constitution de 1958 est très spécifique et, dans la pratique, n'a guère été couronnée de

succès. Dans les autres États membres, le législateur définit fréquemment lui-même, au cas par cas, ce qui relève des mesures d'exécution et conserve généralement un contrôle sur l'adoption de celles-ci. Dans ces conditions, l'établissement d'une hiérarchie au sens où l'entendaient les promoteurs de cette idée était subordonné à une transformation du système institutionnel. Il est symptomatique que chaque fois qu'une conférence intergouvernementale a examiné l'éventualité d'un élargissement des cas dans lesquels le Conseil statue à la majorité qualifiée et d'une extension du champ d'application de la procédure de codécision, toute approche systématique a été écartée au profit d'un examen au cas par cas.

857 La Convention sur l'avenir de l'Europe a tenté de résoudre le problème en établissant comme principal critère d'identification l'auteur de l'acte. La loi serait adoptée en codécision. La Commission aurait le pouvoir d'adopter des actes de législation déléguée portant sur des éléments non essentiels avec une possibilité de veto du Parlement ou du Conseil. Les actes d'exécution seraient adoptés par la seule Commission avec un recours à une formule de comitologie. Mais il faut se garder d'être dupe de cette présentation. Si le projet de la convention revêtait une apparence de rationalité parce qu'il posait des principes généraux, il constituait en réalité un habile habillage de la situation existante et les exceptions qu'il comportait, en conférant dans des cas importants le pouvoir législatif au seul Conseil, démontraient les limites de la réforme. La constitution reprenait intégralement les propositions de la convention. En raison de la volonté de « déconstitutionnalisation » des auteurs du traité de Lisbonne, certains aspects de la rationalisation opérée par la constitution ont disparu. Les dénominations classiques de règlement et de directive ont pris la place de celles de loi et de loi-cadre tout en conservant la référence à la procédure législative, mais il s'agit pour l'essentiel de changements cosmétiques et l'essentiel de la structure mise en place par la convention subsiste.

858 On peut distinguer les sources écrites de droit des sources non écrites ou les sources principales de sources secondaires, mais l'important est la hiérarchie qui s'établit entre ces différentes

sources. Dans ces conditions, il convient de se référer à la hiérarchie existante et de distinguer classiquement entre le droit primaire (SECTION 1), les principes généraux du droit (SECTION 2), les accords internationaux qui lient l'Union (SECTION 3) et les actes de droit dérivé (SECTION 4). Il conviendra également de s'interroger sur la place des accords internationaux dans l'ordre juridique de l'Union. La jurisprudence ne justifie pas d'un traitement particulier puisque l'interprétation donnée par le juge s'intègre à l'acte interprété. Ce qui est alors important, c'est le rang de cet acte dans la hiérarchie. En ce sens, et sans négliger son importance, l'œuvre judiciaire ne modifie pas la hiérarchie des normes. Cependant, par le biais des principes généraux du droit, elle joue un rôle constituant.

SECTION 1
LE DROIT PRIMAIRE

859 Depuis le traité de Lisbonne, le droit primaire est essentiellement constitué du traité sur l'Union européenne, du traité sur le fonctionnement de l'Union européenne (anciennement traité instituant la Communauté européenne) et du traité instituant la Communauté européenne de l'énergie atomique. En fait, les versions des traités couramment utilisées sont des versions consolidées qui donnent l'état du droit primaire aujourd'hui. Les versions authentiques sont celles des traités fondateurs telles qu'elles ont été amendées par les révisions successives. Les actes fondateurs sont donc des traités internationaux négociés et conclus entre les États membres lesquels apparaissent comme les « maîtres des traités ». Après en avoir identifié le contenu du droit primaire (**§ 1**), on s'interrogera sur sa portée (**§ 2**) et sur la procédure de révision des traités (**§ 3**).

§ 1. Le contenu du droit primaire

860 Le droit primaire s'est formé progressivement au fil des révisions successives des traités. Il représente donc aujourd'hui un ensemble complexe dont il peut apparaître difficile de maîtriser les différents éléments, d'où la revendication d'une simplification des traités.

A. Les traités révisés

861 Aujourd'hui, l'ensemble du droit de l'Union repose sur les trois traités originaires :

– le traité instituant la Communauté économique européenne (CEE), aujourd'hui traité sur le fonctionnement de l'Union européenne ;

– le traité instituant la Communauté européenne de l'énergie atomique (CEEA plus souvent désignée comme Euratom), tous deux signés à Rome le 25 mars 1957 ;

– le traité sur l'Union européenne signé à Maastricht le 7 février 1992.

Ces traités comportent des annexes et des protocoles qui ont la même valeur que les traités eux-mêmes.

Ces traités ont été modifiés et complétés à plusieurs reprises :

– tout d'abord, la convention relative à certaines institutions communes crée un cadre institutionnel commun aux trois Communautés en fusionnant les institutions. Signée le 8 avril 1965, elle a été abrogée par le traité d'Amsterdam qui intègre ses dispositions dans son article 9 ;

– les deux traités des 22 avril 1970 et 22 juillet 1975 modifient la procédure budgétaire. Leur contenu a été pour l'essentiel profondément amendé par le TFUE ;

– l'Acte unique européen des 17 et 28 février 1986 comporte certaines dispositions qui modifient les traités communautaires notamment en vue de l'achèvement du marché intérieur et des dispositions autonomes relatives à la coopération européenne en matière de politique étrangère ;

- ce modèle a été suivi par le traité de Maastricht sur l'Union européenne du 7 février 1992 et le traité d'Amsterdam du 2 octobre 1997. C'est ainsi que les titres I, V et VI du traité sur l'Union européenne ne faisaient pas partie de l'ordre juridique communautaire à l'exception de certaines dispositions spécifiquement identifiées ;

- le traité de Nice signé le 26 février 2001 ;

- enfin le traité de Lisbonne signé à Lisbonne le 13 décembre 2007.

862 À ces textes, il convient d'ajouter les différents traités d'adhésion qui viennent adapter et compléter les traités. Un bon nombre de ces dispositions, constitué par des mesures de dérogation en faveur des nouveaux adhérents, est marqué par son caractère transitoire. Les autres dispositions comportent les adaptations institutionnelles rendues nécessaires par les adhésions.

B. Les autres actes de droit primaire

863 Dans certains cas, les traités prévoient que des décisions adoptées par le Conseil ou par le Conseil et le Parlement doivent ensuite être adoptées par les États membres selon leurs procédures constitutionnelles respectives. Il en va ainsi de la décision relative aux ressources propres de la Communauté ou de la décision relative à l'établissement d'un système de scrutin uniforme. En raison de l'intervention des Parlements nationaux dans le processus d'adoption, on considérait généralement que ces actes font partie du droit primaire et que leur contenu n'était pas soumis au contrôle de la Cour de justice.

864 Cette qualification a été contestée par certains auteurs qui ont relevé que ces actes étaient adoptés sur la base d'une décision du Conseil et que la procédure d'approbation ultérieure devait être considérée comme une procédure spécifique de vote. En fait, d'après l'arrêt de la Cour dans l'affaire *Pringle*[1], la décision préalable à la procédure d'approbation est un acte attaquable puisqu'il a été adopté par une institution de l'Union. Sa validité peut donc

1. CJUE 27 novembre 2012, C-370/12

faire l'objet d'un contrôle quant au respect des procédures prévues et des autres conditions mises à son adoption. La question de savoir si, après la fin des procédures d'approbation, il demeure possible de saisir la Cour reste ouverte. Cependant, dans ce cas, même si la Cour de justice ne pouvait statuer sur la légalité de ces actes, elle est bien entendu compétente pour les interpréter de la même manière que le droit primaire et qu'elle les interprétera sans doute de telle sorte qu'ils soient compatibles avec les traités. Certes, en cas de contrariété patente entre un de ces actes et les traités, la question de l'attitude de la Cour reste largement ouverte. Elle pourrait estimer que l'acte en cause ne produit d'effets que dans le champ limité couvert par la base juridique sur laquelle il repose, les dispositions qui sortent de ce cadre étant inopposables. On rejoindrait ici la jurisprudence sur les traités d'adhésion qui doivent se limiter aux adaptations nécessaires en vue de l'adhésion. En ce qui concerne les dispositions qui, sans sortir du champ d'application de la décision, seraient contraires au traité, il appartiendra à la Cour d'apprécier si le traité qui institue de telles procédures, a entendu permettre l'utilisation de celles-ci afin de déroger à ses dispositions. Dans le cas contraire, faut-il appliquer la règle de droit international selon laquelle un traité postérieur peut modifier un traité antérieur conclu par les mêmes parties ou bien faut-il considérer les dispositions que l'on estimerait contraires au traité comme inopposables ?.

865 La situation est différente lorsque le traité confie aux institutions communautaires un pouvoir de révision sans qu'il soit nécessaire de faire recours aux procédures nationales d'approbation. C'était le cas de l'article 67 du traité CE qui permettait au Conseil statuant à l'unanimité d'étendre la procédure de codécision à tous les domaines visés dans le titre IV et d'adapter les dispositions relatives à la compétence de la Cour de justice. Dans ce cas, l'acte adopté était bien un acte des institutions soumis en tant que tel au contrôle de la Cour de justice. Mais ce contrôle était, par nature, limité à la vérification de la régularité procédurale de la décision ainsi qu'au respect du champ d'application défini dans l'article 67. Pour le reste, les dispositions régulièrement adoptées devraient devenir du droit primaire et échapperont à tout contrôle juridictionnel.

866 Le traité de Lisbonne multiplie les clauses dites « passerelles » qui permettent de modifier certaines dispositions procédurales des traités sans passer par la lourde procédure de révision. Ainsi, en va-t-il, par exemple du passage de l'unanimité à la majorité qualifiée dans la PESC (TUE, art. 31, § 3), de l'extension des domaines de la coopération pénale (TFUE, art. 82 et 83), de l'extension des attributions du Parquet européen (TFUE, art. 86), ou encore de la modification de certains protocoles (déficits excessifs, Statut de la Cour de justice, Statut de la BEI...). Dans tous ces cas, il s'agit d'actes du Conseil européen ou du Conseil soumis au contrôle de la Cour à l'exception de la PESC.

867 Les traités confient un certain nombre de pouvoirs décisionnels aux États membres agissant d'un commun accord. Il s'agit de nominations (juges, commissaires jusqu'à l'entrée en vigueur du traité de Nice etc.) et, avant l'entrée en vigueur du traité d'Amsterdam, de la fixation du siège des institutions. Ce dernier pouvoir a donné lieu à des controverses dans la mesure où le Parlement a tenté à plusieurs reprises d'échapper aux conséquences des décisions prises par les États membres. À cette occasion, la nature de ces décisions a fait l'objet d'un examen par la Cour de justice. Il s'agissait de savoir si la décision relative au siège du Parlement européen pouvait porter atteinte au pouvoir d'organisation interne reconnu au Parlement par le traité. Il ne fait pas de doute qu'une telle décision n'étant pas un acte des institutions, elle était soustraite à tout contrôle direct de validité et ne pouvait être annulée par la Cour de justice. La question pouvait cependant se poser indirectement lorsqu'était soulevé devant la Cour le problème de la validité d'un acte d'une institution en raison de sa contrariété avec cette décision. La Cour a résolu le problème en imposant tant aux États membres qu'au Parlement l'obligation de respecter leurs compétences respectives. La décision ne pouvait porter atteinte au pouvoir d'organisation interne du Parlement et les mesures d'organisation interne du Parlement ne pouvaient remettre en cause la compétence de fixation du siège qui appartient aux États membres. La conséquence logique est qu'une décision qui méconnaîtrait la compétence du Parlement ne pourrait produire d'effets à son égard et qu'une mesure parlementaire qui

méconnaîtrait la compétence des États membres serait invalide[1]. Dans son arrêt du 1er octobre 1997, la Cour a annulé une délibération du Parlement contraire à la décision[2].

C. La simplification des traités

868 La multiplicité des sources de droit primaire a conduit à une revendication de restructuration et de simplification des traités. Cette opération pouvait prendre plusieurs formes. La plus simple consistait en une suppression des dispositions devenues caduques au fil des années. Elle a été menée à bien lors des négociations du traité d'Amsterdam et a débouché sur une version consolidée et renumérotée du traité sur l'Union européenne et du traité instituant la Communauté européenne. La simplification pouvait également conduire à une nouvelle rédaction des traités qui rendrait ceux-ci plus lisibles. En fait, il s'agit d'une opération difficile à réaliser à droit constant. En effet, la rédaction des traités a fait l'objet de négociations difficiles et les formules choisies sont le résultat de compromis que toute nouvelle rédaction pourrait remettre en cause. De plus, la Cour de justice s'est fondée sur la rédaction des traités pour interpréter ceux-ci. Toute modification rédactionnelle est susceptible de remettre en cause l'édifice jurisprudentiel. C'est la raison pour laquelle les auteurs des traités ont toujours marqué peu d'enthousiasme pour s'attaquer à une tâche qui risquait de rouvrir une négociation d'ensemble des traités.

869 La fusion des traités consiste à regrouper dans un seul document l'ensemble disparate du droit primaire. Elle peut s'opérer à droit constant sans impliquer une fusion des Communautés ou, au contraire, opérer une fusion entre les Communautés et l'Union. Le secrétariat général du Conseil qui avait été chargé de poursuivre les travaux entrepris dans le cadre des négociations du traité d'Amsterdam a produit deux versions différentes de traités fusionnés, l'une regroupant les traités communautaires et le traité sur l'Union européenne, l'autre limitée à la fusion du traité sur l'Union

1. CJCE 22 sept. 1988, n° 358/85 et 51/86, *France c/ Parlement.*
2. Aff. C-34/95, *France c/ Parlement.*

européenne et du traité instituant la Communauté européenne. En raison des spécificités du traité Euratom, la seconde solution était la plus intéressante. Le document du secrétariat général a établi que la fusion était possible sans remettre en cause la distinction entre les trois piliers (communautaire, PESC et JAI), ce qui fut fait dans les travaux de la convention qui a élaboré le texte de la constitution pour l'Europe, mais en fusionnant les piliers.

870 Enfin, la fusion peut s'accompagner d'une restructuration du traité fusionné qui permette de regrouper les dispositions de nature « constitutionnelle » lesquelles présentent pour l'observateur un intérêt plus immédiat que les dispositions plus techniques. C'était la démarche entreprise par la Commission dans le cadre de la négociation du traité de Nice. Mais elle poursuivait un autre objectif que celui de rendre les traités plus lisibles. L'ambition était, en effet, de distinguer entre les dispositions de nature constitutionnelle qui resteraient soumises à la procédure actuelle de révision des traités et les autres dispositions qui pourraient faire l'objet d'une procédure de révision allégée ne comportant pas de ratification par les États membres. L'Institut universitaire européen de Florence avait préparé, à la demande de la Commission, un projet qui reposait sur une telle distinction. En fait, la question était prématurée et semblait ne devoir être envisagée qu'après l'aboutissement de la révision qui a conduit au traité de Nice. Une déclaration de la conférence jointe à l'Acte final du traité de Nice indiquait que la restructuration des traités à droit constant devrait être examinée dans le cadre de la conférence intergouvernementale qui se réunirait en 2004.

871 C'est dans ce cadre que la Convention sur l'avenir de l'Europe a préparé un traité dit simplifié qui reposait sur la fusion en une personnalité unique de l'Union et des Communautés. Une première partie regroupait les dispositions matériellement constitutionnelles, une seconde partie intégrait la Charte des droits fondamentaux de l'Union européenne et une troisième partie le reste des dispositions des actuels traités. Il s'agissait d'une opération cosmétique qui s'inspirait très largement des solutions proposées antérieurement. Le but de l'opération était de rendre le traité plus lisible de telle sorte que les citoyens puissent en lisant la

première partie, à supposer qu'ils en aient le goût et la persévérance, avoir une idée claire de l'Union européenne. Sur un plan juridique, une telle présentation n'avait d'intérêt que si les règles applicables à la révision du contenu des différentes parties n'étaient pas identiques. C'est-à-dire si l'on établissait une certaine hiérarchie entre les différentes parties ce qui ne semble pas être le cas. Sur un plan pratique, cette présentation rendait parfois plus difficile la lecture du traité en raison des inévitables renvois entre les différentes parties, mais ceci est une loi du genre. Sur ce point, la constitution a repris sans modification l'œuvre de la convention, mais elle a poussé plus loin l'œuvre de codification des traités en s'attaquant aux traités d'adhésion et aux divers protocoles. La démarche des auteurs du traité de Lisbonne était différente. Dans leur souci de distinguer le nouveau traité de la défunte constitution, ils ont choisi de réaliser la fusion de l'Union et de la Communauté en conservant les traités existants qu'ils ont profondément amendés. L'opération est ici encore largement cosmétique, car la lecture des traités consolidés dans une version renumérotée peut se faire de manière continue, le traité sur l'Union contenant les principes et les dispositions relatives à la PESC et le traité CE devenant le traité sur le fonctionnement de l'Union étant consacré à la mise en œuvre des principes et aux procédures.

§ 2. La portée du droit primaire

872 Si, comme l'indique la Cour de justice, les traités constituent la charte constitutionnelle de la Communauté (v. ss 64), la conséquence en est qu'ils se situent au sommet de la hiérarchie des normes et bénéficient à ce titre d'une primauté absolue dans l'ordre juridique de l'Union. L'existence de traités différents conduit à s'interroger sur les relations qui s'établissent entre ceux-ci.

A. La « primauté » du droit primaire

873 Cette primauté, même si elle n'est pas explicitement consacrée par les traités, découle à l'évidence des articles 19 TUE amendé et

article 263 TFUE qui confère à la Cour de justice le pouvoir d'annuler les actes des institutions pour « violation du traité ou de toute règle de droit relative à son application ». Elle ne joue pas seulement à l'égard des actes internes, mais aussi des accords internationaux conclus par la Communauté. L'article 218, paragraphe 11, TFUE prévoit ainsi qu'au cas où un avis de la Cour de justice, saisie avant la conclusion d'un accord, déclarerait cet accord contraire au traité, il ne pourrait être conclu qu'après la révision du traité (v. ss 839). Cependant, au cas où l'avis de la Cour ne serait pas sollicité, cette dernière a le pouvoir d'annuler la décision de conclusion de l'accord[1]. La décision d'annulation ne peut produire d'effets à l'égard des tiers parties à l'accord et la situation doit être réglée en application des règles de droit international relatives à la validité des traités. Dans l'espèce visée plus haut qui concernait l'incompétence de la Commission pour conclure un accord avec les États-Unis en matière de concurrence, l'accord a fait l'objet d'une nouvelle décision de conclusion prise cette fois par le Conseil, institution compétente en l'espèce pour engager la Communauté. La primauté des traités a également comme conséquence naturelle que la révision du traité par un acte de droit dérivé est impossible[2].

874 Les relations entre droit primaire et traités conclus par les États membres sont réglées tant par le droit international que par l'article 351 TFUE. S'agissant des traités conclus postérieurement au traité CE, ils ne peuvent prévaloir sur le droit de l'Union. On voit mal d'ailleurs comment les États membres pourraient conclure un accord dans des domaines dans lesquels ils ne sont plus compétents. Cette règle a été rappelée par la Cour de justice dans l'avis n° 1/75 qui exclut toute compétence parallèle des États membres et de l'Union : « Admettre une telle compétence équivaudrait en effet à reconnaître que les États membres peuvent prendre, dans les rapports avec les pays tiers, des positions divergentes de celles que la Communauté entend assumer, et reviendrait de ce fait à fausser le jeu institutionnel, à ébranler les

1. CJCE 9 août 1994, C-327/91, *France c/ Commission.*
2. CJCE 8 avr. 1976, n° 43/75, *Defrenne*, *Rec.* p. 455 ; v. aussi ss 838, sur la révision.

rapports de confiance à l'intérieur de la Communauté et à empêcher celle-ci de remplir sa tâche, dans la défense de l'intérêt commun »[1]. Bien entendu, la Cour n'est pas compétente pour constater la nullité d'un accord qui contreviendrait à ces principes puisqu'il n'est pas l'œuvre de l'Union, mais elle pourra, le cas échéant, le déclarer inopposable à l'Union. Quant à l'État membre partie à un tel accord, il pourra faire l'objet d'une procédure de manquement[2]. Pour éviter ces problèmes, le traité sur la stabilité, la coordination et la gouvernance de la zone euro signé en 2012 par 25 États membres prévoit dans son article 2, § 2, qu'il s'applique sous réserve de sa compatibilité avec les traités et le droit de l'Union.

875 En l'absence d'une compétence exercée par l'Union, l'État pourra conclure un accord avec un tiers, mais il devra veiller à ce que cet accord ne mette pas en péril la réalisation des buts du traité[3]. S'agissant des accords conclus entre des États membres et des États tiers avant l'entrée en vigueur du traité, leurs effets sont préservés par l'article 307. En effet, le droit international impose que les droits des tiers parties à ces accords soient préservés. La jurisprudence interprète strictement l'article 304 puisqu'elle ne protège que les droits des tiers et non ceux des États membres. Ces derniers ne peuvent donc invoquer l'article 307 pour légitimer les droits qu'ils tireraient du traité antérieur[4]. De la même manière, la Cour a jugé que lorsqu'une convention antérieure permet à un État membre de prendre une mesure contraire au traité sans qu'il y soit obligé, l'État membre doit s'abstenir[5]. Enfin, dans l'affaire *Kadi*, la Cour a singulièrement limité la portée de l'article 307 en estimant que celui-ci ne pouvait être invoqué à l'encontre des principes constitutionnels de la Communauté[6]. L'existence d'un conflit entre le traité et un accord antérieur ne devrait revêtir qu'un caractère transitoire. Aussi l'article 307

1. CJCE avis 11 nov. 1975.
2. Pour une illustration, v. notamment CJCE 5 nov. 2002, C-466/98, *Commission c/ Royaume-Uni.*
3. CJCE 14 juill. 1976, n° 3 et 6/76, *Kramer.*
4. CJCE 27 févr. 1962, n° 10/61, *Commission c/ Italie* ; CJCE 19 nov. 2003, C-216/01, *Budejovicky Budvar.*
5. CJCE 28 mars 1995, C-324/93, *Evans medical.*
6. CJCE 3 sept. 2008, C-402 et 415/05 P.

impose-il aux États membres de recourir à tous les moyens pour éliminer cette situation. Il peut s'agir de la renégociation de l'accord, de son non-renouvellement ou de sa dénonciation lorsqu'elle est possible.

B. Les relations entre les traités

876 À l'origine les traités étaient autonomes les uns par rapport aux autres. Cette autonomie était organisée en ce qui concerne les traités communautaires par l'article 305 du traité CE (aujourd'hui supprimé) qui stipule que les dispositions du traité CE ne dérogaient pas à celles du traité Euratom. En ce qui concerne le traité sur l'Union européenne, l'article 47 TUE indiquait qu'aucune disposition du TUE n'affecte les traités instituant les Communautés européennes. À la différence de cette situation dans laquelle le traité sur l'Union européenne et le traité instituant la Communauté européenne constituaient deux traités séparés, le traité de Lisbonne n'établit pas de barrière entre le TUE et le TFUE. La mention selon aucune disposition du TUE n'affectait le traité CE a disparu. La conséquence de la fusion de l'Union et de la Communauté ainsi que de la suppression des piliers est la disparition des frontières entre les deux traités à l'exception des dispositions relatives à la PESC qui demeurent isolées (TUE, art. 40). Dans ces conditions, la séparation en deux traités est formelle et, sur le plan juridique, les deux traités doivent être considérés comme constituant un seul texte sans hiérarchie entre leur contenu. La Cour est compétente pour interpréter l'ensemble de leurs dispositions à l'exception de celles relatives à la PESC sans que les dispositions de l'un des traités prévalent sur celle de l'autre. C'est en application de ce principe que le Conseil européen, devenu une institution, voit ses actes justiciables. On a évoqué l'existence d'une prédominance du TUE. Mais elle ne porte pas atteinte en apparence à l'égale valeur juridique des deux traités. Cependant, dans la mesure où le TUE contient certaines dispositions sur les principes, les valeurs et les droits fondamentaux, il va de soi que ces dispositions constitueront des éléments essentiels d'interprétation des autres articles de ces traités et notamment du TFUE. Cette

même valeur juridique est également accordée à la Charte des droits fondamentaux. Elle est la contrepartie à la renonciation à introduire le texte même de la Charte dans le TUE. L'opération équivaut donc à opérer par voie de référence une insertion de la Charte dans les traités. En ce qui concerne les protocoles et annexes, l'article 51 règle la question en indiquant qu'ils « font partie intégrante » des traités.

§ 3. La révision des traités

877 Les traités mettent en place des procédures spécifiques de révision. La procédure générale de révision des traités est contenue dans l'article 48 du traité sur l'Union européenne. Avant l'entrée en vigueur du traité de Lisbonne, l'initiative de la révision appartenait à la Commission ou à tout État membre. Les institutions autres que la Commission, et notamment le Parlement européen ne disposaient pas du pouvoir d'initiative. La décision d'ouvrir la procédure de révision était prise par le Conseil après avoir consulté le Parlement, la Banque centrale européenne en cas de modifications institutionnelles dans le domaine monétaire et, le cas échéant la Commission. En fait, la Commission a toujours été consultée. Le Conseil statuait à la majorité simple. Un État membre ne pouvait donc empêcher l'ouverture d'une procédure de révision et c'est d'ailleurs à cette majorité qu'a été initiée la révision qui devait conduire à l'Acte unique européen. Dans la pratique, la révision était décidée par le Conseil européen, la décision formelle étant ensuite prise par le Conseil. Généralement, le Conseil européen adoptait également un mandat qui fixait le champ de la révision, mais ce mandat pouvait être réévalué en cours de négociation. La décision d'ouvrir les négociations marquait la fin de la phase communautaire de la révision et le début de la phase intergouvernementale. Les négociations étaient menées au sein d'une conférence des représentants des États membres et les amendements aux traités entraient en vigueur après ratification par tous les États membres.

878 Le traité de Lisbonne modifie de manière significative la procédure de révision des traités. Certes, soucieux de préserver la souveraineté « constituante » des États dans l'Union, il n'a pas retenu l'idée d'une révision majoritaire qui dans une Union sans cesse élargie et au vu des péripéties qui ont marqué le parcours de la constitution et du traité de Lisbonne aurait évité les blocages. Mais il a instauré, à côté de la procédure solennelle, deux procédures simplifiées qui offrent une certaine souplesse et a inséré plusieurs clauses passerelles (v. ss 865) qui permettent une révision sans recours aux Parlements nationaux.

879 Pour la procédure solennelle, dite « ordinaire » selon l'article 48 du TUE, l'initiative appartient aux États membres, au Parlement européen ou à la Commission. Elle est transmise au Conseil européen qui, après consultation du Parlement et de la Commission, peut prendre à la majorité simple une décision favorable à la révision. Il convoque, dans ce cas, une convention composée de représentants des Parlements nationaux, des chefs d'État ou de gouvernement, du Parlement européen et de la Commission. Il peut décider à la même majorité de ne pas convoquer de convention en cas de « modifications dont l'ampleur ne le justifie pas », ce qui s'est produit en 2010 pour la procédure de révision en vue de modifier le nombre de membres du Parlement européen. De même l'insertion des garanties accordées par le Conseil européen à l'Irlande dans un protocole se fera sans intervention d'une convention. La décision de ne pas réunir de convention doit recevoir l'approbation du Parlement. Lorsqu'elle est convoquée, la convention adopte une recommandation par consensus. La conférence des représentants des États membres arrête ensuite les modifications au traité. Ces modifications entrent en vigueur après ratification par tous les États membres. Si, après un délai de deux ans, seuls les 4/5e des États membres ont ratifié la révision, le Conseil européen se saisit du dossier en vue de trouver une solution. Cette dernière disposition constitue en fait une rationalisation de la situation actuelle.

880 Quant aux procédures spéciales, elles visent à faciliter la révision des traités en limitant le poids des procédures de ratification. L'une est une clause passerelle générale permettant au Conseil

européen de décider, à l'unanimité et avec l'approbation du Parlement, du passage à la majorité qualifiée sauf pour les décisions ayant des implications militaires et en matière de défense. Cette clause permet dans les mêmes conditions de substituer à la procédure spéciale d'adoption des lois par le Conseil, la procédure législative ordinaire. Cette décision n'est pas soumise à ratification, mais à une procédure de non-objection des Parlements nationaux dans un délai de six mois. Dans ce cadre, le Parlement européen partage le pouvoir constituant avec le Conseil. L'autre procédure permet au Conseil européen de réviser les dispositions de la troisième partie du traité sur le fonctionnement de l'Union européenne (politiques et actions internes de l'Union) à l'unanimité et après consultation du Parlement européen. Cette décision qui est soumise aux procédures constitutionnelles nationales ne peut étendre les compétences de l'Union. L'économie d'une convention et d'une conférence intergouvernementale est faite ce qui permettra à l'Union de réagir rapidement dans des hypothèses où les circonstances rendent nécessaire une action de l'Union, mais où les dispositions des traités ne semblent pas appropriées. Cette procédure a été utilisée, dans le cadre de la réponse à la crise de la dette pour ajouter à l'article 136 un paragraphe permettant l'établissement d'un mécanisme permanent de stabilité financière.853

881 Le traité de Lisbonne établit ainsi une distinction entre les dispositions fondamentales des traités qui sont soumises à une procédure lourde et les autres qui relèvent d'une procédure plus légère, mais l'unanimité est exigée dans tous les cas. Le rôle du Parlement est accru puisqu'il doit consentir à la révision lorsque le recours à une décision positive des parlements nationaux n'est pas requis.

882 La procédure de révision ordinaire devrait être soustraite au contrôle de la Cour puisqu'elle fait intervenir une conférence intergouvernementale. Il ne s'agit donc pas d'un acte des institutions pouvant faire l'objet d'un contrôle de légalité. Seule la décision du Conseil européen d'ouvrir la procédure pourrait être soumise à la Cour. Mais, au vu des conditions procédurales posées par l'article 48, seule l'absence des consultations préalables requises, l'absence d'une majorité simple ou le défaut d'avis conforme du Parlement pour éviter la convocation d'une convention pourraient entacher la régularité de l'acte. Il n'en va pas de même des procédures simplifiées puisqu'elles font intervenir une décision du Conseil européen, acte attaquable devant la Cour depuis que le traité de Lisbonne a transformé le Conseil européen en une institution. Dans l'arrêt *Pringle*[1], la Cour a confirmé sa compétence pour contrôler le respect des conditions procédurales et de fond mises par le traité à l'emploi d'une telle procédure : « Le contrôle du respect desdites conditions étant nécessaire afin de constater si la procédure de révision simplifiée peut être appliquée, il incombe à la Cour, en tant qu'institution qui, en vertu de l'article 19, paragraphe 1, premier alinéa, TUE, assure le respect du droit dans l'interprétation et l'application des traités, d'examiner la validité d'une décision du Conseil européen fondée sur l'article 48, paragraphe 6, TUE. À cet effet, il appartient à la Cour de vérifier, d'une part, que les règles de procédure prévues au dit article 48, paragraphe 6, ont été suivies et, d'autre part, que les modifications décidées ne portent que sur la troisième partie du traité FUE, ce qui implique qu'elles n'entraînent aucune modification des dispositions d'une autre partie des traités sur lesquels l'Union est fondée et qu'elles n'accroissent pas les compétences de cette dernière. »

883 La voie de révision ouverte par les traités est-elle exclusive ? En d'autres termes, pourrait-on, conformément au droit international, modifier les traités par un accord unanime entre les parties sans respecter la procédure prévue par l'article 48 TUE ? La doctrine donne généralement une réponse négative à cette question. Elle s'appuie sur le fait que l'article 48 a créé des droits, même limités, au bénéfice de certaines institutions (Commission, Parlement et, le cas échéant, Banque centrale européenne) et que les États membres ne pourraient porter atteinte à ces droits en négligeant leur intervention dans la procédure de révision. De son côté, la Cour a confirmé, sans ambiguïté, le caractère exclusif de l'article 236 (art. 48 actuel) dans l'affaire *Defrenne I :* « la résolu-

1. CJUE 27 novembre 2012, C-370/12

tion des États membres du 30 décembre 1961, sans préjudice des effets qu'elle a pu avoir en vue de favoriser et d'accélérer la mise en œuvre intégrale de l'article 119, n'a pas pu valablement modifier l'échéance fixée par le traité (...) en effet, une modification du traité ne peut résulter – sans préjudice de dispositions spécifiques – que d'une révision opérée en conformité avec l'article 236 »[1]. C'est également la position du Conseil[2]. À vrai dire, la controverse n'a guère d'intérêt, compte tenu du caractère peu contraignant des obligations procédurales de l'article 48. En revanche, il est plus significatif de noter que, contrairement au droit international, la Cour n'admet pas la révision par une pratique concordante des États membres ou par l'acquiescement de ceux-ci à la pratique d'un État membre. Outre l'arrêt *Defrenne I*[3], la Cour note dans son arrêt du 18 février 1986 : « la circonstance qu'aucune institution communautaire n'a contesté la légalité de la politique mise en œuvre par un État membre ne saurait avoir, en elle-même, aucune incidence sur la compatibilité d'une politique du type de celle en cause avec le droit communautaire »[4].

884 Existe-t-il des limites matérielles à la révision ? Certains auteurs ont voulu voir dans la jurisprudence de la Cour l'affirmation de valeurs supra constitutionnelles auxquelles la révision ne pourrait porter atteinte. Dans son avis n° 1/91 rendu à propos de la compatibilité du système juridictionnel institué par l'accord relatif à l'espace économique européen avec le traité CEE, la Cour soulignait que l'accord était incompatible avec l'article 164 (actuel art. 220) du traité CEE. En réponse à la question de savoir s'il pouvait être remédié à cette incompatibilité par une révision de l'article 228, elle notait : « Toutefois, l'article 228 du traité CEE ne fournit aucune base pour instituer un système juridictionnel qui porte atteinte à l'article 164 de ce traité et, plus généralement, aux fondements mêmes de la Communauté. Pour les mêmes raisons, une modification de cette disposition dans le sens indiqué par la Commission ne saurait remédier à l'incompatibilité du sys-

1. CJCE 8 avr. 1976, n° 43/75.
2. Rép. Cons. à QE n° 398/77, *JOCE* 10 nov. 1977, C 270/18.
3. Arrêt préc.
4. Aff. n° 174/84, *Bulk Oil*, *Rec.* p. 559.

tème juridictionnel de l'accord avec le droit communautaire »[1]. Il est loin d'être certain qu'il soit possible de déduire de l'avis de la Cour que celle-ci admet l'existence des limites matérielles à la révision. La Cour a simplement indiqué qu'altérer indirectement un élément essentiel du traité par la voie d'une révision du seul article 228 était interdit. Pour qu'une telle altération intervienne, il faudrait procéder à une révision directe de l'article 164 (actuel art. 310).

Section 2
Les principes généraux du droit

885 Les traités ne contiennent pas de référence générale aux principes généraux du droit à l'exception de l'article 340 TFUE (ex-art. 288) qui fonde la responsabilité extra-contractuelle de l'Union sur les principes généraux communs aux États membres. C'est la jurisprudence de la Cour qui a donné toute son ampleur au recours aux principes généraux. La Cour justifie cette solution par l'article TUE, art. 19 qui lui confie la charge d'assurer le respect du droit. Cette mission est confirmée par l'article 2 TUE lequel indique que l'Union est fondée sur le respect de l'État de droit. Or le droit ne se résume pas tout entier dans le droit écrit. Tout édifice juridique repose sur un certain nombre de principes non écrits sans lesquels il ne saurait y avoir d'État de droit. Le recours aux principes généraux du droit donne une place importante à la jurisprudence dans la définition de la légalité. En effet, si les principes généraux du droit sont censés préexister à leur « révélation » par le juge, il appartient à celui-ci de constater leur existence ce qui lui confère une vaste marge d'appréciation (**§ 1**). Certains principes d'origine jurisprudentielle ont été par la suite consacrés dans le traité, tels le principe de subsidiarité (TUE, art. 5) ou comme le respect des droits fondamentaux (TUE, art. 6). Le contenu des

1. CJCE avis 14 déc. 1991, *Rec.* I. 6079.

principes généraux est vaste (**§ 2**). Mais ceux-ci ne doivent pas être confondus avec les valeurs fondatrices de l'Union. Tandis que les valeurs peuvent être utilisées comme élément d'interprétation des traités, les principes généraux du droit sont des règles juridiques qui constituent l'un des instruments du contrôle de légalité même si leur place dans la hiérarchie des normes a pu être discutée (**§ 3**). Cependant, bien des valeurs ont trouvé leur traduction dans des principes généraux du droit.

§ 1. L'origine des principes généraux du droit

886 Les principes généraux ne sont pas sortis tout armés du cerveau du juge. Lorsqu'il y est fait recours, le juge les a dégagés d'un ensemble de principes communs aux États membres. Mais l'existence de principes communs n'est pas suffisante. En effet, il existe des différences de nature entre les ordres juridiques nationaux et l'ordre communautaire en raison des objectifs spécifiques attribués à la Communauté. Le principe doit être apte à entrer dans l'ordre juridique communautaire, c'est-à-dire qu'il ne peut exister de contradictions avec le système juridique établi par les traités. Ceci explique, sans doute, que le juge refuse de prendre en considération certains principes de droit international. En effet, puisque l'Union repose sur des traités internationaux, la source naturelle des principes généraux du droit de l'Union aurait pu résider dans les principes généraux du droit international. Cependant, la Cour marque une certaine réserve à l'égard de ces principes dans la mesure où ils correspondent à une société fondée sur des rapports d'égalité entre ses sujets et qui accorde de ce fait une grande valeur à leur volonté et à la réciprocité. L'ordre juridique de l'Union est fondé sur la hiérarchie et non sur l'égalité. Les États membres et les individus sont les destinataires et non les auteurs des normes adoptées par les institutions. Le respect de ces normes est assuré par un contrôle juridictionnel centralisé et non, comme en droit international, par le jeu de la réciprocité. À cet égard, l'ordre juridique de l'Union ressemble davantage à un ordre juridique interne qu'à l'ordre juridique international classique.

887 C'est la raison pour laquelle la Cour a refusé de transposer en droit de l'Union le principe de réciprocité qui se traduisait dans l'*exceptio non adempleti contractus*. Il n'appartient pas à un État membre de se faire justice à lui-même en raison de l'existence de procédures destinées à sanctionner un manquement étatique. En outre, la reconnaissance d'un tel droit mettrait en cause l'unité du marché puisque les règles applicables aux individus varieraient en fonction de l'application du principe par les États membres[1]. En revanche, la Cour accepte d'appliquer les principes généraux du droit international dans des matières qui relèvent par nature de celui-ci : rapports entre traités contradictoires[2], interdiction pour un État de refuser le droit d'accès et de séjour sur son territoire à ses nationaux[3], *pacta sunt servanda*[4], principe de la bonne foi[5]. Bon nombre de ces principes sont applicables parce qu'ils font partie du droit international qui lie l'Union dans ses relations avec les États tiers.

888 La source privilégiée des principes généraux reste donc le droit interne des États membres. La Cour y puise avec une certaine liberté. Il est en effet significatif qu'en matière de responsabilité extra-contractuelle, elle se soit efforcée de dégager un système autonome de responsabilité alors que le traité faisait expressément référence aux principes généraux communs aux États membres. Par contre, en ce qui concerne la responsabilité sans faute, elle s'est appuyée sur l'absence de principes communs aux États membres pour écarter celle-ci. La Cour ne suit pas en effet une démarche mécanique qui la conduirait à ne retenir que les principes consacrés dans tous les États membres. L'exercice serait d'ailleurs difficile dans une Union de plus en plus large. En fait, sur la base d'une analyse comparative, la Cour s'efforce, avec une

1. CJCE 13 nov. 1964, n° 90 et 91/63, *Luxembourg et Belgique*.
2. CJCE 27 févr. 1962, n° 10/61, *Commission c/ Italie*.
3. CJCE 4 déc. 1974, n° 41/74, *Van Duyn*.
4. CJCE 16 juin 1998, C-162/96, *Racke*.
5. CJCE 22 janv. 1997, T-115/94, *Opel Austria c/ Conseil*.

certaine liberté, d'établir des tendances, sans pour autant se sentir liée par une tendance majoritaire. Il lui est ainsi arrivé de retenir des principes qui n'étaient consacrés expressément que dans un seul État membre, comme la proportionnalité ou la confiance légitime. Mais il est vrai qu'on ne notait aucune opposition à ces principes dans les autres États membres où ils existaient parfois implicitement sous une forme moins parfaite. La Cour a même reconnu le droit de ne pas témoigner contre soi-même dans le cadre du droit de la concurrence alors que ce principe n'était alors expressément consacré dans aucun État membre. En tout état de cause, il ne suffit pas qu'un principe soit commun aux États membres pour qu'il puisse être appliqué dans le droit de l'Union, il faut qu'il passe encore le test de la compatibilité avec « le cadre et la structure des objectifs » de l'Union. C'est la conséquence de l'autonomie du droit de l'Union. Ainsi, dans l'arrêt *Internationale Handelsgesellschaft*, la Cour souligne à propos des droits fondamentaux : « la sauvegarde de ces droits, tout en s'inspirant des traditions constitutionnelles communes aux États membres, doit être assurée dans le cadre de la structure et des objectifs de la Communauté »[1]. Il est alors surprenant dans ces conditions que la Cour ait refusé de consacrer la responsabilité sans faute au prétexte qu'elle n'existait que dans une minorité d'États membres alors que rien ne s'opposait semble-t-il à ce qu'elle puisse être introduite en droit communautaire[2].

889 La Cour de justice a même reconnu le caractère de principe général du droit à un principe mentionné de manière expresse dans le traité, le principe de précaution (art. 174 § 2 ; TFUE, art. 191). Il s'agissait de lui donner une portée beaucoup plus large que celle qui lui est reconnue par le traité, lequel la confine à l'environnement. Pour le Tribunal de première instance, « le principe a donc un champ d'application plus vaste. Il a vocation à s'appliquer, en vue d'assurer un niveau de protection élevé de la santé, de la sécurité des consommateurs et de l'environnement, dans

1. CJCE 17 déc. 1970, n° 11/70.
2. CJCE 9 sept.2008, C-120/06 et 121/06, *FIAMM*.

l'ensemble des domaines d'action de la Communauté (...). Le principe de précaution peut être considéré comme un principe autonome découlant des dispositions susmentionnées du traité »[1].

890 Il existe enfin un certain nombre de principes qui sont liés à la structure institutionnelle de l'Union qu'ils soient ou non consacrés dans les traités. Il en va ainsi du principe de l'équilibre institutionnel ou du pouvoir d'auto-organisation des institutions (v. ss 367 s.) que l'on ne peut vraiment qualifier de principes généraux du droit, car ils s'appliquent au fonctionnement institutionnel de l'Union et trouvent leur source dans les dispositions institutionnelles des traités. Leur étude ne sera pas reprise ici.

§ 2. Le contenu des principes généraux du droit

891 Il est difficile de présenter de façon systématique la richesse qui se dégage de la jurisprudence de la Cour dans le domaine des principes généraux du droit. Amenée à combler les lacunes du droit de l'Union, la Cour a fait preuve d'une grande créativité. Il faut dire que ces lacunes et l'absence de législation dans certains domaines incitaient au développement des principes généraux. Les traités étaient muets sur des questions aussi essentielles que la protection des droits fondamentaux, le régime des actes juridiques, la procédure administrative non contentieuse, etc. Dans tous ces domaines, le recours aux principes généraux du droit a permis la construction d'une Communauté de droit. Si on laisse de côté les principes structurels (étudiés ss 367), trois grandes catégories peuvent être distinguées : les droits fondamentaux, les principes liés au respect de la sécurité juridique, la limitation du pouvoir discrétionnaire du législateur.

1. TPICE 26 nov. 2002, T-74/00, T-76/00, T-83/00 à T-85/00, T-132/00, T-137/00, T-141/00, *Artegodan GmbH et a.*

A. Les droits fondamentaux

892 Sans revenir sur le développement de la protection des droits fondamentaux dans l'Union européenne, il suffit de rappeler ici que, tant que la Communauté n'a pas disposé d'un catalogue contraignant de droits fondamentaux, les sources essentielles étaient constituées par les principes constitutionnels communs aux États membres et par la Convention européenne des droits de l'homme. Comme le notait la Cour : « Les droits fondamentaux font partie intégrante des principes généraux du droit dont le juge communautaire assure le respect. À cet égard, le juge communautaire s'inspire des traditions constitutionnelles communes aux États membres ainsi que des indications fournies par les instruments internationaux concernant la protection des droits de l'homme auxquels les États membres ont coopéré ou adhéré. Dans ce cadre, la Convention européenne des droits de l'homme à laquelle il est, notamment, fait référence dans l'article F, § 2 TUE (art. 6 actuel), revêt une importance considérable »[1]. L'importance de la convention vient de ce que, ratifiée par tous les États membres, elle constitue une expression privilégiée de leurs valeurs communes. Dans la mesure où la convention est un instrument vivant, interprété par la Cour européenne des droits de l'homme, il n'est pas surprenant que la Cour de Luxembourg ait accordé une grande attention à la jurisprudence de Strasbourg. Ceci n'a pas empêché de rares discordances. La Charte des droits fondamentaux de l'Union européenne proclamée à Nice en décembre 2000 constitue un catalogue des droits fondamentaux applicables dans l'Union et le traité de Lisbonne l'intègre dans le droit primaire. Dans cette mesure, le recours aux principes généraux a été remplacé dans un certain nombre de cas par un recours à la Charte. Mais la Charte ne supprime pas l'appel aux principes généraux dans le cas où un principe ne serait pas incorporé ou bien se dégagerait dans l'avenir ; C'est l'objet de l'article 6, paragraphe 3, TUE.

893 Sur ces bases, la Cour a eu largement l'occasion de consacrer un certain nombre de droits fondamentaux dans l'ordre juridique de

1. CJCE 28 mars 1996, n° 2/94.

l'Union : protection de la vie privée, liberté d'expression, droit à un recours effectif, libre exercice des activités économiques et professionnelles, droit de propriété, non-rétroactivité du droit pénal, principe d'égalité et interdiction des discriminations... Bien entendu, les droits ainsi reconnus ne sont pas sans limites. Aussi, la Cour s'est-elle forgé sa propre conception des limitations admissibles à l'exercice d'un droit fondamental. Les limitations ne doivent pas constituer une atteinte à la substance même du droit. Elles doivent répondre à un objectif d'intérêt général poursuivi par la Communauté et ne doivent pas constituer une intervention démesurée et intolérable par rapport au but poursuivi[1]. Cette conception semble plus large que celle qui découle de la Convention européenne des droits de l'homme[2]. Lorsqu'un droit fondamental est garanti par la Convention européenne des droits de l'homme, la Cour apprécie les limites apportées à celui-ci au regard du régime de limitation de la convention. L'article 52, § 3, de la Charte impose cette démarche lorsqu'un droit garanti par la Charte correspond à un droit garanti par la Convention. Dans les autres cas, elle applique sa propre jurisprudence.

894 Parmi les droits fondamentaux, une attention particulière doit être portée au respect des droits de la défense. Dans le contrôle qu'elle exerce sur les procédures en matière de concurrence et d'antidumping, la Cour insiste tout particulièrement sur les exigences du contradictoire et sur la possibilité des parties mises en cause de faire connaître leur point de vue sur les faits qui leur sont reprochés au cours des procédures administratives[3]. Elle a ainsi étendu le principe du contradictoire à la Cour des comptes lorsque celle-ci identifie dans son rapport une personne physique ou morale[4]. Dans le cadre des droits fondamentaux, mention doit être faite du principe de transparence, aujourd'hui inséré dans les traités sous la forme de l'accès du public aux documents, et du principe de

1. CJCE 13 avr. 2000, C-292/97, Karlsson.

2. V. cependant pour une démarche en matière de limitation qui se calque sur celle suivie par la CEDH, CJCE 20 mai 2003, C-465/00, C-138/01 et C-139/012, *Rechnungshof.*

3. Parmi une importante jurisprudence, v. par ex., TPICE 25 déc. 1997, T-170/94, *Shanghai Bicycle c/ Conseil.*

4. CJCE 10 juill. 2001, C-315/99P, *Ismeri Europa SRL.*

bonne administration qui figure dans la charte des droits fondamentaux. S'agissant de ce dernier, la Cour a jugé que la Commission devait se comporter comme une administration prudente et vigilante[1] et qu'elle devait examiner les dossiers avec soin et impartialité[2].

B. Le principe de sécurité juridique

895 Le principe de sécurité juridique est à l'origine d'une jurisprudence abondante qui le décline sous diverses formes. Il a été formulé pour la première fois dans l'arrêt *SNUPAT*[3]. Le principe impose que chaque personne puisse avoir connaissance des règles qui lui sont applicables et fonder en toute confiance son action sur celles-ci. Ceci implique que la législation communautaire soit claire et prévisible : « Le principe de sécurité juridique exige que la législation communautaire soit certaine et son application prévisible et que tout acte communautaire qui produit des effets juridiques soit clair, précis, et porté à la connaissance de l'intéressé de telle manière que celui-ci puisse connaître avec certitude le moment à partir duquel ledit acte existe et commence à produire des effets juridiques. Cet impératif s'impose avec une rigueur particulière lorsqu'il s'agit d'un acte susceptible de comporter des conséquences financières, afin de permettre aux intéressés de connaître avec exactitude l'étendue des obligations qu'il impose »[4]. En découlent un certain nombre de règles protectrices de particuliers en matière de publicité des actes, de rétroactivité, de retrait, de respect des droits acquis, etc. (v. ss 928). Le principe n'est d'ailleurs pas absolu. Il doit être concilié avec d'autres principes, par exemple celui de légalité[5].

896 Une autre manifestation du même principe est celle de la confiance légitime qui implique que les particuliers soient protégés contre une modification sans préavis de la législation et

1. CJCE 10 juill. 2003, C-427/00P, *Commission c/ Fresh Marine.*
2. CJCE 21 nov. 1991, C-269/90, *Technische Universität München.*
3. CJCE 22 mars 1961, n° 42 et 49/59.
4. TPICE 22 janv. 1997, T-155/94, *Opel Austria c/ Conseil.*
5. Sur le conflit entre la sécurité juridique et le caractère définitif des décisions administratives, v. CJCE 13 janv. 2004, C-435/00, *Kühne & Heitz.*

puissent opposer à l'Union les espérances qu'elle aurait pu faire naître quant au maintien de la législation en vigueur. Le principe joue dès lors que l'Union a fait naître chez un particulier des espérances fondées. Pour être fondées, ces espérances doivent reposer sur des déclarations précises faites par l'administration, sans que ces déclarations soient contraires à la législation en vigueur ou que le particulier se soit comporté illégalement. Ainsi, la confiance légitime ne saurait jouer à propos d'une aide d'État si cette aide a été octroyée en violation de la procédure prévue par le traité[1]. Le particulier est également protégé contre les effets d'une modification de la législation en vigueur s'il apparaît qu'un opérateur avisé n'aurait pu prévoir cette législation ou que la Communauté n'a pas indiqué qu'elle envisageait de la modifier. Ainsi, la confiance légitime ne joue pas dans de nombreux cas où il est évident que la législation communautaire est réadaptée régulièrement en fonction de l'évolution de la situation économique, ce qui est fréquemment le cas en matière agricole ou dans d'autres secteurs, comme la sidérurgie, où la Communauté est appelée à réagir aux fluctuations du marché. Encore faut-il que ces mesures, mêmes prévisibles, soient annoncées en temps utile si elles ont des répercussions sur les investissements effectués par les particuliers[2]. Si les requérants invoquent fréquemment devant la Cour le principe de la confiance légitime, celle-ci leur donne rarement raison[3].

C. Les limites du pouvoir discrétionnaire

897 Les traités laissent aux institutions un large pouvoir d'appréciation, notamment en matière économique. Si l'objectif des politiques communes est défini dans le traité, il n'en va pas de même des moyens qu'il convient d'utiliser pour les atteindre. La Cour se montre fort respectueuse de ce pouvoir d'appréciation. Agir différemment conduirait à un gouvernement des juges. Cependant, le principe de proportionnalité, inspiré du droit interne alle-

1. CJCE 20 mars 1997, C-24/95, *Alcan Deutschland.*
2. CJCE 11 juill. 1991, C-368/89, *Crispoltoni.*
3. V. aussi CJCE 28 avr. 1988, nº 120/86, *Mulder.*

mand, constitue un des moyens de limiter ce pouvoir. On a déjà vu qu'il était utilisé pour apprécier la légalité des limitations apportées aux droits fondamentaux[1] (v. ss 285 s.). Mais la Cour en a fait un moyen général de contrôle des contraintes apportées par une législation par rapport au but qu'elle poursuit. Selon la définition rappelée par le Tribunal de première instance : « En vertu du principe de proportionnalité (...) la légalité d'une réglementation communautaire est subordonnée à la condition que les moyens qu'elle met en œuvre soient aptes à réaliser l'objectif légitimement poursuivi par la réglementation en cause et n'aillent pas au-delà de ce qui est nécessaire pour l'atteindre, étant entendu que, lorsqu'un choix s'offre entre plusieurs mesures appropriées, il convient de choisir la moins contraignante »[2]. Le principe de proportionnalité est devenu une règle de droit primaire par son incorporation dans l'article 5 du traité CE (TUE, art. 5 amendé).

898 Cependant, même si plusieurs voies d'actions sont disponibles, la Cour ne substituera pas son appréciation à celle du législateur dès lors que les mesures ne sont pas manifestement disproportionnées ou qu'elles ne reposent pas sur une appréciation manifestement erronée des faits[3]. En outre, dans un certain nombre de cas, les principes généraux du droit encadrent et limitent l'exercice du pouvoir discrétionnaire. Ainsi en va-t-il par exemple du principe de précaution. Si le Tribunal estime qu'en l'absence de certitude sur l'existence d'un risque, l'application du principe de précaution relève d'une appréciation discrétionnaire, le choix opéré par le législateur doit être conforme à la prééminence de la protection de la santé publique, de la sécurité et de l'environnement sur les intérêts économiques ainsi qu'aux principes de proportionnalité et de non-discrimination. Mais au-delà de ces considérations, la Cour a tenté de contrebalancer la large reconnaissance d'un pouvoir discrétionnaire, notamment en matière d'administration économique, par une vigilance accrue quant au respect des règles procédurales. L'Union bénéficie d'un très large pouvoir d'appré-

---

1. Pour une illustration, Voir CJUE *Digital Rights Ireland Ltd*, C-293/12 et C-594/12

2. CJCE 5 juin 1996, T-162/94, *NMB c/ Commission.*

3. CJCE 5 oct. 1994, C-280/93, *Allemagne c/ Conseil, Rec.* I. 4973.

ciation quant au contenu de ses décisions à condition que celles-ci soient prises dans le respect des règles procédurales qui protègent les particuliers et, tout spécialement, de celles qui imposent un caractère contradictoire au processus décisionnel.

§ 3. La portée des principes généraux du droit

899 Les principes généraux du droit constituent l'un des éléments de la légalité et s'imposent à ce titre aux institutions de l'Union. Ils occupent donc dans la hiérarchie des normes un rang supérieur au droit dérivé. Mais ils s'imposent également aux États membres lorsque ces derniers agissent dans le champ du droit de l'Union. Cette situation n'est pas seulement réservée aux droits fondamentaux, mais joue également pour tous les principes. Puisque les principes généraux font partie de la légalité, il est naturel qu'ils trouvent à s'appliquer dans toute situation régie par le droit de l'Union que ce soit au niveau de l'Union ou au niveau national[1]. Toute autre solution porterait atteinte à l'uniformité du droit de l'Union et consacrerait des discriminations entre les particuliers en raison de l'État membre dans lequel ce droit est appliqué.

900 Existe-t-il une hiérarchie entre les principes généraux du droit et les traités ? En d'autres termes, lorsque les effets d'une disposition du traité entrent en conflit avec ceux d'un principe général du droit, la primauté du traité doit-elle jouer ? Une telle situation devrait être exceptionnelle puisque le juge ne reconnaît le caractère de principe général du droit qu'en l'absence de conflit entre ce principe et le but et les objectifs du traité. Cependant l'absence de contradiction abstraite n'implique pas que dans un cas précis un conflit ne puisse se produire. C'est ainsi que la Cour a été amenée à se prononcer sur un conflit entre la libre circulation des

1. V. *a contrario* CJCE 13 juin 1996, C-144/ 95, *Maurin* : « La Cour n'est pas compétente pour se prononcer (...) sur une éventuelle violation des principes relatifs à la protection des droits de la défense et au respect du contradictoire par des règles de procédure applicables aux infractions à une réglementation nationale qui se situe en dehors du champ d'application du droit communautaire ».

marchandises et la liberté d'expression et de réunion. Le gouvernement autrichien avait autorisé une manifestation qui bloquait la circulation routière. Dans ce cas, le droit de manifestation, droit fondamental ayant le caractère de principe général du droit pouvait-il faire obstacle à la libre circulation des marchandises, liberté reconnue par le traité ? La question n'a pas été abordée en termes de hiérarchie, mais de coexistence des droits. La Cour a établi les conditions de compatibilité entre deux règles sans se prononcer sur leur place respective dans la hiérarchie. Elle a constaté que le respect des droits fondamentaux pouvait constituer un intérêt légitime de nature à justifier une restriction au principe de libre circulation. De même, la liberté de manifester n'est pas absolue et peut subir des restrictions dans l'intérêt général. La résolution du conflit entre ces deux libertés passe par une mise en balance des deux intérêts en présence laquelle doit tenir compte de la marge d'appréciation des États membres. Dans ce cas, la Cour s'est limitée à vérifier qu'il n'avait pas été fait un usage disproportionné de cette marge[1]. Résulte-t-il de cet arrêt qu'au cas où un droit absolu, comme le droit à la vie, eût été en cause, la Cour aurait fait prévaloir celui-ci sur les libertés économiques garanties par le traité ? Dans l'arrêt *Kadi*[2], la Cour de justice qualifie les droits fondamentaux de « principes constitutionnels » et les fait prévaloir sur l'article 307 CE (TFUE, art. 351). Enfin, elle complète son évolution dans l'arrêt *Audiolux SA* en constatant que « les principes généraux du droit se situent au rang constitutionnel »[3]. Aussi, lorsqu'elle « reconnaît » l'existence d'un principe général, la cour joue un rôle constituant.

1. CJCE 12 juin 2003, C-112/00, *Schmidberger.*
2. CJCE 3 sept. 2008, C-402 et 415.
3. CJCE 15 oct. 2009, C-101/08.

Section 3
Les accords internationaux

901 L'activité conventionnelle de l'Union est croissante et cet accroissement va de pair avec l'élargissement des compétences de l'Union. La question de la place de ce droit d'origine externe dans le droit de l'Union est importante. Les auteurs du traité pouvaient choisir entre les deux solutions pratiquées par les États membres : monisme ou dualisme. Dans le second cas, pour faire partie de l'ordre juridique, les accords internationaux devaient faire l'objet d'un acte interne de transposition et leur place dans l'ordre juridique était déterminée par la nature de cet acte de transposition. Dans le premier cas, la conclusion de l'accord et son entrée en vigueur étaient suffisantes. On étudiera successivement les accords conclus par l'Union (**§ 1**), les actes unilatéraux des organisations internationales (**§ 2**) et la succession de l'Union aux accords conclus par les États membres (**§ 3**).

§ 1. Les accords conclus par l'Union

902 L'article 216, § 2, TFUE précise que les accords conclus dans les conditions fixées par cet article « lient les institutions de l'Union et les États membres ». Les accords conclus par l'Union avec des États tiers ou des organisations internationales font donc partie intégrante de l'ordre juridique de l'Union à partir de leur entrée en vigueur comme l'a confirmé à plusieurs reprises la Cour de justice[1]. On pourrait penser que l'Union est moniste, c'est-à-dire que les accords internationaux font partie de l'ordre juridique de l'Union sans qu'il soit besoin qu'intervienne une mesure interne de transformation. La décision de conclusion des accords serait suffisante pour les intégrer dans l'ordre juridique, cette intégration ne prenant bien entendu effet qu'à la date d'entrée en vigueur de l'accord. La situation ne serait pas différente pour les accords

1. CJCE 30 avr. 1974, n° 181/73, *Haegemanet* ; pour une affirmation TIPCE 22 janv. 1997, T-115/94, *Opel Austria c/ Conseil.*

mixtes (conclus par l'Union et ses États membres) à ceci près que l'intégration ne produit ses effets que pour la partie de l'accord qui relève des compétences de l'Union. Pour éviter un trop long délai, générateur d'imprécisions quant à l'identification du titulaire des obligations, entre l'intégration dans l'ordre juridique communautaire et dans les ordres juridiques nationaux, l'Union ne conclut généralement l'accord mixte qu'une fois qu'est intervenu le dépôt de tous les instruments de ratification des États membres. Ainsi, elle est engagée par l'accord en même temps que les États membres.

903 Les accords conclus par l'Union occupent dans l'ordre juridique un rang inférieur aux traités, mais supérieur au droit dérivé. La primauté des traités découle de l'article 218 TFUE qui prévoit une procédure permettant à la Cour de constater, avant la conclusion d'un accord, l'incompatibilité de celui-ci avec le traité et impose, dans ce cas, la révision du traité avant la conclusion. Une autre conséquence réside dans la possibilité pour la Cour d'annuler la décision de conclusion d'un accord lorsque celui-ci est contraire au traité[1]. La primauté des accords par rapport au droit dérivé, que celui-ci soit antérieur ou postérieur, ne fait pas l'objet de contestation. Elle découle directement de l'article 300 puisque les accords lient les institutions. Ces dernières ne peuvent plus dans ce cas appliquer des normes contraires aux dispositions de ces accords[2]. Le fait que les accords internationaux bénéficient de la primauté sur le droit dérivé n'implique pas que ces accords puissent être invoqués dans tous les cas devant la Cour. La question de la primauté est distincte de celle de l'invocabilité (v. ss 1008 s.)

904 Selon l'article 216 TFUE, l'accord conclu par l'Union lie également les États membres. D'après la Cour, l'obligation de respecter l'accord ne joue pas seulement entre l'État membre et les États tiers, parties à l'accord, mais également à l'égard de l'Union[3].

---

1. CJCE 9 août 1994, C-327/91, *France c/ Commission, Rec.* I. 3641 ; CJCE 7 mars 1996, C-360/93, *Parlement c/ Conseil, Rec.* I. 1195.
2. CJCE 5 oct. 1994, C-280/93, *Allemagne c/ Conseil*, dans lequel la Cour accepte de contrôler la validité d'un règlement communautaire au regard de la convention de Lomé.
3. CJCE 26 oct. 1982, n° 104/81, *Kupferberg*.

Cette formulation peut surprendre en ce qu'elle fait référence à l'existence d'obligations entre les États membres et les États tiers. Or la responsabilité de l'exécution de l'accord à l'égard des tiers incombe normalement à l'Union qui est seule partie à l'accord et non aux États membres qui ne sont liés qu'à travers l'engagement de l'Union. La question de l'exécution de l'accord par les États membres devrait être une question interne à l'Union. La Cour voudrait-elle dire que la responsabilité internationale d'un État membre pourrait être directement mise en jeu en cas de violation de l'accord par celui-ci ? Une telle thèse réduirait la portée de la personnalité internationale de l'Union en admettant que puissent s'établir des relations directes entre un membre et un tiers dans le cadre de l'exécution d'un accord imputable à la seule Union. En effet, la conséquence de l'existence d'une personnalité juridique de l'Union devrait être que la violation de l'accord par un État membre est une question qui relève de la seule Union et qui ne met en jeu que la responsabilité internationale de cette dernière et non celle de l'État membre. En tout état de cause, la Cour, saisie par la voie préjudicielle, a estimé à plusieurs reprises que des dispositions nationales ne pouvaient être appliquées à des situations régies par des accords conclus par l'Union [1], confirmant ainsi l'obligation qui pèse sur les États membres dans l'ordre juridique de l'Union. Cependant, l'apparence moniste ne résiste pas en cas de conflit entre une obligation internationale de l'Union et le traité. Si la Cour accepte la primauté des traités conclus par l'Union, c'est parce que leur conformité aux traités communautaires peut être vérifiée *a priori* ou *a posteriori*. Dans l'arrêt *Kadi* où était en cause un conflit entre une résolution obligatoire du Conseil de sécurité qui tirait sa primauté de l'article 103 de la Charte des Nations unies et les droits fondamentaux protégés par l'article 6 du traité, la Cour s'est refusée à tenir compte de la primauté de la résolution en constatant que « les obligations qu'impose un accord international ne sauraient avoir pour effet de porter atteinte aux principes constitutionnels du traité CE » [2].

1. V., par ex., CJCE 3 oct. 1996, C-126/95, *Hallouzi-Choho c/ Bestuur van de Sociale Verzekingsbank*.
2. CJCE 3 sept. 2008, C-402 et 415/05P.

§ 2. Les actes unilatéraux adoptés par des organes internationaux

905 Le régime applicable aux accords conclus par l'Union l'est également aux actes adoptés par les organes créés par ces accords sous réserve de la solution dégagée dans l'arrêt *Kadi*[1]. En effet, de nombreux accords conclus par la Communauté, et notamment les accords d'association ou de coopération, instituent des organes auxquels ils confèrent un pouvoir de décision. Les actes pris dans les conditions prévues par ces accords ont le même rang dans l'ordre juridique que les accords eux-mêmes[2].

§ 3. La succession aux accords conclus antérieurement par les États membres

906 Peuvent également faire partie de l'ordre juridique communautaire, certains accords conclus par les États membres avant l'entrée en vigueur des traités. L'article 351 TFUE permet aux États membres de poursuivre l'exécution de ces accords, mais cela n'implique aucunement que ces derniers fassent partie de l'ordre juridique de l'Union. Il en va cependant autrement lorsque l'Union succède à ces accords. Il s'agit cependant d'une hypothèse exceptionnelle. En effet, la succession postule que tous les États membres aient été parties à l'accord, qu'ils aient voulu lier l'Union par les obligations découlant de celui-ci et que la Communauté adhère aux buts poursuivis par l'accord, que la pratique des institutions dans le cadre de l'accord coïncide avec la reconnaissance par les tiers du transfert de compétence opéré par les États membres au profit de l'Union[3]. Ces conditions ont été remplies pour le GATT[4]. Cette solution n'a plus qu'un intérêt historique

1. Préc.
2. CJCE 20 sept.1990, C-192/89, *Sevince*.
3. V. concl. av. gén. Capotorti dans l'affaire *Burgoa*, n° 812/79, *Rec.* 1980, p. 2787.
4. CJCE 12 déc. 1972, n° 1 à 24/ 72, *International Fruit*.

puisque l'Union est devenue partie à l'accord sur l'Organisation mondiale du commerce qui a succédé au GATT. En revanche, la Cour n'a jamais accepté la thèse de la succession à la Convention européenne des droits de l'homme. Il est vrai que les conditions résumées par l'avocat général Capotorti n'étaient pas réunies à commencer par le fait que la France n'était pas partie à la convention au moment de l'entrée en vigueur des traités.

Section 4
Les actes de droit dérivé

907 La catégorie des actes de droit dérivé recouvre une série d'actes fondés sur le traité, d'où l'appellation de droit dérivé qui indique que leur adoption découle du droit primaire. En principe, ces actes ne sont pas hiérarchisés entre eux, car la règle du parallélisme des formes ne trouve pas d'application en droit de l'Union, si bien qu'un règlement peut modifier une directive si la base juridique utilisée permet le recours aux deux types d'instruments. Cette règle connaît cependant une exception évidente. Il existe une hiérarchie entre les actes de droit dérivé de base, la législation déléguée et les mesures d'exécution qui leur sont subordonnées. Les actes de droit dérivé peuvent être distingués selon une typologie qui repose sur le traité (**§ 1**). Ils obéissent cependant à des règles communes (**§ 2**).

§ 1. La typologie des actes de droit dérivé

908 La typologie des actes de droit dérivé est essentiellement fondée sur l'article 288 TFUE (Traité CE, ex-art. 249) qui contient une énumération de ces actes et de leurs effets. Cependant, la pratique a conduit au développement de toute une série d'actes atypiques. La nature véritable d'un acte ne dépend pas d'ailleurs de sa dénomination et la Cour n'hésite pas à analyser l'objet, le contenu et la portée d'un acte pour lui restituer sa véritable qualification[1].

1. CJCE 14 déc. 1962, n° 16 et 17/62, *Confédération nationale des producteurs de fruits et de légumes*, *Rec*. 901 ; CJCE 21 févr. 1987, n° 26/86, *Deutz et Geldermann c/ Conseil*, *Rec*. 941.

A. Les actes visés à l'article 288 TFUE

909 L'article 288 distingue le règlement, la directive et la décision qui sont des actes obligatoires des recommandations et avis qui ne lient pas. Le choix entre les différents types d'acte dépend de la base juridique sur laquelle se fonde l'action de l'Union. Parfois, le traité prévoit l'emploi d'un instrument déterminé et les institutions seront tenues par ce choix. Dans d'autres cas, le traité laisse le législateur libre et celui-ci pourra se déterminer en fonction des mérites propres à chaque instrument. Ainsi, le règlement peut produire immédiatement des effets directs tandis que la directive exige une période de transposition. Mais la directive permet une meilleure implication des autorités nationales. L'article 296 TFUE indique que le choix entre ces types d'actes doit s'opérer dans le respect de la subsidiarité et de la proportionnalité.

1. Le règlement

910 Selon l'article 288 TFUE : « Le règlement a une portée générale. Il est obligatoire dans tous ses éléments et il est directement applicable dans tout État membre. » Si le règlement a une portée générale, c'est qu'il s'applique de manière abstraite à toutes les personnes qui entrent dans son champ d'application. Il vise donc des destinataires appartenant à des catégories « envisagées abstraitement ou dans leur ensemble »[1]. Le fait qu'un règlement ne s'adresse qu'à un cercle limité de personnes ne lui fait pas perdre son caractère général, même si les personnes auxquelles il est applicable peuvent être identifiées, dès lors que « cette application s'effectue en vertu d'une situation objective de droit ou de fait définie par l'acte, en relation avec la finalité de ce dernier »[2]. L'exigence du caractère général du règlement est fondamentale dans le cadre du contentieux de la légalité. En effet, les recours en annulation formés par des particuliers à l'encontre d'un règlement seront irrecevables à moins qu'il puisse être établi que le règlement les concerne individuellement et directement le requérant (TFUE, art. 263 ; v. ss 1105 s.).

1. CJCE 14 déc. 1962, n° 16 et 16/62.
2. CJCE 11 juill. 1968, n° 6/68, *Zuckerfabrik Watenstedt*.

911 Le règlement est obligatoire dans tous ses éléments, c'est-à-dire qu'il s'impose dans son intégralité aux institutions, à tous les États membres et aux particuliers. Il s'applique à toutes les situations qui entrent dans son champ d'application et les États membres ne peuvent l'appliquer de manière sélective. Les difficultés d'application ne peuvent permettre à un État membre de se dispenser de l'exécuter[1]. Le règlement peut cependant laisser place à des mesures d'exécution tant au plan de l'Union qu'au plan national.

912 Le règlement est directement applicable dans tout État membre. Il ne doit donc faire l'objet d'aucune mesure de transposition et s'impose dès son entrée en vigueur dans les ordres juridiques nationaux. Toute forme de transposition est d'ailleurs interdite, car elle jetterait le doute sur l'origine des obligations contenues dans le règlement et sur leur date d'entrée en vigueur[2]. L'applicabilité directe implique que le règlement crée de manière immédiate des droits et des obligations que les particuliers peuvent faire valoir tant à l'égard des autorités nationales (effet direct vertical) qu'à l'égard d'autres particuliers (effet direct horizontal) (sur l'effet direct, v. ss 1000). Le règlement peut aussi bien être un acte législatif qu'un acte de législation déléguée ou d'exécution. Dans ces deux derniers cas, il devra être mentionné dans son intitulé qu'il s'agit d'un acte délégué ou d'exécution.

2. La directive

913 « La directive lie tout État membre destinataire quant au résultat à atteindre, tout en laissant aux instances nationales la compétence quant à la forme et aux moyens » (TFUE, art. 288). La directive tout comme le règlement est obligatoire. Elle est adressée aux États membres, qu'il s'agisse de tous les États ou de certains d'entre eux. Mais elle doit être considérée comme une loi-cadre, c'est-à-dire qu'il appartient aux États destinataires d'adopter les mesures adéquates pour atteindre l'objectif qu'elle fixe. C'est là une expression de la subsidiarité. Certes, la latitude laissée aux États membres est plus ou moins grande selon le degré de précision de la directive. On a noté une tendance à rédiger des direc-

1. CJCE 7 févr. 1973, n° 39/72, *Commission c/ Italie.*
2. CJCE 7 févr. 1973, préc. ; CJCE 10 oct. 1973, n° 34/73, *Variola.*

tives de plus en plus précises ce qui a pour conséquence de restreindre la marge d'autonomie de leurs destinataires. Les États ont tenté de réagir contre cette évolution. C'est ainsi que le protocole sur l'application des principes de subsidiarité et de proportionnalité joint au traité en vigueur avant Lisbonne invitait à donner la préférence à des directives plutôt qu'à des règlements et à des directives cadres plutôt qu'à des mesures détaillées, mais il est difficile de suivre cette voie. En effet, le degré de précision des directives est souvent imposé par les membres du Conseil eux-mêmes qui désirent se prémunir contre d'éventuelles distorsions de concurrence engendrées par des différences dans la mise en œuvre des directives et maîtriser plus aisément la transposition en droit national, notamment lorsqu'elle implique une intervention des Parlements nationaux. La directive peut aussi bien être un acte législatif qu'un acte de législation déléguée ou d'exécution. Dans ces deux derniers cas, elle devra mentionner dans son intitulé qu'il s'agit d'un acte délégué ou d'exécution.

914 Puisque les directives doivent être transposées en droit interne par des mesures nationales, elles prévoient un délai à l'issue duquel le défaut de transposition est constitutif d'un manquement de l'État à ses obligations. Avant l'expiration de ce délai, l'État n'a aucune obligation, mais en vertu de l'article 4 TUE sur la coopération loyale entre les institutions et les États membres, il ne peut prendre de mesures qui priveraient dans l'avenir la directive de ses effets. Ainsi des mesures nouvelles incompatibles avec la directive doivent voir leurs effets limités dans le temps afin de ne pas excéder la date de transposition. De même, il est loisible aux États destinataires de transposer la directive par étapes. De toute façon, le juge national doit autant que possible, interpréter le droit national à la lumière de la directive même s'il s'agit de situations nées avant l'expiration du délai de transposition à moins que l'on ne porte atteinte au principe de sécurité juridique[1]. Dans ce cas, le juge doit donner une interprétation conforme aux exigences du droit de l'Union dans la mesure où une marge d'appréciation lui

1. CJCE 18 déc. 1997, C-129/96, *Inter-environnement Wallonie* ; CJCE 8 oct. 1987, n° 80/86, *Kolpinghuis Nimejgen.*

est laissée par le droit national[1]. La question de l'interprétation conforme après la transposition est essentielle dans les hypothèses où la directive est dénuée d'effet direct[2]. Dans l'affaire *Mangold*, très vivement critiquée, la Cour a estimé qu'une réglementation nationale n'était pas conforme à une directive alors même que le délai de transposition n'était pas expiré[3]. Il est vrai qu'il s'agissait de non-discrimination sur la base de l'âge et que la Cour s'est fondée sur le principe de non-discrimination plutôt que sur la directive[4]. Il en résulte que lorsqu'une directive concrétise un principe général du droit, ce principe doit être respecté par le droit national dans les conditions définies par la directive avant même l'expiration de la date de transposition.

915 L'État a le choix des mesures de transposition en fonction des spécificités de son ordre juridique interne. Une intervention législative n'est donc pas toujours nécessaire. L'idée de base est qu'il convient d'utiliser, pour transposer la directive, le type d'acte qu'on utiliserait en droit interne pour atteindre, avec des effets contraignants, le même objectif. La situation est compliquée par le fait qu'en transposant la directive, les destinataires ne doivent pas seulement introduire les mesures nécessaires pour atteindre l'objectif visé, mais également faire disparaître toute règle incompatible avec la directive ce qui commande fréquemment la nature de l'instrument interne utilisé.

916 La transposition doit donner aux obligations leur plein effet utile. Selon la Cour, « les dispositions d'une directive doivent être mises en œuvre avec une force contraignante incontestable, avec la spécificité, la précision et la clarté requise, afin que soit satisfaite l'exigence de la sécurité juridique qui requiert que, au cas où la directive vise à créer des droits pour les particuliers, les bénéficiaires soient mis en mesure de connaître la plénitude de leurs droits »[5]. Il en résulte que le fait qu'une pratique administrative soit conforme avec une directive n'est pas un motif pour ne pas

1. CJCE 10 avr. 1984, n° 14/83, *Van Colson et Kaman*, *Rec.* 1891.
2. CJCE 11 juill. 1991, C-87 à 89/90, *Verholen.*
3. CJCE 22 nov. 2005, C-144/04.
4. V. pour confirmation CJCE 19 janv. 2010, C-555/07, *Kücükdevesi.*
5. CJCE 13 mars 1997, C-197/96, *Commission c/ France.*

transposer[1] de même qu'une transposition par simple circulaire n'est pas suffisante parce qu'elle ne crée pas une sécurité juridique satisfaisante pour les particuliers. L'argument selon lequel, en tout état de cause, le juge écartera une loi incompatible avec la directive n'est pas non plus un argument pour se dispenser de la transposition[2]. Ici encore, les particuliers, en raison de l'existence d'une loi nationale contraire, seront maintenus dans l'incertitude quant aux effets de la directive. Selon la Cour, les États destinataires sont dispensés de l'obligation de transposer de façon « formelle et textuelle » les dispositions d'une directive et peuvent « se satisfaire d'un contexte juridique général dès lors que celui-ci assure effectivement la pleine application de la directive d'une façon suffisamment claire et précise, afin que, au cas où la directive vise à créer des droits pour les particuliers, les bénéficiaires soient mis en mesure de connaître la plénitude de leurs droits et de s'en prévaloir, le cas échéant, devant les juridictions nationales »[3].

917 L'existence de la directive et son contenu doivent donc être portés sans ambiguïté à la connaissance des particuliers afin que ceux-ci puissent faire valoir leurs droits devant les juridictions nationales. Cette transparence permet également à la Commission de contrôler la transposition correcte en droit interne. D'ailleurs, le plus souvent, la directive comporte l'obligation pour ses destinataires de faire mention de la directive dans l'acte de transposition. Cette obligation entraîne nécessairement une mesure de transposition en droit interne : « Dès lors qu'une directive prévoit expressément l'obligation pour les États membres d'assurer que les dispositions de transposition contiennent une référence à celle-ci ou soient accompagnées d'une telle référence lors de leur publication officielle, il est nécessaire d'adopter un acte positif de transposition »[4].

918 Puisque la directive doit faire l'objet d'une transposition, elle ne produit pas en principe d'effet direct en droit interne. Elle est certes obligatoire pour les États membres, mais ses effets en droit

---

1. CJCE 2 mai 1996, C-311/95, *Commission c/ Grèce.*
2. CJCE 15 oct. 1986, n° 168/85, *Commission c/ Italie.*
3. CJCE 20 mars 1997, C-96/95, *Commission c/ Allemagne.*
4. CJCE 18 déc. 1997, C-360/95, *Commission c/ Espagne.*

interne découleront de la mesure de transposition. Telle est la situation normale. Cependant, la Cour de justice a admis que, sous certaines conditions, une directive non transposée ou incorrectement transposée pouvait être invoquée par des particuliers à l'expiration du délai de transposition (v. ss 1002).

3. La décision

919 Selon la formule de l'article 249 du traité CE, « La décision est obligatoire dans tous ses éléments pour les destinataires qu'elle désigne ». La décision était donc par nature un acte individuel qui produit des effets sur son ou ses destinataires lesquels peuvent être des États membres ou des particuliers. Elle se différenciait du règlement par l'absence de toute portée générale. Il pouvait arriver cependant qu'adressée à un État membre, elle impliquât que celui-ci prenne des mesures destinées à la mettre en œuvre. Dans ce contexte, la décision était directement applicable par ses destinataires. Lorsqu'elle s'adressait à un ou à des États membres, elle pouvait créer des droits ou des obligations pour les particuliers. Dans ce cas, afin de préserver l'effet utile de la décision, ces derniers pouvaient l'invoquer devant les juridictions nationales. Le traité de Lisbonne modifie la situation. Selon l'article 288 TFUE la décision n'est plus nécessairement un acte individuel. Elle reste obligatoire dans tous ses éléments. Cette modification a été introduite pour tenir compte de la pratique qui utilisait la décision, comme acte atypique, pour adopter des actes de portée générale comme les programmes financiers. Désormais, le terme de décision peut aussi bien recouvrir un acte de portée individuel qu'un acte de portée générale. Il s'ensuit que les décisions ne sont pas nécessairement directement applicables.

4. Les recommandations et avis

920 Selon l'article 288 TFUE, les recommandations et avis ne lient pas. L'objet de la recommandation est d'inviter ses destinataires à adopter un comportement déterminé. Elle se présente parfois comme un substitut à l'adoption d'une directive, l'objectif étant de faire confiance à l'autodiscipline de ses destinataires. En cas d'échec, ces derniers savent que le contenu de la recommandation sera traduit dans un acte contraignant. Dans d'autres hypothèses,

la recommandation vise à fixer un cadre général d'action. Les recommandations ne sont pas dénuées de tout effet juridique et la Cour de justice a estimé que les juridictions nationales devaient les utiliser comme instruments d'interprétation de mesures nationales adoptées pour leur mise en œuvre ou lorsqu'elles viennent à l'appui d'autres mesures communautaires de caractère contraignant[1].

B. Les actes hors nomenclature

921 La liste de l'article 288 TFUE n'est pas exclusive. Dans la pratique, les institutions ont recours à divers actes qui ne sont pas mentionnés à cet article. Cette pratique a été parfois critiquée, notamment par le Conseil d'État[2], en raison de l'incertitude qu'elle introduit dans le système juridique communautaire. Ces actes sont en effet de nature juridique différente et les particuliers ne sont pas toujours à même d'en discerner la portée juridique. En effet, bien qu'atypiques, ces actes peuvent être destinés à produire des effets contraignants. Aussi, la Cour de justice, lorsqu'elle est saisie d'un recours contre un tel acte, ne s'arrête pas à la considération qu'il est atypique. Comme elle le déclarait dans l'arrêt *AETR*, le recours en annulation est ouvert contre « toutes dispositions prises par les institutions (quelles qu'en soient la nature ou la forme) qui visent à produire des effets de droit »[3]. La Cour examine dans un premier temps si l'acte vise à produire des effets juridiques et, si tel est le cas, s'il respecte bien les conditions de fond et de forme prévues par le traité[4].

1. Les accords interinstitutionnels

922 Le traité fait parfois référence à un accord entre institutions. C'est ainsi que l'article 193 du traité CE confiait à un accord entre institutions la détermination des modalités d'exercice du droit d'enquête du Parlement européen. Cependant, la pratique est allée

1. CJCE 13 déc. 1989, C-322/88, *Fonds des maladies professionnelles.*
2. *Rapp. public 1992*, Études et documents n° 44, Doc. fr., 1993, p. 23.
3. CJCE 31 mars 1971, n° 22/70, *Commission c/ Conseil.*
4. V. par ex., CJCE 16 juin 1993, C-325/91, *France c/ Commission* ; CJCE 20 mars 1997, C-57/95, *France c/ Commission.*

bien au-delà de ce que prévoyait le traité. Dans la mesure où le fonctionnement institutionnel de l'Union repose sur une coopération loyale entre institutions, l'accord interinstitutionnel se présente comme une technique privilégiée de mise en œuvre de cette coopération. Il permet notamment d'aménager le fonctionnement des procédures prévues par le traité dans le strict respect de celles-ci puisque, comme tout acte de droit dérivé, il est soumis au respect du droit primaire. On ne sera donc pas étonné qu'un des domaines privilégiés de l'accord interinstitutionnel ait été le droit budgétaire. Il s'agit d'un secteur où les procédures décisionnelles sont complexes et où la coopération interinstitutionnelle est fondamentale. C'est ainsi que l'accord interinstitutionnel du 6 mai 1999 codifiait toute une série d'accords préexistants. De même, la procédure législative connaît de tels accords (déclaration commune du 4 mars 1975 relative à l'institution d'une procédure de concertation, déclaration commune sur les modalités pratiques de la nouvelle procédure de codécision du 4 mai 1999, accord interinstitutionnel sur la méthode de travail accélérée pour la codification officielle des textes législatifs du 20 décembre 1994, accord interinstitutionnel sur les lignes directrices communes relatives à la qualité rédactionnelle de la législation communautaire du 22 décembre 1998...). Le traité de Lisbonne permet au Parlement, au Conseil et à la Commission d'organiser les modalités de leur coopération notamment par voie d'accords interinstitutionnels. Ces accords doivent respecter la constitution et peuvent être contraignants. Le texte implique que tout accord interinstitutionnel doit être conclu par les trois institutions, ce qui exclut la formule actuelle d'accords bilatéraux qui mettent en cause les prérogatives de la troisième institution. Quant à l'appréciation du caractère contraignant des accords, elle relèvera toujours d'un examen cas par cas (TFUE, art. 295).

923 En effet, la valeur juridique de ces accords a fait l'objet de bien des discussions. En lui-même, l'accord n'a pas nécessairement une portée juridique obligatoire. Certes, la terminologie employée peut constituer un indice de la nature politique ou juridique de l'acte. On ne conclura pas aisément que des actes que l'on a choisi de dénommer codes de conduite, *modus vivendi*, lignes directrices

ou déclaration ont une portée juridique contraignante. Mais, la dénomination n'est qu'un indice parmi d'autres de la volonté des auteurs de l'acte. En effet, la valeur juridique naît de la volonté des auteurs de l'acte de se lier laquelle doit être recherchée dans le contenu de l'accord[1]. La réponse à la question de la valeur juridique de ces actes ne peut qu'être donnée au cas par cas

2. Les résolutions et conclusions

924 Le Conseil adopte régulièrement des résolutions et des conclusions. Les conclusions font suite à un débat qui s'est déroulé au cours d'une session du Conseil. Elles peuvent contenir des déclarations purement politiques, mais aussi des décisions (*Beschluss*). Aussi, n'est-il possible de déterminer la portée juridique de conclusions qu'après un examen attentif du contenu de celles-ci. En outre, il convient de distinguer les conclusions du Conseil des conclusions de la présidence. Tandis que les conclusions du Conseil sont adoptées par celui-ci, les conclusions de la présidence sont le produit de la seule volonté de cette dernière et constituent un exposé de ce que celle-ci retient du débat. Les conclusions de la présidence ne peuvent pas engager le Conseil et ne produisent pas d'effet juridique.

925 Les résolutions du Conseil contiennent le plus souvent un programme d'action dans un domaine déterminé. À ce titre, elles n'entendent pas avoir d'effet juridique, mais elles peuvent inviter la Commission à présenter des propositions ou à agir dans un sens déterminé. Lorsqu'une résolution porte sur une matière qui ne relève pas entièrement de la compétence de l'Union, elle prend la forme d'une résolution du Conseil et des représentants des gouvernements des États membres. La mixité de la résolution est importante, car la Cour a utilisé l'existence de résolutions du Conseil dans un domaine déterminé pour en tirer des conclusions quant aux compétences de la Communauté[2]. L'existence d'une résolution mixte témoigne qu'aux yeux du Conseil, la matière n'est pas entièrement couverte par la compétence communautaire.

1. CJCE 19 mars 1996, C-25/94, *Commission c/ Conseil*, *Rec.* I. 1469.
2. CJCE 13 févr. 1985, n° 293/83, *Gravier* ; CJCE 9 juill. 1987, n° 281/85, *Allemagne c/ Commission*.

Ce n'est que dans une situation très spécifique que la Cour a considéré qu'une résolution du Conseil pouvait produire des effets juridiques contraignants. Il s'agissait des mesures intérimaires relatives à la pêche en mer du Nord prises par les États membres en l'absence d'une politique commune de la pêche[1]. Il n'est cependant pas exclu qu'une résolution puisse fonder la confiance légitime des particuliers, notamment lorsqu'elle fixe des lignes de conduite pour l'avenir. Le traité de Lisbonne indique que le Parlement et le Conseil doivent s'abstenir d'adopter des actes atypiques lorsqu'ils sont saisis d'une proposition de la Commission. Cette excellente disposition vise à mettre fin au détournement de procédure que constituait le fait d'adopter des conclusions ou des résolutions à l'unanimité à propos d'un acte dont l'adoption était soumise à la majorité qualifiée (TFUE, art. 296, al. 3).

926 L'habitude s'est prise d'inscrire au procès-verbal du Conseil, en marge de l'adoption d'actes législatifs, des déclarations du Conseil, de la Commission ou des États membres. Ces déclarations n'ont aucun effet sur l'acte législatif lui-même et ne peuvent servir d'instrument d'interprétation que si elles trouvent une expression dans le texte législatif lui-même. En effet, seul ce dernier lie ses destinataires[2]. Lors de l'adoption de l'accord interinstitutionnel sur les directives communes relatives à la qualité rédactionnelle de la législation, le Parlement a fait une déclaration indiquant que « l'acte législatif devant être compréhensible en soi (*self explanatory*), les institutions et/ou les États membres ne doivent pas adopter de déclarations interprétatives ». Cette vertueuse disposition d'esprit n'a jamais empêché le Parlement d'insister pour obtenir l'inscription de déclarations lors de l'adoption d'actes en codécision.

3. Les communications de la Commission

927 Les communications de la Commission sont de nature fort diverse. Il peut s'agir de livres blancs ou verts sur le contenu desquels la Commission recueille l'opinion des institutions ou des particuliers

1. V. notamment, CJCE 10 juill. 1980, 32/79, *Commission c/ Royaume-Uni*.
2. CJCE 26 févr. 1991, C-292/89, *Antonissen* ; CJCE 3 déc. 1998, C-68/96, *The Queen V. The Licensing Authority established by the Medicines Act 1968, ex.p. Generics*.

avant de présenter une proposition législative, de rapports, mais aussi de documents dans lesquels la Commission indique quel sera à l'avenir son comportement ou quel devrait être le comportement des États membres ou des particuliers. Ces communications n'ont pas d'effets juridiques. Elles peuvent cependant, le cas échéant, faire naître une confiance légitime dans le chef des destinataires lorsque le comportement futur de l'auteur est décrit avec une certaine précision. Lorsque l'intention de la Commission est de faire produire à une communication des effets contraignants, la Cour de justice a reconnu sa compétence pour en connaître et l'annuler le cas échéant[1].

§ 2. Le régime juridique des actes unilatéraux

928 Les règles relatives au régime juridique des actes découlent, notamment en ce qui concerne la publicité et l'entrée en vigueur, du traité lui-même et des règlements intérieurs des institutions. La jurisprudence de la Cour a précisé ces règles et les a complétées, notamment en ce qui concerne la rétroactivité.

A. L'authentification des actes

929 Les actes de droit dérivé ne peuvent produire d'effets que s'ils ont été dûment authentifiés par l'apposition de la date et des signatures requises. Les actes adoptés par le Conseil doivent être signés par le président du Conseil et par le secrétaire général (Règl. int., art. 15). Les actes adoptés conjointement par le Parlement et le Conseil doivent également porter la signature du président du Parlement (TFUE, art. 297). Le texte authentifié ne peut être modifié que par un nouvel acte. Seules sont permises avant publication des corrections grammaticales[2]. Le Tribunal de première instance avait jugé que des irrégularités dans l'authentification entraî-

1. V. aff. C-325/91 et C-57/95, citées ss 879.
2. CJCE 23 févr. 1988, n° 131/86, *Royaume-Uni c/ Conseil*.

naient l'inexistence de l'acte. La Cour n'a pas partagé cet avis et a estimé que la nullité pour violation des formes substantielles était une sanction adéquate[1].

B. La forme des actes

930 Le règlement intérieur du Conseil fixe, dans son annexe II, la forme des actes qu'il adopte. En ce qui concerne les actes adoptés par le Parlement et le Conseil, le Parlement s'est aligné sur les dispositions du règlement intérieur du Conseil. Toutes les règles de forme ne constituent pas des éléments de validité de l'acte. Seules certaines formalités sont substantielles. Sur le plan formel, les actes doivent répondre à deux exigences essentielles : indication de la base juridique, indication des étapes de la procédure suivie.

931 Les visas de l'acte doivent tout d'abord mentionner la base juridique, c'est-à-dire la ou les dispositions du traité sur laquelle ou lesquelles l'acte est fondé. Cette obligation de viser la base juridique résulte du fait que l'Union dispose uniquement de compétences d'attribution. Il est donc indispensable d'indiquer la disposition du traité sur laquelle se fonde la compétence de l'Union. La mention de la base juridique permet également de vérifier si la procédure suivie pour l'adoption de l'acte est bien la procédure correcte (v. ss 700). Enfin, le visa permet également de déterminer si la nature de l'acte correspond bien à celle prévue par le traité lequel ne laisse pas, dans certains cas, les institutions choisir librement le type d'acte qui leur convient. L'indication de la base juridique est donc essentielle pour permettre le contrôle de la légalité de l'action de l'Union, c'est la raison pour laquelle la Cour estime qu'un simple renvoi au traité sans plus de précisions n'est pas suffisant. Elle avait jugé que l'omission de l'indication de la base juridique ne constituait pas un vice substantiel « lorsque la base juridique d'un acte peut être déterminée à l'appui d'autres éléments de celui-ci »[2]. Mais, par la suite, elle a exigé

1. CJCE 15 juin 1994, C-137/92P, *Commission c/ Basf et a.*
2. CJCE 26 mars 1987, n° 45/86, *Commission c/ Conseil*

une mention expresse de la base juridique[1] et, à défaut, annulé l'acte pour violation du principe général de la sécurité juridique.

932 Les visas doivent également mentionner les propositions et avis recueillis en exécution du traité (Traité CE, art. 253 ; TFUE, art. 296, al. 2). Cette obligation permet la vérification du respect de la procédure imposée par le traité. Ainsi seront mentionnés les propositions et propositions révisées de la Commission (ou de la Banque centrale européenne), les avis du Comité économique et social et du Comité des régions, l'avis du Parlement européen et, dans le cas des actes adoptés en codécision, la position du Conseil, les différentes interventions du Parlement et, le cas échéant, du comité de conciliation. La mention d'un avis dans la procédure ne dispense pas la Cour de vérifier si l'avis a été demandé et obtenu[2].

C. La motivation

933 Alors qu'en droit français la motivation des actes n'est obligatoire que lorsqu'un texte le prévoit et ne joue pour l'essentiel que pour les décisions individuelles défavorables, l'article 253 CE (TFUE, art. 296) créait une obligation générale de motivation. La motivation est donc un élément de validité de tout acte communautaire. Son objet est de « faire apparaître de façon claire et non équivoque le raisonnement de l'institution auteur de l'acte »[3]. Cette motivation poursuit une double finalité. Elle remplit tout d'abord une fonction de transparence au profit des particuliers qui pourront ainsi vérifier si l'acte est ou non bien fondé. Elle fournit également à la Cour le moyen d'exercer son contrôle juridictionnel. L'obligation de motiver a donné lieu à un important contentieux qui se déroule fréquemment devant le Tribunal de première instance puisque celui-ci connaît des recours des particuliers. Le Tribunal a fort bien compris le rôle que pouvait jouer l'obligation de motiver, notamment dans le contrôle du pouvoir discrétionnaire. Ainsi, il a développé une importante jurisprudence sur l'accès du public

1. CJCE 16 juin 1993, C-325/91, *France c/ Commission*.
2. CJCE 29 oct. 1980, n° 138/79, *Roquette*.
3. CJCE 29 févr. 1996, C-56/93, *Belgique c/ Commission*, *Rec.* I. 723.

aux documents en se fondant sur la motivation des décisions de refus d'accès, sans même examiner le contenu des documents demandés.

934 L'exigence de motivation est particulièrement importante dans le cadre du contrôle du respect des principes de subsidiarité ou de proportionnalité puisqu'elle permet de reconstituer le raisonnement effectué par l'auteur de l'acte pour aboutir à l'adoption de celui. Le protocole sur la subsidiarité et la proportionnalité, annexé au traité d'Amsterdam, attachait une importance toute particulière à l'obligation de motivation tout comme celui attaché au traité de Lisbonne. La motivation doit figurer dans l'acte lui-même et être adoptée par l'auteur de l'acte. Il en résulte qu'une déclaration adoptée par le Conseil seul ne saurait servir de modification à un acte relevant de la procédure de codécision puisque le Parlement est également auteur de l'acte[1].

935 La portée de l'obligation de motiver dépend de la nature de l'acte et du contexte juridique dans lequel il intervient. Si la Cour admet que la motivation ne doit pas justifier tous les choix techniques effectués dès lors que l'essentiel de l'objectif poursuivi est mentionné, ni spécifier tous les éléments de fait et de droit pertinents et que l'on puisse demander aux personnes concernées un certain effort d'interprétation, « les éléments de fait et de droit dont dépendent la justification légale et les considérations qui l'ont amenée [la Commission] à prendre sa décision doivent figurer dans la motivation »[2]. L'exigence de motivation est atténuée lorsque l'acte intervient dans un contexte juridique connu à moins qu'il n'introduise dans ce contexte un élément nouveau. De même, lorsqu'un particulier a participé à la procédure qui a conduit à l'adoption de l'acte, il n'est pas nécessaire que la motivation comporte une prise de position sur tous les éléments évoqués au cours de cette procédure, « mais il suffit qu'elle expose les faits et considérations juridiques revêtant une importance essentielle dans l'économie de la décision »[3]. La Cour a même imposé l'obligation

1. CJCE 21 janv. 2003, *Commission c/ Parlement et Conseil.*
2. TPICE 11 déc. 1996, T-49/95, *Van Mengen Sports Group c/ Commission.*
3. TPICE 18 sept. 1996, T-387/94, *Asia Motor France e.a. c/ Commission.*

de motiver une décision implicite résultant du silence gardé par le Conseil. On peut se demander si cette exigence ne conduit pas à renoncer à ce type de décision[1].

936 En revanche, la motivation doit être particulièrement développée dans le cas où l'acte comporterait une dérogation à la réglementation en vigueur ou qu'il entraîne des conséquences graves pour son destinataire. Il en va de même lorsqu'une institution dispose d'un large pouvoir d'appréciation. La motivation devra alors permettre au juge d'exercer un contrôle sur les éléments de fait et de droit qui ont servi de base à l'exercice de ce pouvoir d'appréciation[2]. Si la motivation d'un acte peut être développée et précisée devant le juge à l'occasion d'un recours, ces explications ne sauraient se substituer à une absence de motivation[3]. Le Tribunal a cependant admis que la Commission ne communique à un particulier qu'une décision de rejet non motivé et ne fournisse une explication motivée qu'à la demande de celui-ci. Mais dans ce cas, le délai de recours ne commencera à courir qu'à réception de la motivation à condition que la demande d'explication ait été présentée à la Commission dans un délai raisonnable[4].

937 Dans ces conditions, on comprend le soin que le législateur apporte à la motivation de ses actes, laquelle dépasse parfois en longueur le dispositif. Cependant, l'accord interinstitutionnel sur la qualité de la législation rappelle que les considérants qui doivent se limiter à motiver le dispositif de manière concise, « ne comportent pas de dispositions de caractère normatif ou de vœux politiques ». Cette précision est nécessaire tant est grande la tentation d'accepter d'intégrer dans la motivation des éléments sur lesquels un accord n'a pu être obtenu au moment de l'examen du dispositif en faisant valoir que ces éléments ne seront pas contraignants. Or, cette pratique peut d'autant plus induire en erreur sur le contenu du texte que le juge utilise la motivation pour définir la portée du texte.

1. CJCE 30 sept. 2003, C-76/01P, *Eurocoton*.
2. CJCE 26 nov. 1981, n° 195/80, *Michel c/ Parlement* ; TPICE, ord. 26 sept. 1997, T-183/97R, *Micheli e.a. c/ Commission*.
3. TPICE 12 déc. 1996, T-16/91, *Rendo e.a. c/ Commission*.
4. TPICE 8 mai 1996, T-19/95, *Adia intérim c/ Commission*, Rec. II. 321.

D. La publication et la notification

938 La publicité de l'acte est une condition indispensable pour que celui-ci puisse produire des effets. Dans ces conditions, l'absence de publicité n'entraîne pas la nullité de l'acte, mais l'empêche de déployer ses effets. La forme prise par la publicité dépend de la nature de l'acte. Selon l'article 297 TFUE (Traité CE, ex-art. 254), les actes législatifs sont toujours publiés. Il en va de même des actes non législatifs adoptés sous forme de règlement ou de directive ainsi que des décisions lorsqu'ils s'adressent à tous les États membres. En revanche, les autres actes sont notifiés à leurs destinataires. La publication s'effectue au Journal officiel de l'Union européenne. Les accords internationaux sont publiés et mention est faite au Journal officiel de leur entrée en vigueur.

E. L'entrée en vigueur

939 Le principe est celui de l'entrée en vigueur immédiate. Mais les actes soumis à publication produisent des effets à la date qu'ils fixent. Le législateur dispose ainsi d'une marge d'appréciation et peut retarder la date à laquelle l'acte produira ses effets afin de préserver la confiance légitime des opérateurs économiques. Il pourra leur laisser un délai suffisant afin de s'adapter à la situation nouvelle et d'éviter d'éventuelles incidences dommageables de l'acte sur les opérations en cours. C'est la raison pour laquelle certains actes établissent une distinction entre une date d'entrée en vigueur et une date d'application à partir de laquelle ils produiront tous leurs effets. À défaut de précision dans l'acte lui-même, l'acte entrera en vigueur le 20e jour suivant la publication au *JO* (TFUE, art. 297). Le point de départ de la computation du délai est la date portée sur le Journal officiel. Cependant, au cas où la publication serait effectivement intervenue à une date plus tardive, la date réelle de parution du *JO* sera est prise en considération. Aujourd'hui la publication du Journal officiel est effectuée par voie électronique. Dans le cas des directives, la date d'entrée en vigueur doit être distinguée de la date de transposition. Mais cette dernière date est un délai ultime et rien n'empêche les États membres de transposer dès l'entrée en vigueur.

940 En application du principe de l'effet immédiat, toutes les situations existantes sont régies par l'acte dès l'entrée en vigueur sans que puisse être invoqué un droit acquis au maintien des dispositions existantes. Cependant, l'effet immédiat doit être concilié avec la confiance légitime. S'il apparaît qu'il n'était pas possible pour un opérateur économique faisant preuve d'une vigilance normale de prévoir l'intervention d'une nouvelle législation, le principe de confiance légitime impose de prévoir une période d'adaptation transitoire ou une entrée en vigueur différée. La confiance légitime ne joue pas si les opérateurs ont été informés de l'éventualité d'une réglementation ou s'ils pouvaient prévoir cette modification compte tenu de la nature de la réglementation (v. ss 896).

F. La rétroactivité

941 La question de la rétroactivité se pose, de manière classique, à propos de la possibilité d'entrée en vigueur rétroactive d'un acte. En principe, la rétroactivité des actes de l'Union n'est pas possible en raison des exigences de la sécurité juridique. Néanmoins, cette règle peut connaître des exceptions dès lors que le but à atteindre l'exige et que la confiance légitime des intéressés est respectée[1]. Il en va ainsi pour des réglementations relatives à des situations susceptibles de constantes modifications, telles les modifications des taux de change, auxquelles l'Union doit réagir rapidement. Dans ce cas, la rétroactivité peut être nécessaire pour assurer l'efficacité d'une politique et elle est possible dès lors que les intéressés ne pouvaient ignorer cette exigence d'application rétroactive ou en avaient été avertis. De même, la rétroactivité peut également être admise dès lors que l'acte a été adopté en remplacement d'un acte annulé pour vice de forme. L'effet rétroactif est ici justifié par le souci d'éviter un vide juridique. Dans tous ces cas, l'existence d'un but justifiant la rétroactivité doit faire l'objet d'une motivation particulière. En principe, la prohibition de la rétroactivité ne joue pas pour les règles de procédure et, en cas de modification de ces règles, les particuliers n'ont pas de droit à voir leur cas traité selon la procédure antérieure.

1. CJCE 25 janv. 1979, n° 98/78, *Racke c/ Hauptzollamt Mainz.*

942 La question de la rétroactivité se pose également lorsque l'auteur d'un acte a l'intention de retirer celui-ci. À la différence de l'abrogation qui met fin à l'acte pour l'avenir, le retrait supprime les effets de l'acte dans le passé. Le traité ne contenant aucune règle relative au retrait des actes communautaires, la Cour de justice a dû combler cette lacune. Elle a admis la faculté de retirer des actes non créateurs de droits dans un délai raisonnable. S'agissant des actes créateurs de droits, leur retrait est soumis à des conditions beaucoup plus strictes en raison de la nécessaire protection de la confiance légitime des destinataires et du principe de sécurité juridique. Le retrait d'un acte régulier est contraire aux principes généraux du droit[1]. S'agissant du retrait d'un acte illégal créateur de droits, il ne peut avoir lieu que, dans un délai raisonnable, doit être justifié par un intérêt d'ordre public et tenir compte de la confiance légitime du bénéficiaire de l'acte. Selon la formule du Tribunal qui résume bien la jurisprudence : « La confiance légitime en l'acte retiré est acquise lorsque son destinataire peut se fier à l'apparence de sa légalité (...). Une fois acquise, la confiance légitime en la légalité d'un acte administratif ne saurait par la suite être entamée, à moins qu'un intérêt d'ordre public ne prime l'intérêt du bénéficiaire au maintien d'une situation qu'il pouvait tenir pour stable »[2].

G. La qualité rédactionnelle et la codification des actes

943 Les institutions se préoccupent activement de la qualité rédactionnelle des actes communautaires et le traité de Maastricht a renforcé cette volonté. En effet, l'exigence de proximité des citoyens annoncée dans l'article 1 du traité sur l'Union européenne doit se manifester dans la recherche de la clarté et de la lisibilité de la législation communautaire. L'accroissement de l'activité législative de la Communauté, l'existence de traditions juridiques diffé-

1. CJCE 12 juill. 1957, n° 7/56 et 3/57 à 7/57, *Algera* ; CJCE 22 sept. 1983, n° 159/82, *Veril-Wallace c/ Commission.*
2. TPICE 27 nov. 1997, T-20/96, *Pascall c/ Commission* ; v. aussi TPICE 20 nov. 2002, T-251/00, *Lagardère SCA et Canal + SA c/ Commission.*

rentes, les effets dus à la recherche de compromis tant au sein des institutions qu'entre celles-ci, la complexité technique des matières abordées ne rendent pas toujours aisée la production de textes simples et lisibles. Or, le principe de sécurité juridique implique la clarté et la simplicité de la législation. Dès 1993, le Conseil avait adopté une résolution relative à la qualité rédactionnelle de la législation communautaire. Cette résolution formulait de manière synthétique sous forme de décalogue quelques principes fondamentaux. Une déclaration annexée à l'Acte final d'Amsterdam invitait le Parlement, le Conseil et la Commission à arrêter d'un commun accord des lignes directrices sur la qualité rédactionnelle. Le 22 décembre 1998, un accord interinstitutionnel donnait suite à cette invitation. Cet accord, beaucoup plus détaillé que le décalogue, prévoit également que les institutions organiseront leurs procédures de telle sorte que leurs services juridiques puissent formuler en temps utile des suggestions rédactionnelles destinées à appliquer les lignes directrices. L'article 22 du règlement intérieur du Conseil donne mandat au service juridique du Conseil de vérifier la qualité des textes et de formuler des suggestions d'ordre rédactionnel. L'article 26 du même règlement intérieur mentionne l'obligation veiller à la qualité rédactionnelle parmi les missions du Coreper.

944 La lisibilité de la législation est fréquemment compromise par les nombreuses modifications qui lui sont apportées. En effet, de nombreux textes sont d'ordre technique et, de ce fait, sujets à de fréquentes modifications ce qui rend difficile l'établissement de l'état du droit puisqu'il faut consulter tant le texte originaire que les nombreuses modifications successives. D'où la nécessité de fondre à intervalles réguliers ces modifications avec le texte d'origine. Ce regroupement peut être opéré de manière informelle. Le produit de l'opération, le texte ainsi consolidé n'aura pas de valeur juridique et constituera simplement un instrument de travail. L'Office des publications officielles se charge de cette tâche et met les textes consolidés à la disposition du public sur le serveur internet Europa. La codification a, elle, pour objet, de remplacer le texte d'origine et ses modifications successives par un nouveau texte juridique. Elle est opérée à droit constant, c'est-à-dire qu'elle ne comporte

aucune modification par rapport aux textes de base. L'accord interinstitutionnel du 20 décembre 1994 sur la codification organise une procédure ad hoc qui consiste en un allégement de la procédure législative ordinaire. Les trois institutions s'engagent à adopter le texte codifié sans aucune modification.

945 Moyennant quoi, la procédure se déroule rapidement en un seul examen après qu'un groupe composé des représentants des services juridiques des différentes institutions a constaté que la proposition de codification ne comportait aucun changement de substance.

946 Malgré tous les efforts déployés par les institutions concernées, la codification avance lentement. En effet, pour être couronnée de succès, elle exige qu'aucune modification nouvelle ne soit envisagée pendant le déroulement de la procédure, faute de quoi il est nécessaire de reprendre le processus au point de départ. Or, cette condition est difficile à remplir, car, bien souvent, l'évolution de la situation impose de telles modifications et l'opération de codification en est retardée d'autant. C'est la raison pour laquelle la technique de la refonte paraît plus prometteuse. Il s'agit d'opérer la codification à l'occasion d'une procédure de modification du texte. Ce dernier comportera des éléments codifiés et des éléments nouveaux. Le législateur adoptera sans amendements la partie codifiée et ne débattra que des dispositions nouvelles ou modifiées. Un accord interinstitutionnel sur la refonte a été conclu entre le Parlement, le Conseil et la Commission[1].

Bibliographie

Boulouis, « Les principes généraux du droit », *Rép. Dalloz ;* Hubeau, « Le principe de protection de la confiance légitime dans la jurisprudence de la CJCE », *CDE* 1983. 143 ; Louis, *Les règlements de la CEE*, Éd. ULB, Bruxelles, 1969 ; Schwarze, *Droit administratif européen*, Bruylant, Bruxelles, 1994, 2 vol. ; Simon, *La directive européenne*, Dalloz, coll. Connaissance du droit, 1997 ; Tavernier, « Le juge communautaire et l'application dans le temps des règlements », *AFDI* 1976. 169 ; Tizzano, « La hiérarchie des actes communautaires », *RMUE* 1995. 219.

1. *JO* 28 mars 2002, C 77/1.

CHAPITRE 2

Les rapports entre l'ordre juridique de l'Union et les ordres juridiques nationaux

947 La question des rapports entre l'ordre juridique de l'Union et les ordres juridiques nationaux est l'une des questions clés du droit de l'Union. Elle commande l'autorité dont jouira celui-ci au sein des différents États membres. Fallait-il, comme en droit international, laisser la réponse aux différents ordres juridiques nationaux au risque de compromettre l'application du droit de l'Union puisque celle-ci variera en fonction des situations nationales ? Fallait-il régler cette question dans le cadre de l'ordre juridique de l'Union en faisant prévaloir l'exigence d'une application uniforme au risque de créer des conflits entre cet ordre et les différents systèmes nationaux ? Le traité n'apporte que des réponses partielles à cette question et il est revenu naturellement à la Cour de justice, au rythme des questions, qui lui ont été soumises de faire prévaloir les exigences d'application uniforme du droit de l'Union et de protection juridique des particuliers autour des deux grands thèmes de la primauté (SECTION 1) et de l'effet direct (SECTION 2) du droit de l'Union.

SECTION 1
LA PRIMAUTÉ DU DROIT DE L'UNION

948 Même si le traité restait à l'origine silencieux quant à la primauté du droit communautaire, l'affirmation de celle-ci ne doit pas surprendre. En effet, compte tenu de sa mission d'assurer le respect du droit de l'Union, la Cour de justice ne pouvait retenir d'autre solution que la primauté (**§ 1**). Ce qui est particulier au droit de l'Union, ce sont les conséquences que la Cour tire du principe en ce qui concerne les obligations des États membres dans le cadre de leur ordre juridique interne. Ces conséquences ont des effets sur les systèmes constitutionnels nationaux, ce qui dans certains cas rend difficile la reconnaissance de la primauté en droit interne. Mais, pour l'essentiel, ces difficultés ont pu être surmontées et la primauté est actuellement reconnue dans tous les États membres bien que subsistent parfois encore des potentialités de conflits (**§ 2**).

§ 1. L'affirmation de la primauté

949 L'affirmation de la primauté du droit de l'Union sur le droit national est l'œuvre de la Cour de justice dans le célèbre arrêt *Costa* rendu à propos d'un conflit entre le traité et une loi italienne postérieure[1]. En sa qualité de juridiction communautaire, la Cour pouvait difficilement s'abstenir de reconnaître la primauté. D'ailleurs toute juridiction internationale saisie d'un litige similaire opinerait dans le même sens. On verrait mal la Cour internationale de justice refuser de reconnaître la primauté du droit international sur le droit national. Aussi n'est-ce pas la solution retenue par la Cour de justice des Communautés qui est remarquable, mais bien plus le raisonnement qui l'appuie et surtout les conséquences qu'elle en a tirées.

1. CJCE 15 juill. 1964, nº 6/64.

950 La Cour aurait pu consacrer la primauté en se référant aux obligations contractées dans des traités régulièrement ratifiés par les États membres pour en déduire, comme l'aurait fait tout juge international, que ces derniers devaient certes respecter les engagements qu'ils avaient souscrits, mais dans le respect des spécificités de leurs ordres juridiques nationaux. Or, tel n'est pas le cas et la Cour déduit la primauté de toute une série de constatations. Elle relève tout d'abord la nature spécifique de la Communauté « de durée illimitée, dotée d'attributions propres, de la personnalité, de la capacité juridique, d'une capacité de représentation internationale et plus précisément de pouvoirs réels issus d'une limitation de compétence ou d'un transfert d'attribution des États à la Communauté » pour en déduire que les États « ont limité, bien que dans des domaines restreints, leurs droits souverains et créé ainsi un corps de droit applicable à leurs ressortissants et à eux-mêmes ». Cette observation sur les transferts d'attributions est fondamentale, car il en résultera que les États membres ne peuvent plus valablement légiférer dans les domaines ainsi transférés puisqu'ils ne disposent plus de la compétence nécessaire. Puis, la Cour souligne la nature même du traité qui crée un ordre juridique spécifique lequel s'intègre dans l'ordre juridique national. Si cet ordre juridique est spécifique par rapport à l'ordre international, les règles applicables au droit international classique ne peuvent jouer. De l'intégration de l'ordre communautaire dans l'ordre national découle l'impossibilité de faire prévaloir, contre les règles communautaires, une mesure nationale ultérieure faute de quoi le traité serait privé de sa portée. D'ailleurs, toute autre solution porterait atteinte à l'uniformité du droit communautaire puisque la portée de ce dernier varierait selon les États membres en fonction des législations nationales ultérieures. Une application différenciée, selon les États membres, du droit communautaire donnerait également lieu à des discriminations fondées sur la nationalité, discriminations qui sont interdites par le traité. En conclusion, la Cour souligne qu'« issu d'une source autonome, le droit né du traité ne pourrait donc, en raison de sa nature spécifique originale, se voir opposer un texte interne quel qu'il soit, sans perdre son

caractère communautaire et sans que soit mise en cause la base juridique de la Communauté elle-même ».

951 Dans ces conditions, la primauté est consubstantielle à la nature même du droit de l'Union, puisqu'elle conditionne son application uniforme. La Cour tirera par la suite les conséquences de son raisonnement. La primauté s'applique à l'égard d'un « texte interne quel qu'il soit » pour reprendre la formule de l'arrêt *Costa*. C'est ainsi qu'elle s'impose même en cas « d'invocations d'atteintes portées soit aux droits fondamentaux tels qu'ils sont formulés par la constitution d'un État membre soit aux principes d'une structure constitutionnelle nationale »[1]. Dans l'affaire *Kreil*, la Cour de justice a interprété la directive sur l'égalité de traitement entre hommes et femmes comme s'opposant à l'application de dispositions nationales allemandes qui excluaient d'une manière générale les femmes des emplois militaires comportant l'utilisation d'armes, faisant ainsi prévaloir le droit communautaire sur le droit constitutionnel des États membres puisque la disposition nationale en cause était l'article 12a de la loi fondamentale allemande[2]. Cette primauté du droit de l'Union sur le droit constitutionnel national a été rappelée avec force dans l'arrêt *Melloni* : « Il est, en effet, de jurisprudence bien établie qu'en vertu du principe de la primauté du droit de l'Union, qui est une caractéristique essentielle de l'ordre juridique de l'Union (...) le fait pour un État membre d'invoquer des dispositions de droit national, fussent-elles d'ordre constitutionnel, ne saurait affecter l'effet du droit de l'Union sur le territoire de cet État »[3]. La question des rapports entre le droit de l'Union et la législation nationale est donc réglée au profit du droit de l'Union de manière simple. La loi nationale antérieure à la norme de l'Union est devenue inopposable avec l'adoption de cette dernière. La loi postérieure n'a pu se former valablement en raison de l'existence de cette norme et ne saurait donc être appliquée[4]. Certes, la Cour ne dispose pas de

1. CJCE 17 déc. 1970, n° 11/70, *Internationale Handelsgesellschaft* ; v. également CJCE, ord., 22 juin 1965, n° 9/65, *Acciaiere San Michele*.
2. CJCE 11 janv. 2000, C-285/98, Rec. I. 169.
3. CJUE 26 fév. 2013, C-399/11.
4. CJCE 9 mars 1978, n° 106/77, *Simmenthal*.

la compétence pour sanctionner l'invalidité d'une mesure nationale contraire au droit de l'Union, aussi ne peut-elle aller plus loin que la constatation des obligations qui résultent du droit de l'Union ainsi que d'un éventuel manquement de l'État membre, laissant aux autorités de cet État le soin d'en tirer les conséquences.

952 C'est essentiellement au niveau de l'analyse des conséquences de la primauté qu'apparaît la spécificité du droit de l'Union. Si l'on se situait dans le cadre d'un rapport classique de droit international public, la Cour se limiterait à affirmer la primauté et laisserait aux États membres toute liberté pour en tirer les effets dans leur sphère interne au risque éventuel de mettre en jeu leur responsabilité internationale s'ils violent la norme internationale. Dans le droit de l'Union, cette liberté est restreinte, car les États membres ont, selon la Cour et en vertu du principe de coopération loyale consacré à l'article 4 (Traité CE, ex-art. 10) l'obligation d'abroger la norme nationale incompatible avec le droit de l'Union et, dans l'attente, de la laisser inappliquée[1]. Cette obligation s'impose à toutes les autorités nationales, y compris les autorités locales ou régionales[2], et tout particulièrement au juge national. Comme le note la Cour dans l'arrêt *Simmenthal :* « Le juge national chargé d'appliquer, dans le cadre de sa compétence, les dispositions du droit communautaire, a l'obligation d'assurer le plein effet de ces normes, en laissant au besoin inappliquée, de sa propre autorité, toute disposition contraire de la législation nationale, même postérieure, sans qu'il ait à demander ou à attendre l'élimination préalable de celle-ci par voie législative ou par tout autre procédé constitutionnel »[3]. L'affaire est intéressante, puisqu'en l'espèce, le juge italien estimait ne pas pouvoir écarter l'application de la législation nationale contraire sans solliciter auparavant, conformément aux règles nationales, une déclaration d'invalidité de la Cour constitutionnelle italienne. Pour la Cour de justice, une telle procédure aurait mis en péril l'application uniforme du droit de

1. CJCE 24 mars 1988, n° 104/86, *Commission c/ Italie.*
2. CJCE 22 juin 1989, 103/88, *Fratelli Costanzo c/ Commune de Milano.*
3. CJCE 9 mars 1978, n° 106/77.

l'Union puisque celle-ci aurait été dépendante du délai mis par le juge constitutionnel à satisfaire la demande qui lui était adressée par le juge ordinaire. Aussi, la Cour de justice a-t-elle estimé qu'il appartenait au juge saisi de constater lui-même et sans délai que la loi interne contraire au droit de l'Union ne pouvait être appliquée. La Cour de justice a réitéré cette jurisprudence à propos de la question prioritaire de constitutionnalité en France lorsque celle-ci est soulevée relativement à conformité d'une disposition nationale avec le droit de l'Union. Elle rappelle que l'existence de cette procédure ne doit pas empêcher le juge du fond de saisir à tout moment la Cour d'une question préjudicielle, d'assurer la protection juridictionnelle provisoire des droits conférés aux particuliers par le droit de l'Union et de laisser inappliquée la disposition en cause après la décision sur la constitutionnalité. Ce faisant, elle prend en compte la décision du Conseil constitutionnel du 10 mai 2010 qui distingue le contrôle de la constitutionnalité qui relève de son autorité et le contrôle de la conventionalité qui appartient au juge du fond[1]. Dans une autre affaire, la Cour est allée plus loin en imposant au juge britannique, alors que le droit interne ne lui accordait pas ce pouvoir, de suspendre l'application d'une législation nationale dont l'incompatibilité avec le droit de l'Union était alléguée jusqu'à ce qu'un jugement sur le fond ne soit rendu[2]. Ainsi, alors qu'en droit international, le juge s'en remet à l'État pour empêcher toute atteinte à la règle internationale, la Cour de justice enjoint directement au juge national, juge de droit commun du droit de l'Union, de faire respecter la primauté en écartant au besoin les obstacles que le droit procédural national mettrait à l'accomplissement de cette tâche. Cet office imposé au juge national n'est pas allé sans présenter de difficultés tout au moins pour les États membres où la tradition imposait au juge le respect absolu de la volonté du législateur ou pour ceux dans lesquels le juge n'a pas compétence pour se prononcer sur la conformité d'une loi nationale au traité.

1. CJCE 22 juin 2010, C-188/10 et C-189/10, *Melki et Abeli.*
2. CJCE 19 juin 1990, C-213/89, *Factortame I*

953 Le principe de la primauté était indirectement mentionné dans le protocole sur la subsidiarité et la proportionnalité joint au traité d'Amsterdam qui faisait référence aux principes dégagés par la Cour de justice pour ce qui concerne les rapports entre droit international et droit interne. La Convention sur l'avenir de l'Europe proposait de l'inclure de façon expresse dans la future constitution européenne sous une formulation quelque peu alambiquée. En effet, primauté était reconnue à la constitution et au droit adopté par les institutions de l'Union dans l'exercice des compétences qui lui sont attribuées (Projet, art. 10). Une simple référence au droit de l'Union eut été suffisante puisque la constitution faisait partie du droit de l'Union. Quant à la mention des compétences, elle était inutile et source de confusions. Nul ne conteste que les actes adoptés hors du domaine des compétences de l'Union soient illégaux et ne puissent bénéficier de la primauté. La précision avait été introduite pour rassurer les États membres et tenir compte de la jurisprudence Maastricht du Tribunal constitutionnel allemand. En outre, on aurait pu de mauvaise foi interpréter le texte comme supprimant la présomption de légalité du droit de l'Union dès lors que l'incompétence est invoquée. Or ce ne peut être le cas. La validité de l'acte est présumée jusqu'à ce que l'incompétence soit constatée par la Cour. La constitution a reproduit en la simplifiant la formule de la convention : « La constitution et le droit adopté par les institutions de l'Union, dans l'exercice des compétences qui sont attribuées à celle-ci, priment le droit des États membres » (art. I-6). Une déclaration annexée à l'acte final précisait que cette formule reflétait la jurisprudence de la Cour, ce qui laissait ouverte la question de la primauté des mesures adoptées au titre de la PESC puisqu'il n'existe, et pour cause, aucune jurisprudence sur ce point. Ainsi, d'une règle jurisprudentielle, la primauté devenait un principe consacré par la constitution. Le traité de Lisbonne, dans son œuvre de « déconstitutionnalisation » a supprimé les dispositions relatives à la primauté. Cela ne modifie guère la situation puisque la constitution jouait sur ce point un rôle essentiellement déclaratoire. La déclaration n° 17 annexée à l'acte final avec un avis du Service juridique du Conseil rappelle l'existence du principe : « selon une

jurisprudence constante de la Cour de justice de l'Union européenne, les traités et le droit adopté par l'Union sur la base des traités priment le droit national, dans les conditions définies par ladite jurisprudence ».

§ 2. La mise en œuvre de la primauté dans les États membres

954 Les principales difficultés dues à la mise en œuvre du principe de primauté ont été rencontrées dans certains États membres originaires. C'était une situation compréhensible, car ces États ne pouvaient avoir anticipé la jurisprudence de la Cour de justice et ont été amenés à s'adapter à celle-ci. Les difficultés ont perduré dans le cas de la France jusqu'à l'arrêt *Nicolo* du Conseil d'État en 1989. S'agissant des nouveaux adhérents, ils étaient prévenus des difficultés potentielles et ont généralement su adapter leur système interne avant que leur adhésion ne prenne effet.

A. La situation française

955 La primauté du droit communautaire sur la loi nationale a été difficile à s'imposer, mais a fini par être reconnue par les juridictions nationales. Par contre, la question des rapports entre le droit de l'Union et la Constitution a longtemps alimenté les débats doctrinaux jusqu'à ce qu'une solution équilibrée soit trouvée, après plusieurs tâtonnements, sous l'autorité du Conseil constitutionnel.

1. Droit de l'Union et Constitution

956 La question des rapports entre droit constitutionnel et droit de l'Union se pose à un double niveau. Dans un premier temps, lors de la ratification des traités, il s'agit de déterminer leur compatibilité avec la constitution afin de déterminer conformément à l'article de la constitution si la ratification doit être précédée d'une révision constitutionnelle. Mais le droit de l'Union n'est pas exclusivement contenu dans les traités et un problème de compatibilité avec la constitution peut se poser à propos d'une norme de droit dérivé.

957 La question de la compatibilité entre les traités et la constitution s'est posée à plusieurs reprises lorsque le Conseil constitutionnel a été saisi de la question, généralement par le Président de la République. Les critères d'appréciation de la compatibilité ont varié dans le temps. Dans un premier temps, le Conseil établissait une distinction entre les limitations de souveraineté qui étaient permises et les transferts qui ne l'étaient pas sans une révision constitutionnelle préalable[1]. La distinction entre limitation et transfert était peu praticable et a été fortement critiquée dans la doctrine. Une limitation n'implique-t-elle pas dans certains cas un transfert ?

958 Aussi, le Conseil a-t-il modifié progressivement son approche pour aboutir lors de sa décision sur le traité de Maastricht à l'abandon de cette distinction. Les transferts de compétence sont possibles sans révision constitutionnelle préalable dès lors qu'ils ne contiennent pas de clause contraire à la constitution et ne portent pas atteinte « aux conditions essentielles d'exercice de la souveraineté nationale »[2]. À ce titre, le droit de vote et d'éligibilité des citoyens communautaires aux élections municipales et la création de l'Union économique et monétaire ont exigé une révision constitutionnelle. En ce qui concerne le traité d'Amsterdam, la « communautarisation » des dispositions du troisième pilier relatives à l'asile et à l'immigration a entraîné une révision constitutionnelle. En effet, le Conseil constitutionnel ne retient pas seulement l'aspect formel du transfert de compétence, mais lie celui aux conditions d'exercice de la compétence. Ainsi si l'Union pouvait avant le traité de Lisbonne exercer des compétences dans le cadre de la justice et des affaires intérieures, c'était à l'unanimité. Le passage à la majorité qualifiée dans le cadre de la procédure législative s'analyse comme un transfert de compétence qui impose une révision constitutionnelle. La démarche de révision constitutionnelle est désormais classique. L'article 88-1 de la Constitution indique que « La République participe aux Communautés européennes et à l'Union européenne, constituées d'États

1. Décis. 30 déc. 1976, n° 76-71 DC.
2. Décis. n° 92-308 DC, 9 avr. 1992.

qui ont choisi librement, en vertu des traités qui les ont instituées, d'exercer en commun certaines de leurs compétences. » Et, chaque fois qu'une révision constitutionnelle est nécessaire, le constituant ajoute à la constitution des dispositions rendant possible les transferts de compétence impliqués par le nouveau traité.

959 Ainsi, bien des conflits peuvent être évités par une révision constitutionnelle au moment de la notification des traités. L'article 54 de la Constitution permet au Conseil constitutionnel de contrôler la conformité des traités à la constitution avant leur ratification sur saisine du chef de l'État, de 60 députés ou de 60 sénateurs, du Premier ministre, du président de l'Assemblée nationale ou du président du Sénat. Dès lors que, dans le cadre de cette procédure, l'incompatibilité d'un traité avec la constitution est constatée par le Conseil constitutionnel, la ratification du traité ne peut intervenir qu'après révision de la constitution. C'est à ce contrôle préalable qu'ont été soumis les traités de Maastricht et d'Amsterdam et, dans chaque cas, une révision constitutionnelle est intervenue. Il n'existe donc plus de risque d'incompatibilité et dès lors plus de raison d'opposer à la primauté un argument tiré d'un conflit éventuel entre le traité et une disposition constitutionnelle. Pour les traités antérieurs qui n'ont pas été soumis à ce contrôle, leur compatibilité avec la constitution est présumée et ne peut dès lors être remise en cause. Elle ne l'a d'ailleurs pas été comme l'a confirmé le Conseil constitutionnel dans sa décision du 19 juin 1970. C'est l'immunité constitutionnelle de l'acquis de l'Union

960 Mais la compatibilité entre le traité et la constitution n'exclut pas la survenance d'un conflit entre le droit dérivé et la constitution. En effet, le traité est un traité cadre qui sert de base à une importante production législative dont le contenu pourrait entrer en conflit avec une disposition constitutionnelle. Des voix se sont élevées en faveur d'un contrôle *a priori* du droit dérivé qui éviterait des contradictions entre la constitution et le droit dérivé et l'on aurait pu envisager de soumettre les actes de droit dérivé au Conseil constitutionnel avant leur adoption ou leur entrée en vigueur. Mais ces suggestions n'ont pas été retenues par le constituant et, sur ce point, il faut s'en tenir à la jurisprudence récente

du Conseil constitutionnel. On notera cependant que s'agissant d'un acte de l'Union, et non de la Communauté, le mandat européen, la France a révisé sa constitution pour permettre sa mise en œuvre, mais il s'agit de l'application d'un principe classique selon lequel un État dispose du choix des moyens pour transposer en droit interne un acte qui n'est pas directement applicable.

961 Comme dans la plupart des États membres, il a paru difficile à la France de reconnaître la primauté du droit communautaire sur les dispositions de la constitution dans la mesure où le traité tirait sa force en droit interne de la constitution sur la base de laquelle il a été ratifié. L'article 55 de la Constitution ne reconnaît la supériorité des traités que par rapport à la loi et non par rapport à la constitution elle-même. Dans son arrêt *Sarran*[1], le Conseil d'État a refusé de sanctionner des dispositions nationales mettant en œuvre des prescriptions constitutionnelles en raison de leur contrariété avec des engagements internationaux. Certes, l'arrêt ne portait pas sur le droit communautaire, mais on pouvait se demander si la solution eût été différente dans un tel cas. Ce n'était d'ailleurs pas le cas puisque la même solution a été retenue à l'égard du droit communautaire[2]. L'Assemblée plénière de la Cour de cassation a adopté la même solution dans son arrêt du 2 juin 2000, *Fraisse*[3]. Dans cette affaire, alors que la requérante invoquait l'article 6 TUE et demandait un renvoi préjudiciel à la Cour de justice, la Cour de cassation ne répondait pas à l'argument et se limitait à constater que la suprématie conférée par la constitution aux engagements internationaux ne s'applique pas aux dispositions constitutionnelles. Dans une large mesure, cette solution est compréhensible. Les juridictions nationales peuvent-elles remettre en cause les dispositions d'une constitution dont ils tirent leur légitimité, malgré l'appel que leur a lancé la Cour de justice dans l'arrêt *Simmenthal*.

962 De plus, en droit interne, le traité qui tire son autorité de la constitution, peut-il remettre en cause la hiérarchie des normes établies

1. CE, ass., 30 oct. 1998, *Sarran et Lavacher, AJDA* 1998. 1039.
2. CE, 3 déc. 2001, *Synd. nat. industrie pharma.*
3. Ass. plén., 2 juin 2000, n° 99-60.274.

par celle-ci ? Certains auteurs se demandent même si une révision constitutionnelle pourrait atteindre ce résultat et si une norme constitutionnelle pourrait se déclarer subordonnée à un traité international[1]. Cette vision interne ne porte pas atteinte au principe selon lequel, dans le cadre externe, un État ne peut exciper d'une norme constitutionnelle pour s'affranchir de la violation d'une norme internationale ou de l'Union. Le conflit entre les deux ordres juridiques ne pourrait se résoudre que par la reconnaissance de la responsabilité de l'État au plan international ou, dans le droit de l'Union, par sa condamnation pour manquement.

963 Le débat a été éclairé par la décision du Conseil constitutionnel du 10 juin 2004 rendue à propos de la loi pour la confiance dans l'économie numérique[2], décision qui se situe dans la ligne de sa décision n° 77-89 DC du 10 décembre 1977 et confirme l'immunité juridictionnelle du droit dérivé. Dans cette affaire, les auteurs de la saisine invoquaient l'inconstitutionnalité de dispositions de la loi qui transposaient une directive communautaire. Pour le Conseil, l'obligation de respecter le droit de l'Union découle de l'article 88-1 de la Constitution française sur la participation de la France à la Communauté et à l'Union. En vertu de cette disposition constitutionnelle, le législateur doit respecter le droit de l'Union lorsqu'il transpose une directive. Il n'appartient donc pas au Conseil de vérifier la constitutionnalité de la loi de transposition. Seul le juge de l'Union peut vérifier si la directive respecte les limites de la compétence de l'Union et les droits fondamentaux. Le juge constitutionnel français ne pourrait intervenir que dans deux cas. Tout d'abord, il est possible que, dans le cadre de la marge d'appréciation qui lui est laissée par la directive, le législateur national aille au-delà de ce que lui impose la directive. Dans ce cas, puisque le législateur exerce alors un pouvoir propre qui n'est pas lié par le droit de l'Union, le contrôle de constitutionnalité pourra s'exercer. Ensuite, l'hypothèse d'une contrariété entre la directive et une disposition constitutionnelle expresse est réser-

1. V. Alland, « Consécration d'un paradoxe : primauté du droit constitutionnel sur le droit international », *RFDA* 1998. 1094.
2. Cons. const. 10 juin 2004, n° 2004-496 DC.

vée. Devant les incertitudes auxquelles donnait lieu la référence à une disposition constitutionnelle expresse, le Conseil constitutionnel a modifié sa jurisprudence et évoqué une contrariété avec les règles ou principes inhérents à l'identité constitutionnelle de la France[1]. Les hypothèses de conflits devraient être d'autant plus rares que l'article 4, § 2, TUE impose à l'Union de respecter l'identité nationale. Un principe ou un texte de l'Union qui porterait atteinte à cette identité pourrait selon le cas être annulé par la Cour de justice de l'Union ou tout au moins laissé inappliqué dans l'État membre concerné[2].

964 En tout cas, le Conseil constitutionnel donne toute sa place au droit de l'Union, mais en fondant sa primauté sur la constitution et non sur quelque vertu propre à cet ordre. Par des voies différentes à celles suivies par le Tribunal constitutionnel allemand, il arrive à des résultats comparables quoique plus généreux à l'égard du droit de l'Union puisqu'il ne contient pas la réserve posée en Allemagne en ce qui concerne le respect des compétences attribuées. Le Conseil d'État qui, dans l'arrêt *Sarran*[3], avait proclamé le principe de primauté absolue de la constitution s'est aligné sur le Conseil constitutionnel. Saisi de la conformité d'un décret qui transposait une directive communautaire au principe constitutionnel d'égalité, il a indiqué qu'il convenait de déterminer si le principe invoqué connaissait un équivalent dans l'ordre communautaire. Si tel est le cas et s'il estime qu'un problème sérieux se pose, il peut renvoyer la question de la validité de la directive à la Cour de justice. Si tel n'est pas le cas, il examine lui-même le grief d'inconstitutionnalité puisque le principe invoqué est spécifique à l'ordre juridique français et fait partie de l'identité constitutionnelle de la France[4].

965 Dans ces conditions, la solution des conflits entre les ordres juridiques n'est pas recherchée dans le cadre d'une hiérarchie, mais dans celle d'un dialogue entre les systèmes par la voix des juges. Au conflit se substitue une coexistence pacifique qui laisse une

1. Cons. const. 27 juill. 2006, n° 2006-540 DC.
2. CJCE 29 déc. 2010, C-208-09, *Sayn-Wittgenstein*.
3. Préc.
4. CE 8 févr. 2007, n° 287110, *Arcelor Atlantique et Lorraine*.

place aux spécificités nationales. Parallèlement à l'évolution de la jurisprudence française, le droit de l'Union a cherché dans les traités le moyen d'éviter les divergences en reconnaissant sa place aux identités nationales et en intégrant dans le droit de l'Union les valeurs communes aux États membres (TUE, art. 2) et les droits fondamentaux (TUE, art. 6) ce qui limite les potentialités de conflits.

966 L'appréciation de la compatibilité entre le droit de l'Union et la constitution n'est pas en principe le fait du Conseil constitutionnel. S'il peut être saisi *a priori* de la constitutionnalité d'une loi de transposition d'une directive, il a bien précisé qu'il ne pouvait sanctionner qu'une incompatibilité manifeste d'autant plus que les délais d'examen qui lui étaient impartis ne permettaient pas un renvoi préjudiciel [1]. Le contrôle appartient donc au juge ordinaire. L'exception est constituée par la décision-cadre sur le mandat d'arrêt européen qui est « constitutionnalisée » par l'article 88-2 de la Constitution. Aussi saisi, lors d'une question prioritaire de constitutionnalité, le Conseil constitutionnel a saisi la Cour de justice d'un renvoi préjudiciel sur la compatibilité entre la décision-cadre et le droit à un recours suspensif contre la décision de remise [2].

967 Les modalités de ce contrôle sont apparues plus complexes avec l'apparition de la question prioritaire de constitutionnalité. Le législateur a en effet estimé que la question de constitutionnalité devait être tranchée avant celle de la conventionalité. Il paraissait en résulter que le juge ordinaire se voyait empêché de respecter les obligations qui découlaient du droit de l'Union tant que la question de constitutionnalité n'était pas réglée. Il ne pouvait ni saisir la Cour de justice à titre préjudiciel, ni ordonner la suspension provisoire de la disposition nationale incriminée. Il est vrai que l'on pouvait voir quelque logique dans cette situation. Si la disposition attaquée est jugée inconstitutionnelle, la question de sa compatibilité avec le droit de l'Union disparaît. Dans le cas

1. Décis. 12 mai 2010, n° 2010-605 DC, Loi relative à l'ouverture à la concurrence et à la régulation du secteur des jeux d'argent et de hasard en ligne ; v. aussi Cons. const. 17 déc. 2010, n° 2010-79 QPC, *Kamel D.*

2. Décision 2013-314P QPC du 4 avr. 2013, CJUE 30 mai 2013, *Jeremy F.*, C-168/13 PPU.

contraire, il est toujours temps de régler ensuite la question de conventionnalité. Cependant, d'une part, si la disposition incriminée se limitait à une transposition littérale d'une directive, la constatation de l'inconstitutionnalité interdira à la Cour de justice de se prononcer sur la validité de celle-ci au droit de l'Union et mettra obstacle à tout dialogue des juges. D'autre part, durant l'examen de la constitutionnalité, le juge ordinaire se voit privé des moyens dont le droit de l'Union lui impose l'usage. Le Conseil constitutionnel lui-même avait reconnu cette situation et interprété avec souplesse le caractère prioritaire de la question : « le juge qui transmet une question prioritaire de constitutionnalité, dont la durée d'examen est strictement encadrée, peut, d'une part, statuer sans attendre la décision relative à la question prioritaire de constitutionnalité si la loi ou le règlement prévoit qu'il statue dans un délai déterminé ou en urgence et, d'autre part, prendre toutes les mesures provisoires ou conservatoires nécessaires ; qu'il peut ainsi suspendre immédiatement tout éventuel effet de la loi incompatible avec le droit de l'Union, assurer la préservation des droits que les justiciables tiennent des engagements internationaux et européens de la France et garantir la pleine efficacité de la décision juridictionnelle à intervenir ; que l'article 61-1 de la Constitution pas plus que les articles 231 et suivants de l'ordonnance du 7 novembre 1958 susvisée ne font obstacle à ce que le juge saisi d'un litige dans lequel est invoquée l'incompatibilité d'une loi avec le droit de l'Union européenne fasse, à tout moment, ce qui est nécessaire pour empêcher que des dispositions législatives qui feraient obstacle à la pleine efficacité des normes de l'Union soient appliquées dans ce litige »[1].

968 Saisie d'un renvoi préjudiciel par la Cour de cassation, la Cour de justice, dans la lignée de sa jurisprudence *Simmenthal* a estimé que la procédure était conforme au droit de l'Union pourvu qu'elle n'empêche pas le juge du fond de saisir à tout moment la Cour de justice d'un renvoi préjudiciel, d'adopter des mesures provisoires ou de déclarer inapplicable la disposition en cause. Il s'agit là

1. Décis. préc.

d'une attitude ouverte vis-à-vis du droit constitutionnel français tout en préservant pour l'essentiel la primauté[1] Le 29 juin 2010, la Cour de Cassation, pour des motifs qui tenaient aussi à son hostilité à la procédure de la question prioritaire, a décidé de laisser inappliquée la question prioritaire parce qu'elle n'était autorisée à prendre des mesures provisoires, la législation française réservant cette faculté aux juges du fond.

2. Droit de l'Union et loi nationale

969 La question des rapports entre le droit communautaire et la loi nationale a été l'occasion d'une longue guerre des juges entre la Cour de justice des Communautés et le Conseil d'État. La situation semblait pourtant claire au regard de l'article 55 de la constitution qui affirme le principe de la primauté des traités sur la loi. Cette affirmation n'a jamais posé de problème s'agissant de la primauté sur la loi antérieure. Le différend a porté sur la primauté sur la loi postérieure. Dans sa décision du 15 janvier 1975 sur l'interruption volontaire de grossesse, le Conseil constitutionnel avait refusé d'examiner la question de la compatibilité d'un traité (en l'occurrence la Convention européenne des droits de l'homme) avec une loi postérieure. Selon lui, cette question ne relevait pas du contrôle de constitutionnalité. En effet, la supériorité des traités sur les lois était relative et contingente. Contingente, car elle est subordonnée au respect de la réciprocité par les autres parties et relative parce qu'elle dépend du champ d'application du traité. Or, le Conseil constitutionnel qui rend des décisions revêtues d'une autorité absolue ne saurait se prononcer en raison de ces éléments variables. De plus, une loi contraire à un traité n'est pas nécessairement contraire à la constitution[2]. L'argument fondé sur la réciprocité était mal choisi en l'espèce s'agissant d'un traité, qui comme les traités communautaires, n'est pas soumis à la réciprocité dans l'exécution des obligations. Il est vrai que le Conseil constitutionnel, sans doute sensible aux critiques de la doctrine, n'a plus reproduit cette motivation dans ses décisions ultérieures.

1. CJCE 22 juin 2010, aff. jtes C-188/10 et C-189-10, *Melki et Abdeli*).
2. Cons. const, 15 janv. 1975, 74-54 DC

970 Cependant, en indiquant que la question de la primauté ne relevait pas du contrôle de constitutionnalité des lois, le Conseil ouvrait la voie au juge ordinaire pour faire respecter la primauté des traités sur les lois mêmes postérieures et le Conseil constitutionnel devait lui-même donner l'exemple en examinant, en sa qualité de juge électoral, la conformité d'une loi à la Convention européenne des droits de l'homme[1]. Il a par la suite ajouté, confirmant ainsi la mission du juge ordinaire, qu'il incombait « aux divers organes de l'État, dans le cadre de leurs compétences respectives de veiller à l'application des conventions internationales »[2]. Le seul cas dans lequel le Conseil accepterait de contrôler la conformité d'une loi contraire à un traité serait vraisemblablement celui dans lequel le législateur irait directement à l'encontre de l'article 55 en refusant expressément de donner à un traité une valeur supérieure à la loi[3]. Le Conseil aurait d'ailleurs pu avoir l'occasion de se prononcer sur ce point à l'occasion du vote de la loi du 13 juillet 1999 relative aux dates d'ouverture de la chasse puisque le législateur avait intentionnellement adopté un texte contraire au droit communautaire. Mais il n'a pas été saisi et la question a été tranchée en faveur du droit communautaire par le juge administratif. Le contrôle de la primauté appartient bien pour l'essentiel au juge ordinaire et le fait que le Conseil ait contrôlé la conformité de la loi organique relative à la participation des citoyens communautaires aux élections européennes à la directive communautaire sur le même sujet ne paraît pas constituer un précédent, car la révision constitutionnelle opérée à l'occasion du traité de Maastricht renvoyait sur ce point au droit communautaire[4]. Le contrôle était donc mené, dans ce cas, sur la base d'une habilitation constitutionnelle. Depuis, le Conseil constitutionnel a accepté de contrôler la conformité de la loi de transposition avec une directive sur la base de l'article 88-1 de la constitution, mais il s'agit d'un contrôle minimal de l'incompatibilité manifeste. La charge essentielle repose donc sur le juge ordinaire.

1. Cons. const. 21 oct. 1988, *Élect. dans la 5e circonscription du Val d'Oise.*
2. Cons. const. 29 déc. 1989, n° 89-268 DC.
3. Cons. const. 3 sept. 1986, n° 86-216 DC.
4. Cons. const. 20 mai 1998, n° 98-400 DC.

971 Le juge judiciaire a rapidement accepté de s'engager dans la voie du contrôle. Quelques mois après la décision du Conseil constitutionnel du 15 janvier 1975, la Cour de cassation faisait en application de l'article 55 de la constitution prévaloir le traité sur la loi postérieure[1]. Le Conseil d'État, pour sa part, avait dès 1968 refusé de faire jouer la primauté du droit communautaire au motif qu'appliquer l'article 55 reviendrait à se livrer à un contrôle de constitutionnalité, compétence qui appartenait, selon lui, au Conseil constitutionnel[2]. Il maintenait sa position après la décision du Conseil constitutionnel de 1975 dans un arrêt d'Assemblée[3]. La volonté postérieure du législateur français l'emportait donc sur le principe de primauté en raison du refus du Conseil d'État d'examiner d'appliquer l'article 55 de la constitution. Cette position isolée devenait intenable après les nouvelles incitations données par le Conseil constitutionnel en 1988 (v. ss 970). Aussi le Conseil d'État révisait sa position dans l'arrêt *Nicolo*[4] en faisant prévaloir le traité sur la loi postérieure. Il étendait, par la suite, sa jurisprudence aux règlements communautaires[5], puis aux directives[6].

B. La situation dans les autres États membres

972 La Belgique a adapté sa constitution dès 1970 afin de prévoir l'attribution de compétences à des organisations internationales (art. 34). Elle a reconnu la primauté du droit communautaire en 1971 dans l'arrêt de la Cour de cassation du 27 mai, *Le Ski*[7], en se fondant sur l'existence d'un nouvel ordre juridique créé par les traités dans lequel les États membres ont limité l'exercice de leurs pouvoirs souverains. Cependant, la Cour d'arbitrage estime qu'elle jouit de la compétence de vérifier la constitutionnalité des lois de ratification des traités et des traités eux-mêmes. Le Luxembourg

1. Cass. 24 mai 1975, *Jacques Vabre*, *D.* 1975. 497.
2. CE, sect., 1er mars 1968, *Synd. gén. fabricants de semoule de France*, *Lebon* 149.
3. CE 22 oct. 1979, *UDT et Élect. représentants à l'Assemblée CE*, *AJDA* 1980. 40.
4. CE ass. 20 oct. 1989, *Lebon* 190.
5. CE 24 sept. 1990, *Boisdet*, *Lebon* 250.
6. CE 28 févr. 1992, *SA Rothmans international France et SA Philip Morris France*, *Lebon* 80.
7. *Pasicrisie luxembourgeoise*, p. 959.

reconnaît la primauté du droit international sur le droit interne. Le droit de l'Union jouit de la primauté en raison de sa nature propre[1]. De la même manière, la primauté du droit communautaire ne suscite aucune difficulté aux Pays-Bas. L'article 94 de la constitution contient une affirmation explicite de celle-ci.

973 La situation en Allemagne a été plus difficile puisque l'Allemagne était un État dualiste et que, dans ce cadre, la primauté n'était pas évidente. Si l'article 24 de la Loi fondamentale prévoyait la possibilité de transferts de droits de souveraineté à des institutions internationales, l'article 79 § 3 de la même loi protège de toute révision constitutionnelle les principes structurels de la République fédérale. Le problème d'une contradiction entre les traités et les principes garantis par l'article 79 § 1 ne pouvait donc être évité. La révision constitutionnelle intervenue au moment de la ratification du traité de Maastricht tente de résoudre cette contradiction. Le texte de l'article 23 vise spécifiquement l'Union européenne « engagée au respect de la démocratie et de l'État de droit, des principes sociaux et fédératifs ainsi que du principe de subsidiarité et garantissant une protection des droits fondamentaux substantiellement comparable à celle de la présente loi fondamentale ». L'article autorise à cet effet le transfert de droits de souveraineté par une loi approuvée par le Bundesrat.

974 La Cour constitutionnelle allemande a accepté la primauté, mais il subsiste des réserves relatives à la protection des droits fondamentaux (v. ss 89), au respect par l'Union de ses compétences et de l'identité nationale. Dans un premier temps, le Tribunal estimait qu'il pouvait contrôler la législation communautaire au regard des droits fondamentaux aussi longtemps que la Communauté ne disposerait pas d'un Parlement élu avec des pouvoirs législatifs et de contrôle et d'un catalogue de droits fondamentaux[2]. Cette position devait évoluer en 1986, compte tenu de l'évolution de la Communauté elle-même, puisque le Tribunal estimait que le niveau de protection des droits fondamentaux dans la Communauté était suffisant et renonçait à exercer son

1. CE 21 nov. 1984, *Pasicrisie luxembourgeoise*, vol. 26, p. 174.
2. C. const. Allemande 29 mai 1974, BVerfGE 37, *Solange I*.

contrôle aussi longtemps que ce niveau resterait garanti[1]. Dans son jugement rendu à propos du traité sur l'Union européenne, le Tribunal maintenait sa position, quoique de manière moins nette en ce qui concerne les droits fondamentaux, et ajoutait qu'il n'acceptait la primauté que pour autant que la Communauté agisse dans les limites de sa compétence, se réservant au-delà, d'exercer son contrôle[2]. Le Tribunal maintenait donc en suspens une réserve relative aux droits fondamentaux et aux éventuels dépassements de compétence de la Communauté. Les doutes que pouvait susciter ce jugement en ce qui concerne les droits fondamentaux ont été levés dans un jugement du 7 juin 2000 dans lequel le Tribunal a précisé avec clarté la portée de la jurisprudence *Solange II*[3] : « il n'est pas exigé du droit communautaire européen et de la jurisprudence de la Cour de justice des Communautés européennes (...) qu'ils offrent une protection de même portée dans les différents secteurs des droits fondamentaux du Grundgesetz (...) il est satisfait aux exigences constitutionnelles si la jurisprudence de la Cour de justice des CE garantit, en général, face à la puissance publique communautaire, une protection effective des droits fondamentaux qui doit être respectée pour l'essentiel de la même façon que la protection des droits fondamentaux dont le Grundgesetz fait un impératif, d'autant qu'elle garantit de façon générale la substance des droits fondamentaux (...). Cela signifie que (...) les recours constitutionnels et les renvois préjudiciels effectués par des juridictions continuent d'emblée d'être irrecevables, si leur motivation ne démontre pas que le développement du droit européen qui comprend la jurisprudence de la Cour de justice des CE, se situe en dessous du niveau requis de protection des droits fondamentaux fixé à la suite de la décision *Solange II* ». La Cour établit également une réserve constitutionnelle concernant les actes éventuellement adoptés en dehors des compétences communautaires. Selon sa jurisprudence, un tel acte ne s'appliquerait pas en République fédérale d'Allemagne.

1. C. const. Allemande 22 oct. 1986, BVerfGE 73, *Solange II.*
2. C. const. Allemande 12 oct. 1993, BVerfGE 89.
3. C. const. Allemande 7 juin 2000, BVerfGE, 2 BVL 1/97.

Une telle situation mettrait en cause la primauté dès lors que la Cour de justice, saisie directement sur la base de l'article 230 (ex-art. 173) ou par la voie préjudicielle, aurait jugé que la Communauté disposait bien de la compétence pour adopter l'acte. Ces positions sont confirmées par le récent arrêt du 30 juin 2009 à propos du traité de Lisbonne, mais, avec une tonalité qui marque une certaine méfiance à l'égard de l'Union. Si la Cour constitutionnelle réitère ses positions à propos du respect des compétences attribuées à l'Union, elle soumet tout usage des clauses passerelles ou des clauses de flexibilité qui figurent dans le traité à un contrôle parlementaire national afin d'assurer un contrôle démocratique qui, selon elle, ne peut être le fait d'un Parlement européen. En effet, le mode d'élection de ce dernier ne respectant le principe « un homme, une voix » en raison des inégalités démographiques de représentation entre les États membres, il ne peut être considéré comme pleinement démocratique. La Cour se réserve le droit de censurer d'éventuelles violations du principe d'attribution des compétences, mais après avoir d'abord permis à la Cour de justice de se prononcer. Enfin, et surtout, la Cour subordonne la primauté du droit de l'Union au respect de l'identité constitutionnelle allemande à laquelle elle donne une portée large et vague.

975 S'agissant du contrôle de l'ultra vires, la Cour constitutionnelle allemande a été amenée à préciser sa position suite à l'arrêt *Mangold* de la Cour de justice[1]. En l'espèce, il était reproché à la Cour de justice d'avoir permis l'application anticipée de la directive sur la discrimination fondée sur l'âge en considérant l'interdiction d'une telle discrimination résultait d'un principe général du droit. En procédant à une telle interprétation, la Cour aurait, selon les requérants, enfreint les limites des compétences de l'Union. Pour la Cour constitutionnelle, le contrôle n'intervient qu'en cas de violation manifeste qui provoque une modification dans l'équilibre des compétences entre l'Union et les États membres. D'autre part, en raison de l'esprit d'ouverture qui caractérise les relations entre l'Allemagne et l'Union, le contrôle ne saurait intervenir tant que

1. CJCE 22 nov. 2005, C-144/04.

la Cour de justice n'a pas eu l'occasion de se prononcer. Enfin, il convient de laisser place à l'interprétation prétorienne du droit de l'Union par la Cour de justice et en l'espèce, la Cour n'a pas créé de nouvelles compétences, ni étendu les compétences existantes. Elle s'est limitée à dégager un principe général qui vient s'appliquer dans le cadre des compétences existantes[1]. La Cour constitutionnelle allemande s'est engagée elle aussi en février 2014 sur la voie du renvoi préjudiciel à propos du programme de rachat de la dette souveraine, tout en assortissant sa demande d'une opinion très réservée au fond qui semble vouloir guider la réponse de la Cour[2].

976 La situation en Italie est proche de celle de l'Allemagne. Certes, il n'existe pas de dispositions spécifiques aux Communautés ou à l'Union dans la constitution à l'exception de l'article 11 qui permet à l'Italie de consentir des limitations de souveraineté. C'est sur cet article que s'appuie la participation italienne aux Communautés. De la même manière qu'en Allemagne, le juge constitutionnel a formulé une réserve en ce qui concerne les droits fondamentaux garantis par la constitution et les principes fondamentaux de l'ordre constitutionnel[3]. Sous cette réserve, la primauté a été reconnue par la Cour constitutionnelle en application de la jurisprudence *Costa* et *Simmenthal* de la Cour de justice des Communautés puisque les deux affaires concernaient l'Italie. Rendu après l'arrêt *Costa*, l'arrêt *Frontini* admet la primauté du droit communautaire sur la loi postérieure et prohibe toute mesure spécifique d'introduction des règlements communautaires dans l'ordre interne italien. C'est la renonciation au dualisme en ce qui concerne le droit communautaire. Mais, subsistait encore l'obligation pour le juge ordinaire de saisir la Cour constitutionnelle afin de faire constater l'incompatibilité. Cette obligation a disparu, en application de la jurisprudence *Simmenthal*, après l'arrêt *Granital* qui autorise le juge ordinaire à laisser inappliquée la loi nationale contraire sans en référer auparavant à la Cour constitutionnelle[4].

1. Ord. 6 juill. 2010, 2 BvR 2661/06, *Mangold-Urteil EuGH, Honeywell.*
2. 2 BVR 2728/13 du 14 janv. 2014
3. C. const. Italie 27 déc. 1973, n° 183/73, *Frontini* et 21 avr. 1989, n° 232/89, *Fragd.*
4. C. const. Italie 8 juin 1984, n° 170/84

La réforme constitutionnelle de 2001 a introduit dans la constitution la subordination du pouvoir législatif au droit communautaire : « le pouvoir législatif est exercé par l'État et les régions dans le respect de la constitution, aussi bien que des contraintes découlant de la réglementation communautaire et des obligations internationales » (art. 117). La Cour constitutionnelle pouvant être saisie de la constitutionnalité des lois régionales, elle a été amenée à se prononcer sur leur conformité au droit de l'Union. Dans ce cadre et dans la mesure où elle est le seul juge à statuer sur ce contentieux, elle a décidé en 2008 de saisir la Cour de justice d'un renvoi préjudiciel[1].

977 Au Royaume-Uni, le principe de la souveraineté du Parlement pouvait rendre difficile la reconnaissance de la primauté. Aussi, l'*European Communities Act* de 1972 a incorporé le droit communautaire en droit interne. En application de l'*Act*, le juge présume que le législateur n'a pas voulu déroger au droit communautaire et interprète le droit national en fonction de ce principe. Il en résulte que la primauté ne serait pas absolument garantie au cas où le législateur agirait expressément et délibérément en violation du droit communautaire. Certes, le juge considère que toute loi doit être interprétée comme ne remettant pas en cause les droits accordés par le droit communautaire, mais irait-il remettre en cause la volonté expresse du législateur d'aller à l'encontre de l'*European Act*, lequel n'a qu'une valeur de loi ordinaire ?[2].

978 L'*European Union Act* a été modifié en 2011 sur proposition du gouvernement Cameron. Désormais, toute modification des traités modifiant de manière significative les compétences de l'Union est soumise à referendum. Il en va de même d'une série de cas d'extension ou de limitation des compétences. Dans une série de cas, comme l'utilisation de passerelles ou de l'article 352 TFUE (clause de flexibilité), le ministre responsable doit obtenir l'autorisation du Parlement expresse ou tacite, selon le cas, avant de voter

1. V. CJCE 17 nov. 2009, C-169/08, *Presidente del Consigliio dei Ministri c/ Regione Sardegna*.
2. V. Lord Justice Laws qui affirme en termes clairs que l'*European Communities Act* est un « *constitutionnal statute* » auquel il ne peut être dérogé implicitement et indique qu'un problème se poserait uniquement si un acte communautaire entrait en conflit avec un droit fondamental ou constitutionnel garanti par la loi anglaise, v. jugement 18 févr. 2002, *Thoburn c/ Sunderland City Council*.

au Conseil. Enfin, l'*Act* contient une « clause de souveraineté » qui réaffirme la souveraineté parlementaire et indique qu'un acte de l'Union ne peut produire effet au Royaume-Uni qu'en application de l'*Act* de 1972

979 Lors de son adhésion, l'Irlande a modifié sa constitution afin d'assurer le respect de la primauté. L'article 29, section 4, sous-section 3 de la constitution dispose : « Aucune disposition de la présente constitution n'invalide les règles, actes ou mesures adoptés par l'État et rendus nécessaires par ses obligations de membre des Communautés, ni n'empêche les règles, actes ou mesures adoptés par les Communautés, ou leurs institutions, d'avoir force de loi dans l'État ». Toutes les révisions ultérieures des traités (Acte unique, traité sur l'Union européenne, traité d'Amsterdam) ont fait l'objet de révisions constitutionnelles par référendum. La reconnaissance de la primauté n'a pas donné lieu à des difficultés particulières devant les juridictions nationales.

980 Au Danemark, l'article 20 de la constitution permet des délégations de pouvoir à des organisations internationales sous réserve d'un vote du Parlement (*Folketing*) à la majorité des 5/6e ou à la majorité simple suivie d'un référendum. La ratification du traité sur l'Union européenne a donné lieu à des difficultés puisque le référendum du 2 juin 1992 a donné une majorité négative. Ce n'est qu'après que la décision des chefs d'État et de gouvernement d'Édimbourg en décembre 1992 a rappelé la situation particulière du Danemark à l'égard du traité sur l'Union européenne, qu'un nouveau référendum autorisait la ratification du traité. Le texte d'Édimbourg ne modifie en rien le traité sur l'Union européenne et se contente d'exposer de manière systématique les exceptions déjà consenties par le traité sur l'Union européenne au profit du Danemark. La primauté n'est pas absolument garantie au Danemark, mais, comme au Royaume-Uni, les juridictions nationales présument que le législateur n'a pas voulu adopter une législation contraire au droit communautaire. Il résulte cependant de la décision de la Cour suprême du 6 avril 1998 que la primauté ne pourrait jouer si un acte communautaire, considéré comme valable par la Cour de justice des Communautés, contenait des dispositions allant au-delà des compétences prévues par les traités. Selon la

Cour suprême, il en va de même des règles et principes de droit communautaire fondés sur la jurisprudence de la Cour de justice.

981 En Grèce, l'article 28 de la constitution reconnaît la primauté du droit international sur le droit interne ainsi que la possibilité d'attribuer des compétences à une organisation internationale. Le respect de la primauté n'a guère soulevé de difficulté devant les juridictions nationales.

982 Au moment de l'adhésion du Portugal, il a été ajouté à la constitution portugaise un article 8 qui permettait aux normes émanant d'organisations internationales d'entrer directement dans l'ordre interne dès lors qu'un tel effet était prévu par les traités constitutifs. Cet article a été complété au moment de l'approbation du traité sur l'Union européenne afin de permettre la mise en commun, sous réserve de réciprocité et du respect du principe de subsidiarité, de l'exercice des pouvoirs nécessaires à la construction de l'Union européenne. Les juridictions nationales n'ont pas eu de grandes difficultés avec la primauté du droit communautaire. Au vu de la mention expresse de la primauté dans le projet de constitution pour l'Europe, le Portugal a modifié sa constitution pour y introduire à l'article 8 une nouvelle disposition selon laquelle « les dispositions des traités qui régissent l'Union européenne et les normes adoptées par ses institutions dans l'exercice de leurs compétences respectives sont applicables en droit interne dans les termes définis par le droit de l'Union dans le respect des principes fondamentaux de l'État de droit démocratique ». Cette disposition fait tomber la barrière constitutionnelle à la primauté.

983 En Espagne, l'article 93 de la constitution autorise le transfert de pouvoirs à une organisation internationale. Cependant, la Cour suprême peut contrôler la compatibilité des traités avec la constitution et imposer, le cas échéant, une révision constitutionnelle. C'est ce qui s'est passé avec le traité sur l'Union européenne en raison du droit de vote des ressortissants communautaires aux élections nationales. La primauté ne soulève pas de difficultés et le juge ordinaire a la faculté d'écarter l'application d'une loi postérieure contraire sans qu'il soit nécessaire de saisir la Cour constitutionnelle. En ce qui concerne une éventuelle primauté du droit

communautaire sur la constitution, la situation n'est pas différente de la situation française.

984 L'article 9 de la constitution autrichienne prévoit le transfert de compétences à des organisations internationales. Lors de l'adhésion de l'Autriche, on a considéré qu'il convenait d'utiliser la procédure de révision constitutionnelle et plusieurs articles de la constitution ont été révisés à cette occasion. La reconnaissance de la primauté n'a pas suscité de problèmes même s'il est vraisemblable que la Cour constitutionnelle autrichienne suive l'exemple allemand en ce qui concerne les droits fondamentaux. Elle est allée plus plus loin en reconnaissant à la Charte des droits fondamentaux dans les affaires en relation avec le droit de l'Union[1].

985 À l'occasion de l'adhésion de la Finlande, la loi d'incorporation des traités a été adoptée à la majorité des deux tiers. Elle reconnaît implicitement la primauté. La situation n'était pas aussi simple en Suède. Une révision constitutionnelle est intervenue pour autoriser des délégations de pouvoirs de décision aux Communautés européennes à condition que celles-ci garantissent une protection des droits et libertés équivalente à celle garantie par la constitution et la Convention européenne des droits de l'homme. La loi relative à l'adhésion reconnaît la validité en Suède du droit de l'Union en incorporant le principe de primauté. Cependant, la question de savoir si les juridictions internes peuvent contrôler si la Communauté a bien agi dans le cadre de ses compétences pourrait se poser.

986 S'agissant des États membres d'Europe centrale et orientale, les dispositions constitutionnelles ont été dans la plupart des cas adaptées pour permettre la participation à l'Union. Si la primauté du droit communautaire sur la législation nationale est acceptée, il en va différemment en ce qui concerne les rapports avec la constitution. Alors qu'il semblait que la jurisprudence de la Cour constitutionnelle tchèque[2] était fort proche de celle de la Cour constitutionnelle allemande, celle-ci a refusé en des termes sévères de tirer les conséquences d'un arrêt préjudiciel de Luxem-

1. C. const. autrichienne 14 mars 2012.
2. Pl US 50/04.

bourg. Elle a estimé que l'arrêt de la Cour de justice sur la discrimination en matière de régime de pension entre Tchèques et Slovaques était *ultra vires*. Il est possible qu'il s'agisse d'un accident dû au fait que l'affaire était liée à la question politique sensible de la scission de la Tchécoslovaquie[1]. La position de la Cour constitutionnelle polonaise a été également restrictive. Elle accepte d'interpréter la constitution dans un sens favorable au droit communautaire, mais, en cas de contradiction avec une disposition constitutionnelle, elle refuse de faire jouer la primauté[2]. De la même manière, la Cour constitutionnelle polonaise a admis sa compétence pour contrôler la conformité à la constitution du droit dérivé et le cas échéant d'interdire son application en Pologne sous réserve du principe d'interprétation conforme. Les juridictions des nouveaux adhérents oscillent entre les positions tchèques et polonaises.

Conclusion

987 Si, sur un plan théorique, la question des rapports entre le droit constitutionnel national et le droit de l'Union reste un objet de conflit, il convient de remarquer que, dans la pratique, tant les juridictions nationales que la Cour de justice évitent soigneusement, dans un souci de compromis, les occasions de conflit. Ainsi, dans le débat actuel sur la conservation des données téléphoniques, tant la juridiction constitutionnelle roumaine[3] que la juridiction constitutionnelle allemande[4] ont estimé que la loi nationale de transposition était inconstitutionnelle tout en se gardant bien de mettre en cause la directive n° 2006/24/CE dans la mesure où, selon elles, l'inconstitutionnalité trouvait place dans la marge d'appréciation laissée par la directive aux autorités nationales. Leur voix a été entendue par la Cour de justice qui a par la suite invalidé la directive[5].

1. stavní soud, arrêt du 31.01.12, Pl. ÚS 5/12
2. V. par ex. C. const. polonaise 25 avr. 2005 : « Le principe de l'interprétation du droit national "favorable au droit européen" que le Tribunal constitutionnel a jusque-là formulé dans sa jurisprudence a ses limites. En aucun cas, il ne peut entraîner des résultats contraires à la teneur explicite des règles constitutionnelles et contraires au minimum des fonctions de garantie réalisées par la Constitution ».
3. Décis. 9 oct. 2009, n° 1258.
4. Arrêts 2 mars 2009, 1 BvR 256/08, 1 BvR 263/08 et 1 BvR 586/08.
5. CJUE 8 avr. 2014, *Digital Rights Ireland Ltd*, C-293/12 et C-594/12.

SECTION 2

L'EFFET DIRECT DU DROIT DE L'UNION

988 L'effet direct du droit de l'Union réside dans sa capacité à créer directement des droits ou des obligations dans le chef des particuliers, droits ou obligations que ces derniers peuvent invoquer devant le juge national, lequel a l'obligation de les garantir. Ainsi, le droit de l'Union peut trouver sa pleine efficacité en devenant une source de la légalité en droit interne dont le respect est assuré par le juge national. L'existence d'effets directs n'est pas une spécificité du droit communautaire. Le droit international connaît également ce phénomène et la Cour permanente de justice internationale a reconnu que les parties à un accord international pouvaient avoir l'intention de faire produire aux dispositions de celui-ci à des effets à l'égard des particuliers[1]. Mais, en droit international, l'effet direct constitue l'exception alors qu'en droit de l'Union, il est de principe. Cette reconnaissance de l'effet direct a pour conséquence de ne pas laisser les États membres seuls maîtres de la mise en œuvre des traités. Puisque les particuliers peuvent faire valoir les droits que leur accorde le droit de l'Union devant les juridictions nationales, ils sont devenus acteurs et disposent de la faculté de contraindre les autorités nationales à se conformer au droit de l'Union. Dans ce contexte, le rôle du juge national devient bien entendu fondamental.

§ 1. L'affirmation de l'effet direct par la Cour de justice des Communautés

989 La seule mention de l'effet direct que l'on trouve dans les traités est relative au règlement dont l'article 288 TFUE (Traité CE, ex-art. 249) précise qu'il est « directement applicable dans tout État

1. CPJI, avis 13 mars 1928, *Compétence des tribunaux de Dantzig*, série B, n° 15.

membre ». En outre, il résulte de la rédaction des articles 105 TFUE (Traité CE, ex-art. 81) et suivants du traité CE, relatifs à la concurrence, que ceux-ci sont destinés à s'appliquer aux entreprises. La généralisation du principe de l'effet direct a été effectuée par la Cour de justice dans l'arrêt *Van Gend een Loos*[1].

990 Il s'agissait en l'espèce de savoir si un particulier pouvait invoquer l'article 12 du traité CE (TFUE, art. 30 actuel), relatif à l'interdiction de l'introduction de nouveaux droits de douane, devant le juge néerlandais. Le raisonnement de la Cour se fonde sur la nature spécifique de la Communauté et plus particulièrement de ses objectifs. C'est d'ailleurs en cela que sa démarche se distingue de celle d'un juge international qui, au lieu de se fonder sur ces éléments de nature objective, aurait recherché l'intention des parties. Le cœur du raisonnement de la Cour repose sur le fait que l'objectif du traité est d'instituer un Marché commun dont le fonctionnement concerne directement les particuliers. De ce fait, le traité n'est pas un accord qui ne donnerait naissance qu'à des obligations mutuelles entre États membres, il crée directement des droits pour les justiciables. Cette affirmation s'appuie aussi bien sur le texte du préambule qui vise les peuples des États membres que sur la structure institutionnelle de la Communauté à laquelle les particuliers sont associés à travers le Parlement européen et le Comité économique et social. Le rôle de la Cour, qui est d'assurer l'unité d'interprétation du droit communautaire par les juridictions nationales à travers le mécanisme du renvoi préjudiciel, « confirme que les États membres ont reconnu au droit communautaire une autorité susceptible d'être invoquée par leurs ressortissants devant ces juridictions ». De cette analyse de l'objectif et de la structure mise en place par le traité, la Cour déduit que « le droit communautaire (…) de même qu'il crée des charges dans le chef des particuliers, est aussi destiné à engendrer des droits qui entrent dans leur patrimoine juridique ». Ceux-ci peuvent donc faire valoir ces droits devant les juridictions nationales. Comme la primauté, l'effet direct se fonde sur la nature spécifique du traité.

1. CJCE 5 févr. 1963, n° 26/62.

Reconnu à propos de dispositions du traité, l'effet direct allait être appelé à jouer au profit de droits créés par d'autres actes communautaires que les règlements, pour lesquels le traité le prévoit expressément. C'est donc bien une présomption d'effet direct qui se dégage de la jurisprudence de la Cour.

991 Dans l'arrêt *Simmenthal*, la Cour résume sa position sur les conséquences de l'effet direct, en trois propositions :

– les règles du droit communautaire doivent « déployer la plénitude de leurs effets de manière uniforme dans tous les États membres » ;

– elles constituent « une source de droits et d'obligations pour tous ceux qu'elles concernent, qu'il s'agisse des États membres ou des particuliers qui sont parties à des rapports juridiques relevant du droit communautaire » ;

– « tout juge (...) saisi dans le cadre de sa compétence, a, en tant qu'organe d'un État membre, pour mission de protéger les droits conférés aux particuliers par le droit communautaire »[1].

992 Mais cette présomption n'est pas suffisante. Encore faut-il pour qu'il puisse être invoqué devant le juge que l'acte soit susceptible d'être appliqué directement à des particuliers. L'effet direct se déduit du contenu de l'acte concerné. Dès l'arrêt *Ratti*, la Cour de justice avait précisé les conditions dans lesquels un acte peut produire des effets directs[2]. Les dispositions de l'acte doivent être inconditionnelles et suffisamment précises. On ajoute parfois qu'elles doivent être claires. En fait, il s'agit de conditions qui se recoupent largement, car il existe un lien entre la clarté et la précision, de même qu'entre l'inconditionnalité et la précision. D'ailleurs, en qui concerne la précision, la Cour a jugé que la nécessité d'une clarification par la voie d'une interprétation juridictionnelle ne faisait pas obstacle à l'effet direct[3]. D'ailleurs, dans l'arrêt *Van Gend een Loos*, la Cour a été obligée d'interpréter l'article 12 afin de déterminer si le comportement des autorités néerlandaises tombait dans le champ d'application de cet article.

1. CJCE 9 mars 1978, n° 106/77.
2. CJCE 5 avr. 1979, n° 148/78 ; CJCE 29 sept. 1999, C-56/98, *Modelo SGPS SA*.
3. CJCE 8 avr. 1976, n° 43/75, *Defrenne*, *Rec.* 455 ; CJCE 17 mai 1990, C-262/88, *Barber*.

Le critère essentiel de l'effet direct réside dans l'inconditionnalité des effets de l'acte. L'application de la norme doit pouvoir intervenir sans qu'une mesure ultérieure des États membres ou de la Communauté ne soit nécessaire de telle sorte que les particuliers soient atteints directement sans l'écran de dispositions supplémentaires. Cette condition est non seulement remplie lorsque la mesure est applicable par elle-même, mais également lorsque la Communauté ou les États membres ne disposent d'aucune marge d'appréciation lors de l'adoption d'éventuelles mesures de mise en œuvre[1]. L'existence d'un terme avant l'entrée en vigueur de l'acte n'est pas non plus susceptible d'affecter l'inconditionnalité. Simplement, l'acte ne produira d'effet direct que lorsque le délai sera expiré. Il en est allé ainsi de plusieurs dispositions du traité dont l'application était subordonnée à l'expiration de la période de transition[2]. En résumé, l'acte produit des effets directs dès lors que sa mise en œuvre n'est subordonnée à aucune appréciation discrétionnaire de la Communauté et des États membres.

993 On a parfois estimé, notamment en ce qui concerne les directives, que, pour produire un effet direct, l'acte devait créer des droits pour les particuliers. La jurisprudence ne semble plus aujourd'hui consacrer cette thèse. L'effet direct est objectif et les particuliers peuvent s'en prévaloir dès lors qu'ils disposent d'un intérêt à agir devant le juge national. Ainsi, lorsque les juges ont le pouvoir de soulever d'office un moyen d'ordre public tiré du non-respect d'une règle interne, ils doivent également vérifier d'office si les obligations imposées par une directive ont bien été respectées que ces dispositions créent ou non des droits pour les particuliers[3].

994 Dans ces conditions, ce que l'on appelle communément l'effet direct peut prendre plusieurs formes. Dans tous les cas, l'objet est de permettre au justiciable d'invoquer la norme communautaire devant le juge national. En ce sens, l'effet direct est une conséquence de la primauté et permet au particulier de bénéficier de celle-ci.

1. CJCE 16 juin 1966, n° 57/65, *Lütticke*.
2. CJCE 17 déc. 1970, n° 33/70, *Spa SACE*.
3. CJCE 24 oct. 1996, C-72/95, *Kraaijeveld*.

995 La forme minimale de l'effet direct réside dans l'obligation pour le juge d'interpréter le droit national conformément au droit de l'Union. Dans l'affaire *Adelener e.a.*, la Cour de justice rappelle avec une telle clarté la nature de l'obligation qui pèse sur le juge national qu'il apparaît utile de citer in extenso les passages pertinents de l'arrêt : « Il convient de rappeler que, en appliquant le droit interne, les juridictions nationales sont tenues de l'interpréter dans toute la mesure du possible à la lumière du texte et de la finalité de la directive en cause pour atteindre le résultat visé par celle-ci et, partant, se conformer à l'article 249, 3e alinéa, du traité CE[1]. Cette obligation d'interprétation conforme concerne l'ensemble des dispositions du droit national, tant antérieures que postérieures à la directive dont il s'agit »[2]. Le principe d'interprétation conforme trouve tout particulièrement application dans les litiges entre particuliers en raison de la prohibition de l'application directe des directives dans les rapports horizontaux (v. ss 1001).

996 Cependant l'obligation pour le juge national de se référer au contenu d'une directive lorsqu'il interprète et applique les règles pertinentes du droit interne trouve ses limites dans les principes généraux du droit, notamment dans ceux de sécurité juridique ainsi que de non-rétroactivité, et elle ne peut pas servir de fondement à une interprétation *contra legem* du droit national[3]. Le juge ne peut donc avoir recours à l'interprétation conforme dans les hypothèses où celle-ci conduirait à un résultat totalement contraire à la norme interne applicable. C'est la raison pour laquelle, subsiste en tout cas, lorsque l'obligation d'interprétation conforme ne peut être utilisée parce qu'elle se heurte à des dispositions expresses contraires en droit national, l'obligation de réparer le dommage causé (v. ss 1001).

997 L'invocabilité d'exclusion impose d'écarter la loi nationale au profit du droit de l'Union. Lorsque le juge national est amené à apprécier des actes de mise en œuvre du droit de l'Union, il a le devoir

1. V. notamment CJCE 5 oct. 2004, C-397/ 01 à C-403/01, *Pfeiffer e.a.*, pt 113 et jurispr. citée.
2. CJCE 4 juill. 2006, C-212/04. V. notamment CJCE 13 nov. 1990, C-106/89, *Marleasing*, pt 8, et *Pfeiffer e.a.*, préc., pt 115.
3. V., par analogie, CJCE 16 juin 2005, C-105/03, *Pupino*, *Rec.* p. I. 5205, pts 44 et 47.

d'écarter, en application du principe de primauté la loi nationale contraire comme l'indique l'arrêt *Simmenthal* (cité plus haut ss 952). L'invocabilité de substitution n'intervient que dans des circonstances particulières et implique le devoir de substituer à l'application du droit national, incompatible avec le droit de l'Union, le droit de l'Union dès lors qu'il crée des droits pour les particuliers et présente des qualités de clarté et de précision suffisantes pour justifier une application immédiate (pour la directive, v. ss 1001).

§ 2. Les normes communautaires susceptibles de produire un effet direct

998 L'effet direct du droit de l'Union ne se produit pas de la même façon selon l'origine des normes concernées. Pour l'analyser et comprendre les variations de son intensité, il convient donc de procéder en suivant la nomenclature des actes communautaires.

A. L'effet direct de certaines dispositions des traités

999 C'est à propos du traité CE que la Cour de justice a constaté l'effet direct du droit communautaire. Il n'est pas surprenant que certaines dispositions des traités puissent produire un effet direct pour les particuliers tant dans leurs relations avec les États membres que dans leurs relations avec d'autres particuliers. Dans le premier cas, la doctrine parle d'effet direct vertical et dans le second d'effet direct horizontal. Il s'agit ainsi des dispositions relatives à la concurrence qui s'appliquent dans les rapports entre entreprises, mais aussi de certaines règles fondamentales des traités dont le respect s'impose aux particuliers en raison des exigences du Marché commun : libre circulation des personnes et des marchandises, non-discrimination. D'autres règles ne trouvent leur application que dans les rapports entre particuliers et États membres parce que les obligations imposées par le traité ne peuvent être remplies que par les États. Il en va ainsi de toutes les interdictions de restrictions douanières ou quantitatives, des

règles relatives à la notification des aides d'État, de l'interdiction des restrictions à la liberté d'établissement ou au mouvement des capitaux... Enfin, lorsque la mise en œuvre de certaines dispositions des traités fait appel au pouvoir d'appréciation des États ou des institutions, ces dernières sont dépourvues d'effet direct puisqu'elles ne créent pas d'obligations inconditionnelles.

B. L'effet direct des règlements

1000 L'effet direct des règlements étant prévu par le traité, il ne saurait être mis en question. Cet effet se manifeste aussi dans les relations entre les États et les particuliers que dans les relations entre particuliers. Le fait que certains règlements prévoient des mesures nationales de mise en œuvre ne constitue pas un obstacle à l'effet direct, car ce dernier permet au juge de contrôler la conformité de ces mesures nationales avec le règlement.

C. L'effet direct des directives

1001 En principe, les directives ne produisent pas d'effets directs puisqu'elles sont adressées aux États membres et doivent faire l'objet d'une transposition en droit interne. Seules les mesures de transposition produiront des effets dans l'ordre juridique national. En outre, la transposition implique en principe l'existence d'une marge d'appréciation pour les États membres. La faculté pour les particuliers d'invoquer des droits tirés de la directive découle des mesures nationales de transposition. Ainsi la reconnaissance par la Cour de l'effet direct des directives, même dans des cas bien délimités, est-elle apparue paradoxale. Elle a, à l'origine, suscité d'autant plus de controverses que si le traité attribue expressément cet effet au règlement, il ne le mentionne pas à propos des directives.

1002 Les arrêts *SACE*[1] et *Van Duyn*[2] posent le principe de l'effet direct des directives. La Cour ne conteste pas l'absence, en principe, d'effet direct de la directive puisqu'elle ne déploie ses effets qu'à

1. CJCE 17 déc. 1970, n° 33/70.
2. CJCE 4 déc. 1974, n° 41/74.

travers les mesures de transposition. Mais la jurisprudence vise le cas particulier dans lequel l'État n'a pas (ou a mal) transposé la directive à l'expiration du délai de transposition. Dans cette hypothèse, et dans cette hypothèse seulement, refuser l'effet direct reviendrait à enlever tout effet utile à la directive alors qu'elle est, selon le traité, un acte obligatoire. Certes, il serait possible de sanctionner l'État au terme d'une procédure de manquement, mais, durant toute la durée de cette procédure, les droits que les particuliers peuvent tirer de la directive ne seraient pas garantis. Dans ce cas, il serait paradoxal qu'un État qui ne respecte pas le droit communautaire invoque une non-transposition fautive pour se dégager de ses obligations vis-à-vis des particuliers[1]. C'est l'application du principe *nemo auditur turpitudinem suam allegans*. Dans un tel cas, le juge interne pourra appliquer la directive à l'encontre de l'État défaillant. Encore faut-il que les dispositions invoquées soient susceptibles de produire un effet direct, c'est-à-dire qu'elles soient précises et inconditionnelles. L'effet direct des directives n'intervient donc que dans des circonstances exceptionnelles. Comme le déclarait la Cour, cet effet direct constitue seulement une garantie minimale pour le particulier : « Ce n'est que dans des circonstances particulières, notamment dans le cas où un État membre a omis de prendre les mesures requises, ou adopté des mesures non conformes à une directive, que la Cour a reconnu le droit, pour les justiciables, d'invoquer une directive à l'encontre d'un État membre défaillant. Cette garantie minimale découlant du caractère contraignant de l'obligation imposée aux États membres par l'effet des directives, en vertu de l'article 189, 3e alinéa, – article 249 nouveau – ne saurait servir de justification à un État membre pour se dispenser de prendre, en temps utile, des mesures adéquates à l'objet de chaque directive »[2]. La conséquence est que l'effet direct permet aux particuliers d'invoquer la directive à l'égard de l'État, mais qu'il est impossible à l'État de se prévaloir de l'effet direct pour imposer des obligations aux particuliers. L'effet direct vertical « inversé » ne joue donc pas.

1. CJCE 19 nov. 1982, n° 8/81, *Becker*.
2. CJCE 2 mai 1996, C-253/95, *Commission c/ Allemagne*.

1003 Les dispositions d'une directive qui se voient reconnaître un effet direct, ne pourront être invoquées par un requérant à l'égard d'autres particuliers. L'effet direct est vertical et non horizontal. La raison en est simple. Les particuliers ne peuvent se voir opposer des obligations résultant d'une directive non transposée puisqu'ils ne sont pas responsables de la non-transposition. En outre, pendant longtemps, puisqu'il n'existait pas d'obligation de publier les directives, les particuliers ne pouvaient connaître les dispositions de celle-ci. Autant il était admissible qu'un particulier ayant connaissance d'une directive puisse invoquer les dispositions de celle-ci à l'encontre d'un État membre auquel elle avait été notifiée, autant il aurait été choquant d'imposer aux particuliers des obligations découlant de dispositions qu'ils ignoraient. Le traité sur l'Union européenne a certes remédié à cette lacune en imposant la publication des directives adressées à tous les États membres, mais la Cour a considéré que cette modification ne constituait pas un motif suffisant pour faire naître un effet direct dans les rapports entre particuliers. Ce refus de l'effet direct horizontal a été fréquemment critiqué. On a fait valoir qu'il entraînait une atteinte à l'unité du marché intérieur puisque, selon que, dans les États membres, le destinataire de l'obligation était l'État lui-même ou une personne privée, certains particuliers pourraient faire valoir leurs droits alors que d'autres ne le pourraient pas. Cette argumentation n'a pas convaincu la Cour qui a rejeté l'effet horizontal en des termes très nets au motif que cela « reviendrait à reconnaître à la Communauté le pouvoir d'édicter avec effet immédiat des obligations à la charge des particuliers alors qu'elle ne détient cette compétence que là où lui est attribué le pouvoir d'adopter des règlements »[1]. Cette position a été confirmée par la Cour de justice même dans le cas où la directive constitue une mesure destinée à mettre en œuvre un principe garanti par la Charte des droits fondamentaux dès lors que ce principe ne se voit pas reconnaître en lui-même un effet direct[2]

1. CJCE 14 juill. 1994, C-91/92, *Faccini Dori* ; v. CJCE 7 mars 1996, C-192/94, *El Corte Inglès c/ Blasquez Rivero*.

2. CJUE 15 janv. 2014, *Association de médiation sociale*, C-176/12 : « Il ressort donc clairement du libellé de l'article 27 de la Charte, que, afin que cet article produise pleinement ses effets, il doit être précisé par des dispositions du droit de l'Union ou du droit national. Partant, l'article 27 de la Charte

1004 Cependant la Cour de justice a remédié à cette situation de diverses manières. Tout d'abord, le juge national doit interpréter le droit national en conformité avec la directive dans tous les litiges afin de permettre au caractère obligatoire de la directive de déployer tout son effet utile[1], c'est ce que la doctrine qualifie parfois d'effet direct d'interprétation. Cette obligation d'interprétation conforme joue dans les litiges entre particuliers[2]. Certes, l'obligation d'interprétation conforme ne joue que dans la mesure du possible et peut rencontrer ses limites en cas de conflit avec une disposition expresse du droit national. Récemment, la Cour a défini d'une manière large l'obligation : « Le principe d'interprétation conforme requiert en outre que les juridictions nationales fassent tout ce qui relève de leur compétence en prenant en considération l'ensemble du droit interne et en faisant application des méthodes d'interprétation reconnues par celui-ci, afin de garantir la pleine effectivité de la directive en cause et d'aboutir à une solution conforme à la finalité poursuivie par celle-ci (...). Par conséquent, avant de laisser inappliquées des dispositions nationales dans une affaire telle que celle au principal, il incombe à la juridiction nationale de vérifier, en prenant en considération non seulement lesdites dispositions mais aussi l'ensemble du droit interne et en faisant application des méthodes d'interprétation reconnues par ce droit, si elle ne peut pas parvenir à une interprétation dudit droit national qui soit conforme au texte et à la finalité de la directive en cause »[3].

1005 De plus, la Cour a développé une notion assez large des autorités de l'État à l'égard desquelles l'effet direct peut être invoqué. Il ne s'agit pas seulement des autorités centrales, mais aussi des collec-

---

ne saurait, en tant que tel, être invoqué dans un litige, tel que celui au principal, afin de conclure que la disposition nationale non conforme à la directive 2002/14 est à écarter. Cette constatation n'est pas susceptible d'être infirmée par la combinaison de l'article 27 de la Charte avec les dispositions de la directive 2002/14, étant donné que, dans la mesure où cet article ne se suffit pas à lui-même, pour conférer aux particuliers un droit invocable en tant que tel, il ne saurait en être autrement dans le cas d'une telle combinaison. Toutefois, la partie lésée par la non-conformité du droit national au droit de l'Union pourrait se prévaloir de la jurisprudence issue de l'arrêt du 19 nov. 1991, Francovich e.a. (C-6/90 et C-9/90, Rec. p. I-5357), pour obtenir, le cas échéant, réparation du dommage subi ».

1. CJCE 13 nov. 1990, C-106/89, *Marleasing*.
2. CJCE 5 oct. 2004, C-379/ 01 à C-403/01, *Pfeiffer c/ Deutsche Rote Kreuz*.
3. CJCE 24 avr. 2012, C-97/11, *Amia Spa*.

tivités décentralisées[1], des entreprises publiques[2], de l'État employeur[3]. Enfin, la responsabilité de l'État peut être engagée en cas de non-transposition ou de transposition incorrecte (v. ss 1038). Dans certains cas, l'invocation de l'effet direct à l'égard de l'État peut entraîner des conséquences pour des tiers. Faut-il pour autant l'exclure comme constitutif d'un effet direct « inversé ». La question s'est posée devant la Cour à propos d'un particulier qui mettait en cause la violation par le Royaume-Uni de l'obligation prévue par une directive de procéder à une étude d'impact avant d'accorder une autorisation d'exploiter une carrière. La conséquence était que l'autorisation d'exploiter pouvait être suspendue affectant ainsi les droits du tiers titulaire de l'autorisation. La Cour confirme qu'il n'est pas possible en invoquant l'effet direct d'obtenir de l'État qu'il impose à un tiers une obligation. En effet, cette dernière ne peut naître que de la transposition et toute autre solution porterait atteinte à la sécurité juridique. Mais, dans le cas d'espèce, ce qui était recherché était le respect par l'État de ses propres obligations. Il est vrai qu'il pouvait en résulter des répercussions négatives pour des tiers, mais cela ne justifiait pas de renoncer à l'effet direct. Il appartenait à l'État de gérer ensuite les conséquences de la reconnaissance de l'effet direct dans le cadre de son droit interne en conformité avec le droit communautaire[4].

1006 En outre, la Cour a étendu l'invocabilité d'éviction dans les litiges horizontaux tout au moins en application du principe général du droit sur l'interdiction de la discrimination sur la base de l'âge en écartant la loi allemande dans un litige entre particuliers[5]. Enfin, la jurisprudence de la Cour sur la responsabilité des États pour l'absence de transposition ou la transposition incorrecte des directe contribue également à la protection des particuliers dans les litiges horizontaux[6].

1. CJCE 22 juin 1989, n° 103/88, *Fratelli Costanzo.*
2. CJCE 12 juill. 1990, C-188/89, *Foster et a.*
3. CJCE 26 févr. 1986, n° 152/84, *Marshall.*
4. CJCE 9 janv. 2004, C-201/02, *Wells.*
5. CJCE 19 janv. 2010, C-555/07, *Kücükdeveci.*
6. CJCE 19 nov. 1991, aff. jtes C-6/90 et C-9/90, *Francovich e.a. c/ République italienne.*

D. L'effet direct des décisions

1007 S'agissant de l'effet direct des décisions, Le traité de Lisbonne, en élargissant la catégorie des décisions, invite à revoir la situation. S'agissant des décisions individuelles, il convient de distinguer les décisions adressées à des particuliers des décisions adressées à des États membres. Les décisions adressées à des particuliers produisent sans aucun doute un effet direct et leurs destinataires peuvent les invoquer devant les juridictions nationales. En ce qui concerne les décisions adressées à des États membres, la jurisprudence relative aux directives est largement transposable[1]. L'effet horizontal devrait donc être exclu. S'agissant des décisions à portée générale, il conviendra de voir si celles-ci sont ou non destinées à créer des droits pour les particuliers auquel cas la jurisprudence sur les directives devrait être applicable. Par contre, les décisions qui ne s'adressent qu'aux institutions de l'Union, comme les programmes financiers, ne devraient pas produire d'effet direct.

E. L'effet direct des accords internationaux

1008 Dans ce domaine, comme il est normal, les règles du droit international s'appliquent et l'effet direct n'est pas la règle. La situation doit faire l'objet d'un examen au cas par cas. Les parties à un accord sont libres de déterminer l'effet que doit produire cet accord en droit interne. S'ils ne le font pas, le juge devra déduire l'intention des parties à partir de l'objet et de la nature de l'accord. Comme le déclare la Cour « Une disposition d'un accord conclu par la Communauté avec des pays tiers doit être considérée comme étant d'application directe lorsque, eu égard à ses termes, ainsi qu'à l'objet et la nature de l'accord, elle comporte une obligation claire et précise, qui n'est subordonnée, dans son exécution ou dans ses effets, à l'intervention d'aucun acte extérieur »[2]. La Cour a ainsi reconnu l'effet direct de dispositions d'accords d'association ou de coopération.

1. CJCE 6 oct. 1970, n° 9/70, *Gradet* ; CJCE 10 nov. 1992, C-156/91, *Hansa Fleisch.*
2. CJCE 30 sept. 1987, n° 12/86, *Demirel* ; v. aussi CJCE 3 juin 2008, C-308/06, *Intertanko.*

1009 La question la plus discutée devant la Cour a sans doute été celle de l'effet direct du GATT puis des règles de l'Organisation mondiale du commerce. La Cour avait refusé de reconnaître un effet direct aux règles du GATT en raison de leur souplesse et du caractère incomplet du système de règlement des différends[1]. Elle avait même estimé qu'un État membre ne pouvait soulever un motif tiré de la contrariété avec les règles du GATT à l'appui d'un recours contre un acte communautaire[2]. Par rapport à celles du GATT, les règles de l'OMC se caractérisent par un renforcement du système de règlement des différends. Il était intéressant de savoir si la jurisprudence *International Fruit* serait maintenue dans ce nouveau contexte. À cet égard, la Cour a noté que le système de règlement des différends de l'OMC laissait encore une large place à la négociation même après qu'une violation a été constatée. Dans ces conditions, admettre un effet direct et contrôler la validité d'un acte communautaire au regard des règles de l'OMC pourrait conduire le juge à empiéter sur le pouvoir de négociation des institutions communautaires, pouvoir qui relève de leur seule appréciation. En outre, de nombreux membres de l'OMC ont exclu l'effet direct des dispositions des accords et la décision de conclusion du Conseil excluait également un tel effet. C'est pourquoi, alors que l'OMC est fondée sur la réciprocité des avantages entre ses membres, reconnaître l'effet direct des accords conduirait à rompre cette réciprocité au détriment de la Communauté puisqu'elle admettrait l'effet direct alors que ses partenaires s'en dispenseraient[3]. D'ailleurs, il arrive que la Communauté préfère maintenir une réglementation condamnée par l'OMC quitte à supporter les sanctions qui lui sont imposées. Il en va ainsi de l'interdiction des hormones dans la viande bovine. Il était dans ce cas politiquement impossible à la Communauté d'abroger une réglementation supportée par les États et les institutions. Le juge peut difficilement entrer dans ce débat sans substituer son appréciation à celle des instances démocratiquement responsables. La

1. CJCE 12 déc. 1972, n° 21 à 24/72, *International Fruit Company.*
2. CJCE 5 oct. 1994, C-280/93, *Allemagne c/ Conseil.*
3. CJCE 23 nov. 1999, C-149/96, *Portugal c/ Conseil.*

Cour s'est donc refusée à reconnaître un effet direct aux dispositions de l'OMC. Cependant, la légalité d'un acte communautaire au regard de l'OMC peut être contrôlée lorsque cet acte vise à exécuter une disposition particulière des accords ou renvoie à des dispositions précises de ceux-ci[1]. Ces principes, dégagés à propos de l'OMC, sont applicables à l'ensemble des accords conclus par la Communauté.

§ 3. L'effet direct en droit interne français

1010 Si l'effet direct des règlements n'a jamais été contesté par les juridictions françaises, il en va différemment à propos des directives. Le Conseil d'État français s'est opposé à l'effet direct des directives dans la mesure où le traité ne le prévoyait pas. Dans son célèbre arrêt *Cohn-Bendit*, le Conseil d'État excluait que l'on puisse invoquer les dispositions d'une directive à l'appui d'un recours contre un acte administratif individuel[2]. Cette solution n'a jamais été remise en cause, mais l'évolution jurisprudentielle a conduit à en réduire la portée effective.

1011 Tout d'abord, puisque le caractère obligatoire des directives n'est pas contesté, il est possible à un particulier d'invoquer les objectifs fixés par une directive à l'encontre, soit de mesures de transposition[3], soit de tout autre acte réglementaire incompatible avec ces objectifs[4]. Le Conseil d'État applique ces principes aux actes antérieurs à la directive, ce qui permet au particulier d'exiger de l'administration l'abrogation des actes antérieurs incompatibles avec les objectifs de la directive. Comme le déclare la Haute Assemblée, les autorités nationales « ne peuvent légalement, après l'expiration des délais impartis, ni laisser subsister des dispositions réglementaires qui ne seraient plus compatibles avec les objectifs définis par les directives dont il s'agit, ni édicter des dispositions réglementaires qui seraient contraires à ces objec-

1. CJCE 22 juin 1989, n° 70/87, *Fediol* ; CJCE 7 mai 1991, C-69/89, *Nakajima*.
2. CE ass. 22 déc. 1978, *Lebon* 524.
3. CE 28 sept. 1984, *Conféd. nat. stés protection des animaux*, *Lebon* 512.
4. CE 7 déc. 1984, *Féd. fr. stés protection de la Nature*, *Lebon* 410.

tifs »[1]. Le Conseil d'État estime que l'obligation de cesser d'appliquer les règles antérieures à l'issue du délai de transposition, que la transposition soit ou non intervenue, joue, dès lors que ces règles sont incompatibles avec les orientations de la directive, tant pour les règles écrites que pour les principes non écrits[2]. Cette protection joue également lorsque la mesure de transposition s'abstient de mettre en œuvre une mesure exigée par une directive[3].

1012 Ces solutions ne jouent pas seulement à l'encontre des actes réglementaires, mais aussi de la loi. Ainsi, dans l'affaire *Rothmans*, le Conseil d'État a écarté la loi de transposition parce qu'elle était incompatible avec la directive, comme l'avait d'ailleurs constaté la Cour de justice des Communautés européennes. Il en résultait que les mesures administratives d'application pouvaient être annulées pour défaut de base légale[4]. De plus, les mesures de transposition d'une directive devaient être interprétées à la lumière des objectifs de la directive[5]. Enfin, la non-transposition ou la transposition incorrecte d'une directive engage la responsabilité de l'État[6]. Cependant, l'impossibilité d'invoquer une directive à l'appui d'un recours en annulation d'un acte individuel a longtemps subsisté. La seule possibilité pour le particulier était d'utiliser le détour d'une exception d'illégalité pour invoquer la non-conformité de la mesure de transposition de la directive[7]. Il était donc possible à un particulier qui attaque une mesure individuelle de faire valoir l'incompatibilité de l'acte interne qui fonde la mesure avec les objectifs d'une directive même non transposée[8]. Dans son arrêt d'Assemblée du 30 octobre 2009[9], le Conseil d'État revenait enfin sur sa jurisprudence *Cohn-Bendit* en recon-

1. CE 3 févr. 1989, *Cie Alitalia, Lebon* 44.
2. CE 6 févr. 1998, *Tête, RFDA* 1998. 420 ; CE 20 mai 1998, *Cnté cnes Piémont de Barr, RFDA* 1998. 618.
3. CE ass. 30 oct. 1996, *SA Cabinet Revert et Badelon, Lebon* 980.
4. CE ass. 28 janv. 1992, *Lebon* 80 ; v. aussi CE 26 nov. 1999, *Assoc. ornithologique et mammalogique de Saône-et-Loire.*
5. CE 22 déc. 1989, *Cercle militaire mixte de la caserne Mortier, RJF* 1990. 103.
6. CE 28 févr. 1992, *Sté Arizona Tobacco et SA Philip Morris France, Lebon* 78.
7. CE 8 juill. 1991, *Giuseppe Palazzi, Lebon* 276.
8. CE 6 févr. 1998, *Tête, Assoc. sauvegarde Ouest lyonnais, RFDA* 1998. 420.
9. CE 30 oct. 2009, *Mme P.*, concl. Guyomar.

naissant que « tout justiciable peut se prévaloir, à l'appui d'un recours dirigé contre un acte administratif non réglementaire, des dispositions précises et inconditionnelles d'une directive, lorsque l'État n'a pas pris, dans les délais impartis par celle-ci, les mesures de transposition nécessaires ». Désormais, l'accord avec la Cour de justice semble complet.

Bibliographie

• Sur la primauté

De Witte, « Retour à Costa, la primauté du droit communautaire à la lumière du droit international », *RTD eur.* 1984. 425 ; Isaac, « Primauté du droit communautaire », *Rép. communautaire ;* Kovar, « Primauté du droit communautaire », *J. Cl. Europe*, fasc. 431 ; Louis et Ronse, *L'ordre juridique communautaire*, LGDJ, 2005 ; Rideau (dir.), *Les États membres de l'Union européenne : adaptations, mutations, résistances*, LGDJ, 1997.

• Sur l'effet direct

Constantinesco, *L'applicabilité directe dans le droit de la CEE*, LGDJ, 1970 ; Haguenau, *L'application effective du droit communautaire en droit interne*, Bruylant, Bruxelles, 1995 ; Isaac, « Effet direct du droit communautaire », *Rép. Droit communautaire ;* Kovar, « L'applicabilité directe du droit communautaire », *JDI* 1973. 219 ; Kovar, « L'interprétation des droits nationaux en conformité avec le droit communautaire », *Mélanges Charpentier*, Pedone, 2009, p. 381 ; Manin, « De l'utilisation des directives communautaires par les personnes physiques ou morales », *AJDA* 1994. 259 ; Pescatore, *L'effet direct des directives communautaires : une tentative de démythification*, Dalloz, 1980, chron. XXV ; Denys Simon, *La directive communautaire*, Dalloz, 1997.

CHAPITRE 3

La mise en œuvre du droit de l'Union par les autorités nationales

1013 La mise en œuvre du droit de l'Union par les États membres revêt une importance capitale. En effet, l'Union ne dispose pas des compétences nécessaires à la mise en œuvre directe du droit qu'elle adopte au sein des États membres. Certes, sur le plan normatif, la Commission peut se voir attribuer le pouvoir de fixer les modalités d'application de la législation de l'Union. Mais l'Union n'a pas de prise directe sur l'exécution matérielle des règles et doit compter sur le concours des États membres, ceci même dans les domaines entièrement couverts par la législation de l'Union. Par exemple, l'Union dispose d'une compétence exclusive en matière douanière, mais le contrôle des marchandises aux frontières extérieures et la perception des droits de douane sont matériellement effectués par des fonctionnaires nationaux. De même, la mise en œuvre concrète de la politique agricole commune et la gestion des systèmes complexes de primes ou de contrôle dépend des autorités nationales. C'est cette application matérielle par les autorités nationales du droit de l'Union que l'on qualifie parfois d'administration indirecte. La mise en œuvre du droit de l'Union répond à des principes (SECTION 1) dont la violation peut donner lieu à des sanctions (SECTION 2) et à la mise en jeu de la responsabilité des États membres (SECTION 3).

SECTION 1
LES PRINCIPES

1014 La mise en œuvre des obligations découlant de l'Union par les États membres repose sur deux principes fondamentaux. Il s'agit d'une part de l'obligation de coopération loyale (**§ 1**) et d'autre part de l'autonomie institutionnelle et procédurale des États membres (**§ 2**).

§ 1. L'obligation de coopération loyale

1015 Cette obligation découle de l'article 4, § 3, TUE qui stipule : « Les États membres prennent toutes mesures, générales ou particulières, propres à assurer l'exécution des obligatidécoulant du présent traité ou résultant des actes des institutions. Ils facilitent à celles-ci l'accomplissement de leur mission. » Cet article dont on dit qu'il établit un principe de « loyauté », impose aux États membres de ne pas contrarier l'effet utile du droit de l'Union et de prendre toutes les mesures nécessaires à cette fin. Ceux-ci doivent non seulement s'abstenir d'agir de manière contraire au droit de l'Union, mais aussi prendre toutes les mesures positives requises en vue de l'application effective de celui-ci aux situations concrètes dont ils sont amenés à traiter[1]. Ce principe s'adresse à toutes les autorités nationales, y compris, bien entendu, les autorités judiciaires puisqu'elles doivent garantir aux particuliers la jouissance des droits qu'ils tirent du droit de l'Union[2]. De même, l'obligation de coopération loyale impose aux États membres

1. CJCE 21 sept. 1989, n° 68/88, *Commission c/ Grèce*.
2. CJCE 22 févr. 1980, n° 68/79, *Just*, *Rec*. 501.

d'assurer la protection juridictionnelle des droits tirés par les particuliers du droit de l'Union.

1016 Dans l'affaire *Unibet*, la Cour souligne l'importance de cette règle. Si elle admet qu'un recours en responsabilité peut assurer le respect de la conformité du droit national ce n'est qu'à la condition que l'examen mené par le tribunal national ne se limite pas à l'appréciation des conditions liées au dommage, mais qu'il porte bien sur la conformité elle-même[1]. La Cour a également jugé que l'obligation de coopération imposait aux autorités nationales de revenir sur une décision administrative devenue définitive à la suite d'un arrêt d'une juridiction nationale statuant en dernier ressort pour donner suite à une interprétation préjudicielle de la Cour lorsque cette décision reposait sur une interprétation erronée du droit de l'Union et qu'il disposait selon le droit national de cette possibilité. En fait, cette possibilité était d'origine jurisprudentielle et n'avait été reconnue par la juridiction suprême des pays qu'à la fin de donner suite à une violation de la Convention européenne des droits de l'homme constatée par la Cour européenne des droits de l'homme. La Cour, au nom du principe de coopération, impose de réserver à ses propres arrêts le même effet que celui qui est attribué aux arrêts de la Cour de Strasbourg[2].

1017 Il en résulte que les États membres disposent d'un pouvoir général d'exécution du droit de l'Union. Comme le souligne la Cour, les États membres ont le droit « et, en vertu des dispositions générales de l'article 10 du traité, l'obligation de tout faire pour assurer l'effet utile de l'ensemble des dispositions du règlement »[3]. Dès lors qu'un règlement n'est pas complet, ils assureront sa mise en œuvre par l'intermédiaire de dispositions nationales permettant son exécution, par l'adaptation de leurs structures administratives nationales ou par l'adoption d'un régime de contrôle et de sanction appropriés. Il en va de même de l'obligation d'assurer l'efficacité des directives. Selon la Cour, le système des traités, tel qu'il découle de l'article 4, confie donc normalement aux autorités nationales la compétence d'exécution.

1. CJCE 13 mars 2007, C-432/05.
2. CJCE 13 janv. 2004, C-453/00, *Kühne & Heitz NV.*
3. CJCE 12 oct. 1970, n° 30/70, *Scheer, Rec.* 1197.

1018 L'obligation de coopération joue également un rôle lorsque l'action de l'Union se heurte à des difficultés particulières et qu'il apparaît nécessaire, dans l'intérêt commun, de réagir pour protéger celle-ci. Ainsi, à propos de la conservation des ressources naturelles de la mer, la Cour de justice a légitimé l'action des États pour protéger les ressources de la mer en l'absence d'action communautaire : « si ces mesures ne peuvent pas être instituées en temps utile sur une base communautaire, les États membres ont non seulement le droit mais également l'obligation d'agir dans l'intérêt de la Communauté »[1]. Cette règle s'applique également lorsque la compétence est exclusive sous réserve d'associer la Commission à la préparation des mesures nationales[2]. Cette possibilité joue de manière générale dès lors que la situation impose une action. L'article 4 conduit donc à reconnaître aux États membres un droit de suppléer, en cas de nécessité, la carence du législateur.

§ 2. L'autonomie des États membres

1019 En l'absence de dispositions spécifiques dans la législation de l'Union, il appartient aux États membres de mettre celle-ci en œuvre selon les modalités qui leur sont propres. Dans ce contexte, les États membres appliquent leur droit national. Selon la formule de la Cour, cette question « relève uniquement du système constitutionnel de chaque État membre »[3]. La Cour a rappelé cette règle de façon solennelle dans son arrêt du 21 septembre 1983 : « Pour autant que le droit communautaire, y compris les principes généraux de celui-ci, ne comporte pas de règles communes à cet effet, les autorités nationales procèdent, lors de cette exécution des réglementations communautaires, en suivant des règles de forme et de fond de leur droit national ». Mais une restriction perçait cependant lorsque la Cour ajoutait : « cette règle doit se concilier avec la nécessité d'une application uniforme du droit communau-

1. CJCE 10 juill. 1980, n° 32/79, *Commission c/ Royaume-Uni.*
2. CJCE 5 mai 1981, n° 804/79, *Commission c/ Royaume-Uni.*
3. CJCE 15 déc. 1971, n° 51 à 64/71, *International Fruit Company.*

taire »[1]. En effet, si les États membres ont toute liberté pour déterminer les organes chargés de la mise en œuvre du droit de l'Union, cette liberté n'est pas absolue s'agissant des modalités procédurales retenues. L'autonomie procédurale des États membres est limitée en raison de l'exigence d'application uniforme du droit de l'Union. Le but est d'éviter qu'en raison de modalités procédurales retenues dans le cadre du droit national, il soit porté atteinte à l'unité du marché ou que naissent des discriminations entre les ressortissants des États membres. C'est la raison pour laquelle, tout en affirmant l'autonomie procédurale des États membres, la Cour limite celle-ci sur la base de deux principes, celui de l'effectivité et celui de l'équivalence[2]. Les deux principes ont beaucoup en commun même s'il est possible de les distinguer sur un plan théorique. En effet, l'équivalence est l'un des moyens d'assurer l'effectivité. En tout cas, ces deux principes peuvent être considérés comme constituant une application du principe de coopération loyale.

A. Le principe de l'effectivité

1020 Le principe de l'effectivité vise à empêcher qu'une disposition procédurale nationale ne rende impossible ou excessivement difficile l'application du droit de l'Union. Doivent donc être écartées toutes les dispositions nationales qui auraient un tel effet. L'obligation d'écarter les règles procédurales nationales contraires n'est d'ailleurs qu'une des illustrations de la jurisprudence *Simmenthal*[3] dans laquelle la Cour de justice avait indiqué que le juge national ne saurait subordonner l'application du droit communautaire en cas de contradiction avec la législation nationale à une saisine préalable de la Cour constitutionnelle afin de résoudre ce conflit de normes. Le juge italien devait donc, en l'espèce, statuer lui-même et écarter l'application des dispositions procédurales italiennes.

1. Aff. n° 205/82 à 215/82, *Deutsche Milchkontor.*
2. CJCE 10 juill. 1997, C-261/95, *Palmisani.*
3. CJCE 9 mars 1978, n° 106/77.

1021 La question s'est également posée à propos de la possibilité pour le juge national de suspendre, à titre de mesure provisoire, l'application d'une mesure nationale dont on invoquait la contrariété avec le droit communautaire. Saisie de la question par la Chambre des Lords, alors même que le droit britannique ne reconnaissait pas au juge la possibilité de suspendre l'application d'une loi nationale, la Cour de justice a estimé que « la pleine efficacité du droit communautaire se trouverait tout aussi diminuée si une règle du droit national pouvait empêcher le juge saisi d'accorder des mesures provisoires en vue de garantir la pleine efficacité de la décision juridictionnelle à intervenir »[1]. Cette jurisprudence a été étendue aux mesures provisoires visant la suspension d'une mesure nationale d'exécution du droit de l'Union alors que la règle en cause faisait l'objet d'un recours préjudiciel en invalidité. Mais dans la mesure où de tels pouvoirs correspondent à ceux reconnus à la Cour par les articles 242 et 243 du traité CE, la juridiction nationale doit respecter les conditions du référé devant la Cour. En effet, la protection des justiciables doit être identique qu'ils contestent soit la validité d'une mesure de l'Union, soit la compatibilité du droit national avec le droit de l'Union puisque, dans les deux cas, le litige est fondé sur le droit de l'Union. Il en résulte que le juge national doit tenir compte du caractère sérieux du grief relatif à l'invalidité de l'acte de l'Union, qu'il renvoie l'examen au fond de l'invalidité à la Cour par voie préjudicielle conformément à la règle qui lui interdit d'apprécier lui-même la validité d'un acte de l'Union, qu'il examine s'il y a bien urgence en ce que l'application de l'acte pourrait créer un préjudice grave et irréparable pour le requérant et qu'il prenne en compte l'intérêt de l'Union[2].

1022 Les limites à l'autonomie procédurale fondées sur la nécessité d'assurer l'application effective du droit de l'Union ne se manifestent pas seulement dans le cadre des mesures provisoires. Elles peuvent porter sur l'étendue du contrôle exercé par le juge, la Cour imposant par exemple un contrôle juridictionnel étendu en

1. CJCE 19 juin 1990, C-213/89, *Factortame*.
2. CJCE 21 févr. 1991, C-143/88 et C-92/89, *Zuckerfabrick* ; CJCE 9 nov. 1993, C-465/93, *Atlanta*.

matière de fraude à la TVA. Dans ce cadre, la Cour a, en effet, estimé qu'un contrôle purement formel ne serait pas suffisant et que toutes les dispositions nationales qui entraveraient l'exercice d'un contrôle effectif iraient au-delà de ce qui est nécessaire pour atteindre l'objectif poursuivi[1]. Les limites à l'autonomie peuvent également se manifester en ce qui concerne la charge de la preuve lorsque la Cour estime, par exemple, qu'en matière de discrimination, il y a lieu lorsque la discrimination est apparente de renverser la charge de la preuve au détriment de l'employeur afin de permettre l'application effective des dispositions du traité sur la non-discrimination[2].

1023 Un des aspects des limites à l'autonomie procédurale qui a suscité de vives discussions dans la doctrine consiste en la remise en cause par la Cour de l'autorité de chose décidée ou de chose jugée afin d'assurer le respect du droit de l'Union. Dans l'affaire *Kühne & Heitz*[3], la Cour consacre l'obligation de remettre en cause une décision administrative devenue définitive dans des conditions limitatives qui tiennent compte du principe de sécurité juridique : le droit national doit prévoir cette possibilité qui devra être appliquée au droit de l'Union en application du principe d'équivalence (v. ss 1027) ; la décision doit être devenue définitive à la suite d'un jugement d'un tribunal statuant en dernier ressort ; la solution retenue par ce juge est apparue, à la suite d'une interprétation ultérieure de la Cour de justice, fondée sur une mauvaise interprétation du droit de l'Union alors que le juge national n'avait pas saisi la Cour de justice à titre préjudiciel ; l'intéressé a saisi l'administration dès lors qu'il a eu connaissance de l'interprétation correcte donnée par la Cour de justice. Elle a précisé par la suite que le particulier ne devait pas avoir évoqué le point de droit de l'Union, mais qu'il suffisait que ce point soit examiné par le juge, soit aurait dû être soulevé d'office par lui. De même, si le droit national peut inscrire la demande de révision dans des

1. CJCE 18 déc. 1997, C-286/94, C-340/95, C-401/95 et C-46/96, *Molenheide*.
2. Dans une jurisprudence constante, v. CJCE 27 oct. 1993, C-127/92, *Enderby*.
3. CJCE 13 janv. 2004, C-435/00.

délais, ceux-ci ne doivent pas rendre difficile ou impossible cette demande[1].

1024 Enfin, la Cour de justice a complété sa jurisprudence en permettant la remise en cause de l'autorité de la chose jugée. Il s'agissait d'une aide d'État déclarée par la Commission incompatible avec le droit communautaire et dont un jugement national italien devenu définitif imposait le versement. La Cour constate que le juge italien n'avait aucune compétence pour se prononcer sur la compatibilité d'une aide d'État puisque la question relève exclusivement du droit communautaire. Il en conclut que l'autorité de la chose jugée ne peut s'appliquer dans ce cas parce qu'elle empêche l'application effective du droit communautaire et viole le principe de primauté[2]. Elle va plus loin encore en s'opposant à l'autorité de chose jugée en Italie dès lors qu'elle ne porte pas seulement sur une affaire fiscale dans laquelle la Cour de cassation n'a pas respecté le droit communautaire, mais a pour conséquence que cette violation devra être par l'administration fiscale dans les exercices à venir[3]. Cependant, la Cour prend soin de veiller à ce que sa solution ne porte qu'une atteinte limitée au principe de sécurité juridique qui est à la base de l'autorité de chose décidée ou jugée. En outre, on est en présence de cas dans lesquelles les autorités nationales, administratives ou judiciaires, ont sciemment méconnu leurs obligations découlant des traités.

1025 Le principe d'équivalence suppose que les mêmes règles procédurales soient applicables aux affaires qui se fondent sur le droit de l'Union qu'aux affaires internes de même nature. Bien qu'il soit applicable à l'ensemble des procédures, ce principe perturbe moins le système juridique national que le principe d'effectivité. En effet, il implique seulement l'identité des règles applicables et non la mise en œuvre de procédures ignorées par le droit national (comme c'était le cas dans l'affaire *Factortame* de la suspension provisoire de l'application de la loi nationale) ou la mise à l'écart de règles de procédures nationales (comme celles relatives à la computation des délais).

1. CJCE 12 févr. 2008, C-2/06, *Kempter.*
2. CJCE 18 juill. 2007, C-119/05, *Lucchini.*
3. CJCE 3 sept. 2009, C-2/08, *Fallimento Olimpiclub SPRL.*

1026 Le principe de la responsabilité des États membres pour violation du droit de l'Union vient également restreindre l'autonomie des États membres. Il leur appartient de trouver les voies nécessaires pour les particuliers puissent mettre en œuvre cette responsabilité afin de faire valoir les droits que leur accorde le droit de l'Union. Ainsi, à l'argument selon lequel l'absence de régime de responsabilité pour l'exercice de la fonction juridictionnelle en droit national s'opposait à une responsabilité du juge en cas de violation du droit communautaire, la Cour renvoyait cette question aux États membres en soulignant qu'il leur appartenait de veiller à ce que les procédures nationales ne rendent pas « impossible ou excessivement difficile » la réparation (v. ss 1037). Un des domaines privilégiés d'application du principe d'effectivité est celui de la répétition de l'indu et de la restitution des aides nationales irrégulièrement perçues. En matière de récupération de l'indu, s'il est évident que le particulier doit pouvoir récupérer les sommes indûment perçues par l'administration, la question qui se pose le plus souvent est celle du conflit entre la protection de l'individu et les règles nationales, dont celles relatives aux délais de forclusion, qui peuvent faire obstacle à la récupération. La Cour s'oppose à ces règles dès lors qu'elles rendent excessivement difficile l'application du droit de l'Union[1]. La question de savoir s'il est cependant possible d'opposer un délai de prescription aux actions de remboursement de droits perçus en violation d'une directive tant que cette directive n'a pas été transposée a reçu une réponse affirmative[2]. Mais la Cour refuse d'admettre le jeu des règles de forclusion lorsqu'elles interdisent l'accès à un droit. Elle l'accepte dès lors qu'est seulement en cause la limitation du caractère rétroactif d'une demande de remboursement[3]. En ce qui concerne la récupération des aides d'État incompatibles avec le droit communautaire, la Cour exige que soit pris en compte l'intérêt communautaire et refuse tout appel au principe de confiance légi-

1. Parmi une importante jurisprudence, v. plus particulièrement, CJCE 24 mars 1988, n° 104/86, *Commission c/ Italie* ; CJCE 2 févr. 1988, n° 309/85, *Barra* ; CJCE 28 nov. 2000, C-88/99, *Roquette frères*.
2. CJCE 2 déc. 1997, C-188/95, *Fantask*.
3. CJCE 11 déc. 1997, C-246/ 96, *Magorrian*.

time dès lors que l'État n'a pas respecté la procédure communautaire d'octroi des aides, notamment en se soustrayant à l'obligation de notifier celles-ci à la Commission[1].

B. Le principe d'équivalence

1027 La principale difficulté que suscite l'application du principe réside dans l'appréciation de l'équivalence puisque cette dernière suppose que les règles appliquées au cas pendant et celles appliquées à des procédures nationales de même nature soient effectivement comparables. Ainsi à propos de l'entrée des ressortissants communautaires sur le territoire britannique, la Cour a été appelée à dire si le régime contentieux qui leur était applicable devait être celui ouvert aux ressortissants nationaux contre les actes administratifs ou celui concernant l'entrée de ceux-ci sur le territoire de l'État dont ils ont la nationalité. Pour cela, il était nécessaire de déterminer lequel de ces deux cas pouvait être comparé à la situation d'un ressortissant communautaire. La Cour a penché pour le régime général de recours contre les actes administratifs puisque, s'agissant de l'entrée sur le territoire de l'État dont ils sont ressortissants, les nationaux qui ne peuvent faire l'objet d'une mesure d'expulsion, sont dans une situation différente de celle des autres ressortissants communautaires[2]. Lorsque toute comparaison est impossible, le principe ne peut trouver à s'appliquer, mais la Cour pourra néanmoins en présence de situations non comparables, procéder à un test de proportionnalité afin de vérifier si la différence dans les règles applicables est bien justifiée par la différence de situation[3]. Enfin, le principe d'équivalence n'impose pas que la solution nationale la plus favorable soit retenue, il implique seulement que l'on n'applique pas aux cas fondés sur le droit communautaire des modalités différentes de celles applicables aux cas fondés sur le droit national. Ainsi la Cour de justice a admis que l'Italie pouvait distinguer entre le régime de répétition de l'indu applicable entre particuliers et celui applicable aux taxes et

1. CJCE 20 mars 1997, C-24/95, *Alcan Deutschland*.
2. CJCE 17 juin 1997, C-65/95 et C-111/95, *Shingara et Radiom*.
3. CJCE 2 déc. 1997, C-336/94, *Dafeki*.

autres contributions dès lors que ce dernier s'appliquait aussi bien aux actions fondées sur le droit de l'Union qu'aux actions fondées sur le droit national[1].

1028 Un des aspects les plus intéressants de l'application du principe d'équivalence concerne l'invocation des moyens d'ordre public. En effet, la Cour a estimé que lorsque le droit interne impose au juge de soulever d'office un moyen de droit tiré d'une règle interne contraignante, la même obligation s'impose à l'égard des règles communautaires contraignantes[2]. Cette règle impose au juge national une connaissance étendue de l'ensemble du droit communautaire. C'est l'une des raisons pour lesquelles le Conseil d'État de France ne soulève pas d'office le moyen tiré de la méconnaissance du droit communautaire[3]. Cependant, l'argument de l'ignorance du juge ne paraît pas de nature à emporter la conviction, car s'il convient de mettre en balance la protection des droits tirés du droit communautaire et la charge imposée au juge, le premier élément ne doit-il pas l'emporter dans un État de droit ? Dans l'affaire *Ecoswiss*, la Cour est allée plus loin en indiquant que le juge saisi d'un recours contre une sentence arbitrale au motif que celle-ci était contraire à l'article 85 CE (TFUE, art. 101) devait examiner la demande alors même que le droit national ne considère pas la violation des règles de concurrence comme un moyen d'ordre public permettant d'obtenir l'annulation de la sentence. Pour atteindre ce résultat, elle a considéré que l'article 85 établissait une règle d'ordre public qui s'imposait au juge national[4]. Cette solution relève davantage de la nécessité d'assurer l'effectivité que de l'application du principe d'équivalence.

1029 Malgré l'affirmation répétée du principe d'autonomie, la Cour a développé une large jurisprudence qui a des incidences importantes sur les procédures nationales. Certes il ne s'agit pas dans la majorité des cas de modifier les procédures nationales, mais d'indiquer au juge national les choix qu'il convient d'opérer dans

1. CJCE 15 sept. 1998, C-231/96, *Edis*.
2. CJCE 24 oct. 1996, C-72/95, *Kraaijeveld*.
3. CE sect. 11 janv. 1991, *SA Morgane*, *AJDA* 1991. 149.
4. CJCE 14 juin 1999, C-127/97, *Rec.* I. 3055.

les procédures existantes. On ne peut donc parler d'un courant harmonisateur, mais plus simplement de la recherche du moyen le plus efficace d'assurer l'effectivité et l'uniformité de l'application du droit communautaire dans le cadre du système existant. Ce n'est que dans des hypothèses rares qui touchent à la validité des actes communautaires (comme le cas des mesures provisoires ou comme on le verra plus loin de la responsabilité) que le juge communautaire impose au juge national ce que l'on pourrait considérer comme une harmonisation des règles de procédures. Dans ce dernier cas, l'effet peut être considérable et entraîner des modifications plus profondes. La jurisprudence de la Cour sur les mesures provisoires a certainement contribué à des modifications de systèmes nationaux applicables dans des contentieux purement nationaux.

Section 2
Les sanctions en cas de violation du droit de l'Union

1030 La question des sanctions est délicate, car elle soulève le problème de la compétence de l'Union en ce domaine. Il conviendra à cet égard de distinguer entre les sanctions administratives et les sanctions pénales. Cependant, dans la plupart des cas, les sanctions sont infligées par les États membres en conformité avec le principe de l'administration indirecte. À cette problématique des sanctions, il convient de joindre celle de la responsabilité des États membres en cas de violations du droit de l'Union.

1031 Ce n'est que dans des cas exceptionnels que les traités reconnaissent à l'Union un pouvoir de sanction direct. Généralement, si les sanctions administratives sont prévues par la législation de l'Union, il appartient aux États membres de mettre celle-ci en œuvre (**§ 1**). La question de la possibilité pour l'Union de prévoir des sanctions pénales a suscité de vives discussions (**§ 2**). Dans le cadre l'Union économique et monétaire, l'Union s'est vue attribuer cette possibilité par l'article 126 TFUE contre les États membres qui ne respectent pas le pacte de stabilité. La procédure a été révisée par le « *six pack* » (v. ss 29). Ce texte modifie la procédure de sanction en introduisant la majorité inversée. Les sanctions proposées par la Commission, sauf si le Conseil ne s'y oppose, sont à la majorité qualifiée. Le traité de 2012 sur la stabilité, la coopération et la gouvernance de la zone euro établit une règle de comportement propre aux parties en imposant à celles-ci de soutenir la proposition de la Commission, sauf si une majorité qualifiée des parties s'y oppose. La discipline ne concerne pas seulement le respect du ratio de 3 % de déficit budgétaire, mais aussi celui de 60 % du PIB en ce qui concerne la dette publique.

Les sanctions administratives infligées directement par l'Union

1032 Le domaine essentiel visé par ces sanctions est celui de la concurrence. En effet, l'article 103, § 2 a) TFUE (Traité CE, ex-art. 83) permet au Conseil d'instituer des amendes et des astreintes en vue d'assurer le respect des règles du traité relatives aux ententes et aux abus de position dominante. Ces règles font actuellement l'objet du règlement du 16 décembre 2002 lequel autorise la Commission à infliger des amendes pour infraction aux dispositions de procédure et aux règles de fond du droit de la concurrence[1]. Ces dernières peuvent être portées jusqu'à 1 % du chiffre d'affaires réalisé par l'entreprise lors de l'exercice social qui précède la décision. Le Tribunal de première instance peut être saisi d'un recours de pleine juridiction contre ces amendes. Bien que ces amendes ne constituent pas de sanctions pénales, elles peuvent être considérées comme telles par la Cour européenne des droits de l'homme et l'article 6 de la Convention européenne des droits de l'homme sur le procès équitable peut leur être appliqué. Certes la Cour de Strasbourg admet que de telles sanctions soient prononcées par une autorité administrative[2] à condition qu'elles puissent faire l'objet d'un recours devant un juge. Ceci implique que toutes les garanties procédurales relatives au procès équitable soient respectées à tous les stades de la procédure. En tout état de cause, il

1. *JO* 4 janv. 2003, L 1, p. 1.
2. CEDH rapp. 30 mai 1991, *Sté Stenuit c/ France*.

appartient à la Cour de justice de veiller au respect du caractère contradictoire des procédures de sanction. Le recouvrement des amendes peut faire l'objet d'une exécution forcée diligentée par les autorités nationales en application de l'article 344 TFUE (Traité CE, ex-art. 292). La procédure de recouvrement sera poursuivie selon les règles de la procédure civile nationale.

1033 De la même manière, l'article 132 TFUE (Traité CE, ex-art. 110) autorise le Conseil à prendre les règlements nécessaires à la mise en œuvre de certains articles des statuts du système européen de banques centrales. Parmi ces articles, est visé l'article 19 § 1, lequel autorise la Banque centrale européenne à prendre des sanctions à l'encontre des établissements de crédit qui ne respecteraient pas les normes relatives à la constitution de réserves obligatoires. Le Conseil a adopté un règlement relatif à l'uniformisation des règles générales relatives aux sanctions[1] et la Banque centrale européenne a adopté des mesures de mise en œuvre[2].

§ 1. Les sanctions administratives infligées par les États membres

1034 L'Union peut instaurer des sanctions administratives en cas de violation de la législation, étant entendu que ces sanctions sont le plus souvent mises en œuvre par les États membres. Dès lors que des sanctions administratives constituent l'un des moyens de réalisation d'une politique de l'Union, elles peuvent être instituées par l'Union. Le système s'est surtout développé dans le cadre de la politique agricole commune en raison de l'instauration de nombreuses aides dont il faut assurer la bonne gestion notamment par la sanction des abus. Mais il connaît également une application importante en matière douanière. La Cour a ainsi reconnu la possibilité d'ordonner la restitution des sommes indûment perçues avec des intérêts ou le non-remboursement d'une caution. Mais son arrêt le plus notable est celui dans lequel elle admet la possibi-

1. Règl. n° 2532/98, 23 nov. 1998, *JO* 27 nov. 1998, n° L 318/4.
2. Banque centrale européenne, règl. n° 2157/99, 23 nov. 1999, *JO* 12 oct. 1999, L 264/21.

lité d'exclure du bénéfice d'un programme d'aide un agriculteur ayant fait des déclarations inexactes[1]. Elle a admis, dans le même arrêt, que, lorsque le Conseil conférait à la Commission le pouvoir d'adopter des mesures d'exécution, cette dernière pouvait instituer des sanctions même si l'habilitation ne faisait aucune référence à celles-ci. La Commission s'est ainsi vue reconnaître un pouvoir important en matière de sanctions. Le développement de la lutte contre la fraude et la protection des intérêts financiers de la Communauté ont contribué à la multiplication des sanctions administratives. Le règlement du Conseil du 18 décembre 1995 relatif à la protection des intérêts financiers de la Communauté vise à harmoniser ces sanctions en adoptant une définition commune de l'irrégularité qui peut être sanctionnée, en posant le principe du caractère non rétroactif de la décision d'infliger une sanction, en établissant un délai de prescription de quatre ans, en dressant une liste des sanctions, en permettant la suspension de la sanction lorsqu'une procédure pénale est déclenchée[2]. Il s'agit donc d'un cadre général qui établit un régime commun et s'applique dès lors que des réglementations particulières établissent la possibilité de sanctions.

§ 2. Les sanctions pénales

1035 Même lorsque l'on estimait que l'Union n'avait pas compétence pour instaurer des sanctions pénales, il était admis qu'elle puisse imposer aux États membres de prendre les mesures pénales propres à assurer la bonne exécution du droit de l'Union. L'obligation pour les États membres d'imposer des sanctions afin d'assurer l'application effective du droit de l'Union découle de l'article 4 TFUE (Traité CE, ex-art. 10). Comme le déclarait la Cour, « lorsqu'une réglementation communautaire ne comporte aucune disposition spécifique prévoyant une sanction en cas de violation ou renvoie sur ce point aux dispositions législatives, réglemen-

1. CJCE 27 oct. 1992, C-240/90, *Commission c/ Allemagne.*
2. *JO* 23 déc. 1995, n° L 312, p. 1.

taires et administratives nationales, l'article 5 du traité impose aux États membres de prendre toutes les mesures propres à garantir la portée et l'efficacité du droit communautaire »[1]. Dans ce cas, la violation de la règle de l'Union doit être, en application du principe d'équivalence, sanctionnée dans des conditions de forme et de procédure analogues à celles qui s'appliquent à des violations de règle interne d'importance similaire. Dans tous les cas, la sanction doit être effective, dissuasive et proportionnée à l'infraction[2]. La Cour peut fort bien estimer dans certains cas que seule une sanction pénale constitue une mesure appropriée et dissuasive. Dans la mesure où ces sanctions s'appliquent dans le champ du droit de l'Union, elles doivent respecter les droits fondamentaux Tels qu'ils s'appliquent à l'Union. Ces règles s'appliquent aussi bien aux sanctions pénales qu'aux sanctions administratives. Elles doivent permettre d'assurer l'application du droit de l'Union d'une manière uniforme tout en préservant, autant que possible, la compétence pénale des États membres.

1036 La controverse sur la possibilité en droit en droit de l'Union d'imposer des sanctions pénales a donné lieu à deux arrêts de la Cour de justice. Le Conseil ayant adopté sur la base du TUE une décision-cadre prévoyant des sanctions pénales en matière de criminalité environnementale, la Commission a intenté un recours afin de faire déclarer que la matière relevait de la compétence communautaire. L'arrêt de la Cour de justice du 13 septembre 2005[3] sur les sanctions pénales en matière d'environnement indique qu'en principe la matière pénale ne relève pas de la compétence de la Communauté, mais, dans une vision fonctionnaliste, elle admet que la Communauté soit compétente pour intervenir dans ce domaine dès lors que les mesures envisagées sont indispensables et considérées comme nécessaires pour assurer la pleine efficacité du droit communautaire. Mais cette affaire ne concernait que le droit de l'environnement et la décision-cadre prévoyait l'établissement d'incriminations pénales et non de sanctions.

1. CJCE 21 sept. 1989, n° 68/88, *Commission c/ Grèce.*
2. V. aff. 68/88 préc ; v. aussi CJCE 10 juill. 1990, C-326/88, *Hansen.*
3. Aff. C-176/03, *Commission c/ Conseil.*

L'affaire C-440/05 a permis à la Cour de préciser que la réponse donnée s'applique à toutes les politiques de l'Union. Par contre, si la Communauté est bien compétente pour adopter des incriminations pénales, le type et le niveau des sanctions relevant exclusivement de la compétence des États membres[1]. Le traité de Lisbonne met fin au problème puisque l'article 83, § 2 TFUE prévoit que lorsqu'une harmonisation en matière pénale est indispensable pour « assurer la mise en œuvre efficace d'une politique de l'Union dans un domaine ayant fait l'objet de mesures d'harmonisation » des règles minimales pour la définition de l'infraction et des sanctions pourront être adoptées sur la base la procédure déterminée par la base juridique relative à la politique concernée.

Section 3
La responsabilité des États membres en cas de violation du droit de l'Union

1037 Si le traité organise, par la procédure de manquement, la possibilité pour la Cour de justice de constater les violations commises par les États membres, il reste silencieux quant à l'indemnisation des dommages causés aux particuliers par ces manquements. Après avoir estimé dans un premier temps que la question relevait de l'ordre juridique national, la Cour de justice a développé toute une jurisprudence relative à la responsabilité des États membres. L'examen de cette responsabilité repose sur le droit national, mais, dans la mesure où il s'agit d'une violation du droit de l'Union, le régime de celle-ci a été très largement encadré par la Cour en l'alignant sur les principes qui gouvernent la responsabilité extracontractuelle de l'Union.

1038 Le principe de la responsabilité de l'État membre a été posé par la Cour en 1991 à propos de la non-transposition d'une directive

1. CJCE 23 oct. 2007, *Commission c/ Conseil*.

par l'Italie. Le défaut de transposition prive les particuliers de la possibilité de bénéficier des droits qui leur sont conférés. Certes, ils pouvaient faire valoir devant le juge national celles des dispositions de la directive qui étaient directement applicables, mais, outre le fait que l'effet direct horizontal à l'égard des autres particuliers ne pouvait jouer dans le cas d'une directive, toutes les dispositions d'une directive ne sont pas directement applicables. Comme le note la Cour, l'applicabilité directe n'est qu'une garantie minimale et tant la pleine efficacité du droit de l'Union que la protection des droits conférés aux particuliers seraient remises en question si ces derniers ne pouvaient faire jouer leur droit à réparation. Cette responsabilité n'est pas limitée à la non-transposition ou à la mauvaise transposition, elle peut jouer pour toute violation du droit de l'Union. Dans ce contexte, le principe de la responsabilité de l'État est « inhérent au droit communautaire »[1]. Cette responsabilité peut être mise en cause quel que soit l'organe de l'État, auteur de la violation et il ne saurait y avoir d'exonération s'il s'agit du législateur. C'est la reprise de la solution classique du droit international public selon laquelle le comportement des organes de l'État est toujours imputable à l'État, le juge international n'ayant pas à prendre en considération la nature et l'autonomie de ces organes au sein de la structure étatique. Cette solution s'impose de manière plus impérative encore en droit de l'Union. Dans le cas contraire, le régime de la responsabilité pourrait varier en fonction de l'organe auteur de la violation ce qui porterait atteinte à l'uniformité du droit de l'Union : « eu égard à l'exigence fondamentale de l'ordre juridique communautaire que constitue l'uniformité d'application du droit communautaire (...) l'obligation de réparation des dommages causés aux particuliers ne saurait dépendre des règles internes de répartition des compétences »[2].

1039 La Cour de justice a précisé que le fait que l'auteur de la violation soit une juridiction nationale statuant en dernier ressort n'entraîne pas l'irresponsabilité de l'État : il découle des exigences

1. CJCE 19 nov. 1991, aff. jtes C-6/90 et C-9/90, *Frankovitch et Bonifaci*.
2. CJCE 5 mars 1996, aff. jtes C-46/93 et 48/93, *Brasserie du Pêcheur et Factortame*, Rec. I. 1029.

inhérentes à la protection des particuliers qui se prévalent du droit communautaire qu'ils doivent avoir la possibilité d'obtenir devant une juridiction nationale réparation du préjudice causé par la violation de ces droits du fait d'une juridiction statuant en dernier ressort[1]. La Cour souligne que l'action en responsabilité ne remet pas en cause l'autorité de la chose jugée puisqu'elle a pour objet l'indemnisation du dommage subi. La responsabilité ne peut cependant être mise en jeu qu'en cas de méconnaissance manifeste du droit communautaire. Dans son arrêt du 13 juin 2006, la Cour confirme la solution *Köbler* à propos d'un arrêt de la Cour de Cassation italienne. Elle souligne que donner du droit communautaire une interprétation manifestement erronée ou interpréter le droit national de telle manière qu'il aboutit à une violation du droit communautaire constitue une violation manifeste qui engage la responsabilité de l'État. Dans ces conditions, une règle nationale qui exclurait la responsabilité judiciaire doit être écartée[2]. Toute législation nationale qui ne permettrait pas la mise en jeu de la responsabilité de l'État pour méconnaissance manifeste du droit de l'Union et poserait des conditions plus restrictives constitue un manquement[3]. La reconnaissance de la responsabilité de l'État pour violation du droit de l'Union constitue un puissant facteur d'incitation pour les États membres afin d'assurer la pleine efficacité de ce droit, notamment en ce qui concerne la transposition correcte des directives.

1040 Les conditions de mise en œuvre de la responsabilité ont fait l'objet d'un solide encadrement de la part de la Cour de justice. En effet, celle-ci estime que la protection des droits que les particuliers tirent du droit communautaire ne saurait varier selon que la violation émane d'un État membre ou d'une institution de l'Union. La mise en jeu de la responsabilité de l'État membre doit donc répondre aux conditions que la Cour a dégagées à propos de la responsabilité de l'Union sur la base de l'article 340 TFUE (Traité CE, ex-art. 288). Celles-ci sont au nombre de trois : la règle

1. CJCE 30 sept. 2003, n° C-224/01, *Köbler c/ Autriche*.
2. Aff. C-173/03, *Traghetti del Mediterraneo*, *Rec.* I. 5177.
3. CJCE 24 nov. 2011, C-379/10, *Commission c/ Italie*.

de droit violée doit avoir pour objet de conférer des droits aux particuliers ; la violation doit être suffisamment caractérisée ; il doit exister un lien de causalité direct entre la violation et le dommage.

1041 Si les première et troisième conditions sont claires, il n'en va pas de même en ce qui concerne l'exigence d'une violation suffisamment caractérisée. Cette notion ne fait pas référence à l'exigence d'une faute, car le sens donné à la faute est très variable selon les droits nationaux. La Cour a donc estimé que si la question de la faute pouvait, à certains égards, être prise en considération dans le cadre de l'analyse de la violation, elle ne saurait constituer une exigence autonome[1]. Elle définit une violation suffisamment caractérisée comme « une méconnaissance manifeste et grave par un État membre ou par une institution communautaire des limites qui s'imposent à son pouvoir d'appréciation »[2]. Cette méconnaissance s'établit en tenant compte de divers facteurs tels que la clarté et la précision de la règle, l'étendue de la marge d'appréciation, le fait que la Cour ne s'est pas encore prononcée sur le sujet, le caractère intentionnel de la violation ou le préjudice, le caractère excusable ou inexcusable d'une erreur de droit, l'effet sur l'État membre des attitudes prises par une institution de l'Union qui ont pu laisser croire à l'absence de violation, l'adoption ou le maintien de règles ou de pratiques nationales contraires au droit de l'Union. Bien entendu, la violation est toujours suffisamment caractérisée en cas de non-transposition d'une directive[3], cas distinct de la transposition incorrecte qui doit donner lieu à une analyse de la marge d'appréciation laissée à l'État, et en cas de non-exécution d'un arrêt en manquement. Ce n'est que lorsque le texte laisse à l'État membre une certaine marge d'appréciation que la Cour exige une violation caractérisée afin de ne pas entraver l'exercice de la fonction législative nationale par la perspective des actions en dommages-intérêts qui ne manqueraient pas de se produire si une violation simple était suffisante. Dans le cas d'une

1. Jurispr. préc.
2. *Brasserie du Pêcheur* et *Factortame*, préc., pour une application récente, voir CJUE 30 sept. 2014, *X.*, C-318/13
3. CJCE 8 oct. 1996, C-178/95 et 179/94, C-188/94 à 1990/94, *Dillenkoffer*.

violation commise par une juridiction nationale, la Cour exige, compte tenu des exigences de la sécurité juridique et de la spécificité de la fonction juridictionnelle, une violation manifeste du droit applicable[1].

1042 Ces trois conditions sont nécessaires et suffisantes. Pour le reste, les États membres doivent réparer dans le cadre du droit national. Le principe d'équivalence leur impose de traiter ces réclamations de la même manière que les réclamations fondées sur la violation du droit interne, mais le principe d'effectivité leur impose d'écarter toute règle nationale qui rendrait l'obtention de la réparation impossible ou excessivement difficile. La période couverte par la réclamation s'ouvre au moment de la violation. Elle ne saurait couvrir seulement la période qui fait suite à un arrêt en manquement. En effet, la décision d'introduire ou non une action en manquement et le choix de moment auquel cette décision est prise dépendent d'une appréciation faite en opportunité par la Commission. Les droits des particuliers ne sauraient dépendre de cette appréciation. Enfin, la réparation doit être adéquate au dommage et des dommages-intérêts « exemplaires » qui viennent s'ajouter à la réparation lorsque le comportement de l'administration a été arbitraire ou inconstitutionnel sont admissibles dès lors qu'ils sont prévus par le droit interne.

1043 La jurisprudence de la Cour conduit ainsi à limiter en ce domaine de manière considérable l'autonomie procédurale des États membres en établissant ce qui s'apparente largement à un droit commun de la responsabilité. Certains États sont donc amenés à modifier leur droit de la responsabilité de la puissance publique, en ce qui concerne les violations du droit communautaire, pour satisfaire aux exigences de la Cour. Peuvent-ils cantonner ces modifications au seul droit de l'Union ? En ce qui concerne la France, celle-ci avait anticipé la jurisprudence de la Cour en reconnaissant la responsabilité sans faute de l'État[2] avant d'opter pour l'application du régime général de responsabilité de la puis-

1. *Köbler*, préc.
2. CE 24 mars 1984, *Alivar*, *AJDA* 1984. 396.

sance publique[1] en ce qui concerne l'administration, mais a semblé éprouver plus de difficulté à reconnaître sans équivoque la responsabilité du législateur sur une base autre que la responsabilité du fait des lois[2]. Cependant, dans l'affaire *Gardedieu*[3] le Conseil d'État a mis en place un régime spécifique de responsabilité du fait de la violation d'une convention internationale, en l'espèce de convention européenne des droits de l'homme, qui s'applique bien entendu au droit de l'Union. Dans l'affaire *Gestas*[4], il a introduit en droit interne la responsabilité judiciaire lorsqu'une décision juridictionnelle « est entachée d'une violation manifeste du droit communautaire ayant pour objet de conférer des droits aux particuliers ». L'alignement sur le droit de l'Union est donc complet.

Bibliographie

Auby et Dutheil de la Rochère, *Droit administratif européen*, Bruylant, 2e ed. 2014, Bruxelles, spéc. Partie 5 ; Cantonel-Dor, « La mise en jeu de la responsabilité de l'État pour violation du droit communautaire », *RTD eur.* 1995. 471 ; Iglésias et Kepenne, « L'incidence du droit communautaire sur le droit interne », Mélanges Waelbroeck, Bruylant, Bruxelles, 2000, vol. I, p. 517 ; Léonard de Juvigny, « Responsabilité des États membres », *Rép. Droit communautaire ;* Schockweiller, « La responsabilité de l'administration nationale en cas de violation du droit communautaire », *RTD eur.* 1992. 27 ; Simon, « Droit communautaire et responsabilité de la puissance publique. Glissements progressifs ou révolution tranquille », *AJDA* 1993. 235 ; Simon, « La responsabilité de l'État saisie par le droit communautaire », *AJDA* 1996. 489 ; Struys, « Le droit communautaire et l'application des règles procédurales nationales », *JTDE* mars 2000. 49.

1. CE 28 févr. 1992, *Arizona Products, AJDA* 1992. 210.
2. V. cependant CAA 1er juill. 1992, *Dangeville, JCP* 1992. II. 357, annulé pour un motif procédural par CE 30 oct. 1996, *Dangeville, AJDA* 1996. 1044. Pour une admission de la responsabilité pour les dommages subis en raison de la perception d'une taxe indue et pour une interprétation stricte de la notion de violation, v. C. cass. 22 oct. 2002, *Sté Primistéres Reynoird.*
3. CE ass. 18 févr. 2007.
4. CE ass. 18 juin 2008.

TROISIÈME PARTIE

LES CONTRÔLES

1044 Le thème du contrôle au sein de l'Union européenne fait référence à des situations de nature bien différente. D'une part, les traités ont institué, dès l'origine, un contrôle juridictionnel dont était chargée la Cour de justice des Communautés européennes (TITRE 2). D'autre part, l'un des pouvoirs majeurs dont disposait le Parlement européen, résidait dans le contrôle politique de la Commission. Ce pouvoir était l'une des manifestations du principe démocratique dans la Communauté. Sur ce point, les révisions successives des traités n'ont pas porté atteinte à ces pouvoirs parlementaires. Elles ont, au contraire, consacré certaines pratiques que le Parlement avait développées sur la base de son règlement intérieur. Avec l'instauration du système des ressources propres et les modifications qui ont affecté, en 1975, l'exercice du pouvoir budgétaire dans la Communauté, le contrôle budgétaire est venu s'ajouter aux contrôles existants et a été renforcé progressivement (TITRE 1).

TITRE 1

LES CONTRÔLES POLITIQUE ET BUDGÉTAIRE

1045 La mission de contrôle politique est confiée au Parlement européen (CHAPITRE 1). S'agissant du contrôle budgétaire, il prend des formes variées. Cependant l'essentiel de ce pouvoir est partagé entre la Cour des comptes et l'autorité budgétaire, composée du Parlement et du Conseil (CHAPITRE 2).

CHAPITRE 1

Le contrôle politique

1046 Le Parlement européen est chargé d'exercer le contrôle politique de l'activité de la Commission. À l'origine, le traité définissait le pouvoir du Parlement comme un pouvoir de délibération et de contrôle, ce qui marque bien l'importance que les auteurs des traités attachaient à la fonction du contrôle parlementaire (Traité CEE, art. 137 dans sa version initiale). Il n'est pas surprenant que le contrôle parlementaire s'exerce sur la Commission et que les pouvoirs du Parlement à l'égard du Conseil soient fort limités. Il est, en effet, difficile pour le Parlement de prétendre contrôler l'activité d'une institution dont les membres, qui font partie des gouvernements des États membres, tirent leur légitimité du soutien qui leur est accordé par les Parlements nationaux. C'est la raison pour laquelle les traités ne consacrent aucune disposition au contrôle du Conseil. Les rares pouvoirs dont dispose le Parlement en ce domaine ont été introduits par la pratique et dépendent largement du bon vouloir du Conseil. En ce qui concerne le contrôle de la Commission, les pouvoirs reconnus au Parlement ressemblent beaucoup à ceux exercés sur les exécutifs nationaux par les Parlements nationaux. Ce contrôle s'exerce sous deux formes principales de telle sorte que l'on peut distinguer le contrôle aux fins d'information (SECTION 1) du contrôle aux fins de sanction (SECTION 2). Il existe, bien entendu, un lien entre ces deux types de contrôle puisque les informations qui sont fournies au Parlement peuvent permettre à celui-ci de mettre éventuellement en jeu la responsabilité de la Commission.

Section 1
Le contrôle aux fins d'information

1047 L'objet de ce type de contrôle est de permettre au Parlement d'obtenir de la Commission et du Conseil, les informations qu'il estime utiles à l'exercice de son activité et d'exprimer, s'il le souhaite, son opinion approbatrice ou désapprobatrice à leur sujet. À cette fin, et à l'image des Parlements nationaux, le Parlement européen peut adresser des questions (**§ 1**), recevoir des rapports (**§ 2**), des pétitions (**§ 3**) et constituer des commissions d'enquêtes (**§ 4**).

§ 1. Les questions

1048 L'article 230 TFUE prévoit que le Parlement peut adresser des questions écrites ou orales à la Commission. Le droit de poser des questions au Conseil n'est pas mentionné dans le traité qui indique seulement que le Conseil peut être entendu par le Parlement. Cependant, dès 1962, le Conseil s'est engagé à répondre aux questions qui lui seraient posées par les parlementaires. Cet engagement a été codifié et étendu à la coopération politique dans la déclaration solennelle sur l'Union européenne de Stuttgart du 19 juin 1983. Il s'applique également aujourd'hui à la politique extérieure et de sécurité commune (TUE, art. 36, ex-art. 21).

A. Les questions écrites

1049 Les questions écrites peuvent être posées par tout membre du Parlement et sont communiquées à l'institution concernée. Selon le règlement intérieur du Parlement, les questions n'appelant pas de recherches approfondies sont qualifiées de questions prioritaires et doivent recevoir une réponse dans les trois semaines, tout député ayant le droit de poser une question prioritaire chaque mois. Les autres questions doivent recevoir une question dans les six semaines. Il appartient au président de qualifier la question de prioritaire ou non prioritaire. Si une réponse n'est pas donnée dans le délai requis, la question est transmise à la commission compétente. Le Conseil ne s'estime pas lié par les délais qui ont été fixés unilatéralement par le Parlement dans son règlement intérieur. Il s'efforce cependant de répondre avec diligence. Mode d'information individuel du parlementaire d'un accès extrêmement aisé, la procédure des questions écrites connaît un vif succès. C'est ainsi qu'en 2011, 12 067 questions écrites ont été posées à la Commission (source : rapport annuel de la Commission pour 2011). Les questions et les réponses font l'objet d'une publication dans la série C du *Journal officiel.*

B. Les questions orales

1050 Les questions orales avec débat ne peuvent être posées que par une commission, un groupe politique ou 40 membres du Parlement, mais il appartient à la conférence des présidents de choisir, parmi celles-ci, celles qui viendront en séance. Les questions retenues sont communiquées à la Commission au moins une semaine et au Conseil au moins trois semaines avant la date de la séance au cours de laquelle elles seront examinées. En séance, l'auteur de la question peut s'exprimer cinq minutes. Les questions et les réponses sont publiées dans le compte rendu des débats du Parlement européen.

1051 Depuis 1973, a été instituée une heure (en fait 90 minutes) réservée aux questions lors de chaque période de session. Cette procédure, inspirée de la pratique britannique, permet aux membres de poser, peu de temps avant la séance, des questions à la Commission et au Conseil. Les questions doivent être concises et ne contenir aucun jugement. Il appartient au président du Parlement de déterminer les questions qui seront retenues ainsi que l'ordre dans lequel elles seront appelées. Si le parlementaire n'est pas présent au moment de l'heure des questions, la question devient caduque. À la suite de la réponse, l'auteur de la question peut, avec l'autorisation du président, poser des questions complémentaires (Règl. art. 129 et ann. II). En 2011, une procédure expérimentale avait été mise en œuvre pour les questions à la Commission. Compte tenu du sujet retenu, les questions étaient posées directement à la Commission par les parlementaires auquel le président avait donné la parole (procédure dite *catch-the-eyes*)

§ 2. Les rapports

1052 À la procédure des questions, vient s'ajouter l'examen de nombreux rapports soumis par les institutions. À l'origine, le seul rapport fourni était le rapport annuel présenté par la Commission, lequel donnait lieu à un vaste débat sur l'activité de la Communauté. Aujourd'hui, le rapport est examiné au sein des commissions parlementaires et ne donne plus lieu à débat en séance plénière à moins qu'une commission ne désire soumettre à la plénière certaines questions à caractère spécifique ou fondamental. De nombreux rapports spécifiques sont venus s'ajouter au rapport général : rapport sur l'application du droit communautaire (qui donne lieu à un débat), rapport sur la politique de concurrence, rapport sur la situation agricole dans la Communauté, rapport sur la politique régionale etc., sans compter les différents rapports particuliers imposés par le droit dérivé.

1053 Le Parlement examine également le programme annuel de la Commission, celui de chaque présidence du Conseil, le rapport de la présidence du Conseil sur chaque Conseil européen, le rapport de chaque présidence du Conseil en fin d'exercice et le rapport annuel du Conseil européen sur les progrès de l'Union européenne. L'existence de ce dernier rapport a été consacrée dans l'article 15 TUE. Le TFUE prévoit en outre six autres rapports au Parlement (application des dispositions relatives à la citoyenneté européenne, rapport de la Banque centrale, rapport sur les progrès accomplis dans le domaine de la cohésion économique et sociale, rapport sur les activités menées en matière de recherche et de développement technologique, rapport sur les progrès dans le domaine technique, rapport du médiateur), sans compter les rapports imposés par des textes de droit dérivé.

1054 Le Parlement dispose donc, soit à sa demande, soit à travers les rapports qui lui sont fournis, d'informations très complètes sur l'activité de l'Union. Il a les moyens de faire connaître aux institutions et au public son appréciation sur l'activité de l'Union en se fondant sur de très larges sources d'information. En la matière, ce n'est donc pas la pénurie, mais le trop-plein. Il serait sage de s'interroger sur les moyens de revenir à une situation plus raisonnable en concentrant les différents rapports en un nombre limité de documents qui serviraient de base à un véritable débat annuel sur l'Union sans que rien n'interdise d'assortir ces quelques rapports d'annexes explicatives reprenant ce qui figure actuellement de façon dispersée dans divers documents. On y gagnerait sans doute en efficacité et en transparence.

§ 3. Les pétitions

1055 Le droit de présenter des pétitions est un droit commun aux démocraties parlementaires. Il n'est donc pas surprenant que, dès l'origine, dans le silence des traités, le Parlement ait inscrit, ce droit dans son règlement intérieur. L'article 227 TFUE a introduit le droit de pétition dans les traités tout en l'accordant non seulement aux citoyens de l'Union, mais également à toute personne physique et morale résidant ou ayant son siège statutaire dans un des États membres. Le traité précisait également que l'auteur de la pétition doit être concerné directement par l'objet de celle-ci et qu'elle doit porter sur un sujet relevant de l'activité de la Communauté. Cette dernière précision excluait les pétitions relatives aux titres V et VI du traité sur l'Union européenne. Le traité de Lisbonne fait disparaître cette limitation en ce qui concerne le titre VI, mais pas le titre V puisque, en vertu de l'article 40 TUE amendé, les dispositions du TFUE ne s'appliquent pas à la PESC. La procédure des pétitions pourrait entrer en concurrence avec l'institution du médiateur. Certes, la compétence de ce dernier porte sur un champ plus limité que celui couvert par les pétitions puisqu'elle ne concerne que sur les cas de mauvaise administration, mais il existe de larges possibilités de recoupement entre les pétitions et les demandes adressées au médiateur. Aussi des passerelles ont été mises en place.

1056 Après étude de leur recevabilité, les pétitions font l'objet d'un examen dans une commission parlementaire spécialisée. Si elle le juge utile et si la pétition entre dans le champ des compétences du médiateur, la commission peut renvoyer la pétition à ce dernier. Dans ce cas, si l'auteur de la pétition est d'accord, la pétition sera traitée par le médiateur comme s'il s'agissait d'une plainte qui lui avait été adressée. Si la commission des pétitions estime que le sujet le mérite, elle peut présenter un rapport ou une résolution au Parlement en vue de leur adoption. Il reviendra ensuite au Parlement de vérifier quelles suites sont données à ce rapport par les institutions qui en étaient les destinataires.

§ 4. Les commissions d'enquête

1057 Le Parlement n'a pas attendu que l'article 226 TFUE mentionne l'existence de commissions temporaires d'enquête pour créer celles-ci sur la base de son règlement interne. Mais la consécration, dans le traité, du droit du Parlement de créer des commissions d'enquête a permis d'officialiser leur statut et de régler la question délicate des pouvoirs de ces commissions à l'égard des institutions et des États membres. Le traité prévoit en effet que les modalités d'exercice du droit d'enquête sont déterminées d'un commun accord par le Parlement, le Conseil et la Commission, ce qui a été fait dans la décision du 19 avril 1995[1].

1058 La mission des commissions d'enquête est d'examiner les allégations d'infraction ou de mauvaise administration dans l'application du droit communautaire (aujourd'hui de l'Union). Il s'agit d'un champ qui recoupe pour partie les pouvoirs de la Commission et pour partie le champ d'activité du médiateur. Cette formu-

1. *JO* 19 avr. 1995, L 113/2.

lation excluait toute enquête dans des domaines relevant des titres V et VI du traité sur l'Union européenne. Cette limitation disparaît pour le titre VI dans le traité de Lisbonne qui fait référence au « droit de l'Union » (mais pas pour la PESC). En outre, afin d'éviter toute interférence dans une procédure judiciaire en cours, une enquête ne peut avoir lieu si « les faits allégués sont en cause devant une juridiction et aussi longtemps que la procédure n'est pas achevée ». La création d'une commission d'enquête peut intervenir à la demande d'un quart des membres du Parlement pour une durée de 12 mois, prorogeable à deux reprises de trois mois.

1059 Si la commission désire entendre, au cours de ses travaux, des fonctionnaires nationaux et de l'Union, ceux-ci doivent être autorisés à comparaître par l'autorité dont ils relèvent. Cette autorisation peut être refusée pour des motifs tirés du secret ou de la sécurité publique ou nationale tels que ceux-ci sont entendus par la législation de l'Union ou nationale. Les fonctionnaires témoignent au nom et sur instruction de l'autorité dont ils relèvent et restent liés par les obligations de leur statut, notamment le secret professionnel et la confidentialité. Les membres des institutions et des gouvernements nationaux peuvent être invités à comparaître. L'emploi du terme « invitation » indique qu'il n'existe pas d'obligation de témoigner devant une commission. Cependant, contre la lettre du texte, le service juridique du Parlement a estimé qu'au regard de l'article 5, une telle obligation pouvait être envisagée[1]. Les travaux de la commission sont conclus par un rapport qui donne lieu au vote d'une résolution. Depuis l'entrée en vigueur du traité sur l'Union européenne, deux commissions d'enquête ont été créées et ont remis leur rapport, l'une portait sur le régime du transit communautaire[2] et l'autre sur l'encéphalopathie spongiforme bovine[3]. D'une manière générale, les contraintes qui entourent le fonctionnement des commissions d'enquête ont conduit le Parlement à user avec parcimonie de ce

1. Commission d'enquête sur l'ESB, rapport PE 220/def/A, ann.
2. *JO* 12 janv. 1996, C 7.
3. *JO* 17 août 1996, C 239.

mécanisme. Il préfère mettre en place des commissions temporaires « ordinaires » dont le fonctionnement est beaucoup plus souple. Il est d'ailleurs curieux que pour enquêter sur les reproches faits à la Commission Santer, le recours à une commission ad hoc, composées de membres choisis hors du Parlement ait été préféré à une commission d'enquête.

SECTION 2
LE CONTRÔLE AUX FINS DE SANCTION

1060 Ce type de contrôle s'exerce à l'égard de la Commission. Juridiquement, il prend la forme de la motion de censure (**§ 1**). Mais, à plusieurs reprises, le Parlement a utilisé le vote de la décharge du budget pour mettre en cause la gestion de la Commission (**§ 2**).

§ 1. La motion de censure

1061 Les traités accordaient au Parlement, dès l'origine des Communautés, le droit de censurer la Commission sur sa gestion (Traité CE, art. 201 ; TFUE, art. 234). Selon le traité, la motion de censure porte sur la gestion de la Commission ce qui impliquerait que l'on ne puisse reprocher à cette dernière des faits qui sont sans rapport avec la manière dont elle a exercé les pouvoirs que lui reconnaît le traité. La motion de censure vise le collège dans son ensemble et, conformément au principe de collégialité, la responsabilité individuelle des commissaires devant le Parlement est exclue. Ceci n'exclut pas la responsabilité individuelle de ceux-ci devant le président de la Commission. Ce dernier peut, demander, avec le soutien du collège, à un commissaire de démissionner. En pratique, le Parlement s'interdira-t-il de demander au président de solliciter la démission d'un de ses collègues. Dans cette hypothèse, si le président refuse ou s'il n'obtient pas le soutien de la majorité des membres de la Commission, le Parlement n'aura d'autre issue que de renoncer ou de mettre en jeu la responsabilité de l'ensemble du collège.

1062 Alors que le traité ne soumet le dépôt d'une motion de censure à aucune condition, le règlement du Parlement (art. 107) exige que celle-ci soit déposée par écrit par au moins un dixième des membres du Parlement. Après réception de la motion, le président annonce celle-ci au Parlement lors de la période de session suivante ce qui fait courir un délai de 24 heures à l'issue duquel le débat peut avoir lieu. Le vote intervient au moins 48 heures après le débat. Selon l'article 234 TFUE, la censure est votée à la majorité des deux tiers des suffrages exprimés et des membres qui composent le Parlement. Le vote a lieu au scrutin public par appel nominal. Ainsi le règlement ménageait un temps de réflexion aux parlementaires avant le vote de la censure afin d'éviter que celle-ci soit déposée, puis votée à la suite sous l'emprise d'une émotion de séance. Cependant, la décision doit être prise dans les 72 heures, ce qui évite l'effet négatif que pourrait avoir pour l'autorité de la Commission, une longue période d'incertitude quant au résultat de la procédure. Le traité de Lisbonne a repris certaines de ces règles de procédure et précise que le vote de la censure est public et ne peut se dérouler moins de trois jours après le dépôt de la motion (TUE, art. 17, § 8 amendé ; TFUE, art. 234).

1063 La censure entraîne la démission collective de la Commission. Cette dernière expédiera cependant les affaires courantes jusqu'à son remplacement. Elle ne peut plus prendre d'initiatives nouvelles et doit se limiter à une action purement administrative. Cette dernière inclut l'exercice de ses fonctions de gardienne des traités, notamment en ce qui concerne la concurrence et les aides d'États, et la prise de décisions destinées à assurer la continuité de l'action communautaire (fixation des prix agricoles, poursuite des négociations internationales en cours etc.). La censure produit donc un effet différent de la démission volontaire laquelle laisse intacts les pouvoirs de la Commission. Dans ces conditions, on peut s'interroger sur le bien-fondé de la déclaration d'irrecevabilité par le président du Parlement d'une motion de censure contre la Commission Santer après la démission de celle-ci. Compte tenu de la nature différente des effets juridiques d'une censure et d'une démission, et indépendamment de la question de savoir si elle était opportune, certains considéraient que la censure conservait encore un sens malgré la démission. D'un autre côté, il était difficile de mettre fin aux fonctions d'une Commission qui avait renoncé d'elle-même à ses fonctions. Compte tenu des délais nécessaires à la nomination d'une nouvelle Commission, la gestion des affaires courantes peut se prolonger plusieurs mois. Dans le traité de Lisbonne, compte tenu du statut particulier du Haut représentant pour la PESC qui est en même temps vice-président de la Commission, la censure de la Commission entraîne la démission du Haut représentant pour les fonctions qu'il exerce à la Commission, mais il conserve ses fonctions spécifiques de Haut représentant puisque seul le Conseil européen peut l'en destituer.

1064 Le Parlement a fait un usage modéré de la possibilité de recourir à la motion de censure. Depuis la première motion déposée en 1972, neuf motions de censure sont parvenues de parvenir au stade du vote et aucune n'a jamais obtenu la majorité requise. La seule Commission qui soit partie avant son terme, la Commission Santer, a démissionné volontairement, mais il est vraisemblable que si elle s'était maintenue en fonction, elle aurait dû affronter une censure. Ce n'est pas parce qu'aucune censure n'a été votée jusqu'à présent que l'on ne peut dire que la motion de censure est inefficace. Elle joue comme une arme de dissuasion davantage par sa simple existence que par son emploi. En effet, la menace d'une éventuelle censure peut conduire la Commission à être plus réceptive aux vœux du Parlement. Le Parlement peut d'autant plus facilement jouer de cette arme qu'il ne court aucun risque puisque les traités ne permettent pas sa dissolution.

§ 2. La décharge du budget, instrument de contrôle politique ?

1065 L'article 319 TFUE accorde au Parlement le pouvoir de donner décharge à la Commission de l'exécution du budget (v. ss 973). On a parfois voulu assimiler à la motion de censure le refus d'accorder décharge de l'exécution du budget. En fait, si ce refus peut apparaître comme un désaveu de la politique d'exécution menée par la Commission, il ne comporte aucune obligation juridique de démission. Il appartient à la Commission de tirer les conséquences de ce qui peut apparaître comme un désaveu politique et, lors du refus de décharge de 1984, la Commission qui, il est vrai, arrivait au terme de son mandat, n'a pas jugé utile de présenter sa démission. Le traité sur l'Union européenne a renforcé les pouvoirs du Parlement en mentionnant l'obligation de la Commission de collaborer avec le Parlement dans le cadre du contrôle de l'exécution du budget et en lui imposant de faire rapport sur la suite donnée aux observations du Parlement lors du vote de la décharge. Le Parlement use largement de ces pouvoirs pour faire pression sur la Commission en usant du report de la décharge ou de la menace de refuser celle-ci.

CHAPITRE 2

Le contrôle budgétaire

1066 La crise qui a conduit au départ de la Commission Santer a amené les institutions à renforcer l'accent mis depuis le traité de Maastricht sur le contrôle budgétaire des activités de l'Union européenne. Les rapports successifs de la Cour des comptes et les rapports du comité d'experts indépendants, nommé par le Parlement et la Commission, suite aux allégations de fraude, de mauvaise gestion et de népotisme formulées à l'encontre de certains membres de la Commission ont conduit à envisager de profondes modifications du contrôle. Le contrôle de l'exécution du budget intervient à toutes les étapes de celle-ci. On distingue essentiellement entre le contrôle interne qui se situe au moment de l'exécution de la dépense (SECTION 1) et le contrôle externe, effectué par l'autorité budgétaire et la Cour des comptes, qui intervient principalement après l'exécution budgétaire (SECTION 2).

SECTION 1

LE CONTRÔLE INTERNE

1067 Le contrôle interne est très largement calqué sur les modèles connus en droit interne et intervient au moment de la décision d'effectuer une dépense. Il repose sur la distinction classique entre l'ordonnateur et le comptable (**§ 1**). Suite aux affaires qui ont conduit au départ de la Commission Santer, les pouvoirs d'enquête en matière de fraude ont été considérablement modifiés dans le cadre de la création de l'Office européen de lutte antifraude (**§ 2**).

§ 1. La distinction entre l'ordonnateur et le comptable

1068 L'ordonnateur constitue le premier élément de la chaîne d'exécution du budget. C'est lui qui apprécie l'opportunité de l'action et engage la dépense. Il lui appartient donc de vérifier si l'action est nécessaire et si elle est faisable. Depuis les années 2000, la Commission a fortement modifié son système d'exécution du budget en plaçant l'ordonnancement au sein des directions générales par le biais d'ordonnateur et d'ordonnateurs délégués. L'ordonnateur doit veiller à l'exactitude de l'imputation budgétaire, à l'existence de crédits disponibles, à la régularité de la dépense et à sa conformité au principe de bonne gestion financière. Chaque institution doit disposer d'un auditeur interne chargé de la conseiller sur la qualité des systèmes de gestion et de contrôle. Le comptable effectue les paiements. En tant que dernier élément de la chaîne d'exécution du budget, il est le seul à manier des fonds et, à ce titre, il est responsable de sa gestion jusqu'à ce que l'institution lui ait accordé quitus de celle-ci. Il existe au sein de la Commission un service d'audit interne dirigé par l'auditeur de la Commission. Indépendant, il émet des avis sur les systèmes de gestion et de contrôle de la Commission et peut formuler des recommandations.

§ 2. L'Office européen de lutte antifraude (OLAF)

1069 L'OLAF a été construit sur les bases qui avaient été posées par l'unité de lutte contre la fraude qui était un service propre à la Commission. Sa création constitue l'une des conséquences de la crise de la Commission Santer[1]. À la différence de son prédécesseur, l'OLAF, bien que faisant partie des services de la Commission, jouit d'une parfaite indépendance au sein de ceux-ci. Son directeur est désigné par la Commission en concertation avec le Parlement et le Conseil. Il ne peut solliciter d'instructions des gouvernements ou des institutions et dispose d'un recours après de la Cour de justice contre les mesures de la Commission qui mettraient en cause son indépendance. Il fait rapport au Parlement, au Conseil, à la Commission et à la Cour des comptes sur ses activités.

1070 L'OLAF est chargé de mener des enquêtes administratives relatives à la fraude, à la corruption et à toute autre activité illégale portant atteinte aux intérêts financiers de l'Union. Il doit être informé des cas de fraude éventuels. Il peut diligenter des enquêtes contre les fonctionnaires et les membres des institutions et organes, auteurs de faits graves ou de manquement aux obligations professionnelles. Dans le cadre des enquêtes internes à la Communauté, il a accès à toutes les informations détenues par les institutions ainsi qu'à leurs locaux. Il peut demander des informations orales. En cas d'implication d'une personne, celle-ci est informée à moins que l'enquête exige le secret absolu ou impose le recours à des moyens d'investigation relevant de la compétence d'une autorité judiciaire nationale auquel cas l'information peut être différée. L'OLAF peut aussi diligenter, avec le concours des autorités nationales, des enquêtes externes dans les conditions prévues par la législation de l'Union. Il agit dans le respect des règles de la confidentialité et de celles relatives à la protection des données.

1071 Afin de permettre à l'OLAF d'exercer ses activités au sein de toutes les institutions, un accord interinstitutionnel a été conclu entre le Parlement, le Conseil et la Commission et ces trois institutions ont adopté des modalités internes destinées à faciliter le contrôle. Certains parlementaires ont estimé que ces modalités portaient atteinte à leur immunité et ont attaqué les modalités internes adoptées par le Parlement devant la Cour. Dans son arrêt du

1. Règl. CE n° 1073/1999, 25 mai 1999 relatif aux enquêtes effectuées par l'office européen de lutte antifraude, *JO* 31 mai 1999, L 161, p. 1.

26 février 2002, le Tribunal a déclaré le recours irrecevable, car les requérants n'étaient pas directement et individuellement concernés. Il leur appartiendra d'attaquer, le cas échéant, les mesures individuelles d'application s'ils considèrent qu'elles portent atteinte à leur statut[1]. Pour leur part, la Banque européenne d'investissement et la Banque centrale ont contesté que le règlement relatif à l'OLAF leur soit applicable en raison de leur indépendance. La Cour a jugé que tel n'était pas le cas et que l'indépendance de la banque n'interdisait pas que celle-ci soit soumise au respect du droit communautaire et au contrôle de l'OLAF[2]. Les activités de l'OLAF sont régulièrement contrôlées par un comité de surveillance composé de cinq personnalités extérieures indépendantes nommées pour un mandat de trois ans, renouvelable une fois.

1072 À l'issue d'une enquête, l'OLAF établit un rapport comportant des recommandations sur les suites à donner. Ces rapports se voient attribuer la même force probante que les rapports établis par des contrôleurs nationaux. Ils sont, selon le cas, transmis à l'institution ou aux États membres concernés. Le directeur doit être informé des suites données à ses rapports d'enquête sur des affaires internes. Il peut transmettre aux autorités judiciaires nationales les informations obtenues lors d'enquêtes internes.

SECTION 2
LE CONTRÔLE EXTERNE

1073 Le contrôle externe est confié à la Cour des comptes (**§ 1**) et au Parlement européen. Les fonctions des deux institutions sont étroitement complémentaires puisque le rapport de la Cour des comptes est un élément essentiel dans l'exercice de la décharge (**§ 2**).

---

1. Aff. T-17/00, un pourvoi devant la Cour n'a pas eu de succès, C-167/02.
2. CJCE 10 juill. 2003, C-11/00, *Commission c/ Banque centrale européenne*.

§ 1. Le contrôle de la Cour des comptes

1074 Le contrôle de la Cour des comptes s'exerce *a posteriori*, c'est-à-dire après l'exécution du budget. Il vise à vérifier la régularité budgétaire et comptable des opérations financières de l'Union ainsi que le respect du principe de bonne gestion financière. À cette fin, la Cour des comptes établit un rapport annuel. La procédure est mise en œuvre le 1er juin de l'année qui suit l'exécution du budget lorsque la Commission établit un compte financier qui décrit la situation au 31 décembre ainsi qu'une analyse de la gestion financière. Sur cette base, le 15 juillet, la Cour des comptes porte à la connaissance des institutions les observations qui lui paraissent devoir figurer dans son rapport. Le 31 octobre, les institutions adressent leurs réponses à la Cour. Le rapport de la Cour, assorti des réponses, est alors transmis aux institutions et publié au *JO*. La Cour établit également des rapports annuels sur les organes décentralisés de l'Union. Elle peut également établir des rapports spéciaux de sa propre initiative ou donner des avis à la demande d'une institution.

1075 Le traité impose également à la Cour de fournir une déclaration d'assurance sur la fiabilité des comptes ainsi que sur la légalité et la régularité des opérations sous-jacentes (TFUE, art. 287 ; Traité CE, ex-art. 248). À cette fin, la Cour vérifie un échantillon d'engagements et de paiements et apprécie le degré de fiabilité des comptes. Cette déclaration peut être positive ou assortie de réserves lorsque la Cour ne peut avoir accès aux informations nécessaires ou que le nombre d'erreurs constatées est trop important.

§ 2. La décharge du budget

1076 La décharge constitue la dernière étape du contrôle budgétaire. Elle clôt les comptes de l'exercice examiné. À cette fin, les comptes, le bilan financier et le rapport de la Cour font l'objet d'un examen par le Conseil et le Parlement avant le 30 avril de l'année qui suit le rapport annuel de la Cour des comptes. Le

Conseil, statuant à la majorité qualifiée, adresse une recommandation de donner décharge à la Commission au Parlement. Le Parlement se prononce sur la décharge. Dans le cadre de son examen qui constitue un contrôle politique de l'exécution budgétaire, il peut entendre la Commission et lui demander des informations complémentaires. Le Parlement peut accorder, ajourner ou refuser la décharge. L'absence d'une majorité en faveur de la décharge entraîne le rejet de celle-ci de même que l'absence de majorité en faveur d'une motion de refus implique l'acceptation de la décharge. Le traité ne prévoit pas le refus de décharge, mais le Parlement a refusé la décharge pour l'exercice 1982. On a voulu assimiler le refus de décharge à une motion de censure contre la Commission. Il n'en est rien (v. ss 1065). La majorité exigée pour le refus de la décharge ne correspond pas à la majorité très élevée requise pour l'adoption d'une motion de censure (majorité des membres composant le Parlement et des deux tiers des suffrages exprimés). Certes, on ne peut empêcher la Commission de tirer les conséquences politiques d'un refus de décharge et d'estimer qu'elle doit donner sa démission. Mais le refus de la décharge n'a en lui-même aucune conséquence sur le mandat de la Commission. Le Parlement a fréquemment ajourné le vote de la décharge soit parce qu'il estimait avoir besoin d'informations supplémentaires, soit en utilisant cette arme pour obtenir de la Commission des modifications de certaines de ses procédures. Le Parlement prétend que son pouvoir de décharge s'applique non seulement au budget de la Commission, mais à celui de toutes les institutions. Le Conseil s'oppose à cette prétention en s'appuyant sur la formulation de l'article 319 TFUE et sur le principe d'autonomie des institutions. Sur un plan politique, il pourrait accepter la revendication du Parlement à condition que celui-ci admettre la réciprocité ce que le Parlement refuse.

1077 Le vote de la décharge peut être assorti d'observations. Selon l'article 319 TFUE (Traité CE, ex-art. 276), la Commission doit tout mettre en œuvre pour donner suite à ces observations ainsi qu'aux commentaires accompagnant la recommandation du Conseil. À la demande du Parlement ou du Conseil, la Commission fait rapport des mesures prises suite aux observations et commentaires. Ce rapport est adressé également à la Cour des comptes. Le vote de la décharge clôt l'exercice budgétaire et permet de donner quitus au comptable. Il ne produit pas d'autres effets juridiques.

Bibliographie

Chauchat, *Le contrôle politique du Parlement européen sur les exécutifs communautaires*, LGDJ, 1989 ; « Compétences pénales et droit communautaire », *RDUE* 2002. 775 ; Comm. Mégret, *Les finances de l'Union européenne*, vol. 11, Éd. ULB, Bruxelles, 1999 ; Labeyle, « Entre désir et réalités, quelle voie pour la répression pénale des infractions en droit communautaire ? », *RMC* 2003. 293 ; Magnette, *Contrôler l'Europe, pouvoirs et responsabilités dans l'Union européenne*, Éd. ULB, Bruxelles, 2003.

TITRE 2

LE CONTRÔLE JURIDICTIONNEL

1078 Selon la Cour de justice, puisque l'Union est une Union de droit, tous les actes des institutions sont soumis à son contrôle. Mais la Cour ne dispose que de compétences d'attribution et ne peut agir que dans le cadre de celles-ci. Son activité est donc naturellement limitée aux différents types de recours prévus par le traité. Il est vrai que le traité offre une gamme complète de recours : annulation, exception d'illégalité, carence, responsabilité, manquement des États, recours préjudiciel en interprétation ou en appréciation de validité auxquelles viennent s'ajouter certaines voies de droit spécifiques prévues par les traités ou par des conventions conclues entre les États membres. Cet ensemble de recours a fait l'objet d'une construction jurisprudentielle de telle sorte qu'il constitue un « système complet de voies de recours et de procédures »[1]. C'est dans le cadre de cette vision d'ensemble que la Cour a été amenée, d'une part, à affirmer l'autonomie de chacun des recours, mais aussi, d'autre part, à organiser ce système afin d'éviter conflits ou recoupements entre les différentes voies de recours. Cette tâche l'a conduit quelquefois à faire prévaloir l'esprit du système sur la lettre du traité comme en témoigne notamment sa jurisprudence

1. CJCE 23 avr. 1986, n° 294/83, *Les Verts c/ Parlement*.

sur la légitimation active ou passive du Parlement ou son interprétation de la notion d'actes attaquables.

1079 La concurrence éventuelle des voies de droit est particulièrement évidente en matière de validité des actes communautaires puisque l'annulation d'un acte peut être recherchée par le recours direct en annulation, par l'exception d'illégalité ou par le recours préjudiciel en validité. La carence met en cause une abstention illicite et le recours en responsabilité peut être fondé sur le dommage causé par une illicéité. Permettre au requérant de choisir de manière indistincte entre ces différentes voies conduirait à nier les caractéristiques propres à chaque type de recours. Au gré des espèces qui lui ont été soumises, la Cour a naturellement été amenée à dresser progressivement un tableau d'ensemble des voies de recours et à déterminer dans ce cadre la place de chaque recours. Ainsi, l'exception d'illégalité ne pourra être utilisée pour contester la validité d'actes dont le requérant était destinataire et qu'il avait donc la possibilité d'attaquer directement. Admettre la recevabilité d'une telle action aurait pour conséquence de permettre la réouverture des délais dans lesquels est enfermé le recours en annulation et de porter atteinte à la sécurité juridique qui découle de l'expiration de ces délais[1]. S'agissant de la responsabilité extracontractuelle de l'Union, un recours en indemnité peut se fonder sur le dommage causé par un acte illégal. Mais, considérant que le recours en annulation et le recours en responsabilité sont autonomes, la Cour s'est refusée à subordonner la recevabilité de l'action en indemnité à une annulation ou à une invalidation préalable de l'acte[2]. Ceci n'exclut pas que soit déclaré irrecevable un recours en indemnité dès lors que les fins recherchées sont celles qui auraient découlé d'un recours en annulation, voie que le requérant n'a pas utilisée[3]. La Cour a également jugé que la recevabilité d'un recours en indemnité n'était pas subordonnée à une constatation judiciaire préalable de la carence[4]. Quant au recours en carence, il ne saurait servir à faire condamner le refus de la

1. CJCE 12 oct. 1978, n° 156/77, *Commission c/ Belgique.*
2. CJCE 2 déc. 1971, n° 5/71, *Zuckerfabrik Schöppenstedt, Rec.* 975.
3. CJCE 15 juill. 1963, n° 25/62, *Plaumann* ; CJCE 12 déc. 1979, n° 12/79, *Wagner.*
4. CJCE 28 avr. 1971, n° 4/69, *Lütticke.*

Commission de déclencher une action en manquement, ce qui aurait ouvert aux particuliers un accès indirect au recours en manquement ou de permettre à ceux-ci d'attaquer en carence le refus de retirer ou d'abroger un acte illégal qu'ils n'ont pas ou ne pouvaient pas contester dans le cadre du recours en annulation ce qui aurait eu pour résultat d'ouvrir une voie parallèle à celui-ci[1]. De même, pour réguler l'utilisation des voies de recours, la Cour a jugé que l'illégalité d'un acte ne pouvait être soulevée par la voie d'une demande préjudicielle en invalidité lorsque le requérant, qui en avait la possibilité, a omis d'actionner le recours en annulation[2]. La sécurité juridique impose, ici encore, cette solution.

1080 La volonté de préserver l'autonomie de chaque voie de recours n'interdit pas d'éventuelles interactions. Ainsi, la validité du même acte peut être contestée, le cas échéant par des parties différentes, par la voie du recours en annulation et par une demande préjudicielle en invalidité ou faire l'objet d'un recours en annulation et d'un recours en indemnité. Certaines grandes affaires, comme celles relatives au régime communautaire des bananes ou à la publicité du tabac, sont ainsi marquées, selon le choix des requérants, par l'utilisation des diverses voies de droit offertes. Il appartient à la Cour d'organiser l'examen des cas qui lui sont soumis de manière rationnelle, ce qui n'est pas toujours évident compte tenu de la coexistence de la Cour, saisie par les États membres, et du Tribunal, saisi par les particuliers. La jonction de l'examen des affaires, la suspension des procédures devant la Cour ou le Tribunal, le dessaisissement du Tribunal au profit de la Cour apportent des solutions à ces difficultés (v. Statut Cour, art. 54). Ceci implique, en tout état de cause, que l'appréciation de la validité soit conduite de manière identique dans tous les cas quelle que soit la voie choisie. De la même façon, il est difficile d'éviter des recoupements entre une action en manquement et un recours préjudiciel en interprétation. Il est en effet possible d'obtenir, par cette dernière voie, une appréciation de la compatibilité du droit

1. CJCE 10 déc. 1969, n° 10 et 18/68, *Eridiana*.
2. CJCE 9 mars 1994, C-88/92, *Textilwerke Deggendorf*.

national avec le droit communautaire[1]. La Cour a donc la responsabilité d'assurer la gestion de l'ensemble du système des voies de droit de telle sorte qu'elles constituent l'ensemble cohérent qu'elle évoquait, mais aussi d'assurer l'équilibre entre la volonté des auteurs des traités, le droit à un recours effectif et la nécessité de préserver son efficacité. C'est dans ce contexte que l'on examinera les principaux recours en laissant de côté les recours des fonctionnaires dont la principale spécificité est qu'ils doivent être précédés d'une demande préalable adressée à l'autorité investie du pouvoir de nomination, le recours n'étant ouvert qu'à l'issue de cette procédure préalable contre l'acte faisant grief ou la décision implicite de rejet de la demande. Seront étudiés successivement le contrôle direct de la légalité (CHAPITRE 1), le recours en manquement (CHAPITRE 2), le recours en indemnité (CHAPITRE 3), le renvoi préjudiciel (CHAPITRE 4).

1. CJCE 25 juin 1997, C-304/94, 330/94, 342/94 et 224/95, *Procédures pénales c/ Tombesi.*

CHAPITRE 1

Le contrôle direct de la légalité

1081 La contestation de la légalité d'un acte de l'Union peut intervenir sur saisine directe de la Cour par l'intéressé, mais elle peut aussi résulter d'une demande préjudicielle en appréciation de validité adressée à la Cour par le juge national. Cette seconde voie sera examinée dans le cadre de l'étude du contentieux préjudiciel (v. ss 1180). Le contrôle direct de la légalité est assuré par trois voies : le recours en annulation qui permet au requérant d'obtenir l'annulation d'un acte de l'Union (SECTION 1), le recours en carence qui lui permet de faire sanctionner une abstention contraire au droit de l'Union (SECTION 2) et l'exception d'illégalité, procédure incidente, qui autorise le requérant à invoquer l'illégalité d'un règlement pour obtenir son inapplicabilité dans le cadre du litige (SECTION 3).

SECTION 1

LE RECOURS EN ANNULATION

1082 Voie royale dans le contentieux de la légalité, le recours direct en annulation est prévu par l'article 263 TFUE. Il est enfermé dans un délai de deux mois après la notification ou la publication de l'acte selon le cas ou, s'il n'y a eu ni l'une ni l'autre, après connaissance acquise de l'acte. La date de publication retenue est la date de publication au Journal officiel, la date que porte le journal étant présumée être la date de publication à moins qu'il soit établi que la publication du Journal officiel est intervenue à une date différente. Le recours n'a pas d'effet suspensif bien que le sursis à exécution puisse, à titre de mesure provisoire, être demandé par requête séparée. Si le recours est ouvert contre tous les actes de l'Union, il n'est pas cependant disponible pour tous les requérants. Les personnes physiques et morales ne peuvent attaquer tous les actes de l'Union, même si elles y ont intérêt. Cette situation était notamment la conséquence de l'absence de distinction dans les traités entre la loi et les actes d'exécution. En effet, si, dans les États membres et notamment en France, les recours sont largement ouverts contre les actes d'exécution, les actes législatifs relèvent eux d'une procédure spéciale impliquant l'intervention du juge constitutionnel. En droit de l'Union, admettre de manière large le recours des particuliers conduirait à leur permettre de contester directement la validité de tous les actes à portée générale qu'il s'agisse de mesures d'exécution ou d'actes à caractère législatif. L'introduction d'une distinction entre actes législatifs et mesures d'exécution aurait permis d'ouvrir largement le contentieux de la légalité aux particuliers en ce qui concerne les actes d'exécution, tout en préservant le statut particulier des actes législatifs. La validité de ces derniers n'aurait pu être contestée directement que, comme c'est actuellement le cas, par des requérants privilégiés (États membres ou institutions). En revanche, elle aurait pu être mise en cause de manière indirecte par la voie du recours préjudiciel ou de l'exception d'illégalité. Les clarifications apportées par le traité de Lisbonne en ce qui concerne la distinction entre actes législatifs, législation déléguée et actes d'exécution n'ont conduit qu'à modifier très légèrement le système (v. ss 1115). Dans ces conditions, la limitation de la recevabilité des recours en annulation formés par des particuliers est inévitable bien qu'elle fasse l'objet de critiques récurrentes, notamment des avocats. Mais une plus large ouverture du recours rendrait la tâche de la Cour difficile en termes d'efficacité. Elle est donc peu envisageable dans le contexte actuel et ses inconvénients sont sans doute sous-évalués, car les cas dans lesquels les droits des particuliers ne peuvent être protégés par d'autres voies de recours sont limités. Le traité de Lisbonne en clarifiant la distinction entre actes législatifs et actes d'exécution a ouvert la voie à un élargissement de la recevabilité des recours formés par des particuliers dans des conditions qui évitent que la Cour ne soit surchargée par un afflux de recours. On examinera successivement les actes attaquables (**§ 1**), la qualité pour agir (**§ 2**), les cas d'annulation (**§ 3**) et les effets de l'annulation (**§ 4**).

§ 1. Les actes attaquables

1083 L'article 263 TFUE prévoit que le contrôle de la Cour porte sur la légalité « des actes législatifs, des actes du Conseil, de la Commission et de la Banque centrale européenne, autres que les recommandations et les avis, et des actes du Parlement européen et du Conseil européen destinés à produire des effets juridiques à l'égard des tiers. Elle contrôle aussi la légalité des actes des organes ou organismes de l'Union destinés à produire des effets juridiques à l'égard des tiers ». Pour qu'un acte soit attaquable, trois conditions cumulatives doivent être réunies : un acte existant, un acte imputable à une institution, un organe ou un organisme, et un acte destiné à produire des effets juridiques à l'égard des tiers.

A. Un acte existant

1084 L'exigence de l'existence d'un acte peut paraître aller de soi puisque le juge ne saurait annuler ce qui n'existe pas. Mais cette condition n'impose pas seulement que le requérant identifie l'acte contesté. Elle implique que les actes inexistants ne peuvent être annulés et qu'en présence de tels actes, le recours doive être déclaré irrecevable et qu'à l'annulation sera substituée une déclaration d'inexistence. Le concept d'inexistence a été reconnu en droit communautaire dans l'arrêt *Société des usines à tubes de la Sarre*[1]. Même si la Cour n'a jamais remis en cause cette jurispru-

1. CJCE 10 déc. 1957, n° 1/57 et 14/57.

dence, elle constitue le seul cas dans lequel l'inexistence d'un acte a été constatée. En effet, la Cour est réservée face à l'inexistence parce qu'elle a pour effet de supprimer toute présomption de validité de l'acte et risque de produire des effets très graves si l'acte est resté longtemps en vigueur. Comme elle le constatait, « les actes entachés d'une irrégularité dont la gravité est si évidente qu'elle ne peut être tolérée par l'ordre juridique communautaire doivent être réputés n'avoir produit aucun effet juridique, même provisoire, c'est-à-dire être regardés comme juridiquement inexistants. Cette exception vise à préserver un équilibre entre deux exigences fondamentales, mais parfois antagonistes, auxquelles doit satisfaire un ordre juridique, à savoir la stabilité des relations juridiques et le respect de la légalité »[1]. Dans ces conditions, le concept est utilisé qu'avec une extrême prudence et seulement dans les « hypothèses extrêmes » pour reprendre la formulation de la Cour dans le même arrêt. La constatation de l'inexistence présuppose ainsi la présence de vices évidents d'une particulière gravité. Elle doit être soulevée d'office par le juge et peut être constatée à tout moment, même après l'expiration du délai de recours.

1085 Une question similaire à celle de l'existence de l'acte attaqué peut se poser également lorsque l'auteur de l'acte, constatant son illégalité, l'a retiré pendant la procédure devant la Cour. Dans cette hypothèse, le recours devrait être déclaré irrecevable. Cependant la Cour de justice admet que l'action puisse se poursuivre si le requérant peut justifier d'un intérêt à obtenir un arrêt en annulation[2]. L'irrecevabilité devrait également être prononcée lorsqu'un acte a cessé de produire ses effets, encore que la Cour ait estimé qu'en l'espèce, le fait que l'annulation puisse avoir pour effet d'empêcher la répétition de l'illégalité, constituait un intérêt suffisant pour que le recours soit déclaré recevable[3]. Lorsqu'un nouvel acte remplace l'acte attaqué, la Cour considère qu'il serait contraire aux exigences d'une bonne administration de la justice

1. CJCE 15 juin 1994, C-137/92P, *Commission c/ Basf e.a.*, dans cette affaire, la Cour substitue une annulation à une constatation d'inexistence effectuée par le Tribunal.
2. V., par ex., Ord. 18 déc. 1996, T-22/96, *Langdon c/ Commission.*
3. CJCE 26 avr. 1988, n° 207/86, *Apesco c/ Commission.*

et d'économie de procédure d'imposer au requérant d'introduire un nouveau recours[1], d'autant qu'une autre solution encouragerait le défendeur à modifier l'acte en cours d'instance pour contraindre la partie adverse à introduire un nouveau recours.

B. Un acte imputable à une institution, un organe ou un organisme

1086 La compétence de la Cour de justice est limitée au contrôle de la légalité des actes des institutions, organes et organismes. Ce contrôle ne s'étend pas aux actes de droit primaire puisque les auteurs en sont les États membres. En revanche, le traité lui donne compétence pour interpréter ceux-ci. La Cour ne peut pas non plus contrôler la validité des conventions internationales conclues par l'Union. En effet, après certaines incertitudes jurisprudentielles, il paraît désormais clair que la Cour ne peut prononcer la nullité d'une convention qui n'est pas un acte imputable à la seule Communauté, mais l'œuvre commune de celle-ci et des États tiers qui y sont parties. En revanche, elle contrôlera la validité de l'acte de conclusion qui est lui un acte communautaire[2]. La différence peut sembler mince puisque l'acte de conclusion n'a comme contenu propre que de manifester la volonté de l'Union d'être liée. La légalité de ce dernier pourra néanmoins être appréciée au regard du contenu de l'accord dont il approuve la conclusion. Cependant, la nuance est importante puisque seul l'acte de conclusion sera annulé, laissant la convention intacte. Il appartiendra alors à l'Union, dans le respect du droit international, de trouver une solution, soit en renégociant l'accord, soit, en application du droit des traités, en invoquant la nullité de celui-ci pour violation grave et manifeste de ses règles internes relatives à la conclusion des traités. La situation est différente lorsque la Cour est saisie d'une demande d'avis sur la conformité d'un accord envisagé avec le traité en application de l'article 300 (TFUE, art. 218). Dans ce cas, l'accord n'est pas encore en vigueur et sa

1. CJCE 3 mars 1982, n° 14/81, *Alpha Steel c/ Commission*, *Rec.* 749.
2. CJCE 9 août 1994, C-327/91, *France c/ Commission*, *Rec.* I. 3641 ; CJCE 10 mars 1998, C-122/95, *Allemagne c/ Conseil*.

légalité n'est pas en cause. L'effet de la décision de la Cour est de permettre ou d'interdire la conclusion par la Communauté tant qu'une révision du traité n'est pas intervenue. La Cour refuse d'ailleurs de rendre un avis lorsque la conclusion de l'accord intervient avant qu'elle ait pu se prononcer sur celui-ci[1]. Le traité de Lisbonne maintient l'impossibilité d'attaquer les actes pris dans le cadre de la PESC avec une exception portant sur les mesures restrictives à l'encontre de personnes physiques et morales (TFUE, art. 275). Il s'agit, à la lumière de l'expérience, de permettre aux personnes faisant l'objet de sanctions de se pourvoir devant la Cour contre celle-ci dans le respect du droit à un recours effectif garanti par la charte. Ces actes sont d'ailleurs en principe les seuls qui, dans le cadre de la PESC, produisent des effets directs pour les particuliers. L'entrée en vigueur du traité de Lisbonne a eu pour effet se soumettre les actes adoptés dans le cadre de l'espace de sécurité, de justice et de liberté au régime commun, mais le protocole sur les mesures provisoires prévoit que ce régime ne s'appliquera pour les actes existants que cinq ans après l'entrée en vigueur du traité de Lisbonne à moins que l'acte n'ait entre-temps fait l'objet d'une modification. Cette disposition est destinée à maintenir provisoirement la situation actuelle à la demande du Royaume-Uni qui obtient également la faculté de renoncer six mois avant l'application du régime à sa participation à ces actes. Enfin, le traité de Lisbonne indique clairement que le recours en annulation peut être dirigé contre les actes des organes et organismes de l'Union destinés à produire des effets à l'égard des tiers. De la sorte, le système de contrôle juridictionnel est complété. Cependant, il est possible de fixer des conditions et modalités particulières pour les recours des particuliers contre les actes de ces organes et organismes, ce qui permet de conserver des solutions spécifiques comme celle qui existe dans le cadre des marques au sein de l'Office de l'harmonisation dans le marché intérieur.

1087 Il résulte clairement du traité que le contrôle ne peut porter sur les actes des États membres. Cependant, il existe des cas dans

1. CJCE avis 13 déc. 1995, n° 3/94.

lesquels les actes ne sont pas imputables à un État membre pris individuellement, mais à la collectivité des États membres. Il s'agit surtout des décisions adoptées par « les États membres réunis au sein du Conseil », selon la formule utilisée habituellement. Ces actes sont-ils justiciables ? La réponse est négative pour autant qu'il s'agisse réellement de décisions des représentants des États membres. Dans son examen, la Cour va au-delà de leur simple dénomination et s'efforce de déterminer la nature réelle de l'acte afin de vérifier s'il ne s'agirait pas en réalité d'un acte du Conseil, dissimulé sous une autre dénomination. Ainsi, la Cour a-t-elle estimé que des conclusions du Conseil mettant en place une aide spéciale au Bangladesh ne pouvaient constituer des décisions du Conseil, en raison de leur contenu et du fait qu'il n'existait pas de compétence communautaire exclusive dans le domaine de l'aide humanitaire Elles échappaient dès lors au contrôle de légalité[1].

1088 L'article 263 TFUE ne reprend pas la liste des actes mentionnés à l'article 288 TFUE. Il en résulte que la compétence de la Cour n'est pas limitée à l'examen de ces seuls actes, mais s'étend à tout acte, quelle que soit sa forme, imputable à une des institutions mentionnées à l'article 263 TFUE auxquelles il faut ajouter la Banque européenne d'investissement dont le contrôle relève de dispositions spécifiques (TFUE, art. 271). Parmi les institutions, seule la Cour des comptes n'est pas mentionnée parce que les auteurs des traités ont estimé qu'elle ne disposait pas de pouvoirs lui permettant de prendre des actes contraignants, mais, si tel était le cas, la Cour de justice n'écarterait pas, dans le doute, la possibilité d'un contrôle de légalité, conformément à sa jurisprudence sur la légitimation passive du Parlement. En effet, le traité CE ne mentionnait pas, à l'origine, les actes du Parlement européen comme pouvant faire l'objet d'un recours en annulation en partant vraisemblablement de l'idée que le Parlement n'avait pas le pouvoir d'adopter d'actes produisant des effets de droit. La Cour a accepté de contrôler ces actes en se fondant sur l'existence d'une Communauté de droit qui devait permettre un contrôle de légalité de tous

1. CJCE 30 juin 1993, C-181 et 248/91, *Parlement c/ Conseil et Commission.*

les actes ayant des effets de droit[1]. Cette solution qui conduisait à compléter le traité en se fondant sur les exigences propres à une Communauté de droit, a reçu la consécration des traités lors de la révision intervenue à Maastricht.

1089 Dans ces conditions, le recours est ouvert largement « à l'égard de toutes dispositions prises par les institutions, quelles qu'en soient la nature ou la forme, qui visent à produire des effets de droit »[2]. En présence d'un acte atypique d'une institution, la Cour analysera celui-ci pour vérifier, indépendamment de sa dénomination, s'il produit des effets de droit. Elle a ainsi considéré comme recevables des recours dirigés contre des délibérations du Conseil, des communications de la Commission, des codes de conduite, des lettres, etc.

1090 En cas de délégation, l'acte est imputable à l'institution qui est l'auteur de la délégation. Il est donc impossible d'invoquer l'existence d'une délégation à l'appui d'une exception d'irrecevabilité. Cette règle ne fait pas de doute en ce qui concerne les délégations de signature accordées à un membre d'une institution ou à un fonctionnaire. Lorsque la délégation est accordée à une personne privée, la solution ne peut être différente faute de quoi l'effet de la délégation serait de supprimer la protection juridictionnelle offerte par le traité[3]. Depuis l'entrée en vigueur du traité de Lisbonne, la Cour contrôle les actes des organes et organismes de l'Union. Dans ce cas ; la délégation opère un transfert d'imputabilité.

C. Un acte destiné à produire des effets juridiques à l'égard des tiers

1091 Comme le déclarait la Cour, « le recours en annulation est ouvert à l'égard de toutes dispositions prises par les institutions, quelles qu'en soient la nature ou la forme qui visent à produire des effets de droit »[4]. Produit des effets juridiques, selon la formule classi-

1. CJCE 23 avr. 1986, n° 294/83, *Les Verts c/ Parlement européen.*
2. CJCE 31 mars 1971, n° 22/70, *AETR*, *Rec.* 263.
3. CJCE 17 juill. 1959, n° 32 et 33/58, *SNUPAT.*
4. CJCE 30 avr. 1996, C-58/94, *Pays-Bas c/ Conseil.*

quement utilisée dans les recours des particuliers, un acte qui est de nature à affecter les requérants en modifiant, de façon caractérisée leur situation juridique[1]. Enfin, la non-adoption d'un acte par le Conseil parce que la majorité requise n'a pas été atteinte ne constitue pas un acte attaquable. Une telle abstention pourrait être attaquée éventuellement par la voie du recours en carence, mais ne relève pas du recours en annulation[2]. Il en va différemment lorsque le droit de l'Union fixe un délai à l'expiration duquel l'absence de décision produit des effets juridiques (acceptation implicite de la proposition) comme c'était le cas dans le cadre de la législation *antidumping*[3]. Dans ce cas, l'abstention constitue un acte attaquable. Doivent être déclarés irrecevables les recours dirigés contre des actes préparatoires dans la mesure où ces actes n'établissent pas de manière définitive la position d'une institution[4]. Cependant une irrégularité commise au stade préparatoire pourra être invoquée lors du recours dirigé contre la décision finale. De la même manière, un recours contre un acte purement confirmatif est irrecevable dans la mesure où un tel acte ne peut produire d'effets par lui-même. La Cour vérifie que l'acte est bien de nature purement confirmative et ne modifie pas l'acte antérieur afin de déclarer le recours irrecevable. Cette irrecevabilité se justifie par le fait qu'une solution contraire conduirait à une extension des délais de recours et permettrait, en attaquant la décision confirmative alors que le délai de recours contre la décision initiale est expiré, de contourner les règles relatives aux délais. Cependant, dès lors que le délai de recours contre l'acte initial n'est pas expiré, cet inconvénient n'existe plus. Aussi, l'irrecevabilité ne sera-t-elle pas opposée dans ce cas et le requérant pourra attaquer soit la décision initiale, soit la décision confirmative, soit les deux[5]. Les mesures d'ordre interne prises par les institutions ne peuvent être attaquées lorsqu'elles ne produisent pas d'effets

1. CJCE 11 nov. 1981, n° 60/81, *IBM c/ Commission*.
2. CJCE 13 juill. 2004, n° 27/04, *Commission c/ Conseil*, à propos du défaut d'adoption par le Conseil des sanctions prévues par les États membres en cas de déficit excessif.
3. CJCE 20 sept. 2003, C-76/01P, *Eurocoton*.
4. V. CJCE 11 nov. 1991, n° 60/81, *IBM c/ Commission*.
5. CJCE 11 mai 1989, n° 193 et 194/87, *Maurissen et Union syndicale c/ Cour des comptes*.

pour les tiers. Ainsi, une instruction n'exprime pas la position définitive de l'institution. Seul l'acte adopté sur la base de cette instruction pourra voir sa validité contestée. À propos du règlement intérieur des institutions, la Cour ne prendra celui-ci en considération que pour autant qu'il contienne des règles destinées à produire des effets à l'égard des tiers[1]. Mais en ce domaine, la jurisprudence est évolutive et le Tribunal a admis la recevabilité d'un recours formé par des parlementaires contre la décision de refuser la constitution d'un groupe politique. Le Tribunal a considéré que des députés devaient être considérés comme des tiers à l'égard d'un acte du Parlement qui concernait les conditions d'exercice de leur mandat[2]. La Cour a confirmé cette solution en ce qui concerne les députés, mais a estimé qu'en sa qualité de formation politique française, le Front national ne pouvait être affecté par l'acte litigieux[3].

1092 La distinction entre un acte préparatoire ou confirmatif et un acte destiné à produire des effets de droit n'est pas toujours facile à établir, notamment dans le cas où la décision est prise à la suite d'une procédure complexe impliquant la participation des intéressés. Cette difficulté se rencontre fréquemment dans les affaires de concurrence, d'aides d'État ou de dumping. L'examen d'une mesure préparatoire permet de vérifier si l'acte a produit des effets à l'égard du requérant et si, dans ce cas, ces effets peuvent être réparés par une annulation de la décision finale. Il en va ainsi en matière de concurrence lorsque la Commission impose des mesures intérimaires pendant la procédure[4]. De la même manière, en matière d'aides d'État, la notification aux parties intéressées qu'ils doivent présenter leurs observations peut constituer un acte attaquable dans la mesure où elle entraîne la suspension de l'aide. En outre, certaines décisions sont détachables de la procédure et susceptibles de recours. Il en va ainsi d'une décision refusant de

1. V. *BAASF E.A. c/ Commission* et *Pays-Bas c/ Conseil*, préc.
2. TPICE 2 oct. 2001, T-222/99, T-327/99, T-329/99, *Martinez, de Gaulle, Front National et Bonnino et a. c/ Parlement européen.*
3. CJCE 29 juin 2004, C-480/01P, *Front national c/ Parlement.*
4. CJCE 28 févr. 1984, n° 228 et 229/82, *Ford c/ Commission* ; Ord. 17 janv. 1980, n° 792/79R, *Camera Care Ltd c/ Commission.*

traiter certains documents comme confidentiels. Dans ce cas, quelle que soit la décision prise au fond par l'institution concernée, il ne sera pas possible de revenir sur la non-confidentialité[1]. Il est vrai qu'en l'espèce même, l'annulation de la décision relative à la confidentialité ne peut effacer le préjudice en l'absence d'un sursis à exécution, mais suivant une jurisprudence classique, la Cour a estimé que l'annulation éviterait la répétition de l'illégalité dans d'autres cas.

1093 Le Tribunal a estimé que la décision de saisir une juridiction ne constituait pas un acte attaquable. Rendu à propos d'une action intentée par la Commission devant la justice américaine contre certains fabricants de cigarettes américains pour des actions de contrebande, l'arrêt met l'accent sur le fait qu'une demande en justice n'entraîne pas de modification de la situation juridique litigieuse. Seul le jugement rendu pourra produire un tel effet. Le Tribunal a rejeté notamment l'argument selon lequel, s'agissant en l'espèce d'un jugement rendu par une juridiction étrangère, les compagnies concernées ne disposeraient d'aucun recours communautaire à son encontre. Il a noté qu'en l'espèce le recours en responsabilité serait disponible[2].

§ 2. La qualité pour agir

1094 L'article 263 TFUE établit une distinction entre des requérants privilégiés qui n'ont besoin d'établir aucun intérêt particulier pour saisir la Cour parce qu'ils sont supposés agir dans l'intérêt général et les particuliers qui disposent d'un accès beaucoup plus limité au prétoire puisque, outre l'existence d'un intérêt à agir, ils doivent répondre à des conditions spécifiques lorsqu'ils attaquent des actes autres que les décisions qui leur sont adressées.

1. CJCE 24 juin 1986, n° 53/85, *Akzo c/ Commission*.
2. TPICE 15 janv. 2003, T-377/00, T-379/00, T-380/00, T-260/01 et T-272/01, *Philip Morris international et a. c/ Commission* ; confirmé en pourvoi, CJCE 19 déc. 2006.

A. Les requérants privilégiés

1095 Le Parlement, Conseil, la Commission et les États peuvent agir devant la Cour en annulation, sans devoir établir un quelconque intérêt, à l'encontre de tout acte communautaire. S'il s'agit d'une décision à laquelle ils ont participé, il n'est pas nécessaire qu'ils s'y soient opposés au moment de son adoption pour avoir la qualité pour agir. Cette règle est valable pour les États membres[1]. Mais elle doit logiquement s'appliquer à la Commission dans les hypothèses où celle-ci modifie sa proposition afin de permettre l'adoption d'un acte bien qu'elle nourrisse des doutes quant à la légalité de celui-ci. Aussi, la déclaration qu'elle joint généralement au procès-verbal du Conseil et dans laquelle elle réserve tous ses droits à porter l'affaire devant la Cour, n'est pas juridiquement nécessaire. Le statut de requérant privilégié n'est pas étendu aux collectivités territoriales des États membres. Celles-ci doivent remplir les conditions imposées aux requérants particuliers[2].

1096 À l'origine, le Parlement n'était pas mentionné parmi les requérants privilégiés. On en a conclu qu'il ne possédait pas la légitimation active et ne pouvait agir en annulation. C'était une situation qui correspondait à une époque où les pouvoirs du Parlement étaient faibles et où il n'existait guère d'intérêt à traiter le Parlement en requérant privilégié, sauf à vouloir en faire un gardien de la légalité, rôle déjà tenu par la Commission. Dans un premier temps, la Cour de justice a confirmé l'absence de légitimation active du Parlement européen[3]. Dans son arrêt *Tchernobyl*, la Cour est revenue partiellement sur la position. Partiellement, en ce qu'elle n'assimile pas le Parlement aux autres requérants privilégiés, mais lui ouvre le recours en annulation uniquement pour défendre ses prérogatives propres[4]. La Cour est partie de la constatation que le système de recours, en vigueur à l'époque, ne permettait pas dans tous les cas au Parlement de sauvegarder ses prérogatives. Or, une telle protection était nécessaire pour préser-

1. CJCE 12 juill. 1979, n° 166/78, *Italie c/ Conseil.*
2. CJCE 29 juin 1993, C-298/89, *Gibraltar c/ Conseil.*
3. CJCE 27 sept. 1988, 302/87, *Parlement c/ Conseil.*
4. CJCE 22 mai 1990, C-70/88, *Parlement c/ Conseil.*

ver l'équilibre institutionnel et éviter que certaines institutions n'outrepassent leurs pouvoirs au détriment d'autres. Le traité de Maastricht a consacré la créativité de la Cour en inscrivant, dans le traité, le droit du Parlement d'intenter un recours en annulation pour préserver ses prérogatives. Cette dernière condition a été interprétée strictement et la Cour a refusé, comme elle l'a fait dans l'affaire *Tchernobyl* où le recours du Parlement a été déclaré irrecevable, d'assimiler le Parlement à un requérant privilégié ordinaire. C'est ainsi qu'elle n'a pas accepté d'examiner les arguments fondés sur l'absence de motivation parce que cette dernière est sans relation avec les prérogatives du Parlement[1]. Le droit d'intervenir pour la défense de ses prérogatives a été étendu à la Banque centrale européenne et à la Cour des comptes. Le traité de Nice marquait une évolution importante pour le Parlement puisqu'il accédait au plein statut de requérant privilégié au même rang que le Conseil et la Commission. Dans le cadre du titre VI du traité sur l'Union européenne, seuls la Commission et les États membres peuvent demander l'annulation d'une décision ou d'une décision-cadre devant la Cour (art. 35). Le traité de Lisbonne aligne le régime contentieux de l'ancien Titre VI (actuellement Titre V TFUE) sur le droit commun. Il reconnaît la légitimité passive du Conseil européen, mais lui refuse la légitimation active. Enfin, il ajoute le Comité des régions à la liste des institutions et organes qui peuvent agir pour la défense de leurs prérogatives.

B. Les personnes physiques et morales

1097 Les règles qui gouvernement la recevabilité des recours en annulation formés par des particuliers sont beaucoup plus sévères. La doctrine s'en est émue depuis longtemps et un mouvement en faveur d'un élargissement du recours individuel s'est formé. Le traité de Lisbonne a pris en compte cette préoccupation.

1. Les principes dégagés par la jurisprudence

1098 Les personnes physiques et morales doivent avoir un intérêt à agir. Cette condition est souvent passée inaperçue parce que les

1. CJCE 5 juill. 1995, C-21/94, *Parlement c/ Conseil.*

recours sont rejetés pour d'autres motifs d'irrecevabilité. L'intérêt doit être propre au requérant au sens que sa situation juridique doit être affectée par l'acte attaqué. Il doit également être né et actuel. Aussi l'argument fondé sur une affectation future ne suffit-il pas à démontrer l'existence d'un intérêt pour agir[1]. L'intérêt doit perdurer pendant l'examen de la requête devant la Cour, faute de quoi le recours sera irrecevable. Cependant, la Cour n'interprète pas de manière excessivement sévère, l'exigence d'un intérêt pour agir. Elle a admis que, dans certains cas, le fait que l'annulation pouvait éviter la répétition de certaines illégalités, suffisait à établir son intérêt. Mais surtout, l'annulation d'un acte peut servir de fondement à un recours en indemnité, ce qui peut justifier l'intérêt à agir.

1099 Les associations et groupements d'intérêts peuvent agir en annulation dès lors qu'ils sont atteints par la décision dans leurs intérêts propres de la même manière qu'un particulier. Mais, à vrai dire, ce n'est pas tant cette circonstance qui les préoccupe que la possibilité d'user de la voie de l'annulation à l'encontre de décisions qui concernent les objectifs qu'ils se sont donnés comme vocation de défendre, tels, par exemple, la protection de l'environnement ou la défense d'une catégorie professionnelle. La Cour n'accepte pas la recevabilité de recours formés par des associations, même au nom de leurs membres, pour la défense des objectifs généraux de l'association. Le droit de recours des associations et groupements d'intérêt est soumis aux conditions prévues pour celui exercé par les particuliers. Aussi ne peuvent-elles agir, outre le cas où leurs intérêts sont affectés par une décision qui leur est adressée, notamment lorsqu'elles participent à des procédures ayant conduit à l'adoption de l'acte attaqué, que lorsqu'elles ont mandat pour représenter leurs membres et que les recours de ces derniers auraient été recevables parce qu'ils remplissent les conditions fixées à l'article 263[2]. L'association est considérée comme se substituant à ses membres.

1. CJCE 17 sept. 1992, T-138/89, *NBV et NVB c/ Commission.*
2. CJCE 2 avr. 1998, C-321/95P, *Greenpeace c/ Commission.*

1100 L'article 263 TFUE distingue deux hypothèses s'agissant des recours des personnes physiques et morales. S'il s'agit d'actes qui leur sont adressés, les particuliers ont toujours le droit de demander l'annulation de ceux-ci. Ils peuvent également attaquer les actes qui les concernent individuellement et directement. L'objet de cette disposition est simple, il s'agit d'éviter de faire jouer l'apparence et de permettre le contrôle d'actes qui contiennent en fait une décision individuelle, mais qui ont été adoptés sous une autre forme. Dans son essence, cette disposition préserve l'esprit du système qui est d'exclure le recours des particuliers contre des actes généraux.

a. L'acte attaquable par un particulier

1101 En dehors du cas des décisions dont le particulier est le destinataire qui ne soulève pas de problème quant à la recevabilité dès lors qu'existe un intérêt pour agir puisque l'article 263 TFUE les mentionne expressément, la difficulté est d'identifier les actes qui, sous l'apparence d'actes de portée générale, constituent en fait des décisions individuelles. S'il est clair que la Cour doit aller au-delà de l'apparence pour déterminer la nature de l'acte, certains actes peuvent présenter un caractère réglementaire, mais être considérés sous certains aspects comme des décisions.

1102 Un acte individuel est caractérisé par le fait que ses effets sont limités aux personnes auxquelles elle est adressée tandis qu'une mesure d'ordre général n'est pas applicable en tant que telle à un nombre limité de personnes identifiées ou identifiables, mais à des catégories de personnes visées de manière abstraite[1]. C'est donc le caractère abstrait de la mesure qui détermine sa nature d'acte général, ce qui exige une analyse au cas par cas, nonobstant la dénomination utilisée. Dans ces conditions, l'examen d'un acte peut montrer qu'il contient, sous une forme réglementaire, un faisceau de décisions individuelles[2]. Mais l'analyse ne doit pas seulement porter sur l'acte dans son ensemble, mais aussi sur cha-

1. CJCE 14 déc. 1962, n° 16 et 17/62 *Confédération nationale des producteurs de fruits et légumes c/ Conseil.*
2. CJCE 13 mai 1971, n° 41 à 44/70, *International Fruit*, à propos d'un règlement relatif à la délivrance d'autorisation d'importation qui prend en considération les demandes déposées antérieurement à l'adoption de la mesure contestée.

cune de ses dispositions, car il n'est pas exclu que l'une de ces dispositions constitue une décision tandis que les autres conserveront leur caractère général[1] qui admet le principe : « il peut arriver qu'un acte, tout en ayant dans son ensemble, un caractère réglementaire, contienne des mesures adressées à des personnes déterminées de manière à les individualiser, au sens de l'article 173 alinéa 2 du traité ». La même disposition peut présenter un caractère général à l'égard de certains particuliers tandis que pour d'autres, elle constituera une décision parce qu'elle les concerne en raison de caractéristiques qui leur sont spécifiques. Ainsi, la Cour a jugé qu'un règlement relatif à l'utilisation d'une dénomination viticole pouvait constituer une décision à l'égard d'un producteur qui avait enregistré celle-ci comme marque déposée et l'avait utilisée bien avant l'adoption du règlement[2]. La situation est relativement plus fréquente en matière d'antidumping lorsqu'un producteur a été impliqué dans l'enquête préalable à la décision ou lorsqu'étant le principal producteur sur le marché communautaire, la procédure a été menée en fonction de sa situation et qu'il apparaît ainsi comme le principal bénéficiaire du règlement[3]. Dans ces cas, la détermination de la nature de la mesure et la vérification du fait que le requérant est individuellement concerné par celle-ci sont des opérations fort proches l'une de l'autre. Aussi arrive-t-il souvent que la Cour se limite, pour déclarer la requête irrecevable, à examiner si l'intéressé est individuellement concerné sans se prononcer sur la nature de la mesure. Il en découle que la lecture de la jurisprudence n'est pas toujours aisée.

1103 Dans certains cas, le requérant invoquera à l'appui de sa requête le fait que l'acte de portée générale vise un nombre limité et identifiable de personnes ce qui aurait pour conséquence d'entraîner sa requalification en décision. Cette logique du « cercle fermé » a

1. CJCE 13 mars 1968, n° 30/67, *Molitaria Immolese.*
2. CJCE 18 mai 1994, C-309/89, *Cordoniu c/ Conseil.*
3. CJCE 20 mars 1985, 264/82, *Timex c/ Conseil et Commission* ; CJCE 16 mai 1991, n° 358/89, *Extramet Industries c/ Conseil*: « les actes portant institution de droits antidumping peuvent, sans perdre leur caractère réglementaire, concerner, dans certaines circonstances, individuellement certains opérateurs économiques ».

fait l'objet d'une analyse nuancée dans la jurisprudence, car le fait que les destinataires soient identifiés ou identifiables au moment de la prise de décision ne constitue pas un élément suffisant pour conférer une portée générale à l'acte. Ce dernier sera considéré comme une décision lorsqu'il vise un cercle fermé, est rétroactif ou porte sur des opérations en cours au moment de la prise de décision. Comme le rappelle la Cour, dans l'affaire *Cordoniu*[1], « la portée générale, et partant, la nature normative d'un acte n'est pas mise en cause par la possibilité de déterminer avec plus ou moins de précision le nombre ou même l'identité des sujets de droit auxquels il s'applique à un moment donné, tant qu'il est constant que cette application s'effectue en vertu d'une situation objective de droit ou de fait définie par l'acte en relation avec la finalité de ce dernier »[2]. Si l'acte correspond à ces caractéristiques, le fait qu'il ne s'applique qu'à une seule personne ne lui retirera pas son caractère de mesure de portée générale[3]. En revanche, dès lors que l'acte vise un groupe fermé identifié au moment de la prise de décision en fonction de critères qui sont propres aux seuls membres de ce groupe, le recours sera recevable. Il en va ainsi d'une décision de la Commission qui autorise rétroactivement un État membre à établir des mesures de sauvegarde ce qui entraîne le refus d'octroi de licences d'importation aux seules personnes qui avaient déposé des demandes avant que la décision ne soit adoptée[4].

1104 On s'est demandé si un recours d'une personne physique ou morale à l'encontre d'une directive pouvait être recevable. La réponse devrait être, en principe, négative puisque seuls les actes nationaux de transposition affecteront la situation des particuliers. Même le fait que les États membres doivent s'abstenir, pendant la période de transposition, de prendre des mesures qui mettraient en péril la réalisation des objectifs de la directive ne saurait être invoqué, car cette obligation pèse sur les États

1. Préc.
2. Pour un acte ne concernant qu'un seul opérateur et nonobstant considéré comme un acte général, v. CJCE 1er avr. 2004, C-263/02P, *JegoQuéré*.
3. CJCE 1er avr. 1965, n° 38/64, *Getreide-import Geselleschaft c/ Commission*.
4. CJCE 1er juill. 1965, n° 106 et 107/63, *Toepfer*.

membres et non sur les particuliers[1]. Il en résulte que le cas de figure dans lequel une directive pourrait être analysée comme une décision individuelle et où le particulier serait directement et individuellement concerné, s'il n'est pas exclu, ne devrait être rencontré que de manière tout à fait exceptionnelle[2]. Sur ce point, le Tribunal a semblé maintenir une certaine imprécision. Il admet qu'un recours d'un particulier contre une directive peut être déclaré recevable s'il apparaît que la directive est en fait une décision individuelle. Mais il semble n'avoir aucune considération pour le fait que la directive ne produira ses effets qu'après transposition et que la mesure de transposition pourra alors être contestée devant le juge national, ce dernier ayant la possibilité de saisir la Cour d'une question préjudicielle sur la validité de la directive. Même en admettant que la directive doive être considérée comme une décision, elle n'est pas encore applicable au moment où le particulier saisira la Cour et la portée exacte de celle-ci devra être définie par la mesure de transposition. Cependant, la Cour de justice a admis, par voie d'ordonnance, la possibilité pour un particulier de contester une directive dans la mesure où celle-ci pourrait contenir une décision[3]. Quant au Tribunal, il semble également qu'il retienne la possibilité pour attaquer une directive lorsque celle-ci ne laisse aucune marge d'appréciation aux États membres lors de la transposition[4]. Dans les faits, même avant transposition de la directive, la légalité de celle-ci peut être contestée dans certains États membres qui admettent des recours pour empêcher l'application par l'État d'un acte illégal. La question sera alors tranchée par voie préjudicielle.

b. Le requérant doit être directement et individuellement concerné

1105 Les deux conditions sont cumulatives, mais la Cour choisit très souvent, dans un souci d'économie procédurale, d'examiner d'abord si le requérant est individuellement concerné. Ceci la dis-

1. TPICE 27 juin 2000, T-172, 175, 177/98, *Salamander AG et a. c/ Parlement et Conseil.*
2. CJCE 29 juin 1993, C-298/89, *Gibraltar.*
3. CJCE ord. 23 nov. 1995, C-10/95P. *Asocarne.*
4. TPICE 7 déc. 2008, T-420/05.

pense en cas de réponse négative de vérifier si la seconde condition est remplie. L'existence de ces deux conditions s'explique par le souci d'éviter d'ouvrir la voie à une action populaire qui permettrait aux particuliers d'attaquer tous les actes de portée générale. L'existence d'autres voies, comme l'exception d'illégalité, leur permettent d'éviter les conséquences dommageables que des actes pourraient avoir pour eux sans que se produisent les effets absolus d'une annulation de l'acte.

1106 **Directement concerné.** Le requérant est directement concerné lorsque l'acte produit ses effets sans que l'autorité chargée de l'appliquer ne jouisse d'une quelconque discrétion. En effet, dès lors qu'une telle discrétion existe, l'acte d'application viendra concrétiser les effets de l'acte de portée générale et pourra être attaqué par le particulier. Le but de la règle est de limiter le recours aux seuls actes qui produisent des effets sur le requérant et qui sont de nature à modifier immédiatement sa situation juridique. Aussi dès lors que l'acte permet une certaine latitude aux autorités chargées de son application, telle que le pouvoir d'accorder ou non une autorisation ou de déroger par rapport à la règle fixée ou de choisir entre certaines modalités, le recours sera déclaré irrecevable à moins qu'il n'apparaisse que les conséquences juridiques de l'acte puissent être déduites avec certitude de l'acte attaqué. Ainsi, un recours contre une autorisation donnée par la Commission aux États membres d'agir dans un sens déterminé est irrecevable parce que les autorités nationales peuvent user ou non de l'autorisation accordée. Mais, si l'État membre s'est engagé auparavant à donner suite à l'autorisation, l'effet de celle-ci est clairement prévisible et le recours sera déclaré recevable[1]. Il en va de même lorsqu'un tel engagement peut être déduit du comportement des autorités nationales[2].

1107 **Individuellement concerné.** Selon la jurisprudence de la Cour, les particuliers sont individuellement concernés dès lors qu'ils sont atteints « en raison de certaines qualités qui leur sont particulières ou d'une situation de fait qui les caractérise par rapport à toute

1. CJCE 23 nov. 1971, n° 62/70, *Bock c/ Commission.*
2. CJCE 17 janv.1985, n° 11/82, *Piraiki-Patraiki c/ Commission.*

autre personne et de ce fait les individualise d'une manière analogue à celle du destinataire »[1]. On a vu que le simple fait d'appartenir à un cercle fermé de personnes auxquelles l'acte est applicable n'est pas suffisant pour établir que l'on soit individuellement concerné. Il est nécessaire qu'à l'intérieur de ce cercle, le requérant se distingue par des circonstances particulières en rapport avec l'objet de l'acte (v. ss 1102). Le Tribunal a considéré qu'un parlementaire européen n'était pas individuellement concerné par l'insertion dans le règlement intérieur du Parlement des dispositions sur les enquêtes internes de l'Office de lutte contre la fraude, car il s'agissait de dispositions générales applicables à tous les députés. Le requérant ne pourrait agir que dans le cas où une enquête affecterait sa propre immunité[2]. On a constaté plus haut que, dans l'affaire *Cordoniu*, le fait d'avoir déposé, depuis longtemps une marque portant une dénomination spécifique était de nature à distinguer la requérante de tous les autres producteurs également touchés par la réglementation en cause. De même, l'obligation pour la Commission de consulter certains producteurs avant de prendre une mesure suffit à individualiser ceux-ci. En revanche, une participation volontaire à la prise de décision, comme le fait d'adresser une communication à la Commission à propos d'une proposition, n'est pas suffisante pour individualiser le requérant. Il est nécessaire qu'une règle de droit communautaire impose de prendre en compte sa situation pour que l'on puisse le considérer comme individuellement concerné[3]. L'exigence posée par l'article 263 TFUE conduit donc à restreindre considérablement la recevabilité des recours en annulation formés par des personnes physiques et morales. Cependant, il ne faut pas oublier que ceux-ci auront l'occasion dans la plupart des cas de contester la mesure par la voie préjudicielle ou de l'exception d'illégalité. En outre, la Cour a d'elle-même corrigé certains effets négatifs de cette condition en considérant que lorsqu'elle avait pour effet d'établir une discrimi-

1. CJCE 15 juil. 1963, n° 25/62, *Plaumann c/ Commission.*
2. CJCE 30 mars 2004, C-167/02P, *Rothley c/ Parlement.*
3. Aff. *Piraiki-Patraiki* préc.

nation entre deux groupes, certains concernés, d'autres non pour la seule raison qu'ils n'étaient pas encore identifiables lorsque la mesure a été adoptée, le principe de non-discrimination imposait que le recours des seconds soit déclaré recevable. Mais il s'agit d'une hypothèse très spécifique[1].

1108 On oppose souvent le contentieux classique et le contentieux économique pour constater que, dans le second cas, la Cour semble être plus libérale en matière de recevabilité. Cette situation est liée à la nature même des procédures de décision en matière économique. Les principes en matière de recevabilité ne sont pas différents, mais il est plus facile pour un requérant d'être identifié d'une manière qui le distingue des autres personnes touchées par l'acte, dans des domaines où les particuliers ont la possibilité de déposer des plaintes, d'être consultés, de participer aux procédures et où les mesures sont souvent adoptées en fonction de leur situation. Il n'existe donc pas un contentieux économique auquel s'appliqueraient des règles spécifiques, mais l'existence de procédures particulières, permettant l'individualisation des personnes concernées facilite la recevabilité des recours. Il en va ainsi en matière de concurrence au profit des personnes qui ont déposé une plainte ou participé à la procédure et en matière d'aide d'État lorsque la Commission décide d'ouvrir une procédure relative à une aide accordée à une entreprise particulière. De même, dans le domaine de l'anti-dumping, les informations relatives à des entreprises extracommunautaires sont utilisées pour déterminer le niveau des droits antidumping, les procédures sont ouvertes sur la base de plaintes présentées à la Commission et les observations des opérateurs économiques peuvent être déterminantes pour la prise de décision etc. Ceux-ci peuvent plus aisément être considérés comme individuellement concernés. Il suffirait que le législateur de l'Union organise des procédures du même type dans d'autres matières, comme l'environnement, pour voir fleurir les recours.

1. CJCE 23 avr. 1986, n° 294/83, *Les Verts c/ Parlement européen.*

2. La contestation des principes

1109 L'interdiction faite aux particuliers d'attaquer les actes de portée générale a été fréquemment critiquée par la doctrine qui y voit une lacune regrettable dans le système de protection juridictionnelle mis en place par le traité. Cependant, si l'acte de portée générale a donné lieu à une mesure nationale d'exécution, il sera toujours possible d'utiliser la voie de la demande préjudicielle en invalidité pour faire constater l'invalidité de l'acte qui a servi de base à la mesure d'exécution. Si la mesure d'exécution a été adoptée par l'Union, l'exception d'illégalité constituera la voie appropriée pour préserver les droits du particulier. Cette solution laissait cependant persister une lacune dans le cas de l'acte de portée générale directement applicable qui ne nécessiterait aucune mesure nationale pour être appliqué. En l'absence de décision nationale susceptible de recours, la seule voie ouverte au particulier serait d'enfreindre les dispositions du règlement pour disposer d'un recours contre la sanction qui sera infligée et d'utiliser, le cas échéant, le référé pour éviter de subir la sanction, ce qui n'est guère satisfaisant compte tenu du risque que doit prendre le particulier pour faire constater la nullité. Dans ce contexte, certains requérants ont tenté d'invoquer le droit à un recours effectif pour que leur requête soit déclarée recevable par le juge communautaire. La réponse qui leur était donnée par le Tribunal était toujours la même : « concernant, d'une part, l'argument tiré de l'absence de voies de recours nationales et, d'autre part, l'argument selon lequel elles ne seraient pas effectives, il convient de constater que de telles circonstances, à les supposer établies, ne sauraient justifier une modification, par la voie d'une interprétation juridictionnelle, du système des voies de recours et des procédures, établi par le traité »[1]. Cependant, suite à une ordonnance en irrecevabilité rappelant ces solutions[2] un pourvoi fut formé devant la Cour de justice et celle-ci décidait de l'examiner en séance plénière afin, selon l'avocat général, de revoir éventuelle-

1. TPICE 22 févr. 2000, T-138/ 98, *Armement coopératif artisanal vendéen c/ Conseil* ; v. CJCE ord. 23 nov. 1995, C-10/95P, *Asocarne c/ Conseil.*
2. TPICE ord. 23 nov. 1999, T-173/98, *Union de Pequenos Agricultores c/ Conseil.*

ment sa jurisprudence sur l'interprétation de la notion de particulier « individuellement concerné ».

1110 Dans les conclusions rendues sur ce pourvoi[1], l'avocat général Jacobs préconisait une remise en cause complète de la jurisprudence de la Cour. Partant du principe selon lequel un particulier qui s'estime lésé par un acte qui le prive d'un droit ou d'un avantage doit pouvoir bénéficier d'une protection juridictionnelle complète, M. Jacobs estimait que le renvoi préjudiciel ne pouvait offrir cette protection parce que la saisine de la Cour était entre les mains du juge national et qu'elle était par définition tardive, ce qui nuisait aussi bien à la protection du particulier qu'à la sécurité juridique, l'invalidité d'une mesure pouvant intervenir plusieurs années après son entrée en vigueur. Était-il possible, dans un État de droit, d'imposer au particulier d'enfreindre volontairement la législation pour pouvoir bénéficier d'un recours ? L'avocat général repoussait également toute solution qui reviendrait à n'admettre la recevabilité qu'à titre subsidiaire, en dernier ressort, en l'absence de toute autre voie de recours, notamment nationale. Pour lui, les conditions de recevabilité doivent être objectives et ne pas dépendre de l'existence de voies de droit nationales. De surcroît, la Cour était mal armée pour évaluer l'état du droit procédural national. Enfin, on créerait de la sorte un traitement différencié entre les particuliers. Aussi l'avocat général proposait-il de donner une nouvelle définition du concept d'individuellement concerné. Un particulier serait « individuellement concerné par une mesure communautaire lorsque la mesure nuit, ou est susceptible de nuire à ses intérêts, de manière substantielle ».

1111 C'est dans ce contexte, alors même que la Cour ne s'était pas encore prononcée, que le Tribunal décidait de modifier sa jurisprudence et de retenir la ligne générale proposée par l'avocat général. En agissant de la sorte, il prenait certes le risque de voir son arrêt censuré au cas où la Cour ne modifierait pas sa jurisprudence, ce qui a bien été le cas. Mais il donnait un signal à la

1. Aff. C-50/00P, *Union de Pequenos agricultores*, concl. 21 mars 2002, § 102.

Cour de justice, signal d'autant plus important qu'il est chargé en première instance des recours en annulation formés par des particuliers. Dans son arrêt du 3 mai 2002[1], le Tribunal se prononçait en faveur de la recevabilité d'un recours contre un règlement de la Commission en matière de pêche : « force est de conclure que les procédures prévues aux articles 234, d'une part, et 235 et 288, 2e alinéa, du traité CE ne peuvent plus être considérées, à la lumière des articles 6 et 13 de la CEDH et de l'article 47 de la Charte des droits fondamentaux, comme garantissant aux justiciables un droit de recours effectif leur permettant de contester la légalité de dispositions communautaires de portée générale qui affectent directement leur situation juridique ». Le Tribunal jugeait qu'une personne est « individuellement » concernée par une disposition communautaire de portée générale « si la disposition affecte, d'une manière certaine et actuelle, sa situation juridique en restreignant ses droits ou en lui imposant des obligations. Le nombre et la situation d'autres personnes également affectées par la disposition ou susceptibles de l'être ne sont pas, à cet égard, des considérations pertinentes ».

1112 Dans son arrêt du 25 juillet 2002, la Cour confirmait sa jurisprudence traditionnelle[2]. Certes, elle consacre, une fois de plus, le droit à un recours effectif, mais elle estime que le système communautaire garantit ce droit. C'est cependant au prix d'une réaffirmation nette de l'obligation des États membres de prévoir un tel recours. En d'autres termes, la Cour se décharge de l'obligation de prévoir un recours effectif devant elle sur les États membres ce qui lui permet ainsi de laisser intact l'actuel système de recevabilité. La Cour rappelle en effet sa jurisprudence quant à l'article 230 et notamment l'irrecevabilité des recours des particuliers contre les mesures générales sauf lorsque ceux-ci sont individuellement concernés. Mais elle ajoute que le traité a établi un système complet de recours et que, dans ce cadre, les particuliers ont la possibilité soit d'actionner l'exception d'invalidité prévue à l'article 241 devant le juge communautaire, soit d'agir directement devant le juge national qui saisira

1. TPICE T-177/01, *Jégo-Quéré et Cie SA c/ Commission.*
2. CJCE C-50/00P, *Union de Pequenos agricultores*, préc.

alors la Cour d'une question préjudicielle. Elle conclut : « Ainsi, il incombe aux États membres de prévoir un système de voies de recours et de procédure permettant d'assurer le respect du droit à une protection juridictionnelle effective. Dans ce cadre, conformément au principe de coopération loyale énoncé à l'article 10 (TUE, art. 4 amendé), les juridictions nationales sont tenues, dans toute la mesure du possible, d'interpréter et d'appliquer les règles internes de procédure gouvernant l'exercice des recours d'une manière qui permet aux personnes physiques et morales de contester en justice la légalité de toute décision ou de toute autre mesure nationale relative à l'application à leur égard d'un acte communautaire de portée générale, en excipant de l'invalidité de ce dernier ».

1113 Encore faut-il qu'existe une décision nationale, faute de quoi il sera nécessaire que le particulier provoque celle-ci pour pouvoir l'attaquer, ce qui conduit à conclure que le droit communautaire imposerait l'existence d'un recours national contre un refus administratif de suspendre l'exécution d'une mesure communautaire dès lors que l'illégalité de celle-ci est invoquée. Cette solution impliquerait également que l'inexistence d'une telle procédure serait de nature à constituer un manquement. Tel n'est pas le cas tant il est vrai que la Cour ne conclut pas à une obligation absolue puisque celle-ci ne s'impose que « dans la mesure du possible » ce qui témoigne des limites de la solution retenue. En effet, s'il existe un droit à un recours effectif, celui-ci ne saurait être garanti dans la mesure du possible.

1114 La réponse de la Cour était loin d'être totalement cohérente, car il y a quelques difficultés à reconnaître le droit à un recours effectif et à maintenir simultanément la jurisprudence traditionnelle. La Cour en était bien consciente puisqu'elle n'excluait pas toute modification du système. Elle soulignait clairement qu'une remise en cause d'un système « mis en place par le traité originaire et jamais modifié dans ses principes » ne saurait intervenir que par une révision du traité. Elle considère ainsi que l'interprétation de l'article 230 (TFUE, art. 263), n'ayant jamais été remise en cause lors des révisions successives du traité, n'est pas susceptible d'une modification jurisprudentielle. La Cour avait été plus audacieuse dans le passé qu'il s'agisse de la légitimation du Parlement européen ou de l'obligation de renvoi préjudiciel lorsqu'une juridiction nationale estime qu'un acte de l'Union est invalide. Mais il s'agissait de situations différentes dans lesquelles la Cour participait à la mise en place d'un système cohérent de voies de recours et non à la remise en cause d'une jurisprudence aussi bien ancrée. La Cour a peut-être hésité devant des solutions qui auraient contribué à accroître un engorgement du prétoire alors que les auteurs du traité de Nice venaient de s'efforcer d'y apporter des remèdes. Mais la motivation profonde est vraisemblablement moins égoïste. Toute modification des règles de recevabilité a des incidences sur l'ensemble des voies de recours et appelle une réflexion sur d'autres thèmes comme celui de la hiérarchie des normes. Ces incidences ne peuvent être traitées dans le cadre d'une approche prétorienne, car elles relèvent d'une vision globale qui doit être abordée par le constituant.

1115 En fait, la Cour renvoyait la solution du problème à la Convention sur l'avenir de l'Europe. Cette dernière a compris le message. Dans son projet de constitution, qui a été repris tant dans la constitution que dans le traité de Lisbonne, elle combine hiérarchie des normes et ouverture du recours. Plutôt que de modifier radicalement le système de recevabilité, elle a choisi de combler la lacune en ajoutant aux actes qui peuvent faire l'objet d'un recours, les actes réglementaires qui concernent directement un particulier sans comporter de mesures d'exécution. La disparition dans ce cas de l'exigence d'être individuellement concerné ouvre la voie à des recours contre les actes de portée générale dès lors qu'ils produisent des effets sur le requérant. En revanche, cette faculté n'est offerte qu'à l'encontre des actes réglementaires qui étaient dans la nouvelle typologie des normes établie par la constitution des actes d'exécution. L'article 263 TFUE a maintenu cette ouverture, mais, par oubli sans doute, a maintenu la référence aux actes réglementaires, ce qui ne correspond à rien dans la typologie des normes établie par le TFUE. La doctrine a parfois voulu en tirer la conséquence que cette voie devait s'appliquer à tous les actes de portée générale revenait ainsi sur la jurisprudence de la Cour en matière de recevabilité[1]. Il convenait sans doute dans ce cas

1. Pour une vision des thèses de la doctrine, voir la publication de la Cour de justice, *Reflets* n° 2, 2014, p.55.

de se référer aux intentions des auteurs et voir dans cette mention une référence aux actes d'exécution visés à l'article 291 TFUE. Ceci signifie que la lacune subsistera toujours en ce qui concerne les actes législatifs et éventuellement les actes délégués. Selon le Tribunal, la notion d'acte réglementaire recouvre tous les actes non législatifs de portée générale qui affectent directement le particulier[1]. Cette solution a été confirmée par la Cour de justice[2]. Lorsque des mesures d'application sont nécessaires, la solution du problème est renvoyée aux États membres puisque l'article 19, § 1, 2e alinéa, du TUE amendé impose aux États membres d'établir « les voies de recours nécessaires pour assurer une protection juridictionnelle effective dans le domaine du droit de l'Union »[3].

§ 3. Les cas d'annulation

1116 La typologie des cas d'ouverture du recours en annulation ne surprendra pas le juriste français puisqu'elle est largement calquée sur le contentieux français. Un acte peut être annulé sur la base de l'incompétence, de la violation des formes substantielles, de la violation du traité ou de toute règle de droit prise pour son application et du détournement de pouvoir. Les moyens relatifs à la légalité externe (incompétence et violation des formes substantielles) peuvent être soulevés d'office par le juge tandis que ceux concernant la légalité interne (violation du traité et détournement de pouvoir) doivent être soulevés par les parties[4].

1. Ord. 6 sept. 2011, T-18/10, *Inuit* et 25 oct. 2011, T-262/10, *Microban*.
2. CJUE 3 oct. 2013, *Inuit Tapiriit Kanatami*, C-583/11 P.
3. A cet égard, la Cour a précisé : « ... il appartient, en l'absence de réglementation de l'Union en la matière, à l'ordre juridique interne de chaque État membre de désigner ... les juridictions compétentes et de régler les modalités procédurales des recours destinés à assurer la sauvegarde des droits que les justiciables tirent du droit de l'Union ... Quant aux voies de recours que doivent prévoir les États membres, si le traité FUE a institué un certain nombre d'actions directes qui peuvent être exercées, le cas échéant, par des personnes physiques et morales devant le juge de l'Union, ni le traité FUE ni l'article 19 TUE n'ont entendu créer devant les juridictions nationales, en vue du maintien du droit de l'Union, des voies de droit autres que celles établies par le droit national ... Il n'en irait autrement que s'il ressortait de l'économie de l'ordre juridique national en cause qu'il n'existe aucune voie de recours permettant, ne fût-ce que de manière incidente, d'assurer le respect des droits que les justiciables tirent du droit de l'Union, ou encore si la seule voie d'accès à un juge était pour les justiciables de se voir contraints d'enfreindre le droit », 3 oct., 2013, *Inuit Tapiriit Kanatam*, C-583/11 P.
4. CJCE 2 avr. 1998, C-367/95P, *Commission c/ Sytraval et Brink's France*.

A. L'incompétence

1117 Compte tenu du fait que l'Union ne dispose que de compétences d'attribution, tout acte pris en dehors du champ des compétences communautaires est nul. À vrai dire, les cas d'actes annulés pour incompétence de l'Union sont relativement rares. Certains ont même suggéré que, dans ce cas, il s'agirait davantage d'inexistence que de nullité. La Cour a surtout eu l'occasion de se prononcer dans ses différents arrêts relatifs à la fixation du siège des institutions sur la répartition des compétences entre la Communauté et ses États membres (v. ss 375). De même, elle a estimé que le Parlement ne disposait pas du pouvoir de mettre en place un système de financement des élections européennes, car l'acte relatif à l'élection du Parlement laissait cette compétence aux États membres[1]. L'incompétence de l'Union a été reconnue à propos de la directive relative à la publicité sur le tabac qui a été annulée parce que l'article 95 du traité ne constituait pas la base juridique adéquate pour la totalité de ses dispositions, mais il ressort de l'arrêt que le traité n'offrant aucune autre base juridique, il s'agissait bien d'incompétence[2]. Quant aux institutions, elles ne disposent que des pouvoirs qui leur sont attribués par les traités. Toute action prise par une institution en dehors de ses pouvoirs remet en cause l'équilibre des pouvoirs entre institutions tel qu'il est établi par le traité. Aussi la violation du principe d'attribution des pouvoirs est-elle fréquemment à l'origine du contentieux. Mais celui-ci prendra le plus souvent la forme d'un contentieux de la base juridique puisque l'attribution des pouvoirs à une institution dans un secteur particulier est commandée par la base juridique. En effet, les parties préfèrent invoquer, dans cette hypothèse, la violation du traité due au choix d'une base juridique inadéquate que l'incompétence.

1118 L'incompétence peut exister *ratione temporis* dès lors qu'une institution agit alors qu'elle ne disposait pas encore ou ne disposait plus de la compétence nécessaire. L'incompétence peut égale-

1. CJCE 23 avr. 1986, C-294/83, *Les Verts c/ Parlement*, préc.
2. CJCE 5 oct. 2000, C-376/98, *Allemagne c/ Conseil*.

ment se manifester *ratione loci* lorsque l'Union prend, en violation du droit international, des mesures destinées à s'appliquer hors de l'Union. Cependant, la Cour a jugé qu'en matière de concurrence des mesures destinées à sanctionner des ententes réalisées hors de la Communauté étaient légales dès lors que l'entente était mise en œuvre à l'intérieur de la Communauté[1].

B. La violation des formes substantielles

1119 Les formes substantielles sont destinées à garantir que la volonté de l'Union se forme dans le respect de l'équilibre institutionnel ou que les droits des particuliers soient respectés. S'agissant de la formation de la volonté des institutions, la violation des formes substantielles sera sanctionnée que lorsque leur respect aurait pu conduire à un résultat différent de celui consacré dans l'acte attaqué[2]. Parmi les hypothèses classiques de violation des formes substantielles, la Cour a sanctionné le droit du Parlement à être consulté et reconsulté (v. ss 728), le respect de certaines dispositions du règlement intérieur d'une institution[3]. Parmi les règles destinées à protéger les particuliers, figure le droit d'être entendu lorsqu'une décision défavorable est prise, le droit de consulter son dossier ou le droit au respect de la confidentialité. Bien entendu, la motivation constitue une forme substantielle non seulement parce qu'elle permet de connaître les raisons qui justifient l'acte, mais aussi parce qu'elle sert de base au contrôle juridictionnel (v. ss 934).

C. La violation du traité ou de tout acte relatif à son application

1120 Ce moyen est l'expression du principe de légalité dans l'ordre juridique de l'Union. Tout acte doit respecter le traité ainsi que les règles obligatoires qui lui sont supérieures. Viennent s'inscrire ainsi dans la hiérarchie des normes, les principes généraux du droit, les traités

1. CJCE 27 sept. 1988, n° 89, 104, 114, 116 et 117, 125 à 129/85, *Ahlström c/ Commission.*
2. CJCE 29 oct. 1980, n° 209 à 215 et 218/78, *Van Landewyck c/ Commission*, *Rec.* 3125 : « cette irrégularité de procédure n'entraînerait l'annulation en tout ou en partie de la décision que s'il était établi qu'en l'absence de cette irrégularité, la décision attaquée aurait pu avoir un contenu différent ».
3. Pour le Conseil en ce qui concerne la procédure écrite, v. CJCE 23 févr. 1988, *Royaume-Uni c/ Conseil.*

conclus par l'Union, la législation, les mesures d'exécution, les décisions individuelles. Constitue également une violation de la loi, une erreur de fait ou une erreur dans la qualification des faits. Cependant, le juge montre une certaine retenue lorsque les institutions disposent en matière économique d'un large pouvoir d'appréciation des faits. Il ne sanctionne que l'erreur manifeste d'appréciation[1].

D. Le détournement de pouvoir

1121 Le détournement de pouvoir est constitué par l'usage des pouvoirs attribués sans but légitime ou dans un autre but que celui en vue duquel ils avaient été attribués ou par l'utilisation d'une procédure autre que celle qui était prescrite en vue d'atteindre le but visé. Si le moyen est fréquemment invoqué, le détournement de pouvoir est rarement constaté. En effet, le détournement de pouvoir ne peut être présumé et le requérant doit apporter des éléments objectifs de preuves à l'appui de ce moyen[2].

§ 4. Les effets de l'annulation

1122 L'annulation produit des effets *erga omnes* et a une portée rétroactive. L'acte est donc réputé ne jamais avoir existé et ses effets doivent être effacés. Il appartient à institution dont l'acte émane de prendre, en application de l'article 266 TFUE, toutes les mesures nécessaires pour exécuter l'arrêt de la Cour. S'il s'agit d'un acte qu'elle a l'obligation de prendre, elle devra remplacer l'acte par un acte qui n'est plus entaché de l'illégalité constatée. En cas de vice de forme, la procédure peut reprendre à partir de l'étape à laquelle l'illégalité a été commise et, pour un acte législatif, une nouvelle proposition de la Commission n'est pas nécessaire. Ainsi, en cas d'annulation pour défaut de consultation ou de reconsultation, la procédure pourra reprendre au stade de la consultation[3]. La Cour ne peut aller au-delà de l'annulation de

1. CJCE 20 oct. 1977, n° 29/77, *Roquette frères*, suivi d'une jurisprudence constante.
2. CJCE 29 sept. 1976, n° 105/75, *Giuffridi c/ Conseil*.
3. CJCE 13 nov. 1990, C-331-88, *Fedesa e.a.*, *Rec.* I. 4023 ; CJCE 3 juill. 1986, n° 34/86, *Conseil c/ Parlement* ; CJCE 12 nov. 1998, C-415/96, *Espagne c/ Commission*.

l'acte et n'a pas le pouvoir d'adresser des injonctions aux institutions[1]. Elle peut limiter les effets de l'annulation d'un règlement (TFUE, art. 231 et 264, le terme de règlement étant entendu par la Cour dans un sens large et couvrant les autres actes à portée générale). Le plus souvent, lorsque les nécessités de continuité ou de protection des particuliers l'imposent, elle limite l'effet rétroactif de l'annulation. Notamment lorsqu'elle annule un règlement ayant servi de base à des dépenses de la Communauté, elle indique que l'annulation n'affecte pas les paiements effectués et les engagements pris[2]. Elle peut également maintenir les effets de l'acte annulé jusqu'à ce qu'il soit remplacé par un acte nouveau[3]. Enfin, une annulation partielle est possible lorsque la partie annulée est détachable de l'ensemble de l'acte. Un litige relatif à la non-exécution d'un arrêt relève du recours en carence[4].

SECTION 2
LE RECOURS EN CARENCE

1123 Tandis que l'annulation sanctionne une action illégale des institutions, la carence vise à faire condamner une abstention illégale de celles-ci (art. 265 TFUE). Lorsque les traités ou les actes pris pour leur application imposent une obligation d'agir pour les institutions, l'abstention constitue une omission illégale et peut donner lieu à un recours en carence. Dès lors que l'institution en cause défère à l'obligation d'agir, la carence prend fin et l'acte adopté peut être éventuellement contesté par la voie du recours en annulation. Le recours en carence vient ainsi compléter le recours en annulation et la Cour a vu dans ceux-ci « l'expression d'une seule et même voie de droit »[5].

1. CJCE 27 nov. 1997, T-224/95, *Tremblay e.a. c/ Commission.*
2. CJCE 12 mai 1988, C-106/86, *Royaume-Uni c/ Commission.*
3. En ce qui concerne un règlement, v. CJCE 10 juin 1997, C-392/95, *Parlement c/ Conseil* ; en ce qui concerne l'acte de conclusion d'un accord international, v. CJCE 7 mars 1996, C-360/93, *Parlement c/ Conseil.*
4. TPICE 18 sept. 1996, T-387/94, *Asia Motor France e.a. c/ Commission.*
5. CJCE 18 nov. 1970, n° 15/70, *Chevalley.*

1124 Cette appréciation doit être nuancée. En effet, l'acte qui met fin à la carence n'est pas nécessairement susceptible d'être contesté devant la Cour. L'abstention de prendre un acte préparatoire peut donner lieu à un recours en carence, mais, une fois cet acte pris, il ne pourra faire l'objet d'un recours en annulation en raison de son caractère préparatoire. Ainsi, si le Conseil n'adopte pas un projet de budget dans les délais prévus par le traité, il peut être condamné pour carence[1]. Mais, le projet de budget ne peut, lui, faire l'objet d'un recours en annulation. De la même manière, si l'institution met fin à la carence par un acte autre que celui qui est demandé, si cet acte est non obligatoire, il ne pourra être contesté. Le lien entre carence et annulation n'est donc pas absolu. On examinera successivement les parties au litige (**§ 1**), la procédure précontentieuse (**§ 2**), les effets de la constatation de la carence (**§ 3**).

§ 1. Les parties au litige

1125 Le recours en carence peut être dirigé contre le Parlement, le Conseil européen, le Conseil, la Commission et la Banque centrale européenne ainsi qu'aux organismes et organes de l'Union. À l'origine, le Parlement européen n'était pas mentionné parmi les institutions dont l'abstention pouvait donner lieu à un recours en carence, mais le traité de Maastricht a comblé cette omission de même qu'il a naturellement ajouté la Banque centrale à la liste. Le recours n'est recevable que pour autant que le droit de l'Union crée une véritable obligation pour agir et ne laisse à l'institution concernée aucune marge d'appréciation[2]. De manière classique, la Cour déclare irrecevables les recours en carence contre l'abstention de la Commission d'introduire une action en manquement contre un État membre puisque la Commission dispose en la matière du pouvoir d'apprécier la situation en opportunité[3].

1. CJCE 27 sept. 1988, n° 302/87, *Parlement c/ Conseil.*
2. CJCE 22 mai 1985, n° 13/83, *Parlement c/ Conseil.*
3. V. parmi une nombreuse jurisprudence, TPICE ord. 3 juill. 1997, T-201/96, *Smanor SA.*

1126 Le recours peut être formé par les États membres et les institutions. Cependant, la Cour, en raison de sa situation particulière, ne devrait pas utiliser ce droit. Les requérants institutionnels n'ont pas besoin d'établir l'existence d'un intérêt à agir. L'action ne doit pas nécessairement porter sur l'omission de prendre un acte à caractère obligatoire puisque le traité ne contient aucune restriction à cet égard. Ainsi, l'omission par la Commission de faire une proposition alors que le droit de l'Union impose une obligation en ce sens est constitutive d'une carence. De même, l'abstention de présenter, dans les délais requis par le traité, un projet de budget, acte non contraignant, est constitutive d'une carence du Conseil[1].

1127 En ce qui concerne les particuliers, le recours leur est ouvert, selon le traité, lorsqu'une institution a manqué de leur adresser un acte autre qu'une recommandation ou un avis. Ceci implique, à la différence des recours intentés par les requérants institutionnels, que le recours en carence ne peut être utilisé que lorsqu'une institution a omis de prendre un acte obligatoire. La rédaction du traité exclut les recours contre l'omission de prendre des actes de portée générale puisque l'article 265 TFUE ne vise que les actes adressés aux particuliers. Cependant, dans un souci de parallélisme avec la jurisprudence relative au recours en annulation, la Cour n'exclut pas le recours lorsque les particuliers sont individuellement et directement concernés. Comme elle le constate, « de même que l'article 173 (devenu 230), quatrième alinéa, permet aux particuliers de former un recours en annulation contre un acte d'une institution dont ils ne sont pas les destinataires dès lors que cet acte les concerne directement et individuellement, de même l'article 175 (devenu 232), 3e alinéa, doit être interprété comme leur ouvrant également la faculté de former un recours en carence contre une institution qui aurait manqué d'adopter un acte qui les aurait concernés de la même manière. La possibilité pour les particuliers de faire valoir leurs droits ne saurait en effet dépendre de l'action ou de l'inaction de l'institution visée »[2].

1. CJCE 27 sept. 1988, n° 302/87, *Parlement c/ Conseil.*
2. CJCE 26 nov. 1996, C-68/95, *T-Port.*

§ 2. La procédure précontentieuse

1128 L'introduction d'un recours en carence est nécessairement précédée d'une invitation à agir adressée par le requérant à l'institution concernée. Cette invitation doit faire expressément référence à la situation de carence et préciser l'acte que l'institution est invitée à adopter. S'agissant des particuliers, cette dernière précision permettra de juger de la recevabilité du recours. L'invitation n'est pas enfermée dans un délai précis, mais la Cour considère qu'elle doit intervenir dans un délai raisonnable.

1129 L'invitation fait courir un délai de deux mois pendant lequel l'institution devra prendre position. L'absence de prise de position ouvre la voie au recours en carence. En revanche, si l'institution prend position, le recours en carence devient impossible et seul un recours en annulation pourra être ouvert contre la décision de rejet ou la prise de position. Ce schéma ne fonctionne pas toujours de manière aussi simple. D'une part, la demande peut viser des actes (proposition de la Commission, projet de budget) qui ne peuvent faire l'objet d'un recours en annulation. D'autre part, pour mettre fin à la carence, l'institution a la possibilité d'adopter un autre acte que celui qui lui a été demandé. D'où la tentation qui pourrait naître de répondre à la carence par des mesures purement formelles qui laisseraient subsister celle-ci et permettrait néanmoins d'éviter le recours. Dans ce contexte, la garantie essentielle pour le demandeur réside dans la signification donnée par la Cour à l'expression « prise de position ». Conformément à la jurisprudence habituelle, seule l'analyse du contenu de la prise de position peut permettre d'apprécier la réalité de celle-ci. Ainsi une simple réponse indiquant que le dossier est examiné ne saurait constituer une prise de position. Si la prise de position intervient tardivement, voire même en cours d'instance, le recours sera déclaré sans objet[1]. Cependant, dans ce dernier cas, la Cour condamne généralement l'institution en cause à acquitter les dépens.

1. CJCE 12 juill. 1988, n° 377/87, *Parlement c/ Conseil*.

§ 3. Les effets de la constatation de la carence

1130 Les effets d'un arrêt en carence sont décrits dans l'article 266 TFUE qui traite également des effets d'un arrêt en annulation, ce qui confirme le parallélisme entre les deux types de recours. La constatation de la carence est purement déclarative et il appartient à l'institution concernée de prendre, dans un délai raisonnable, les mesures nécessaires pour mettre fin à son abstention illégale. La constatation renforce donc l'obligation d'agir et en l'absence de toute action, la responsabilité extra-contractuelle de l'Union pourrait être engagée[1].

SECTION 3 L'EXCEPTION D'ILLÉGALITÉ

1131 L'objet du recours prévu à l'article 277 TFUE est simple. Il est de permettre à une partie à un litige d'invoquer l'illégalité d'un acte de portée générale afin d'obtenir que celui-ci soit déclaré inapplicable dans le contexte de ce litige (**§ 1**). La constatation de l'illégalité n'entraînera pas la nullité de l'acte, mais privera celui-ci d'effets (**§ 3**). L'exception peut être soulevée dans toutes les voies de recours directs par les parties à l'action (**§ 2**). Dans le cadre d'un recours préjudiciel, la voie spécifique de la demande préjudicielle en invalidité adressée à la Cour par le juge national à l'encontre de l'acte de l'Union constitue la solution appropriée[2]. L'exception d'illégalité a la même signification qu'en droit français, mais elle revêt une importance particulière compte tenu des limitations, fixées par le traité, à l'accès des particuliers au recours en annulation à l'encontre des actes de portée générale.

1. CJCE 12 juill. 1988, *Parlement c/ Conseil*, préc.
2. CJCE 27 sept. 1983, n° 216/82, *Universität Hambourg c/ Hauptzollamt Hamburg-Kehrwieder.*

§ 1. Les actes à l'encontre desquels l'exception peut être invoquée

1132 Selon les versions des traités antérieures à Lisbonne, une exception d'illégalité ne pouvait être formée qu'à l'encontre d'un règlement. Mais, il fallait entendre par règlement, toute mesure de portée générale, au sens de la jurisprudence développée par la Cour à propos du recours en annulation. Le recours est donc exclu contre les décisions notifiées au requérant[1]. La solution est logique, car admettre l'exception dans ce cas reviendrait en fait à rouvrir les délais du recours en annulation alors que le destinataire avait la possibilité d'attaquer directement l'acte et ne l'a pas fait. Certes, les effets d'une annulation et d'une exception d'illégalité diffèrent, mais permettre ici que la légalité de la mesure notifiée soit contestée par son destinataire sous forme d'exception produirait le même résultat qu'un recours direct. Dans les deux cas, la décision serait inapplicable. On s'était interrogé sur la possibilité d'utiliser l'exception pour les directives. Le traité de Lisbonne comble la lacune en indiquant que le recours est ouvert contre tous les actes de portée générale.

1133 L'acte à l'égard duquel l'exception est invoquée doit avoir un lien avec l'acte attaqué au fond. Il constituera le plus souvent la base juridique de celui-ci[2]. Cependant, la Cour a admis la possibilité que le lien soit indirect dès lors qu'il existe des relations très étroites entre certaines dispositions de l'acte de portée générale et la décision individuelle attaquée[3].

§ 2. Les parties

1134 Le droit d'invoquer l'exception est ouvert à toutes les parties à l'action sur laquelle l'exception vient se greffer. Cependant, la

1. CJCE 27 oct. 1992, C-74/91, *Commission c/ Allemagne.*
2. CJCE 28 oct. 1981, aff. jtes n° 275/80 et 24/81, *Krupp c/ Commission.*
3. CJCE 13 juill. 1966, n° 32/65, *Italie c/ Conseil et Commission* ; CJCE 21 févr. 1984, n° 140, 146, 211, 226/82, *Walzthal-Vereinigung et Thyssen c/ Commission.*

situation des requérants institutionnels et des particuliers est-elle identique ? En ce qui concerne ces derniers, la Cour a estimé qu'ils ne pouvaient former l'exception à l'encontre d'un acte contre lequel ils ont négligé d'agir en annulation. En effet, l'exigence de sécurité juridique s'oppose à la recevabilité de l'exception d'illégalité dès lors que l'acte est devenu définitif à l'égard de l'intéressé par l'expiration du délai de recours[1]. Il en va de même si l'invalidité est soulevée devant une juridiction nationale alors qu'un recours en annulation n'a pas été formé contre l'acte dans les délais. L'acte étant devenu définitif, le Tribunal national ne saurait accueillir la demande[2]. Cette jurisprudence qui s'est développée à l'égard des décisions individuelles vaut aussi à propos des actes de portée générale, mais elle est d'application plus délicate. En effet, pour poser s'opposer à la recevabilité d'une exception à l'égard d'un tel acte, il est nécessaire d'établir qu'une action directe eut été recevable et que cette recevabilité ne pouvait faire l'objet d'aucune incertitude pour le requérant. À défaut, on pénaliserait le particulier qui, doutant du fait qu'il était directement et individuellement concerné, a préféré attendre de faire jouer l'exception plutôt que d'intenter un recours direct en annulation dont la recevabilité était incertaine[3].

1135 La question était restée ouverte de savoir si un État membre dans une affaire en manquement peut exciper de l'illégalité de l'acte dont le non-respect fonde l'action en manquement. La réponse de la Cour est négative en ce qui concerne les décisions qui leur sont adressées. Qu'en est-il de l'invocation de l'exception à l'égard des actes de portée générale par les États membres puisque ces derniers disposent, en tant que requérants privilégiés, du recours direct en annulation ? Les exigences de sécurité juridique sont ici les mêmes que dans l'hypothèse d'un acte devenu définitif à l'égard d'un particulier et devraient conduire à donner une

1. CJCE 9 mars 1994, C-188/92, *TVD Textilwerke Deggendorf.*
2. CJCE 15 févr. 2001, C-239/99, *Nachi Europe Gmbh et Hauptzolamt Krefeld.*
3. V., pour un règlement, CJCE 12 déc. 1996, C-241/95, *Accrington Beef e.a.* dans lequel la Cour admet l'exception parce qu'il n'est pas « manifeste » qu'un recours fondé sur l'article 230 (TFUE, art. 263) eut été recevable ; et, pour une directive sur la base d'un recours préjudiciel, CJCE 11 nov. 1997, C-408/95, *Eurotunnel e.a.*

réponse négative. Cependant, à l'encontre de cette thèse, on peut faire valoir que le traité ne contient aucune limitation s'agissant de l'invocabilité de l'exception par un État membre. La doctrine favorable à la recevabilité estimait que l'illégalité d'un règlement pouvait apparaître lors de l'application de celui-ci en fonction de l'interprétation qui en est faite. Mais il faut tenir compte de la sécurité juridique et éviter un système de contestation permanent de la légalité. S'agissant des décisions adressées à des États membres, la jurisprudence semble claire et conclut à l'irrecevabilité d'exceptions d'illégalité invoquées par des États membres alors qu'ils avaient négligé d'attaquer directement l'acte dans les délais[1]. Mais cette affaire concernait un recours exercé contre des décisions de la Commission devant une juridiction nationale qui venait devant la Cour par la voie du recours préjudiciel. S'agissant d'un recours direct en annulation exercé contre un règlement à propos duquel un État membre invoquait l'illégalité du règlement de base sur lequel était fondé le texte attaqué, la Cour a jugé que le droit reconnu par l'article 277 TFUE était absolu et que l'on ne pouvait priver un État membre du droit qui lui est reconnu par le traité[2].

§ 3. Les effets de l'admission de l'exception

1136 Lorsque l'exception d'illégalité est accueillie par le juge, l'effet est de rendre l'acte contesté inapplicable à la situation qui fait l'objet du litige. Cependant, en raison de l'autorité relative de la chose jugée, la déclaration de nullité ne produit d'effets que dans le cadre du litige et l'acte reste applicable à d'autres situations même si, concrètement, il sera difficile à l'Union de persévérer au risque de voir se multiplier les exceptions contre tous les actes d'application. La conséquence naturelle de l'exception devrait être l'abrogation de l'acte. La Cour semble considérer qu'il existe un devoir

1. CJCE 22 oct. 2002, C-241/01, *National Farmer's Union.*
2. CJCE 15 mai 2008, C-442/04, *Espagne c/ Conseil.*

de l'institution d'agir en ce sens[1]. Cependant, si l'institution doit remédier à toutes les conséquences de l'illégalité, y compris celles qui se sont produites dans le passé, dans le cas jugé par la Cour, elle n'est pas pour autant tenue, du fait de l'effet relatif de la chose jugée, d'abroger rétroactivement la mesure déclarée illégale afin de réparer le préjudice qui aurait pu être causé à des tiers à l'instance.

1. CJCE 20 mars 1984, n° 75 et 117/82 *Razzouk et Beydoun c/ Commission.*

CHAPITRE 2

Le recours en manquement d'État

1137 Le recours en manquement marque la spécificité du droit de l'Union. Dans un système international classique, le respect par l'État des obligations qu'il a contractées est assuré par le jeu de la réciprocité lequel permet aux autres parties de suspendre l'exécution des obligations qui découlent du traité en cas de violation de celui-ci. Dans un système fédéral, au contraire, les juridictions fédérales peuvent déclarer nul l'acte par lequel une autorité d'un État fédéré viole le droit fédéral. Cette dernière possibilité n'existe pas en droit de l'Union, mais on n'en est pas pour autant renvoyé à la première solution. Les articles 258 et 259 TFUE permettent respectivement à la Commission et aux États membres de demander à la Cour de constater qu'un État membre a manqué à ses obligations. La constatation du manquement n'entraîne aucun autre effet immédiat que celui d'imposer à l'État concerné de se conformer à ses obligations. L'acte en cause n'est pas annulé, mais les juridictions nationales tenues par la primauté du droit de l'Union devront tirer les effets de la constatation tant en ce qui concerne l'application de l'acte que sur le plan de la responsabilité de l'auteur du manquement. Le système préserve ainsi en apparence le droit national d'une intervention du juge de l'Union et rend la décision plus acceptable en ce sens qu'il appartiendra aux autorités judiciaires nationales de tirer les conséquences pratiques du manquement en appliquant le droit communautaire tel qu'il résulte de l'interprétation donnée par la Cour. Cette construction globale n'est pas entièrement contenue dans le traité qui se limite à organiser la procédure de manquement, mais elle découle de la jurisprudence de la Cour relative à la primauté du droit de l'Union et à la responsabilité des États membres. Le traité de Lisbonne soumet l'ensemble de l'espace de liberté, de sécurité et de justice (TUE, ancien titre VI) aux procédures en manquement avec des restrictions portant sur l'appréciation de la validité ou de la proportionnalité des opérations de police et sur l'exercice des responsabilités liées au maintien de l'ordre public et de la sécurité intérieure en matière de coopération judiciaire et policière (TFUE, art. 277).

1138 À côté des procédures des articles 258 et 259 TFUE, il existe plusieurs procédures simplifiées qui permettent de faire constater plus rapidement le manquement en raison de l'urgence qui est de mise dans certains domaines spécifiques (aide d'États, protection du marché intérieur etc.). L'article 108 TFUE (Traité CE, ex-art. 88) permet à la Commission ou à tout autre État intéressé de saisir la Cour si un État membre ne donne pas suite à une décision de la Commission constatant qu'une aide est incompatible avec le Marché commun. L'article 114 TFUE (Traité CE, ex-art. 95) permet à la Commission ou à tout État membre de saisir la Cour de justice s'ils estiment que l'usage fait du droit de maintenir des mesures nationales après harmonisation est abusif au regard du traité. Enfin, l'article 348 TFUE (Traité CE, ex-art. 298) permet à la Commission et à tout État membre de saisir la Cour en cas d'usage abusif des pouvoirs reconnus par les articles 346 TFUE (Traité CE, ex-art. 296) et 347 TFUE (Traité CE, ex-art. 297) qui concernent la faculté pour un État de prendre les mesures nécessaires à la protection de sa sécurité en matière de production d'armements et en cas de troubles intérieurs ou de crise internationale. Les éléments constitutifs du manquement (SECTION 1) sont abordés dans le cadre d'une procédure spécifique (SECTION 2) qui conduit, le cas échéant, à un arrêt déclaratoire du manquement (SECTION 3).

Section 1
Les éléments constitutifs du manquement

1139 Le manquement résulte d'un comportement contraire au droit de l'Union (**§ 1**) imputable à un État (**§ 2**). La Cour a une conception objective du manquement et s'est montrée extrêmement réservée à l'égard des faits justificatifs invoqués par les États pour éviter une constatation du manquement (**§ 3**).

§ 1. La nature du comportement constitutif d'un manquement

1140 Le recours en manquement est destiné à faire constater tout manquement au droit de l'Union. Cette dernière expression couvre l'ensemble des normes de l'Union qu'il s'agisse du droit primaire, du droit dérivé ou des principes généraux du droit. La violation de l'obligation de coopération loyale entre l'Union et les États membres qui est consacrée par l'article 4 TUE est de nature à justifier par elle-même un manquement dès lors qu'il n'existe pas de règle spécifique applicable[1]. Le manquement peut résulter d'une action positive de l'État comme l'adoption d'une législation ou d'une réglementation nationale contraire au traité, voire de pratiques administratives, mais aussi d'une omission comme la non-transposition d'une directive. Le maintien d'une réglementation nationale contraire au traité, même si celle-ci n'est pas appliquée, est constitutif d'un manquement, car il crée une situation d'insécurité juridique. Le manquement n'implique pas l'existence d'un acte juridique contraignant contraire au droit communautaire. Une action de l'État est suffisante telle l'organisation d'une

1. CJCE 20 sept. 1988, n° 272/86, *Commission c/ Grèce*, à propos du refus de la Grèce de communiquer des informations à la Commission; CJCE 9 déc. 1997, C-265/95, *Commission c/ France* dans lequel l'article 10 (TUE, art. 4) est invoqué en liaison avec l'article 28 (TFUE, art. 34) pour justifier la condamnation de la France en manquement en raison des entraves apportées à la libre circulation des marchandises liées à des manifestations d'agriculteurs.

campagne invitant à acheter des produits nationaux[1]. La notion de manquement est objective et ne fait pas appel à une éventuelle faute de l'État.

§ 2. L'imputation à un État

1141 Pour l'analyse du manquement, l'État est considéré comme une entité. Lui sont donc imputables tous les comportements de ses organes, des collectivités décentralisées, des États fédérés, des organismes de droit public ayant la personnalité juridique, voir des organismes de droit privé dont il apparaît que les activités sont contrôlées par l'État. Comme le déclarait la Cour, le recours en manquement ne vise que le gouvernement de l'État membre « quand bien même le manquement résulterait de l'action ou de l'inaction des autorités d'un État fédéré, d'une région ou d'une Communauté autonome »[2]. Dans ce contexte et en raison du caractère objectif du manquement, un État ne peut invoquer sa structure interne, l'indépendance de certains de ses organes, comme le législateur, pour justifier un manquement. Comme le déclare la Cour : « un État ne saurait exciper de dispositions pratiques ou situations de son ordre juridique interne pour justifier l'inobservation des obligations et délais prescrits par une directive »[3]. On s'était interrogé sur l'hypothèse d'un manquement judiciaire. À vrai dire, compte tenu de la jurisprudence de la Cour sur la notion d'État et notamment du fait que l'indépendance du législateur par rapport au gouvernement n'avait jamais été retenue comme fait justificatif, il était peu probable que la Cour refuse de sanctionner un tel manquement. Cette thèse a été confirmée explicitement par la Cour de justice à propos d'un manquement résultant de la jurisprudence italienne et de la pratique relative au remboursement de taxes indûment perçues. La Cour a estimé que l'Italie aurait dû modifier sa législation afin de permettre une modification de la jurisprudence. Mais elle rappelle qu'un man-

1. CJCE 24 nov. 1982, n° 249/81, *Commission c/ Irlande.*
2. CJCE ord. 21 mars 1997, C-95/97, *Région wallonne c/ Commission.*
3. CJCE 14 mars 1996, C-238/95, *Commission c/ Italie.*

quement « peut être constaté (...) quel que soit l'organe de cet État dont l'action ou l'inaction est à l'origine du manquement, même s'il s'agit d'une institution constitutionnellement indépendante »,[1]. D'ailleurs, dans ce cas, la constatation du manquement permet d'éviter le renouvellement des errements constatés et ouvre éventuellement la porte à une indemnisation. En France, la Cour de cassation a ordonné de surseoir à une procédure pénale pendant la durée d'une action en manquement afin d'éviter des contradictions entre le juge national et le juge communautaire[2]. En fait, la rareté des actions engagées tient à la prudence de la Commission qui ne devrait avoir recours à cette arme que dans des cas exceptionnels. Les juridictions nationales disposent d'ailleurs du recours préjudiciel comme moyen d'éviter de rendre des décisions qui mettraient l'État en situation de manquement.

§ 3. Les faits justificatifs

1142 Les faits justificatifs de nature à éviter un manquement sont rares. Comme on l'a vu plus haut, les difficultés liées à la structure institutionnelle de l'État ou aux particularités de son ordre juridique ne sont pas retenues. La Cour ne retient pas l'argument fondé sur l'illégalité de l'acte de l'Union que l'État aurait violé, car cela reviendrait à admettre une réouverture des délais du recours en annulation. La Cour réserve seulement le cas dans lequel l'acte interviendrait dans un domaine relevant d'une compétence réservée aux États membres, situation qui ressemble à celle de l'inexistence. L'argument selon lequel l'obligation en cause n'est pas respectée par d'autres États membres ne peut être utilisé puisque le système de l'Union exclut la réciprocité précisément en raison de l'existence du recours en manquement qui peut être actionné par un État membre[3]. Le fait que la violation n'a pas eu d'effets négatifs sur le marché intérieur ne peut justifier un manquement[4].

1. CJCE 9 déc. 2003, C-129/00, *Commission c/ Italie*.
2. Crim. 1er oct. 1979, *Rossi di Montalera, JCP* 1981. II. 19554.
3. CJCE 26 févr. 1976, n° 52/75, *Commission c/ Italie*.
4. CJCE 11 avr. 1978, n° 95/77, *Commission c/ Pays-Bas*.

Le caractère imprécis de l'obligation en cause paraissait pouvoir être retenu, mais la Cour semble estimer que les États membres disposent de moyens pour obtenir, notamment par la voie juridictionnelle, les précisions nécessaires[1]. Ce n'est sans doute que dans l'hypothèse où ces moyens ne pourraient être utilisés avec succès que la Cour accueillerait cette excuse, encore que, comme elle le constatait dans l'affaire sus citée, la procédure de manquement est un moyen d'obtenir ces précisions. Le seul cas qui est reconnu comme fait justificatif réside dans l'impossibilité d'exécuter l'acte, mais cette impossibilité doit avoir fait, conformément à l'obligation de coopération loyale, l'objet d'un dialogue avec la Commission[2]. L'existence de troubles sociaux a été invoquée par le gouvernement français pour justifier des barrages routiers et la destruction de cargaisons de fruits par des manifestants. Il soutenait notamment qu'il avait utilisé tous les moyens appropriés pour tenter d'éviter ces dommages et qu'il avait pris des mesures pour indemniser les victimes. La Cour n'a pas exclu que l'existence de troubles sociaux de cette nature puisse être invoquée comme fait justificatif et a admis que, dans ce domaine, les États membres disposaient d'une marge d'appréciation quant aux mesures à prendre. Mais elle a vérifié si les mesures étaient suffisantes et appropriées : « il incombe à l'État membre concerné, sauf à établir qu'une action de sa part aurait sur l'ordre public des conséquences auxquelles il ne pourrait faire face grâce aux moyens dont il dispose de prendre toutes les mesures propres à garantir la portée et l'efficacité du droit communautaire afin d'assurer la mise en œuvre correcte de ce droit dans l'intérêt de tous les opérateurs économiques ». Le fait d'indemniser les victimes s'il efface les conséquences du manquement ne fait pas disparaître celui-ci. La France a été condamnée pour ne pas avoir pris de mesures suffisantes pour permettre la libre circulation[3].

1. CJCE 14 déc. 1971, n° 7/71, *Commission c/ France*.
2. CJCE 23 févr. 1995, C-348/93, *Commission c/ Italie*, à propos d'un contentieux fondé sur l'article 88 (TFUE, art. 108), en matière d'aide d'États qui est fort proche du contentieux en manquement ; v. la même solution à propos de la non-récupération d'une aide illégale, CJCE 22 mars 2001, C-261/99, *Commission c/ France*, mais le gouvernement français avait omis, dans le cadre d'un recours en annulation encore pendant, de demander la suspension de la récupération de l'aide illégale en référé.
3. CJCE 9 déc. 1997, C-265/95, *Commission c/ France*.

SECTION 2
LA PROCÉDURE EN MANQUEMENT

1143 La procédure peut être mise en œuvre par la Commission en tant que gardienne des traités (art. 258 TFUE) ou par un État membre art. 259 TFUE). La Commission apprécie en toute opportunité la nécessité d'engager une action. Aussi, un recours en carence ne peut-il être intenté contre une abstention d'engager une procédure en manquement. Cependant, l'institution du médiateur a conduit à limiter le pouvoir discrétionnaire de la Commission lorsqu'elle est saisie sur plainte d'un particulier. Non seulement, la Commission doit, selon le médiateur, informer le plaignant des suites données à la plainte, mais le médiateur enquête sur la manière dont la plainte a été examinée, n'hésitant pas à faire témoigner les fonctionnaires responsables du dossier, afin de vérifier si l'on n'est pas en présence d'un cas de mauvaise administration. Dans certains cas, l'impression que l'on retire de la lecture des décisions du médiateur est que celui-ci tente de limiter le pouvoir discrétionnaire de la Commission parce qu'il soupçonne que l'exercice de celui-ci dissimulerait des considérations d'ordre politique. Or, le pouvoir d'apprécier l'opportunité des poursuites, tel qu'il résulte du traité, a bien pour objet de permettre à la Commission de prendre en considération d'autres éléments que la légalité. L'attitude du médiateur pourrait remettre en cause cette liberté laissée à la Commission[1]. Lorsque, après avoir envisagé un recours en manquement, la Commission renonce à ouvrir une procédure, cela ne signifie pas que le comportement de l'État contre lequel une telle action avait été envisagée soit conforme au traité et rien n'interdit à la Commission d'ouvrir ultérieurement une nouvelle procédure.

1144 Lorsque l'action en manquement est mise en œuvre par un État membre, celui-ci doit d'abord s'adresser à la Commission qui adopte un avis motivé après avoir permis aux parties d'exposer leurs arguments. Si la Commission garde le silence pendant trois

1. V. décis. reproduites dans le rapport du médiateur pour 1999.

mois, l'État peut saisir la Cour. Si la Commission décide de saisir la Cour, l'État peut le faire également. La saisine étatique est très rarement utilisée puisque, jusqu'à présent, deux arrêts ont été rendus dans le cadre d'une telle procédure[1]. Les États membres sont en effet très réticents devant les conséquences politiques que pourrait entraîner l'ouverture d'un contentieux en manquement et préfèrent que la saisine émane de la Commission. Cette situation montre que, si le seul recours étatique avait été ouvert, l'application du droit de l'Union aurait connu de sérieuses lacunes. Les différends auraient davantage été réglés par la voie diplomatique que par la voie judiciaire. On mesure la sagesse des auteurs des traités qui ont confié cette mission à la Commission. Celle-ci n'ouvre la phase contentieuse (**§ 2**) qu'après avoir tenté de résoudre le litige dans un cadre précontentieux (**§ 1**).

§ 1. La phase précontentieuse

1145 La phase contentieuse est précédée d'une procédure qui permet à la Commission d'enquêter sur l'existence d'un manquement. De son propre mouvement ou sur la base d'une plainte, la Commission peut, après examen du dossier, solliciter les explications de l'État membre. S'engage alors un dialogue qui a pour objet de régler la situation avant recours à la phase contentieuse. Si cette phase officieuse ne permet pas de trouver une solution, la Commission déclenchera la procédure officielle par une lettre de mise en demeure. Cette lettre est importante parce qu'elle fixe l'objet du litige. Elle doit permettre à l'État de présenter ses observations, aussi doit-elle contenir toutes les informations nécessaires pour que celui-ci puisse présenter sa défense. La lettre de mise en demeure doit être complète, car la Commission ne pourra présenter de nouveau griefs en cours de procédure. Le ferait-elle qu'elle porterait atteinte aux droits de la défense de l'État membre concerné. Le traité ne prévoit pas de délai pour permettre à l'État

1. CJCE 4 oct. 1979, n° 141/78, *Royaume-Uni c/ France* ; CJCE 12 sept. 2006, C-145/04, *Espagne c/ Royaume-Uni*.

de présenter ses observations. Selon la formule classique, la Commission doit laisser à l'État un délai raisonnable, dont la longueur peut varier en fonction de la complexité du dossier, de l'urgence et du fait que l'État était déjà informé de ce qui lui était reproché avant l'ouverture de la procédure. L'inobservation du délai de réponse n'étant pas sanctionnée par le droit de l'Union, la Commission est tenue de prendre en compte les observations tardives[1]. En l'absence de mise en demeure, la requête est irrecevable puisque le manquement ne saurait être établi tant que l'État n'a pas été invité à se mettre en règle[2].

1146 Si, à l'expiration du délai prévu dans la mise en demeure, l'État ne remplit toujours pas ses obligations, la Commission pourra émettre un avis motivé. Cet avis précisera ce qui est reproché à l'État et les mesures qu'il doit prendre pour mettre fin au manquement. Le contenu de l'avis motivé ne peut porter que les éléments contenus dans la mise en demeure tels qu'ils subsistent au vu des explications données par l'État membre en cause. La Commission peut toujours supprimer certains des éléments de la mise en demeure si elle estime avoir reçu des explications satisfaisantes, mais il ne lui est pas possible d'ajouter de nouveaux griefs. Une grande attention est portée à la rédaction de l'avis motivé, car il lie le contentieux ultérieur devant la Cour et la Commission ne pourra introduire dans sa requête des griefs qui ne figuraient pas dans l'avis motivé[3]. À partir de l'avis motivé, l'État membre dispose d'un délai raisonnable pour faire cesser le manquement. S'il ne prend pas les mesures nécessaires, la voie contentieuse sera ouverte et la Commission pourra juger opportun de saisir la Cour.

§ 2. La phase contentieuse

1147 La requête de la Commission doit reposer sur les mêmes griefs que ceux qui figurent dans l'avis motivé. Cependant, si ces griefs ont donné lieu à de nouveaux manquements, la Commission pourra

1. CJCE 10 déc. 2002, C-362/01, *Commission c/ Irlande.*
2. CJCE 15 févr. 2001, C-230/99, *Commission c/ France.*
3. CJCE 11 juill. 1984, n° 51/83, *Commission c/ Italie.*

les inclure dans sa requête. En effet, comme l'État membre a déjà eu l'occasion de s'exprimer sur ces griefs au stade de la mise en demeure, les droits de la défense ne sont pas violés. La charge de la preuve pèse sur la Commission, l'État pouvant invoquer de son côté tous les faits justificatifs qu'il juge utile même si les chances de succès sont faibles compte tenu de l'attitude très restrictive de la Cour en la matière. S'il est mis fin au manquement en cours d'instance, l'affaire pourra suivre son cours s'il apparaît utile que la Cour se prononce. Ce sera notamment le cas lorsque la constatation du manquement permet la mise en jeu de la responsabilité de l'État membre. La reconnaissance par l'État de l'existence du manquement ne met pas fin à la procédure, car celle-ci a pour objet de permettre une constatation judiciaire de l'existence d'un manquement. Cette situation donne fréquemment lieu à des arrêts d'une grande brièveté dans lesquels, l'État n'ayant pas contesté le manquement, la Cour se limite à constater celui-ci.

SECTION 3
LES EFFETS DE L'ARRÊT EN MANQUEMENT

1148 La constatation du manquement est purement déclaratoire et il appartient aux autorités nationales de prendre les mesures nécessaires pour lui donner suite. La Cour ne peut ni prononcer l'invalidité des mesures nationales contraires au droit de l'Union, ni indiquer quelles mesures doit prendre l'État même si parfois celles-ci découlent de la motivation de l'arrêt. Cependant, la Cour a jugé que la constatation du manquement entraînait prohibition de plein droit d'appliquer une disposition nationale jugée incompatible avec le droit de l'Union[1]. Ainsi, dans la pratique, la constatation du manquement peut avoir une grande importance dans l'ordre interne puisque les obligations qui découlent du droit de l'Union, ont été établies par la voie judiciaire. Même si l'arrêt ne

1. CJCE 13 juill. 1972, n° 48/71, *Commission c/ Italie.*

revêt l'autorité de chose jugée qu'entre les parties, les particuliers pourront invoquer une règle de l'Union dont le sens et la portée auront été définis par la Cour. Comme le constate cette dernière, « les droits appartenant aux particuliers découlent non de cet arrêt, mais des dispositions mêmes du droit de l'Union ayant effet direct dans l'ordre interne »[1]. Conformément à la règle de la primauté du droit de l'Union, les juridictions nationales auront alors l'obligation de laisser inappliquée la législation nationale contraire au droit de l'Union. En outre, la constatation du manquement permet au particulier de mettre en jeu la responsabilité de l'État devant le juge national[2]. On retrouve ici l'originalité d'un système qui fait appel tant au juge de l'Union qu'au juge national. La Cour s'est réservé la possibilité de limiter dans le temps les effets de la constatation du manquement. Cependant, elle ne fait jouer cette possibilité qu'à titre exceptionnel en présence d'un risque « de répercussions économiques graves dues en particulier au nombre élevé de rapports juridiques constitués de bonne foi sur la base de la réglementation considérée comme étant validement en vigueur, et qu'il apparaissait que les particuliers et les autorités nationales avaient été incités à un comportement non conforme (...) en raison d'une incertitude grave et objective quant à la portée des dispositions communautaires, incertitude à laquelle avaient éventuellement contribué les comportements mêmes adoptés par d'autres États membres ou la Commission »[3].

1149 Si l'État ne donne pas suite à l'arrêt en manquement, la seule solution a été pendant longtemps d'ouvrir une nouvelle procédure de manquement fondée sur le non-respect de l'arrêt en manquement. Le traité de Maastricht a innové en prévoyant la possibilité d'infliger à l'État récalcitrant des sanctions pécuniaires (amendes ou astreintes). L'article 260 TFUE permet à la Commission de saisir la Cour en indiquant le montant à payer par l'État membre qu'elle estime adapté aux circonstances. Le montant proposé par la Commission ne lie pas la Cour, mais celle-ci a estimé comme la Commis-

1. CJCE 14 déc. 1982, n° 314 à 317/81 et 83/82, *Waterkeyn*.
2. CJCE 19 nov. 1991, C-6/90 et C-9/90, *Frankovitch*.
3. CJCE 12 sept. 2000, C-359/97, *Commission c/ Royaume-Uni* ; v. aussi CJCE 12 sept. 2000, C-76/97, *Commission c/ France*.

sion, que le montant de l'astreinte devait tenir compte de la gravité de l'infraction, de sa durée et de la capacité de paiement de l'État en cause. En ce qui concerne le dernier point, la Cour a validé le système proposé par la Commission[1] lequel tient compte, pour la fixation de l'astreinte, du produit national brut ainsi que du nombre de voix dont dispose l'État au Conseil. Cette méthode permet d'établir une différentiation raisonnable entre les États membres. Le premier arrêt à imposer des sanctions a condamné la Grèce pour manquement à ses obligations en matière d'élimination des déchets. La Grèce a été condamnée à payer une astreinte de 20 000 euros par jour de retard à compter de l'arrêt puisque c'est celui-ci qui établit que l'État n'a pas pris les mesures nécessaires pour exécuter le premier arrêt[2]. Dans une seconde affaire, la Cour a condamné l'Espagne en raison de la mise en œuvre insuffisante de la directive sur la qualité des eaux de baignade à une astreinte de 624 150 euros par an et par 1 % des eaux de baignade non conformes aux normes de qualités prévues par la directive[3]. La Cour de justice a estimé que l'on pouvait cumuler une somme forfaitaire (amende) et une astreinte. L'astreinte a pour objectif d'inciter l'État membre à mettre fin le plus rapidement possible au manquement tandis que la somme forfaitaire sanctionne le caractère persistant du manquement. Ainsi, pour avoir négligé de prendre les mesures nécessaires quant au contrôle de la pêche, la France a été condamnée à verser une somme forfaitaire de 20 000 000 euros et a été soumise à une astreinte de 57 761 250 euros tous les six mois de retard. Dans ce contexte, la menace de la sanction est efficace et devrait permettre d'obtenir l'exécution de l'arrêt sans qu'il soit nécessaire de saisir la Cour. Le traité de Lisbonne améliore la procédure en permettant à la Commission de demander à la Cour d'imposer une astreinte dès le jugement constatant le manquement sans qu'il soit besoin d'engager une procédure ultérieure lorsqu'un État n'a pas communiqué ses mesures de transposition (TFUE, art. 260, § 3). Il s'agit en effet de cas dans lesquels le manquement est évident.

1. Comm. 96/C 242/07, 21 août 1996, *JO* C 242, p. 6 ; Comm. 97/C 63/03, 28 févr. 1997, *JO* C 63, p. 2.
2. CJCE 4 juill. 2000, C-387/97, *Commission c/ Grèce.*
3. CJCE 25 nov. 2003, C-278/01, *Commission c/ Espagne.*

CHAPITRE 3

Le recours en indemnité

1150 La responsabilité extra-contractuelle de l'Union européenne est régie par les articles 268 et 340, alinéas 2 et 3, TFUE. L'article 288, alinéa 2, impose à l'Union de réparer les dommages causés par les institutions et leurs agents conformément aux principes généraux communs aux droits des États membres. Cette formule accorde une grande latitude à la Cour de justice pour fixer le régime de la responsabilité de l'Union. Conformément à la démarche qu'elle a suivie en ce qui concerne les principes généraux du droit, la Cour ne s'est pas limitée aux seuls principes qui étaient communs à tous les États membres. Elle a créé un régime spécifique en empruntant des principes aux systèmes nationaux tout en prenant soin de vérifier l'effet qu'ils pouvaient avoir dans le contexte de la responsabilité de l'Union. De ce fait, le droit de la responsabilité extra-contractuelle repose sur trois éléments : un comportement illégal d'une institution, un dommage réel et un lien de causalité entre le comportement de l'institution et le préjudice invoqué[1].

1151 La Cour a affirmé le caractère autonome du recours en responsabilité extra-contractuelle. Dans la mesure où la plupart des recours en indemnité sont fondés sur une action ou une abstention illégales d'une institution de l'Union, il eut été concevable de lier la

1. CJCE 2 juill. 1974, n° 153/73, *Holtz et Willemsen*.

recevabilité de ces recours à une constatation préalable de l'illégalité du comportement à l'origine du dommage. C'est dans cette voie que semblait s'orienter la Cour dans un premier temps[1]. Compte tenu des restrictions mises à la recevabilité des recours dirigés contre les actes de portée générale, une telle conception aurait sérieusement limité la portée du recours en indemnité. Aussi, la Cour a-t-elle modifié sa position en considérant que le recours était autonome et qu'il n'était pas nécessaire d'intenter d'abord un recours en annulation pour qu'un recours en indemnité soit recevable[2]. Il existe cependant des cas dans lesquels le recours en indemnité apparaît comme un moyen détourné d'obtenir l'annulation de l'acte. C'est le cas lorsque l'effet du recours en indemnité est identique à celui qu'aurait produit un recours en annulation, telle la simple restitution d'une somme indûment perçue. Dans ce cas, l'indemnité demandée coïncide avec l'avantage financier que le requérant aurait tiré d'un recours en annulation. Il apparaît dès lors clairement que la procédure n'a d'autre objet que de remédier à l'expiration des délais du recours en annulation en obtenant en fait le retrait de l'acte contesté. Dans ce cas, le recours sera jugé irrecevable[3].

1152 Les traités organisent également la responsabilité contractuelle de l'Union pour les contrats conclus par elle ou pour son compte. Dans ce domaine, à l'inverse de la responsabilité extra-contractuelle, la compétence de la Cour de justice n'est pas exclusive. Elle dépend de la présence dans le contrat d'une clause compromissoire lui attribuant compétence. Si tel n'est pas le cas, les tribunaux nationaux seront compétents. La Cour a considéré qu'elle n'était pas compétente à l'égard d'un contrat d'indemnisation conclu entre un particulier et un État membre nonobstant le fait que ce contrat ait été conclu en application d'un règlement communautaire relatif à l'indemnisation des producteurs de lait[4]. La loi applicable est la loi du contrat telle qu'elle résulte de la volonté des parties qui peuvent choisir une loi nationale, le droit

1. CJCE 15 juill. 1963, n° 25/62, *Plaumann*, *Rec.* 199.
2. CJCE 2 déc. 1971, n° 5/71 *Zuckerfabrik Schöppenstedt*, *Rec.* 975.
3. CJCE 12 déc. 1967, n° 4/67, *Collignon* ; CJCE 26 févr. 1986, n° 175/84, *Krohn c/ Commission*.
4. CJCE 9 oct. 2001, C-80/99 à C-82/99, *Flemmer*.

de l'Union ou des principes généraux communs. De manière tout à fait classique, à défaut de choix des parties, il appartiendra au juge national de déterminer la loi applicable selon les méthodes du droit international privé. Le contentieux contractuel de l'Union ne revêt pas une grande importance et, dans la pratique, la clause compromissoire n'est utilisée que pour les contrats très importants afin d'éviter de surcharger la Cour de ce type de contentieux. On examinera les conditions de recevabilité du recours (SECTION 1) et la mise en œuvre de la responsabilité (SECTION 2).

SECTION 1
LES CONDITIONS DE RECEVABILITÉ

1153 Les conditions de recevabilité tiennent aux parties au litige (**§ 1**) et aux délais dans lesquels le recours peut être intenté (**§ 2**).

§ 1. Les parties

A. Le requérant

1154 Le recours en indemnité est beaucoup plus largement ouvert que le recours en annulation puisqu'il peut être intenté par toute personne physique ou morale qui prétend avoir subi un préjudice du fait d'une action, d'une institution de l'Union ou de ses agents. Les États membres ne sont pas exclus, mais, jusqu'à présent, aucune action n'a été portée devant la Cour. Le Tribunal de première instance est le juge commun de la responsabilité sous réserve d'un pourvoi devant la Cour de justice. Les recours des personnes morales ne sont recevables que si le préjudice les affecte dans leur patrimoine propre. Les associations ne peuvent donc agir lorsque le préjudice affecte seulement leurs membres, mais ces derniers peuvent donner mandat à une association pour les représenter.

B. Le défendeur

1155 L'action doit être dirigée contre l'institution, l'organe ou l'organisme, auquel le dommage est imputable, mais c'est en fait la responsabilité de l'Union qui est recherchée puisque les institutions n'ont pas la personnalité juridique. La Cour a retenu une interprétation large de la notion d'institution qui va au-delà de celle de l'article 13 TUE. En effet, elle a voulu éviter que les institutions éludent leur responsabilité en se déchargeant de certaines tâches auprès d'organes divers. C'est pour cette raison qu'ont été déclarés recevables, les recours dirigés contre la Banque européenne d'investissement qui, bien qu'instituée par le traité, ne figure pas dans la liste de l'article 13[1]. La Cour est compétente à l'égard de tout organisme créé sur la base du traité qui agit pour le compte de l'Union. Dans ces hypothèses, il n'est pas permis à une juridiction nationale d'intervenir dans le litige, notamment en ordonnant une procédure d'expertise afin de déterminer la responsabilité de la Communauté dans des éléments ayant causé un dommage en vue de l'introduction ultérieure d'un recours contre l'Union[2]. La responsabilité ne peut être mise en cause du fait du droit primaire puisque ce sont les États qui en sont les auteurs et non l'Union. Par le passé, la responsabilité de la Communauté ne pouvait être engagée du fait du Conseil européen lequel n'est pas une institution communautaire[3]. Bien entendu, cette situation est modifiée par le traité de Lisbonne puisque le Conseil européen est devenu une institution. En fait, les difficultés les plus importantes en matière d'imputation peuvent se présenter lorsque le dommage est causé par un fonctionnaire ou par un État membre agissant dans le cadre du droit de l'Union.

1. Les dommages causés par les agents de l'Union

1156 Lorsque la faute n'est pas due à la mauvaise organisation du service, mais à un agent identifié, la question de savoir si cette faute est imputable à l'Union doit être résolue afin de déterminer si la

1. CJCE 2 déc. 1992, C-370/89, *SGEEM et Etroy c/ BEI.*
2. CJCE 26 nov. 2002, C-275/00, *First et Franex c/ Commission.*
3. TPICE ord. 17 nov. 2003, T-346/03, *Krikorian* ; confirmé par Ord. 13 sept. 2004, C-18/04P, sur pourvoi non publiée.

Cour est compétente. Le droit de l'Union connaît la distinction entre la faute personnelle et de service, mais l'applique de manière beaucoup plus rigoureuse qu'en droit interne français. La faute est une faute de service lorsque les actes de l'agent « en vertu d'un rapport direct et interne, constituent le prolongement nécessaire des missions confiées aux institutions »[1]. Ainsi, un accident causé par un agent qui conduit son véhicule personnel ne constitue pas une faute de service alors même que son ordre de mission porte autorisation d'utilisation du véhicule. Pour la Cour, la conduite d'un véhicule n'entre pas dans les fonctions de l'agent. Ce n'est qu'en cas de force majeure ou dans des circonstances exceptionnelles que l'on pourrait considérer que les missions de l'Union n'auraient pu être accomplies sans recours à ce mode de transport. Dans tous les cas où la faute n'est pas une faute de service, la responsabilité de l'Union ne peut être engagée et la responsabilité personnelle du fonctionnaire doit être recherchée devant les juridictions nationales. Cette solution est moins protectrice des droits du fonctionnaire et de ceux des victimes que la solution applicable en droit administratif français qui retient le cas où l'acte n'est pas dépourvu de tout lien avec le service. La raison doit en être recherchée dans le caractère d'attribution des compétences de la Cour de justice qui sont d'interprétation stricte. Pour les autres dommages, les juridictions nationales constituent donc le juge de droit commun. Au cas où la responsabilité de l'Union serait engagée, celle-ci dispose en application du statut des fonctionnaires d'une action récursoire contre l'auteur du dommage en cas de faute personnelle grave (Statut, art. 23).

2. Les dommages causés par les États membres dans la mise en œuvre du droit de l'Union

1157 L'exécution du droit de l'Union par les États membres est la solution de droit commun. Dans ce contexte, la délicate question de la responsabilité de l'Union pour les actes des États membres lors de la mise en œuvre du droit de l'Union ne pouvait être éludée. Faute de quoi, on aurait pu se trouver confronté à des hypothèses

1. CJCE 10 juill. 1969, n° 9/69, *Sayag*.

dans lesquelles la victime aurait cumulé les indemnités ou, au contraire, dans des cas où elle n'aurait pu être indemnisée. On verra que le système retenu par la Cour n'exclut pas totalement la réalisation de la seconde hypothèse. En effet, le problème doit être résolu par la détermination de l'autorité à laquelle le dommage est imputable. Mais cette solution, simple dans son énoncé, n'est pas aisée à mettre en œuvre tant les cas de figure concrètement envisageables sont variés. Les solutions apportées par la Cour se caractérisent donc par une complexité liée à la juxtaposition du système de l'Union et du système national. La Cour n'a compétence exclusive en matière de responsabilité extra-contractuelle que dans le cas où le dommage est imputable à l'Union, les autres hypothèses relevant des juridictions nationales. Le Conseil d'État français a fait application de cette hypothèse son arrêt de section du 12 mai 2004, *SA Gillot*, en estimant que l'application d'une décision de la Commission directement applicable ne laissait aucune marge d'appréciation aux autorités nationales et qu'en conséquence, la responsabilité de l'État ne pouvait être engagée. Cependant, cette distinction entre les compétences juridictionnelles ne rend pas compte de la fréquente imbrication des responsabilités dans la réalité. De plus, la Cour peut hésiter à imputer de manière généreuse les dommages à la charge de l'Union dans la mesure où cette dernière ne dispose pas d'une action récursoire contre les États membres. On se trouve dans une situation où l'existence d'un système juridictionnel hiérarchisé eut, sans doute, permis de solutions plus simples, notamment pour les opérateurs économiques qui ne peuvent parfois être indemnisés qu'à l'issue d'un véritable marathon judiciaire.

a. L'imputation de la responsabilité en cas de comportement illégal de la Communauté

1158 Lorsque le dommage résulte de l'illégalité de l'action de l'Union, la responsabilité incombe à l'Union[1]. La Cour vérifie dans ce cas que les autorités nationales qui ont appliqué la mesure ne disposaient d'aucune marge d'appréciation soit parce que la législation

1. CJCE 26 févr. 1986, n° 175/84, *Krohn c/ Commission* ; CJCE 19 mai 1992, C-104/89 et C-37/90, *Mulder e.a. c/ Commission*.

de l'Union ne leur en accordait pas, soit parce qu'elles agissaient sous instruction d'une institution de l'Union. Ce principe est tempéré par le fait que la Cour a institué une exception de recours parallèle qui la conduit à déclarer, dans certains cas, la requête irrecevable, même lorsque le dommage est imputable à l'Union, dès lors qu'il est possible au requérant d'obtenir satisfaction devant les juridictions nationales. En effet, les particuliers peuvent utiliser les voies de recours nationales pour demander réparation et, dans ce cadre, faire constater l'illégalité de l'action de l'Union par la voie du recours préjudiciel. Une telle voie est ouverte en ce qui concerne les actions en paiement. Si l'intéressé réclame le remboursement d'un paiement effectué aux autorités nationales sur la base d'un acte illégal de l'Union, sa demande pourra être accueillie par ces dernières, qui ont la charge de la gestion des finances de l'Union en ce domaine. Puisque le particulier dispose d'un recours interne, il n'est nul besoin d'utiliser la voie du recours en indemnité devant la Cour de justice.

1159 En revanche, si la demande comporte, outre le remboursement du montant indûment payé, une indemnisation pour le préjudice subi, cette partie de la requête ne pourra être examinée par le juge national puisque ce dernier n'a pas compétence pour engager la responsabilité de l'Union. Dans cette hypothèse, il reviendra à la Cour de justice de se prononcer sur l'indemnisation. La compétence est donc partagée entre le juge national et la Cour de justice. Le chemin à suivre par le particulier lorsque le dommage résulte d'une mesure nationale d'exécution d'un acte communautaire de portée générale qu'il juge illégale est donc complexe. Il doit d'abord faire constater l'illégalité par voie préjudicielle. S'il obtient satisfaction, la juridiction nationale pourra ordonner la restitution de la somme ou le paiement du montant contesté. Le dommage résultant de pertes d'exploitation ou d'autres éléments dus à l'acte illicite sera porté devant la Cour de justice. Il en ira de même si le juge national est dans l'incapacité de tirer les conséquences de l'illégalité de l'acte communautaire. Ainsi, dans l'affaire *Roquette frères*, la Cour ayant limité les effets rétroactifs de l'illégalité, le juge national, tenu par l'arrêt de la Cour, ne pouvait tirer les conséquences de l'illégalité constatée par la Cour. Le recours a donc été déclaré recevable, mais, en raison de la limitation des effets de l'arrêt en annulation dans le temps, la Cour ne pouvait pas, elle non plus ordonner le remboursement des montants compensatoires indûment perçus avant la date de l'arrêt. Elle a cependant accepté d'examiner le dommage dû au manque à gagner de l'entreprise requérante[1]. Malgré la complexité du système, la Cour se montre soucieuse d'assurer la protection des particuliers et de corriger les lacunes du système. Comme elle le déclare, « Il est exact cependant que l'action en indemnité doit être appréciée au regard de l'ensemble du système de protection juridictionnelle des particuliers instauré par le traité et que sa recevabilité peut se trouver subordonnée, dans certains cas, à l'épuisement des voies de recours internes ouvertes pour obtenir l'annulation de la décision de l'autorité nationale. Encore faut-il, pour qu'il en soit ainsi, que ces voies de recours nationales assurent d'une manière efficace la protection des intéressés en étant susceptibles d'aboutir à la réparation du dommage allégué »[2]. Dès lors que l'affaire relève de la compétence de la juridiction de l'Union, les juridictions nationales ne peuvent adopter préalablement à la saisine de la Cour de mesures provisoires ou de mesures d'instruction. Une telle pratique porterait atteinte à l'uniformité du régime communautaire de responsabilité[3].

b. L'imputation de la responsabilité en cas d'application incorrecte du droit communautaire par un État membre

1160 Si la responsabilité est imputable à la seule action des autorités nationales, le recours ne peut être porté que devant les seules juridictions nationales puisqu'il appartient aux États membres d'assurer la responsabilité de leurs manquements au droit de l'Union. Comme le constate la Cour, « les dommages causés par les institutions nationales ne sont pas susceptibles de mettre en jeu que la responsabilité de ces institutions et les juridictions nationales demeurent seules compétentes pour en assurer la répa-

1. CJCE 30 mai 1985, n° 20/88, *Roquette frères c/ Commission.*
2. CJCE 26 févr. 1986, n° 175/84, *Krohn c/ Commission.*
3. CJCE 26 nov. 2002, C-275/00, *Communauté c/ First NV.*

ration »[1]. La seule hypothèse dans laquelle la responsabilité de l'Union pourrait être engagée est celle dans laquelle le droit de l'Union impose à une institution de contrôler l'exécution correcte par les États membres et où elle a failli à cette mission. Mais, même dans ce cas, la responsabilité de l'Union ne sera retenue que si le manquement à une obligation spécifique de surveillance est caractérisé[2].

c. Le cumul de fautes

1161 Il existe des hypothèses dans lesquelles le dommage est causé par un comportement irrégulier de l'Union et de l'État membre. Les principes exposés ci-dessus interdisent que la Cour de justice tranche l'ensemble du litige en se retournant éventuellement contre l'État membre. Le particulier doit rechercher la responsabilité de l'Union devant le juge de l'Union et la responsabilité des autorités nationales devant le juge national. Cependant la Cour de justice accepte d'examiner la requête avant que le juge national se soit prononcé. Elle ne se prononce sur l'indemnisation qu'après que l'affaire ait été réglée au niveau national, ce qui lui permettra de tenir compte du jugement national afin d'éviter que le particulier ne soit insuffisamment compensé du dommage subi[3].

§ 2. Les délais

1162 Selon l'article 46 du statut de la Cour, l'action en responsabilité non contractuelle se prescrit par un délai de cinq ans. Le point de départ de la prescription est la survenance du fait qui donne lieu à l'action. La jurisprudence de la Cour est venue éclairer cette formulation dont la clarté n'est pas la vertu principale. Le point de départ de la prescription n'est pas le fait à l'origine du dommage, mais le moment auquel le dommage s'est concrétisé[4]. La solution est logique, car les conditions de la responsabilité ne sont pas remplies tant que le dommage ne s'est pas encore matérialisé.

1. CJCE 7 juill. 1987, aff. jtes n° 89 et 91/86, *Étoile Commerciale et CNTA c/ Commission.*
2. CJCE 8 avr. 1992, C-55/90, *Cato.*
3. CJCE 14 juill. 1967, n° 5, 7 et 13 à 24/66, *Kampffmeyer.*
4. CJCE 27 janv. 1982, n° 256/80, *Birra Wührer, Rec.* 85.

Peut-on opposer l'expiration du délai à une personne qui ne pouvait en temps utile présenter une demande d'indemnisation parce qu'elle n'était pas informée de l'événement qui a donné naissance au dommage ? Il semble que la réponse soit négative[1], mais, en ce cas, on devrait sans doute apprécier le comportement du requérant au regard de celui qu'aurait eu un opérateur avisé afin de déterminer si son propre comportement n'est pas à l'origine du défaut d'information.

1163 Selon le statut de la Cour, la prescription est interrompue par l'action du requérant devant la Cour ou par une demande adressée à l'institution auteur du dommage. Dans ce dernier cas, la prescription n'est interrompue que si une action en annulation ou en carence est portée devant la Cour dans les délais propres à ces actions, mais elle est interrompue pendant toute la durée d'examen de ces recours. Ensuite, le délai recommencera à courir. En effet, le droit communautaire, à l'opposé du droit français, n'impose aucunement d'obtenir une décision préalable de l'administration avant d'engager sa responsabilité. Aussi, la suspension du délai pendant la durée des recours en annulation ou en carence n'a d'autre finalité que de protéger les particuliers en évitant que le délai de cinq ans ne soit réduit[2].

Section 2
La mise en œuvre de la responsabilité

1164 De manière tout à fait classique, la responsabilité de l'Union ne peut être reconnue que si trois conditions sont remplies : l'existence d'un fait dommageable (**§ 1**), l'existence d'un dommage (**§ 2**) et l'existence d'un lien de causalité entre la faute et le dommage (**§ 3**). Ces conditions ont été précisées par la jurisprudence de la Cour qui, après les affaires *Brasserie du pêcheur* et *Factortame*[3]

1. CJCE 7 nov. 1985, n° 145/83, *Adams c/ Commission*.
2. CJCE 14 juill. 1967, n° 5, 7 et 13 à 24/66, *Kampffmeyer*.
3. CJCE 5 mars 1996, C-46/93 et C-48/93.

rendues à propos de la responsabilité des États membres pour violation du droit communautaire a eu pour souci d'aligner les conditions de mise en œuvre de la responsabilité de l'Union sur celles de mise en jeu de la responsabilité des États membres. C'est dans l'arrêt *Bergaderm* qu'elle indique clairement qu'un droit à réparation ne peut naître que si trois conditions sont remplies : la règle de droit doit avoir pour objet de conférer des droits aux particuliers, la violation de cette règle doit être caractérisée, il doit exister un lien de causalité direct entre la violation et le dommage[1].

§ 1. Le fait dommageable

1165 La Cour de justice semble éviter autant que possible l'emploi du terme de « faute » parce qu'il recouvre des notions différentes dans les systèmes juridiques nationaux. Cependant, au sens du droit administratif français, la responsabilité de l'Union repose sur le concept de faute. Bien qu'elle n'ait jamais constaté une responsabilité sans faute, la Cour n'avait pas exclu en principe la possibilité de mettre en jeu la responsabilité de l'Union en l'absence de faute. Mais elle la soumettait à l'exigence d'un préjudice spécial et anormal : « la responsabilité non contractuelle de la Communauté ne saurait être engagée en raison d'un acte "licite" (...) que si les trois conditions (...) à savoir la réalité du préjudice prétendument subi, le lien de causalité entre celui-ci et l'acte reproché aux institutions de la Communauté, ainsi que le caractère spécial et anormal de ce préjudice, sont cumulativement remplies »[2]. Le tribunal avait dans ses arrêts *FIAMM* et *FEDOM* reconnu l'existence de la responsabilité sans faute en droit de l'Union sans pour autant juger que dans ces espèces les conditions étaient réunies[3]. L'affaire était intéressante puisqu'il s'agissait d'entreprises qui avaient été victimes de sanctions américaines à la suite de l'absence de suites données par l'Union à une décision de l'Organe de règlement des différends de l'OMC condamnant la Commu-

1. CJCE 4 juill. 2000, C-352/98P, *Bergaderm et Goupil c/ Commission*.
2. CJCE 15 juin 2000, C-237/98P, *Dorsch Consult c/ Conseil et Commission*, *Rec.* I. 4549.
3. TPICE 14 déc. 2005, T-69/00 et 135/01.

nauté. Or, pour la Cour de justice, les accords OMC et les décisions de l'ORD ne sont pas invocables devant elle. Les entreprises ne pouvaient donc invoquer l'illégalité du comportement de l'Union. La seule solution résidait donc dans une réparation fondée sur la responsabilité sans faute. Or, saisie d'un pourvoi, la Cour a constaté qu'il ne résultait pas de l'examen des droits nationaux qu'existe un principe général relatif à la responsabilité sans faute et a refusé de s'engager sur ce terrain tout en précisant que rien n'interdisait au législateur de prévoir une indemnisation s'il le jugeait opportun. Pour le moment, la voie de la responsabilité sans faute semble être fermée[1] En ce qui concerne la responsabilité pour faute, il convient de distinguer entre la faute de service et la faute consistant dans l'illégalité d'un acte de l'Union.

A. La faute de service

1166 Il s'agit d'un dysfonctionnement de l'administration de l'Union lequel peut prendre les formes les plus diverses : mauvaise organisation des services[2]; défaut d'information des opérateurs économiques[3]; défaut de surveillance[4]; défaut de protection des informations confidentielles[5]; défaut de corriger des informations inexactes lorsqu'il apparaît que celles-ci étaient erronées[6], violation du devoir de diligence et de bonne administration[7]. Le fait qu'une décision génératrice d'un dommage ne soit pas contraignante n'a pas d'incidence sur la responsabilité. Ainsi, le Tribunal a rejeté l'argumentation du médiateur selon laquelle celui-ci ne saurait être responsable de ses décisions lesquelles n'ont pas de force contraignante au motif du caractère autonome du recours en indemnité lequel prend en considération tout préjudice découlant d'un acte contraignant ou non ou d'un comportement[8]. La gravité de la faute susceptible d'engager la responsabilité fait

1. CJCE 9 sept. 2008, C-20 et 121P, *FIAMM.*
2. CJCE 17 déc. 1959, n° 23/59, *FERAM.*
3. CJCE 4 févr. 1975, n° 169/73, *Cnie continentale.*
4. CJCE 15 déc. 1961, n° 19 et 21/60, *Fives-Lille Cail.*
5. CJCE 7 nov. 1985, n° 145/63, *Adams.*
6. CJCE 28 mai 1970, n° 19, 20, 25 et 30/69, *Richez-Parise.*
7. TPICE 24 oct. 2000, T-178/98, *Fresh Marine Company c/ Commission.*
8. CJCE 23 mars 2004, C-234/02P, *Lamberts c/ Médiateur.*

l'objet d'un examen au cas par cas. La Cour estime que la responsabilité de la Communauté est engagée lorsque l'on est en présence d'une irrégularité que n'aurait pas commis une administration normalement prudente et diligente, mais elle peut exiger une faute d'une certaine gravité lorsque l'activité en cause est d'une particulière difficulté[1]. La Cour a décidé récemment que la violation par l'Union du respect du délai raisonnable pour statuer engageait la responsabilité de celle-ci[2].

B. La faute due à l'illégalité d'un acte

1167 Le lien entre responsabilité et illégalité n'est pas absolu en droit de l'Union. Une mesure légale peut entraîner la responsabilité de l'Union en raison des circonstances qui entourent sa mise en œuvre[3]. À l'inverse, toute illégalité n'est pas constitutive d'une faute. En effet, la Cour de justice considère de manière fort restrictive la responsabilité de l'Union pour les actes de portée générale qui impliquent de choix de politique économique.

1168 Lorsque l'auteur du dommage ne dispose pas de marge d'appréciation ou que celle-ci est très limitée, sa responsabilité sera engagée sur la base d'une simple illégalité[4]. En revanche, selon la jurisprudence traditionnelle, la responsabilité ne pouvait être engagée pour des actes normatifs qu'à condition qu'« en présence d'une violation suffisamment caractérisée d'une règle supérieure de droit protégeant les particuliers »[5]. La jurisprudence *Bergaderm* supprime la référence à une règle supérieure de droit bien que curieusement et de manière isolée, l'arrêt *FIAMM* reproduise cette formule sans que l'on puisse savoir s'il s'agit ou non d'une méprise[6]. La responsabilité peut donc être engagée en présence d'une violation suffisamment caractérisée d'une règle de droit ayant pour objet de protéger les particuliers. Comme dans le régime de responsabilité des États membres pour violation du

1. CJCE 13 juill. 1961, n° 14, 17, 20, 24, 26 et 27/60, *Meroni*.
2. CJUE 30 avr. 2014, *FLSmidth*, C-298/12P.
3. V. arrêt *Cie continentale* préc.
4. CJCE 4 juill. 2000, C-352/98P, *Bergaderm*, *Rec*. I. 5291.
5. CJCE 2 déc. 1971, n° 5/71, *Zückerfrabrick Schöppenstedt*.
6. CJCE 9 sept. 2008, C-120 et 121/06 P.

droit de l'Union, une violation caractérisée réside dans une méconnaissance grave et manifeste du pouvoir d'appréciation laissé à l'auteur de l'acte[1]. Lorsque les institutions disposent d'un pouvoir discrétionnaire, la Cour se montre soucieuse d'éviter que l'éventualité d'une mise en jeu de leur responsabilité ne vienne par trop limiter les choix politiques. On en trouve l'écho dans l'arrêt du Tribunal *Arcelor* : « À cet égard, il y a lieu (...) de préciser qu'une éventuelle violation suffisamment caractérisée des règles de droit en cause doit reposer sur une méconnaissance manifeste et grave des limites du large pouvoir d'appréciation dont le législateur communautaire dispose dans l'exercice des compétences en matière environnementale au titre des articles 174 CE et 175 CE (...). En effet, l'exercice de ce pouvoir discrétionnaire implique, d'une part, la nécessité pour le législateur communautaire d'anticiper et d'évaluer des évolutions écologiques, scientifiques, techniques et économiques de caractère complexe et incertain, et, d'autre part, la mise en balance et l'arbitrage par ce législateur entre les différents objectifs, principes et intérêts visés à l'article 174 CE. Cela se traduit dans la directive attaquée par l'établissement d'une série d'objectifs et de sous-objectifs partiellement contradictoires »[2].

1169 Que l'on soit ou non en présence d'un pouvoir discrétionnaire, la règle violée doit avoir pour finalité de protéger les particuliers. Il s'agit d'un emprunt à la doctrine allemande de la Schutznorm selon laquelle la responsabilité de la collectivité ne peut être engagée que lorsqu'elle a violé ses obligations à l'égard des tiers. La Cour s'est cependant refusée à une interprétation restrictive de cette exigence puisqu'elle admet que, même si l'objet de la règle n'est pas de protéger les particuliers, la responsabilité peut néanmoins être engagée dès lors que la règle en cause produit cet effet[3]. La Cour admet de même que certaines normes peuvent simultanément protéger tant l'intérêt général que l'intérêt des particuliers. Il en va ainsi du principe de non-discrimination en

1. CJCE 12 juill. 2005, C-198/03P, *Ceva Pfizer.*
2. TPICE 2 mars 2010, T-16/04.
3. CJCE 14 juill. 1967, n° 5, 7 et 13 à 24/66, *Kampffmeyer e.a. c/ Commission.*

matière agricole qui contribue à la réalisation des objectifs des organisations communes de marché, mais protège aussi l'intérêt des particuliers[1]. En revanche, les règles de forme comme celles relatives à la reconsultation du Parlement européen ou à la répartition des pouvoirs entre institutions visent à protéger l'équilibre entre institutions et non les particuliers, sauf si elles s'accompagnent d'une violation d'une règle supérieure de droit protégeant les particuliers[2]. Leur violation n'est donc pas de nature à entraîner la responsabilité de l'Union. Tout ceci explique sans doute le changement de formule dans la jurisprudence puisque l'on exige simplement depuis l'affaire *Bergaderm* qui a eu pour conséquence d'aligner la responsabilité de l'Union et celle des États membres, « que la règle de droit violée ait pour objet de conférer des droits aux particuliers »[3].

§ 2. Le dommage

1170 La responsabilité non contractuelle exige pour être mise en œuvre que le particulier prouve l'existence d'un dommage. Ce dernier doit être né et actuel. La Cour admet cependant le recours dès lors que le dommage est prévisible avec une certitude suffisante[4]. De même, il n'est pas nécessaire que le préjudice fasse l'objet d'une évaluation exacte dès lors que sa cause est certaine. La Cour estime, en effet, qu'il est nécessaire de constater la responsabilité le plus tôt possible afin d'éviter des dommages plus importants[5]. Lorsque le dommage a été établi, la Cour admet que son étendue exacte puisse être déterminée ultérieurement. Elle peut, dans son arrêt, constater la responsabilité et fixer des critères d'évaluation du dommage en invitant les parties à se mettre d'accord sur le montant de celui-ci, quitte à revenir devant elle si un accord ne peut être trouvé[6].

1. CJCE 25 mai 1978, n° 83/76.
2. CJCE 13 mars 1992, C-282/90, *Vreuggenhil c/ Commission*. CJUE 19 avr. 2012, *Artegodan Gmbh c/ Commission*, C-221/10 P.
3. V. par ex., CJCE 10 déc. 2002, C-312/00P, *Camar Srl c/ Commission*.
4. CJCE 2 juin 1976, n° 56 à 60/74, *Kampffmeyer*.
5. Aff. *Kampffmeyer*, préc.
6. Aff. *Mulder*, préc.

1171 Le dommage qui couvre tant les pertes subies que le manque à gagner, doit être évaluable en argent puisque la Cour ne peut que prononcer une indemnité. Le dommage moral est pris en compte, mais la Cour considère parfois que le jugement constitue, dans ce cas, une réparation suffisante. Dans le cadre de l'évaluation du dommage, la Cour tient compte du fait que le requérant a pu répercuter une partie de ses pertes sur les prix. Des intérêts moratoires peuvent être accordés à la date du jugement. Il n'est, en effet, pas nécessaire de faire courir ceux-ci à la date du dommage puisque l'évaluation faite par le juge prend en considération le préjudice tel qu'il apparaît à la date du jugement.

1172 Enfin, en ce qui concerne l'indemnisation du préjudice dû à des actes illégaux de portée générale, la Cour exige que le dommage dépasse les risques normalement exposés dans le cadre de l'activité économique concernée. Elle estime également qu'il ne doit viser qu'un groupe restreint d'opérateurs économiques, mais cette exigence de spécialité a été interprétée avec souplesse[1].

§ 3. Le lien de causalité

1173 Le requérant doit établir l'existence d'un lien direct entre le comportement de l'Union et le dommage. Cette exigence découle naturellement de l'article 340 TFUE (Traité CE, ex-art. 288) qui fait référence aux dommages « causés » par les institutions ou leurs agents. La question du lien direct est parfois compliquée par l'intervention des États membres dans la mise en œuvre du droit communautaire. Cependant, le caractère direct lien de causalité n'est pas rompu par l'intervention des États lorsque ceux-ci agissent dans le cadre d'une compétence liée (v. ss 1157). Mais, alors même que le comportement illégal est imputable à un État membre, une intervention de l'Union en vue d'approuver celui-ci suffira pour établir un lien de causalité[2].

1. V. aff. *Mulder*, préc., où le préjudice subi par l'ensemble des producteurs de lait ayant temporairement renoncé à des quotas de production a été pris en compte puisque ces producteurs quel que soit leur nombre ont été considérés comme appartenant à une catégorie distincte d'opérateurs économiques.
2. Aff. *Kampffmeyer*, préc.

1174 Lorsque l'individu contribue par son comportement à la réalisation du dommage, le lien de causalité peut être rompu. Il en va ainsi lorsque le particulier s'abstient de prendre les mesures qu'aurait prises tout opérateur avisé pour se prémunir du dommage ou fait preuve d'une négligence fautive. Dans ce cas, l'Union, en fonction du comportement du particulier, ne sera que partiellement responsable[1] ou ne le sera pas du tout[2].

1. Aff. *Adams*, préc.
2. Aff. *Meroni*, préc.

Chapitre 4

Le renvoi préjudiciel

1175 Le renvoi préjudiciel est l'expression de la coopération judiciaire instaurée par les auteurs du traité entre le juge national et le juge de l'Union. Cette procédure s'imposait pour maintenir l'unité du droit de l'Union dès lors que l'on se refusait à instaurer une hiérarchie entre le juge de l'Union et les juridictions nationales. En effet, faute d'un système régulateur autorisant un appel des décisions nationales devant la Cour de justice, le recours préjudiciel qui permet au juge national d'interroger la Cour de justice sur l'interprétation ou la validité du droit de l'Union, constitue le seul moyen d'éviter qu'au fil du temps par le biais d'interprétations divergentes des juges nationaux, le droit de l'Union ne s'applique de manière différente dans les États membres et que l'on assiste à la naissance de 28 droits dont le contenu varierait selon les États membres. Certes, cette situation pourrait être corrigée *a posteriori* par la procédure de manquement, mais l'utilisation de celle-ci dépend du bon vouloir de la Commission ou des États membres. En outre, elle serait moins efficace que la procédure préjudicielle qui permet à la Cour de justice de se prononcer avant que le juge national ait statué au fond. De plus, une condamnation par la Cour de justice pour un manquement judiciaire pourrait susciter une réaction de rejet des autorités nationales. Dans le cadre du recours préjudiciel, c'est le juge national qui s'adresse à la Cour de justice et qui applique ensuite le droit de l'Union. De la sorte, la dramatisation inévitable qui entoure toute condamnation par la Cour de justice est évitée. Cependant, la coopération entre juges, instituée par la procédure préjudicielle ne peut fonctionner qu'avec le concours des juridictions nationales.

1176 Le mécanisme du recours préjudiciel tel qu'il est organisé par l'article 267 TFUE est simple. Le juge national, saisi au fond d'un litige, peut ou doit, selon le cas, saisir la Cour de justice d'une demande préjudicielle en interprétation du traité ou des actes pris par les institutions ou en appréciation de la validité de tels actes si une décision sur ces points est nécessaire pour rendre son jugement (SECTION 1). La Cour répond à la demande suivant une procédure particulière (SECTION 2) et la juridiction nationale statue au fond (SECTION 3).

SECTION 1
LA DEMANDE

1177 Selon l'article 267 TFUE (Traité CE, ex-art. 234), la Cour de justice est compétente pour statuer, à titre préjudiciel :

« – sur l'interprétation des traités,

– sur la validité et l'interprétation des actes pris par les institutions, organes ou organismes de l'Union.

Lorsqu'une telle question est soulevée devant une juridiction d'un des États membres, cette juridiction peut, si elle estime qu'une décision sur ce point est nécessaire pour rendre son jugement, demander à la Cour de justice de statuer sur cette question.

Lorsqu'une telle question est soulevée dans une affaire pendante devant une juridiction nationale dont les décisions ne sont pas susceptibles d'un recours juridictionnel de droit interne, cette juridiction est tenue de saisir la Cour de justice ».

1178 Le titre IV du traité CE relatif à l'asile, l'immigration et aux autres politiques liées à la libre circulation des personnes se voyait appliquer un régime particulier puisque seuls les tribunaux statuant en dernier ressort pouvaient adresser une demande à la Cour[1]. Le traité de Lisbonne supprime ce régime particulier et soumet également ces dispositions au droit commun. Cependant, la Cour ne peut se prononcer sur « la validité ou la proportionnalité d'opérations menées par la police ou d'autres services répressifs » ou sur l'exercice des « responsabilités qui incombent aux États membres pour le maintien de l'ordre public et la sauvegarde de la sécurité intérieure » (TFUE, art. 276). Elle doit également statuer dans les plus brefs délais lorsqu'une affaire concerne une personne détenue.

1179 La demande doit être adressée par une juridiction nationale (**§ 1**) et doit porter sur l'interprétation du traité ou d'un acte d'une institution ou sur la validité d'un tel acte. Elle doit être nécessaire à la solution du litige pendant devant cette juridiction (**§ 2**). Enfin, selon qu'elle statue ou non en dernier ressort, la juridiction a l'obligation ou la faculté de saisir la Cour (**§ 3**).

§ 1. La demande émane d'un juge national

1180 La procédure préjudicielle est une procédure de juge à juge. Seul le juge national peut adresser une demande à la Cour de justice. Les parties au litige ont bien entendu la faculté de solliciter du juge une telle demande et de faire des suggestions quant au contenu de celle-ci, mais la décision appartient au seul juge national. Encore convient-il de définir la notion de juge national. Bien que la Cour n'ait pas l'intention de remettre en cause les qualifications établies par le droit national, la notion de Tribunal telle que définie par l'article 267 TFUE est une notion qui relève exclusivement du droit de l'Union. La Cour est parfois saisie par des organismes dont la nature, même en droit interne, est incertaine et a été amenée à préciser ce qu'est un juge national au sens de l'article 267.

1181 Dans la mesure où la Cour est saisie de cas particuliers, elle n'a pas donné d'emblée de définition de la juridiction nationale. Au

1. CJCE ord. 18 mars 2004, C-45/03, *Oxana Dem'Yanenko*.

fil de sa jurisprudence et en fonction des demandes qui lui étaient adressées, elle a précisé les conditions qui l'amenaient à qualifier un organisme national de juridiction. Selon la Cour, un tribunal est un organe établi par la loi. Il est permanent et a pour mission de trancher des litiges sur la base du droit dans le cadre d'une procédure contradictoire. Sa compétence ne dépend pas de la volonté des parties[1]. Par la suite, elle a affiné ces critères tout en se montrant, au début, relativement libérale afin de favoriser l'application uniforme du droit de l'Union et de protéger les droits des particuliers. Ainsi à propos d'une commission de recours compétente pour prononcer l'inscription des médecins créée au sein de l'association royale néerlandaise pour la promotion de la médecine, elle a jugé que la participation des pouvoirs publics qui nommaient trois de membres de la Commission, l'existence d'une procédure contradictoire, le fait qu'il n'était pas possible, en fait, d'exercer comme omnipraticien sans inscription à l'association et que le seul moyen de contester un refus d'inscription consistait en un recours devant la commission justifiait la reconnaissance de la qualité de juridiction même si, de l'aveu du gouvernement néerlandais, cette commission n'avait pas cette qualité en droit interne néerlandais. En l'espèce, ce sont des considérations relatives à la protection du justiciable et à l'effectivité du droit communautaire qui l'ont conduite à trancher en ce sens. Comme elle le déclare : « en l'absence d'une voie de recours effective devant les juridictions ordinaires, dans une matière qui touche à l'application du droit communautaire, la commission de recours qui exerce ses fonctions avec l'approbation des autorités publiques et fonctionne avec leur concours, et dont les décisions, acquises à la suite d'une procédure contentieuse, sont en fait reconnues comme définitives, doit être considérée comme juridiction d'un État membre »[2]. Quant à l'exigence d'une procédure contradictoire, elle a été interprétée de manière relativement souple puisque la Cour a admis qu'elle pouvait être saisie dans des cas où la procédure n'était pas contradictoire dès lors que la demande entrait

1. CJCE 10 juin 1966, n° 61/65, *Vlaasen-Göbbels*.
2. CJCE 6 oct. 1981, n° 246/80, *Broeckmeulen*, *Rec.* 2311.

dans le cadre de la fonction juridictionnelle. Elle a cependant souligné qu'il était préférable, dans l'intérêt d'une bonne justice, que la question n'intervienne qu'à l'issue d'un débat contradictoire[1]. Ainsi, une demande présentée dans le cadre de poursuite contre inconnus, qui exclut par définition toute procédure contradictoire, est recevable bien qu'il puisse être « avantageux (...) que les faits de l'affaire soient établis et les problèmes de pur droit national soient tranchés au moment du renvoi à la Cour, de manière à permettre à celle-ci de connaître tous les éléments de faits et de droit qui peuvent être importants pour l'interprétation qu'elle est amenée à donner du droit communautaire »[2].

1182 La question de l'indépendance du tribunal national a été abordée tardivement, sans doute parce qu'elle ne s'était pas posée auparavant. Dans l'affaire *Corbiau*, la Cour de justice a refusé de reconnaître la qualité de juridiction au directeur luxembourgeois des contributions directes saisi d'un recours d'un contribuable. Elle a jugé que la liaison organique entre celui-ci et les services fiscaux interdisait qu'il soit considéré comme une juridiction[3]. L'avocat général Tesauro résume ainsi, dans ses conclusions relatives à l'affaire *Dorsch consult*[4], les critères qui découlent de la jurisprudence de la Cour : « l'origine de l'organe qui doit être institué par la loi et non pas résulter d'un accord entre les parties ; ses liens avec les pouvoirs publics ; son caractère permanent, en ce sens qu'il ne doit pas exercer des fonctions de juge à titre purement occasionnel ; la compétence de l'organe pour trancher un litige sous la forme d'une décision à caractère juridictionnel, le déroulement devant ledit organe d'une procédure analogue à celle appliquée devant les tribunaux ordinaires comportant (...) un débat contradictoire ; l'application par l'organe de règles de droit (et donc pas de critère d'équité), le caractère obligatoire de la juridiction (...) ; enfin l'indépendance de l'organe, sous le double aspect de sa nature de tiers par rapport aux parties au litige et de l'inamovibilité des membres qui le composent ».

1. CJCE 28 juin 1978, n° 70/77, *Simmenthal*.
2. CJCE 11 juin 1987, *Pretore de Salò*.
3. CJCE 30 mars 1993, C-24/92 ; v. aussi CJCE 17 nov. 1997, C-54/96, *Dorsch consult*.
4. Préc.

1183 Conformément à ces critères, un tribunal arbitral ne peut saisir la Cour d'une demande préjudicielle. Même s'ils exercent des fonctions qui, à certains égards, sont proches de la fonction juridictionnelle, les arbitres tirent leur compétence de la volonté des parties et les autorités publiques chargées de faire respecter le droit communautaire ne sont pas impliquées dans leurs activités[1]. En revanche, il appartiendra au juge national lorsqu'il prêtera son concours à l'exécution de la sentence arbitrale de poser une question préjudicielle. Dans ce cadre, les limitations que la législation nationale pose à l'activité du juge national ne sauraient empêcher celui-ci de faire recours aux possibilités offertes par l'article 267 TFUE. Ainsi, le fait que le juge, saisi en appel d'une sentence arbitrale, ne puisse statuer qu'en amiable compositeur, ne lui interdit pas d'adresser à la Cour une demande préjudicielle. En effet, l'obligation qui pèse sur le juge de faire respecter le droit de l'Union l'emporte sur d'éventuelles limitations que lui imposerait la législation nationale[2]. Par ce détour, la Cour combine son refus d'être saisie par des instances créées par les parties au litige avec la nécessaire application uniforme du droit de l'Union.

§ 2. L'objet de la demande

1184 Formulée par le juge, la demande peut porter sur l'interprétation ou la validité des actes de l'Union. La première limite à la compétence préjudicielle se trouve donc dans les normes dont l'interprétation peut être demandée ou la validité contestée. La seconde touche à la nature de la question ou à la manière dont elle est posée.

A. Les normes pouvant faire l'objet d'une question préjudicielle

1185 L'article 267 TFUE définit les normes qui peuvent faire l'objet d'une demande préjudicielle. Au premier rang de celles-ci figurent

1. CJCE 23 mars 1982, n° 102/81, *Nordsee*.
2. CJCE 27 avr. 1994, C-393/92, *Almelo*.

les traités c'est-à-dire l'ensemble du droit primaire. Cette règle doit cependant être nuancée s'agissant du traité sur l'Union européenne. En effet, la Cour n'est pas compétente pour la PESC à l'exception des mesures restrictives à l'encontre de personnes physiques ou morales (TFUE, art. 275). La compétence préjudicielle de la Cour ne porte que sur l'interprétation du droit primaire et non sur sa validité. En effet, le droit primaire étant imputable aux États membres et non à l'Union, les institutions de cette dernière ne peuvent en apprécier la validité. La Cour est compétente pour interpréter et apprécier la validité des actes des institutions et des organes et organismes de l'Union.

1186 Toute appréciation de la conformité du droit national au droit de l'Union relève du recours en manquement. Cependant, en donnant son interprétation du droit de l'Union, la Cour met le juge national en état de constater lui-même une éventuelle incompatibilité entre le droit national et le droit de l'Union et d'en tirer les conséquences. La compétence de la Cour s'étend à l'ensemble du droit dérivé quels que soient les actes concernés, même s'il s'agit d'actes innommés, c'est-à-dire ne relevant pas de la nomenclature officielle des traités. Il n'est pas nécessaire que l'acte soit directement applicable, car le juge national peut estimer que l'interprétation donnée par la Cour peut être nécessaire, par exemple, pour préciser le sens à donner à la législation nationale de transposition[1]. Le justiciable, partie au litige, n'a pas besoin d'être directement et individuellement concerné par l'acte de portée générale à propos duquel une appréciation de validité est demandée, car le recours préjudiciel joue un rôle complémentaire par rapport au recours en annulation et permet de soulever la question de la validité d'un acte dans des hypothèses où un recours direct n'est pas possible. Il n'est pas non plus nécessaire que l'acte soit obligatoire, car l'article 267 TFUE fait référence indistinctement aux actes des institutions. Le champ du renvoi est donc bien différent de celui du recours en annulation et le renvoi peut concerner une recommandation[2]. Les accords internationaux n'échappent pas à cette

1. CJCE 12 nov. 1974, n° 32/74, *Haaga*.
2. CJCE 13 juin 1976, n° 113/75, *Frecassetti*.

compétence, même si ceux-ci ne constituent pas vraiment des actes pris par les institutions. La Cour admet tant les demandes en interprétation que les demandes en appréciation de validité, étant entendu, dans ce dernier cas, que, même si l'examen porte sur le contenu du traité, la constatation d'invalidité portera exclusivement sur l'acte de conclusion. Les accords mixtes, conclus par l'Union et les États membres, peuvent faire l'objet d'une demande préjudicielle. Dans ce cas, l'interprétation donnée par la Cour pourra porter sur des dispositions qui relèvent de la compétence des États membres dans la mesure où l'accord a été conclu sans que soit précisée la répartition des compétences entre l'Union et les États membres[1]. De la même manière, la Cour examine les dispositions prises par un organe créé par un accord auquel l'Union est partie[2]. Enfin, la Cour accepte d'interpréter des dispositions de l'Union, alors même que le litige ne porte que sur des règles internes, dès lors que ces règles renvoient au droit de l'Union. Cette attitude se veut respectueuse des juridictions nationales qui ont toute latitude pour apprécier l'opportunité d'une question, mais surtout elle permet d'éviter des divergences alors que les dispositions doivent être interprétées de manière uniforme quelles que soient leurs conditions d'application[3].

1187 Ces principes sont valables pour l'interprétation. En ce qui concerne l'appréciation de validité, elle ne peut porter sur le droit primaire puisque celui-ci est l'œuvre des États. Elle ne peut pas porter non plus sur le droit national, même si souvent le juge national tente d'obtenir une telle appréciation à travers ses questions. Dans ces cas, la Cour reformule la question en sorte que sa réponse porte sur les exigences du droit de l'Union et non sur la validité de la mesure nationale, même si l'on peut en déduire une appréciation implicite sur le droit national.

1. CJCE 16 juin 1998, C-53/96, *Hermès*.
2. CJCE 20 sept. 1990, C-192/89, *Sevince*.
3. CJCE 11 janv. 2001, C-1/99, *Kofisa Italia*, dans lequel la Cour a accepté d'interpréter le Code des douanes dans une affaire interne relative à la TVA parce que le droit italien faisait référence à la solution existant dans le droit de l'union et retenue dans le cadre de ce code.

B. Les conditions tenant à la question posée

1188 Le but de la procédure est avant tout d'apporter au juge national les éléments nécessaires pour résoudre le litige qui lui est soumis. La procédure préjudicielle est au service du juge national et la Cour ne peut entrer dans des questions qui relèvent de l'appréciation de celui-ci, tels les faits et leur exactitude. Elle a l'obligation de répondre, mais il est nécessaire que, de son côté, le juge national fournisse à la Cour tous les éléments nécessaires afin que la réponse soit pertinente. La réponse de la Cour doit rester dans le cadre de la demande et ne pas aborder une question que le juge national n'a pas posée ou a refusé de poser. Si la Cour sortait du cadre de la demande, elle porterait atteinte aux droits des institutions et des États membres qui ont le droit d'intervenir devant elle puisque son arrêt traiterait de questions sur lesquelles ceux-ci n'auraient pu se prononcer lors de la procédure[1]. Cela n'empêche pas la Cour de préciser la question au vu du dossier afin de donner un effet utile à sa réponse. Elle peut ainsi modifier les textes de référence s'il apparaît que d'autres textes sont applicables au cas d'espèce. Il lui est également arrivé de dire qu'une demande en interprétation était en fait une demande en appréciation de validité et qu'il lui appartenait d'y répondre[2]. En sens inverse, il peut apparaître inutile d'apprécier la validité d'un texte au vu de l'interprétation qui peut en être donnée[3]. Cependant, comme on l'a dit plus haut, cette conduite doit respecter les droits des intervenants à l'affaire auxquels doit être accordée la possibilité de s'exprimer sur ces évolutions dans l'analyse de la question posée, notamment dans le cas où la Cour estimerait qu'une demande en interprétation vise en fait la validité d'un acte. Ceci implique que la Cour ouvre à nouveau la procédure orale si elle désire examiner une question qui ne découle pas clairement de la demande.

1189 En ce qui concerne le contenu de la demande, la Cour a toujours insisté pour qu'elle soit rédigée de telle sorte qu'une réponse utile puisse être donnée. On trouvera dans les conclusions de l'avocat

1. CJCE 5 oct. 1988, n° 247/86, *Alsatel c/ Novasam.*
2. CJCE 1er déc. 1965, n° 16/65, *Schwarze c/ Einfuhr und Vorratsstelle für Getreide und Futtermittel.*
3. CJCE 17 juill. 1997, C-334/95, *Krüger.*

général Lenz, dans l'affaire *Bosman*, une analyse complète de l'évolution de la jurisprudence sur ce point[1]. Dans un premier temps, la Cour a souligné qu'il était nécessaire que les faits soient établis et les questions de droit national réglées afin que la réponse donnée au juge national puisse être utile[2]. Elle accepte néanmoins de suppléer aux carences de la demande dès lors qu'un examen du dossier lui permet de dégager les éléments lui permettant de donner une réponse utile. Puis, dans l'arrêt *Telemarsicabruzza*, elle a poussé sa logique à son terme en refusant de répondre à une question préjudicielle parce qu'elle ne disposait pas d'éléments suffisants pour donner une réponse utile au juge national. L'ordonnance de renvoi était « particulièrement laconique et avare de précisions quant aux éléments de fait ou de droit qui permettraient d'identifier l'objet des questions posées et donc d'en comprendre le sens et la portée ». Or l'affaire concernait le domaine de la concurrence « qui est caractérisé par des situations de fait ou de droit complexes »[3]. La Cour a confirmé à plusieurs reprises cette jurisprudence qui est l'aboutissement d'une évolution pédagogique au cours de laquelle la Cour a d'abord attiré l'attention des juges nationaux sur l'importance du contenu des demandes qu'ils adressaient à la Cour avant de refuser de répondre aux demandes qui n'étaient pas conformes aux critères qu'elle avait dégagés.

1190 La Cour a également estimé qu'elle ne pouvait donner d'effet utile à une demande d'appréciation de la validité d'un acte individuel qui n'aurait pas fait l'objet d'un recours en annulation dans les délais prévus. En effet, l'acte étant devenu définitif, il lui est impossible de répondre à la question posée sans remettre en cause celui-ci. Toute autre solution permettrait à l'intéressé de contourner les règles du recours en annulation et à porter atteinte à la sécurité juridique[4]. Cette règle n'est pas transposable aux actes de portée générale, même si le particulier pouvait penser qu'il était directement et individuellement concerné, puisqu'en raison de

1. CJCE 15 déc. 1995, C-415/93.
2. CJCE 10 mars 1981, n° 36 et 71/80, *Irish Creamery Milk Suppliers Association*.
3. CJCE 26 janv. 1993, C-320 à 322/90.
4. CJCE 9 mars 1994, C-188/92, *TWD Textilwerke Deggendorf*.

l'incertitude qui s'attache à la détermination de cette qualité, la recevabilité d'un recours en annulation n'est pas manifeste[1] et que, de toute façon, s'agissant d'un acte de portée générale, une exception d'illégalité est toujours possible. Cependant, s'agissant des règlements antidumping qui ont une double nature d'actes normatifs et d'actes susceptibles de concerner directement et individuellement des particuliers, la question de légalité du règlement ne peut être soulevée devant une juridiction nationale par un importateur qui aurait pu attaquer directement en annulation[2]. La même règle est applicable à l'invocation par un État membre de l'illégalité d'un acte qui n'a pas fait l'objet d'un recours en annulation en temps utile[3].

1191 La réponse de la Cour ne peut être d'aucune utilité au juge national lorsque l'interprétation demandée n'a aucun rapport avec le litige qui en a été l'occasion. Comme l'expose la Cour, il existe une séparation des fonctions entre le juge national et le juge de l'Union. Aussi n'appartient-il pas en principe à la Cour de censurer les motifs du renvoi puisque l'appréciation de ceux-ci dépend du juge national. Mais la Cour pourrait refuser de répondre « s'il apparaissait de manière manifeste que l'interprétation du droit communautaire ou l'examen de la validité d'une règle communautaire (...) n'ont aucun rapport avec la réalité ou l'objet du litige principal »[4]. Tel n'était pas le cas en l'espèce. Cette situation s'est manifestée plus tard dans une affaire où le juge italien poursuivait l'intention toute politique de faire déclarer au juge communautaire que les juges italiens ne pourraient exercer leurs fonctions de manière indépendante et impartiale en raison de la législation italienne sur les dommages causés dans l'exercice des fonctions judiciaires et la responsabilité civile des magistrats. Cette demande n'avait aucun rapport avec le litige au fond qui portait sur le contentieux des marchés publics. Aussi, la Cour a-t-elle, par ordonnance, refusé de répondre[5]. La jurisprudence qui a suivi

1. CJCE 12 déc. 1996, C-241/95, *Accrington Beef S.A.*
2. CJCE 15 févr. 2001, C-239/99, *Nachi Europe Gmbh.*
3. CJCE 22 oct. 2002, C-241/01, *National Farmer's Union.*
4. CJCE 16 juin 1981, n° 126/80, *Salonia c/ Poidmani e Giglio.*
5. CJCE ord. 26 janv. 1990, C-286/88, *Falciola.*

ne met pas toujours l'accent sur le caractère manifeste de l'absence de lien entre la question et le litige au fond. Il découle de la démarche suivie dans la Cour dans certaines affaires[1] qu'elle n'hésite pas dans les cas où l'existence d'un lien n'est pas manifeste à rechercher celui-ci dans le dossier. La Cour applique donc avec une certaine prudence la jurisprudence *Falciola*.

1192 La Cour refuse également de répondre aux demandes qui sont posées dans le cadre d'un litige fictif qui aurait été monté exclusivement en vue d'obtenir une interprétation du droit de l'Union. Ainsi, dans l'affaire *Foglia c/ Novello*, les parties avaient mis en scène un litige pour faire déclarer à la Cour que la législation française sur les droits de consommation des vins de liqueur était contraire au traité. Il n'existait pas de véritable litige entre elles et elles étaient d'accord sur l'incompatibilité. Elles s'étaient bien gardées d'utiliser les voies de recours offertes par le droit français pour contester la législation française. Dans son arrêt, la Cour souligne que répondre à une telle question conduirait à remettre en cause l'ensemble du système de recours dont disposent les particuliers pour contester l'application d'une législation fiscale nationale contraire au traité et qui passe par l'utilisation des recours ouverts dans l'État membre concerné[2]. Cette jurisprudence qui a été critiquée, mais qui reste isolée, repose sur un double refus. Tout d'abord, la Cour ne peut accepter ce qui constituerait un détournement de la procédure préjudicielle laquelle vise à permettre à la Cour d'éclairer le juge national sur la solution à apporter à un véritable litige et non à obtenir une interprétation abstraite du droit de l'Union[3]. Ensuite, la Cour ne peut répondre à des questions purement hypothétiques, car elle empiéterait ainsi sur la mission du législateur de l'Union en établissant le droit hors de tout réel litige[4]. Cependant, pour que la Cour se refuse à répondre, il faut que le caractère fictif du litige soit manifeste[5], ce qui limite considérablement les hypothèses de refus.

1. Par ex., CJCE 16 juill. 1992, C-343/90, *Lourenço Diaz*.
2. CJCE 11 mars 1980, n° 104/79.
3. CJCE 18 oct. 1990, C-297/88 et 197/89, *Dodzi*.
4. V. *Lourenço Diaz* préc.
5. CJCE 21 sept. 1988, n° 267/86, *Van Eycke*.

§ 3. Le caractère facultatif ou obligatoire de la demande

1193 La rédaction de l'article 267 TFUE réalise un compromis entre l'objectif d'assurer une interprétation uniforme du droit de l'Union et le souci de ne pas rendre la procédure préjudicielle inefficace en raison de l'abondance des demandes dont serait saisie la Cour. C'est pour cette dernière raison que le recours préjudiciel est facultatif pour les juridictions inférieures et qu'il est obligatoire pour les juridictions qui statuent en dernier ressort. L'obligation de saisir la Cour qui pèse sur ces dernières seules, permet d'assurer une interprétation uniforme du droit de l'Union compte tenu de l'autorité que revêtent en droit interne leurs décisions pour les juridictions inférieures. On espérait qu'en reconnaissant une simple faculté aux juridictions inférieures, celles-ci en feraient un usage modéré, ce qui éviterait l'encombrement du prétoire. Ces règles sont valables pour la demande en interprétation. En ce qui concerne l'appréciation de validité, compte tenu de l'importance qui s'attache à la présomption de légalité des actes de l'Union, la jurisprudence de la Cour a institué un régime spécifique. Dans tous les cas, on ne saurait priver le juge du droit de poser une question préjudicielle. Ainsi la Cour a jugé qu'un accord international ne serait pas conforme aux traités s'il faisait obstacle à ce droit[1]. De la même manière, le caractère prioritaire de la procédure de contrôle de constitutionnalité ne doit avoir aucun effet sur la possibilité d'effectuer à tout moment un renvoi préjudiciel[2].

1. CJUE 8 mars 2011, avis 1/09 : « S'il est vrai que la Cour n'est pas investie d'une compétence pour se prononcer sur des recours directs entre particuliers en matière de brevets, cette compétence relevant des juridictions des États membres, ces derniers ne sauraient toutefois attribuer la compétence pour résoudre de tels litiges à une juridiction créée par un accord international, qui priverait lesdites juridictions de leur mission de mise en œuvre du droit de l'Union, en tant que juges de «droit commun» de l'ordre juridique de l'Union, et, de ce fait, de la faculté prévue à l'article 267 TFUE, voire, le cas échéant, de l'obligation de renvoi préjudiciel, dans le domaine en question », voir également l'avis 2/13 du 18 déc. 2014.

2. CJUE arrêt du 22 juin 2010, *Melki et Abdeli*, C-188/10 et C-189/10 ; Pour un arrêt plus récent, voir CJUE 19 nov. 2013, Krizan, C-416/10 : « Les principes énoncés aux points précédents s'imposent de la même manière à la juridiction de renvoi s'agissant de la position juridique exprimée, dans la présente affaire au principal, par la juridiction constitutionnelle de l'État membre concerné dans la mesure où il résulte d'une jurisprudence bien établie qu'il ne saurait être admis que les règles de droit national, fussent-elles d'ordre constitutionnel, portent atteinte à l'unité et à l'efficacité du droit de

A. Les demandes en interprétation

1194 L'obligation de saisir la Cour s'impose aux seules juridictions dont les décisions ne sont pas susceptibles d'un recours de droit interne. Cette hypothèse vise bien entendu les juridictions suprêmes des différents États membres, mais s'applique plus largement à toute juridiction qui, quel que soit son rang dans la hiérarchie, statue en dernier ressort[1]. En revanche, un juge qui statue en référé en dernier ressort n'est pas tenu par l'obligation de renvoi si l'affaire au fond est ensuite jugée par un Tribunal qui pourra mettre en œuvre la procédure préjudicielle[2].

1195 L'obligation de saisir ne prive pas les juridictions nationales du pouvoir d'apprécier si une décision est nécessaire pour rendre leur arrêt au fond. Elles ne sont donc pas liées par une demande de recours préjudiciel qui leur serait adressée par l'une des parties et il leur appartient de juger si la question est pertinente ou sans influence sur l'issue du litige[3]. Mais, la Cour est allée plus loin et a dispensé ces juridictions de l'obligation de saisir lorsque la question était matériellement identique à une question qui avait déjà fait l'objet d'une décision à titre préjudiciel[4]. Cette possibilité a été étendue à tous les cas dans lesquelles la solution résulte d'une jurisprudence établie de la Cour « quelle que soit la nature des procédures qui ont donné lieu à cette jurisprudence »[5]. Le droit

l'Union (...) La Cour a d'ailleurs déjà établi que lesdits principes s'appliquent dans les rapports entre une juridiction constitutionnelle et toute autre juridiction nationale. La règle nationale qui oblige le Najvyšší súd Slovenskej republiky à suivre la position juridique de l'Ústavný súd Slovenskej republiky ne saurait donc empêcher le juge de renvoi de saisir la Cour d'une demande de décision préjudicielle à tout moment de la procédure qu'il juge approprié et d'écarter, le cas échéant, les appréciations exprimées par l'Ústavný súd Slovenskej republiky qui s'avéreraient contraires au droit de l'Union. Enfin, en tant que cour suprême, le Najvyšší súd Slovenskej republiky est même tenu de saisir la Cour d'une demande de décision préjudicielle dès qu'il constate que le fond du litige comporte une question à résoudre relevant du premier alinéa de l'article 267 TFUE. En effet, la possibilité d'introduire, devant la juridiction constitutionnelle de l'État membre concerné, un recours contre les décisions d'une juridiction nationale, limité à l'examen d'une éventuelle violation des droits et des libertés garantis par la Constitution nationale ou par une convention internationale, ne saurait permettre de considérer que cette juridiction nationale ne peut être qualifiée de juridiction dont les décisions ne sont pas susceptibles d'un recours juridictionnel de droit interne au sens de l'article 267, troisième alinéa, TFUE ».

1. CJCE 15 juill. 1964, n° 6/64, *Costa c/ Enel.*
2. CJCE 27 oct. 1982, n° 35 et 36/82, *Morson et Jhanjan c/ Pays-Bas.*
3. CJCE 6 oct. 1982, n° 283/81, *CILFIT c/ Ministère de la Santé.*
4. CJCE 27 mars 1963, n° 28 à 30/62, *Da Costa.*
5. CJCE 6 oct. 1982, n° 21/81, *CILFIT.*

national vient parfois renforcer l'obligation de saisir. Ainsi la Cour constitutionnelle allemande estime que le juge communautaire est un juge légal au sens de la loi fondamentale et que le principe selon lequel nul ne peut être soustrait au juge légal (L. fonda., art. 101) est violé en cas de refus de saisine. La juridiction nationale ne peut donc dépasser la marge d'appréciation dont elle dispose en la matière sans être sanctionnée par la Cour constitutionnelle[1].

1196 Restait posée la question de l'acte clair. Fallait-il saisir la Cour de justice alors qu'il n'existait aucun doute sérieux sur la réponse ? Le Conseil d'État français, mais aussi des juridictions d'autres États membres, estimaient que la théorie de l'acte clair pouvait dispenser du renvoi. Cette conception permettait une certaine économie jurisprudentielle puisqu'elle évitait de saisir la Cour de questions inutiles. Elle pouvait cependant porter atteinte à l'uniformité du droit de l'Union compte tenu de la relativité des appréciations quant à la clarté d'une interprétation. La Cour a choisi de faire confiance aux juridictions nationales tout en encadrant le recours à la théorie de l'acte clair. Certes, l'obligation de renvoi disparaît lorsque n'existe aucun doute raisonnable quant à la réponse à la question posée. Mais, une telle condition ne sera remplie que si le juge national est convaincu que les juridictions des autres États membres pourraient partager ce point de vue, ceci afin d'éviter de porter atteinte à l'uniformité. De plus, pour estimer que l'acte est clair, le juge doit tenir compte de la spécificité du droit de l'Union. Les textes étant rédigés en plusieurs langues, il y a lieu de comparer les diverses versions linguistiques et de tenir compte du fait que les notions utilisées par le droit communautaire n'ont pas nécessairement le même sens que les mêmes notions dans le cadre du droit national. Enfin, il faut replacer les dispositions à interpréter dans leur contexte et les interpréter à la lumière de l'ensemble du droit de l'Union[2]. Ces conditions sont très contraignantes et dissuasives. Il n'est pas interdit de s'interro-

1. C. const. ord. 9 janv. 2001, 1 BvR 1036/99.
2. *CILFIT* préc..

ger sur leur respect par les juridictions suprêmes qui s'abstiennent de renvoyer.

1197 Le règlement de la Cour a tiré les conséquences de cette jurisprudence et l'article 104, § 3, permet à la Cour, après en avoir informé la juridiction de renvoi, entendu les intéressés et l'avocat général, de statuer par voie d'ordonnance motivée « lorsqu'une question posée à titre préjudiciel est identique à une question sur laquelle la Cour a déjà statué, lorsque la réponse à une telle question peut être clairement déduite de la jurisprudence ou lorsque la réponse à la question ne laisse aucune place à un doute raisonnable ».

B. L'appréciation de validité

1198 Le traité ne faisait pas de différence entre les questions d'interprétation et les questions de validité. Il en résultait que les juridictions inférieures, dispensées de l'obligation d'adresser une demande préjudicielle à la Cour, auraient pu statuer sur la validité des actes de l'Union au risque de voir des actes applicables dans un État membre être estimés illégaux dans un autre. L'exigence de préservation de l'unité de l'ordre juridique de l'Union a conduit la Cour à interpréter le traité en ce sens qu'il ne saurait porter atteinte à la compétence exclusive reconnue à la Cour pour prononcer la nullité d'un acte de l'Union. Ceci n'interdit pas au juge national d'examiner la validité d'un acte et d'écarter le grief. Mais dès lors qu'il estime que celui-ci pourrait être accueilli, il a l'obligation, quel que soit son rang dans la hiérarchie des juridictions nationales, de renvoyer la question à la Cour[1]. Cette obligation peut être atténuée dans le cadre d'une procédure de référé où la Cour admet qu'en raison de l'urgence et de la nécessaire protection juridictionnelle des particuliers, le juge national puisse suspendre l'application d'un acte de l'Union, dans les mêmes conditions que celles requises pour une suspension devant la Cour, à condition qu'elle soit immédiatement saisie d'une demande préjudicielle portant sur la validité.

1. CJCE 22 oct. 1987, n° 314/85, *Foto-Frost*.

Section 2
La procédure

1199 La procédure préjudicielle diffère de la procédure suivie devant la Cour dans le cadre des autres recours puisqu'il s'agit d'une procédure de juge à juge. La Cour est saisie d'une question qui lui est adressée par le juge national. Aucune formalité particulière n'est exigée si ce n'est que la demande doit répondre aux conditions générales mises par la Cour pour rendre un arrêt préjudiciel (question pertinente ; litige ayant un lien avec le droit de l'Union ; pas de litige fictif, question formulée de telle sorte que la réponse puisse être utile..., v. ss 1188 s.). Dans la mesure où le juge national a la maîtrise de la saisine, la Cour s'abstient de statuer dès lors que la demande est retirée par le juge lui-même ou par une juridiction supérieure[1]. Elle ne se prononce pas sur la valeur de la saisine au regard du droit interne conformément au principe de séparation des fonctions des juges nationaux et du juge de l'Union. Si la Cour est informée qu'un appel formé contre la décision nationale de la saisir d'une demande a un effet suspensif, elle s'abstiendra de statuer jusqu'au résultat de l'appel. Si la décision nationale de renvoi est annulée, l'affaire sera radiée.

1200 Devant la Cour, il est tenu compte des règles nationales quant à la représentation et à la comparution des parties au principal. Les parties au litige principal, les États membres, la Commission et le Conseil peuvent déposer des observations dans un délai de deux mois. Il ne s'agit pas d'une procédure pleinement contradictoire puisque les intervenants ne peuvent échanger de duplique et de réplique et n'ont l'occasion de se répondre que lors de la procédure orale. La Cour a toujours la faculté de demander avant de statuer des éclaircissements à la juridiction nationale. Elle peut décider de ne pas organiser de procédure orale. Elle peut mettre fin à la procédure par une ordonnance motivée dans les cas visés à l'article 104, § 4, de son règlement. En outre, l'article 104 *bis* du règlement de la Cour permet de soumettre le recours préjudiciel à

1. CJCE 9 mars 1978, n° 106/77, *Simmenthal*.

une procédure accélérée en cas d'urgence extraordinaire. Enfin, dans le cadre de l'espace de liberté, de sécurité et de justice, une procédure d'urgence a été mise en place (Règl. proc., art. 104 *ter*). En effet, dans le cas où des personnes sont détenues ou lorsqu'il y a lieu de statuer sur leur renvoi du territoire ou lorsque la législation nationale impose au juge national de statuer dans des délais très brefs, les délais normaux de procédure ne permettent pas une décision rapide. Cette procédure peut être utilisée sur demande du juge national ou à l'initiative du président de la Cour.

Section 3
Les effets des arrêts rendus à titre préjudiciel

1201 La question de l'autorité des décisions préjudicielles se pose tant à l'égard des effets de celles-ci sur les autorités nationales (**§ 1**) qu'en ce qui concerne leur portée dans le temps (**§ 2**). Ici encore, dans le silence des traités, la Cour a élaboré d'une manière logique une conception de l'autorité de ses arrêts, s'appuyant sur la fonction propre de la procédure préjudicielle, qui vise à combiner le respect du juge national et la nécessité d'assurer l'interprétation uniforme du droit de l'Union.

§ 1. L'autorité des arrêts

1202 L'exigence d'interprétation uniforme du droit de l'Union impose au juge qui a saisi la Cour d'appliquer au litige dont il est saisi, la solution dégagée par celle-ci. L'auteur du renvoi est donc lié « avec autorité de chose jugée » par l'interprétation donnée par la Cour[1]. Cependant le respect de l'autonomie du juge national conduit à lui permettre de saisir à nouveau la Cour s'il désire poser une nouvelle question de droit, s'il soumet des éléments nouveaux

1. CJCE ord. 5 mars 1986, n° 69/85, *Wunsche*, *Rec.* 947.

ou s'il se heurte à des difficultés de compréhension ou d'interprétation de l'arrêt[1]. Il s'agit donc d'une autonomie très encadrée.

1203 À l'égard des autres juridictions ou des autorités nationales, la situation n'est pas différente. L'interprétation donnée par la Cour s'incorpore à la disposition interprétée. Appliquer le droit de l'Union, c'est, pour le juge national, appliquer ce droit tel qu'interprété par la Cour lequel « éclaire et précise (...) la signification et la portée de cette règle telle qu'elle doit ou aurait dû être comprise ou appliquée depuis le moment de sa mise en vigueur »[2]. L'existence d'un arrêt portant sur le même point de droit constitue d'ailleurs l'une des exceptions à l'obligation de saisir la Cour qui pèse sur les juridictions qui statuent en dernier ressort. Il n'en va pas différemment pour les autres autorités nationales. Cependant, le juge reste toujours libre de saisir la Cour d'une question déjà tranchée[3]. La Cour examinera la demande au vu des arguments nouveaux qui pourraient lui être présentés et pourra, si elle le juge nécessaire, modifier sa jurisprudence. La Cour a donné à ses arrêts des effets très larges puisqu'elle a estimé qu'ils pouvaient imposer de réexaminer une décision administrative devenue définitive à la suite d'une décision judiciaire rendue en dernier ressort si cette décision était entachée d'une interprétation erronée du droit de l'Union. Elle a subordonné cette obligation au fait que la demande de réexamen de la décision ait été présentée dès que l'intéressé a eu connaissance de l'interprétation correcte du droit de l'Union et à la possibilité reconnue par le droit interne de revoir une telle décision[4].

1204 La solution n'est pas différente en ce qui concerne les arrêts statuant sur la validité d'un acte de l'Union. Le caractère objectif de l'illégalité et les exigences de sécurité juridique militent pour que la décision soit opposable d'une manière générale. Certes, l'effet de la constatation de l'invalidité diffère d'une annulation. L'acte n'est pas annulé et ne disparaît pas de l'ordre juridique, mais tout autre juge national saisi devra appliquer la même solution[5]. Ceci est évi-

1. *Idem.*
2. CJCE 13 janv. 2004, C-453/00, *Kühne et Heitz NV.*
3. CJCE 27 mars 1963, n° 28 à 30/62, *Da Costa.*
4. Aff. *Kühne & Heitz NV,* préc.
5. CJCE 13 mai 1981, n° 66/80, *International Chemical corporation.*

dent lorsque l'acte a été déclaré illégal. Il ne pourra être appliqué par le juge national qui devra en outre tirer toutes les conséquences de l'illégalité sur le plan interne tout comme les institutions de l'Union devront remédier, par analogie avec les effets d'un arrêt d'annulation, à l'illégalité. Ceci n'interdit pas au juge national de saisir à nouveau la Cour s'il désire être éclairé sur la portée de l'arrêt. Si la Cour constate qu'elle n'a relevé aucune raison de douter de la légalité de l'acte, ceci n'exclut pas la possibilité pour un juge national de saisir à nouveau la Cour pour tenter de faire constater l'illégalité de l'acte sur la base d'autres motifs que ceux qui avaient été invoqués dans des affaires précédentes[1].

§ 2. L'effet dans le temps des arrêts

1205 La portée de l'arrêt préjudiciel en interprétation est naturellement rétroactive puisque la règle est réputée avoir toujours eu le même sens depuis son entrée en vigueur. L'interprétation donnée par la Cour s'applique donc aux situations passées[2]. S'agissant des arrêts portant sur la validité d'un acte, l'illégalité constatée par le juge est également rétroactive, mais, comme dans l'exception d'illégalité, l'arrêt ne produit d'effets que dans le litige à propos duquel il a été rendu. Compte tenu de l'autorité de l'arrêt, si sa légalité était mise en cause dans d'autres affaires, cet acte se verrait également déclaré illégal avec effet rétroactif.

1206 L'exigence de sécurité juridique milite dans certains cas pour que la Cour limite les effets de son interprétation laquelle ne vaudra alors que pour l'avenir. Une telle situation peut cependant avoir des conséquences néfastes pour les particuliers qui avaient, avant que l'arrêt soit rendu, engagé une procédure pour se voir reconnaître leurs droits. Dans ce cas, la Cour peut décider que l'interprétation ne vaudra que, dans l'avenir, à l'exception des cas dans lesquels des juridictions ont été saisies d'affaires similaires[3]. Mais la limitation de l'effet rétroactif de l'arrêt n'intervient que dans

1. CJCE 10 mars 1971, n° 38/70, *Deutsche Tradax*.
2. CJCE 27 mars 1980, n° 61/79, *Denkavit*, *Rec.* 1205.
3. CJCE 8 avr. 1976, n° 43/75, *Defrenne* ; CJCE 17 mai 1990, C-262/88, *Barber*.

des circonstances exceptionnelles. Comme l'a précisé la Cour : « ce n'est qu'à titre exceptionnel que la Cour de justice ainsi qu'elle l'a reconnu dans son arrêt du 8 avril 1978 (*Defrenne*) pourrait, par application d'un principe général de sécurité juridique inhérent à l'ordre juridique communautaire, en tenant compte des troubles graves que son arrêt pourrait entraîner pour le passé dans les relations juridiques établies de bonne foi, être amenée à limiter la possibilité pour tout intéressé d'invoquer la disposition ainsi interprétée en vue de remettre en cause ces relations juridiques »[1]. Cette situation existe lorsqu'il s'agit d'une disposition qui n'avait pas encore fait l'objet d'une interprétation alors qu'il pouvait exister des doutes quant à l'interprétation correcte et que des raisons impérieuses de sécurité juridique se font jour. Mais, dans ce cas et pour des raisons liées à la protection juridictionnelle des particuliers, la limitation ne peut jouer à l'égard de ceux qui avaient, à la date de l'arrêt, soulevé une réclamation équivalente[2]. Le même principe s'applique en ce qui concerne l'invalidité de l'acte, la limitation des effets de l'arrêt dans le temps n'étant retenue qu'à titre exceptionnel en raison, selon la formule de la Cour, « d'impérieuses considérations de sécurité juridique ». Ces solutions ont suscité, dans un premier cas, la résistance du Conseil d'État qui estimait qu'il appartient au juge national, et non au juge de l'Union, de tirer les conséquences de l'invalidité constatée dans le cadre d'un recours préjudiciel[3]. À l'inverse de la Cour de cassation, le Conseil d'État n'était pas sensible à l'argumentation de la Cour qui souligne que le contrôle de légalité ne peut avoir une portée différente selon le mode de saisine ce qui implique qu'elle est compétente, en matière préjudicielle comme dans le cadre d'un recours en annulation, pour déterminer la portée de son arrêt, conformément à l'article 231 du traité CE (ex-art. 174)[4]. Mais le Conseil d'État est revenu sur cette position dans son arrêt d'Assemblée, *Société de Groot*, du 11 décembre 2006[5].

1. CJCE 27 mars 1980, n° 66, 127 et 128/79, *Salumi*, *Rec.* 1237.
2. CJCE 4 mai 1999, C-262/96, *Sürül*, *Rec.* I. 2685.
3. CE 13 juin 1986, *ONIC*, *RTD eur.* 1986. 533.
4. CJCE 28 févr. 1985, n° 112/83, *Sté produits de maïs*, *Rec.* 719.
5. *AJDA* 2007. 136.

Bibliographie

• Sur le système contentieux en général

Berrod, *La systématique des voies de droit communautaires*, Nouvelle bibliothèque des thèses, Dalloz, 2002 ; Boulouis et Darmon, *Contentieux communautaire*, Dalloz, 1997 ; Lenaerts et Arts, *Procedural Law of the European Union*, Sweet et Maxwell, Londres, 1999 ; Simon et a., *Contentieux de l'Union européenne*, 3 vol., Lamy, 2010 et 2011 ; Vandersanden et Barav, *Contentieux communautaire*, Bruylant, Bruxelles, 1977.

• Sur le recours en annulation

Canedo, « L'intérêt à agir dans le recours en annulation du droit communautaire », *RTD eur.* 2000. 501 ; Jacqué, « Charte des droits fondamentaux et droit à un recours effectif. Dialogue entre le juge et le constituant », *Il Diritto dell'Unione Europea* 2002. 1 ; Medhi, « La recevabilité des recours formés par les personnes physiques et morales à l'encontre d'un acte de portée générale : l'*aggiornamento* n'aura pas lieu », *RTD eur.* 2003. 23 ; Nihoul, « La recevabilité des recours en annulation introduits par un particulier à l'encontre d'un acte communautaire de portée générale », *RTD eur.* 1994. 171 ; Paulis, « Les effets des arrêts d'annulation de la CJCE », *CDE* 1987. 243 ; Rasquin et Chevallier, « L'article 173 alin éa 2 du traité CEE », *RTD eur.* 1966. 31 ; Ritleng, *Le contrôle de la légalité des actes communautaires par la CJCE et le TPI*, thèse Strasbourg, 1998 ; Vandersanden, « Pour un élargissement du droit des particuliers d'agir en annulation contre des actes autres que les décisions qui leur sont adressées », *CDE* 1995. 535.

• Sur le recours en carence

Reuter, « Le recours en carence de l'article 175 du traité de la CEE dans la jurisprudence de la Cour de justice des Communautés européennes », *CDE* 1972. 159 ; Wolf, « Le recours en carence dans le droit des Communautés européennes », *RMC* 1966. 111.

• Sur l'exception d'illégalité

Dubouis, « L'exception d'illégalité devant la CJCE », *CDE* 1978. 407 ; Van Rij, « L'exception d'illégalité », *CDE* 1980. 190.

• Sur le recours en manquement

De Bellescize, « L'article 169 du traité de Rome et l'efficacité du contrôle communautaire sur les manquements des États membres », *RTD eur.* 1977. 173 ; Dossier « Les articles 169 et 171 du traité CEE à travers la pratique de la Commission et la jurisprudence de la Cour », *CDE* 1974. 3 ; Candela Castillo et Mongin, « Les infractions au droit communautaire commises par les États membres ; apports clés de la jurisprudence récente en matière de manquement », *RMC* 1996. 51 ; Mattera, « La procédure en manquement et la protection des droits des citoyens et des opérateurs lésés », *RMUE* 1995. 123.

• Sur le recours en indemnité

Couzinet, « La faute dans le régime de la responsabilité non contractuelle des Communautés européennes », *RTD eur.* 1986. 367 ; Favret, *Les influences réciproques du droit communautaire et du droit national dans le contentieux de la responsabilité publique extra-contractuelle*, thèse Paris, 1999 ; Fines, *Étude de la responsabilité extra-contractuelle des Communautés européennes*, LGDJ, 1990 ; Pernice, « Le recours en indemnité », *CDE* 1995. 641 ; Schockweiller et Wivenes, « Le régime de la responsabilité extra-contractuelle du fait d'actes juridiques dans la Communauté européenne », *RTD eur.* 1990. 27.

• **Sur les recours préjudiciels**

Barav, « Le renvoi préjudiciel communautaire », *Justices* 1997. 1 ; Boulouis, « Nouvelles réflexions à propos du caractère pré-judiciel de la compétence de la Cour de justice des Communautés statuant sur renvoi des juridictions nationales », *Mélanges Teitgen*, Paris, 1984, p. 3 ; Couzinet, « Le renvoi préjudiciel en appréciation de validité devant la CJCE », *RTD eur.* 1976. 648 ; Isaac, « La modulation par la Cour de justice des Communautés européennes des effets dans le temps des arrêts d'invalidité », *CDE* 1987. 444 ; Labayle, « La Cour de justice et les effets d'une déclaration d'invalidité », *RTD eur.* 1982. 484.

Bibliographie

Ne figure dans cette bibliographie qu'une sélection d'ouvrages généraux sur les Communautés et l'Union européenne. On trouvera à la fin de chaque chapitre des études particulières sur le sujet traité.

Manuels

BERRAMDANE et ROSETTO, *Droit de l'Union européenne*, Montchrestien, 2010.

BLUMANN et DUBOUIS, *Droit institutionnel de l'Union européenne*, Litec, 2011.

CHALTIEL, *Droit de l'Union européenne*, PUF, 2005.

COUTRON, Droit de l'Union européenne, Dalloz, 2e éd. Institutions, sources, contentieux, 2013

DONY, *Droit de l'Union européenne*, Éd. ULB, 2014.

FAVRET, *Droit et pratique de l'Union européenne*, 6e éd., Gualino, 2008.

GAUTRON, *Droit européen*, Paris, 2012.

MANIN, *Les Communautés européennes. L'Union européenne*, Pédone, 2005.

ISAAC et BLANQUET, *Droit général de l'Union européenne*, Armand Colin, 2012.

MEDHI, *Institutions européennes*, Hachette, 2007.

OBERDORFF, *L'Union européenne*, PU Grenoble, 2010.

PERTEK, *Droit des institutions de l'Union européenne*, Thémis, PUF, 2013.

RIDEAU, *Droit institutionnel de l'Union et des Communautés européennes*, 4e éd., LGDJ, 2010.

ROUX, *Droit général de l'Union européenne*, 2e éd., Litec, 2012.

SIMON, *Le système juridique communautaire*, 3e éd., PUF, 2001.

Trois manuels en langue anglaise peuvent également être utilisés avec profit :

LENAERTS, ARTS et BRAY, *Procedural Law of the European Union*, London, Sweet et Maxwell, 2006.

LENAERTS et VAN NUFFEL, *Constitutionnal Law of the European Union*, London, Sweet et Maxwell, 2011.

CRAIG et DE BURCA, *EU Law, Text, Cases and Materials*, 4e éd., Oxford Univ. Press, 2011.

En italien, on utilisera :

ADAM et TIZZANO, *Manuale di diritto dell'Union europea*, Giappichelli, Turin, 2014.

TESAURO, *Diritto dell'Unione europea*, Cedam, Padova, 2010.

Commentaires

BARAV et PHILIP, *Dictionnaire juridique des Communautés européennes*, PUF, 1993.

CONSTANTINESCO et a., *Traité instituant la Communauté européenne, commentaire article par article*, Economica, 1992 ; *Traité sur l'Union européenne*, Economica, 1996.

MÉGRET et a., *Le droit de la Communauté européenne*, 2e éd., Éd. ULB, Bruxelles.

TIZZANO, *Trattati dell'Unione Europea et della Communita europea*, Giuffre, 2004.

Recueils de textes

DUBOUIS et GUEYDAN, *Les grands textes de droit de l'Union européenne*, t. I, 7e éd., Dalloz, 2010.

IZZANO et VIGNES, *Code de L'Union européenne*, 2e éd., Bruylant, Bruxelles, 2001.

Répertoires

J. Cl. Droit européen, LexisNexis.

Rép. Droit communautaire, Dalloz.

Revues de langue française

Cahiers de droit européen, Bruxelles.
Journal des Tribunaux – Droit européen, mensuel, Bruxelles.
Revue des affaires européennes, Paris.
Revue du Marché commun et de l'Union européenne, Paris.
Revue du Marché unique européen, Bruxelles.
Revue trimestrielle de droit européen, Paris.
On peut également consulter parmi les principales revues en langues étrangères :
Common Market Law Review, Leiden.
Europarecht, Baden-Baden.
Il Diritto dell'Unione Europea, Milan.

Table chronologique des arrêts cités

Les numéros indiqués après chaque arrêt renvoient aux paragraphes de l'ouvrage.

1. COUR DE JUSTICE

a. Arrêts et ordonnances

29 novembre 1956, n° 8/55, *Fédéchar* : 240
12 juillet 1957, n° 7/56 et 3/57, *Algera* : 942
10 décembre 1957, n° 1 et 14/57, *Société des usines à tubes de la Sarre* : 1084
13 juin 1958, n° 9/56, *Meroni* : 368, 684, 1090
4 février 1959, *Stork c/ Haute Autorité* CECA : 87
17 juillet 1959, n° 22 et 33/58, *SNUPAT* : 1090
17 décembre 1959, n° 23/59, *FERAM* : 1166
15 juillet 1960, n° 20/59, *République Italienne c/ Haute Autorité de la CECA* : 240
13 juillet 1961, n° 14, 17, 20 24, 26 et 27/60, *Meroni* : 1166
15 décembre 1961, n° 19 et 21/60, *Fives-Lille Cail* : 1166
27 février 1962, n° 10/61, *Commission c/ Italie* : 874, 887
14 décembre 1962, n° 16 et 17/62, *Confédération nationale des producteurs de fruits et légumes* : 908, 910, 1102
5 février 1963, n° 26/62, *Van Geend en Loos* : 165, 183, 990

b. Avis

2. TRIBUNAL DE PREMIÈRE INSTANCE ET TRIBUNAL

a. Arrêts et ordonnances

Index alphabétique

Les chiffres renvoient aux numéros de paragraphes

D

TABLE DES MATIÈRES

Photocomposition Nord Compo
59650 Villeneuve d'Ascq

715175 (I) OSB - P 60 g - NC - HCN
Achevé d'imprimer sur les presses de C.H.BECK
Dépôt légal : mai 2015
Imprimé en Allemagne